科学出版社“十四五”普通高等教育研究生规划教材

新编高等学校旅游管理专业精品教材

旅游经济学

（高级教程）

左　冰　编著

科学出版社

北　京

内 容 简 介

自1899年意大利政府统计局的博迪奥发表《外国人在意大利的移动及其花费的金钱》一文起，旅游经济学就开始了其独立发展的百年历程。众多学者取得了丰硕的研究成果，构筑了旅游经济学作为独立学术体系的基本问题框架和研究范畴。本书描绘了旅游经济学最核心的学术版图体系，系统介绍了旅游经济学领域的重要理论、知识及研究方法，同时突出时代特色，及时捕捉旅游经济研究的新思想、新方法和新动态，反映了当代旅游经济领域的新格局和新变化。

本书融理论、方法与实践案例于一体，偏重研究分析和商业应用，可作为旅游管理专业高年级本科生和硕/博士研究生学习“旅游经济学”的进阶性教科书，以及商业分析人士、企业管理者和政府工作人员的研究决策参考书。

图书在版编目（CIP）数据

旅游经济学：高级教程 / 左冰编著. —北京：科学出版社，2024.5
科学出版社“十四五”普通高等教育研究生规划教材
新编高等学校旅游管理专业精品教材
ISBN 978-7-03-077814-7

Ⅰ. ①旅…　Ⅱ. ①左…　Ⅲ. ①旅游经济学-高等学校-教材
Ⅳ. ①F590

中国国家版本馆CIP数据核字（2024）第021160号

责任编辑：王京苏 / 责任校对：贾娜娜
责任印制：张　伟 / 封面设计：有道设计

科学出版社 出版
北京东黄城根北街 16 号
邮政编码：100717
http://www.sciencep.com
北京凌奇印刷有限责任公司印刷
科学出版社发行　各地新华书店经销
*
2024年5月第　一　版　开本：787 × 1092　1/16
2025年2月第二次印刷　印张：27 1/2
字数：652 000

定价：88.00元

（如有印装质量问题，我社负责调换）

前　言

中国特色社会主义建设已经进入向中国式现代化全面迈进的新时代。在人口规模巨大、城乡差距明显的情况下推进共同富裕和高质量发展，协调物质文明和精神文明建设已经成为中国向第二个百年奋斗目标迈进的新课题。旅游业诞生于第一次工业革命完成时期，是现代性的典型产物，其本身就是现代经济产业体系的组成部分。按照罗斯托的经济成长阶段论,社会在实现经济起飞后将迈向高额群众消费阶段和追求生活质量阶段。旅游正是人们追求高品质生活的表现，是衡量民众生活质量和获得感、幸福感的标志。同时，旅游也是推动文化交流与促进文化传播的重要途径，是文化实现其教化功能、娱乐功能及自身增值的重要手段和工具。坚持以文塑旅、以旅彰文，用现代市场经济方式推进文化产业和旅游业深度融合发展，对于国家精神文明建设、高质量发展和共同富裕具有重要作用。

建设现代化的产业体系需要理解现代市场经济，认识经济运行过程，掌握基本经济规律，以提高驾驭社会主义市场经济的能力，解决当前经济发展中的理论和实践问题。旅游经济学运用经济学理论和实证研究工具，来理解和解释人类旅游活动中的经济行为及其产生的诸多方面的经济影响。作为部门经济学之一，旅游经济学建立在微观经济学和宏观经济学的基本原理之上。它与文化经济学、环境经济学等一样，存在共同的理论源流。但是，经过多年发展，旅游经济学已经成为一个活跃而多元的独特领域，形成了自身特有的研究对象和主题，涉及需求、供给、定价、成本、投资、中介、平台、市场、税收（taxation）、产权、经济影响等诸多方面，或多或少地独立于主流经济学之外。

旅游产品是信息密集型产品。旅游产品具有交换价值和体验属性，游客在未消费前难以评估其质量信息，因此旅游市场上的信息搜索和消费者涉入度远高于普通商品。游客表达身份的需要和“共享消费经验”导致其需要从他人（社区、朋友圈、亲友等）那里获得关于产品的质量信号，旅游消费因而变得圈层化和社会化。跨越较长时空距离的异地性造成游客与旅游供应商之间的高信息壁垒和高交易成本。互联网将分散的市场和产品聚集在一起。交流的倍增，参与者的海量贡献、大量的在线内容生产使得产品及其价值形式更加丰富多样。这种极度丰富的信息增加了游客搜索和处理信息的成本，阻碍了游客找到自己的真实需求。超供（hyper offering）世界的出现使游客面临着超选择（hyper choice）难题。这使得数字匹配和数字经济（digital　economy）等现代新技术和新经济模式与旅游发展具有天然的契合性，推动旅游业成为新经济的重要组成部分和新技术应用场域。

旅游产品是时间密集型产品。游客是产消者（prosumer）。游客必须利用自己的时间和技能生产和消费旅游产品和服务，同时需要与个人的财富、特定的文化资本、社会关系等资源相结合。旅游市场上的产品价格不仅受价值规律的影响，也受游客的时间机会成本的约束。同时，旅游产品的社交属性使得旅游产品的交换价值凸显。旅游消费将更多地被产品的非功能性效用（non-functional utility），如显示身份的符号价值驱动，游客会综合考虑旅游产品的功能性效用（functional utility）和非功能性效用来做出消费决策，从而导致旅游需求（tourism demand）的相互依赖性和非可加性。

旅游是一种重要的文化消费方式，也是个体和社会积累文化资本的重要途径。中国式现代化不仅包括社会经济生活的现代化，还包括人的文化素质、道德素质和身体素质的现代化。旅游产品兼具文化产品的属性，如何更好地从“以文促旅”向“以文塑旅”演进，推动文旅深度融合与高质量发展，对于推进物质文明和精神文明协调发展具有重要作用。

现代产业体系的现代化，不仅包括生产现代化，还包括管理现代化；从中观来看，现代产业体系的现代化还包括供给能力的现代化、供给体系的现代化及供给结构的现代化。在现代化的生产条件下，旅游业规模化与去规模化生产、标准化生产与定制化弹性生产并存，企业提高效率、加强韧性建设和供应链管理对于提升旅游竞争力和高质量发展具有重要作用。

由于旅游供给无边界，旅游产品既涉及有形的物品也包括无形的服务，既包括公共产品也包括大量私人产品。作为旅游体验核心的旅游吸引物，如自然和文化遗产，同时具有使用价值和非使用价值，市场无法通过价格来反映其全部价值。旅游消费的溢出效应，如提升认同感、提高个体文化资本、增进了解等，也存在无法评估其外部成本和收益的问题。为了保障旅游服务供给的质量及生产率（productivity），旅游业的发展需要大量的政府性产出和财政支持，以及有效的市场监管和环境规制（regulation）。

旅游发展依赖于地方性生产网络，具有很强的地域约束特征，与地方自然资源、社区和历史有很紧密的联系。旅游目的地或多或少都具有一定程度的垄断性，往往导致供给过度和供给不足并存，因此目的地的旅游发展需要在遗产和资源保护与开发利用之间找到平衡。同时，游客流动将带来目的地管理和财政难题，也会影响当地居民之间的收入分配。因此，设定适宜的旅游业税费政策对于推动旅游目的地发展非常重要。

在虚拟现实（virtual reality，VR）、增强现实（augmented reality，AR）等数字技术的推动下，各种云旅游、云直播等纷纷上线。数字旅游（digital tourism）提供了一种旅行新范式。游客可以在家里借助可穿戴设备舒适地体验旅行，不再需要前往固定的地方进行游览。数字旅游是否会消解旅游产品在时间和空间上的存在？现场体验与数字体验是否相互替代或互补？更进一步地，依托于文化遗产、自然景区或社区吸引资源形成的数字化资产，其数字化版权该如何界定和规范使用？

这些独特性均构成了旅游经济学的基石。它们都是旅游经济学重点关注的问题。旅游经济学正是将经济学原理知识和分析技术应用于旅游的各个方面，解决主流经济学理论不能完全解决或不完全适用的问题。同时，将旅游作为研究对象和分析场域，旅游经济学可以通过测试理论、寻找边界、提供实证证据和新的发现等方式，丰富和推进主流经济学领域的研究，帮助管理者和业界更好地应对在向中国式现代化迈进的过程中旅游领域存在的各种经济问题。

旅游经济学的研究成果通常分为两类：一类是应用微观经济学的供需理论，讨论旅游需求及其弹性（elasticity）、需求预测、企业成本与定价、企业绩效等话题；另一类是从宏观层面探讨旅游业对国民经济的贡献及其影响。本书立足于马克思主义经济学基本原理，将生产关系与生产力的辩证关系、供求运动、劳动价值论、价值规律与经济学宏观和微观研究成果相结合，同时融入党的二十大报告的相关内容，探讨了中国式现代化背景下构建现代旅游产业体系的关键路径，并对“以文塑旅、以旅彰文，推进文化和旅游深度融合发展”，以及“共同富裕”的深刻内涵进行深入解读，拓展了旅游经济学的分析领域，提升了旅游经济学研究的理论高度，在一定程度上增强了马克思主义政治经济学的现实解释力。同时，本书增加了中观层面对旅游企业市场合作与竞争行为及旅游产业组织结构的讨论，并关注共享经济、集聚经济、数字经济等热点话题。数字时代，经济学研究发生了范式转换，中介经济学、平台经济学开始崛起。本书也对其做了相应的介绍，并讨论了旅游作为其中的独特领域所关注的话题。

本书分为三篇，共计十五章。第一篇介绍微观领域中的基本经济问题，涵盖旅游需求与供给、市场均衡、旅游中介与双边市场等话题，包括第一章至第五章；第二篇是市场竞合策略与绩效，关注中观旅游产业组织及企业行为决策，包括企业定价策略、旅游投资、市场结构、市场博弈（game）与市场绩效（market performance）、内部竞争策略及产业结构优化等内容，包括第六章至第九章；第三篇是经济发展与政策，从宏观层面讨论旅游经济发展与影响问题，包括旅游产业融合与产业集聚、旅游经济影响评价、旅游产业政策及政府规制、宏观经济政策与旅游业数字化转型等内容，包括第十章至第十五章。这些章节中有的内容取材自作者过去的研究工作，同时也参考和借鉴了国外最新出版的旅游经济学教材，但更多的是对前人研究成果的总结和提炼。本书最后对数字经济时代旅游业数字化转型进行了讨论和展望。

与其他行业一样，数字化已经改变并将继续改变这个世界的旅行方式，推动着旅游经济学研究的话题更替和范式转换。本书正是在这样的时代背景下完成的具有承上启下作用的转型作品。本书的重点是将过去的旅游经济学知识和当前研究动态做一个概述和总结，意图突破既往旅游经济学教材的内容体系。作为《旅游经济学》的高阶教材，本书的写作基于读者对经济理论和旅游相关理论已有的基本知识储备，因此在本书中提供了一些简要的分析方法和技术，展示了依托这些工具可以开展的研究案例与成果，方便读者在此基础上开展或推进其研究思考。

考虑到经济学是一门相对古老的学科，其概念繁多、理论体系庞大，读者经常会“看了后面忘了前面”。本书特地为全书和每一章都编制了思维导图（图0.1），作为读者的学术地图，方便读者在阅读前快速总览每一章的关键概念与主要内容，以便读者“带着地图去探索”，同时也供读者在学习完成后复习总结和思考之用。本书也尽力在每章的思维导图中搭建起章节之间的关联及不同尺度和领域的概念之间的联系，意图实现作者一直倡导的在学术研究中要学会“通过概念进行思考”的学习方法。

图 0.1　全书思维导图

作者要感谢华南理工大学江金波老师的鼎力推荐，使本书得以在科学出版社出版；感谢保继刚教授、徐红罡教授的支持，使本书获得中山大学旅游学院的出版资助；感谢科学出版社王京苏编辑的协调组织和仔细、专业的校对工作；感谢澳大利亚悉尼科技大学Larry Dwyer教授和瑞士洛桑酒店管理学院的Chen Yong（陈勇）博士不吝赐书，为本书的写作提供了许多灵感和资料来源。

袁雄渝为本书搜寻并编辑完成了导读案例；刘怡君贡献了她对元宇宙问题的思考，同时整理并翻译了每章的中英文关键词，提出了许多可供思考的问题；伍姣参与了旅游产业政策及货币政策章节的部分内容；高诗雨绘制了书中的许多图片。他们的辅助性工作为本书增光添彩。同时感谢中山大学旅游学院2019级旅游管理专业本科同学的试用建议和案例分享，没有他们的帮助，本书不可能如此顺利地完成，特此致谢！

由于作者能力所限，不足之处在所难免，敬请读者谅解。

左　冰

2024年3月

目　　录

第一篇　基本经济问题

第二篇 市场竞合策略与绩效

第三篇 经济发展与政策

第一篇　基本经济问题

第一章

旅游需求

【导读案例】打卡——旅游世界的别样需求

茶颜悦色是国内首家以中国风、民族风为卖点的新型鲜茶店，2015 年 3 月成立于长沙①。不少游客表示购买茶颜悦色是他们在长沙旅游过程中的重要项目，如有游客在游记中写道，“从广州打飞的来长沙只为喝一杯茶颜悦色”“没有去过茶颜打卡，就不算到过长沙”。

茶颜悦色采用中国风视觉力，展示中茶西做和“颜值”。在店铺装修上，茶颜悦色普遍采用中古装修风格，使用深色砖墙、深色木质楼梯、木质桌椅、戏剧挂饰等视觉元素；在饮品包装上，常配以中式插画，讲述各种历史故事、典故等。截至 2022 年 6 月，在微博平台，茶颜悦色拥有约 30 万名“粉丝”。2022 年 8 月 18 日，茶颜悦色在南京地区的两家店面同时开业，现场消费者人数甚多，茶颜悦色店方估计，平均排队时长需 5 小时。

拍照、打卡、排队不仅是茶颜悦色的常见现象，也是许多“网红”（internet celebrity）街区、景点的普遍现象。对于大多数年轻人来说，去西安永兴坊喝一杯“摔碗酒”，在淄博吃几串烧烤……去网红地拍照发朋友圈已成为出行、旅游的必备。网红形成的原因可能是中国消费人群的年轻化趋势，网红地/网红店为他们提供了情感归属感和价值认同，同时，这些年轻人喜欢追求新鲜事物，愿意在精神层面花费更多，社会存在感和体验的融合激发了他们的强烈购买意愿。

导读思考：

为什么会产生打卡消费现象？打卡茶颜悦色的行为满足了消费者的哪些需要？

---

① 茶颜悦色官网. 茶颜悦色品牌简介[EB/OL]. http://www.jiang-yue.cn/about/.

本章思维导图——旅游需求

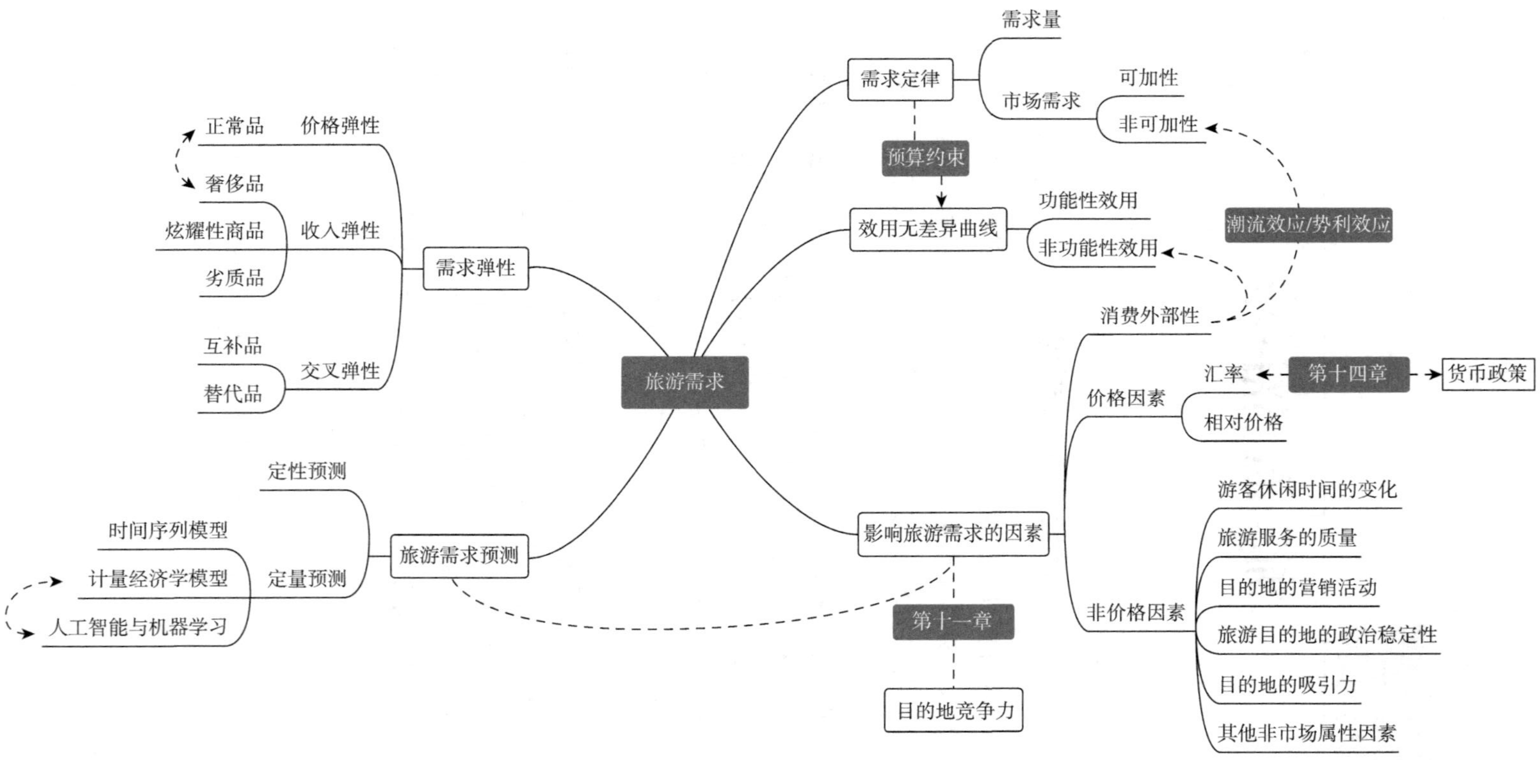
旅游需求
需求定律
需求量
市场需求
可加性
非可加性
预算约束
效用无差异曲线
功能性效用
非功能性效用
潮流效应/势利效应
影响旅游需求的因素
消费外部性
价格因素
汇率
第十四章
货币政策
相对价格
非价格因素
游客休闲时间的变化
旅游服务的质量
目的地的营销活动
旅游目的地的政治稳定性
目的地的吸引力
其他非市场属性因素
第十一章
目的地竞争力
需求弹性
价格弹性
正常品
奢侈品
收入弹性
炫耀性商品
劣质品
交叉弹性
互补品
替代品
旅游需求预测
定性预测
定量预测
时间序列模型
计量经济学模型
人工智能与机器学习

需求是发展的核心动力。马克思、恩格斯在关于生产资料所有制与人的发展论述中指出，在私有制社会，统治阶级掌握着物质和精神生产资料的支配权，“支配着物质生产资料的阶级，同时也支配着精神生产的资料”[①]。在封建主义社会，官僚阶层的权力是支配生产资料的工具；在资本主义社会，资本是支配生产资料的工具；而在社会主义社会，“适应人民群众需求变化，努力办好各项民生事业，让老百姓的日子越过越好，是社会主义生产的根本目的”[②]，习近平总书记这一重要论述阐明，社会应实现满足人们群众需要的发展。

在关于生产、分配、交换、消费及它们之间的辩证关系的论述中，马克思同时指出，消费是整个社会再生产过程中的有机组成部分。“生产表现为起点，消费表现为终点”，“但是消费也媒介着生产，因为正是消费替产品创造了主体”，“消费在观念上提出生产的对象，作为内心的意象、作为需要、作为动力和目的”[③]。在生产过程之外进行的消费即个人消费，对生产起着重要的反作用。首先，消费直接是生产。个人消费，如休闲旅游活动，可以使劳动者的脑力和体力得以恢复，从而再生产出合格的劳动者并提高其生产效率。其次，消费也媒介着生产。消费为生产的产品创造出消费者主体。作为生产过程结果的产品，只有得到消费才成为现实的产品。旅游消费具有与生产同时性的特征，导致旅游生产与消费的同一性更加明显。最后，消费在观念上提供了生产的对象。消费资料的需求及其变化必然导致对生产资料的需求及其变化。消费也创造出新的需要，从而成为生产发展的内在动力。因此，满足消费者需求、发展消费能力与发展生产力是同步的。这对于推进中国式现代化具有极为重要的意义。

第一节 理解旅游需求

一、旅游需求的类型

旅游业是需求驱动的。需求波动是导致旅游企业经营风险和商业经济周期的重要因素。图1.1展示了1950~2023年全球跨国旅游者人次（international tourist arrivals）的变动情况。可以看到，尽管第二次世界大战以来世界经历了多次冲击，如20世纪80年代初的经济滞涨、2003年的SARS疫情、2008年的金融危机等，但全球旅游市场总体保持了增长态势。然而，暴发于2019年底的新冠疫情导致的旅行限制带来了全球旅游业的大衰退，全球跨国游客数量出现断崖式下降，退回至20世纪90年代初的水平。联合国世界旅游组

---

① 马克思 K，恩格斯 F. 德意志意识形态（节选）[M]//马克思恩格斯选集（第一卷）. 中共中央马克思恩格斯列宁斯大林著作编译局译. 北京：人民出版社，1995：62-135.

② 习近平. 新发展阶段贯彻新发展理念必然要求构建新发展格局[J]. 先锋，2022，(9)：5-13.

③ 马克思 K.《政治经济学批判》导言[M]//马克思 K，恩格斯 F. 马克思恩格斯选集（第二卷）. 中共中央马克思恩格斯列宁斯大林著作编译局译. 北京：人民出版社，1995：91-96.

织（United Nations World Tourism Organization，UNWTO）的数据表明，尽管国际游客人数在2021年下半年开始温和反弹，比2020年增长了4%，但仍比疫情前（2019年）的水平下降了72%①。美国的数据表明，2021年旅美游客的直接旅行支出比2019年降低了22%，全美酒店的平均入住率下降至57.6%②。2019年，旅游相关就业占据美国就业总数的1/10，但到了2021年，这一比重锐减到1/20。其中，艺术、娱乐和休闲业就业人数减少了7.0%，住宿业就业人数减少了19%③。2022~2023年，国际旅游市场出现明显回温。2023年，全球跨国旅游者人次已超过了2016年的水平。随着全球航空业的恢复，未来的旅游业将迎来全面复苏。

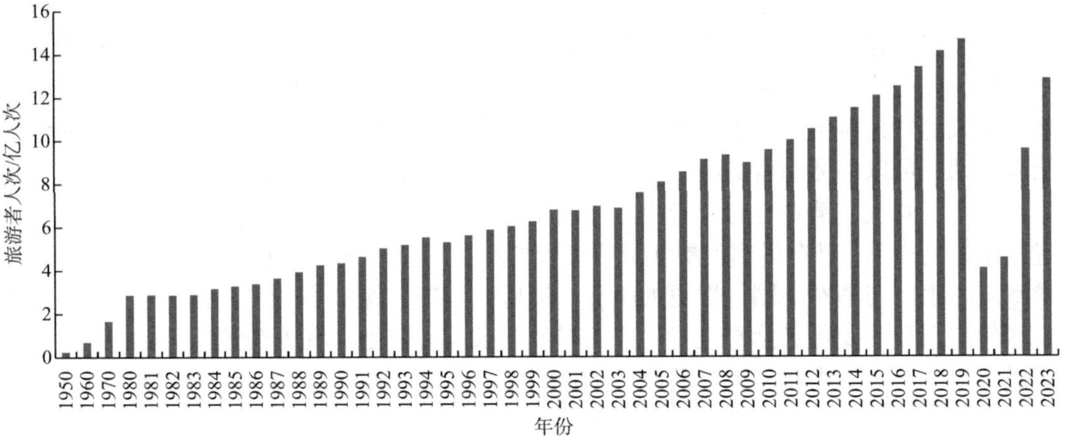

图 1.1　1950~2023 年全球跨国旅游者人次

资料来源：https://www.statista.com/statistics/209334/total-number-of-international-tourist-arrivals/

无论是在旅游业还是在其他行业，对于需求的认识和理解都至关重要。从企业的角度，不仅需要了解需求是什么并尽最大努力满足需求，还需要引导需求（如负责任的旅游）、创造需求。从目的地的角度，最关键的是要理解需求的变化及其影响因素与发展趋势。马克思在论及相对剩余价值时明确指出，不仅要扩大现有的消费量，还要把现有的消费量推广到更大的范围，以便造成新的需要④。从社会发展的角度，需要理解人口、社会、生态环境和气候变化对旅游需求的影响，同时，也需要掌握旅游需求反作用于社会经济和宏观环境的途径与力量，以发展与人类本性的自然需求相称、与生态环境的承载力相匹配的，人与自然和谐统一的绿色消费观念。

对于有形的物质产品，需求通常指的是消费者在一定的价格水平下愿意并且有能力购买的产品或服务的数量，如购买背包和饮用水、防晒霜、冰箱贴和钥匙扣等旅游小商

---

① UNWTO. Tourism grows 4% in 2021 but remains far below pre-pandemic levels[EB/OL]. https://www.unwto.org/news/tourism-grows-4-in-2021-but-remains-far-below-pre-pandemic-levels，2022-01-18.

② U. S. Travel Association. U. S. Travel Answer Sheet[EB/OL]. https://www.ustravel.org/research/us-travel-answer-sheet，2022-05-20.

③ Statista Research Department. Number of international tourist arrivals worldwide from 1950 to 2022(in millions)[EB/OL]. https://www.statista.com/statistics/209334/total-number-of-international-tourist-arrivals/，2023-02-02.

④ 董立清. 浅析马克思主义消费观[N]. 光明日报，2011-12-04（07）.

品。这在一定程度上对于旅游需求也成立，但旅游需求要复杂得多。首先，对游客而言，旅游需求指的是其从一次旅行中所获得（或期望获得）的利益或满足感，它由许多单个产业活动单位所提供的有形产品和无形的活动或服务所组成。其次，旅游需求具有文化特性和消费外部性，易于受到文化价值观念和社会消费观念等因素的影响。最后，在旅游需求的界定中，时间维度非常重要。旅游消费受到游客可支配时间的约束，时间压力是游客寻求不同旅游类型，从而决定其购买不同旅游产品和服务组合的重要因素。因此，对旅游需求的理解还需要考虑到时间属性（见第十三章）。

不同的市场主体，对于旅游需求可能有不同的理解。例如，对于旅游目的地，旅游需求是其在一定时间内所接待的游客数量。对于酒店，旅游需求可以界定为其在一定时间内以一定价格销售的房间数量；对于景区，旅游需求指的是其在一定时间内接待的参观游览的人数；对于航空公司的某航班，旅游需求是其销售的座位数；对于旅行社，旅游需求可以是其销售的任何一款供游客在某个时间段（time span）内使用的包价旅游线路产品。但无论是对旅游目的地，还是单个产业活动单位，如航空公司、酒店、旅行社或景区，都可以用其接待的“人（次）数”作为衡量其销售的旅游或旅行服务产品的数量。

由此，可以将旅游需求界定为：旅游需求是指在一定的时间内以一定的价格水平愿意并且有能力（时间和金钱）购买旅游产品或服务的消费者数量。消费者对某种特定的旅游产品或旅游服务的需求，称为产品或服务需求。市场上消费者全体对某种旅游产品的需求则称为市场需求（market demand）。消费者前往某个目的地的旅行或度假的需求，可称为综合的旅游需求。正如图1.1所展示，传统上对于国际旅游市场需求的衡量是根据从出发地到目的地的总游客人数来衡量的。并且，旅游市场需求还可以按照消费者的可支配时间划分为一日游和过夜游等不同类型。这是旅游需求区别于传统产品市场需求的重要特征之一。在某些情况下，如出于研究或财务分析的目的，也可以使用游客在目的地的支出或其用于购买某种特定的旅游产品的支出作为旅游需求的代理变量。

根据德国假日租赁住所搜索引擎服务商HomeToGo在2021年底发布的旅行趋势报告，国外度假产品的住宿搜索量已经与2019年的水平相当；据在线旅游公司Expedia对12个国家的12 000名游客进行的一项调查发现，65%的受访者有未来进行旅行的计划[①]。这些计划未来出游的受访者称为潜在游客（potential visitor）。他们都有旅游的愿望或需要，但是受到旅行限制或其他原因导致不能出行。只有当他们真正地购买并消费了旅游产品或服务时，他们的潜在需求才能转变为真实的市场需求。

二、旅游消费效用与无差异曲线

由于受到预算约束和时间约束，消费者经常需要在不同旅游目的地之间或旅游产品之间进行选择。假设某位海滨度假消费者有200元的预算可用于海底浮潜或海上冲浪，浮潜的价格为100元/0.5小时，而海上冲浪的价格为80元/0.5小时。图1.2中的灰色圆点展示了消费者在预算约束下可能的四种消费组合；虚线*ABC*称为预算约束线。由

---

① Pitrelli M. The biggest travel trend of 2022：go big，spend big[EB/OL]. https://www.cnbc.com/2022/01/21/the-biggest-2022-travel-trend-go-big-spend-big-on-bucket-list-trips.html，2022-01-22.

于旅游服务产品消费在时间上是不连续的，旅游产品组合也是离散的。曲线U_1、U_2和U_3分别代表消费者从消费中获得的效用水平，同时也显示了该消费者对浮潜和冲浪的偏好。

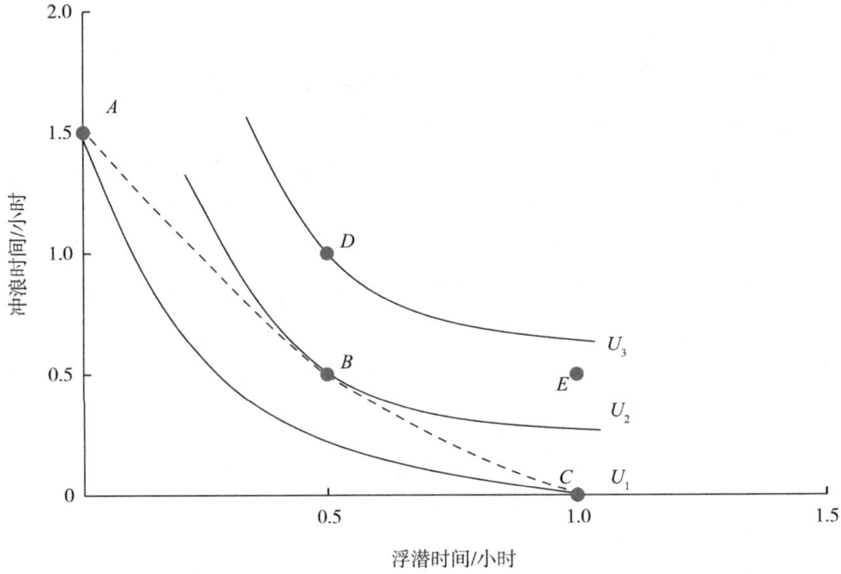

图 1.2　旅游消费无差异曲线与预算约束线

旅游产品效用或旅游消费效用是指消费者通过消费旅游产品或享受闲暇服务时所获得的利益或满足程度。效用水平则是对消费者的旅游需求得到的满足程度或利益大小的一种度量。消费者对其旅行效用的评价有其客观性，但在很大程度上是主观的，取决于消费者的心理感受和主观评价。曲线U_1、U_2和U_3称为无差异曲线（indifference curve）。同一条无差异曲线表示该条线上所有商品的所有组合给消费者带来的效用水平相同。无差异曲线距离原点越远，代表效用水平越高。

图1.2中，无差异曲线U_1分别经过A点和C点，代表消费者从浮潜1小时或冲浪1.5小时中获得的满足感相同。但是，无论是A点还是C点，其提供的体验都是单一的。消费者总是希望在一次旅游中获得尽可能多的体验，因此在预算支持的情况下，消费者将选择效用水平更高的曲线U_2或U_3上的产品组合，如B点或D点。在B点，消费者既可以冲浪0.5小时同时也可以浮潜0.5小时，因此获得更加丰富的体验。在D点，消费者从1小时冲浪和0.5小时浮潜中获得的效用高于B点的产品组合，但由于超出了消费者的预算约束而不可行。因此，当无差异曲线与预算约束线相切时，如B点，代表消费者支付得起的能带给他最高效用的商品组合。

无差异曲线也可用于显示消费偏好。在不考虑预算约束的情况下，图1.2中E点的效用水平高于B点的效用水平，但低于D点的效用水平，说明该消费者更加偏好冲浪运动，即消费者认为1小时冲浪运动带来的效用高于1小时浮潜所带来的满足感。

上述消费偏好问题也可以用数学方式来表达。假设消费者预算约束为I，商品x和y的价格分别为p_x和p_y。保持消费者效用不变，可以用柯布–道格拉斯函数将消费者效用

函数表示为

$$U(x,y)=x^{\alpha}y^{\beta},\ \ \alpha+\beta=1 \tag{1.1}$$

其中，α、β分别代表x和y的效用系数。构造拉格朗日表达式：$f=x^{\alpha}y^{\beta}+\lambda\left(I-p_x x-p_y y\right)$。对该式求偏导并令其一阶导数等于0，即

$$\begin{cases}\dfrac{\partial f}{\partial x}=\alpha x^{\alpha-1}y^{\beta}-\lambda p_x=0\\ \dfrac{\partial f}{\partial y}=\beta x^{\alpha}y^{\beta-1}-\lambda p_y=0\\ \dfrac{\partial f}{\partial \lambda}=I-p_x x-p_y y=0\end{cases} \tag{1.2}$$

由此解得

$$\begin{cases}x=\dfrac{\alpha}{\alpha+\beta}\cdot\dfrac{I}{p_x}=\dfrac{\alpha I}{p_x}\\ y=\dfrac{\beta}{\alpha+\beta}\cdot\dfrac{I}{p_y}=\dfrac{\beta I}{p_y}\end{cases} \tag{1.3}$$

该解表明，在柯布–道格拉斯效用函数情形下，消费者会花费$\dfrac{\alpha}{\alpha+\beta}$比例的收入（预算）去购买商品$x$，用$\dfrac{\beta}{\alpha+\beta}$的比例去购买商品$y$。

三、功能性效用与非功能性效用

旅游活动本身具有各种功能性效用和非功能性效用。这些效用构成了旅游产品的交换价值的来源。功能性效用指的是旅游产品和服务能够达到的为满足消费者需要而必须具备的某种功能。它是游客从旅游消费中获得的直接效用。例如，休闲旅游可以放松身心、舒缓压力；和家人一起度假可以带来满足感和幸福感；青年人的间隔年旅游可以开阔眼界，帮助认识自己，树立理想信念；乡村旅游有助于满足“怀旧”情感需求和恢复活力；健康疗养可以增进身体健康提高生活质量……当前，消费者对自我提升越来越感兴趣，强调身心健康、获得幸福感、发展技能和欣赏文化越来越多地成为旅游体验的核心需要。这些功能性效用具有质量属性（quality attribute），通常可以用“性价比”（value for money）加以评估。

非功能性效用是指旅游产品具有的除满足人们功能性需求以外的特性，包括炫耀、社交、获得心理补偿、满足情感和归属的需要及被尊重的需要等。例如，消费者居住在奢华型酒店不仅为了满足其住宿需求（功能性效用），还希望同时能强化社会对其所属阶层地位的认识。这种可以显示身份地位的属性就是旅游产品的非功能性效用。又如，度假旅行体验照片或视频可以在社交网络上传播，引人注目，给他人留下深刻印象，这种表达存在感或展示形象的属性也属于非功能性效用。人们可能会竞相去网红地“打卡”，目的是追逐潮流，显示与社会大众或某些群体的一致性。当然，旅游产品的非功能性效

用并不是一成不变的，而是随着环境、社会、时尚潮流的变化而变化，具有时代性、地域性及意识形态属性。

旅游所具有的功能性效用与非功能性效用为游客带来了复合效应。游客所购买的实际上是其意图获取的功能性效用和非功能性效用的组合，即

$$U=U_F+U_Z=f(F, Z) \quad (1.4)$$

其中，F代表旅游产品的功能价值，是对产品满足个体功能需要的反映；Z代表产品的社会属性或符号价值；U_F衡量的是与消费者的心理预期相比，花费p购买的产品的功能价值F，如性价比；U_Z衡量的是人们对产品的非功能性效用的感知，如是否会更有面子，能否有助于提升个人形象，或者是获得社群关注度、展示身份认同等。从消费心理的角度，这类似于塞勒所提出的交易效用（transaction utility）。消费者通常会综合考虑旅游产品的功能性效用和非功能性效用来做出消费决策。例如，奢侈品（superior good）的功能性效用相对较低但符号价值很高，消费者乐意花费更高的价格购买，原因就在于消费者认为奢侈品的非功能性效用具有更高的交换价值。并且，不同的消费者对于同一项旅游产品的功能性效用和符号价值的评估不同。随着社会物质条件的不断丰裕，旅游产品将更多地被消费者的非功能性效用驱动，人们的旅游消费也将越来越依赖于他人的消费。在这种情形下，旅游消费将日益变得社会化和公共化，而不是个体化和私人化，最终将变得圈层化和细分化，逐渐发展成为一个具有长尾特征的市场。

党的二十大以来，党中央提出了建设中国式现代化强国的要求。中国式现代化，不仅包括人的生活方式的现代化，还包括人的素质和能力的现代化；不仅指在物质上富裕，还包括在精神上富有[①]。这与马克思提出的人的全面发展理论相一致。马克思尽管强调了消费在社会再生产中的重要作用，但他同时也反对奢侈浪费。马克思认为，社会应当满足的是与人类本性相称的、归结为自然体的那种个人的需要[②]，而奢侈是自然必要性的对立面，将导致超过资源禀赋承载能力的过度生产，不符合生产力发展规律的客观要求。因此，满足人民日益增长的美好生活需要并非满足任何需要和需求，而是应当发展与社会主义物质文明和生态文明相适应和匹配，体现人与自然的和谐统一，展现社会主义精神文明和政治文明的科学消费思想和消费模式。这是在推进中国式现代化情景下发展旅游消费需求的关键之处和需要特别注意的地方。

四、需求规律

保持其他条件不变，假设上述旅游目的地浮潜和冲浪的价格均下降一半，分别降至50元/0.5小时和40元/0.5小时。很明显，消费者将至少增加对其中一种活动的消费。图1.3展示了不同价格水平下在某个时段内愿意参加该旅游目的地冲浪运动的消费者的人数。可以看到，在保持服务质量不变的条件下，价格越便宜，愿意购买该活动的消费者数量越多；价格越高，购买人数越少。这种产品价格与其需求量之间存在的反向变动关系称为需求定

① 洪银兴. 论中国式现代化的经济学维度[J]. 管理世界，2022，38（4）：1-14.

② 马克思 K，恩格斯 F. 马克思恩格斯全集（第三十卷）[M]. 中共中央马克思恩格斯列宁斯大林著作编译局译. 北京：人民出版社，1995：525.

律（law of demand）；反映价格与需求之间关系的曲线称为需求曲线（demand curve）。

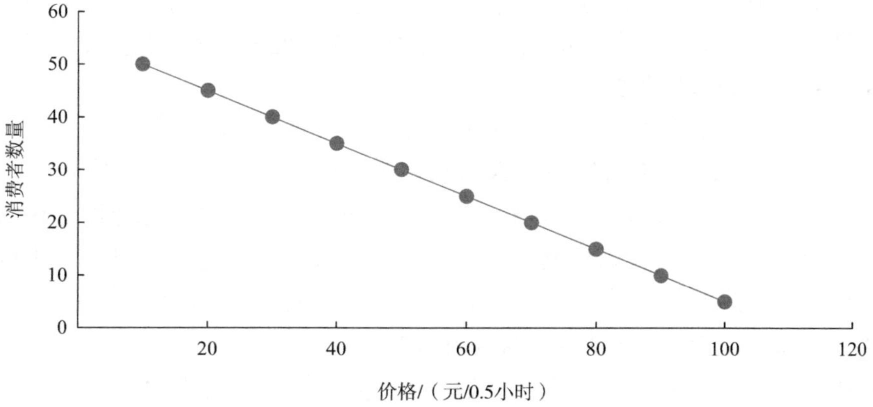

图 1.3　产品价格与需求量之间的反向变动关系

为什么需求量与价格成反比关系？假定消费者可以支配的收入（或其旅游预算）是既定的，那么随着旅游产品价格的下降，如冲浪产品价格从80元/0.5小时下降到40元/0.5小时，在其他条件不变的情况下，消费者可以进行2次相同的活动，也可以将活动时间从0.5小时延长到1小时。相对于旅游产品价格的下降，消费者购买力增加，相当于消费者的收入增加，这就是价格下降带来的收入效应（income effect）。另外，如果浮潜产品价格不变，随着冲浪产品价格的下降，消费者会更多地倾向参加冲浪运动，而不是购买更昂贵的浮潜产品。这是受到旅游价格下降造成的替代效应（substitution effect）的影响。因此，需求量与价格的反比关系是收入效应和替代效应综合作用的结果。

图1.2展示的是个体消费者的偏好与需求，而图1.3展示的是市场上所有消费者对于冲浪运动的需求。如果所有消费者根据自身需要和商品的内在质量来决定购买什么商品和购买多少商品，而不考虑他人的影响，即个体的消费或需求独立于其他个体的需求，那么，在其他条件相同的情况下，该商品的市场需求就等于所有个体消费者的需求之和，这被称为市场需求的可加性（additivity of market demand）。在市场需求可加的情况下，市场需求曲线是在每个对应的商品价格上市场中所有独立需求的总和，表明市场上商品的价格与市场上所有消费者的总需求量之间的关系。在市场需求曲线上，每个点（每个价格水平下）所对应的横坐标叫做市场需求量。

第二节　需求弹性

一、弹性的概念与类型

无论对于冲浪还是浮潜，或者是其他任何旅游产品，总是存在这样的一个事实：对于不同的旅游产品，价格下降所激发出的旅游需求量也不同。这是因为人们对不同产品具有不同的需要或偏好，所以对于不同产品价格变动的敏感性是不一样的。这就是弹性的概念，即一个变量对另一个变量变化的敏感性，或者说因变量受自变量变动的影响程度。通常，可以将需求弹性表示如下：

$$需求弹性\varepsilon=需求量的变动比例/变量的变动比例 \tag{1.5}$$

一般来说，当旅游需求对价格、收入或其他变量的变化相对敏感时，$1<|\varepsilon|<\infty$，此时，需求富有弹性；当旅游需求对价格、收入或其他变量的变化不敏感时，$0<|\varepsilon|<1$，表现为缺乏弹性；当价格、收入或其他变量的变化引起需求同比例变动时，即弹性系数$|\varepsilon|=1$，称为单位弹性。特殊情况下，存在$|\varepsilon|=\infty$，或$|\varepsilon|=0$。前者称为完全弹性，如在某种条件下需求无限大；而后者称为完全无弹性，如当一个人因身体原因、社会责任或存在旅行限制时，无论价格如何变动，其旅游需求都为0，不会发生变动。

有许多因素影响消费者对旅游产品或服务的需求，也会影响消费者对价格的敏感程度。当人们收入水平较低时，通常会选择居住在经济型酒店；而当收入提高后，可能会选择高档甚至奢华型酒店。网络旅游直播、官方在社交媒体上的宣传视频、游客分享的照片和抖音短视频、小红书的推荐等都可能给旅游需求带来影响。考虑到影响旅游需求的价格和非价格因素，可以将旅游需求弹性分为三种主要类型。

1. 需求价格弹性

需求价格弹性简称价格弹性（price elasticity）。它衡量的是产品价格的变动（百分比）所引起的市场对旅游产品需求量的变化（的百分比）。价格弹性又可以分为点弹性和弧弹性。点弹性衡量的是需求曲线上特定点的价格弹性，指的是价格的微小变化所引起的需求量的变化；弧弹性表示商品需求曲线上两点之间的需求量的变动对于价格变动的反应程度。

点弹性公式为

$$E_p=\frac{\mathrm{d}Q}{\mathrm{d}P}\cdot\frac{P}{Q} \tag{1.6}$$

弧弹性公式为

$$E_p=\frac{\Delta Q}{\overline{Q}}/\frac{\Delta P}{\overline{P}} \tag{1.7}$$

其中，P为商品的价格；Q为相应的需求量；$\overline{Q}$、$\overline{P}$分别表示价格和需求变化前后的均值；ΔQ和ΔP分别表示需求和价格的变动水平。通常，长途旅行的价格弹性很高，而短途旅行的价格弹性很低。这是由于长途旅行时间太长，总成本（包括时间成本）相对比较高，而短途旅行所需时间成本和旅行成本都相对较低，弹性相对较低。表1.1展示了访问英国的国际游客的需求价格弹性，其弹性在−0.33~−1.86，说明旅游需求弹性是异质性的，可以是无弹性的，也可以是有弹性的，因游客来源地、目的地和旅游动机的不同而有很大的差异。并且，游客旅行目的和动机不同，需求价格弹性也不同。表1.1中，商务旅游市场对英国旅行价格变化不太敏感（弹性接近于0），探亲访友市场的价格弹性接近单位弹性，度假游客对价格则比较敏感，富有弹性。

表 1.1 赴英国游客的需求价格弹性

客源国							旅行目的		
法国	德国	西班牙	挪威	爱尔兰	意大利	美国	度假旅游	商务旅游	探亲访友
−0.53	−0.33	−1.38	−0.61	−1.86	0.49	−0.42	−1.23	0.18	0.93

资料来源：Konovalova A，Vidishcheva E V. Elasticity of demand in tourism and hospitality[J]. European Journal of Economic Studies，2013，4（2）：84-89

对欧洲市场的研究表明，北欧和南欧目的地之间的价格弹性差异很大。前往北欧旅行的需求价格弹性为−0.44，明显低于对南部欧洲/地中海目的地的需求价格弹性（−1.3）；对西班牙的阳光和海洋目的地的研究发现其需求价格弹性约为−2.0[①]。这表明与其他类型的旅游产品相比，对3S型（sun、sea、sand，太阳、海洋、沙滩）度假产品的旅游需求可能对价格更为敏感。阿尔卑斯山地度假产品的旅行价格弹性很高，短期约为−1.05，长期约为−4.36[②]，表明游客对山地滑雪旅游的价格变化高度敏感，而对其他类型山地旅游的价格敏感性要低得多。

对于正常商品（normal good），需求价格弹性为负值，这是由于其市场需求曲线向右下方倾斜的缘故。在某些情况下，旅游产品的需求价格弹性也可以是正值，如表1.1中的意大利赴英国旅游及商务旅游。对于商务旅游来说，可能表示前往英国公干所获得的利益对游客来说比旅行费用更重要。对于意大利赴英国旅游来说，可能意味着赴英国游客绝大部分是商务游客。如果游客到访某个目的地可以显示出其较高的社会地位，或者具有炫耀属性（如下文的凡勃伦效应），那么到访该目的地的游客的需求价格弹性也可能为正值。

2. 需求收入弹性

需求收入弹性简称收入弹性（income elasticity），是指在其他条件不变的情况下，消费者收入水平的变化引起的对旅游产品需求的变化程度。旅游需求收入弹性通常为正值，即随着个人财富的增加，其旅游需求也会增长，也可能导致更多的远程旅行或国际旅游。研究表明，英国出境旅游消费的收入弹性值在1.32~2.23[③]，远大于1，意味着国际旅游可以被视为一种奢侈品。国际航空运输协会（International Air Transport Association，IATA）的报告显示，美国市场上乘坐飞机旅行的游客的收入弹性估计值在1~2[④]，表明航空旅行的增长率高于收入的增长率，即航空旅行会随着收入的增加表现出更快的增长。收入水

① Falk M. The sensitivity of winter tourism to exchange rate changes：evidence for the Swiss Alps[J]. Tourism and Hospitality Research，2014，13（2）：101-112.

② Brida J G，Risso W A. A dynamic panel data study of the German demand for tourism in South Tyrol[J]. Tourism and Hospitality Research，2009，9（4）：305-313.

③ Song H，Kim J H，Shu Y. Confidence intervals for tourism demand elasticity[J]. Annals of Tourism Research，2010，37（2）：377-396.

④ IATA. Air travel demand：measuring the responsiveness of air travel demand to changes in prices and incomes[R]. IATA Economics Briefing No.9，2008.

平也是影响东盟国家的国内旅游需求的重要因素之一。游客收入每增加1%，东盟大多数国家（柬埔寨、印度尼西亚、老挝、马来西亚、菲律宾、泰国和越南）的国内旅游需求平均增加2.37%；在印度尼西亚、马来西亚、菲律宾和泰国4个国家，收入弹性值可以达到3.11%[①]。

值得注意的是，当一个国家进入服务经济时代，普通旅游产品很可能会成为一种必需品，消费者对旅游需求的收入弹性将变小。此外，在不同社会群体眼中，服务有普通服务和耗时服务之分，而休闲旅游属于耗时服务产品。当代社会，有闲群体正变得越来越忙碌。原因在于，对有闲群体而言，时间等同于凝固的货币，他们将闲暇时间用于诸如文化、娱乐和休闲这类耗时服务的机会成本要远高于工薪族，故而收入的增加并不一定带来他们对文化、娱乐和休闲服务需求的明显增长，这一现象被称为林德命题（Linder theorem）[②]。

3. 交叉价格弹性

交叉价格弹性（cross price elasticity），是指消费者对某种旅游产品的需求，受该产品的替代品和互补品价格的变化而变化的程度。其计算公式为

$$E_{AB}=\frac{\mathrm{d}Q_A}{\mathrm{d}P_B}\cdot\frac{P_B}{Q_A} \tag{1.8}$$

如果航空机票价格的下降，导致了高铁旅行需求量的减少，说明两者是可以相互替代的产品，即两者的交叉价格弹性为正值($E_{AB}>0$)，如图1.4中曲线D_2向右上方倾斜，表明其斜率为正值。通常，短途航空旅行的价格弹性普遍高于长途航空旅行的价格弹性，这在某种程度上正是对飞机—高铁旅行存在替代效应的反映。因为短途旅行存在多种交通替代机会，游客可以根据机票价格的变化决定是否改乘火车或汽车。特别是非常短途的航班（大约少于1小时的飞行时间）会受到其他交通产品更大的替代竞争。当然，如果存在天然的地理屏障（如跨越太平洋或青藏高原）或旅行的地理距离较远时，航空与高铁两个长途运输产品之间可能不存在相互替代的机会或替代性非常小。事实上，由于不同的旅游产品或旅游目的地或多或少都存在独特性，并且消费者的偏好各不相同，在现实中很少有两种产品之间可以实现完全相互替代。

如果旅游目的地交通价格降低导致该目的地景区参观游览人数大增，或者交通价格上涨导致该目的地住宿需求减少，说明两者是互补品的关系。也就是说，互补品具有负的交叉价格弹性：一种产品的价格降低（或上升）导致了另一种产品的需求量增加（或减少）。图1.4中曲线D_1向右下方倾斜，表明A产品价格提升导致B产品需求下降，因而其斜率为负值（$E_{AB}<0$）。当两种或者两种以上的产品或服务，由于一起使用而相互依赖时，就会发生这种情况。这在旅游业中非常普遍，因为游客的需求是对多种产品的联合需求，

---

① Nguyen H Q. Elasticity of tourism demand by income and price：evidence from domestic tourism of countries in ASEAN[J]. Cogent Social Sciences，2021，7：1996918.

② Baumol W J. Income and substitution effects in the Linder theorem[J]. The Quarterly Journal of Economics，1973，87(4)：629-633.

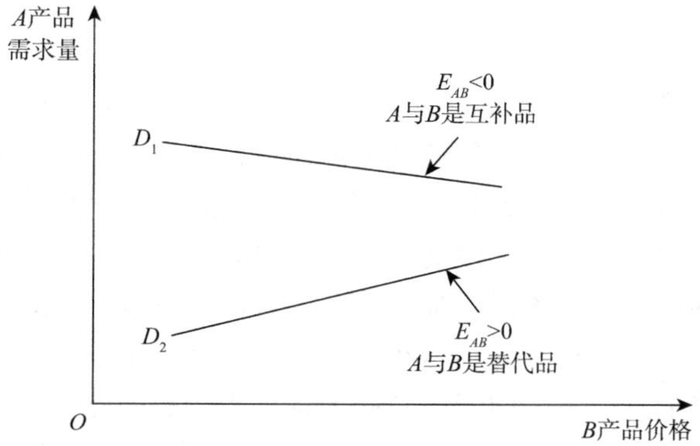

图 1.4 互补品与替代品的交叉价格弹性

产品之间的相互依赖性非常高。有研究表明，旅游需求交叉价格弹性均值为1.37，标准差为0.22①。从整体上看，旅游需求对产品本身的价格比对替代品价格敏感。

如果一种产品的价格上涨不会对另一种产品的需求量产生影响，如标准化的星级酒店价格下降，对于当地民宿产品消费需求量不会产生显著的影响，则说明酒店与民宿这两种产品是相互独立的，或者至少表明两者服务的客群具有明显不同的偏好，尽管两者提供的都是住宿服务。研究表明，休闲游客的酒店住宿需求会受到Airbnb（AirBed and Breakfast，爱彼迎）价格变化的影响，说明两者具有替代性。Airbnb的出现将蚕食低端酒店销售；但目前Airbnb难以影响商务旅游市场对高端酒店的需求，不过高端酒店的利润对Airbnb住宿价格的变化仍然很敏感②。

交叉价格弹性的信息不仅可用于衡量行业竞争的程度（见第七章），对于制定定价策略和分析与各种产品相关的风险也至关重要，特别是对于产品之间存在大量替代或互补关系的企业。如果竞争对手的交叉需求弹性很高，表明该企业将无法在不损失其销售情况下提高价格。例如，在新冠疫情影响下，从事会展活动的企业不得不与专门从事视频会议或直播的互联网企业进行竞争。拥有共同海洋的国家，如东南亚国家和太平洋岛国通常也是替代性目的地。对企业或目的地来说，如何应对其他相关商品和服务价格的变化是非常重要的。必须时刻注意其他旅游目的地或其他竞争性企业的报价，因为这会影响到自己的产品销售。

二、不同产品的需求弹性特征

了解消费者的需求弹性对于旅游产品营销及目的地收益管理具有非常重要的作用。根据不同产品的需求价格弹性和需求收入弹性，可以将商品分为不同的类型。这种分类有助于营销人员掌握自身产品的特性，从而在市场上开展有针对性的营销活动。

---

① Nguyen H Q. Elasticity of tourism demand by income and price：evidence from domestic tourism of countries in ASEAN[J]. Cogent Social Sciences，2021，7：1996918.

② Li H，Srinivasan K. Competitive dynamics in the sharing economy：an analysis in the context of Airbnb and hotels[J]. Marketing Science，2019，38（3）：365-391.

1. 正常商品

正常商品指随着产品价格增加而需求量减少的产品，同时其需求收入弹性小于1。这样的产品也称为经济性物品。正常商品的需求价格弹性为负值，而无论其绝对值是否大于、等于或小于1。如果某种产品的需求是富有弹性的，那么价格的微小下降将引起需求的显著增加，总收益将会增加。因此，从收益管理的角度，如果消费者对于某种产品的需求是富有弹性的，应该降价以增加总收入（total revenue，TR）；如果需求是缺乏弹性的，价格上涨所引起的需求下降很微小，此时，应该涨价以提高总收益；如果需求是单位弹性的，则价格上涨或下降引起的总收入水平不会有变化。

许多研究表明，旅游产品的价格是游客选择目的地时重点考虑的因素[①]。世界经济论坛（World Economic Forum，WEF）编制和每年发布的世界各国/地区旅行和旅游竞争力指数（travel and tourism competitiveness index）评价体系中，目的地价格竞争力也是构成该指数的基本指标之一。鉴于旅游产品的价格在一定程度上受旅游目的地或其旅游部门的控制，保持价格竞争力和制定恰当的定价策略对于保持旅游目的地竞争优势至关重要。旅游目的地的旅游部门需要持续不懈地努力降低成本、采用新技术、研究和开发新产品，以保持价格优势。值得注意的是，考虑到交叉价格弹性效应，一个旅游目的地的旅游活动水平是由绝对价格和相对价格共同决定的[②]。

2. 奢侈品

旅游作为非基本需求，可支配收入是影响旅游需求的重要因素，它不仅影响人们对于目的地的选择和旅游的形式，也有助于企业确定潜在的客源市场，制定相应的营销战略。对于大多数产品，收入与需求之间存在正相关关系，即对产品的需求将随着收入的增加而增加，反之亦然。如果需求收入弹性大于1，即随着消费者财富的增加，其对某种产品的需求将显著增加，这种具有较高收入弹性的产品往往称为奢侈品。例如，头等舱机票、奢华酒店住宿或米其林餐厅的食品。这是因为，当人们的收入增加后，自然会更看重产品的品质，购买优质商品代替质量一般的商品，如购买豪华汽车代替普通汽车。优质商品总是昂贵的，而且往往相对稀缺或更难获得。因此，随着收入的增加，追求质量更好的产品的消费将占据较大的比例，提供高需求收入弹性产品或服务的企业将会相对较快地增长，而那些提供经济型产品的企业可能只会温和地扩张，生产低需求收入弹性产品或服务的企业的销售额会减少。

奢侈品是随收入增加而（消费）需求增加的产品。与普通商品不同，它的需求收入弹性始终大于1，而必需品的收入需求弹性远低于1，甚至为零，如居民的通勤需求。研究表明，国际旅游的需求收入弹性估计系数大于1，均值为2.10，标准差为0.17，表明大

---

① Dwyer L，Forsyth P，Rao P. The price competitiveness of travel and tourism：a comparison of 19 destinations[J]. Tourism Management，2000，21（1）：9-22.

② Stojanović I，Puška A，Osmanović N，et al. Effects of price competitiveness on tourism performance under different economic conditions[J]. Tourism，2021，69（4）：543-558.

多数国际旅游被认为是奢侈品[①]。从旅游目的地管理的视角出发，如果某个目的地需求收入弹性为正值，则属于正常的旅游目的地；如果该目的地的需求收入弹性超过1，说明该目的地旅游产品可能在市场上被视为一种奢侈品。

奢侈品并非既定不变的。某个产品属于奢侈品还是必需品，取决于这种商品或服务是消费者“想要的”还是“需要的”。当消费者预算紧张时，即使是普通的旅游度假也会成为奢侈品，消费者会寻找价格低廉的旅游产品或者根本不外出旅游，其价格弹性也会增加。在经济衰退时期或新冠疫情期间，企业可能削减商务旅游支出，面对面的商务活动、会议、展览纷纷转向Zoom、腾讯会议等高清视频会议数字平台或云直播、云展览，这会把商务旅游这种过去的必需品变成奢侈品。奢侈品并非真正必要的产品，此时其需求量往往会在价格上涨时急剧减少，因此在经济衰退时如何制定灵活的价格对于收益管理很重要。

3. 劣质商品

与奢侈型旅游目的地对应的是，质量较差的旅游目的地的收入弹性通常为负值，意味着该旅游目的地被市场认为属于劣质商品（inferior good）或廉价品。劣质商品是指那些随着人们实际收入的增加而需求量减少的商品。简单地说，也就是当一个人的实质性收入增加后，将减少对该类物品的购买，用更好的商品取代。例如，与五星级酒店相比，汽车旅馆或经济型酒店属于劣质商品；与米其林餐厅相比，快餐食品属于劣质商品；与私家车相比，公共交通，如地铁、巴士属于劣质商品。

劣质商品的需求收入弹性小于零，消费者收入与其产品需求之间存在负相关关系。不过，凡事总有例外。在1845年爱尔兰发生灾荒时，土豆价格急剧上涨，但是它的需求反而增加。因为灾荒造成人们实际收入下降，土豆作为一种生活必需的低档食品，实际收入的下降使得人们不得不增加对其的购买。这一现象最早被英国人吉芬发现，后来者从而将价格上涨而销量反而增加的劣质商品称为“吉芬商品”（Giffen good）。吉芬商品的特殊性在于其价格上涨的收入效应超过了它的替代效应，使其需求曲线呈现出向右上方倾斜的特殊性。与奢侈品类似，同一种商品，对一部分人是吉芬商品，对另一部分人可能只是普通商品。

按照旅游目的地生命周期模型，当目的地出现游客过剩同时又缺乏良好的治理和产品发展规划时，游客很容易转向其他目的地，导致需求量下降，这样的目的地很容易滑向劣质商品范畴。成功的目的地发展需要基于游客的价值，而不是数量。它不一定是奢侈昂贵的或精英主义的，但它应当是质量很好的。供应商需要设法为其产品增加价值，为游客提供卓越的体验，政府也应制定提高竞争力、刺激创新和支持旅游业的政策，并始终关注目的地消费客群的变化，以确保长期提供质量优良的旅游产品。

---

① Nguyen H Q. Elasticity of tourism demand by income and price：evidence from domestic tourism of countries in ASEAN[J]. Cogent Social Sciences，2021，7：1996918.

4. 炫耀性商品

作为社会生物，人类天生既顺从又竞争，既想在社会中获得地位，又想在社会中被同化。这使得人们常常为了地位和声望在消费形式方面相互竞争。炫耀性商品（conspicuous goods）是一种需求随价格上涨而增加的商品，又称为凡伯伦商品（Veblen goods）。因为人们认为其高昂的价格可以显示出消费者的财富与更高的社会地位，通过消费这种商品可以给人带来受到其他人尊敬的心理满足感，即虚荣效用。顶级名车、游艇、私人飞机、珠宝名表和时尚艺术品是典型的凡伯伦商品。闲暇是非生产性劳动，与工作相比是无直接收益性的。在过去，只有富裕的群体才有能力将时间花在休闲上，因此，对于高收入人群来说，休闲可以显示出较高的社会地位。如今，参加奢华旅游（luxury tourism）或高尔夫俱乐部，到瑞士滑雪或南极旅游、太空旅游也可以被视为凡伯伦商品。

全球市场洞察（Global Market Insights，GMI）2022年的报告显示，即使在新冠疫情影响下，全球豪华旅游市场规模在2021年也超过了170亿美元，其中北美豪华旅游市场规模为20亿美元；定制和私人度假类细分市场占2021年市场份额的近20%；千禧一代的豪华旅游在2021年的收入约为45亿美元；预计2022~2030年，全球豪华旅游的复合年增长率将达到15%，体育和娱乐活动将成为主要增长点①。参与豪华旅游市场的一些主要公司包括Abercrombie & Kent USA、Silversea Cruises、TUI Group、Backroads、Travelopia和Audley Travel等。随着旅行限制的放松，特别是社交媒体平台的使用，豪华旅游在美国等发达经济体将加速普及。

凡伯伦商品与位置商品（positional goods）不同，尽管后者的需求也会随价格上涨而增加。位置商品是非常稀缺的商品，因为它们拥有特定的作用或功能，如学区房、高级社交圈等。位置商品能很好地显示消费者在社会上的地位。与位置商品有所不同，凡伯伦产品在低价时可能具有正常的需求曲线，但在高于某个“门槛”价格时需求曲线开始以其他方式倾斜，如图1.5中的曲线*D*。事实上，任何商品都可能具有某种凡勃伦效应，只要其高昂的价格对市场上该商品的消费能产生积极影响。

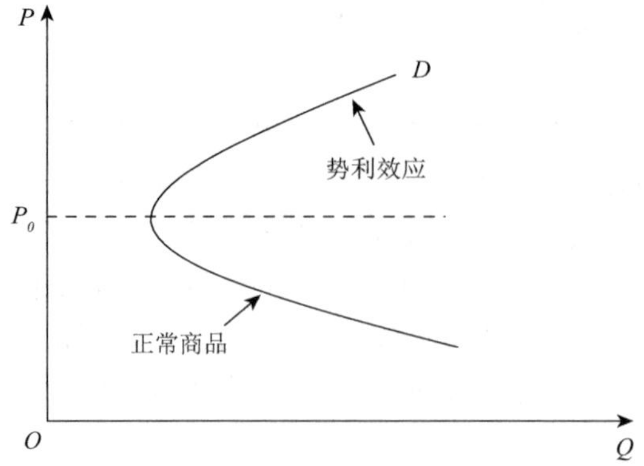

图 1.5 炫耀性商品的需求价格弹性曲线

---

① GMI. Luxury tourism market[R]. https://www.gminsights.com/industry-analysis/luxury-tourism-market，2023.

凡伯伦商品的产生受到势利效应（snob effect）的影响。研究表明，游客可以在不同程度上感知到目的地的炫耀性。参观游览纽约、洛杉矶或拉斯维加斯等美国著名的目的地城市往往会被认为带有炫耀性；提供特殊的餐饮或奇特的体验，引导游客到高端品牌零售店购物，或参与特殊的活动（如时装表演），都可以提供游客炫耀的方式，以便创造引人注目的效果①。一个目的地对游客来说有多时髦和独特，对消费者做出决定就有多重要。“去这些地方旅游是我社会地位的象征”“去这些地方旅游是成功和声望的象征”“我去这些地方旅游是为了引人注目”……这些都是炫耀性消费的核心价值，也是人们寻找机会参观著名景点的原因之一。

炫耀性消费对生产有很强的拉动作用，有利于刺激消费，提升市场活力，同时也能给消费者带来极大的心理满足感。目的地营销组织或旅游供应商应定期了解游客对其目的地或产品的感知，以便更好地定位其市场，开发更合适的旅游产品。特别是自媒体时代的到来，游客信息分享的途径更加丰富，微信朋友圈、抖音、微博等数字平台为消费者的炫耀性行为提供了重要的工具。合理利用炫耀性心理，提高信息分享的内在价值，引导消费者适度消费，既满足人们对美好生活的向往，也有助于旅游经济发展。

第三节 影响旅游需求的因素

一、价格因素的影响

有许多因素影响着旅游市场需求。首先是价格因素，这是指进行一次旅游活动或者享用某种旅游产品或服务所付出的金钱上的成本，包括往返目的地的交通成本，以及进行旅游活动的其他支出，如住宿、餐饮、娱乐等。商品自身价格变动导致的需求量变动，体现为需求曲线上点的移动，而不会导致需求曲线位置的移动。

旅游的异地性与消费的多样性，导致消费者在选择目的地时不仅要评估所消费的旅游产品或服务的价格，还需要评估地方物价水平。旅游业的扩张会提高当地资产价格和物价水平，导致质量相同的连锁酒店在不同城市具有不同的价格水平。因此，在评估价格因素对旅游需求的影响时，应将其转换为相对消费者价格。对于国际旅游，目的地旅游产品相对价格的变化很大程度上是名义汇率的变化而不是相对通货膨胀率的变化引起的，这是由于国际游客在他国旅行时需要将本国货币兑换成其他国家的货币进行消费，兑换率（汇率）变动是影响国际旅游需求的重要决定因素。此时，产品价格由两部分组成，即汇率和相对消费者价格。

---

① Phillips W J, Back, K J. Conspicuous consumption applied to tourism destination[J]. Journal of Travel & Tourism Marketing, 2011, 28 (6): 583-597.

研究表明，旅游需求相对于汇率的弹性在绝对值上明显大于1。例如，瑞士游客对汇率和相对价格的变化高度敏感，实际汇率弹性在−1.5~−2.2，欧元对瑞士法郎的贬值曾导致过夜游客增加了17.3万人次①，说明汇率变动是影响滑雪旅游需求的主要因素。当然，汇率敏感性与游客所在国家有关。对于来自荷兰、比利时、法国、意大利和美国的游客来说，汇率弹性绝对值很大；而对于来自英国、西班牙和奥地利的游客来说，汇率弹性接近于1；对于德国和北欧国家来说，其弹性在0.4~0.6①。出游目的和动机（度假、商务、探亲访友）不同，也有不同的汇率弹性。商务旅游对汇率变化不敏感，而度假旅游对汇率高度敏感；对于豪华酒店和高档酒店，其汇率弹性也明显较高。

旅游产品价格很难直接衡量，且受市场供需影响。通常使用旅游价格指数作为代理指标。中国社会科学院旅游研究中心从2011年开始编制中国旅游消费价格指数（tourism price index，TPI），用于反映全国旅游消费商品和服务项目价格水平变动趋势和变动幅度。海南省发展和改革委员会编制了中国·海南旅游消费价格指数（简称海南TPI）以反映地方旅游价格的变化情况。2022年9月，海南TPI同比上涨22.30%，其中国内航班机票、轿车租赁、酒店客房价格分别较2021年同期上涨65.23%、40.85%、21.76%②，反映出海南作为国内重要的旅游目的地，呈现消费趋热现象。

二、非价格因素的影响

非价格因素变动也会导致需求变动，这些因素包括游客休闲时间的变化、目的地的吸引力、旅游服务的质量、旅游目的地的政治稳定性、天气状况及目的地的营销活动等。在此，特别需要将需求曲线上的变化（如价格变动引起）的影响与需求曲线的变化（如收入水平的变化引起）的影响分离开来。非价格因素对于旅游需求的影响体现为需求曲线的移动。如图1.6（a）所示，在任何给定价格下，消费者平均收入增加或者偏好发生有利的变化，以及消费者预期产品价格将很快上涨，或者可利用的时间增加等，都会增加人们的消费需求。因此，利好的非价格因素会导致需求增加，曲线向右移动；而不利的非价格因素在任何给定价格下将会导致需求的减少，会导致需求曲线向左移动。例如，为了完善旅游基础设施或进行市场营销，许多旅游目的地（国家或城市）向游客征收税费，如住宿税、入境/出境税或游览费等，这将提高旅游目的地的旅游产品价格，从而使消费者支付意愿（willingness to pay，WTP）下降，需求曲线将向左移动；反之，如果给予旅游供应商补贴，如免税购物，将会提升消费者支付意愿，使需求曲线右移（见第十四章）。

---

① Falk M. The sensitivity of tourism demand to exchange rate changes: an application to Swiss overnight stays in Austrian mountain villages during the winter season[J]. Current Issues in Tourism, 2015, 18(5): 465-476.

② 中国·海南旅游消费价格指数网. 2022 年 9 月份中国·海南旅游消费价格指数月报[EB/OL]. http://www.tourpi.org/zsfx/6971.jhtml, 2022-10-21.

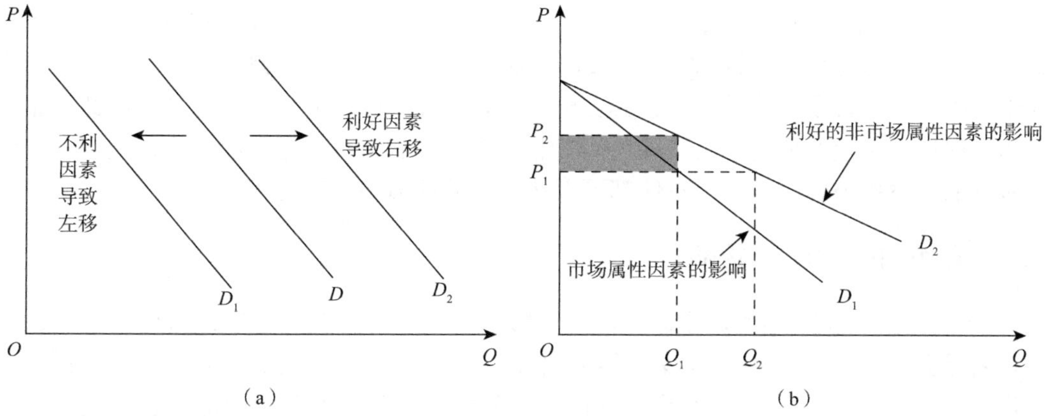

图 1.6 非价格因素对旅游需求和价格的影响

资料来源：Divisekera S. Tourism demand models：concepts and theories[M]//Tisdell C A. Handbook of Tourism Economics Analysis，New Applications and Case Studies. Singapore：World Scientific Publishing，2013：33-66

从供给侧来看，旅游产品通常由一系列产品或服务组成，既包含人为制造的有形物理产品，也包含历史遗存和自然天成；其中一些产品或服务可以通过市场予以定价，而另一些物品，如新鲜的空气、宜人的气候则没有市场价格。由此，可以将影响旅游需求的非价格因素进一步分为市场属性（market attributes）因素和非市场属性（non-market attributes）因素。这两方面因素都会对旅游需求产生积极或消极的影响。

市场属性因素是指这些属性的组成要素在市场上很容易被定价，如酒店房间大小、是否配备停车位、酒店位置等。非市场属性因素主要是指目的地或旅游产品的环境属性，如靠近海滩、风光优美、交通便利的住宿设施通常定价较高。世界上许多受欢迎的旅游目的地的吸引力在很大程度上都依赖于优质的自然环境。同样，即使是同类旅游吸引物或旅游产品，如海滨旅游度假地、热带雨林、冰川湖泊、公园荒野、高山滑雪场等，都依赖于自然美景、理想天气和安全条件等的组合来吸引游客。例如，通过对TripAdvisor平台上芝加哥168家酒店2011~2016年的消费者评论的文本挖掘发现，决定消费者评论评级的30个重要属性中，前10个属性都与房间有关，包括空间、景观、安静度、现代化、清洁度和浴室等，大堂和房间装饰、免费早餐或停车对评分也有正面影响；在后10个重要属性中，许多都与酒店外部环境有关，如靠近商场、河流、步行通道和公园等，这些都与城市环境密切相关①。

良好的非市场属性因素会增加需求。给予有利的非市场属性因素存在的空间，可以增加消费者对于旅行产品的支付意愿。相反，如果对非市场属性因素的认知较少，总需求就会下降，从而导致生产者盈余的损失。如图1.6（b）所示，如果只考虑市场属性因素，旅游目的地或旅游供应商在定价P_1的价格水平下仅能获得Q_1个单位的需求量。如果考虑到美好的环境所提供的价值（环境吸引力），消费者愿意支付的价格将上升到P_2。此时，生产者将获得溢价带来的盈余［图1.6（b）中阴影区域］。如果旅游供应商保持价格

① Jang S H，Liu T，Kang J H，et al. Understanding important hotel attributes from the consumer perspective over time[J]. Australasian Marketing Journal，2018，26（1）：23-30.

不变，则消费者的需求曲线将外移至 D_2，旅游供应商或旅游目的地将获得更多的收入和就业，消费者数量增加（Q_2-Q_1）导致社会福利增加。特别是考虑到体验大自然已经成为中高收入人士喜爱的旅游方式，其支出将随着环境吸引力的增加而增加。因此，旅游目的地保持高质量的环境、发展绿色消费非常重要，旅游目的地、游客、供应商、居民等所有的利益相关者作为一个整体都可以从美好的环境中获得更多福利。

三、消费外部性的影响

价格因素和非价格因素对需求的影响都建立在市场需求的可加性假设基础上，即消费者是独立地从自身偏好和支付能力出发进行消费选择。鲍德里亚在《消费社会》中指出，消费的实质是人的本质的外化；消费并非一系列简单的商品组合，而是一串符号商品构成的意义。对凡伯伦商品的追求和消费就是人们炫耀财富和给他人留下深刻印象的手段。因此，消费有其社会内涵和关系价值。消费者选择产品和服务不仅为了购买其功能，也为了购买其象征价值和意义。消费是消费者在市场和社会中区分自己的一种方式。每个消费者的需求在一个社会中都是相互依存的。需求相互依存之所以发生，是因为消费者可以获得一种非功能性效用。非功能性需求表明消费不再是个体主义的，而是转变为一种社会活动，其中某一个体对某种商品的消费成为其他人消费该商品的原因。如果一个消费者对某种商品的需求取决于其他人的需求，那么在其他条件相同的情况下，消费者对该商品的需求就会因人际影响而发生变化，这种效应称为消费外部性。

假设有两家提供相同食物品质和服务的餐厅，如果消费者只看重质量和服务，则两家餐厅在消费者中的受欢迎程度是一样的，因为消费者会随机选择。但常见的情况是，消费者宁愿苦苦排队1小时在生意火爆的餐厅外等候安排座位（如开篇案例中的茶颜悦色），也不会问津另一家冷清但同质的餐厅。这是由于，在熙熙攘攘的餐厅外面排队将对潜在消费者产生额外的效用，且这种效用很可能超出了美食本身。在其他条件相同的情况下，餐厅中的顾客或排队的消费者越多，消费者获得的效用就越大，市场需求就越大。因此，每个消费者的效用不仅取决于其消费的菜肴，还取决于正在消费或即将消费的其他人。在存在消费外部性的情况下，将个体需求相加得出市场需求将不适用。此时，存在市场需求的不可加性（non-additivity in market demand）。因为个体需求仅部分地取决于自身需求，消费者会根据他们对市场需求的预期来调整他们的需求。尤其是对于一些具有社交属性的产品或服务，如文化体育娱乐活动、网络游戏和社交网络媒介，消费者会非常多地考虑他们的家人、朋友或同事的消费。Stackla的调查显示，美国57%的千禧一代在看到朋友在社交媒体上发布的图片或视频后曾计划相同的旅行[①]。如果消费中普遍存在人际影响，此时商品的价值就会超越其内在品质或功能性效用，市场需求的性质将发生变化。市场对商品的需求将与没有社会影响的市场需求不同。

---

① Stackla. The consumer content report：influence in the digital age[EB/OL]. https://wfanet.org/knowledge/diversity-and-inclusion/item/2017/11/09/The-Consumer-Content-Report-Influence-in-the-Digital-Age，2017-11-09.

消费外部性是消费者通过自身消费为他人创造的并未得到补偿的利益或损失（见第十二章）。由于消费外部性与市场上的消费者数量或商品需求量相关联，它也被称为需求的网络外部性（network externality）或网络效应（network effects）。个体需求受到他人需求的影响越大，消费者越多，同伴影响或网络效应就越大。例如，30年前《正大综艺》栏目外景主持人可以看作国内最早的一代旅游博主，带领电视机前的观众环游世界，体验不同的地域文化。互联网技术的发展，催生了更多的旅游博主、UP（upload，上传）主播、旅游达人等，他们以自身的专业优势分享并推荐旅游目的地或旅游产品，获得了许多消费者的支持。据2021年发布的按“粉丝”数排名的抖音10大旅游博主排行榜①，排名前三位的旅游博主“粉丝”数分别为：4 053.5万人、1 037.5万人和936.9万人，其中31~40岁“粉丝”占比在43%~46%。虽然“粉丝”数或观看数量不一定会导致购买行为，但这样的指标仍然可以作为最终购买的重要指引，因为消费者不会毫无兴趣地随意点击观看。因此，这些在社交媒体上拥有极大影响力的网络大V或网络红人的推荐仍可作为了解消费者旅游偏好和市场趋势的重要指示器，只不过需要谨慎使用。

旅游消费外部性会产生两种相反的市场力量，分别称为潮流效应（bandwagon effect）与势利效应。

1. 潮流效应

潮流效应也称为群体效应，指的是消费者倾向加入某种消费潮流以跟上大众的步伐。例如，随着《恰好是少年》《妻子的浪漫旅行第五季》等旅行真人秀节目相继播出，“综艺+旅游”模式引发关注。借助互联网的传播与推广，旅游类综艺带动越来越多的年轻人将综艺取景地作为出行时的第一选择。去取景地“打卡”、走“明星同款”线路，已成为一种潮流。又如，随着《创造营2021》热度的不断提升，节目录制地海南的海花岛迅速晋升为炙手可热的网红海岛，导致海花岛欧堡酒店营业额大幅度提升。《全球旅游目的地分析报告》显示，24.5%的受访中国游客表示在观看某部综艺节目后，会有意向前往取景地旅游②；户外真人秀《亲爱的客栈》开播后，其取景地泸沽湖的热度增长了56%；《向往的生活第五季》拍摄选址在湖南省常德市桃花源风景区，取景地一经公开，相关话题迅速登上热搜榜单，为桃花源风景区带来许多关注。

潮流效应是一种积极的社会群体效应。如图1.7所示，初始需求曲线D_0是市场上的消费者独立做出购买决定时的市场需求。由于消费的网络效应，某些消费者受到他人的消费影响而产生跟风购买行为，产生一种社会传染效应，市场需求曲线将外移至D_2，并且变得更有弹性。在价格水平不变的情况下，市场需求从Q_0增加到Q_2，市场需求增加，商品更受社会欢迎。随着网络社交媒体的兴起，消费者可以更直接、更快捷方便地标记自己信任的朋友圈，也会更加重视其他社区成员的关注和认可，而不再受限于传统上由地

① 腾讯网. 10 大旅游博主粉丝量【抖音】排行榜 他们凭什么让百万网友上头？[EB/OL]. https://new.qq.com/rain/a/20211220A08H6G00，2021-12-20.

② 王宇婷. 当“综艺+旅游”成为一种潮流[EB/OL]. http://www.ctnews.com.cn/fyly/content/2021-06/21/content_106429.html，2021-06-21.

理位置界定所处的社群，消费的相互依赖性由此得到强化。

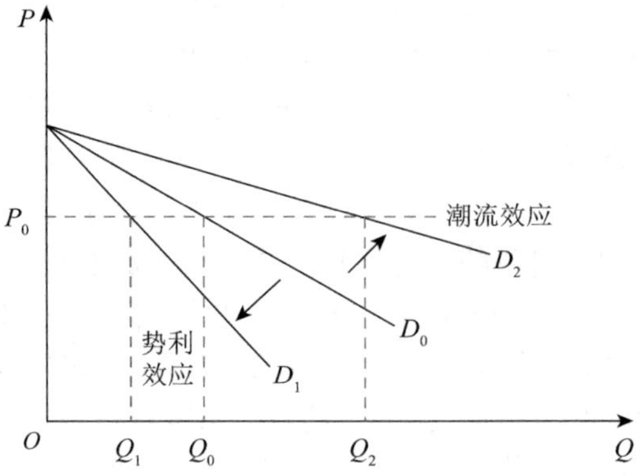

图 1.7 消费外部性对旅游需求的影响

2. 势利效应

与潮流效应相反，势利效应是指随着其他人的需求增加（减少），市场上消费者的需求相应减少（增加）的现象，即消费者的需求与其他人的需求相反。这是由于在社会消费竞争中，某些消费者为了显示自己的独特性而倾向寻求与他人的排他性。势利效应是一种负面网络效应。在其他条件不变的情况下，由于势利效应的影响，图1.7中的初始需求曲线D_0将向内转动到D_1，市场需求从Q_0减少到Q_1，需求弹性也相应降低。

潮流效应和势利效应可以用来解释旅游目的地或旅游产品的更替，特别是为什么一个旅游目的地可能会在某个阶段失去人气并被新的旅游目的地取代。例如，广西桂林阳朔在20世纪90年代末期成为国外背包客偏爱的目的地。许多外国人在西街上开设店铺为游客提供服务，西街由此成为享誉中外的“洋人街”。渐渐地，随着国内游客人数的增加，国外背包客在势利效应影响下逐渐减少。国内大众游客随之成为旅游市场的主体。又如，近年来乡村旅游的大发展推动非标准化特色民宿异军突起，导致标准化的中档星级酒店客单价和入住率双双降低，这也是势利效应作用的结果。可见，旅游目的地的兴衰、旅游产品的更替在一定程度上是由潮流效应和势利效应依次驱动的。

在实践中，旅游需求曲线将会是个体偏好、支付能力、市场属性因素和非市场属性因素、积极和消极社会效应联合影响的结果。除此以外，还有其他一些影响旅游需求或需求弹性的因素（阅读材料1.1）。所有这些因素的作用大小都取决于消费者在决策时所处的具体情景。但旅游供应商及目的地的旅游政策制定和发展规划中都应该考虑这些因素的共同影响，以打造符合市场期望的产品。

阅读材料 1.1 影响旅游需求的其他因素汇总

（1）替代品的数量和相近程度：替代品越多，需求对价格变化越敏感。

（2）比较效应的难度：当消费者越难以将已知或信誉更高的产品（如国际连锁酒店）与潜在但鲜为人知的替代品进行比较时，他们对该产品的价格敏感度越低。

（3）转换成本效应：消费者为转换产品而必须进行的特定投资（成本）越高，在选择替代品时对价格的敏感度越低。例如，航空公司忠诚客户积分奖励计划。

（4）价格–质量效应：如果消费者认为产品价格高就意味着质量好，他们对价格的敏感度就会降低。例如，五星级酒店的住宿需求往往不如经济型酒店的住宿需求具有价格弹性。

（5）支出效应：产品需求的价格弹性取决于产品在消费者预算中的重要性。对于更昂贵的产品，需求往往更具价格弹性。因此，国际游客往往比国内游客对价格更为敏感。

（6）最终利益效应：指的是一个给定的购买与一个更大的整体利益的关系。一是衍生需求，如消费者对出境旅游所带来的最终利益的价格越敏感，他们对有助于该利益的产品价格（如机票价格）就越敏感。二是价格比例成本，指有助于产生最终收益的给定组成部分占最终收益总成本的百分比。如果酒店支出在整个出境旅游总成本中所占份额越小，消费者对住宿产品的价格变化就越不敏感。

（7）共同成本效应：购买者自己支付的购买价格的比例越小，他们对价格的敏感度就越低。因此，商务游客对机票和住宿价格变化不太敏感。

（8）公平效应：当价格超出消费者认为“公平”或“合理”的范围时，购买者对产品价格更为敏感。这正是消费者避免在景区或机场的餐馆消费的原因。

（9）框架效应：当物品的价格是单独支付而不是作为捆绑的一部分支付时，购买者对价格的敏感度更高，如旅游线路产品组合。

（10）时间效应：消费者适应价格变化的时间越长，需求的价格弹性越大。这是由于消费者有足够时间了解替代品的可用性，并根据价格变化调整其购买模式。

（11）价格预期效应：无论价格变化被认为是永久性的还是暂时性的，都会引起不同于预期的相同幅度的永久性的需求反应。

（12）凡勃伦效应：将导致市场需求曲线变得陡峭甚至反向变动，反映出某些消费者对价格的敏感性降低。

资料来源：

Dwyer L，Forsyth P，Dwyer W. Tourism Economics and Policy[M]. 2nd ed. Clevedon：Channel View Publications，2020

第四节 旅游需求预测

旅游产品和服务具有易逝性。酒店客房、景区游览、飞机座位和汽车租赁，若在某个时点或时间段内，其接待能力没有被充分利用，则该产品及其收入将永久消失无法弥补。此外，旅游需求也容易受工作/闲暇时间分配、市场营销及外生冲击的影响而产生波动。旅游供应商需要适时做出反应，合理分配生产资源以有效降低企业运营风险，并尽可能地增加企业效益。例如，酒店需要根据预期的预订数量来分配员工并计划工作时间表；景区需要防止高峰拥挤对旅游基础设施和服务造成巨大压力；交通企业需要根据预期需求计划运营。因此，准确的旅游需求预测对于旅游产品销售以最佳价格进行定价至关重要。对旅游目的地的旅游管理机构而言，需求预测能有效地评估旅游业对经济发展的影响，可为制定旅游发展规划和拓展新的旅游市场提供科学的决策建议。

常用的旅游需求预测方法主要分为定性预测方法和定量预测方法两类。早期研究者对游客量的预测大多数采用定性预测方法，如销售人员调查法、专家意见法、焦点小组调查、德尔菲法和场景分析法等。定性预测方法最适用于历史数据不足、时间序列（time series）不可靠、宏观环境变化快、存在重大干扰和需要较长期预测的情形。但是，由于主观性较强，其预测的精确度和可信度可能不高。在无法使用其他方法的情况下，定性预测方法仍具有一定的参考价值，也可以用于调节定量预测方法结果。

定量预测方法通过收集反映需求发展变化的历史统计信息，运用数学工具对其未来趋势进行推断。目前，常用于旅游需求预测的定量预测方法主要有时间序列预测法（time series forecasting method）、计量经济学模型及人工智能方法三种。定量预测方法对数据资料质量要求较高。预测结果的可靠性一方面取决于对需求及相关影响因素的发展轨迹的数量描述是否准确；另一方面依赖于研究者在数据分析和处理方面是否建立了能够客观反映需求变化的数学模型。估计旅游需求的数据来源可以是多种多样的，包括政府统计、行业报告和消费者调查资料。在不同但固定的时间节点（如每年、每月、每周、每天）收集的连续性数据称为“时间序列数据”，在特定时间点针对不同的经济单位（或个人、家庭）收集的数据称为“横截面数据”。随着信息通信技术（information and communications technology，ICT）的发展，互联网上产生了巨量的数据信息，又称为大数据（big data）。这些数据每年大约增长50%，每两年将翻一番。大数据的出现促成研究者可以使用来自各种来源的大量非结构化或结构化数据观察和追踪旅游需求的变化，并且，由于技术进步及旅游供应商对数据的即时性和便捷性的要求，大数据分析在现代旅游需求预测中的作用越来越突出。

一、时间序列预测法

时间序列是由同一现象在不同时间上的相继观察值排列而成的序列。时间序列预测法包括移动平均法、指数平滑法、自回归模型或带有外生变量的自回归移动平均模型、时间函数拟合法等。

时间序列预测法的理论基础是惯性原理，它假定影响事物过去和现在发展的作用因素将一直延续到未来，也称为趋势外推。时间序列分析不考虑事物发展之间的因果关系，预测所依据的数据也具有不规则性。简单地说，可以将影响事物发展的因素按特点分为四大类。

（1）长期趋势（trend，用T表示）：是指受某种或某些决定性因素的影响，事物在一个相当长的时间内所呈现出来的持续增加、减少或升降交替的一种趋势和状态，反映现象发展变化的某种规律性。

（2）季节变动（seasonal fluctuation，用S表示）：是时间序列在一年为周期内以一种固定间距的自我循环，通常以月、季、周等为单位。旅游需求具有典型的季节性特点，它是旅游资源季节性，如春、夏、秋、冬四季交替，旅游活动季节性包括人为因素，如寒暑假、黄金周等的综合影响结果。

（3）循环变动（cycle，用C表示）：也称为商业周期，是指时间序列以若干年为间距的一种重复的周期性模式。旅游目的地生命周期是旅游目的地演化的基本规律，大体经历探索、参与、发展、巩固、停滞、衰落（或复苏）六个阶段，每个具体阶段的游客需求增长率都不相同。此外，旅游需求也会受到商业经济周期的影响。社会整体经济发展的扩张、收缩、再扩张的周期性变化也会导致旅游需求产生变化。

（4）不规则变动（noise，用N表示）：由偶然发生的事件引起，因此其变动无规则可循，又称为噪声。旅游需求往往受到突发事件，如自然灾害、公共卫生事件、恐怖袭击或节庆活动、体育赛事等的冲击而产生剧烈的波动。世界旅游及旅行理事会（World Travel & Tourism Council，WTTC）统计，2020年全球旅游市场遭遇新冠疫情带来的旅行限制重创，全球国际游客人次相比2019年下降了65.5%；在各国政府的努力下，2021年全球国际游客人次和总收入分别恢复至2019年的53.7%和55.9%[①]。

以上四种影响因素有时可能同时出现，共同影响旅游需求的变化，有时可能只有其中两三种因素起作用。一般情况下，长期趋势是影响时间序列变动的基本因素，季节变动和不规则变动往往会掩盖其中的客观变化。因此，预测中需要进行季节调整（seasonal adjustment）剔除季节变动要素，利用趋势分解法把长期趋势要素和循环变动要素分离开来，找出旅游需求的长期变化趋势。对于线性时间序列，在不考虑商业周期的情形下，可以选择如下四种数学模型来近似表达长期趋势。

（1）加法模型：$D = TC+S+N$，其中季节变动影响S用绝对数表达。

（2）乘法模型：$D = TC \times S \times N$，其中季节变动影响S用相对数表达。

（3）对数加法模型：$\ln D = \ln TC+\ln S+\ln N$，相当于对乘法模型取对数。

（4）伪加法模型：$D = TC \times (S+N-1)$，这一模型适用于某些月份含有接近于0的季节性因素影响的情形。

① World Travel & Tourism Council. Travel & tourism economic impact global trends 2022[R]. https://wttc.org/research/economic-impact，2022.

在使用时间序列进行需求预测中，年度数据的使用非常普遍，但越来越多的研究使用高频（月度或季度）数据预测旅游需求。高频数据的优点是能为旅游需求趋势提供实时性的信息，但非常高频率的数据，如日数据或小时数据很难获得。通常研究者面临的是多频率或混合频率的数据，此时需要采用混合频率数据处理方法，如平均加权的方法，将高频率数据转化为低频率数据，当然这会导致高频数据信息的损失。

对于高频数据，需要提取周期性并进行季节调整。季节调整就是从时间序列中去除季节变动要素，从而显示出序列潜在的趋势循环分量。这种趋势循环分量能真实地反映旅游需求变化的客观规律。常用的季节调整方法有移动平均法、Census X-13、Tramo/Seats方法等。其中，Census X-13-ARIMA[①]-SEATS季节调整法来源于1954年美国商务部国势普查局（Bureau of Census）与美国国家经济研究局（National Bureau of Economic Research，NBER）共同开发的计算机程序，能够按照数据的特征自动选择计算方式；还可以对特定假日影响进行调整并能对季节调整结果的稳定性进行诊断（软件下载地址：http://gretl.sourceforge.net/win32/）。

季节调整可以将季节波动因子从时间序列中分解出来，但长期趋势T和循环变动C被视为一体不能分开。一般情况下，可以采用HP滤波[②]法和BP滤波[③]法将长期趋势要素和循环变动要素进行分解，也可使用经验模态分解（empirical mode decomposition，EMD）法。EMD法是一种自适应（无须预先设定任何基函数）的数据处理或挖掘方法，可将一个频率不规则的波化为多个单一频率的波+残波的形式，非常适合非线性或非平稳时间序列的处理，具有很高的信噪比。

时间序列预测法非常适合处理线性趋势，并且只需要一个历史数据序列，其过程相对简单，一般至少需要5年的数据支撑，主要着眼于大中尺度的预测，如对国家或省市层面出入境客流的预测。需要注意的是，时间序列预测只是反映未来的发展趋势，本质上也只是反映在未来某个时间段内的平均数，实际观测值将围绕它上下波动。此外，时间序列分析建立在历史统计数据基础之上，并不直接与解释变量联系在一起，因此无法对游客行为进行分析和解释。

二、计量经济学模型

对决策者和研究者更有用的方法是计量经济学模型。与时间序列预测法相比，计量经济学模型通常使用复杂的数学方程，根据经济理论纳入影响旅游需求的外生变量，并力图寻找和识别影响需求的变量之间的（因果）关系。预测取决于对影响变量的作用及其相互关系的理解和认识。许多因素都会影响消费需求，假设影响目的地旅游需求的因素包括收入（Y）、价格（旅行的费用P_t）、相对价格（替代品P_s或互补品P_c的价格）、营销推广费用（M）及某些定性的因素，如人们对旅游目的地的偏好（A）、政治稳定性（S）、目的地形象（I）等。可以将需求函数简单地表示为如下线性模型：

① ARIMA：autoregressive integrated moving average，自回归积分滑动平均。

② HP 滤波：high-pass filter，高通滤波。

③ BP 滤波：band-pass filter，带通滤波。

$$Q = \alpha_0 + \beta_1 P_t + \beta_2 Y + \beta_3 P_s + \beta_4 P_c + \beta_5 A + \beta_6 M + \cdots + \mu \quad (1.9)$$

其中，α_0为截距；β_n为要估计的参数（系数），代表变量的边际效应；μ为误差项。如果是对数模型，则β_n代表一系列弹性系数，具体地，β_1为需求价格弹性，β_2为需求收入弹性，β_3为交叉价格弹性（替代品），β_4为交叉价格弹性（互补品），β_5为消费口味变化方面的需求弹性，β_6为营销或广告弹性，以此类推。

正如前文所介绍，对于国际旅游，还需要考虑汇率、国家间贸易和外交关系、文化距离、物理距离等，这有时会让人产生罗列不尽之感。虽然旅游需求预测越来越多地采用多元数据分析，但解释变量太多了会造成分析困难：一是数据可得性会存在问题；二是以有限样本量构建多变量模型会导致失败；三是各个变量之间也可能彼此相关，存在复杂的关系；四是从效率来看，纳入太多的解释变量将推高收集和处理数据成本。如果能够识别出影响旅游需求的重要变量并描绘出相互间的因果关系，就可以根据变量之间的因果关系进行筛选，将那些在理论上不存在因果关系的变量排除在外。这正是计量经济学模型的基本原理。因此，使用计量经济模型进行预测的主要挑战如下：模型是否包含正确的变量；是否正确识别了变量之间的关系（是决定因素还是次要因素）；是否选择了最恰当的指标；模型估计的准确性。

在旅游需求预测因子方面，传统上主要从消费行为理论和效用理论出发，重点考虑经济因素，如价格、收入和营销对旅游需求的影响。如前所述，考虑到非市场属性因素及社会群体效应对旅游需求的影响，仅仅纳入经济因素是不够的，还需要将一些定性的经济因素、非经济因素纳入预测模型并考虑消费外部性的影响。当前，许多研究者已经开始将特殊事件、自然资源的质量、气候指数、休闲时间指数、消费者情绪及与情绪相关的属性纳入预测模型。同时，随着网络通信技术的应用，游客普遍求助于搜索引擎来获取各方面的旅行信息。越来越多的研究者将搜索指数（searching index，SI）纳入各种需求预测模型之中。因为在线客户行为，如产品的实时浏览数量、页面浏览量、点击次数或购物车添加次数等可以在一定程度上反映出消费者偏好及其关注度。考虑到网红效应（celebrity endorsement effect），在对具体目的地或产品的短时销售预测中可以纳入反映网络明星（internet celebrity）影响力的指标或推荐指数（promoter score）[①]。

与传统预测方法相比，引入网络搜索指数作为预测变量可以得到更好的拟合度，且预测精度能得到显著提高[②]。不过也有研究表明，虽然搜索指数可以及时反映消费者的偏好及其变化，但使用搜索指数可能会高估旅游需求。例如，点击率高不一定会导致购买行为；搜索引擎的选择在很大程度上取决于其在客源旅游市场的受欢迎程度，使用不同搜索引擎的数据可能会导致不同的结果，如使用谷歌搜索数据可预测美国旅游趋势，而在中国，百度指数具有更好的预测精度。又如，使用不同的关键词会得到不同的搜索频率，用于模型预测会得到不同的结果。这些问题都可能导致预测误差。因此，关键词的选择与过滤、指数合成的方法及模型选择等对模型的预测精度极为重要，研究者需要谨慎使用。

---

① Glover P. Celebrity endorsement in tourism advertising：effects on destination image[J]. Journal of Hospitality and Tourism Management，2009，16（1）：16-23.

② Law R，Li G，Fong D，et al. Tourism demand forecasting：a deep learning approach[J]. Annals of Tourism Research，2019，75：410-423.

就预测模型构建而言，许多统计方法都有助于科学地确定旅游需求及其与影响因素之间的因果关系，以降低预测误差，避免出现伪回归现象。自回归分布滞后模型（autoregressive distributed lag model，ADLM）、误差修正模型（error correction model，ECM）、向量自回归（vector autoregression，VAR）模型和时变参数（time-varying parameter，TVP）模型等，均已成为当前旅游需求预测文献中的主流方法①。动态的近乎理想的需求系统（almost ideal demand system，AIDS）模型也已经被证明可以对旅游需求做出可靠的预测。这些模型偏重中长期趋势预测，是分析弹性和解释长期变动倾向的理想方法。此外，还有许多复杂的模型，如马尔可夫切换模型、贝叶斯模型、广义动态因子模型等预测技术也被研究者应用于旅游需求预测中以提高预测的准确性。

需要注意的是，计量经济学模型依赖于一致的历史模式和稳定的经济结构。一旦发生剧烈的经济结构突变或者突发事件可能会降低模型的预测能力。此外，计量经济模型预测中主要使用来自调查或政府统计的数据，该类统计数据通常是离线收集的，发生频率较低且高度聚合，数据的发布具有一定的滞后性，这使得高度依赖于该类数据的计量模型的实用性受到限制。

三、人工智能方法

人工智能方法也属于定量预测方法。计算机技术的飞速发展促进了人工智能方法在旅游需求预测中的应用。人工智能方法是数据驱动的自适应方法，不需要研究者对需求模型进行先验假设，它能够从大数据信息中挖掘和捕捉到数据之间微妙的函数关系，并允许将更多的变量如产品竞争、促销节奏、品牌价值甚至天气状况等融合到预测中，更为通用和灵活。在人工智能方法中，机器学习（machine learning，ML）技术越来越受到关注。机器学习基于算法设计，可以根据给定的数据集推断结构，如进行分类、聚类和回归，通过特征提取，将原始数据转换为一组有用的特征，并从中选择一组高度预测性的特征以实现良好的预测性能。并且，机器学习模型输入的影响可以在一定程度上被权衡和理解，从而使预测更加直观和透明。

机器学习常用的方法包括人工神经网络（artificial neural network，ANN）、灰色理论、遗传算法、蒙特卡洛模拟等方法，也有学者将其与支持向量回归（support vector regression，SVR）、随机森林等方法相结合预测旅游需求。其中，人工神经网络和支持向量回归模型可进行长期预测，特别是当预测变量与被预测变量之间的关系为非线性的时候，人工神经网络方法非常有用；而粗集算法和模糊时间序列模型则适用于有限数据的短期预测。

现实中，许多消费者的行为呈现为低频特性和长尾特征。数据驱动不需要繁杂的机理辨识过程，对于解释这些消费者行为是很有潜力的研究方法。虽然大数据强调相关关系而非因果关系，但大数据对相关性的分析可能蕴含着某些非常见共因，对这些非常见共因的探寻，能拓展我们的认知图谱。不过，人工智能方法复杂、费时、费力，需要大

---

① Song H，Li G. Tourism demand modelling and forecasting—a review of recent research[J]. Tourism Management，2008，29（2）：203-220.

量的训练数据识别模式。并且，人工智能技术并没有一个系统的建模过程，无法对不确定性进行解释。因此，在对旅游需求进行预测过程中，引入智能算法的组合预测模型是未来旅游需求预测的主要发展趋势。

组合预测基于单一模型预测结果，将非线性因素与线性因素分开考虑，并集合两种模型的优势，对单一模型预测结果进行优化。例如，可将多元回归的思想融入支持向量回归方法的研究之中。具体步骤为：首先，利用主成分分析法对旅游客流量影响指标进行综合分析，得到主成分，即输入变量；其次，建立以主成分为输入变量，以客流量为输出变量的最小二乘支持向量回归预测模型。又如，基于时间序列数据可分解为线性部分和非线性残差部分的原理，可以将时间序列ARIMA模型与BP（back propagation，反向传播）神经网络模型组合使用：采用ARIMA模型预测线性变化趋势，经过归一化处理后代入BP神经网络模型，计算出数据中非线性影响的部分，再将ARIMA模型的预测值与BP神经网络模型的预测值加权得出组合预测值。最后，还可用平均绝对百分比误差（mean absolute percentage error，MAPE）和希尔不等系数（Hill inequality coefficient，TIC）对优化结果进行评价与比较，确定最优组合预测线性模型①。其他对输入变量的改进优选方法还包括粒子群优化算法（particle swarm optimization，PSO），自适应粒子群优化算法（adaptive particle swarm optimization，APSO），自适应遗传算法（adaptive genetic algorithm，AGA）等。

组合模型考虑了多因素干扰的问题，能涵盖更多的信息，可提高预测精度。在旅游需求组合预测方法中，最主要的问题是如何选择最优的组合权重，使基于组合预测的旅游需求预测结果具有更高的预测精度。目前常用的方法包括等权组合、简单加权组合和熵值加权组合三种方法，一些新的非线性叠加的集成方法，如GMDH（group method of data handling，数据分组处理方法）也开始得到应用。

任何一种预测方法都有自己的局限性，没有哪一个模型可以在所有场景的预测中都可以做到优于其他模型。将人工智能方法与传统的定量预测方法和定性预测方法相结合，有助于整合不同方法的最佳特性，也有助于更好地理解游客行为，为开发有效的旅游需求预测系统提供有用的见解。

旅游需求受到各种社会、政治、经济、技术和环境变化的影响，这些变化都可能对未来的旅游业产生复杂的影响。了解旅游需求是现代商业行为的基础，经营者可以通过提供令人满意的产品或服务来满足游客并赢利；了解需求也是旅游规划和决策的核心，因为决策者、规划者和管理者都在努力使供应与未来需求相匹配。没有准确的预测，往往导致私人和公共决策者资源分配的严重不当。这使旅游需求预测成为一项非常重要且越来越有挑战性的工作。不过，预测本身不是目的，它只是企业或旅游目的地管理战略的一个组成部分，服务于具体的管理目标。

就预测本身而言，预测只有在排除了被预测对象的干预行为的情形下才有可能实现。1927年，德国物理学家海森堡提出了不确定性原理，他认为一种最微小的观测都可

① 汪威. 最优组合预测线性模型在旅游需求预测中的应用——以中国大陆赴澳门游客量预测为例[J]. 数学的实践与认识，2018，48（12）：49-58.

以使对象的状态发生改变，从而使原对象的体系进入一个新的状态量。即便采用人工智能，因为有了观测函数的作用，预测的正确性也将变得不可预知。但是，预测是预测者影响未来的一种途径，旨在为人们调整自身的社会行为提供指南。社会科学预测的效果不在于它所预测的事件是否如期发生，而在于它能否有利于人们将自己的行为调整到符合自身发展的轨道上来。证伪的预测并不一定是毫无价值的，因为有些社会预测的目的，正是需要通过引起一定的干预行为证伪自身以实现其价值。

关键词：

旅游需求　tourism demand
跨国旅游者人次　international tourist arrivals
市场需求　market demand
潜在游客　potential tourist
潜在需求　potential demand
无差异曲线　indifference curve
质量属性　quality attribute
需求定律　law of demand
收入效应　income effect
替代效应　substitution effect
价格弹性　price elasticity
收入弹性　income elasticity
交叉价格弹性　cross price elasticity
正常商品　normal good
奢侈品　superior good
劣质商品　inferior good
吉芬商品　Giffen good
炫耀性商品　conspicuous goods
凡伯伦商品　Veblen goods
位置商品　positional goods
市场属性　market attributes
非市场属性　non-market attributes
消费外部性　consumption externalities
潮流效应　bandwagon effect
势利效应　snob effect
时间序列预测法　time series forecasting method
季节变动　seasonal fluctuation
季节调整　seasonal adjustment
搜索指数　searching index
网红效应　celebrity endorsement effect
推荐指数　promoter score
旅游达人　tourism talent

复习与思考

1. 举例说明你对消费者“想要的”和“需要的”物品的理解。
2. 举例说明如何区分旅游产品的功能性效用和非功能性效用。
3. 请谈一谈旅游业应当如何适度“满足人民日益增长的美好生活需要”。
4. 在中国式现代化建设过程中如何通过旅游推动实现“人的现代化”？
5. 什么是无差异曲线？试举例说明。
6. 请说明需求与需求量的区别。
7. 请根据图1.2，计算出消费者效用函数$U(x,y)=x^{\alpha}y^{\beta}$中$\alpha$和$\beta$的数值。
8. 图1.3中，如果保持其他条件不变，浮潜的价格下降一半而冲浪的价格保持不变，那么消费者将如何选择？

9. 请根据图1.3计算该产品的需求价格弹性。

10. 如何理解需求的可加性和相互依存性？

11. 我们为什么需要了解不同商品的不同需求弹性，作用何在？

12. 请举例说明哪些旅游产品或活动是相互替代的，哪些是互补的，哪些是相互独立的。

13. 根据你的日常观察，Airbnb与酒店之间是相互替代关系吗？与民宿之间呢？

14. 如何理解奢侈品、炫耀性商品与位置商品的区别，请绘制出它们各自的需求曲线，并举例说明。

15. 将产品按不同弹性分类的目的是什么？

16. 结合茶颜悦色案例，分析旅游消费外部性。

17. 请举例说明非市场属性因素对游客决策或支付意愿的影响。

18. 如何为影响消费者需求的市场因素确定价格？试举例说明。

19. 影响旅游需求的因素有哪些？我们可以如何对其进行分类？

20. 介绍你熟悉的一种旅游需求预测方法，并说明其特点及优劣势。

21. 为什么在进行旅游需求预测时需要设定一个时间框架？

22. 在进行旅游需求预测时需要考虑哪些方面的因素？

扩展阅读：

Song等的Progress in tourism demand research：theory and empirics对旅游需求研究的最新进展进行了全面评价，并提出了三个有待探索的问题①。关于消费外部性和非市场属性因素对产品价格及需求的影响，可以阅读以下经典论文：Leibenstein的Bandwagon，snob and Veblen effects in the theory of consumers' demand②，以及Becker的A note on restaurant pricing and other examples of social influences on price③。克里斯·安德森的《长尾理论》④一书有助于理解当前的消费圈层化趋势和文化消费现象。关于网红明星对消费决策的影响，可参见Roy等的Celebrity endorsements in destination marketing：a three country investigation⑤。关于旅游需求预测模型与方法的发展动态，读者可自行查阅学习宋海岩、李刚、吴晨光等研究者的诸多综述性文献和最新研究。

---

① Song H Y，Qiu R T R，Park J. Progress in tourism demand research：theory and empirics[J]. Tourism Management，2023，94：104655.

② Leibenstein H. Bandwagon，snob and Veblen effects in the theory of consumers' demand[J]. The Quarterly Journal of Economics，1950，64（2）：183-207.

③ Becker G S. A note on restaurant pricing and other examples of social influences on price[J]. Journal of Political Economy，1991，99（5）：1109-1116.

④ 安德森 C. 长尾理论[M]. 乔江涛译. 北京：中信出版社，2006.

⑤ Roy S，Dryl W，Gil L. Celebrity endorsements in destination marketing: a three country investigation[J]. Tourism Management，2021，83：104213.

第二章

旅游供给

【导读案例】旅游资源分类：新旧国标的对比

旅游活动具有涉及面广和复杂多元的特征。旅游资源是开发旅游产品和开展旅游活动，形成有效旅游供给（tourism supply）的重要物质基础。2017年，中华人民共和国国家标准《旅游资源分类、调查与评价》（GB/T 18972—2017）[①]（简称新国标）取代了原来的GB/T 18972—2003版本。

新国标在2003版本的基础上进行了继承性更新。新国标将旅游资源的定义更新为"自然界和人类社会凡能对游客产生吸引力，可以为旅游业开发利用，并可产生经济效益、社会效益和环境效益的各种事物和现象"，同时保留了旅游资源"主类—亚类—基本类型"的三级分类结构，将旅游资源划分为8个主类、23个亚类和110个基本类型。8个主类包括地文景观、水域景观、生物景观、天象与气候景观、建筑与设施、历史遗迹、旅游购品和人文活动，如表2.1所示。

表 2.1　新旧国标分类对比[②]

主类	亚类（2003版国家标准）	主类	亚类（2017版国家标准）
A 地文景观	AA 综合自然旅游地	A 地文景观	AA 自然景观综合体
	AB 沉积与构造		AB 地质与构造形迹
	AC 地质地貌过程形迹		AC 地表形态
	AD 自然变动形迹		AD 自然标记与自然现象
	AE 岛礁		
B 水域风光	BA 河段	B 水域景观	BA 河系
	BB 天然湖泊与池沼		BB 湖沼
	BC 瀑布		BC 地下水
	BD 泉		BD 冰雪地
	BE 河口与海面		BE 海面
	BF 冰雪地		

① 《旅游资源分类、调查与评价》，参见：https://openstd.samr.gov.cn/bzgk/gb/newGbInfo?hcno=B8AFA5B524438117E00F3BC259B6831C.

② 白凯，王馨.《旅游资源分类、调查与评价》国家标准的更新审视与研究展望[J].自然资源学报，2020，35（7）：1525-1540.

续表

<table>
<tr><th>主类</th><th>亚类（2003 版国家标准）</th><th>主类</th><th>亚类（2017 版国家标准）</th></tr>
<tr><td rowspan="4">C 生物景观</td><td>CA 树木</td><td rowspan="4">C 生物景观</td><td rowspan="2">CA 植被景观</td></tr>
<tr><td>CB 草原与草地</td></tr>
<tr><td>CC 花卉地</td><td rowspan="2">CB 野生动物栖息地</td></tr>
<tr><td>CD 野生动物栖息地</td></tr>
<tr><td rowspan="2">D 天象与气候景观</td><td>DA 光现象</td><td rowspan="2">D 天象与气候景观</td><td>DA 天象景观</td></tr>
<tr><td>DB 天气与气候现象</td><td>DB 天气与气候现象</td></tr>
<tr><td rowspan="3">E 遗址遗迹</td><td>EA 史前人类活动场所</td><td rowspan="3">E 建筑与设施</td><td>EA 人文景观综合体</td></tr>
<tr><td rowspan="2">EB 社会经济文化活动遗址遗迹</td><td>EB 实用建筑与核心设施</td></tr>
<tr><td>EC 景观与小品建筑</td></tr>
<tr><td rowspan="7">F 建筑与设施</td><td>FA 综合人文旅游地</td><td rowspan="7">F 历史遗迹</td><td rowspan="3">FA 物质类文化遗存</td></tr>
<tr><td>FB 单体活动场馆</td></tr>
<tr><td>FC 景观建筑与附属型建筑</td></tr>
<tr><td>FD 居住地与社区</td><td rowspan="4">FB 非物质类文化遗存</td></tr>
<tr><td>FE 归葬地</td></tr>
<tr><td>FF 交通建筑</td></tr>
<tr><td>FG 水工建筑</td></tr>
<tr><td rowspan="3">G 旅游商品</td><td rowspan="3">GA 地方旅游商品</td><td rowspan="3">G 旅游购品</td><td>GA 农业产品</td></tr>
<tr><td>GB 工业产品</td></tr>
<tr><td>GC 手工工艺品</td></tr>
<tr><td rowspan="4">H 人文活动</td><td>HA 人事记录</td><td rowspan="4">H 人文活动</td><td rowspan="2">HA 人事活动记录</td></tr>
<tr><td>HB 艺术</td></tr>
<tr><td>HC 民间习俗</td><td rowspan="2">HB 岁时节令</td></tr>
<tr><td>HD 现代节庆</td></tr>
</table>

新国标对亚类和基本类型的名称也进行了归并调整，其中亚类减少了 8 个，基本类型减少了 45 个。例如，“生物景观”主类下的亚类，将原来的“树木、草原与草地、花卉地”合并为“植被景观”。同时，旅游资源基本类型得到了扩充，涵盖了 2005 年来市场新兴的旅游吸引物。例如，“水域景观”主类下的基本类型，新增了“现代冰川”；“天象与气候景观”主类下的基本类型，加入了“地表光现象”，包括如民俗灯会、灯光秀、光影表演等光影技术的应用；“非物质类文化遗存”亚类中加入了“传统医药”等。

分类是人们认识事物的基本方法之一，代表着人们对事物的根本属性及其相互关系的认识。新国标对旅游资源类型的划分尽管并不完美，但它的迭代反映出旅游供给的广泛性、丰富性、时代性和建构性。

导读思考：

1. 基于表 2.1，如何理解旅游供给的广泛性？
2. 新旧国标的迭代如何反映出旅游供给的时代性和建构性？

本章思维导图——旅游供给

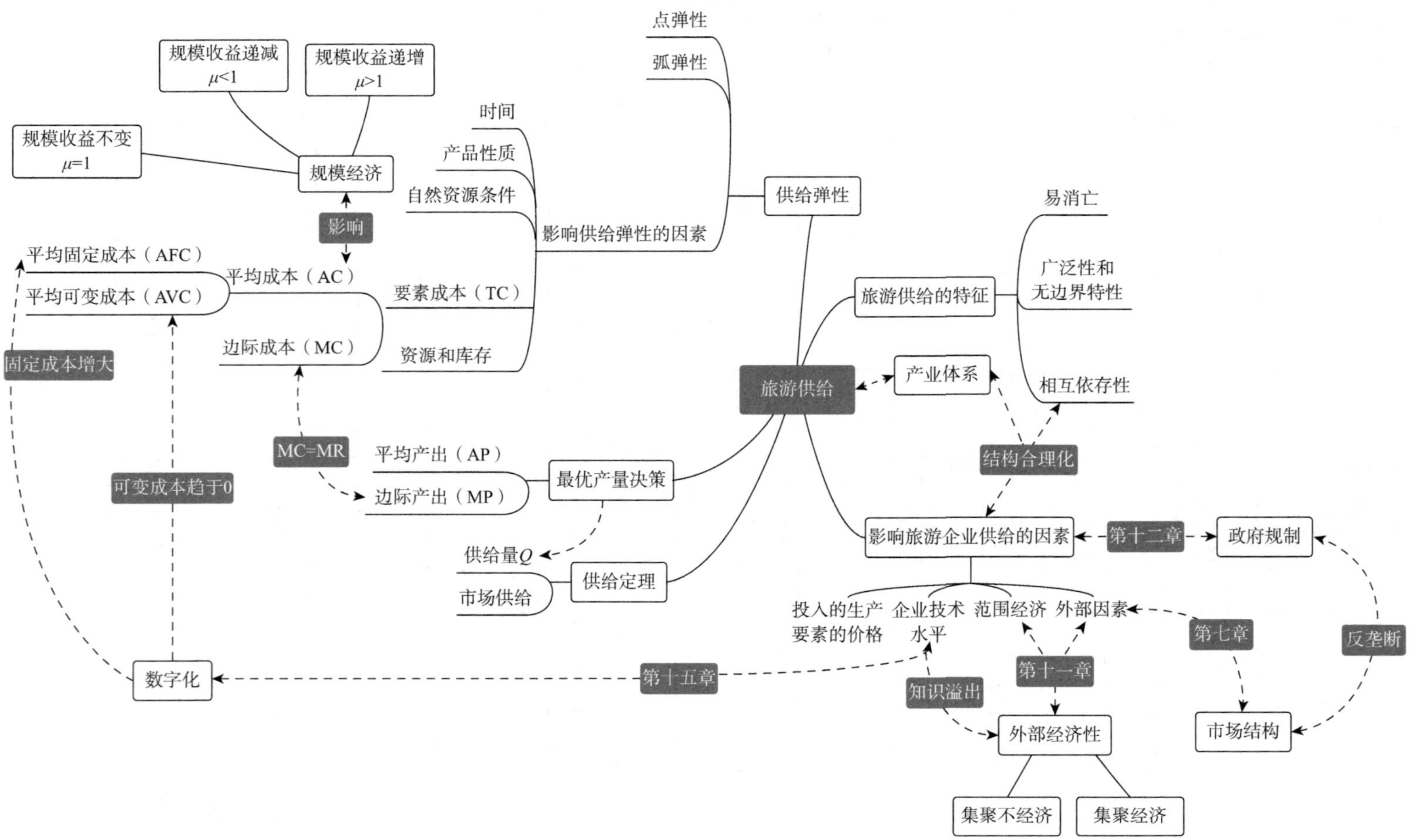
旅游供给
供给弹性
点弹性
弧弹性
影响供给弹性的因素
时间
产品性质
自然资源条件
要素成本（TC）
资源和库存
旅游供给的特征
易消亡
广泛性和无边界特性
相互依存性
产业体系
结构合理化
影响旅游企业供给的因素
投入的生产要素的价格
企业技术水平
范围经济
外部因素
第十二章
政府规制
反垄断
市场结构
第七章
第十一章
外部经济性
集聚不经济
集聚经济
知识溢出
第十五章
数字化
最优产量决策
平均产出（AP）
边际产出（MP）
供给量Q
供给定理
市场供给
MC=MR
平均成本（AC）
边际成本（MC）
平均固定成本（AFC）
平均可变成本（AVC）
影响
规模经济
规模收益递减 μ<1
规模收益递增 μ>1
规模收益不变 μ=1
可变成本趋于0
固定成本增大

供给和需求是市场经济内在关系的两个基本方面，是既对立又统一的辩证关系[①]，二者你离不开我、我离不开你，相互依存、互为条件。没有需求，供给就无从实现，新的需求可以催生新的供给；没有供给，需求就无法满足，新的供给可以创造新的需求[①]。中国式现代产业体系包括供给能力的现代化和供给体系的现代化两个方面，通过调整生产结构来提高供给体系的质量和效率，可以在扩大现有消费量的基础上，发现和创造出新的使用价值，从而生产出新的市场需求，推动旅游业高质量发展。这是建设中国式现代化经济体系的基础和关键。

第一节 旅游供给的特征与构成

一、旅游供给的特征

旅游供给有广义和狭义之分。广义而言，旅游供给是指某个区域在某一时期内向游客直接提供的作为旅游支出和消费对象的货物和服务的总和。狭义而言，旅游供给是指涉旅企业在一定时期内实际可以提供给游客消费的产品或服务的能力和意愿。旅游供给具有如下特点。

1. 旅游供给具有广泛性和无边界特性

由于旅游消费的广泛性和多样性，只要有游客去消费，几乎所有的物候天象、人文景观及生产制造方式等在某种程度上都有可能成为旅游供给的一个部分。当有游客去葡萄种植园观光或采摘时，就产生了农业旅游；为社区服务的美发店因为游客的光顾可获得旅游收入；游客也可能为了美容而前往知名医美机构接受整容手术……游客的消费可能遍及经济的各个部门和任何事物，并可推动供给创新。例如，德国一家名为NapCity的公司在机场为错过航班或需要长时间停留等待乘机的旅客提供“睡眠胶囊”，以满足人们的住宿需求。旅游供给还包括目的地基础设施、公共服务和其他不以旅游为导向的服务设施。例如，随着共享经济的出现，沙发客、穷游、交换住宅、拼车、共享单车、拼团参加的当地人的晚宴或活动等不断涌现。它们共同促进了游客的旅行活动，因此也从目的地的游客支出中获得收入。可见，旅游供给的范围非常广泛且充满活力，其包括人们可感知或想象的任何事物。某种产品或服务是否会成为旅游供给的范畴，主要取决于其消费者是否属于游客这一特殊身份，而不是基于其生产要素、产品和服务中的某些既定的特征。从这个意义上而言，旅游产品的类型通常是构建出来的，只是一种被旅行社和经营商使用的营销工具，其主要目的是瞄准那些对某个地方或某种特殊旅游方式感兴趣的特定的消费群体。

---

① 央广网. 习近平治国理政“100 句话”之：供给侧结构性改革既强调供给又关注需求[EB/OL]. http://news.cnr.cn/dj/20160517/t20160517_522161433.shtml，2016-05-17.

2. 旅游供给具有相互依存性

从目的地的角度，旅游供给等于经济体内所有行业提供的旅游消费之和。这是由于游客的体验依赖于目的地之间的交通、住宿、目的地吸引物和各类活动之间的相互衔接和配合。旅游产品或服务的特点不同，这些产品或服务的占比也不同。并且，这些产品或服务的组合取决于游客时间及游客如何消费（见第十三章）。如果将“产品”定义为被消费者感知到的利益集合，则可以将目的地旅游供给体系分为三个组成部分，分别对应于游客想象或期望获得的核心利益、辅助利益和附加利益，如图2.1所示。可以看出，目的地旅游产品或服务的供给主体不仅包括商业机构，也包括政府，还包括非营利性机构或服务组织的参与。旅游供给既需要考虑旅游企业提供的产品或服务，也需要考虑外部因素，如高质量的基础设施和公共服务及经济中其他行业的发展状况。

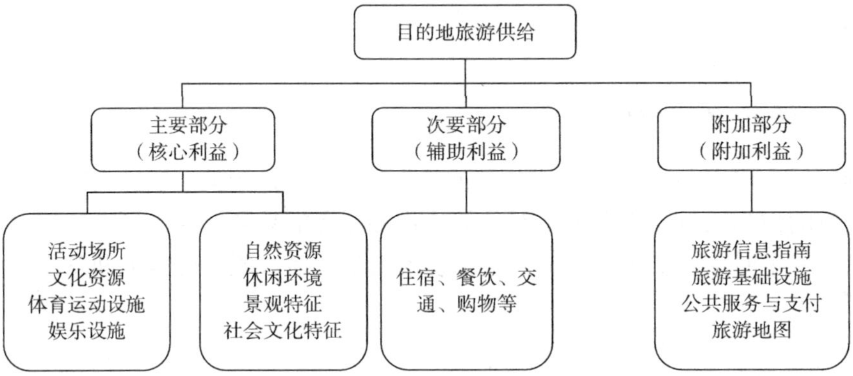

图 2.1 目的地的供给组成

资料来源（略有改动）：Rosentraub M S，Joo M. Tourism and economic development：which investments produce gains for regions？[J]. Tourism Management，2009，30：759-770

3. 旅游供给具有“易消亡”特性

旅游服务是一种无形的过程，它具有时间依赖性、多变性、非重复性、易逝性、非储存性、非运输性等特性。与有形物理产品不同，旅游服务供给，如酒店房间、航班座位、景区游览量表现为某种产能形式，不能称量、不可储存。由于具有有限的销售周期，旅游产品的价值将随着时间的推移而递减。如果无法在给定的时间内完成销售，旅游企业将永久失去其产能带来的潜在收益。因此，旅游企业的定价策略和收益管理对于提高企业绩效非常重要。

二、旅游供给体系

虽然与游客消费相关的产品或服务非常广泛，我们仍需要对旅游供给的范围和体系进行明确的界定，以便对旅游供给过程中涉及的生产、成本、组织、流程和绩效进行评估，推动旅游经济高质量发展。传统上，对产业的分类以其提供的产品或服务为依据，但市场上并不存在一个独立的旅游产业可以提供包含许多不同的服务组件的旅游产品。联合国经济和社会事务部统计司和UNWTO发布的《2008年国际旅游统计建议》[International Recommendations for Tourism Statistics 2008（IRTS2008）]中提出，旅游产业分类不应以一项产品或服务的具体属性为关注点，而应注重其是否满足游客相应的需求。依据国际核准的《产品总分类》(Central Product Classification，CPC）和《国际标准行业分类（修订本第4版）》[International Standard Industrial Classification of All Economic Activities，Revision 4（ISIC Rev 4.0）]，2008年UNWTO在《2008年国际旅游统计建议》中将旅游特征消费产品和具有旅游特征的活动划分为包价旅行或度假产品、住宿、餐饮、当地交通、国际交通、娱乐、文化和游览、购物及其他等大类。这些分类包括了大多数游客消费支出涉及的产品或服务。

因此，与传统意义上的产业界定不同，旅游业在产业分类和统计上往往被看作一种基于“需求”的活动，因为定义旅游业的要素不是生产的商品类型，而是消费者类型。需要特别注意的是，不应当将旅游产品类型概念与《国际标准行业分类》或《国民账户体系》(System of National Accounts，SNA）的产品概念相混淆。旅游产品不属于任何相关的货物和服务的编码或分类。此外，也不应当将旅游产品类型与联合国经济与社会理事会《按目的划分的个人消费分类》(Classification of Individual Consumption According to Purpose，COICOP）和我国国家统计局颁布的《居民消费支出分类（2013）》中确认的旅游度假服务产品相混淆。

尽管旅游供给的范围需要以需求为基础来界定，但也有必要明确地界定一个以供给为基础的旅游产业（或简称旅游业）概念结构，以便于国民经济统计。特别地，通过识别旅游业的组成部分，可以发现游客购买的主要商品和服务类型，掌握直接受益于旅游需求的行业动态及评估旅游业对国民经济的贡献。特别地，当纳入以供给为基础的统计结构时，还可以确定旅游业与其他经济部门的关系和产业关联（见第十三章）。

根据UNWTO的《2008年国际旅游统计建议》，旅游产业是指直接服务于游客的主要活动且属于旅游特色活动之一的商业机构；旅游业的主要产出为旅游特色产品，但也可能生产旅游关联产品和其他产品①。旅游业的产出可能不完全由旅游特色产品组成，其他非旅游行业的产出可以是除了旅游特色产品以外的任何产品，也可能包括某些旅游特色产品。UNWTO和世界旅游及旅行理事会制定并经联合国统计委员会批准的《旅游卫星账户：推荐的方法框架》(TSA-RMF 2008）②中规定，旅游产业由以下三种类型的产业构成。

1. 旅游特色产业

这是旅游经济中的典型“产业”或“活动”，是旅游消费的重要组成部分。旅游特色产品中很大一部分（不同经济体制定不同的百分比）会销售给游客。在没有游客的情况下（如住宿和航空运输），旅游特色产业将不复存在，或将受到重大影响。旅游特色产业的清单因国家而异。各国在是否应将某些项目列入旅游特色产品及如何衡量这些项目方面存在分歧。例如，新西兰和澳大利亚将游客消费占比在50%以上的产品或服务列为

---

① https://unstats.un.org/unsd/tradeserv/tourism/manual.html.

② UNWTO. Tourism satellite account：recommended methodological framework 2008[R]. https://www.e-unwto.org/doi/epdf/10.18111/unwtosemt.2008.500.g3742244560x210l?role=tab，2008.

旅游特色产品。为便于国际比较，UNWTO根据TSA-RMF 2008标准编制了旅游特色产业核心目录清单，见表2.2。

表 2.2　旅游特色产业分类

UNWTO 建议框架	印度 TSA 的旅游特色产业	新西兰 TSA 的旅游特色产业	加拿大 TSA 的旅游特色产业
1. 游客住宿服务	1. 住宿服务	1. 住宿服务	1. 住宿服务
2. 餐饮服务	2. 食物和饮料服务	2. 咖啡和餐馆	2. 食物和饮料服务
3. 铁路客运服务 4. 道路客运服务 5. 水上客运服务 6. 航空运输服务	3. 客运服务：铁路、道路、公共汽车、其他机械化方式非机械化道路运输、水运、空运	3. 道路、铁路与水路客运，空运	3. 铁路、公共汽车、出租车，水运和空运
7. 运输设备租赁服务	4. 运输设备租赁服务	4. 其他运输方式和服务	4. 运输设备租赁服务
8. 旅行社及其他预订服务	5. 旅行社及其他预订服务	5. 机械和设备租赁服务	5. 旅行社服务
9. 文化服务 10. 体育和娱乐服务	6. 其他娱乐活动	6. 文化娱乐服务	6. 娱乐活动
11. 国家特色旅游商品 12. 国家特色旅游服务	—	—	—

资料来源：United Nations. Tourism satellite account：recommended methodological framework 2008[R]. United Nations Department of Economic and Social Affairs，2010

2. 旅游相关产业

旅游相关产业是指对游客或供应商而言，其重要性不如旅游特色产业的其他产业，如当地的购物中心或博物馆。旅游相关产品的游客消费量对游客或供应商具有重要意义，但不包括在旅游特色产品列表中。不同国家的旅游相关产品清单也具有一定的差异。有的经济体将游客消费占比在25%以上但小于50%的产品或服务列为旅游相关产品。

3. 其他产业

所有剩余的产品和行业被归类为“其他商品和服务”。

表2.2列出了UNWTO框架中的12种旅游特色产品和活动（行业）的类型。类别1~10构成了国际比较的核心标准，按照《产品总分类》类别和《国际标准行业分类》进行区分。第11类指国家特色旅游产品和商品；第12类是指国家特色旅游服务和国家特色旅游活动。

中国《国家旅游及相关产业统计分类（2018）》标准的制定以《国民经济行业分类》（GB/T 4754—2017）为基础，将旅游及相关产业划分为9个大类，27个中类，65个小类①，其中，旅游业（即旅游特色产业）包括旅游出行、旅游住宿、旅游餐饮、旅游游览、旅游购物、旅游娱乐、旅游综合服务7大类，旅游相关产业包括旅游辅助服务和政府旅游管理服务两大类。

美国在其商业统计中，将以下行业纳入旅游卫星账户统计范围，共包括14个大类②。

---

① 国家统计局. 国家旅游及相关产业统计分类（2018）[EB/OL]. http://www.gov.cn/zhengce/zhengceku/2018-12/31/content_5427567.htm，2018-05-29.

② Osborne S. U.S. Travel and tourism satellite account for 1999–2020[J]. Survey of Current Business，2022，102（2）：1-12.

（1）旅行住宿业（traveler accommodations）。

（2）第二居所（vacation home rentals）。

（3）餐饮服务和酒水场所（food services and drinking places）。

（4）旅客运输（transportation），又可分为航空运输服务（air transportation services）、轨道交通服务（rail transportation services）、水上运输服务（water transportation services）、城际交通服务（interurban bus transportation）、城际包车（interurban charter bus transportation）、城市通勤系统（urban transit systems）、出租车服务（taxi service）、风景观光交通服务（scenic and sightseeing transportation services）。

（5）汽车设备租赁（automotive equipment rental and leasing）。

（6）汽车维修服务（automotive repair services）。

（7）停车场和车库（parking lots and garages）。

（8）收费公路（toll highways）。

（9）旅行安排和预订服务（travel arrangement and reservation services）。

（10）炼油厂（petroleum refineries）。

（11）加油站（gasoline service stations）。

（12）休闲、娱乐和购物（recreation，entertainment，and shopping），进一步分为休闲娱乐（recreation and entertainment）、电影和表演艺术（motion pictures and performing arts）、观赏性体育（spectator sports）、参与式体育（participant sports）、博彩（gambling）、其他消遣和娱乐（all other recreation and entertainment）。

（13）购物（shopping），包括个体非耐用品消费支出（industries producing nondurable personal consumption expenditures commodities）、零售贸易（retail trade services）、批发贸易（wholesale trade services）。

（14）其他产业与服务（other industries and services）。

从以上分类可以看出，没有预先确定的旅游商品或服务。旅游供给是各种不同行业活动的产出集合。消费者的特点决定了产品或服务是否属于旅游供给范围。

第二节 供给规律

一、供给曲线

供给是指在其他条件不变的情况下，不同价格水平时的某种产品或服务的供给量（quantity supplied）与其价格之间的关系。供给量是厂商在某一时期，在某种价格水平时，愿意并能够出售的产品与劳务的数量。需求定律表明，价格与需求量成反比，而厂商的供给量与价格成正比。如图2.2所示，供给曲线S是一条向右上方倾斜的曲线。它表明，在不同价格水平下，市场供给量不同。在影响厂商供给量的其他因素不变时，某种产品或服务的价格越高（从P_0增加到P_1），则市场供给量越多（从Q_0增加到Q_1）；价格下降，则市场供给量减少。原因很简单，在其他因素不变的情况下，价格越高利润越多，企业当然愿意增加供给。虽然增加供给导致边际成本增加，但更高的价格可以在一定程度上弥补其成本的变动。因此，产品的价格与其供给量之间存在着正相关关系，这被称为供给定理（law of supply）①。

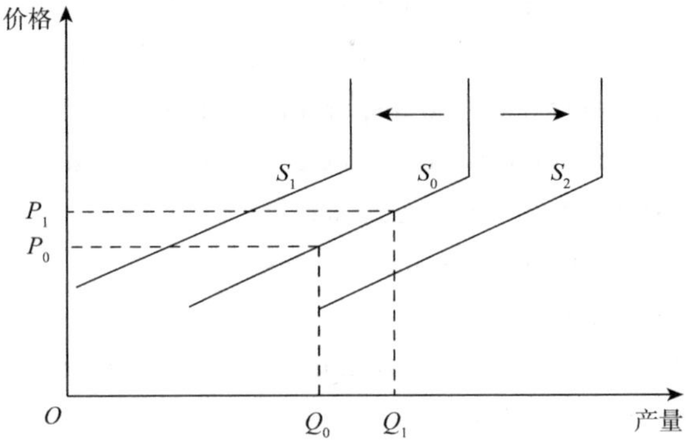

图 2.2　供给曲线

除了产品自身的价格以外，其他影响旅游供给的因素的变动也会影响企业愿意以给定的价格提供的供给数量，从而引起供给曲线位置的移动，进而影响均衡价格和数量。与需求曲线类似，产品本身的价格变动只会导致供给量沿着供给曲线移动，不会导致供给曲线本身发生变化。其他因素引起的旅游产品供给的变动（价格不变），则会引起整条供给曲线位置的移动，从而所有价格对应的供给数量都相应增加或减少。如果某种因素的变动引起旅游产品供给增加，则旅游产品供给曲线向右方移动（如从S_0向右移动到S_2），反之，则向左方移动（从S_0移动到S_1）。在短期内，旅游供给缺乏弹性（如酒店床位数、土地供给数量或资源环境容量），旅游发展客观上会存在一个上限。在某个特定的时期，当所有可以利用的资源、劳动力等都已经被充分利用的时候，供给曲线会变得垂直。此时，价格上涨也不会导致更多的供给，除非技术进步能节约资源和土地的利用。

阅读材料 2.1　什么是分析中的"其他因素"？

真实世界的供给量是考虑了产品或服务的生产要素价格、预期未来价格、技术状况等各种变量的多元函数。但是，马歇尔对此进行了抽象。他假定"其他因素不变"（ceteris paribus）来考察价格和供给量之间的关系。那么，什么是经济学家常说的"其他因素"？

① 供给与供给量是不同的概念。供给是指价格范围和与这些价格相关的供给数量之间的关系，这种关系可以用供给曲线或供给时间表来说明。供给量仅指供给曲线上的某个点或供给计划中的一个数量。简言之，供给是指曲线，供给量是指曲线上的（特定）点。旅游产品价格的变动，会使旅游设施和服务的供给量沿着供给曲线移动。

弗里德曼（Friedman）将“其他因素”分为三类：①显著影响所要研究的变量，同时也会受到该变量显著影响的那些事物；②显著影响所要研究的变量，但自身并不受该变量显著影响的那些事物；③既不显著影响所要研究的变量，又不受该变量显著影响的那些事物①。在他来看，第一类事物不变，是为了研究它们将来要经历的变动，保持它们不变仅仅是分析过程中的一个中间步骤；第二类事物不变，是为了使分析有确定性，从其他（独立）进行的变动中分离出应加以考虑的特殊关系；第三类事物则本来就应该忽略。

二、影响旅游企业供给的因素

旅游供给容易受到多种宏观和微观因素的影响。通常，可以将影响旅游企业供给的因素分为两类，即内部因素与外部因素。内部因素与企业自身生产经营有关，如生产要素价格、生产技术及其他产品（替代品/互补品）价格等，这些都与影响普通产品供给的因素类似。外部因素通过影响内部因素来对供给造成影响。例如，在市场结构（market structure）方面，竞争者的数量和集中度会影响供给，竞争者越多，单个企业可以获得的市场份额越少，预期的利润会受到影响（见第七章）；在宏观方面，政府的政策，如税收、补贴等产业政策，可利用的资源情况及自然灾害、政治稳定性等也会影响供给。

（1）投入的生产要素的价格。生产要素价格的变化是导致产品供给变化的重要原因。供给曲线显示了厂商为生产给定数量的产出所接受的最低价格。这一价格由两部分组成：一是平均生产成本；二是期望利润（率）（见第六章）。如果生产要素成本（如原材料或中间投入品采购价、土地租金或员工工资）提高，则无论供给量是多少，成本都会更高。如果保持价格不变，则市场供应量将相应缩减以确保利润，从而导致市场供给曲线左移。相反，投入成本的下降将使供给曲线向右移动。

（2）企业技术水平。生产技术的进步可以帮助生产者降低生产成本，提高要素生产率。这意味着经营者可以使用相同的投入生产出更多的产出。相应地，企业在任何给定的价格水平下所获得的利润率提高。因此，市场供给曲线将右移。波音707客机是美国首家以喷气式发动机为动力的客机。波音707客机比传统螺旋桨飞机尺寸更大、速度更快，飞行更平稳，并且其载客量是传统螺旋桨飞机的两倍。这导致第二次世界大战后航空旅行的成本大大降低，不仅提高了运营效率，而且旅行更加安全，乘坐体验更舒适，使空中旅行大众化的进程大大加快。1962年，乘坐波音飞机在世界各地旅行的人数超过 3 000 万人②。此后的新机型更大、更宽、更新、功能更多，如波音737-900ER最大载客人数达到180~220人，在飞行成本固定的情形下，生产的边际成本更低。

---

① Friedman M. The Marshallian demand curve[J]. Journal of Political Economics，1949，(6)：463-495.

②《财经》. 波音简史：统领一个时代的 737 家族兴衰[EB/OL]. https://news.sina.com.cn/w/2019-04-05/doc-ihvhiewr3425008.shtml，2019-04-05.

图2.3中显示，供给曲线移动是生产要素价格改变的结果，而供给曲线的转动（弯折）是生产技术改变的结果。同样，需求曲线移动是收入（购买力）的改变；而需求曲线的转动是消费行为的改变。

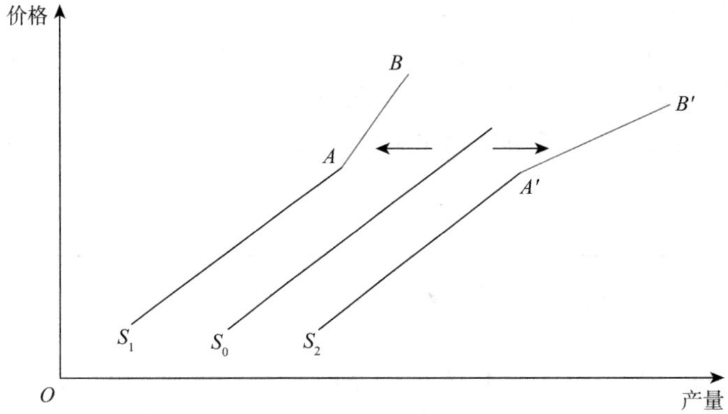

图 2.3 弯折的供给曲线表明生产效率发生变化

阅读材料 2.2 影响旅游供给的技术因素

21 世纪初期，人类 ICT 的变革推动了旅游业的变革和创新。许多旅游企业积极采用各种技术来提高运营效率，并在旅行的每个阶段满足消费者的期望。以下是 21 世纪初期旅游业重点关注的六大技术趋势。

（1）增强现实和虚拟现实。增强现实和虚拟现实技术目前主要被用于内容营销或增强客户体验。例如，航空公司使用虚拟现实技术提前向旅客展示客舱以增加机票或附加服务的销售；酒店使用增强现实技术增强住宿体验。未来增强现实和虚拟现实技术的普及率还会继续提高。

（2）人工智能。人工智能推动旅游业不断发展和创新。人工智能在旅游业中的应用可以分为三大类，即机器学习、聊天机器人或旅行机器人及服务机器人。人工智能协助流程自动化，帮助识别消费者需求，同时提高质量和性能，降低成本。

（3）物联网。例如，德国汉莎货运航空公司应用物联网实现行李追踪，可以减少长距离旅客托运行李的压力或丢失行李而产生的焦虑。

（4）语音技术。语音交互（interconnection）技术是另一种数字新事物。许多酒店开始尝试使用语音激活房间设备。

（5）高速通信网络。旅行时，人们希望始终保持社交联系，高速通信网络有助于企业为客户提供高度个性化的体验，提高运营效率和实时决策，并加强物理和网络安全及数据隐私。

（6）可穿戴设备。这一技术在电竞酒店和电竞主题乐园大量普及。其他旅游企业逐渐利用这项技术为消费者提供更加个性化的体验。例如，迪士尼公司部署了一个可穿戴、可定制、配备射频识别技术的 MagicBand，它连接到主题公园的基础设施，以减少等候时间，并跟踪客人的位置和活动。

资料来源：

Global Data Technology. Top 6 technology trends to watch out for in the travel and tourism industry in 2018[EB/OL]. https://www.globaldata.com/top-6-technology-trends-watch-travel-tourism-industry-2018/，2018-03-08

（3）范围经济。为了实现内部效率的最大化，经营者希望能够整合内部资源，将各业务环节贯穿起来，生产经营多种产品或多个品牌，以实现范围经济。这些产品对于经营者而言属于生产中的替代品。许多大型连锁酒店集团同时提供高档型和经济型住宿服务，同时也为游客提供餐饮；旅行社也提供多个目的地和多条包价旅游线路产品。随着不同类型产品相对价格的变化，经营者可能会发现某种类型的产品更有利可图，从而重新分配其内部资源，将生产重心转向此类能够带来更高收益的产品，进而导致原产品的供给下降。同样地，经营者对产品未来价格走势及利润的预期也可能导致其调整（扩大或削减）供给，这取决于他们对未来市场繁荣或衰退的判断。

（4）外部因素。对目的地供给总量造成重要影响的外部因素包括卖家数量、税收和补贴及经营环境等。新厂商进入市场，如新开业的民宿将增加目的地住宿产品的供给，卖家数量增多，供给曲线将向右移动；厂商退出市场，供给曲线将向左移动。政府征税和产业补贴政策也会对供给总量产生重大影响。税收往往被企业视为成本，增加税率将会增加企业支出，降低其购买生产要素或技术创新的能力，从而迫使企业减少供给。对旅游产品征税（如碳排放税、旅行税）将使供给曲线左移动。如果政府支持旅游业，它可以通过减税或补贴来刺激供给，从而推动供给曲线右移。例如，从2011年起中国海南省开始实施离岛旅客免税购物政策（简称离岛免税政策）。至2021年，海南省共销售免税品约980亿元，购物人数超2 500万人次，购物件数约1.2亿件[①]。该政策成为海南国际旅游岛建设中含金量最高、影响最广泛的核心政策之一（详见第十四章）。

各种各样的政策法规也可能影响旅游供给。2020年，在全球遭受新冠疫情肆虐之后，许多国家制定法规要求企业提供更清洁的环境和更安全的工作场所，如加强通风清洁，配备洗手液、消毒剂等。遵守法规会增加成本，将导致企业以给定的价格生产较少的数量。例如，2021年8月18日，美国交通部发布《2021-08-10令》（Order 2021-8-10），修改中美之间2020年6月有关航权的协议，规定美国联合航空公司入境航班的载客率不得超过40%，导致中美航线上的供给下降，价格暴涨[②]。又如，中国政府制定投资抵免企业所得税等减免税优惠政策，以鼓励外商投资和促进中小企业发展，这些都会影响到供给。

企业经营环境包括自然条件、卫生与安全、经济周期及国际政治关系等。自然灾害将限制供给，不过其影响是短期的。国际关系则深刻地影响国际旅游发展。1961年美国

---

① 蒲晓旭. 海南离岛免税政策实施 10 年 销售额近千亿元[EB/OL]. http://www.xinhuanet.com/fortune/2021-04/19/c_1127347627.htm，2021-04-19.

② U.S. Department of Transportation. Order 2021-8-10[EB/OL]. https://www.regulations.gov/document/DOT-OST-2020-0052-0052，2021-08-18.

与古巴断绝外交关系后，导致严重依赖美国市场的古巴旅游业遭受重创，而中美自1979年建交40多年来，双边人员往来从每年的几千人增长到500万人[①]。对于存在共同历史的邻国，其政治关系与旅游需求之间的影响更加紧密。在宏观经济周期的繁荣阶段，旅游供给将呈现规模化扩张；在经济周期的衰退阶段，旅游供给将随之收缩。前瞻产业研究院统计，新冠疫情暴发使得中国高端星级酒店数量减少了12.74%：2020年全国高端星级酒店为3 219家，截至2022年第三季度，中国高端星级酒店数量下降至2 809家，减少了410家[②]。总之，利好因素将导致供给曲线右移，而不利因素的出现将导致供给曲线左移。

三、供给价格弹性

与需求弹性原理相同，供给对不同商品价格变化的反应也不同，这取决于要素的可得性、生产方式和组织方式的灵活性及难易程度。供给（价格）弹性衡量的是当一种物品或服务价格变动时供给量变动的程度。

（一）点弹性

供给弹性可分为点弹性和弧弹性。供给的点弹性是衡量供给曲线上的某一点，在价格发生微小的变动时，供给量变动的反应程度。假设已知供给曲线上点A，在价格为P时供给量为Q，则供给的点弹性为

$$E_s = \lim_{\Delta P \to 0} \frac{\Delta Q^s}{\Delta P} \cdot \frac{P}{Q^s} = \frac{\mathrm{d}Q^s}{\mathrm{d}P} \cdot \frac{P}{Q^s} \qquad (2.1)$$

一般情况下，旅游产品或服务的供给曲线向右上方倾斜，因此，与需求价格弹性不同的是，供给弹性为正值。因此，E_s的取值在$[0, \infty)$之间变动。

（1）$E_s=1$，单位供给价格弹性。说明供给量变动幅度与价格变动幅度相同。

（2）$1<E_s<\infty$，供给富有弹性，供给曲线斜率较小，比较平坦。说明供给量变动幅度大于价格变动幅度。

（3）$0<E_s<1$，供给无弹性。即价格每变动1%，供给量变动的百分率将小于1%。大多数旅游商品供给都具有这样的特征，如酒店的房间数量、航班座位数或景区接待的人数等。此时，供给曲线的斜率较大，供给曲线比较陡峭。

（4）$E_s \to 0$，供给完全无弹性。一些自然垄断性的旅游吸引物或者历史遗存，由于无法增减产量，其供给往往无弹性。对于文化艺术旅游或某种特殊兴趣的古代文物赏鉴旅游，其主要的吸引物，如古董、古钱币和书画、雕塑等艺术精品，除了极少数属于当代艺术家的直接供给外，更多的是存量艺术品，增加供给量的难度极大。

对于供给量有限的商品而言，当交易量少时供给弹性较大，价格上涨会引起供给增加，价格很容易被新增的供给平抑；但在交易量大时，供给弹性会降低，导致价格迅速

---

① 乐玉成. 人民要论：牢牢把握中美关系发展的正确方向[EB/OL]. http://theory.people.com.cn/big5/n1/2020/0907/c40531-31851379.html，2020-09-07.

② 前瞻网. 2022 年中国高端星级酒店行业市场现状及竞争格局分析 市场集中度较低[EB/OL]. https://business.sohu.com/a/616876846_114835，2022-12-13.

上扬。增减产量所需的成本越小，供给弹性就越大。反之，供给弹性就越小，直至无弹性。邮票、粮票及纸币收藏交易市场启动初期，因为交易量不大，价格徘徊了很多年；随着经济繁荣，近年来交易量急速放大，价格上涨。这是由于市场供给有限，交易量又很难大量增加，价格飙升便成了必然。

（二）弧弹性

供给对价格的弧弹性是指以某种商品供给曲线上两点之间的价格和供给量为基础计算出来的弹性值。根据供给弹性概念，只要知道供给曲线上某两个点的基础数值，就可以计算出价格和供给量的改变及其相对变动，从而得到弹性系数值。假设已知供给曲线上有两点A和B，生产者在价格为P_1时供给量为Q_1，在价格为P_2时供给量为Q_2，则供给的弧弹性为

$$E_s=\frac{Q_2^s-Q_1^s}{\left(Q_1^s+Q_2^s\right)/2}\div\frac{P_2-P_1}{\left(P_2+P_1\right)/2} \tag{2.2}$$

这里之所以用$\left(Q_1^s+Q_2^s\right)/2$和$\left(P_2+P_1\right)/2$作为价格和供给量变动的分母，是为了解决以$A$点为起始点和以$B$点为起始点得出弹性结论不一致的问题。

在供给弹性的测度方面，除了如前所述的点弹性和弧弹性的计算方式之外，同样可以通过构建供给方程来测算供给弹性。假设供给函数的方程式表达为

$$Q_s=f(P,F) \tag{2.3}$$

其中，因变量Q_s为商品的供给量；自变量为包含商品的价格P在内的各种因素；F表示其他因素的集合，可以是可利用资源、技术水平、其他产品价格、供给商数量、政府税收/补贴等。则该商品的供给价格弹性为

$$E_s=\frac{\partial Q}{\partial P}\cdot\frac{P}{Q} \tag{2.4}$$

当供给量变量和价格变量都是对数形式时（即乘法方程），价格变量的系数即供给价格弹性值。

（三）影响旅游供给弹性的因素

旅游供给弹性一方面由产品性质决定，另一方面也受调整供给量的难易程度影响。影响旅游供应调整难易程度的因素主要包括以下几个。

1. 要素成本、资源和库存

通常情况下，企业要增加供给量，就必须投入更多的生产要素。因此，在调整中，企业会考虑生产成本随产量变化而变化的幅度大小。如果边际供给成本的增长速度快于产品价格的增长速度，即使此时价格更高，企业可能也不太愿意增加供给量，因而供给将缺乏弹性。酒店建设中，如果取得建设用地的成本突然增加而市场价格并无太大变化，则供应方很可能会推迟酒店建设项目；即便取得了土地，也宁愿闲置一段时间而不愿立即投入建设运营之中。如果在产量增加较多的情况下额外成本增加较少，如企业存在生

产要素的闲置情况，或者扩张所需的资源随时可用，或者企业可以轻易地从生产其他产品转变过来，此时企业更愿意增加供给量，供给将更富有弹性。在极端情况下，如果资源可以随时支持任何扩张，且劳动者效率能够得到提升，那么供给可能是完全弹性的。如果经营者面临能力限制或所需资源不可用，则供给无弹性。

许多主题公园或旅游设施的建设成本高昂。主题公园的建设成本主要包括租赁或购买土地的费用、设计建造设施的费用及运输和购买机械设备等费用。不同主题公园的建设成本因设计建设标准、所在城市的宏观或微观区位及土地属性的不同而差别很大。例如，上海迪士尼度假区的建造成本预算为55亿美元，合300多亿元。在实际建设中，包括主题公园建设及配套的基础设施建设在内，上海迪士尼度假区的投资规模已超过千亿元。迪士尼公司还在基本的运营成本之外，额外投入接近3亿美元来保障上海迪士尼乐园的成功运营；按照10.5%的利润，再综合汇率、折旧等因素，迪士尼公司要想收回成本大约需要11年①。庞大的维护和运营成本导致迪士尼乐园不得不采取临时停止运行部分游乐设施、减少运营时间、裁员等一系列措施削减供应。毕马威会计师事务所（KPMG）2014年报告显示，一个标准的拥有18洞设施的高尔夫球场的建设成本共150万~200万欧元（平均约合1 430万元），其中约21%用于购买土地（相当于300万元），18洞设施建设成本和设施维护机械购买成本占大约54%（相当于772万元），会所的建设装饰支出约占总投资的25%（相当于358万元）②。

旅游供给既包含有形产品也包括无形服务。对于有形产品，库存（货架上或仓库里的存货等）是供需之间的缓冲③。例如，对于旅游装备用品或旅游纪念品，充足的库存意味着企业不必立即因价格的短期上涨而增加产量，除非价格的上涨是长期趋势。因此，经营者持有存货的数量会影响供给弹性。对于无形的服务，库存在某种形式上表现为闲置产能。例如，酒店盈利的最佳入住率在 70%~80%，剩余产能可以视为库存，以应对短期市场需求的压力。在需求下降期间，酒店也可以采取歇业或关停部分设施和房间的方法缩减供应。

2. 时间因素对供给弹性的影响

现实中，供应商应对价格的调整是需要时间的。具体而言，存在以下三种情况。

（1）即期。在即期，即便价格产生较大的变化，企业也难以大幅度调整供给量，只能根据现有库存情况进行微小的调整。如果市场需求不超过库存，则供给富有弹性，而一旦超出库存，则这部分供给是高度缺乏弹性的。

（2）短期。经济学上所谓的短期，是指在这个时期内固定要素（如建筑物、设备等）是不变的，要提高供给量只能通过增加可变要素（如材料、劳动力等）来实现。例如，提高餐厅翻台率可以临时解决供应短缺问题。在短期内，供给量可以适应价格的变

① 李瑞杰. 上海迪士尼乐园项目建设管理及成本控制的思考[J]. 建设监理，2017,（3）：54-56.

② KPMG. Golf course development cost survey 2014 in Europe，Middle East，and Africa[R]. http://golfbenchmark.com，2014-05-02.

③ 供给是指按给定的每单位时间价格实际进入市场预售的商品数量。库存（stock）是指存在于市场中的可以在任何时间以所有可能的价格出售的货物数量。

化产生一定幅度的变化，这时供给是有弹性的，当然弹性的大小取决于可变要素的价格变动情况。

（3）长期。在长期，无论是固定要素还是可变要素，均能够产生相应的变化。这时所有的投入要素都会有足够的时间增加，也会有新的企业进入行业，带来更多供给可能性。这种情况下供给是高度富有弹性的。

可见，企业适应价格变化的时间越长，供给弹性就越大。假设一家酒店面临短期资本约束，在整个酒店行业房价上涨10%的情况下，该酒店的床位供给量只能增加4%，则其供给弹性=供给量变化百分比/价格变化百分比=4%/10%=0.4。这表明，从短期来看，酒店客房价格每上涨1%，酒店的床位供给量只能增加0.4%，说明短期酒店客房供给对价格变化相当不敏感。然而，随着时间的推移，酒店可能会采取扩建的方式以扩大其床位供给，因而其供给会对价格变化做出更大的反应。图2.4展示了长期、短期和即期供给弹性之间的关系。显然，长期供给弹性实质上是短期供给弹性的平滑。

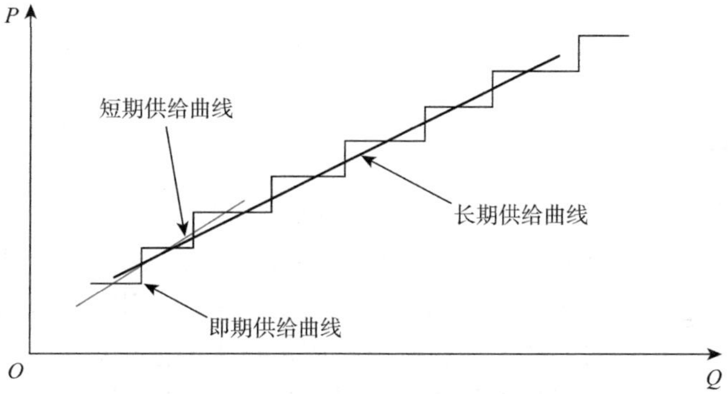

图 2.4　即期、短期与长期供给曲线

3. 自然资源条件对供给弹性的影响

旅游是环境产业，其发展受到自然资源条件的极大影响。例如，中国陆地总面积约960万平方千米，居世界第3位，但按人均占有的土地资源计算，中国仅居于第11位；中国淡水资源也具有绝对数量大、人均占有量少的特点，人均只有 2 200 立方米，仅为世界平均水平的1/4，是全球人均水资源贫乏的国家之一①。淡水资源、土地资源、食物供应对旅游供给构成了根本性约束。生态脆弱性和气候环境条件也限制了南极旅游、高山旅游、海岛旅游等的发展。同时，由于人口不断增加和社会经济文化的发展，人们的物质和旅行需求不断扩大。能源短缺危机、碳排放导致的气候变化危机席卷全球，使得旅游供求矛盾日益尖锐。

2021年，欧盟委员会提出“Fit for 55”计划，将2030年的温室气体减排目标从40%提高为55%②，欧洲碳市场价格相应上涨。根据UNWTO的报告，2016年，与旅游交通相

① 《中华人民共和国年鉴（2021）》。

② European Council of the European Union. Fit for 55[EB/OL]. https://www.consilium.europa.eu/en/policies/green-deal/fit-for-55-the-eu-plan-for-a-green-transition/，2023-03-24.

关的碳排放量为15.97亿吨，占全球交通领域碳排放总量的22%，占所有人为碳排放量的5%。到2030年，这一数字预计将增加23%，达到19.98亿吨，占全球交通领域碳排放总量的23%，以及所有人为碳排放量的5.3%[①]。在严格的碳排放配额限制下，旅游供应必将受到严重影响。

除了前面所述的成本和时期因素的影响，进入壁垒（barriers to entry）和退出壁垒（barriers to exit）、生产要素的可获性、技术进步等因素同样对供给弹性有较大影响。技术进步会使原来不能利用的资源变得能够利用，原来能够利用的资源提高利用效率，甚至开发出新的替代资源。因此，技术进步和创新会使资源限制发生变化，从而使供给曲线的垂直部分向右移动。

第三节　最优产量决策

一、生产成本

成本是企业生产和定价决策的关键因素。企业提供产品或服务需要投入资本、劳动力、土地等生产要素。生产旅游产品/活动或提供服务的投入要素有些是固定的，有些是可变的。在短时间内可变动其数量的因素称为可变因素，如旅游旺季临时雇用的劳动力或高峰用车时段愿意接单的网约车司机数量。固定投入因素难以在短时间内进行调整，如已建成酒店的房间数量或飞机上的座位数量，这些都是短期内难以改变的因素，因此称为固定因素。

各种生产要素的价格组合构成了企业的成本。根据投入要素属于可变因素还是固定因素，可以将生产成本划分如下。

（1）固定成本（fixed cost，FC），指用于购买固定生产要素的成本。这些成本在一定时期内不随产出水平变动而变化。例如，租赁办公场所支付的租金、设备折旧费及偿还的银行贷款等。

（2）可变成本（variable cost，VC），指可随着产出水平变化而变动的成本。例如，餐饮企业接待顾客越多，其用于购买食材、支付水电费等日常运行成本将随之增加；酒店住客越多，其雇用的服务员数量也将增多。

生产成本属于固定成本还是可变成本，与时期有关。如果在“短期内”，至少有一个因素是固定的，那么在这段时间内这一不变的成本是固定成本。在“长期内”，所有因素都是可变的，因此所有成本都是可变成本。需要注意的是，劳动力并不总是一个可变因素，资本也不总是一个固定因素。某些具有特定技能的员工与公司签订了长期雇佣合同，如签订为期5年工作合约的足球俱乐部教练。这时，所雇用的劳动力代表固定因素，

① 联合国新闻网. 世界旅游组织：2030 年全球旅游交通碳排放可达 19.98 亿吨[EB/OL]. https://www.cma.gov.cn/2011xzt/2019zt/qmt/20191202/2019102502/201912/t20191209_542090.html，2019-12-09.

它们的成本将是固定成本。相反，一些资本设备可以很容易地更换，如笔记本电脑或某些休闲设施，可以被视为一种可变因素。

旅游市场中不同部门的短期和长期生产时间表不同。一家餐馆的短期经营时间可能只有几天或几周，因为餐厅很容易根据需要改变其成本结构。对于航空业来说，短期可能要持续3~5年，因为航空公司改变其资本构成需要一定时间，包括购买或租赁新飞机并请制造商按照其需求规格来配置舱位与座位数量。旅游住宿设施和旅游房地产开发具有开发建设周期较长的特点，因此其建设成本在建设期内具有相对固定的特征。根据国内外学者对房地产供给时期的研究，一般认为，半年以内可视为“短期”；一年以上可视为中长期[①]；要达到长期至少需要1.5~2年甚至更长的时间[②]。在中国，增量供给对房价的影响时滞为2.5年，而存量供给对房价的影响时滞为3~5年[③]。

当一项投资不可收回时，与其相关的投入都可以看作沉没成本（sink cost）。固定成本可以看作新厂商进入市场的障碍，特别是在固定成本很高的情况下（见第七章）。一旦企业退出市场，固定成本较高的企业将会面临较大的损失，因此其沉没成本也较高，此即投资带来的风险之一。沉没成本可分为内生沉没成本和外生沉没成本两种类型。如果成本是由企业决定的，并且是特定产品专用的，那么它就是内生沉没成本，也称为资产专用性。例如，旅游目的地的广告费用，其投入的目的是产生更大的产品吸引力。内生沉没成本通常与产品质量相关，会导致生产支出的竞争性升级，从而提高产业集中度，催生大企业集团。

旅游企业的生产成本不仅取决于提供产品所用要素的数量和价格，还取决于其生产率的高低。因此，企业的成本结构实质上反映了企业现有的生产技术水平。从成本结构的角度，可以将企业成本分为以下几种。

（1）总成本（total cost，TC），是固定成本和可变成本的总和，即TC=FC+VC。它是企业提供其产品所需的全部货币成本。企业生产率越高，生产相同数量同质产品所需总成本越低；反之，总成本越高。

（2）平均成本（average cost，AC），是在一定生产条件下生产单位产品的成本。它等于总成本除以总产量，即AC=TC/Q。产量固定不变时，AC越高，企业生产率越低；反之，生产率越高。

（3）平均固定成本（average fixed cost，AFC）和平均可变成本（average variable cost，AVC），分别反映在一定生产条件下生产单位产品所需的固定成本和可变成本。其中，AFC=FC/Q；AVC=VC/Q。

（4）边际成本（marginal cost，MC），是企业在一定生产条件下额外生产单位产品所需付出的额外成本，因此有 $MC = \Delta TC / \Delta Q$ 。对于生产或提供不同旅游产品或服务的企业，“单位”的含义有所不同。对于酒店，单位产品可能指的是一个床位或一个房间；对于航空公司或景区，单位产品可能指的是一个额外的乘客或游客；对于旅行社，单位

① 刘洪玉，杨帆. 中国主要城市住房供给价格弹性估计与比较研究[J]. 社会科学辑刊，2012，(6)：112-119.

② Harter-Dreiman M. Drawing inferences about housing supply elasticity from house price responses to income shocks[J]. Journal of Urban Economics，2004，55 (2)：316-337.

③ 杨易. 中国房地产市场供给对房价的影响时滞研究[M]. 武汉：湖北科学技术出版社，2015.

产品可能指的是一条全包价线路产品。

图2.5（a）显示了企业面临的短期固定成本（FC）、可变成本（VC）和总成本（TC）曲线，图2.5（b）显示了平均成本（AC）、平均可变成本（AVC）、平均固定成本（AFC）和边际成本（MC）曲线。图2.5中，可变成本、边际成本和平均成本曲线呈U形，原因在于当企业产量达到某个临界值后，额外增加单位投入（边际投入）所能新增的产出数量将会逐渐下降，此即边际收益递减规律（law of diminishing marginal returns）。图2.5中，MC曲线在AC曲线和AVC曲线的最低点下方相交。由于成本可能增加或减少利润，为了做出合理的决策，对任何一家企业来说，控制每种成本的投入数量和价格，以及提高生产率都很重要。

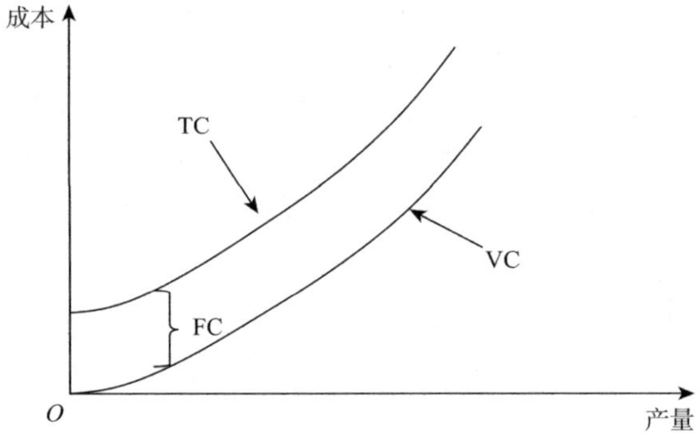

（a）短期固定成本（FC）、可变成本（VC）
和总成本（TC）曲线

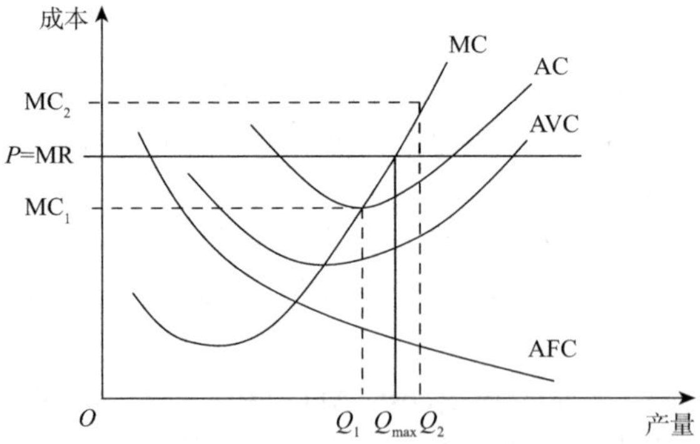

（b）短期平均成本（AC）、平均可变成本（AVC）、
平均固定成本（AFC）和边际成本（MC）曲线

图 2.5　企业的短期成本曲线

MR：marginal revenue，边际收益

在实际经营中，企业的生产成本不仅包括上述显性成本，还包括隐性成本。显性成本是指企业用于购买中间投入品而直接支付的费用，如支付员工工资、购买原材料、租赁房屋和偿还贷款，通常可以反映为会计成本。隐性成本是企业使用自身资源，包括时间和金钱时所面临的机会成本。如果一家餐厅或主题公园使用其留存利润为经营扩张提供资金，则无法在短期货币市场上赚取这些资金所产生的利息，此即投资带来的机会成

本。但这类隐性成本很难量化。

旅游产品的供给可能产生社会成本，如拥挤、环境恶化、碳排放、噪声、垃圾等，这些成本是由社会集体承担的，而不是由该生产商或供给商承担的，这称为生产的负外部性（见第十二章）。本章仅限于分析企业自身承担的生产成本。不过，在对目的地旅游供给及其影响进行全面评估时，必须考虑到社会成本与收益问题。第十二章将详细地讨论私人成本和社会成本之间的差异，以及管理旅游业的经济、社会和环境成本的重要性。

二、最优产量

确定最优产量是企业生产决策的重要内容。在市场需求随机变化条件下，企业应根据市场的需求量调节本企业的产量。生产过多或生产不足都会给企业带来严重损失。从投入（成本）—产出（收益）的角度，可以将企业的产出（收益）分为以下三种类型。

（1）总产出（total production，TP）。这是企业投入生产要素所生产的全部产出。对于有形产品，衡量产出数量是很简单的。然而，旅游业的大部分产出是“无形的”。“旅游产出”不仅在数量上很难计算，在质量上更加难以衡量。因此，对于旅游企业的总产出，通常使用商品或服务的市场价格，即总收入来进行货币化度量。

（2）平均产出（average production，AP）是在一定生产条件下，单位可变生产要素可以生产出的产出数量或平均收益（average revenue，AR）。在数学上等于总产出除以所使用的生产要素的数量，即$AP=AR=TR/Q$。

在不同的旅游行业，对平均产出有不同的特定称谓。例如，购物企业通常称之为客单价（per customer transaction），即平均每位顾客的购物支出；酒店业常用的是RevPAR（revenue per available room，每间可售房收入），指平均每间可供出租的客房产生的营业收入。使用平均产出的概念还可以对企业投入的要素劳动生产率进行评估。例如，企业所雇用的每名工人的产出$AP_L=TP/L$，也称为平均劳动生产率；单位资本的产出$AP_K=TP/K$，也可称为单位资本收益。其中，L和K分别指企业投入的劳动力和资本数量。

（3）边际产出（marginal production，MP）是指在一定生产条件下，新增单位可变生产要素（新增单位投资或额外雇用一名员工）可为企业带来的总产出或总产值的变化，也称为边际收益（MR）。

设π为利润，Q为厂商产量，TR为厂商总收入，TC为厂商总成本，则$\pi(Q)=\mathrm{TR}(Q)-\mathrm{TC}(Q)$。利润极大化的必要条件是$\pi$对$Q$的一阶导数为零，即

$$\frac{\mathrm{d}\pi(Q)}{\mathrm{d}Q}=\frac{\mathrm{dTR}(Q)}{\mathrm{d}Q}-\frac{\mathrm{dTC}(Q)}{\mathrm{d}Q}=0 \tag{2.5}$$

因此有

$$\mathrm{MR}=\frac{\mathrm{dTR}(Q)}{\mathrm{d}Q}=\frac{\mathrm{dTC}(Q)}{\mathrm{d}Q}=\mathrm{MC} \tag{2.6}$$

式（2.6）中，TR对Q的一阶导数就是边际收益MR（=MP）。同样，TC对Q的一阶导数就是边际成本MC。因此，当MR=MC，即边际收益等于边际成本时，企业利润极大。此时的产量称为最优产量。

利润最大化（profit maximization）的逻辑意味着一个竞争性厂商的供给函数必定是产品价格的增函数，而每种要素的需求函数必然是要素价格的减函数。因此，利润最大化的充分条件还要求利润函数π的二阶导数为负数，即$\frac{\mathrm{d}^2\mathrm{TR}(Q)}{\mathrm{d}Q^2}-\frac{\mathrm{d}^2\mathrm{TC}(Q)}{\mathrm{d}Q^2}<0$。由此可得

$$\frac{\mathrm{d}^2\mathrm{TR}(Q)}{\mathrm{d}Q^2}<\frac{\mathrm{d}^2\mathrm{TC}(Q)}{\mathrm{d}Q^2} \tag{2.7}$$

式（2.7）表示，企业利润最大化要求边际成本函数的斜率要大于边际收益函数的斜率。一般来说，在不同的市场结构中，边际成本函数的斜率为正值，而边际收益函数的斜率在完全竞争市场中为零，在不完全竞争市场中为负值。

如图2.5（b）所示，市场价格P是一条水平线。这是由于完全竞争市场下的企业只是价格的接受者，无论企业决定生产多少，价格都是相同的。边际成本曲线（MC）与平均成本曲线（AC）相交于平均成本曲线的最低点。图2.5（b）中，只有MR大于MC时，企业才有利润，在Q_1产量下，MR大于MC_1，此时增加产量有利可图，在Q_2产量下，MC_2大于MR，此时降低产量才有利可图，只有在MR等于MC时，即水平价格线与边际成本曲线相交之处的产量$Q_{\max}$才是利润最大化的产量。在生产者作为垄断者的极端情形下，该垄断者面临一条向下倾斜的需求曲线，这就意味着$P>\mathrm{MC}$。垄断者会将产量水平减少到低于完全竞争产业中所决定的水平（见第十四章）。

三、数字技术对旅游生产成本的影响

旅游业中既有高固定成本部门，如酒店、主题公园、航空公司和在线旅游平台，也有低固定成本部门，如旅游餐饮、旅游购物及传统旅行社等。同时，传统旅游产业面对面服务的高接触性特征决定了旅游业可变成本往往居高不下。但数字技术的出现，对旅游业的成本结构带来了根本性的改变。旅游互联网企业［不仅是OTA（online travel agency，在线旅行商）］的投资越来越大，固定成本趋高而边际成本下降。数字文旅产品的出现也导致了产品的平均成本及与分销相关的生产成本下降。

数字旅游产品的可变成本与边际成本与传统旅游产品是完全不同的。传统旅游景区、博物馆及文化创意产业具有高固定成本特征。但在开发数字产品，如云旅游过程中，这些旅游供应商与消费者并无接触，消费者可以获得免费的数字游览机会（由于边际成本低或接近零），而广告收入和相关的创意产品的销售（云交易）由中间商或平台控制，景区或博物馆报酬较低，难以补偿其固定成本。数字经济下，互联网平台巨头带来的“水床效应”（water-bed effects）（即买方垄断）为旅游产业的演变提供了矛盾性结果：一方面刺激了市场需求；另一方面带来了版权制度、吸引物权问题，生产方面的寡头结构及收益分配等生产和管理方面的困难。

未来，旅游生产将面对三方面成本要素的变化：第一，固定成本（沉没成本）的重要性将提升。数字产品具有高初始成本特征，在文旅融合推动下，文化生产、旅游生产与数字生产的产业链逐渐交织，将造成少数拥有规模效应的巨头和大量个性化生产的小企业共存发展。第二，数字化带来的网络效应将导致产品的平均成本降低。第三，边际

成本趋于零。数字产品一旦完成就有了公共产品的特征，其消费不具有竞争性，排他性原则应用于数字产品也非常困难，这将导致数字旅游产品的价格形成与供需逻辑产生变化，对供应商造成较大影响。

第四节 规模经济和范围经济

一、规模经济与规模不经济

许多旅游企业，酒店、景区或主题公园，接待游客越多，人均耗费（即单位成本）越低。对于平台型企业，如Uber、Airbnb、Ctrip等商业平台或WeChat、TikTok等社交平台，使用人数越多，其边际成本越低；一旦跨越网络效应的临界点，其边际成本几乎为零。规模经济（economies of scale）是指扩大生产规模引起的长期平均成本（long-run average cost，LRAC）下降、经济效益增加的现象。

图2.6显示，企业的规模回报率（return to scale，RTS）（也称规模收益）曲线随着产出的增长而上升，长期平均成本（LRAC）曲线随着产出的增长而下降。产出的增长快于投入的增长，由此给企业带来了规模经济。需要注意的是，规模经济是相对于长期生产来说的。许多成本在短期内是固定的，但在长期内是可变的，从长远来看，生产和成本之间的关系是由规模经济决定的。

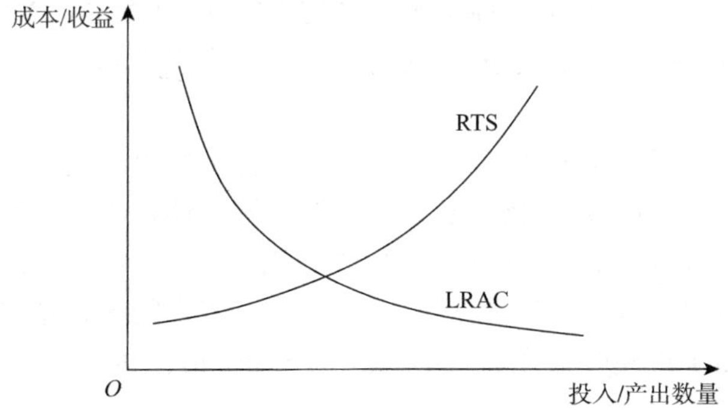

图 2.6 规模回报率（RTS）上升，长期平均成本（LRAC）下降

图2.7反映了一家酒店企业从小型住宿单位发展到中型酒店，再进一步发展成为在市场中具有市场势力（market power）的连锁酒店集团所面临的成本曲线的变化情况。三条短期生产成本曲线STC_1、STC_2、STC_3分别代表小、中、大三种不同的生产规模。不同的生产规模下，会有各种不同的生产要素数量组合和生产数量的对应关系。每个阶段的最优生产规模是在该阶段成本曲线约束下所能取得最低成本的生产规模，即三条短期成本曲线与长期平均成本曲线的交点。

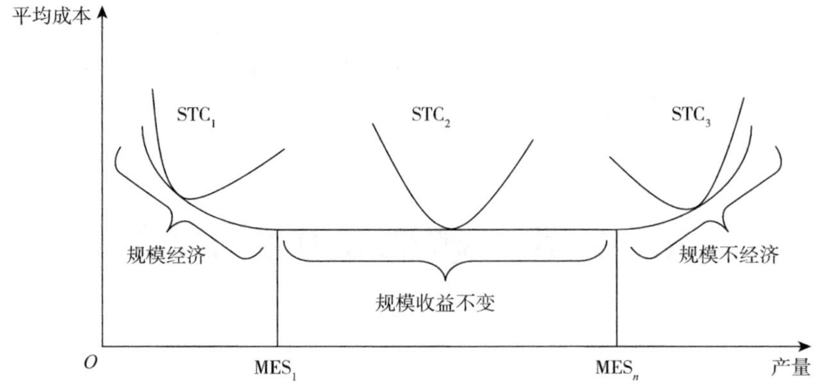

图 2.7 最小有效规模和企业长期平均成本

MES：minimum efficient scale，最小有效规模，简称有效规模

1. 规模收益递增

当长期平均成本随着产量的增加而下降时，存在规模经济。原因在于增加产量一方面可以实现设备潜能的充分利用；另一方面可实现专业化分工，从而有利于提高生产率。如果一家酒店的入住率达不到60%~70%时，其空间和设施得不到有效利用。空客A380飞机在典型三舱（头等舱—商务舱—经济舱）的设计下可以承载525名乘客，其载客量是A320飞机的3倍（单架空客A320的标准载客量为150人），但购买价格不到A320的3倍，而且每架飞机的运营成本也不到A320的3倍。大规模生产也便于实行联合化生产和多种经营（一种产品的资源也能用于生产另一种产品，有互补价值），便于实行大量销售和大量采购增加回报，因此产量越大分摊下来的平均固定成本就越低。特别是对于存在双边市场的数字平台型企业，由于跨边外部性的存在，用户规模越大，网络效应越强，边际成本不断下降。

杰弗里·韦斯特（Geoffrey West）在《规模：复杂世界的简单法则》一书中，利用分形结构进一步说明，不管是动物、植物、生态系统，还是人类的社会行为、城市和公司等，几乎都遵循着规模缩放法则①。一些大型旅游公司主导市场的主要原因之一就是具有规模经济性。大型旅游公司市场规模增加一倍，带来的收益增加的比例更大，呈现为亚线性（sublinear）规模收益递增（increasing return to scale）。

2. 规模收益不变

当长期平均成本不随产量的变动而变动时，称为规模收益不变（constant return to scale）。此时，如果增加要素投入，产量也将获得同比例增加。这是由于，当生产达到一定规模后（最优规模），使规模收益递增的因素通常会逐渐不再起作用。例如，劳动分工过细过窄，会导致员工工作单调，影响员工劳动积极性；如果投资扩大再生产，也只是不断复制企业处在最好阶段的那个状态。这一阶段往往可以经历相当长一段时期，直至

① 韦斯特 G. 规模：复杂世界的简单法则[M]. 张培译. 北京：中信出版集团，2018.

最终进入规模收益递减（decreasing return to scale）阶段。

3. 规模收益递减

规模经济反映的是生产要素的集中程度与经济效益之间的关系，但这并不意味着生产规模越大越好。规模缩放理论决定了企业规模的上限。一旦企业生产规模扩大到超过一定的规模，边际收益会逐渐下降，甚至跌破零，变成负值，引发规模不经济现象。当产出随着投入的增加而下降时，企业开始进入负回报阶段，即规模不经济。此时，长期平均成本随产量的增加而上升。

导致规模收益递减的原因包括，企业规模扩大带来的“内部人控制”（insider control）问题[①]，以及信息交换传输量和组织协调的工作量将按几何级数增加所带来的 X 非效率（X-inefficiency），导致企业内部资源配置效率降低和竞争力的削弱（见第七章）。

二、规模弹性与成本灵活性

为了确定产量增加是否会提高效率（即产量增加速度是否大于成本增加速度），可以用规模弹性（elasticity of size）或成本灵活性（cost flexibility）指标对企业的规模收益状态进行量化评估。

规模弹性是指产出指标等比例变动的百分比与投入指标等比例变动的百分比之比值，其计算公式为

$$\mu = \frac{\partial Q}{\partial K} \cdot \frac{K}{Q} + \frac{\partial Q}{\partial L} \cdot \frac{L}{Q} \tag{2.8}$$

规模弹性主要用于反映企业的生产技术状况，是对企业生产前沿面特征的描述。在规模收益递增阶段，$\mu>1$，即效率随着生产的增加而增加；当到达拐点时，$\mu=1$，规模收益不变；$\mu<1$，规模收益递减。此外，还可以使用成本灵活性衡量成本相对于产出的弹性。

成本灵活性是规模弹性的倒数，定义为成本函数 (p,Q) 相对于产出 Q 的一阶导数：

$$\eta(p,Q) = [\partial C(p,Q)/\partial Q]\frac{Q}{C(p,Q)} = \partial \ln C(p,Q)/\partial \ln Q \tag{2.9}$$

其中，p 表示所投入的某种要素的价格。如果 $\eta>1$，说明成本增长快于产出增长，则较小规模的生产更具成本效益；如果 $\eta<1$，说明成本增长慢于产出增长，则在较大规模的生产中具有成本优势。据此，在图2.7中企业应选择在规模经济阶段或规模收益不变阶段生产。此时，企业利润最大化。

有效的管理技术，包括巧妙地使用信息技术和适当的工作绩效激励，可以大大减少规模不经济。在资产专用性不强的情况下，外包可以被用来降低成本，同时保持对生产的控制。例如，航空公司将航空餐饮服务外包给专门的餐饮服务公司。尽管LRAC曲线

---

① “内部人控制”产生的原因是所有权与经营权（控制权）相分离而形成的委托–代理关系。由于筹资权、投资权、人事权、财务会计信息等都掌握在代理人手中，股东很难对代理人的行为进行有效的监督。代理人与委托人的利益不一致，可能导致代理人为追求自身利益而过度投资、过分地在职消费，甚至通过财务造假损害股东的长远利益。

仍可能向上倾斜至最小有效规模（MES）曲线的右侧，但由于这些举措，LRAC曲线的增长率可能会降低。

从这个角度而言，规模的关键不是最大，而是有效。最小有效规模是指内部规模经济得到充分开发的生产规模。最小有效规模对应于LRAC曲线上的最低点，是企业实现生产效率的范围。最小有效规模不必是单一的输出水平，它可能包括一系列的产出水平，在这些产出水平中，企业都可实现恒定的规模回报率，并在一定时期内达到最低的单位可行成本。当某家企业的产品到达最小有效规模时，规模就到极限了，想要继续扩大市场，就必须换一种产品。当企业所有的品类在最小有效规模上都不能贡献额外的收益时，就必须再换一个品牌，这就是做战略选择。

三、范围经济和范围不经济

工业化时代，企业面临的需求趋同。依靠大批量生产带来的规模经济发挥了显著的效应，如福特汽车公司的成功。后现代经济是个性化的时代，也是消费多元化、小众化的时代。个性化、小批量、多品种、多规格的生产是决定企业竞争力的关键因素。与企业扩大某种产品的生产规模而使生产成本降低所获得的规模经济不同，范围经济（economics of scope，SC）强调生产不同种类产品获得的经济性，指的是企业同时生产两种或两种以上的产品所引起的单位成本降低的现象。这种成本节约带来的经济性具有可度量性，用公式表示为

$$SC=\frac{\sum_{i=1}^{n}C(Q_i)-C(Q_1,Q_2,\cdots,Q_n)}{C(Q_1,Q_2,\cdots,Q_n)} \tag{2.10}$$

其中，$C(Q_i)$表示企业单一生产第i种产品所耗费的成本；$C(Q_1,Q_2\cdots,Q_n)$表示同时生产从i到n产品所耗费的联合生产成本。如果$SC>0$，说明联合生产成本小于独立生产Q_i产品的成本之和，此时企业取得范围经济。反之，就是范围不经济。SC值越大，范围经济带来的收益越高。

从抗风险的角度来考虑，如果企业生产的产品品种单一，一旦市场发生波动，企业会面临巨大的风险，并有可能丧失持续发展的能力。此时，企业就应该考虑生产两种或两种以上的产品或服务，即开展多元化经营，以降低这种风险（见第八章）。由于旅游供给的相互依存性，旅游企业天然具有多元化经营特征或倾向。许多国际知名的酒店连锁集团旗下拥有多家奢华酒店及度假酒店，同时提供豪华型酒店、商务风格酒店和舒适型酒店。利用现有品牌的价值，扩大产品范围，是许多连锁酒店集团针对不同游客的住宿需求开发范围经济的一种方法。许多旅行商同时经营多条旅游线路产品和代理多家航空公司的机票，其根本目的也是追求管理成本分摊和资源共享形成的范围经济效应。

从有效生产的角度来看，企业在生产多种产品的情况下，不仅要考虑SC值是否大于0，还要判断在范围经济情况下企业的利润是否得到真正的增加。要防止那种成本降低、产品却卖得不理想、企业实际收益下降的情况发生。在可用生产资源有限的情况下，企业生产的产品种类会受到限制，企业必须从优化资源配置的角度出发，选择范围经济相

对较大且企业利润也最大的生产组合。通常，要有效实现范围经济并从中获得竞争优势，实施相关产品多元化往往是首要的选择，因为如果多元化的产品不相关或相关度很低，企业就难以充分发挥现有资源的优势。例如，2005~2013年，中国景区类上市公司总体上处于范围经济状态；而酒店类和综合类旅游上市公司始终存在总体范围不经济的情况。原因是酒店类上市公司和综合类旅游上市公司的非旅游业务规模较大，这些非旅游业务主要有房地产、车辆检测、租赁、广告、信息技术产品与技术服务、商品贸易、光电产品等。这些业务收入占酒店类和综合类旅游上市公司主营业务收入的比重均值分别达到30.02%和20.12%，而景区类上市公司仅为5.04%①。这些业务对固定资产和原料投入及生产技术的要求与旅游业务关联性小，无法与旅游业务共享投入要素和技术，从而导致了范围不经济的后果。这种现象也被称为次可加性（subadditivity），即范围经济导致企业的成本函数具有弱增性或劣加性。

四、外部经济和外部不经济

除了内部规模经济之外，企业也会受到外部经济（external economy）的影响。外部经济指的是一个厂商的生产成本既取决于其自身的生产规模，也取决于该产业的规模。当整个产业的产量扩大时，企业数量的增加会引起产业内各个企业的平均生产成本下降，这有时也称为外部规模经济（external economies of scale）。另外一种情况是，当一个国家某个产业的产量累积扩大时，该产业内各个企业的平均生产成本下降，这通常被称为动态的外部经济（dynamic external economy）。某个产业随累积产量增加而呈下降趋势的平均成本曲线，通常被称为学习曲线（learning curve），又称练习曲线（practice curves）。如图2.8所示，学习曲线的形状与LRAC曲线相似。从资源配置的角度分析，外部经济可分为正的外部经济和负的外部经济，前者是指有益的外部效应，如集聚（agglomeration）经济（见第十一章）；后者指某一经济活动的成本不在个体经济单位决策者的控制范围内，从而造成资源配置效率低下，并造成市场失灵的现象（见第十二章）。

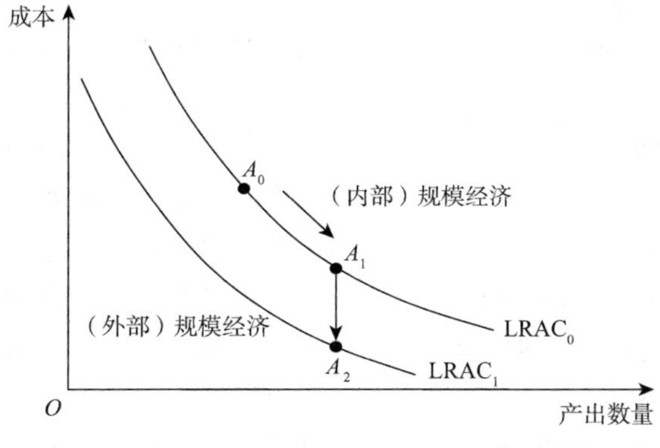

图 2.8 外部规模经济对长期平均成本曲线的影响

企业所经历的外部规模经济表现为其整个平均生产成本曲线的下降。例如，主题公

① 窦璐. 我国旅游上市公司规模经济与范围经济研究[J]. 旅游学刊，2015，30（2）：13-23.

园因集聚而共享交通基础设施和城市服务设施，从而为所有游客节省成本，有利于扩大市场，带来创新机会；企业在当地可获得较多的熟练劳动力和供应商的支持。集聚也有利于实用知识和隐性知识的传播，提高经济主体之间的信任，降低交易成本（transaction cost）等。这些成本节约是针对整个行业而不是某个企业。图2.8显示了上述外部规模经济、学习效应及劳动力成本降低，导致生产任何水平产出的长期平均成本都降低。其中，企业生产成本从A_0下降到A_1是企业内部集约化生产导致的生产效率提高（规模经济）的结果；从A_1下降到A_2则是由外部经济带来的成本节约。

规模不经济的发生也可能出于企业的外部原因。大量企业在相邻地理空间上的过度集中会加剧市场竞争、推动劳动力和生产要素价格上涨，产生集聚不经济。例如，桂林市阳朔县作为我国最早的旅游目的地之一，汇集了各类大大小小的旅游企业。大量企业的集聚既推动了旅游业的繁荣，也带来了行业间的恶性竞争。以阳朔的餐饮业为例，桂林米粉和啤酒鱼遍布阳朔大街小巷，特别是阳朔西街及其周边旅游企业高密度集聚带来高租金和高竞争压力①。从旅游目的地而言，当旅游业进入扩张期时，它可能会对当地资本、土地、水电、能源和劳动力供给施加压力，从而提高投入价格，给旅游发展带来规模不经济。这是由于资源有限，旅游业的增长可能增加要素成本（土地、劳动力和资本），从而减少预期收益。发展中国家或地区容易出现这种情况。

范围经济同规模经济有着类似的地方，即范围经济不仅存在着内部经济，也存在外部经济。范围经济的外部经济，不仅表现为因行业生产适应市场需求的品种增加而给单个企业带来更多的发展机会和收益，也包括同一地区范围内多个规模、生产力和技术不同的异质性企业共存，或通过专业化分工生产多种相关产品而给单个企业带来的益处，即形成的专业化的集群（cluster），这是对范围经济理解上的延伸（见第十一章）。

关键词：

旅游供给　tourism supply
供给定理　law of supply
生产成本　production cost
固定成本　fixed cost
可变成本　variable cost
总成本　total cost
平均成本　average cost
平均固定成本　average fixed cost
平均可变成本　average variable cost
边际成本　marginal cost
边际收益递减规律　law of diminishing marginal returns
边际产出　marginal production
规模经济　economies of scale
规模收益递增　increasing return to scale
规模收益不变　constant return to scale
规模收益递减　decreasing return to scale
内部人控制　insider control
规模弹性　elasticity of size
成本灵活性　cost flexibility
最小有效规模　minimum efficient scale
范围经济　economics of scope
外部经济　external economy

---

① 左冰，蔡书漫，杨艺，等. 旅游产业网络拓扑结构演进与旅游经济增长：阳朔案例[J]. 旅游学刊，2020，35（6）：25-39.

总产出 total production
总收入 total revenue
平均产出 average production
外部规模经济 external economies of scale
动态的外部经济 dynamic external economy
学习曲线 learning curve

复习与思考

1. 辨析旅游资源、旅游产品与旅游供给，并思考三者之间的关系。
2. 列举影响旅游供给的各类因素。
3. 图2.3中，*AB*线变得更加有效率还是*A′B′*线变得更加有效率？
4. 旅游供应商乐意供给更多的非弹性商品还是富有弹性商品？
5. 旅游供给弹性受到哪些因素的影响？
6. 企业如何做出最优产量决策？
7. 总利润最大化的产量与边际利润最大化的产量是否相同？如果不同，有何种特征？
8. 什么时候会引发规模不经济？导致规模收益递减的原因有哪些？
9. 请举例说明可以采用哪些方法减少规模不经济？
10. 请举例说明旅游生产中的规模经济、范围经济与外部经济。
11. 2003年淘宝网正式上线，2012年，阿里巴巴继淘宝之后推出天猫平台，之后又发展出天猫超市，请分析平台企业推出多个产品模块的原因。
12. 在新冠疫情影响下，许多旅游业和酒店业的企业，纷纷通过裁员以削减运营费用来度过危机。某航空公司解雇了3 000名机组人员和地勤人员，并与300名飞行员达成协议，在两个月内减薪50%。一些人认为，空乘人员和飞行员的工资都是航空公司可变成本，因为两者都是航空公司运营中劳动力投入的支出。你是否赞同？解雇飞行员和机组人员是否会对航空公司的产出产生不同的影响？如果是这样，会有什么区别？
13. 市场上有两种类型的酒店，即全方位服务酒店和有限服务酒店。全方位服务酒店除提供住宿服务外，还提供餐饮服务和会议场地等多种设施，因此雇用员工较多。有限服务酒店提供的只是住宿服务，客人需要自己办理入住/退房手续，雇用的员工数量很少。近年来，还出现了机器人酒店。假设全方位服务酒店的可变成本是有限服务酒店的两倍，在其他条件相同的情况下，如果两家酒店都可以在市场上以相同的价格出售它们的房间，短期内它们的房间销售额会有什么不同，为什么？如果两类酒店最终出售相同数量的房间，短期内它们的房价会有什么不同，为什么？

扩展阅读：

McIntosh等在经典教科书*Tourism：Principles，Practices，Philosophies*[①]中描述了旅

① McIntosh R W，Goeldner C R，Ritchie J R B. Tourism：Principles，Practice，Philosophies [M]. 7th ed. New York：John Wiley & Sons，1995.

游供给及其组成（tourism components and supply）。经济学方面的分析可见：Stabler等的*The Economics of Tourism*[①]，Dwyer等的*Tourism Economics and Policy*[②]。Zhang等的Tourism supply chain management：a new research agenda讨论了旅游产品的特征，并对旅游供应链的核心问题和概念进行了探讨[③]。对于企业规模经济和范围经济的深入理解可参阅钱德勒的《规模与范围：工业资本主义的原动力》[④]。安德森的《长尾理论》[⑤]、塔内佳和梅尼的《去规模化：小经济的大机会》[⑥]、里夫金的《零边际成本社会》[⑦]有助于深入理解推动和塑造旅游业的经济、政治和社会力量。

---

① Stabler M J，Papatheodorou A，Sinclair M T. The Economics of Tourism[M]. 2nd ed. New York：Routledge，2010.

② Dwyer L，Forsyth P，Dwyer W.Tourism Economics and Policy[M]. 2nd ed. Clevedon：Channel View Publications，2020.

③ Zhang X Y，Song H Y，Huang G Q. Tourism supply chain management: a new research agenda[J]. Tourism Management，2009，30（3）：345-358.

④ 钱德勒 Jr A D. 规模与范围：工业资本主义的原动力[M]. 张逸人译. 北京：华夏出版社，2006.

⑤ 安德森 C. 长尾理论[M]. 乔江涛译. 北京：中信出版社，2006.

⑥ 塔内佳 H，梅尼 K. 去规模化：小经济的大机会[M]. 杨晔译. 北京：中信出版集团，2019.

⑦ 里夫金 J. 零边际成本社会[M]. 赛迪研究院专家组译. 北京：中信出版社，2004.

第三章

资源配置与市场均衡

【导读案例】海南发放 5 300 万元旅游消费券

2022 年 10 月下旬至 12 月 31 日，海南省面向所有游客发放旅游消费券，共计 5 300 万元，其中包括海南省安排的 5 000 万元旅游消费券，以及中国银联投入的 300 万元活动资金。消费券按照 5 折优惠力度配置多个档次满减优惠：景区消费券补贴分别为 20 元、40 元、50 元和 100 元，满 40 元、80 元、100 元、200 元可使用；酒店消费券补贴分别为 175 元、350 元、600 元，满 350 元、700 元、1 200 元可用；通过携程旅行平台预订酒店、门票等产品，并通过银联云闪付进行支付的游客可享受最高 5 折满减抵扣优惠[①]。

旅游消费券是旅游目的地为刺激消费或为收入较低的家庭外出旅游度假所提供补助或资助的一种社会福利。各个机构资助或补助的办法不尽相同，有的以现金形式直接发放度假津贴或补贴；有的发放旅游券，根据金额减免收费。美国是较早发放消费券的国家。美国从 1939 年开始向贫困群体发放食品券并一直延续至今。法国于 1982 年创建旅游度假券，它允许法国工作者用其支付部分度假费用。

对于消费券能否刺激消费这一问题，经济学理论和实证分析均无定论。根据凯恩斯的国家干预理论，政府发放消费券可以扩大公共支出，增加有效需求，维持宏观经济的扩张和繁荣。按照亚当·斯密（Adam Smith）的经济自由主义思想，市场机制是调节经济运行最有效的手段，政府应该被限制在“守夜人”角色。从人类历史发展来看，存在多种分配资源的方式。资源的分配和商品的交换既可以通过市场竞争进行，也可以通过指令进行。消费券的发放是对公共资源进行再分配的一种形式。在 21 世纪的今天，如何处理政府与市场之间的关系，以及如何优化资源配置问题，依然是经济学研究和各国政府重点关注的前沿领域之一。

导读思考：

你如何看待政策性消费券的作用，它将如何影响市场资源的配置？

---

① 中国网科技. 海南将发放 5300 万元旅游消费券 携程助力“惠”游海南[EB/OL]. https://new.qq.com/rain/a/20221017A03GTR00，2022-10-17.

本章思维导图——资源配置与市场均衡

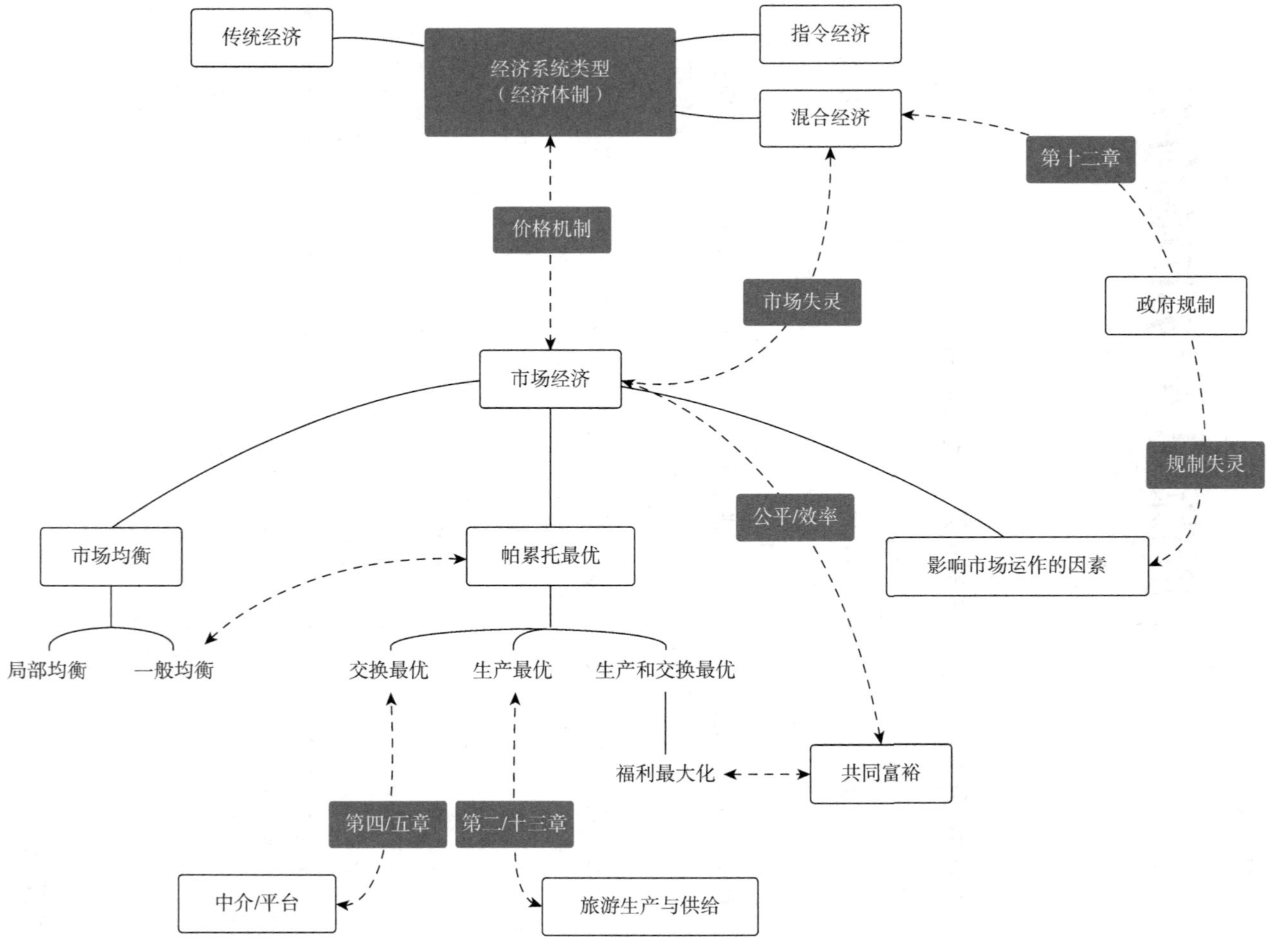

中国式现代化不仅包含现代产业体系建设，也包含现代市场经济体制建设。与世界其他经济体普遍关注生产力发展不同，中国式现代市场经济体制是“既突出发展社会生产力又注重完善生产关系，既发挥市场在资源配置中的决定性作用又更好发挥政府作用”。它主要通过优化要素配置和调整生产结构来提高供给体系的质量和效率，实现“供需匹配”，进而推动经济增长，同时通过对生产关系的调整实现共同富裕的目标。

第一节 资源配置与经济系统类型

世界上有许多经济体，它们都有自己独特的资源分配方式，或称独特的经济系统或经济体制。目前，曾经存在过或主要存在的经济系统类型包括传统经济（traditional economy）、指令经济（planned economy）、市场经济（market economy）、混合经济（mixed economy）和中国式社会主义市场经济（Chinese socialist market economy）。每一种经济系统都依赖于一组不同的假设、规定和条件运作，它们之间既存在差异，也具有共同之处。

一、传统经济系统

传统经济系统是最基本、最古老的经济系统类型。它严重依赖于自然资源和个体生产能力，只关注与社会信仰、习俗和传统直接相关的商品或服务，通常不会表现出很大程度的专业化和分工。世界很多地区至今仍属于传统经济系统，主要是欠发达国家或地区的农村地区。在这些地区，大多数经济活动都围绕农业和其他传统活动展开。传统经济体经常遭受资源匮乏的困扰，要么是因为自然地理和气候条件局限，要么是因为其他更强大的经济体限制了它们对资源和技术的获取。例如，阿马蒂亚·森通过对1949年孟加拉国饥荒的研究发现，“饥荒的特点表现为一部分人没有获得足够的粮食。然而没有迹象表明，是粮食的短缺引致了饥荒”[①]。

传统经济体通常无法产生与其他类型经济体相同的产出或盈余。然而，其相对原始的过程通常在环境方面更具可持续性。并且，与其他三类经济体相比，低产出导致的浪费要少得多。

二、指令经济系统

指令经济系统也称为计划经济系统，其特点是大多数生产和分配决策都由政府事先做出（即计划）。这种类型的经济系统最先出现在苏联，并在一定时期内推动了苏联经济的发展和工业化水平的提高。

计划经济系统的目的是提高生产的确定性、消除生产的无政府状态。理论上，只要政府能够搜集到关于社会需求的完备信息且信息传递不失真、无损耗，计划经济系统就可以

① 森 A. 贫困与饥荒：论权利与剥夺[M]. 王宇，王文玉译. 北京：商务印书馆，2001.

运作良好。然而，现实中几乎无法获取全面真实且分散的信息，以及科层制的固有局限，计划经济系统不可避免地受到信息错漏、扭曲及组织呆滞的影响，导致无效率的资源配置和缺乏激励。即使使用数据量特别大的全集数据和数据获取速度特别快的现时数据，采用数据处理速度特别快的算法程序，也无法为计划经济系统的理性计算提供数据支撑。

指令经济系统的灵活性不如其他经济系统，而且由于其中心化性质，计划经济系统对变化的反应较慢。不过，计划经济系统可以直接根据需求制订生产计划，在经济运行过程中目的明确、执行高效，有利于实现“集中力量办大事”的目标。

三、市场经济系统

由于资源稀缺，许多主要的经济体普遍采取让市场主体在市场上自由竞争的方式进行资源的分配和商品的交换。政府不控制任何资源或其他相关经济部门，仅在某种特殊时期，如战争或重大灾害时，实行过配给制。这种主要基于自由市场竞争方式进行资源配置的经济系统称为市场经济系统，有时也被称为自由放任资本主义。

市场经济系统依赖于自由市场。在这种系统中，有关投资、生产和分配的决策基于决定商品和服务价格的供求关系。消费者从自利的角度出发，通过对市场供应商提供的物品价格和质量信息的自由搜寻，寻找其中可以接受的价格或最低报价，并借助货币媒介，与供给者达成商品交换。如果大量的消费者都对某种商品或服务感兴趣，由于稀缺，消费者之间的竞争将推动商品的价格上涨。此时，根据供给定律，经营者愿意提供更多的产品，供应量相应增大。反之，如果消费者对某种商品不再有更多的需求，商品或服务就会过剩，其价格就会下降，从而供给量减少。消费者通过购买行为告知供应商他们不断变化的需求和欲望，这样市场就能提供正确数量的商品。

通过自由交换和自由竞争，消费者获得效用最大化，生产者获得利润最大化。消费者用货币作为“选票”（也称为消费者主权），决定着产量和质量，无须政府干预。市场机制指的正是依靠市场需求与供给的变动引起价格变动从而实现对资源进行分配、组合及再分配与再组合的过程。特别是在完全竞争条件下，单独的生产者对产品的市场价格不产生影响，价格自由地反映供求的变化。通过自由竞争，整个经济体系达到供需均衡，也称瓦尔拉斯均衡（Walras equilibrium）或一般均衡（general equilibrium）。企业获得利润，消费者获得效用，要素所有者（土地、劳动力、资本、技术和数据）获得要素租金。

市场经济系统下决策具有分散性。没有任何一个单独的机构有权决定生产的数量和生产的种类。亚当·斯密用隐喻“看不见的手”生动地概括了完全竞争市场机制配置稀缺资源及分配商品或劳务的过程。哈耶克（Hayek）称之为“自发生成的秩序”。理论上讲，自由市场使经济能够实现的高速增长是所有四类经济系统中最高的。除此之外，它还能确保市场和政府保持分离。然而，自由市场竞争必然导致生产和资本不断集中，并最终走向垄断。并且，市场经济在财富分配和社会环境方面可能难以带来令整个社会满意的结果。

四、混合经济系统

市场经济只是一个理论概念。现实世界中并不存在纯市场经济系统的真实例子，其原因在于，无论是私人部门还是政府部门，都无法单独维持经济。两者都对经济的成功起着至关重要的作用。至今人们所知道的经济体都至少表现出某种政府干预的特征。许多政府通过法律来规范垄断行为、确保公平贸易、平抑财富分配差距、分摊环境成本等。

混合经济系统就是国家和私人机构共同对经济实施控制，同时政府根据市场情况，通过财政政策（fiscal policy）和货币政策（monetary policy）来调节经济的制度体系。混合经济系统中的大多数产业都是私有性质的，仅少数战略性产业、公用事业和服务仍由政府控制。政府主要提供公共产品和服务，非公共产品则主要由私人部门在政府规划和政策指引下提供。为了提高效率，政府也会准许私人部门提供某些准公共产品，如博物馆、公共体育设施、国有旅游景区景点建设等，但政府会介入以规范资源的使用和分配。图3.1（a）和图3.1（b）分别展示了美国联邦政府2022年的财政收入来源和支出去向。在某些重要领域，如国防科技、信息通信、航空航天，能源生产、医疗保健、货币银行和社会福利方面，政府遵循计划经济系统的方式实施集中控制并予以财政补贴，同时也会对市场进行监管、监督，保护自由竞争和规范市场秩序。

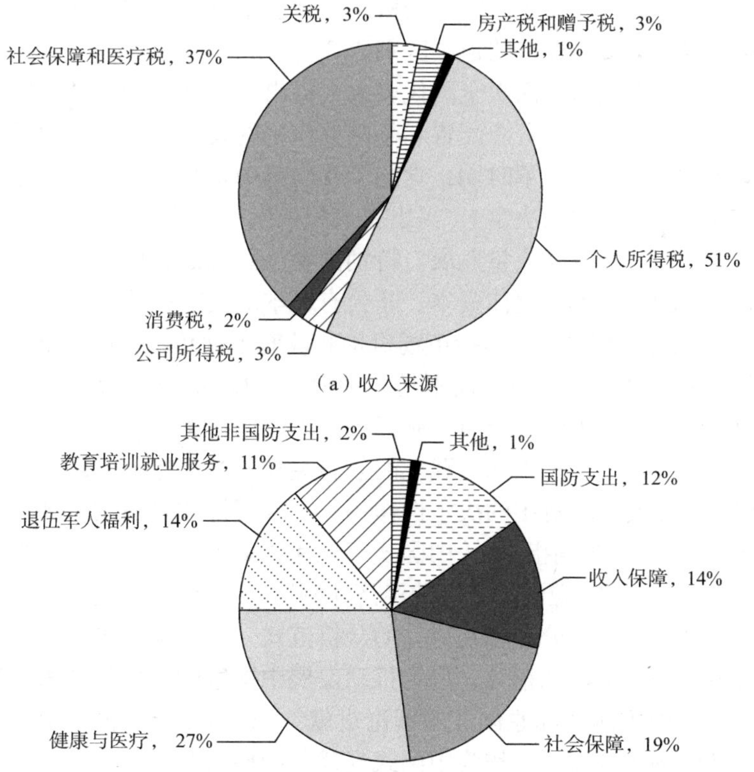

图 3.1　美国联邦政府 2022 年的财政收入来源和支出去向

图 3.1（a）资料来源：U.S. Department of the Treasury. How much revenue has the U.S. government collected this year? [EB/OL]. https://fiscaldata.treasury.gov/americas-finance-guide/government-revenue/，2022

图 3.1（b）资料来源：U.S. Department of the Treasury. How much has the U.S. government spent this year?[EB/OL]. https://fiscaldata.treasury.gov/americas-finance-guide/federal-spending/，2022

混合经济系统结合了国家指令经济系统和市场经济系统，被当前许多国家采用。在实践中，各国政府控制经济的程度差异很大，一些政府倾向增加权力，一些政府倾向自由放任。在西方各国的实践中，主要形成了以下几种各具特点的混合经济模式：一是以美国、英国为代表的自由市场经济模式，以新自由主义思想为主流；二是以北欧国家及德国、法国等为代表的欧洲大陆的社会市场经济（social market economy）模式，主张国家有限干预，强调社会公平和竞争秩序，注重福利国家建设；三是日本、韩国、新加坡等亚洲国家的“政府主导型”市场经济模式，政府主要通过制定产业政策指导经济发展，也称“东亚模式”。

五、中国式社会主义市场经济体制

与世界其他经济体仅仅关注生产力发展不同，中国式社会主义市场经济体制“既突出发展社会生产力又注重完善生产关系，既发挥市场在资源配置中的决定性作用又更好发挥政府作用”。发展中国式社会主义市场经济是推进中国式现代化的基础和重要任务。它主要解决公有制（即生产关系）同市场机制（社会生产力）的结合问题，这是社会主义市场经济和资本主义市场经济的根本区别。

1992年，中国共产党第十四次全国代表大会提出了发展社会主义市场经济，使市场在社会主义国家宏观调控下对资源配置起基础性作用的要求。此举推动了中国经济三十多年的蓬勃发展。全面深化改革时期，党的十八届三中全会进一步做出《中共中央关于全面深化改革若干重大问题的决定》，提出要“积极发展混合所有制经济”，完善社会主义基本经济制度，推动经济高质量发展。特别需要注意的是，该决定中提出的混合所有制经济，指的是“国有资本、集体资本、非公有资本等交叉持股、相互融合的混合所有制经济”。前述“混合经济系统”是指市场机构和政府干预相结合的经济制度，它是一种以私有制为基础的经济运行体制，而不是一种财产制度①。这种混合经济系统不涉及生产关系层面的问题，与我国的混合所有制经济是不同的概念。

经过党的十八大以来在理论和实践上的创新突破，2020年，党的十九届五中全会提出“充分发挥市场在资源配置中的决定性作用，更好发挥政府作用，推动有效市场和有为政府更好结合”②，并明确指出，（中国式）现代化的市场经济体制应当是“市场机制有效、微观主体有活力、宏观调控有度的经济体制”。这一论述超越了西方主流经济学将政府与市场关系进行二元划分并相互对立的分析范式，为推动我国经济高质量发展和构建现代化经济体系提供了理论指导，也为推动发展中国家的现代化和为解决全人类命运问题提供了具有中国主体性和原创性的理论贡献③。党的二十大报告中进一步将“构建高水平社会主义市场经济体制”作为中国式现代化的使命和任务之一。

---

① 常修泽. 正确认识混合所有制经济[EB/OL]. http://www.qstheory.cn/llwx/2020-02/18/c_1125590226.htm，2020-02-18.

② 中国共产党第十九届中央委员会第五次全体会议公报[EB/OL]. https://www.gov.cn/xinwen/2020-10/29/content_5555877.htm，2020-10-29.

③ 周文. 中国经济学的创新发展与历史使命[EB/OL]. http://www.qstheory.cn/zdwz/2019-06/24/c_1124661287.htm，2019-06-24.

第二节 价值规律

一、商品价值的来源

马克思主义政治经济学理论认为，商品是人类为了满足自身的生产生活需要而生产出来的用于交换的劳动产品。在《资本论（第四版）》第一卷第一篇中，马克思指出，商品必须具有以下属性：一是商品必须具有使用价值，一种无用的东西不会成为商品；二是商品必须是用来交换的，一种东西如果仅仅为了自己消费或用来赠予他人，那么尽管它是有用的，它也不是商品；三是商品必须是劳动产品，即由人通过劳动生产出来的东西。“要生产商品，他不仅要生产使用价值，且还要生产为他人的使用价值——即社会的使用价值”[①]。一种非劳动产品，即使它有用也不是商品。阳光、空气、野生林等处于自然状态下，都不是商品，只有以交换为目的才使得商品的使用价值具有社会属性。

马克思进一步指出，商品价值的实体是无差异人类劳动的凝结，商品的价值量是由社会必要劳动时间决定的，“商品本来就是一个二重物，使用价值和价值，有用劳动的产品和抽象劳动的凝结物”[①]。马克思论述道，各种商品所共有的幽灵一般的对象性，是一种凝结于商品中的与具体劳动形式无关的无差别的一般人类劳动。这种凝结在物中的一般人类劳动，“作为它们共有的这个社会实体的结晶，就是价值——商品价值”[①]。也就是说，价值是凝结在商品中的一般人类劳动，是由人的劳动所确立的商品物的本性。它既是对整个人类劳动的客观反映，也是对整个人类社会关系的客观反映。商品的使用价值则是商品物中的自然属性，是价值得以实现的前提。也就是说，商品的有用性是商品价值得以实现的前提，而不是价值本身。

按照马克思的解释，商品的价值量（即价值的大小）取决于生产其所需的社会必要劳动时间。“每一种商品（因而也包含构成资本的那些商品）的价值，都不是由这种商品本身包含的必要劳动时间决定的，而是由它的再生产所需要的必要劳动时间决定的。……社会必要劳动时间是在现有的社会正常的生产条件下，在社会平均的劳动熟练程度和劳动强度下制造某种使用价值所需要的劳动时间。”[①]这具有两层含义：一是价值的大小不是由单个生产者实际花费的“个人”劳动时间（即其个体价值）决定的，而是由在“正常”条件下必须消耗的劳动时间（即其社会或市场价值）决定的；二是生产必须按照平均技术和强度（由行业内竞争决定）来运行，但它也受到社会需求的支配。在给定的国家和时期，如果将一小时劳动产生的货币数量定义为劳动时间的货币表达（the monetary expression of labor time，MELT）。那么，生产商品所消耗的社会劳动时间乘以MELT就是商品的价格[②]。

---

① 马克思. 资本论（第一卷）[M]. 中共中央马克思恩格斯列宁斯大林著作编译局译. 北京：人民出版社，2004.

② 孟捷，冯金华. 劳动价值新论——理论和数理的研究[M]. 北京：中国人民大学出版社，2018.

马克思继而立足于交换这个现实行为，在《资本论（第一卷）》“交换过程”这一章中探讨了表现商品交换关系的价值形式。马克思认为，价值形式分别经历了简单的、个别的或偶然的价值形式，总和的或扩大的价值形式，一般价值形式和货币形式四个阶段，从而将“价值形式—货币”联系在一起，揭露了货币得以生成的原因。他认为，商品的价值能够以货币形式表现出来，也必然需要一定的外在社会条件，即相应的法律形式和国家形式。马克思对商品价值形式的分析实质上反映了市场形式得以形成的关系、结构和过程。

马克思运用唯物辩证法来分析商品，从“劳动=价值”的角度揭示出商品的价值实体和价值量，在此基础上，马克思合乎逻辑地揭示出劳动二重性等问题和剩余价值的生产规律，结果他既看到了商品中所凝结的一般人类劳动的因素，又看到了这种一般人类劳动的实质是人与人之间的社会关系，进而把物与人的因素紧密地连接起来。因而，不同于新古典价值理论或新李嘉图主义对劳动价值论的诠释，马克思主义价值理论认为，对价值关系的研究应当把它们放到特定的历史社会背景下来考察。

二、旅游产品①的价值属性

第一，旅游产品所反映的价值量和社会必要劳动量与一般商品有所不同。这是由于旅游产品的价值量是多种社会劳动的组合，其中既包含一般劳动，也包含抽象劳动；既包含物质生产劳动，也包含“非物质”劳动，甚至包括历史上的人类劳动。并且，随着人类社会进入服务经济和数字经济时代，管理劳动和服务劳动在旅游经济活动中已居于十分重要的地位。

旅游业是提供非物质劳动（包括服务劳动、精神劳动等）的范例。抽象劳动、非物质（服务）劳动、自由劳动（如创作、居民生活方式与节庆）和志愿劳动（如写作游记）是文旅产业重要的劳动类型。一方面，许多旅游产品是基于劳动者本身的内在自发组织的合作性而产生的，如乡村生活方式、乡村聚落的形成、梯田耕种、民俗节庆等发生在生活世界，它是自发产生的，不需要强加或控制。另一方面，旅游产品生产并非仅仅将资源推向市场，智力劳动和创造力也起着重要作用。旅游开发使旅游资源脱离了纯自然形态，改变了资源的形态和价值，这部分劳动（自由劳动、非物质劳动等）创造的价值也应当进入旅游产品价值体系之中。

第二，游客和旅游产品之间的关系也并非一般商品市场上那样表现为人与物的关系，而是直接表现为人与人的关系。因此，作为交换对象的旅游产品不但具有商品的“自然形式”即客观属性，还具有社会属性和象征属性。反映到价格方面，旅游产品也具有与一般商品所不同的特征，即其社会属性或象征属性可能导致消费者高估其交换价值，出现市场价格虚高、偏离价值等问题。马克思称之为“虚幻的价格形式”或“虚假的社

① 此处的“旅游产品”采纳的是马克思主义经济学的“商品”概念，即对游客产生吸引力的用于旅游市场交换的产品，与目前旅游研究领域常用的旅游商品的含义有所不同。后者主要指游客在目的地购买的具有纪念意义或其他用途的物质产品，如旅游纪念品、地方特产等。

会价值"[①]。

根据马克思"虚假的社会价值"思想，可以认为任何一种没有价值的客观对象，在一定商品经济关系下，人们可以赋予它一定的价值。但是，这种价值不是真实的价值，而是虚假的价值。旅游产品的生产过程是一个被赋予"符号"价值的过程。旅游吸引物不仅具有某种特殊的客观属性，还具有人为建构的符号属性。它的符号价值主要表现在"社会象征性"和"对游客个体的特定意义"。这种消费者主观上对商品符号价值的追求，无疑成为马克思所谓的"虚假的社会价值"的源泉。

第三，旅游产品同时具有商品的"自然形式"和价值形式。前者是包含使用价值的现实财富，如美丽的自然风光或悠久的历史文化遗产；后者是价值或交换价值。一些学者把凡是能满足主体需要的客体都认为是有价值的，提出了价值具有多个来源的观点。例如，有学者认为"自然资源价值是指它同人的需要之间的关系，或指其能够满足人的需要的属性和能力"，"它的价值来自自然资源能够满足人的需求的物质属性，即为人类的生存和发展提供物质基础和前提"[②]。也就是说，虽然自然资源不是人类的劳动产品，但它仍然有价值。这种观点被称为"价值的万物理论"（everything theory of value）[③]。它是从使用价值角度理解价值，将价值的实体看作使用价值，其实质是对马克思主义价值理论的解构。

交换价值的流通最终依赖于包含"自然–物质"使用价值的商品的生产与交换。资本主义生产中让私人资本以极低的成本获得自然资源和环境，并让自然资源和环境由此进入资本循环，服务于资本的增值活动。正是这种"自然形式"和价值形式之间的矛盾导致了人类和自然之间的物质变换裂缝[④]，带来生态危机和环境污染问题。从这个意义上而言，党的二十大报告中提出的"人与自然是生命共同体"，"中国式现代化是人与自然和谐共生的现代化"[⑤]的论述正是对马克思劳动价值理论的坚守、继承和发展。

第三节 市场机制

在市场机制运行过程中，市场对资源的配置与再配置、资源流向及潜在流向、资源需求量与潜在供给量的变动都是通过市场价格的变动实现的。其中，价格是生产者和消

---

① 曾永寿. 虚假的社会价值论争评析[J]. 经济问题，2018，461（1）：124-135.

② Sturgeo N L. Centenary symposium on G. E. Moore's Principia Ethica：Moore on ethical naturalism[J]. Ethics，2003，113（3）：528-556.

③ Burkett P. Marx's ecology and the limits of contemporary ecosocialism [J]. Capitalism Nature Socialism，2001，12（3）：126-133.

④ Foster J B. Marx's theory of metabolic rift：classical foundations for environmental sociology[J]. American Journal of Sociology，1999，105（2）：366-405.

⑤ 习近平. 高举中国特色社会主义伟大旗帜 为全面建设社会主义现代化国家而团结奋斗——在中国共产党第二十次全国代表大会上的报告（2022年10月16日）[EB/OL]. http://cpc.people.com.cn/n1/2022/1026/c64094-32551700.html，2022-10-26.

费者之间传递的信号，用来指导资源的生产和分配。因此，价格信号的变动是价格机制（price mechanism）对供求变动的灵敏反应，是供求机制与竞争机制作用的结果。

价格机制是市场机制中的基本机制，是指在竞争过程中，价格变动与供求变动之间的相互制约和相互联系。价格的涨跌反映了商品和服务的稀缺性和过剩情况，供应商会根据市场需要和不需要的情况进行供应量调整，因此价格机制就是通过市场价格信息来反映供求关系，并通过这种市场价格信息来调节生产和流通，从而达到有效的资源配置。另外，价格机制还可以促进竞争和激励，决定和调节收入分配。

如图3.2（a）所示，在一个自由运作的市场中，需求和供给将趋于均衡。供求均衡由需求曲线和供给曲线的交点表示，也称为瓦尔拉斯均衡。供需的交点E决定了均衡价格P_e和均衡数量Q_e。但瓦尔拉斯均衡只是一种理论上的假设。在现实中，需求和供给受到不同的驱动力和影响，因而商品和服务的价格会随着需求和供给的波动而不断变化。价格变化的程度取决于需求或供给变化的大小，以及需求和供给的价格弹性。商品或服务的需求或供给曲线的变化也将导致均衡价格的变化，这些变化将改变产品和服务的市场均衡价格点和数量。当价格或数量不等于P_e和Q_e时，就会发生非均衡。

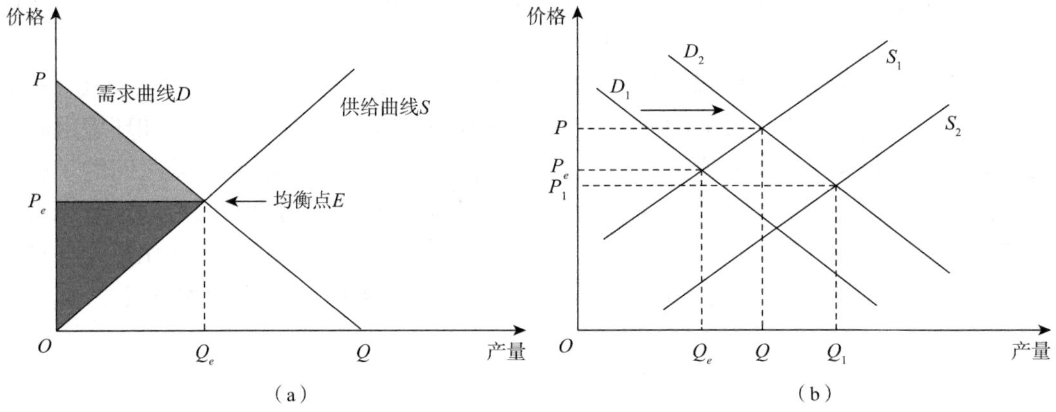

图 3.2 价格机制作用下的供求均衡

从需求来看，随着家庭收入的增加，旅游产品的价格变动、消费者期望或市场营销/促销活动的任何变化，都会使需求曲线向左或向右移动（见第一章），如举办冬季奥运会或中国进出口商品交易会（又称广交会）会吸引额外的游客到中国，导致图3.2（b）中需求曲线从D_1移动到D_2，市场需求增加。如果供给保持稳定（供给曲线没有平移），将出现需求短缺，游客必须相互竞争才能参加旅游。超额的需求将推高价格，因此价格提高到P。均衡量从Q_e上升到更高的Q。更高的市场价格有两个后果：如果供应商愿意以更高的价格提供更多的服务，均衡量会增加（供给曲线右移）；如果供应量不变，游客必须以更高的价格购买相同产品，则均衡量会减少。

从供给来看，投入要素的可得性和质量、技术水平、其他产品的价格、供应链效率、税收和补贴等的变化都会使供给曲线向左或向右移动（见第二章）。供给从S增加到S_1导致均衡价格从P_e下降到P_1。当消费需求沿着需求曲线移动到新的较低价格时，均衡量从Q_e增加到Q_1。在任何给定的市场中，需求和供给可能同时变化。新的均衡价格和数量将取决于每条曲线变化的程度和方向及每条曲线的价格弹性。

如果某些市场存在供给过剩，价格就会下降，以吸引额外的需求量并减少供给量，直到过剩消除为止。在旅游淡季，由于酒店入住率普遍不高，住宿价格往往比旺季价格低得多。酒店住宿价格的降低会产生两个后果：要么供给量会减少（一些酒店会采取歇业或关闭部分设施的方式减少供给）；要么需求量会增加，直至供给量S与需求量D相匹配。

上述可见，价格机制的运行可为社会产生一个有效的均衡结果，即在某个价格水平下消费者愿意购买的数量恰好等于生产者愿意供给的数量，可称为市场出清（market clearing）。在这种状态下，买者与卖者都不再希望改变当时的价格与买卖的数量，表明资源分配是有效率的。市场处于均衡状态时的价格称为均衡价格，与均衡价格相对应的成交数量称为均衡交易量（或均衡产量）。此时，消费者获得消费者剩余，生产者获得生产者剩余。消费者剩余是指一个人愿意为一件商品或服务支付的价格（对消费者的总收益）和他们实际支付的价格（对消费者的价格）之间的差额。它是需求曲线和价格曲线之间的面积，如图3.2（a）中三角形PP_eE的面积。生产者剩余是指供应商或生产者在市场交易中实际获得的收益与其愿意接受的最小收益之间的差额。它是供给曲线和价格曲线之间的面积，即图3.2（a）中三角形OP_eE的面积。市场价格越高，消费者剩余越少，生产者剩余越多；市场价格越低，消费者剩余越多，生产者剩余越少。

第四节 市场均衡与帕累托最优

图3.2的供求均衡模型属于局部均衡（partial equilibrium）模型，即市场对某些特定商品或服务的清仓与其产品或服务的价格和数量变化无关。局部均衡分析只孤立地考察某种行为或因素的变化对某个特定部门均衡状态的影响，而不考虑它们之间的相互联系和影响，也不考虑其在任何其他市场或行业中的影响。这使得局部均衡分析比覆盖整个经济的一般均衡模型要简单得多（见第十三章的CGE模型）。

一、一般均衡

一般均衡理论也称一般均衡分析（general equilibrium analysis）。与局部均衡分析考察单个市场或部分市场相对应，一般均衡分析是将所有相互联系的各个市场看成一个整体来加以研究，当整个经济的价格体系恰好使所有商品的供求都相等时，市场就达到了一般均衡。假定存在原油、煤、电力、旅行产品四个市场，所有市场在开始时均处于均衡状态。由于国际形势变化，原油市场供给减少，价格上升，这将打破其他市场的局部均衡，引起其他三个市场的调整：一方面，原油价格上升将导致汽油市场供给减少，价格上升，航空汽油或燃油车市场供给曲线左移，继而导致旅行产品价格上涨，供给减少。另一方面，作为燃油的替代品煤的需求增加，价格上升，煤的需求曲线右移。煤的价格上升将进一步导致电力价格上涨……所有这些价格的变化反过来影响原油市场的局部均衡。那么，是否存在一组均衡价格，在该价格体系下，所有商品的供求都能达到均衡？

法国经济学家里昂·瓦尔拉斯最先认识到一般均衡问题的重要性，第一个提出了一般均衡的数学模型并试图解决一般均衡的存在性问题。他假定整个经济中有H个家庭，K个厂商，r种产品，$n-r$种要素，其价格分别为$P_1,P_2,\cdots,P_r$，$P_{r+1},\cdots,P_n$。经济体系的一般均衡条件是，所有r种产品和所有$n-r$种要素的市场需求和供给都相等，即

$$Q_i^d\left(P_1,P_2,\cdots,P_n\right)=Q_i^s\left(P_1,P_2,\cdots,P_n\right);\ i=1,2,\cdots,n \tag{3.1}$$

瓦尔拉斯认为，可以令一个价格作为“一般等价物”（numeraire），故只有$n-1$个价格需要决定。因此$n-1$个独立方程可以唯一地决定$n-1$个未知项，即方程有唯一解，也即存在一般均衡。实际的经济体系可以被认为通过“拍卖人”和“试探过程”逐渐达到一般均衡状态。虽然后来的经济学家证明，瓦尔拉斯对一般均衡的存在性的证明在数学上是错误的，只有在极其严格的假设条件下一般均衡体系才存在均衡解，并能同时满足经济效率的要求，但瓦尔拉斯提出的一般均衡已经成为经济学中具有奠基性的重要理论。

二、帕累托最优

经济效率一般表示为以既定的投入生产出尽可能多的产品。如果在既定的生产技术条件下，当经济再也不可能以现有的可供使用的资源使得社会成员获得更多福利时，就可以认为生产达到了经济效率状态。从这个意义上说，经济效率涉及在所有的资源配置中确定最优的资源配置，同时实现社会成员的经济福利最大。通常可采用帕累托标准或帕累托最优（Pareto optimality）状态标准判断经济效率。

帕累托标准：假定A、B代表任意两种资源配置状态，如果社会中至少有一人认为A优于B，而没有人认为A劣于B，则从社会的观点看A一定优于B。由此可以进一步分为两种情况。

（1）帕累托改进。如果改变某种既定的资源配置状态，会使得至少有一人的状况变好而又不会使任何人的状况变坏，则称这种资源配置状态的变动为帕累托改进。

（2）帕累托最优，也称为帕累托效率（Pareto efficiency）。它是指资源分配的一种理想状态，在该状态上，任何改变都不可能使至少有一人的状态变好而又不使任何人的境况变坏。在帕累托最优状态下，不可能再有帕累托改进的余地。

资源配置的帕累托最优必须同时满足以下三个条件。

第一，交换的帕累托最优条件。任意两个消费者对任意两种商品X、Y的边际替代率（marginal rate of substitution，MRS）都相同，$\mathrm{MRS}^X=\mathrm{MRS}^Y$。

第二，生产的帕累托最优条件。任意两种要素L、K用于生产任意两种产品时的边际技术替代率（marginal rate of technical substitution，MRTS）相等，即$\mathrm{MRTS}_1^{LK}=\mathrm{MRTS}_2^{LK}$。

第三，交换和生产的帕累托最优条件。消费者关于两种商品的边际替代率等于这两种商品之间的边际产品转换率（marginal rate of product transformation，MRPT），即$\mathrm{MRS}_{1,2}=\mathrm{MRPT}_{1,2}$。

其中，边际产品转换率反映的是生产效率；边际替代率反映的是消费者偏好。交换的边际替代率与生产的边际产品转换率相等说明生产结构与需求结构吻合，生产的产品符合消费者需求，既不会短缺，也不会过剩。只有同时满足上述三个条件，资源配置才是最优的。

三、交换最优

假定两种商品分别为X和Y，其既定数量为X_1和Y_1。两个消费者分别为A和B。可用埃奇沃思框图来分析这两种商品在两个消费者之间的分配。如图3.3所示，框图的水平长度表示经济社会中第一种商品X的数量X_1，框图的垂直高度表示第二种商品Y的数量Y_1。O_A为第一个消费者A的原点，O_B为第二个消费者B的原点。从O_A水平向右代表消费者A对第一种商品X的消费量X_A，垂直向上表示消费者A对第二种商品Y的消费量Y_A；从O_B水平向左代表消费者B对第二种商品Y的消费量Y_B，垂直向下表示消费者B对第一种商品X的消费量X_B。

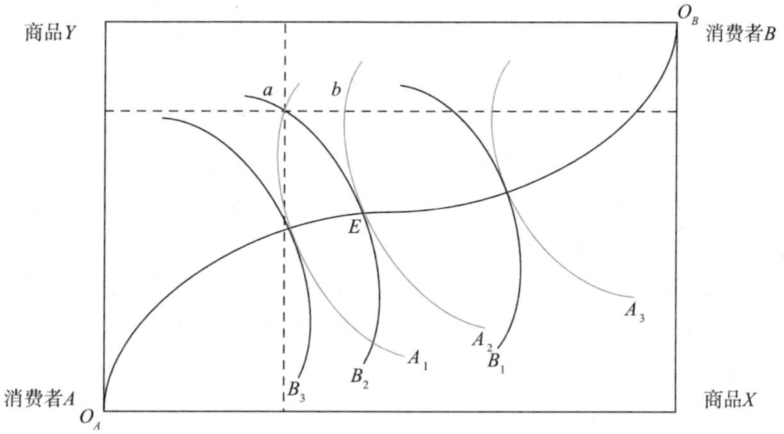

图 3.3 交换的埃奇沃思曲线

考虑图3.3中任意一点，如a点。a点对应于消费者A的消费量和消费者B的消费量。显然，

$$X_A+X_B=X_1;\quad Y_A+Y_B=Y_1 \tag{3.2}$$

也就是说，框图中的任意一点确定了一组数量，表示每一个消费者对每一种商品的消费，而且满足上述等式，即框图确定了两种商品在两个消费者之间的所有可能的分配情况。在框图的垂直边上的任意一点，表明某个消费者不消费X商品；在框图的水平边上的任意一点表明某个消费者不消费Y商品。

现在加入每个消费者的无差异曲线，由于假定效用函数是连续的，故a点必然处于消费者A的某条无差异曲线上，同时也处于消费者B的某条无差异曲线上，即消费者A和B分别有一条无差异曲线经过a点。这两条无差异曲线可能在a点相切或相交。假如两条无差异曲线在a点相交（图3.3），a点是无差异曲线的交点。容易看出，a点不可能是帕累托最优状态。这是因为，通过改变初始分配状态，如从a点变动到E点，则消费者A的效用水平从无差异曲线A_1提高到A_2，但消费者B的效用水平保持不变。因此，在a点存在帕累托改进的余地。由此得到结论：在交换的埃奇沃思框图中，任意一点，只要它不在消费者A和B的两条无差异曲线的切点上，就不是帕累托最优状态，因为在这种情况下，总存在帕累托改进的余地，即总是可以改变该状态，使至少有一人的状况变好而没有人的状况变坏。

如果假定初始的产品分配处于两条无差异曲线的切点，如E点，容易看出，此时不存在任何帕累托改进的余地，即它们均为帕累托最优状态。改变E点状态只有如下几种可能：向右上方移到消费者A较高的无差异曲线（A_3）上，则消费者A的效用水平提高了，消费者B的效用水平却下降了；向左下方移到消费者B的较高的无差异曲线（B_3）上，则消费者B的效用水平提高了，消费者A的效用水平却下降了；剩下来的可能则是消费者A和B的效用水平都降低。只有当这一点处在消费者A和B的两条无差异曲线的切点上时，它才是帕累托最优状态，称为交换的帕累托最优状态。在这种情况下，不存在有帕累托改进的余地，即任何改变都不可能使至少有一人的状况变好而没有人的状况变坏。如果把所有无差异曲线的切点的轨迹连接起来，就形成曲线AB，称为交易契约曲线。交易契约曲线上的任何一点都是消费者A和B各自相应的无差异曲线的相切点，通过这一点的切线的斜率，便是双方相应的无差异曲线的边际替代率。

从上面的分析可知，在交易契约曲线之外的任何一点，交易双方的无差异曲线的边际替代率均不相等，因此，交易双方没有达到帕累托最优状态，这时，继续进行交易，可以改善双方的境况，增加双方的福利，直到交易契约曲线之上交易双方的无差异曲线的边际替代率相等，双方福利或效用达到最大化，交易达到帕累托最优状态。由此可知，如果要使两种商品X和Y在两个消费者A和B之间的分配达到帕累托最优状态，这两种商品的边际替代率必须相等，这就是交换的帕累托最优状态的实现条件。

在这种情况下，消费者既不会继续增加对该商品的消费，也不会转而去消费其他商品。即每一对商品的边际替代率（增加消费一单位商品与放弃另一商品的比值）相等，消费者获得了交换的最优条件，消费者剩余最大化。假如从客源地甲到目的地乙有两种交通方式：乘坐飞机需要 2 小时，乘坐高铁需要 6 小时；两者的价格分别为1 500元和500元。消费者将面临两种交通方式的选择。假定消费者的平均旅行效用为

$$U=-0.15R-0.05A \tag{3.3}$$

其中，R表示乘坐高铁所需时间；A表示乘坐飞机所需时间。方程中变量R与A的系数实际上描述了消费者对乘坐高铁和飞机旅行的边际效用的评估。高铁的边际效用与飞机的边际效用之比表明高铁旅行效用被视为飞机旅行效用的1/3（图3.4）。同样地，旅行费用与旅行时间的比率表明了消费者在这两个产品之间的平均取舍。也就是说，该消费者认为时间的价值很高，愿意以多付1 000元为代价来减少4小时高铁旅行时间，相当于消费者认为1小时的旅行时间价值为500元（每分钟价值约8.33元）。如果将高铁票价降低到400元，高铁费用与旅行时间的比率将从83.33元/小时减少到66.67元/小时。由于高铁与飞机旅行的边际替代率发生改变，此时，一些对价格敏感的消费者将增加对高铁的消费，航空公司因面临乘客流失的风险，只好降低机票价格，直到两者边际替代率再次相等，从而达到新的均衡。

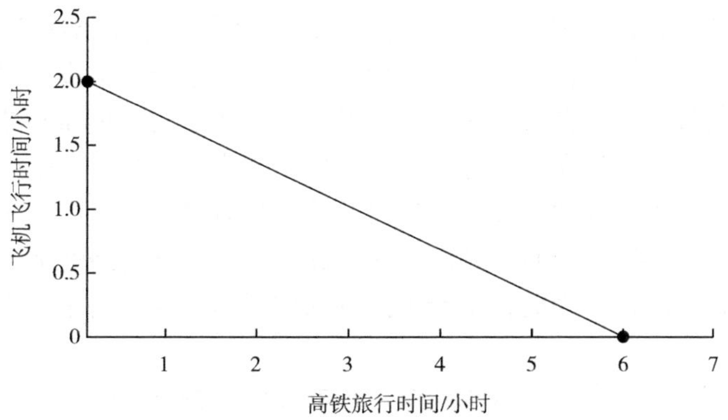

图 3.4　飞机与高铁之间的边际替代

四、生产最优

分析生产的帕累托最优条件的方法与分析交换的帕累托最优条件的方法相似，仍采用埃奇沃思框图来分析。假定经济社会由两个生产者C和D组成，他们使用两种生产要素劳动（L）和资本（K），生产两种产品X和Y，两种生产要素的数量假定固定不变。在此情况下，两种商品的生产可能性边界（即等产量曲线）如图3.5所示。

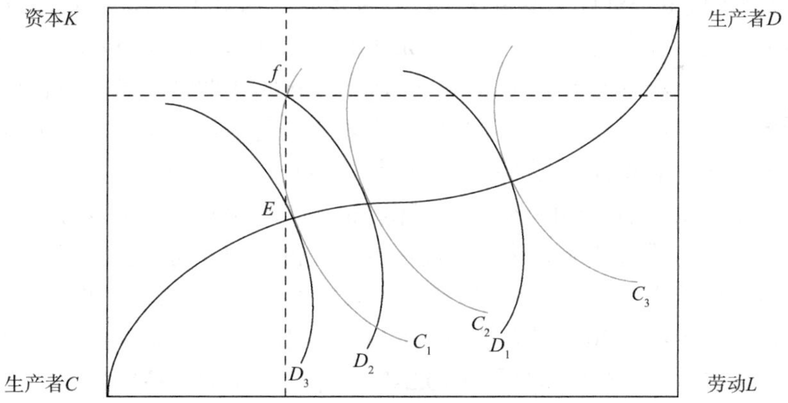

图 3.5　生产的埃奇沃思曲线

假定生产在完全竞争条件下进行。如果资源配置不在生产契约曲线CD上，而在生产契约曲线以外的任何一点，如f点上，则虽然生产资源已经耗尽，但并没有达到生产的最优条件，没有做到最有效率的生产。此时，只要生产者改变资源配置，便可提高生产效率。例如，生产者将f点移至E点，则可以在不减少生产者C的产量的前提下，将生产者D的产量从D_2提高到D_3。因此，最有效率的生产，应该在两条等产量曲线的切点上。生产契约曲线上所有的点都是两条等产量曲线的切点，是生产有效率点的轨迹，因此生产契约曲线是既定数量的生产资源在最有效率地利用时所能生产的不同产品的最大产量组合。

生产的帕累托最优条件，对于用来生产两种产品的两种生产资源来说，就是它们的每一组合的边际技术替代率相等。如前所述，边际技术替代率是指保持产量水平不变时，两种生产要素的边际产量之比。只要两个生产者的两种生产要素投入量的边际替代率不相等，就可以进行投入量的替代，这样就能增加一种产品的产量而不减少另一种产品的产量，甚至两种产品的产量同时增加。只有当两个生产者的每一组生产资源投入边际技术替代率相等时，这种替代才会停止，这时便达到最有效率的生产，实现了帕累托最优条件，且两个生产者的产量同时达到最大化。在商品价格既定条件下，边际产品转换率等于两种商品的价格之比，因此，生产可能性曲线任何一点的斜率的绝对值都等于两种商品的价格之比。

对于企业而言，等量资源投入生产所产出的任何两种商品的边际产品转换率（增加生产一单位商品与放弃生产另一商品的比值）也相等。经营者用等量资源可得收益相等，因而将实现生产的最优条件。近几年来，由新冠疫情引发的经济衰退给旅游和酒店业带来了巨大的影响。同时，各国对社交距离的限制，加速了数字技术及非接触式服务技术，如服务机器人和非接触式支付在旅游和酒店业务中的应用。然而，并不是所有的国家和所有的企业都有条件投资于先进的技术或配备相关设施以替代劳动。资本–劳动替代（capital-labor substitution）指的是在生产活动中改变资本与劳动组合的过程。如果要素的产出不变，使用一种要素的成本低于另外一种要素，那么在自由市场的情况下，成本昂贵的要素会被成本低廉的要素取代，这正是边际替代率作用的结果。

资本–劳动替代也是对技术变革状况的一种反映。从资本–劳动替代出发，可以将技术变革方向分为资本导向的技术变革（capital-directed technical change，CDTC）和劳动导向的技术变革（labor-directed technical change，LDTC）两种类型。前者是指追加资本获得的生产效率提高超过新增劳动获得的生产效率提高的技术变革（technology change，TECH），此时，生产者将使用更多的技术以替代劳动。后者则与之相反，如果新增资本的边际效率低于新增劳动的边际效率，意味着企业投资于先进技术以替代劳动力是不划算的，此时，企业将通过增加劳动以替代资本，获得劳动导向的技术变革。

在新冠疫情影响下，全球经济衰退造成了大规模的失业，带来了更低的劳动力成本。据统计，全球旅游业在2020年损失了约6 200万个工作岗位[①]。旅游业的总资本投资下降幅度在25.0%~31.0%，人均资本存量从10.24%下降到4.73%[②]。各国普遍实施宽松货币政策以刺激经济，导致资本成本降低。不同的企业会选择何种资本–劳动组合进行旅游生产，以及选择什么样的技术进步方向，取决于其经济实力和可用资源禀赋状况。新冠疫情前后3年间（2018~2020年），全球旅游和酒店行业的技术发展方向产生了分化。北美、中东、非洲和大洋洲经历了从资本导向（2018年）到劳动导向（2019年）再到资本导向（2020年）的技术变革过程。西欧国家则从资本导向进入劳动导向的技术变革，这很可能是受到经济萧条带来的劳动力成本节约的激励。东欧、远东和中亚及中南美洲的旅游企业则始终保持着劳动导向的技术变革战略。这些地区大多是人口密集的发展中国家，

① World Travel & Tourism Council. Travel & tourism economic impact 2022[R]. https://wttc.org/Portals/0/Documents/Reports/2022/EIR2022-Global%20Trends.pdf，2022.

② Škare M，Soriano D R，Porada-Rochoń M. Impact of COVID-19 on the travel and tourism industry[J]. Technological Forecasting and Social Change，2021，163：120469.

一直依靠廉价劳动力发展各类产业。

各地区技术变革变化方向上的差异可能会加剧发达国家和发展中国家之间的“技术鸿沟”。劳动导向的发展中国家可能面临旅游市场份额的下降，因为游客偏好已经从高人际接触，如社区旅游、生活方式旅游，转向高科技产品，如虚拟旅游。不过，这些国家也可以利用其丰富的自然和文化资源，满足游客通过环境疗愈心理和缓解压力的需求，这也是一种积极地寻求生产最优的对策。

五、交换和生产的最优

交换的最优条件和生产的最优条件概括起来就是，如果交换达到了这样一种状态，在这种状态下，产品的任何新的交易都会至少降低一个人的效用水平时，这种状态就是交换的帕累托最优状态。从经济效率上讲，这种交换是最有效率的。与此相应，如果生产要素的组合达到了这样一种状态，在这种状态下，生产要素的任何一种重新组合都会至少使一种产品的产量下降时，这种状态就是生产的帕累托最优状态，这种生产也是最有效率的。交换的帕累托最优条件是产品的边际替代率相等，而生产的帕累托最优条件是生产要素的边际技术替代率相等。当整个社会的交换的最优条件和生产的最优条件同时得到满足时，整个社会达到帕累托最优状态，就达到社会福利最大化。

因此，社会福利最大化要求生产和交换同时达到帕累托最优状态，也就是说，任何两种商品对消费者的边际替代率必须等于这两种商品的边际产品转换率，即

$$\mathrm{MRS}_{xy}=\mathrm{MRPT}_{xy} \tag{3.4}$$

这个条件要求在资源一定条件下，生产出使消费者获得最大满足的产品，且被生产出来的产品的数量组合与需求相等。此时，两种产品的数量组合既实现了生产最有效率，又满足了消费者效用最大化的需求，从而使生产和交换同时达到帕累托最优状态，而在其他任何一点，产品边际替代率与边际产品转换率都不相等。

交换的边际替代率与生产的边际产品转换率相等说明生产结构与需求结构相吻合，生产的产品质量和数量符合消费者需求，既不会短缺，也不会过剩。此时，社会生产的商品和服务的数量和组合刚好能够以最低的成本满足社会的需求。每一种商品或服务的生产都将达到为消费者提供的最后一个单位产品的边际成本等于其边际收益的状态。换句话说，市场体系以“正确”（最低成本）的方式（生产效率）生产“正确”（配置效率）的数量。此时，消费者剩余最大化，生产者福利最大化，社会福利最大化，市场最有效率，即帕累托效率最优。

从生产者和消费者综合的角度分析，只有在完全竞争市场上，边际产品转换率才可能与边际替代率相等。对于生产可能性曲线上的任何一点，其资源消耗是相同的，因而其总成本是相同的，因此产品在转换过程中，必然是增加的产量所增加的成本与减少的产量所减少的成本相等。因为，如果企业生产两种产品的边际产品转换率不同，企业就会改变要素配置，减少生产转换率低的产品，扩大生产转换率高的产品，以获得更高的收益，即

$$\mathrm{d}X\cdot \mathrm{MC}_x=\mathrm{d}Y\cdot \mathrm{MC}_y \tag{3.5}$$

由于$\mathrm{MRPT}_{xy}=\mathrm{d}Y/\mathrm{d}X=\mathrm{MC}_x/\mathrm{MC}_y$，且$P_x=\mathrm{MC}_x$，$P_y=\mathrm{MC}_y$，有

$$P_x/P_y=MRPT_{xy}=MRS_{xy} \quad (3.6)$$

如果经济处于帕累托最优状态，将可能存在一组一般均衡价格使市场恰好达到上述状态。以纯交换为例，在帕累托最优状态下，两个消费者的无差异曲线相切，过这一切点的预算约束线的斜率即决定一般均衡价格。因此，在市场中，如果满足个人效用函数为凸向原点的无差异曲线、厂商对投入品的边际替代率递减，不存在外部性，那么通过资源在个人之间的合理再分配，竞争性均衡的结果可以实现帕累托最优状态。这被称为福利经济学第一定理。

只有完全竞争市场具备生产与交易同时达到均衡的条件，因为只有完全竞争市场才能使消费者A和B效用最大化的条件相同，同时使生产者X和Y实现资源的帕累托最优。在现实中，经济从来没有处于一般均衡的完全竞争状态，而是充斥着垄断、监管、约束和外部性。在各种生产函数（production function）相互依赖而非相互独立的情况下，帕累托最优必然会被福利最大化黄金法则替代。社会福利最大化使所有资源和所有其他用途的边际私人成本/收益与边际社会成本/收益相等。当且仅当社会达到这种均衡时，社会福利才能达到最大化。

第五节　公平、效率与共同富裕

福利经济学第一定理表明，完全自由竞争导致经济效率最优，但它不一定达到社会福利最大化。如图3.6中，产量组合Q_e与Q_1的生产效率相同，但社会福利反而下降（从W_2下降到W_1）。

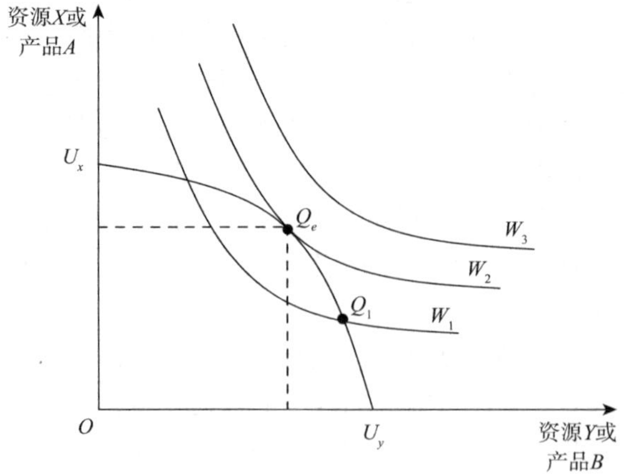

图 3.6　帕累托最优的资源分配

假如社会无差异曲线为W_1、W_2、W_3，消费者A和B的效用曲线U与W_2的切点Q_e将是在既定资源、技术和个人偏好的限制下，所能导致的社会福利最大的生产、交换和分配的唯一点。这个点叫作限制性条件下的最大满足点，它是整个社会效率与公平的最优组合。找到限制性条件下的最大满足点后，可以返回去，根据包括这一点的特定效用曲线，找到与其相对应的最优产量组合，根据这个组合，就可以决定产品在消费者A和B之间的最优分配；根据这个产品分配，又可以决定最优的要素配置。也就是说，只要找到限制性条件下的最大满足点，就可以决定社会福利最大的产品分配、要素配置和个人分配。因此，也不一定只有完全竞争才能导致经济效率，如果具有充分信息，也可以运用各种政策趋近总效用可能性曲线。

由于不同帕累托最优点之间无法进行大小比较，从而帕累托效率并不能完全解决资源配置问题。因此，帕累托最优只是局部性经济效率概念，社会福利最大化才是真正的全局性的经济效率。但是，社会福利函数必然涉及人际效用比较，为了避免人际效用比较出现困难，主流经济学往往采用局部最优或作为极大值点的帕累托最优来作为经济效率的主要概念，这使得分配公正性问题在西方经济学中一直悬而未决，这是私有制下的市场经济所不能解决的问题。

一、缺乏公平的效率提高

如图3.7所示，社会产品在消费者1和消费者2之间进行分配。从效率而言，曲线CH上任意一点效率都是相同的，但分配的公正性却不同。B点位于线段的中间，此时社会产品分配给两个个体的数量相同。假设两个消费者无社会差异，境况完全相同，则B点为平均或公平分配。如果分配位于B点左端，如D点、E点，分配有利于消费者1；如果分配位于B点右端，如F点、G点，则分配有利于消费者2。

假设社会在初始时期的效率和分配状况处于A点。此时，效率未达到最优状态。对A点进行帕累托改进，则存在多种类型或方向的效率改进。

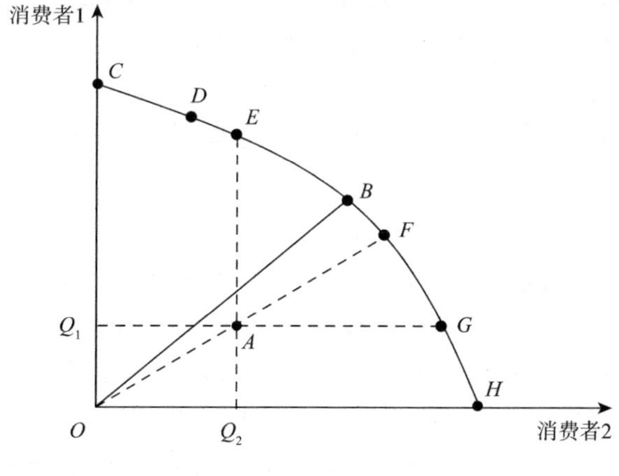

图 3.7　不同类型的帕累托改进

（1）$A \to B$：在这一过程中，分配随社会生产效率提高而改善。从效率来看，社会生产从A提高到F，效率最优；从分配来看，社会分配由F点转移到B点，分配也得到改善。

（2）$A \to F$：效率提高而分配不变。

（3）$A \to G$：效率提高而分配恶化，提高效率的好处全部由消费者2享有。

（4）$A \to G \to F$：分配随效率的提高先恶化后改善。

（5）$A \to F \to E$：分配随效率的提高先改善后恶化，提高效率的好处全部由消费者1享有。

二、缺乏效率的公平增进

在社会生产不变的情况下，如果社会分配从D点移动到B点，此时，社会不存在帕累托改进，因为消费者2在分配上的改善就是消费者1的损失。而且，这种平等化还会导致直接的效率损失。这是由于社会为收入转移而消耗资源，这些被消耗的资源就是平等化的直接效率损失，因为它们本来可以用于增加社会生产，提高经济效益。

平等化还会带来间接效率损失。这是指平等化本身可能造成对劳动、储蓄和投资等经济活动的各种反激励效应，这部分损失更重要，但也更复杂。例如，政府税收政策，特别是税率过高会扭曲市场经济中的努力–报酬机制，从而影响人们工作、储蓄和投资的积极性。

把公平和效率当作增进社会福利的手段时，公平和效率之间就具有了替代关系。静态地分析，社会福利是公平和效率的增函数；动态地分析，最大的公平和最高的效率并不意味着社会福利最大化。在社区旅游发展中，政府、开发商、社区均拥有各自的资源、目标和收益要求，因而构成了一个关于旅游收益分配的三方博弈格局。当开发商拥有的资本要素比社区拥有的吸引物更加稀缺时，资本要素越稀缺，开发商讨价还价能力越强，资本在利益分配中获得的份额越大。社区拥有的旅游吸引物越稀缺，则社区在旅游收益分配博弈中获得的份额越大。但资源的相对稀缺程度是动态变化的。在经济发展和旅游目的地生命周期的不同阶段，社区对旅游收益的期望值也是变动的。此外，由于文化旅游产品开发的不确定性，企业投资风险越大，资本越倾向索取的回报越多。因此，资源的相对稀缺性、各方讨价还价能力的变化及不同的风险偏好，共同决定了三方动态博弈过程，以及最终可能达到的收益分配的均衡状态[①]。社会福利最大化的条件是，公平（效率）的提高带来的社会福利的增加与效率（公平）的降低引起的社会福利的损失应当相等。

三、共同富裕

共同富裕是社会主义的本质要求。1953年，《中国共产党中央委员会关于发展农业生产合作社的决议》中就提出了“共同富裕”的目标。经过多年的经济建设，在社会生产力水平极大发展、物质条件较为充裕的情况下，党的十九届五中全会对实现共同富裕提出了更为具体的目标要求。党的二十大报告中明确提出“中国式现代化是全体人民共同富裕的现代化”[②]。2021年8月17日，习近平总书记在中央财经委员会第十次会议上强调：“共同富裕是社会主义的本质要求，是中国式现代化的重要特征，要坚持以人民为中

---

① 左冰. 分配正义：旅游发展中的利益博弈与均衡[J]. 旅游学刊，2016，31（4）：12-21.

② 习近平. 高举中国特色社会主义伟大旗帜 为全面建设社会主义现代化国家而团结奋斗——在中国共产党第二十次全国代表大会上的报告（2022 年 10 月 16 日）[EB/OL]. http://cpc.people.com.cn/n1/2022/1026/c64094-32551700.html，2022-10-26.

心的发展思想，在高质量发展中促进共同富裕”[①]。

“共同富裕”中的“富裕”实质上反映出社会生产有效率的状态。如果一个社会在资源消耗相同的情况下可以获得更多的产出，自然可以获得更高的经济发展水平，物质将更加丰裕。另外，“富裕”也是生产与需求相匹配的一种状态。19世纪初期，英国经济学家詹姆斯·穆勒和法国经济学家让·巴蒂斯特·萨伊等提出了“供给创造自己的需求”的思想，被称为萨伊定律（Say’s law）。后来的新供给主义与古典供给学派认为，在供给和需求关系中，供给处于主导地位，但“供给自动创造需求”只是一个理想的状态。真正的需求在于供给的有效性，唯有创造出有效供给才能确保需求。因此，物质数量增多并不意味着“富裕”。富裕是所消费的产品刚好满足自己需要的一种状态，正所谓“多一分则肥，少一分则瘦”。富裕是幸福感最大化时的一种心理满足状态。

“共同富裕”中的“共同”既不是平均主义，也不是少数个体的富裕。如图3.7所示，如果社会分配从*D*点移动到*B*点，尽管社会分配更加平均，但缺乏效率。这样的分配最终会导致每个人的福利下降，甚至走向共同贫穷。同样，无论社会分配是倾向消费者1（从*A*点移到*E*点）还是消费者2（从*A*点移到*G*点），都是不公平的效率增进，只能实现少数人的富裕，而非全体人民的“共同”富裕。如果社会分配从*A*点移到*F*点，尽管社会分配比例不变（也许更多地偏向消费者2），至少消费者1在物质上相比以前更加富裕。此时，社会将可能实现一种有偏的共同富裕。由于*A*点的位置（社会当前的状态）是不确定的，消费者1和消费者2的（社会）需要也是无法事先确知的。因此，“共同富裕”的分配状态在*CH*曲线上的位置也是不确定的，取决于具体的社会情景和历史条件。从这个意义上而言，共同富裕不仅是马克思、恩格斯所设想的未来社会的重要特征，也是一种理想的社会状态，更是一个努力追求的目标。

如前所述，公平与效率的二元对立是私有制下市场经济的必然产物，是资本主义市场经济所不能解决的问题。中国之所以有能力破解这一难题，并提出“共同富裕”这一社会发展目标，是因为社会主义市场经济体制建立在公有制基础之上，从而从生产资料所有制层面打破了公平与效率的二元对立关系。

首先，资本主义市场经济体制并不关注生产资料的所有制，即生产关系问题。在资本主义社会，资本是支配生产资料的工具。资本家占有产品的剩余价值并决定其分配。对于资本家而言，“共同富裕”仅仅是一个道德问题。即便是在西方高福利社会，其社会福利也只是用于展示生产资料所有者对弱势群体的关注与同情，减轻西方发达国家在现代化过程中出现的两极分化现象。在社会主义国家，全体人民占有生产资料，相应的生产成果也由全体人民享有和支配。而这正是中国可以实现共同富裕的制度基础。

其次，中国的现代化是以人民为中心的现代化。习近平同志提出，“让广大人民群众共享改革发展成果，是社会主义的本质要求，是社会主义制度优越性的集中体现，是我们党坚持全心全意为人民服务根本宗旨的重要体现”[②]。中国始终坚持以人民为中心

① 习近平. 在高质量发展中促进共同富裕 统筹做好重大金融风险防范化解工作[EB/OL]. http://jhsjk.people.cn/article/32197470，2021-08-18.

② 习近平. 在党的十八届五中全会第二次全体会议上的讲话（节选）（2015 年 10 月 29 日）[EB/OL]. http://jhsjk.people.cn/article/28002398，2016-01-01.

的发展思想，切实维护人民的根本利益，因而能够从制度上确保发展成果由人民共享，让现代化建设成果更多、更公平地惠及全体人民。党的十八大召开的十年来，“居民人均可支配收入从一万六千五百元增加到三万五千一百元。城镇新增就业年均一千三百万人以上。建成世界上规模最大的教育体系、社会保障体系、医疗卫生体系，教育普及水平实现历史性跨越，基本养老保险覆盖十亿四千万人，基本医疗保险参保率稳定在百分之九十五”①，向世界展示出党和国家在追求共同富裕的道路上所取得的历史性成就。

第六节 影响市场运作的因素

自由市场经济体系是一种理想状态，它忽略了政府作为政策制定者、消费者和供给者的角色。在现实中，即使在英国、美国等市场经济体系国家，每种商品或服务的价格形成及市场均衡机制都或多或少地受到政府干预的影响。

一、价格管制

价格管制（price regulation）是指政府根据经济形势和既定政策，运用行政权力直接规定某些产品的价格或价格变动幅度并强制执行，以调整供求关系，满足国家管理的需要和大众利益。价格管制的主要方式有最高限价、最低限价、双面价格管制和绝对价格管制等类型。例如，许多旅游资源具有脆弱性和不可再生性的特点，特别是世界遗产、著名的风景名胜区更是一种极其稀缺的物品，因而具有强大的市场垄断性；消费者对这类吸引物资源具有强烈的消费欲望，其消费需求具有刚性特点，因而旅游景区的价格很容易为经营管理者所控制。政府对处于垄断性的国有景区的价格实行管制，以防止它们为牟取暴利而危害公益性。从2013年开始，中国政府持续推动重点国有景区门票降价，根据各地区经济发展水平及景区规模等级差异，分类施策，以保障公共福利。

最高限价是指政府对某种商品所规定的最高价格，又称为天花板价格。例如，越南2011年国内航班经济舱价格最高限价（未含增值税）为：航程300千米以下的最高票价为86.4万越盾；300~500千米的最高票价为110万越盾；500~850千米的最高票价为148万越盾；850~1 000千米的最高票价为190万越盾；1 000~1 280千米最高票价为222万越盾；1 280千米以上的最高票价为272万越盾②。

最低限价也称地板价。通常，最低限价远高于市场价格，因此实行最低限价政策会导致供应方单位产品利润增高，使得市场上供应方数量增加，并且单个供应商的产量也会增加。同时，最低限价高于市场价格，超出了部分消费者能够支付的能力范围。这部分消费者将不能购买到原本市场价格时可以购买的产品，市场需求将比在市场价格时有

① 习近平. 高举中国特色社会主义伟大旗帜 为全面建设社会主义现代化国家而团结奋斗——在中国共产党第二十次全国代表大会上的报告（2022 年 10 月 16 日）[EB/OL]. http://cpc.people.com.cn/n1/2022/1026/c64094-32551700.html，2022-10-26.

② 快达航空. 越南上调国内机票最高限价[EB/OL]. http://www.kuaida.net/help/help_483.aspx，2011-04-27.

所减少。市场供给增加而市场需求减少，两者综合作用下将会导致产品过度供给，且被无效利用，资源不能有效分配，使得市场不能达到最有效化。例如，1929年华尔街股市暴跌的导火索之一是加拿大小麦的过量生产，但美国政府强迫压低所有农产品产地基本谷物的价格，导致全球性的农业衰退，从而触发金融大崩溃。另外，在劳动力市场实行最低工资法使得企业雇用劳动力成本增高,企业为了维持成本使产品在市场上有竞争力，会通过裁员、机器替代和提高员工工作量等措施来应对政策，可能带来失业风险。

双面价格管制即同时规定商品或服务的最高价和最低价。绝对价格管制则是对某类商品或服务的交易价格进行具体规定。我国自利率市场化改革以来，在利率管理上逐步从绝对利率管制走向扩大利率波动区间。关系国计民生的水、电价格依然由政府制定。在实践中，实行价格管制需要满足以下条件：一是企业必须能够盈利，否则它将拒绝生产；二是管制成本必须低于社会收益，以消除管制带来的社会福利净损失。

二、供给约束与供给抑制

供给约束（supply-side constraint）可分为直接供给约束和间接供给约束。前者主要包括行政管制、行政垄断等；后者主要指高税负成本、高融资成本、高人力成本、高原材料成本等价格方面的约束。在直接供给约束中，行政管制主要包括政府对市场主体行为的合规性、真实性进行认定和核准，如进行牌照管理、准入管理等，使得市场中大量经济活动在得到行政许可后才能进行。例如，各地设立出境口岸免税品分公司和免税店，需要由财政部会同海关总署、国家税务总局、文化和旅游部从严掌握审批，各地海关和地方政府无权自行审批①。

行政管制、行政垄断等直接供给约束可形成市场进入壁垒（见第七章），有助于保持供应商的市场力量，加剧企业的不公平竞争，从而影响市场价格，使得优胜劣汰的市场机制无法发挥作用。如果垄断企业占据了行业内绝大多数的资源，将对行业内更具活力的中小型企业发展造成阻碍，降低市场活力，从而破坏市场的资源优化配置机制。

从间接供给约束来看，高税负成本、高融资成本、高原材料成本将直接导致企业生产成本的上升与营利能力的下降，从而降低企业技术研发与创新的积极性，抑制“新供给创造新需求”的供给创新机制。从要素报酬来看，高税负成本与融资成本将相当大的要素报酬转移给政府及银行，相应地要素报酬转化为需求的部分将变少。尤其一些代表未来新供给（新技术与新业务模式）发展方向的企业，很可能是处在初创期的小企业，资金实力不足。供给约束的存在往往会降低这类企业的存活概率，间接遏制经济发展的活力。

从长期来看，各种财富的源泉还可能因为受到供给抑制（supply-side restriction）而不能转化为现实的有效供给，主要体现在土地与资源、人口与劳动、技术与创新、制度与管理、资本与金融等方面。例如，中国从20世纪90年代以来服务业就业的占比都低于高收入经济体的类似发展阶段，除了金融、保险、房地产和商业服务业占比略高，贸易、餐饮和酒店、交通运输等服务业增加值占比都偏低，说明中国服务业出现了整体性的供

---

① 设立免税场所事项审批[EB/OL]. http://www.gov.cn/bumenfuwu/2016-08/03/content_5097206.htm，2016-08-03.

给抑制；其结果造成了供需错配、产能过剩和国内总需求不足问题[①]，出现需求外溢。

三、资源错配

资源错配是相对于有效配置而言的。有效配置是指资源能充分地在有需要的部门间合理流动和利用，以获得整体的最大效益，实现帕累托最优。现实中，市场机制不健全，要素配置扭曲，使得边际报酬存在差异，进而偏离理想配置状态（帕累托最优状态），即形成“错配”。存在资源错配的行业或企业，资源的投入往往不是缺乏就是过度，同时边际产出也是扭曲的。

产品及要素市场不完全导致的资源错配具有普遍性和多样性，其表现形式主要包括劳动力错配、资本错配、土地错配、金融错配、技术错配等。在一个经济体内部也可能存在区域间、行业间、城市间的资源错配。按照生产要素是否遵循等边际法则，可以将资源错配分为内涵型错配和外延型错配[②]。内涵型错配是指资源的边际回报横向不相等，因此存在要素配置扭曲，可以通过矫正错配来提升总产出；外延型错配是指在所有企业的生产要素边际产出都相等的情况下，总产出水平依旧可以通过要素的重新分配获得提升。此时，即使市场中的每一个微观企业的边际产出相等，也无法实现产出最优，但可以通过加大规模报酬递增企业的资源投入或将资源重新配置给高生产率企业以达到更理想的产出水平[③]。

资源错配形成的原因很多，目前较为公认的资源错配源于三方面的扭曲，即金融市场的扭曲、劳动力资源错配和政府不恰当干预。

（1）金融市场的扭曲。金融市场的摩擦影响企业融资、借贷等成本，进而造成企业无法获得最优资本配置。据测算，我国经济近30%的资源错配源于金融市场的扭曲[④]。在旅游行业，小微企业占旅游市场供应的主体地位。例如，在我国较为成熟的旅游目的地阳朔，80%以上的旅游企业属于小微企业。小微旅游企业普遍固定资产规模小，融资困难，属于金融弱势群体；而旅游景区等资源经营性企业面临资产确权困难问题。截至2020年9月，我国A股市场景区类上市公司共有13家，其中2010~2020年，在A股市场上市的景区旅游公司只有6家；4 000多家A股上市公司中，文旅类企业不足30家，占比不足1%[⑤]。

（2）劳动力资源错配。劳动力在不同部门、区域、行业的不匹配或劳动者所从事的工作和自己的技能不匹配，主要受薪酬、地区、受教育水平等因素的影响。其中，教育错配（含垂直错配和水平错配）是劳动力资源错配的主要因素。由于政府干预的影响，部门间的相对报酬结构会产生扭曲，市场部门和政府部门的人力资本也会发生错配。

（3）政府不恰当干预。低价出让土地、限制商业用地、贸易壁垒、不良的产权保护状况、企业所有制差异、信息不完全等原因也会造成资源错配。地方政府干预金融体

---

① 徐朝阳，张斌. 经济结构转型期的内需扩展：基于服务业供给抑制的视角[J]. 中国社会科学，2020，(1)：64-83.

② Banerjee A，Moll B. Why does misallocation persist[J]. American Economic Journal，2010，(2)：189-206.

③ 可能存在部分企业生产技术非凸和潜在进入企业具有更高生产率两种情况。

④ Wu G. Capital misallocation in China：financial frictions or policy distortions？[J]. Journal of Development Economics，2018，130：203-223.

⑤ 陈靖斌. 旅游企业放宽融资“迫在眉睫”[EB/OL]. https://new.qq.com/rain/a/20210320A02HL800，2021-03-20.

系的资金走向会影响金融资源的配置效率，冲击本地区资源投入的回报率；政府部门对大型企业的严格限制，对中小型企业的优待扶持，对新进入者的管制及对不同地区的差别政策等因素都会影响资源的流向①。虽然政府不恰当干预是资源错配的成因之一，但并非所有的政府干预都会导致资源错配。在建设中国式现代市场经济的过程中，需要适度区分并改进政策机制。政府的宏观调控应当以确保“市场机制有效、微观主体有活力”为度，才能更好地为资源合理有效配置服务。

关键词：

传统经济 traditional economy
指令经济 planned economy
市场经济 market economy
混合经济 mixed economy
价格机制 price mechanism
市场出清 market clearing
市场均衡 market equilibrium
局部均衡 partial equilibrium
一般均衡分析 general equilibrium analysis
一般等价物 numeraire
帕累托改进 Pareto improvement
帕累托最优 Pareto optimality
帕累托效率 Pareto efficiency
资本–劳动替代 capital-labor substitution
资本导向的技术变革 capital-directed technical change
劳动导向的技术变革 labor-directed technical change
价格管制 price regulation
供给约束 supply-side constraint
供给抑制 supply-side restriction
资源错配 resource misallocation

复习与思考

1. 在中国，1993年中央在确立社会主义市场经济体制的文件中提出“效率优先，兼顾公平”的分配原则。2022年党的二十大报告中提出“中国式现代化是全体人民共同富裕的现代化”的论述。请结合社会福利最大化和帕累托最优思想对上述政策进行经济学解读。

2. 党的十九届五中全会提出“充分发挥市场在资源配置中的决定性作用，更好发挥政府作用，推动有效市场和有为政府更好结合”。如何理解在经济发展和转型中既要有“有效的市场”，也要有“有为的政府”？

3. 举例说明你如何理解旅游产品的价值及其来源。

4. 为什么资本主义市场经济体制不能解决公平和效率的二元对立问题?

5. 图3.4中，如果将高铁票价降低到400元，则高铁与飞机旅行的边际替代率发生改变。此时，航空公司应将机票价格降低到多少，才能达到新的市场均衡?

6. 中国经济网2022年12月20日报道，根据国家发展和改革委员会通知，自2022年12

---

① 李青原，李江冰，江春. 金融发展与地区实体经济资本配置效率——来自省级工业行业数据的证据[J]. 经济学（季刊），2013，(1)：527-548.

月19日24时起，国内汽油、柴油价格每吨分别降低480元和460元。北京地区92号汽油由每升7.97元调整为7.58元，降低0.39元；95号汽油由每升8.48元调整为8.07元，降低0.41元。按照油箱容量为50升的私家车为例，加满一箱92号汽油将节省19.5元。请分析政府部门干预汽油价格的原因。

扩展阅读：

马克思、恩格斯在著作《共产党宣言》中旗帜鲜明地提出：共产主义运动的基本问题是所有制问题。关于劳动价值论及生产关系的整体性分析，可详细学习马克思的《资本论》。关于市场机制与资源配置，可阅读亚当·斯密的《国民财富的性质和原因的研究》和凯恩斯的《就业、利息和货币通论》，两者分别讨论了“看不见的手”和“看得见的手”对经济的调节作用。维托·坦茨的《政府与市场：变革中的政府职能》[①]全面回顾了第二次世界大战前至今不同时期政府经济职能的变化。罗斯和沙普利凭借在解决资源配置以使得效率最优这一问题上的突出贡献，一举夺得2012年的诺贝尔经济学奖，可参阅诺贝尔经济学奖委员会整理的Roth和Shapley的*Stable Allocations and the Practice of Market Design*[②]。《经济动力学评论》（*Review of Economic Dynamics*）刊登了一系列论文来探讨资源错配状况及对经济发展的影响。林毅夫等的《新结构经济学：理论溯源与经典文献》[③]有助于加深对有限市场与有为政府的理解。习近平总书记在中国共产党第二十次全国代表大会上的报告详细论述了以人民为中心的发展思想和全体人民共同富裕的中国式现代化的科学内涵和战略意义。

---

① 坦茨. 政府与市场：变革中的政府职能[M]. 王宇，等译. 北京：商务印书馆，2014.

② Roth A E，Shapley L S.Stable Allocations and the Practice of Market Design[C]. Nobel Prize in Economics Documents, Nobel Prize Committee,2012.

③ 林毅夫，王勇，赵秋运，等. 新结构经济学：理论溯源与经典文献[M]. 上海：格致出版社，上海三联书店，上海人民出版社，2021.

第四章

交易成本与中介

【导读案例】世界首家旅行社——托马斯·库克

2019 年 9 月，英国托马斯·库克集团（Thomas Cook Group，TCG）宣布向英国高等法院递交强制清算申请。这意味着托马斯·库克集团不可避免地走向破产。

托马斯·库克集团是世界上历史最为悠久的旅行社，其创始人托马斯·库克被广泛认可为“近代旅游业之父”。1841 年，库克包租了一列火车，将 500 多名游客从英国中部的莱斯特送往拉夫堡参加禁酒活动①。在这段 22 英里（1 英里=1 609.344 米）的旅途中，他向每名游客收取 1 先令的费用，以提供免费午餐及小吃，并安排唱诗乐队跟随。

托马斯·库克被第一次旅行活动的成功启发，开始组织更多人前往德比、伯明翰和诺丁汉旅游。1845 年，托马斯·库克正式创办了托马斯·库克旅行社（即后来的托马斯·库克集团），为散客打造了包装好的旅游产品，包含交通、住宿、导游、翻译、餐饮、娱乐等，而游客仅需向托马斯·库克一次性支付约定价格。到 1864 年，托马斯·库克的游客接待量累计超过 100 万人次。至 20 世纪初，托马斯·库克旅游公司与美国运通公司、比利时铁路卧车公司并称为世界旅行代理业的三大公司。

进入 21 世纪，托马斯·库克旅行社开始主攻旅游度假板块，开展了自营的廉价航空业务，并与英国 MyTravel 集团合并，成立托马斯·库克集团。2018 年，托马斯·库克集团拥有 2.1 万名员工、105 架飞机及 200 家酒店。但 2019 年上半年，托马斯·库克集团亏损达 15 亿英镑，其中商誉减值 11.5 亿英镑，资产负债率升至 126%②。2019 年 8 月，托马斯·库克集团与复星旅游文化集团进行收购谈判，并向英国政府请求 2 亿英镑援助被拒。同年 9 月，复星旅游文化集团拒绝为托马斯·库克集团提供缺口资金并终止收购。托马斯·库克集团因此宣布破产退市。

导读思考：

1. 请分析托马斯·库克早期组织的包价旅游产品能够成功的原因。
2. 为什么托马斯·库克集团的商业模式在进入 21 世纪后迅速衰落直至破产？
3. 为什么商誉减值对托马斯·库克集团的影响如此巨大？

---

① https://www.thomascook.com/ebout-us.

② 黄玉璐. 存世 178 年，负债 141 亿元，全球第一家旅行社的破产启示录[EB/OL]. https://baijiahao.baidu.com/s?id=1645723315410228484&wfr=spider&for=pc，2019-09-26.

本章思维导图——交易成本与中介

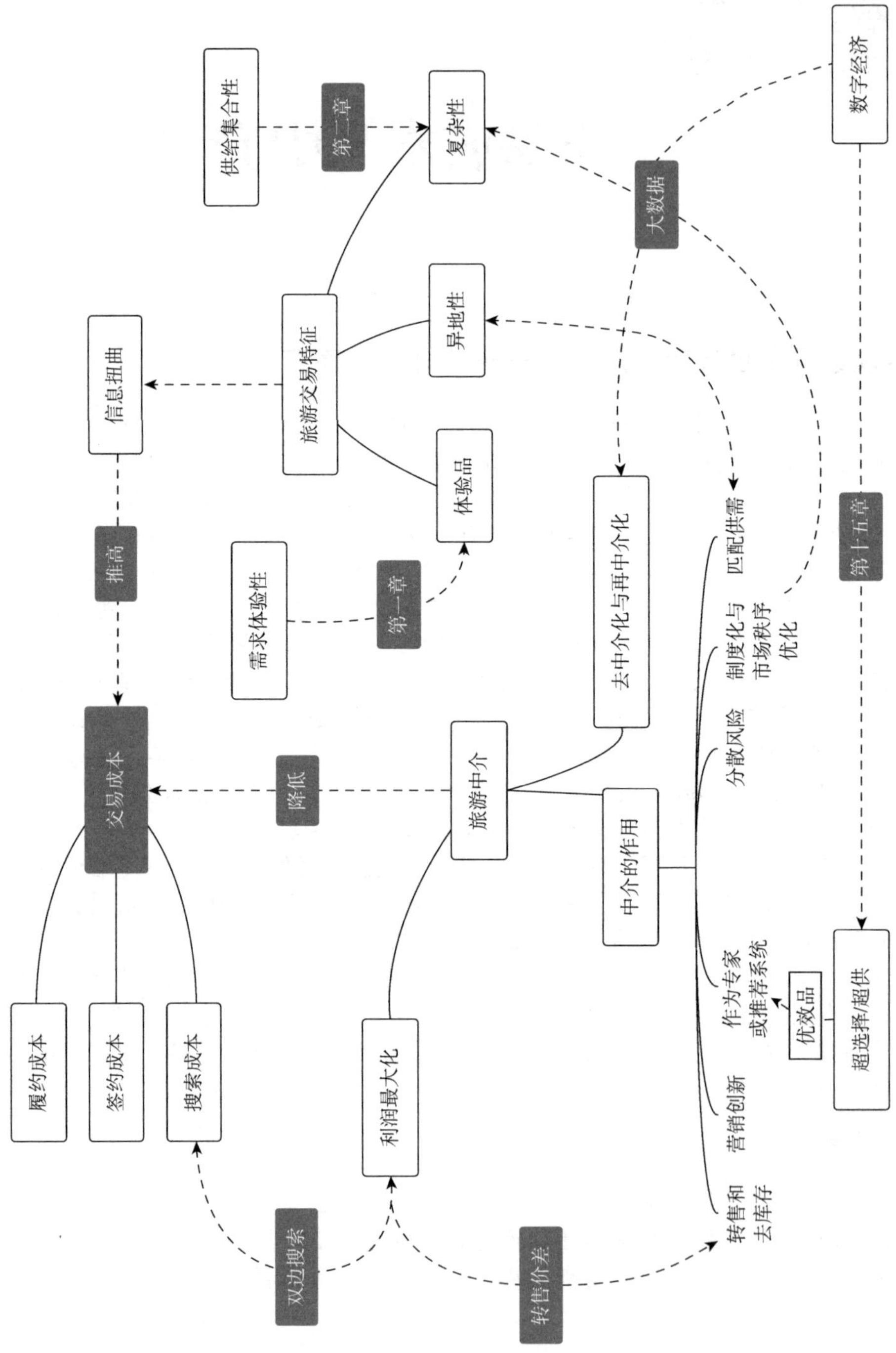

与具有在购买前或消费前可充分评估其属性和品质的搜寻品（search goods）不同，旅游产品或服务往往具有体验性，也具有信用性。旅游产品或服务属于体验品(experience goods）或信用品（credence goods)，原因在于旅游产品很大程度上是有形物品和无形服务两者的结合。在消费旅游产品或服务之前，消费者无法事先准确地确定旅游产品的性质和质量。人们去旅游，获得的是一次旅游经历或从使用各类资源和设施中获得的体验，而不是拥有物品本身。在旅游之前，消费者无法真实地感觉、看到、闻到、触摸或品尝。因此，对于消费者而言，旅游产品或服务的购买充满着不确定性和风险。即便是市场美誉度很高的旅行社推出的产品，即便消费者可以在虚拟现实场景中预先体验一次，但在真正完成整个旅行之前，消费者仍然不能确定购买的旅游产品品质如何。因此，消费者会经常搜索各种评论，了解评分、产品评价，还会花费许多时间去阅读旅游攻略、指南，关注机构声誉、推荐度等。这些内容都为消费者提供了关于旅游产品或服务质量的信号。

第一节　搜索成本

尽管互联网和社交媒体上有海量的旅游评论和攻略，希望购买旅游产品的消费者，无论是想要预订酒店还是旅游线路产品，在现实中仍然面临着从不同商品集合中进行选择的艰巨任务。他们考虑的效用在大多数情况下只能被视为期望。一般来说，旅游产品存在信息不对称，卖家比买家更了解他们的产品。因此，产品规格和质量存在固有的不确定性。此外，由于需求的多样性，社会中的每个人对任何商品都有不同的评价和看法。他人的知识和经验可能无法完全体现消费者自己消费某种产品所达到的满意度。并且，每个人为获取信息而支出的成本在不同的背景下有很大差异。当然，消费者可以通过咨询专家或搜索更多信息来提高信息水平，也可根据搜索引擎提供的信息（搜索排名）对商品质量进行判断。然而，提高信息水平的成本很高。

不仅消费者在搜索有用、及时和无偏见的信息方面存在成本和收益之间的权衡，在信息的供给侧，也存在信息的生产成本和交易成本。对供应商而言，收集消费者数据，将这些数据分析成有用信息，继而将这些信息转化为有价值的知识，并及时将这些知识传播给最终用户的过程不仅耗时而且昂贵。差异化产品不同的质量特性也受到可用信息渠道和相关信息不确定性的极大影响，这导致供应商对消费者需求与产品特性之间的匹配缺乏了解。

根据消费者与厂商的信息不对称程度，可以将产品分为搜寻品、体验品及信用品三种类型。就旅游消费而言，不同商品的信息搜索成本不同，消费者/供应商为了获得关于产品或服务的质量信息而努力的程度也不同。图4.1刻画了不同类型产品所需搜索成本及其质量信息。其中，横坐标代表消费者搜索成本高低，消费者搜索成本越高，判断质量信息的涉入度越高；纵坐标反映消费者对于产品价值（效用）的评估，质量信息越是难以衡量，其效用（反映为消费者对其价值的认知）越大。

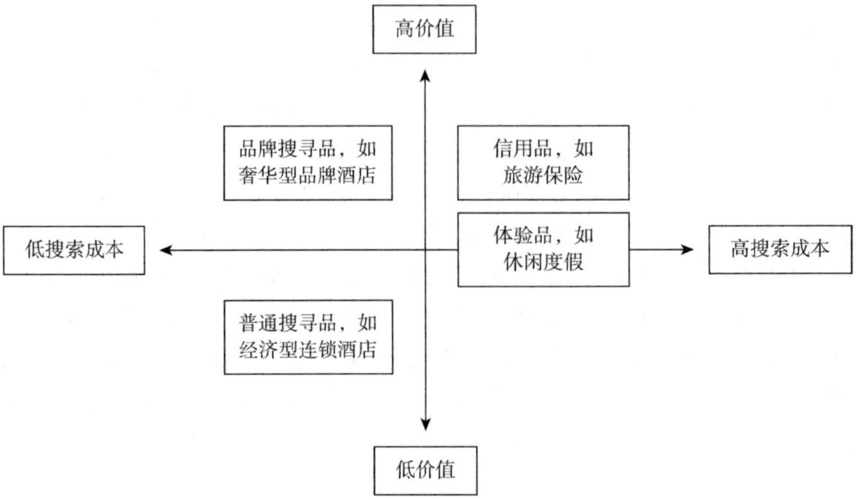

图 4.1　产品类型与搜索成本

一、搜寻品

搜寻品是指消费者在购买商品之前通过自己检查就可以知道其质量的商品，或其质量可以在消费者不实际使用它们的情况下获得。对于搜寻品，质量信息在生产者和消费者之间是完全对称的。由于质量是事前已知的，消费者可以用很低的搜索成本有效地获取和比较产品信息。搜寻品通常是一些标准化的产品，如经济型连锁酒店，这些标准化的产品本质上具有“低涉入度和低价值”的特征，因为有限的时间和精力限制了消费者从一系列替代品中识别最佳产品。不过，品牌搜寻品会帮助消费者自然识别产品质量，具有“低涉入度和高价值”的特征，如奢华型品牌酒店就是很好的例子。

对于搜寻品，消费者通常会货比三家，找到最喜欢的价格和质量的组合。对于供应商，销售搜寻品的关键是在价格上具有竞争力，因为产品差异很小，其促销策略通常是“推送”或“硬销售”模式。现实中，营销人员的解决方案往往是混合不同价值的产品以掩盖真实质量或成本信息。此外，营销人员还可以针对不同的消费者，利用价格歧视实现销售额和利润的最大化。

二、体验品

体验品是消费者只有在购买了产品并消费后才能准确评估其质量的商品，如餐厅食品、美容美发、主题公园游玩、休闲度假等。体验品的质量通常只能从经验中获得——通过实际使用产品或“试用”。因此，当消费者决定是否购买该产品前，会花费比搜寻品更多的时间来了解产品的特定质量和确定潜在的满意程度。

体验品具有“价值不明确/高搜索涉入”的特征。产品的信息和内容是决定消费者是否购买的必要条件。如果消费者曾经有过愉快的体验，产品就会获得较高的重游率和推荐，如东京迪士尼乐园的游客重游意愿高达90%[①]。这类产品的营销策略是“需求拉动”或“软销售”，需要通过提供有用且及时的信息来说服消费者购买，特别是针对消费者目标的良好叙事内容至关重要。与消费者的互动也是销售成功的另外一个关键。

三、后体验品

后体验品（post-experience goods）也属于体验品范畴。与普通体验品不同的是，后体验品提供了游客特别的价值及难忘的感觉与体验，如医疗旅游、研学夏令营和探险旅游等。并且，其体验价值会随着时间的推移而更加持久。后体验品具有“高价值和复杂的搜索涉入”的特征。由于消费者难以确定产品质量，需要政府法规来保证产品质量并确保公共利益，包括颁发经营或从业资格许可，或采用质量标准认证体系进行规范管理。

后体验品通常采用顾客价值导向的定价方式（见第六章），科普、宣传广告、有影响力的人物推荐、口碑和同伴效应等均有助于提高产品的可信度并促进销售。在这个市场中，企业拥有较高的市场份额是比价格更具信息性的质量指标。不过，当商品质量被高估时（如医美旅游），买家可能会过度消费。

四、信用品

这类商品非常复杂，可能有“隐藏”的品质，并且在购买前后涉及高昂的质量检测成本，即使消费之后，买家也没有足够的知识来判断产品或服务的真实质量。因为消费者缺乏进行实际评估的知识或技术专长，或者是获取信息的成本可能超过可用信息的价值。旅游保险、航空公司安全性、目的地健康风险、古玩书画珠宝类旅游商品等都属于这一类型。

信用品具有“高价值/高搜索涉入”的特征，其产品价格相对缺乏弹性，往往根据客户购买力量身定制。买方在做出购买决定之前必须将卖方的质量信息与这些信息的可信度结合起来进行判断。因此，卖方良好的信誉非常重要。

第二节 交易成本

古典供需经济模型刻画的是一个完美且理想的市场。在这个市场中，买卖双方以零成本相互交易；市场是执行交易的唯一制度安排；企业只不过是使利润最大化的生产函数，而消费者是使效用最大化的效用函数。在这一市场均衡中，任何支付意愿高于或等于均衡价格的买方都将能够购买到该商品，而任何愿意低于或等于均衡价格的卖方都能售出该商品。买家和卖家之间的交易可以无摩擦地完成。

① CTDU 中旅联. 重游率 90%以上，东京迪士尼的秘密武器是什么？[EB/OL]. https://www.sohu.com/a/446043849_99910212，2021-01-22.

在现实世界中，每个买家和卖家寻找贸易伙伴并最终达成双方都能接受的交易，绝不是没有成本的。尽管交易是互惠的，但由于搜索和讨价还价过程非常耗时，甚至无休止，交易可能会延迟、中断甚至无法执行。游客到旅行社去咨询出游价格，双方可能会就商品的价格产生争议，市场均衡可能根本不存在。此外，由于外部性的存在，市场价格也并不能完全反映所有成本和收益（见第十二章）。即使价格能够完全反映成本和收益，一个愿意支付高于市场价格的买家可能最终根本没有交易，因为他找不到可以与之交易的卖家。反之，一个愿意接受低于市场价格的卖家可能也找不到可以与之交易的买家。因此，匹配供需并执行市场交易并非没有成本。特别是在具有不可逾越的交易成本的市场中，无法执行任何交易，因为卖方无法与买方进行交易，反之亦然。

一名计划外出旅游的消费者，在出行之前他希望知道与谁交易（住在哪家酒店）、交易什么（住宿质量如何）及以什么条件（价格怎样，如何支付）进行交易。通常，消费者会考虑产品或服务的两个简单但非常重要的属性，即价格和质量。前者是客观的，以货币价值衡量，易于量化和比较；后者是定性和主观的，取决于消费者的需求、品位、消费经验和文化经济背景。如本章第一节所述，商品在购买前的质量检测成本既可能低也可能高，取决于特定消费。由于买卖双方之间的信息和知识不对称，旅游体验质量既不能被量化也不能被证实。即便是消费者确定了酒店信息之后，还需要进行谈判以达成交易；签订合同后，消费者必须确信所购买的住宿服务能够如期实现并满足他们的期望，因此还需要进行必要的反复检查以确保对方遵守合同条款。

所有这些通过价格机制执行市场交易的成本都可称为交易成本。其中，消费者在决定购买之前的搜索成本称为“事前成本”。消费者与酒店方交易过程中产生的成本称为“事中成本”。交易完成后，消费者还可能因为不满意而产生“事后成本”。所有这些操作通常成本极高。根据交易的流程，可以将交易成本分为以下几种。

（1）事前成本：包括搜索成本（指搜集商品信息与交易对象信息的成本）、信息成本（取得交易对象信息，以及与交易对象进行信息交换所需的成本）和议价成本［针对价格、品质、合同（契约）讨价还价的成本］。

（2）事中成本：包括决策成本（进行相关决策与签订契约所需的内部成本）及履约成本（签约双方为满足契约进行调整所导致的成本）。

（3）事后成本：包括监督成本（为解决双方的纠纷与争执而必须设置的相关成本）及约束成本（为取信于对方所需的成本）。

第三节　旅游中介及其功能

一、旅游中介作为市场机制的替代

旅游市场中的交易成本和信息扭曲比在有形商品市场中更高、更严重，原因如下。

（1）旅游的异地性导致需求端和供给端在地理位置上是分离的。为游客提供产品或服务的供应商聚集在目的地，而游客可能在数百千米甚至数千千米之外。因此，游客和服务供应商之间的搜索成本是巨大的，因为长距离使通信变得困难和昂贵。如果没有中介机构（简称中介），交易可能根本不会发生，因为搜索成本可能会阻止潜在游客找到合适的供应商并与他们进行交易；对于供应商也同样如此。这正是在托马斯·库克旅行社成立之前，大众旅游发展缓慢的重要原因。

（2）旅游产品是来自非常广泛的行业的各种产品或服务的集合。即使通过搜索确定供应商之后，游客也需要与每个供应商讨价还价，还需要提前对旅游产品或服务进行一系列预订和出发前的确认。即使是在当前的网络社会，这些工作不仅耗时严重，而且成本极其高昂。

（3）交付的复杂性。签订合同之后，游客必须控制预先购买的产品和随后交付的产品的一致性（如房型、保留时间、位置等）；供应商必须承诺一旦游客到达目的地，就会立即交付。然而，供应商和游客之间在执行一系列交易合同时会由于地理和文化距离，而变得非常复杂和困难，如时差问题、航班延误问题、双方对条款的理解问题等。

自19世纪中叶以来，旅游中介在现代旅游业的发展中发挥了重要作用。托马斯·库克扮演的关键角色正是作为游客和各种供应商之间的信息经纪人。托马斯·库克旅行社提供的单一价格的包价旅游产品节省了旅游市场上的所有交易成本。游客只需与旅行社签订购买合同，不再需要与众多服务供应商签订合同，以获得他们需要的产品或服务。旅游合同将由旅行社代表游客与各种服务供应商签署和执行。由于游客与服务供应商之间的大量直接交易大幅减少甚至彻底消除，违约的可能性较小。旅行社还可以凭借高质量的信息和资质，在履约责任和合同执行方面提供事前咨询服务和事后服务，在两个市场方之间发挥关键作用，以减少服务供应商和游客之间的交易成本和信息不对称。

从发生学来看，旅游中介的出现正是为了节省买卖双方在市场上的交易费用。从这个角度而言，中介可以被看作市场机制的替代机构，它可以被定义为从卖方购买以转售给买方或帮助买卖双方会面和交易的经济代理人（intermediary）。它主要充当中间人，而不是供应端的卖方，如酒店。只要买卖双方直接交易中涉及的交易成本高于中介成本，中介在市场交易中就可以获得合法性，从而也就获得了市场支配力。可见，中介的存在是为了减少潜在消费者和服务供应商之间存在的高度信息不对称。特别是在交易阶段，中介最重要的角色是向消费者提供让其可以放心的正确信息。这正是中介往往会在旅游、房地产、金融和保险、对外贸易等信息搜索成本较高的市场中蓬勃发展的原因。

中介在市场中执行两个基本功能，即降低买卖双方之间的交易成本和降低交易的不确定性[①]。降低买卖双方之间的交易成本是中介在市场上创造交易的重要功能。中介降低了潜在游客寻找合适旅游目的地和合适旅游供应商的搜索成本，也降低了旅游供应商寻找游客的销售和营销成本。即使事前的搜索成本较小，游客和旅游供应商也并不掌握与旅游市场和产品相关的所有信息，这使得他们很难协商出一个公平的价格和合适的交易条件。中介可以在市场中充当信息经纪人，识别买家的需求和卖家的财务信息，并

① The Role of Insurance Intermediaries，https://www.ciab.com/wp-content/uploads/2017/04/RoleOfInsInt.pdf.

向双方公布完成交易所需的价格。在这种情况下，中介发挥了降低交易搜索和议价成本方面的作用。

中介的另一功能是降低交易的不确定性。为了向客户提供产品或服务，中介必须降低客户对于风险的感知，并懂得如何针对每种风险进行正确的承保。为了确保交易的达成，中介还需要评估供应商的能力并通过定义交易条款和条件及管理付款来协调和监控交易，并通过惩罚那些违背协议的人来确保交易得到适当的尊重和执行，中介还需要与供应商发展长期的合作关系以降低风险。

旅游市场具有淡旺季明显、固定成本高而可变成本低的特点，导致产品定价偏低。旅行社除了代理销售机票之外还可以与酒店和航空公司创建正式的期货合约，允许运营商对冲需求不确定性并赚取更多利润。图4.2展示了不同类型的旅游中介，包括传统旅行社（旅游代理商）、旅游运营商、旅游批发商及OTA等不同类型。数字经济的发展使得在线旅游中介可以利用掌握的数据库为供应商提供产能利用分析方案，提出平衡供需的建议来为供应商服务。例如，从在线资源获得的信息可用于改进酒店的服务设计和定价，优化产能销售等。旅游业中供应商的信息不对称和分散性为旅游中介提供了市场力量。因此，一个大型的、公众认可的在线旅游中介对于未来旅游业的进一步发展和提高旅游企业营利能力具有非常重要的作用。

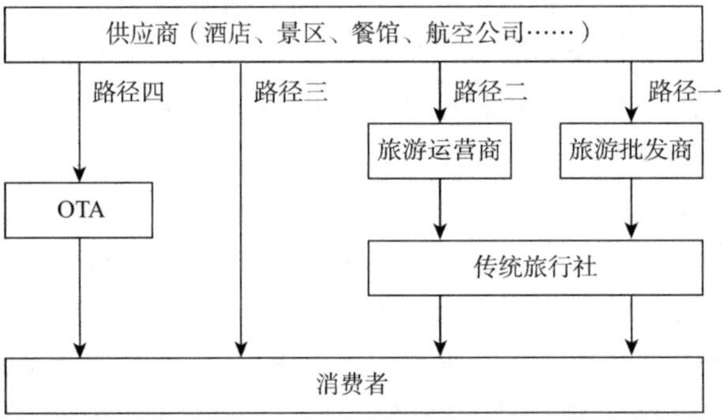

图 4.2　旅游中介的类型

二、旅游中介的作用

在市场中，旅游中介具有多种作用，包括制度化、匹配供需、作为专家或推荐系统、营销创新、转售和去库存及分散风险等。

（1）旅游中介的出现推动了旅游业的制度化发展。旅行社在旅游消费和生产制度化方面的中介作用不可低估。现代旅游业的出现以托马斯·库克为标志，因为旅行社的建立使得旅游中介在19世纪末20世纪初旅游业的大规模生产和消费中不可或缺。但这并不是说在托马斯·库克的旅游经营业务之前，旅游供需的交叉点不存在。历史证据表明，托马斯·库克之前的休闲旅游主要是贵族的特权，因为交通费用高昂且旅行不便。例如，欧洲大巡游在17世纪末和18世纪初在英国贵族中普及，但从未进入工人阶级，更不用说成为主流。在19世纪40年代，托马斯·库克通过他的旅游经营企业将旅游供需关系制度化。一方面，目的地的旅游和酒店供应与客源市场的需求在地理上是分开的，旅行社通过与目的地、客源市场或第三方的各种旅游企业签订合同来经营和生产旅行团；是旅游中介将游客从家中引导到目的地，甚至是特定的供应商。另一方面，旅行社建立零售网点，在客源市场推广和销售包价游，从而扩大行业的需求面。游客从旅游中介购买旅游产品，而不是单独联系服务供应商，可以大大降低信息搜索和市场交易成本。

（2）旅游中介促进供需匹配，将已知的或新消费者的需求与服务供应商的供应相匹配。旅游是一种信息产品。消费者主要根据自己从各种来源获得的有关产品的信息来决定是否消费产品。对于游客来说，当单体酒店包括连锁酒店提供产品时，可以提供给潜在消费者的选择集合非常有限，会降低潜在消费者搜索范围和选择的动机。旅行社给游客提供了菜单式选择，如海滩度假、高尔夫活动、美食、游船等，消费者可以根据自己的喜好选择特定的酒店或目的地，其旅游产品或服务将更具吸引力。通过旅行社向游客提供价格等市场信息，旅游中介弥合了旅游供需之间的差距。一家传统旅行社，基于对消费者的习惯和偏好的熟悉和了解，可以通过广告和宣传吸引消费者，提供满足要求的特定酒店和其他产品，将消费者引导到适当的目的地。ICT的使用提供了OTA基于客户信息和行为建立数据库的潜力，以及获取有关未来可用商品和服务的准确信息，可以在全球范围内与消费者和供应商进行业务往来，以消除实体经营的空间限制。这也使得依赖通过捆绑有吸引力的产品集合来实现范围经济的中介在市场中拥有巨大的优势。

（3）旅游中介作为专家或推荐系统。旅行和旅游部门的中介存在的主要原因是游客缺乏专业知识，以及终端服务供应商直接销售产品的成本较高。中介具有专业化的知识，可以利用对客户需求的理解，设计产品，选择和组合不同服务，以具有竞争力的价格提供或推荐适合客户需求的产品，使其做出明智的购买决定。在文化产品消费市场，中介作为专家或推荐系统的角色具有更加重要和突出的作用（见第十章）。

在当前的数字经济时代，与传统销售渠道相比，社会提供的产品或服务的范围和规模发生了根本性的变化。超供世界的出现使消费者面临着超选择难题。交流的倍增、参与者的海量贡献、大量的在线内容及价值形式的多样性，这种极度丰富的信息增加了消费者的搜索和处理信息的成本，阻碍了消费者找到自己的方向。在超选择的语境中，消费者很难根据自己对产品结构的认知和自己的选择标准来做出通常意义的选择。因此，消费者对特定商品的关注是不确定的。只能依赖于他人共享的消费经验，依赖于专家或推荐系统，从中获得期望的效用。旅游中介可以通过推荐机制和信息工具来引导消费者，避免消费者注意力的分散和随意性，将偏好引导到某些选择上。抖音、小红书、小黑盒等在新经济中占据重要地位，正是基于其推荐系统和创造出的明星系统逻辑，帮助消费者从多供给中进行选择（个性化推荐），这使它们在市场中能够获得额外的租金。

（4）旅游中介促进销售并实现营销创新。旅游中介也收集和评估供应商信息，帮助开发新的旅游产品并创新营销实践，在没有市场的地方创造市场，可深化和拓宽旅游市场，增加旅游消费，也可平衡季节性差异，提高旅游产品价值增值能力。游客和服务供应商通常相距很远的地理距离，如酒店作为服务提供者，其直接销售房间只是为了获得消费者。由于旅游需求的高度分散性，营销活动必须具有地域性甚至全球性。如果要实现销售目标，服务供应商就需要有一个非常庞大的销售网络。这样庞大的营销网络只有在大量产能（房间或座位）需要通过它销售时才具有经济可行性，否则其相关的促销支出将非常高。因此，单体酒店甚至相对较大的酒店，在没有中间商帮助的情况下直接进行营销将无法实现任何规模经济。正是出于这个原因，大多数酒店将营销推广任务委托给旅行社或旅游经销商。旅行社就像分销渠道，执行着管理酒店库存的任务，为吸引游客而专业地、有效地开展工作。酒店反过来以大幅度折扣向这些旅游中介提供客房，作为旅行社的经营利润。同时，旅游中介在国际上传播和扩大市场也有助于为旅游部门和旅游目的地其他产业吸引更多的直接投资，这正是许多旅游目的地通过提供补贴的方式激励旅行社的原因。

（5）旅游中介有助于形成良好的竞争环境。通过减少市场中的不确定性，旅游中介有助于增加对旅游的需求，提高旅游的接受率；有助于降低市场中存在的道德风险，降低市场摩擦成本，增加可用性，最终通过产品竞争、价格竞争和改进的服务降低整个市场的旅游成本，使消费者受益。价格的降低可以对旅游目的地整体经济产生很大影响，提高特定市场的整体竞争地位，对改善旅游目的地的经济状况也具有重要贡献。

（6）旅游中介通过转售和去库存，可分散旅游供应商的风险。旅游中介与多家旅游企业、各种各样的客户合作，通过批量购买和提前锁仓，类似于建立具有标准合约的期货市场（商品远期合同），有助于供应商进行风险管理，还增加了市场的流动性。特别是对于跨越边境的旅游，旅游中介可以帮助承运人根据行业、地理、数量、旅游种类和其他因素分散市场风险。这有助于旅游企业避免在特定地区或特定类型的风险中过度暴露，也可以帮助供应商管理风险，降低风险事件发生的可能性，使风险可以得到控制和最小化。

随着互联网的快速扩张，传统旅行社因贴近消费者而享有的位置优势在很大程度上被削弱了。OTA出现了惊人的增长，包括大型全球分销系统、在全球范围内或区域范围内运营的OTA，如expedia.com、orbitz.com、Travelocity.com。一些新兴的在线旅游中介，如携程、motthailand.com也在全球范围内开展业务。它们使世界各地的消费者都可以搜索和预订任何地方的房间和旅游活动。另外一种类型的在线旅游中介是全球营销代表，如utell.com、best west、Concorde等，这些公司专注于特定地区，主要迎合独立酒店的需求。

OTA主要以佣金为基础运作，其商业模式非常简单。首先，它们与目的地的服务供应商签订合同，并在网站上显示服务供应商目录；访问OTA网站的消费者可以通过该网站搜索和预订；OTA从通过其网站预订的每个订单收取佣金/利润。与传统的线下旅游批发商相比，OTA的运营成本要低得多，其主要成本是维持员工的后台活动和推广网站。后台活动包括接收和回答消费者的询问，联系供应商以了解库存可用性并完成交易。OTA为服务供应商通过互联网销售产品或服务提供了一种更便宜、更简单的方式。消费者也从中受益，因为他们能够更轻松地以可承受的价格搜索和预订房间。

未来，旅游中介的更重要作用是创建一个潜在消费者的综合数据库，为定向营销识别销售机会，并且可以进行统计分析以识别趋势并帮助规划。数据库分析工具的开发也使旅游中介能够为旅游经营者提供一种新型服务，为运营商规划其产能利用，为其挖掘市场潜力提供建议，提供未来的销售保证。大型中介还可以与旅游供应商合作尝试垂直整合运营，向度假村或酒店领域扩张。例如，同程旅游2015年在线下开设了300多家门店，携程收购的去哪儿已经在线下有1 500家门店。携程还打算吸引其中的20%~30%成为合伙人，并且要求加盟的合作伙伴市场排名必须在前500名以内[①]。未来，旅游中介将从供需匹配和支付转移服务，到需求增强、数据库分析、财务合同签发等，包括协助旅游企业进行收入和风险管理，甚至参与融资和项目开发。

第四节 双边搜索与转售价差[②]

一、双边搜索

将中介纳入市场后，买卖双方之间的市场交易可以通过两种制度进行安排。一种是买卖双方相互寻找和讨价还价以达成一致价格的市场机制；另一种是中介机制，中介以较低的价格从卖方购买商品，并以较高的价格将其转售给买方，从而间接执行交易。因此，买卖双方将在搜索与中介之间进行权衡。

假设市场中消费者为某种旅游商品的支付意愿是ω。为简单起见，假设支付意愿在[0，1]中均匀分布。商品的市场价格可以由买卖双方直接在市场上讨价还价，也可以由买卖双方分别选择与中介进行交易时由中介进行报价和投标。同时假设卖方出售商品的意愿为s，它也均匀分布在[0，1]中。对于市场价格$p\in[0,1]$，如果卖方也能以市场价格p出售商品，则供给曲线与x轴和y轴截距均为1。由上述假设，可以得到买方对商品的需求函数$D(p)$和卖方的供给函数$S(p)$：

$$\begin{cases} D(p) = -p+1 \\ S(p) = p \end{cases} \tag{4.1}$$

函数（4.1）表明买方的边际需求弹性（需求量的变化除以价格的变化）为–1。卖方的边际供给弹性为1（供给量的变化除以价格的变化）。如果没有交易成本，在完全竞争市场中，买卖双方最终将在E点达成市场均衡（图4.3）。此时，买方的需求等于卖方的供给，因此有

$$D(p) = -p+1 = p = S(p) \tag{4.2}$$

由此，可得到

$$\begin{cases} \text{均衡价格} p_0 = 1/2 \\ \text{均衡数量} q_0 = 1/2 \end{cases} \tag{4.3}$$

---

① 好奇心日报. 携程在北京开了第一批线下门店，我们去看了看[EB/OL]. https://tech.ifeng.com/a/20170627/44644074_0. shtml，2017-06-27.

② 本节内容节选自：Chen Y. Economics of Tourism and Hospitality：A Micro Approach[M]. London and New York：Routledge，2021.

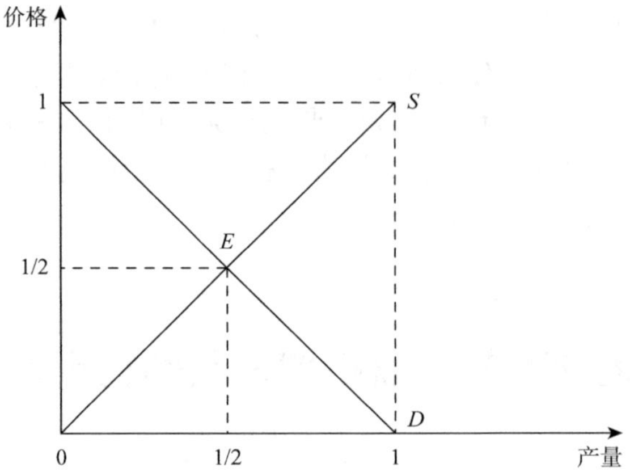

图 4.3　交易成本为零时的市场均衡

此时，如果买方和卖方可以无休止地、无成本地搜索和讨价还价，所有支付意愿高于或等于1/2的买方和所有出售意愿低于或等于1/2的卖方都能够以均衡价格进行交易。

由于信息障碍，在现实世界中买卖双方需要通过搜索和讨价还价进行交易，称为双边搜索（bilateral search）。这是因为买卖双方不知道彼此在市场上的支付和出售意愿。买卖双方通过双边搜索和讨价还价，摸索出各自的支付意愿和出售意愿，从而进行市场交易。在搜索阶段，每个买方和卖方会进入市场寻找贸易伙伴。显然，并不是每个买家或卖家都能找到交易伙伴，因为搜索的买方数量可能不等于卖方数量，所以空头的数量会被配给。搜索中会产生交易成本，因为匹配买方和卖方的搜索过程耗时、成本高且不确定。即使买方成功地遇到了卖方，他们也必须根据各自的支付和出售意愿就商品的价格进行讨价还价。对买方而言，价格越低，消费者剩余越多；而对于卖方来说，价格越高，生产者剩余就越多。因此，每个交易者的目标是出价或报出一个价格，不仅可以最大化自己的盈余，还可以被对方接受以达成交易。如果买方的支付意愿低于卖方的出售意愿，则交易无法执行。因此，他们不得不继续寻找其他贸易伙伴并再次讨价还价或选择离开市场。

二、转售价差

随着双边搜索成本的增加，市场交易可能会延迟甚至中断。与双边搜索相反，中介通过从卖方提前预订或购买商品并根据要求将其转售给买方来提供交易的即时性。中介以低价从卖方购买商品，称为买入价（b）；并报高价出售给买方，称为卖出价或要价（a）。换句话说，中介的作用是为商品定价。一对买卖价之间的差异被称为买卖价差（bid-ask spread），也称为转售价差。它是中介获得的每笔中间交易的利润。由于买入价和卖出价是公开的，卖方和买方可以立即决定是否分别接受买入价和卖出价，以换取即时性交易。只要卖方接受买入价和买方接受卖出价，交易就会通过中介进行。需要注意的是，卖方和买方不必同时接受一对买入价和卖出价。由于存在交易成本，尽管中介对买方的要价a可能高于市场均衡价格，同时其买入价b也可能低于市场均衡价格，但中介在市场上仍具有经济可行性，只要双边搜索成本超过交易成本。事实上，转售价差（$a-b$）正是市场对中介降低交易成本的奖励，否则交易成本会在双边搜索中出现。

首先，买方能否接受要价取决于他的支付意愿是否高于或至少等于要价。同样，卖方能否接受买入价取决于他的出售意愿是否低于或至少等于买入价。换言之，支付意愿低于a的买方和销售意愿高于b的卖方别无选择，只能进行双边搜索。其次，买方或卖方是否愿意与中介进行交易，取决于他的中介盈余是否大于双边搜索的盈余。如果双边搜索的盈余大于中介盈余，一些能够与中介进行交易的买方或卖方可能仍会进行搜索购买。因此，存在一个市场均衡，其中买方和卖方从双边搜索中获得的盈余最终等于给定中介收取的卖出价和买入价的中介盈余（$a-b$）。市场均衡时的最优买卖价差一方面应使中介的利润最大化，另一方面应保证买卖双方在进行双边搜索和与中介交易之间无效用差异。

三、中介的利润函数

由此，引入参数λ（$\lambda\in[0,\ 1]$）来表示与无交易成本市场均衡相比，存在双边搜索成本时买卖双方之间的匹配概率。当$\lambda=1$时，搜索成本为零。买卖双方都可以100%的概率找到一个贸易伙伴，因此所有的买卖双方都会进行双边搜索。当$\lambda=0$时，买方和卖方由于无法克服搜索成本而根本无法或不愿意在市场上见面。所有买方和卖方别无选择，只能与中介进行交易，搜索市场变得完全不活跃。在其他条件相同的情况下，λ越大，搜索成本越低，买卖双方进行的搜索越多；λ越小，搜索成本越高，双边搜索就越少。参数λ从而可以被看作衡量整个市场搜索成本的指标。

在双边搜索市场中，由于每个买方和卖方只知道自己愿意的支付和出售价格，与瓦尔拉斯均衡相比，寻找贸易伙伴是随机的。但$\lambda=1$并不意味着搜索市场中的每一对买方和卖方都能成功交易。例如，当买方遇到卖方，愿意支付低于卖方愿意出售的价格时，就会出现不匹配，这将导致他们之间没有交易。因此，两者都会继续寻找或离开市场。当支付意愿高于均衡价格的买方遇到卖方时，也会出现不匹配，卖方将在市场中被否定，如果他的出售意愿也高于均衡价格。即使可以进行交易，买方的消费者剩余也不会最大化，导致他终止交易并寻找另一个卖方。对于买方和卖方来说，无论他是否愿意支付和出售，在双边搜索中，识别出能够将其盈余最大化的贸易伙伴的概率是相同的。如果有中介，支付意愿较高的买家和销售意愿较低的卖家将更有可能为了交易的即时性而与中介进行交易。即使匹配概率非100%，由于买入和卖出是即时可用的，与中介交易也可以节省讨价还价的成本。但此时，与中介进行交易的买卖双方最终获得的盈余可能比双边搜索中获得的盈余要少。

因此，买方和卖方是否决定与中介进行交易或搜索取决于给定中介的买入价和要价及搜索盈余。这意味着搜索和中介既相互依赖又相互排斥。中介市场面临来自搜索市场的直接竞争，搜索量的增加将推低要价，同时推高买入价。只要$\lambda>0$，搜索市场就会保持活跃并与中介市场共存。给定中介的买入价b和卖出价a，如果买方数量q_B等于卖方数量q_S，中介可以完美地匹配每个买方与每个卖方。那么，中介交易量为$q_B=q_S=q$。如果$q_B\neq q_S$，空方将由中介进行配给，因此中介的交易数量为$\min\left(q_B,q_S\right)$。为简便分析起见，假设每笔交易的中介成本为零，根据买卖价格可得到中介的利润函数：

$$\pi = \min\left(q_B, q_S\right)\left(a-b\right) \tag{4.4}$$

如果中介设定的买入价和卖出价$\left(b_1, a_1\right)$吸引了市场上相同数量的买方和卖方q_1，则买卖双方的匹配概率为100%。中介最终获得利润为$\pi_1 = q_1\left(a_1 - b_1\right)$。如果中介设置的买入价和卖出价$(b_2, a_2)$吸引的买方数量$q_B < q_S$，则匹配概率小于100%，买方以$q_B / q_S$的概率进行配给。中介最终获得利润为$\pi_2 = q_B\left(a_2 - b_2\right)$。同样，如果吸引的卖方数量少于买方数量，则卖方将被配给。此时，中介交易的数量完全取决于市场空头的卖方数量。那些没有被中介的买方或卖方将进行双边搜索。

在λ=0的极端情况下，搜索成本可能无法克服，导致买方和卖方根本无法或不愿意进行搜索，此时不存在搜索市场。中介对买卖价格的决定独立于双边搜索，仅取决于买方的需求和卖方的供应。假设买入价b和卖出价a是使中介能够最大化利润的最优价格，则利润最大化问题的几何解决方案是a和b必须使以买方的需求曲线、卖方的供给曲线和y轴为界的三角形中内接矩形的面积最大化。首先，中介利润最大化的前提是买卖价差$(a-b)$和数量q所确定的矩形必须内接在三角形内。任何不与三角形内接的矩形的面积都不会最大化。这意味着中介的买方和卖方数量必须相等，以使中介利润最大化，即中介利润最大化的必要条件是买卖价差$(a-b)$满足$q_B = q_S$。因此，只要确定了内接矩形的位置，市场上的买入价b和卖出价a就确定了。假设使中介利润最大化的中介交易数量是q，买方的需求函数和卖方供给函数不变，可以得到

$$\begin{cases} a = -q + 1 \\ b = q \end{cases} \tag{4.5}$$

则中介获得利润：

$$\pi = q(a-b) = -2q^2 + q \tag{4.6}$$

函数（4.6）表明，中介的利润最终取决于它可以在买卖双方之间进行中介的交易数量。中介利润最大化时，q=1/4，卖出价a=3/4，买入价b=1/4。这是中介分别向买方和卖方收取的最优价格，见图4.4（a）。此时，中介买卖价差$(a-b)$=1/2，所能获得的最大利润π=1/8。只要买卖双方在搜索市场活跃（λ>0），卖出价就会低于3/4，而买入价会高于1/4，从而转售价差将缩小。随着转售价差的缩小，中介在市场上的利润也随之缩小。

四、最佳转售价差

如前所述，中介实现利润最大化的前提是买入价和卖出价最终匹配到相同数量的买家和卖家。两者之间的任何差异都使中介能够提高卖出价或降低买入价以增加转售价差，同时保持相同数量的中间交易。由于搜索市场的完全竞争λ=1，中介不再能够通过降低转售价差来介导或调和比λ=0的极端情况下更多的交易。这意味着只要λ>0，中介的最大交易不会超过1/4。如果搜索市场不活跃（λ=0），中介可以通过降低转售价差来促成更多的交易，但它不愿意这样做，因为它的利润会减少。因此中介面对搜索市场的竞争策略是在相同的最优数量q=1/4的基础上减少转售价差，直到最后一个边际卖方的生产者剩余和最后一个边际买方的消费者剩余都等于他们通过双边搜索分别获得的盈余。双边搜索和中介之间盈余的任何差异都会导致边际买方和边际卖方在搜索和中介之间来回切换。

假设中介将卖出价从a=3/4降低到a'，并将买入价从b=1/4提高到b'，如图4.4（b）所示。这种新的转售价差产生的利润$\pi' = 1/4(a' - b')$。当面临双边搜索的竞争时，所有支付意愿等于或低于3/4的买方会因为上述原因而转向搜索。同理，所有销售意愿等于或高于1/4的卖方都会搜索。另外，支付意愿高于3/4的买方也可以搜索，直到他们由于较低的要价a'而从中介中获得的增量消费者剩余（CS_M）等于搜索的消费者剩余（CS_S）。如果要价$a' = a = 3/4$，支付意愿略高于买方i的买方i–1也会搜索，因为他通过搜索可能获得更多的剩余，买方i–2、i–3也是如此。在认识到失去买方i–1、i–2等的迫在眉睫的风险后，中介必须将要价从a降低到a'，此时所有边际买方增加的消费者剩余等于他们将要增加的价格。

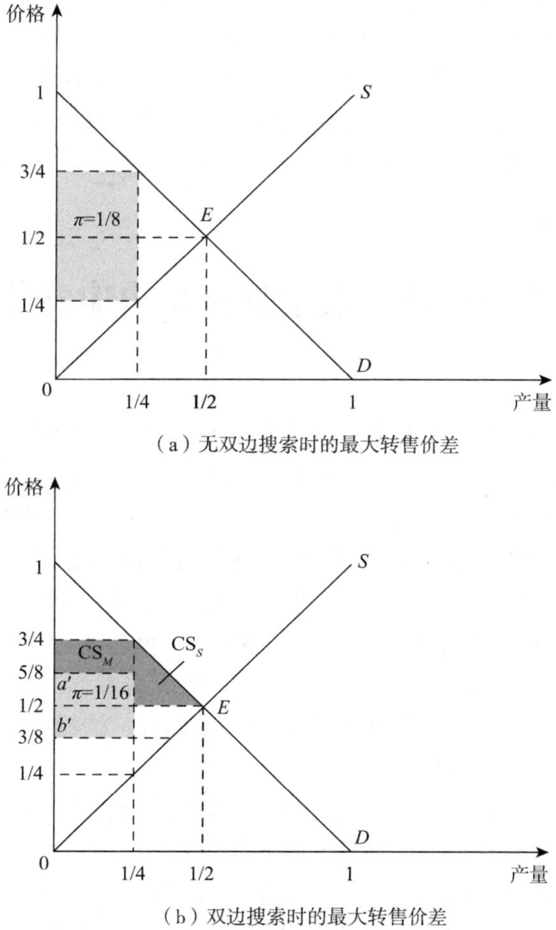

（a）无双边搜索时的最大转售价差

（b）双边搜索时的最大转售价差

图 4.4　转售价差与中介利润

因为要价从a=3/4下降到a'，买方消费者剩余增加，可由y轴上的a=3/4和a'及x轴上的0和1/4所包围的矩形表示：$CS_M=1/4(3/4-a')$。另外，买方在搜索市场中将获得的最大消费者剩余是需求曲线与均衡价格之间的三角形，在x轴上以1/4和1/2为界，用CS_S表示。当$CS_M=CS_S$时，就确定了最优卖出价a'。此时，$1/4(a-a')=1/2\times1/4(a-1/2)$。其中$a$=3/4，

可得到最优卖出价 $a'=5/8$，这是当$\lambda=1$时中介能够并愿意向买方收取的最低要价。中介不愿意将要价降低到5/8以下，因为这会减少其利润；中介也不愿意将要价提高到5/8以上，因为这会导致边际买方流失到搜索市场。

同理，销售意愿低于或等于1/4的卖方也可以搜索，直到他们从更高的投标价格 b' 中获得的增量生产者剩余PS_M等于搜索的生产者剩余PS_S。因此有$1/4(b'-b)=1/2\times1/4(1/2-b)$。解得最优买入价 $b'=3/8$，这是当$\lambda=1$时中介能够并愿意向卖方收取的最高买入价。

当搜索市场完全活跃（$\lambda=1$）时，$\pi'=1/4(a'-b')=1/16$，这是中介在整个市场中对于所有$\lambda\in[0，1]$可以获得的利润中的最小值。当搜索市场不活跃（$\lambda=0$）时，$\pi=1/8$。当$0\leqslant\lambda\leqslant1$时，可以很容易地推断出要价$a\in[5/8，3/4]$，并且买入价$b\in[1/4，3/8]$。这显示买入价和卖出价将市场分为三个部分。一是中介市场，在这个市场中，愿意支付的买方 $\omega>3/4$和愿意出售的卖方$s<1/4$，他们只与中介进行交易。二是搜索市场，其中愿意支付的买方$1/4\leqslant\omega\leqslant3/4$，愿意出售的卖方$1/4\leqslant s\leqslant3/4$。三是在市场上不活跃的愿意支付的买方 $\omega<1/4$和愿意出售的卖方$s>3/4$，因为他们没有贸易伙伴可以交易。与瓦尔拉斯均衡相比，中介和搜索市场的竞争将活跃买方和卖方的数量从1/2增加到3/4。

第五节 去中介化与再中介化

在互联网时代，与消费市场相邻的线下旅行社在销售旅游产品或服务方面的重要性已经被大大降低。托马斯·库克开创的传统旅行社已逐渐被OTA取代，成为进一步降低旅游市场交易成本的优越制度安排。从全球来看，OTA已经在市场中占据主导地位。据统计（图4.5），2021年中近70%的酒店住客通过旅游代理商/运营商预订酒店（这意味着双边搜索的市场占比为30%，即$\lambda=0.3$）；其中OTA的预订需求占比最高，接近50%，线下旅游代理商/运营商次之，占比约20%[①]。分类型来看，城市酒店中近90%的预订需求都来自在线代理商/运营商，如图4.5所示。从中介收入情况来看，2011~2015年美国酒店业佣金增速是客房收入增速的两倍。瑞士近三分之一（27%）的酒店在 2016 年向中介支付了高达客房收入的15%作为佣金[②]。

除了向游客提供产品和价格信息外，OTA可以更好地保证服务供应商通过在线消费者评论获得产品或服务质量反馈，从而在市场上占据主导地位。中介存在的合法性来自消费者和服务供应商之间的信息障碍，再加上经验丰富、拥有专业知识，中介可以通过收取费用来提升普通消费者的旅游体验。这表明，在竞争激烈的市场中，更有效率、更专业的中介有可能通过改善信息流来确保“收入”，同时提高游客满意度和匹配需求。在线中介将信息技术应用于旅游，可以提供基于数据的旅行模式分析，帮助服务供应商改

① 资料来源：Hotel booking demand，https://www.kaggle.com/datasets/jessemostipak/hotel-booking-demand.

② 佣金是酒店支付给旅游中介的客房收入的比例。客房收入或 ADR（average daily rate，已售客房平均房价）是酒店通过客房销售获得的收入。

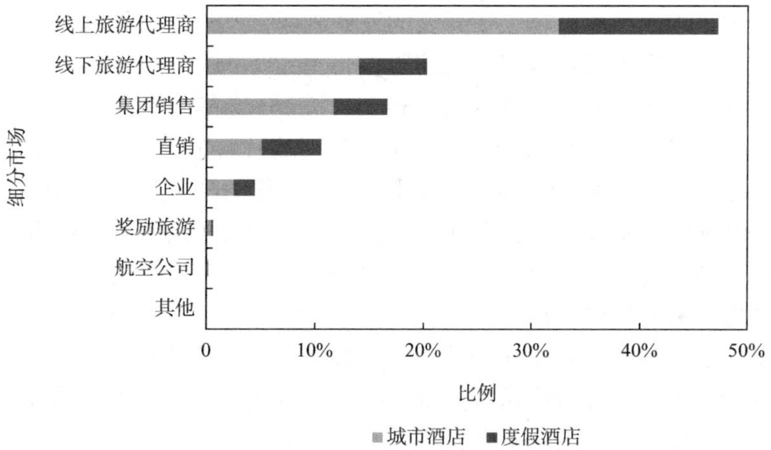

图 4.5 2021 年不同细分市场酒店预订情况

资料来源：Hotel booking demand，https://www.kaggle.com/datasets/jessemostipak/hotel-booking-demand

进他们的产品和定价策略。

新冠疫情导致游客数量整体大幅下降。旅游市场上，供应商和中介进一步争夺分销份额，如图4.6所示。酒店行业数据分析公司STR的数据显示，2020年美国酒店每间可售房收入（revenue per available room，RevPAR）同比下降了47.5%，下降至45.48美元，入住率下降到44%，ADR下降至103美元/间夜，降幅21%。在这种情况下，酒店并没有以折扣价将客房销售给中介，而是选择保留分销份额，通过自己的官网进行直销，使企业分销成本从原来占收入的15%~20%下降至8%~10%。旅游媒体Phocuswright发布的数据显示①，2020年美国酒店在线预订量中，通过酒店官网预订的比例达到49%，而中介销售的占比下降到51%；2020年第三季度，Expedia的全球间夜预订量同比下降54%，预订收入下降66%；Booking集团全球间夜预订量同比下降57%，预订收入减少63%。原因在于酒店为降低中介费用，纷纷采用顾客忠诚计划揽客。

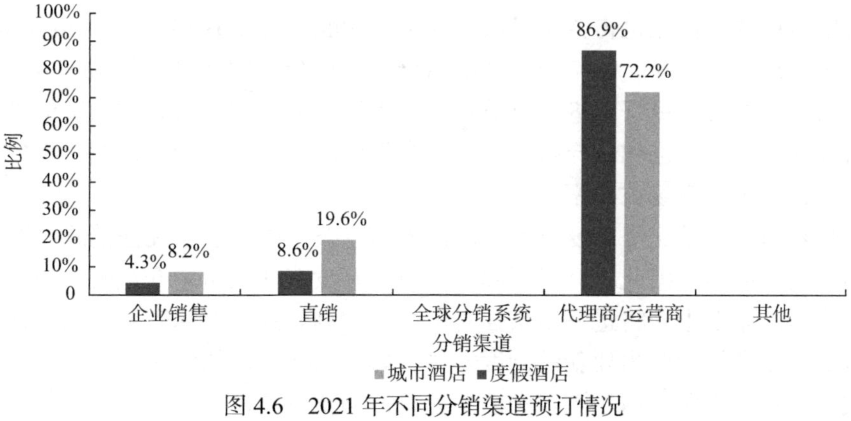

图 4.6 2021 年不同分销渠道预订情况

资料来源：Hotel booking demand，https://www.kaggle.com/datasets/jessemostipak/hotel-booking-demand

① 王瑶. 酒店与 OTA 竞争直接客源，如何把握微弱优势？[EB/OL]. https://www.traveldaily.cn/article/144006，2021-03-19.

这也许展示了未来旅游市场去中介化的发展趋势。从航空公司来看，OTA的市场份额也不断受到来自航空公司直接销售的挤压。Booking.com第四季度的财报数据显示，其2020年营销投入为21.8亿美元，同比减少56.1%；Expedia集团在2020年销售及营销费用为25.5亿美元，同比减少58%；Airbnb也决定永久削减其营销投入，从绩效营销转向品牌营销，并着力于对公关关系的投资①。不过，去中介化的产生与疫情影响下的信息和信任度有关。疫情期间消费者直接去企业官网预订，是想要了解开业情况及入住要求，确保预订产品能够被支付，能让自己更安心。取消政策也是一个影响因素，因为消费者通过直接预订会更容易处理取消请求。

在新的挑战下，各大旅游中介开始深度挖掘消费者的消费潜力，通过优质的附加服务连接产业链的上下游，进行优质服务资源的整合打包。例如，携程将在线机票预订业务与配套服务（如接送机、机场消费折扣等）和增值服务（如酒店预订、门票预订等旅游出行产品）相结合，形成交叉销售带动传统业务收入上涨，创造新的业务增长点。许多旅游中介也从供应链管理、数据服务及后期客服追踪三方面不断提升服务质量，为消费者的旅游出行提供保障。

在移动技术日益成熟的背景下，为了更好地满足用户需求，国内OTA还为用户提供多种新式应用。这些应用主要以网页端、App消费者端为主要输出端口，并逐步发展到微信内置小程序中。应用中包含了航班、酒店、旅游产品、攻略、图片分享等各个环节和产品，在产品个性化与服务全面化方面也不断优化，如将LBS（location based service，基于位置的服务）技术与地理位置密切结合，以更准确地获取用户的地理位置，实时推送周边的服务。

在航空出行方面，与集成全球众多航空公司航班信息的电子商务平台相比，航空公司通常只提供自家航空机票，消费者无法便捷地比较价格和全面获取市场上的其他机票价格与航空服务信息，导致其倾向转向性价比更高的中介、电子商务平台及垂直搜索平台，以寻找多家代理商进行比价后购买机票。即便航空公司机票直销比例在“提直降代”的要求下得到提升，但OTA平台销售的机票流量仍远远高于航空公司自有在线渠道。航空公司机票直销的高占比也得益于搭载于OTA的旗舰店与B2B（business to business，企业对企业）代理商。未来，航空公司和OTA合作的机会愈发凸显。利用OTA平台提供的大数据，航空公司可以更好地进行收益管理，更深入地了解消费者的消费信息，进而可以跟进后续服务；OTA也加快与航空公司的合作层次甚至股权合作，同时在机票组合产品上做文章，以确保市场占有率。

这意味着由于旅游交易的复杂性，即使是信息技术的发展也无法消除游客和服务供应商之间的交易成本。因此，互联网和移动技术并没有让旅游中介过时，而是巩固了中介的市场力量。旅游中介将进一步增强对市场的控制。这也意味着互联网时代的交易成本将变得更加复杂，因此需要新的制度安排，如区块链。区块链是一种记录和执行交易的分散式点对点分类账。由于游客和消费者普遍渴望灵活性和效率，而不是可及性和可

① 王瑶. 从“绩效营销”到“品牌营销”：Airbnb 策略转变的借鉴意义[EB/OL]. https://www.traveldaily.cn/article/143867，2021-03-09.

负担性，去中介化迟早会取代中介化，或者两者可以共存并在获取消费者方面相互竞争。这并没有改变市场交易的基本原则，即制度是为了降低交易成本而产生的，市场上通行的制度是比其他制度更能有效地降低交易成本的制度。

关键词：

搜索成本　search cost

搜寻品　search goods

体验品　experience goods

后体验品　post- experience goods

信用品　credence goods

交易成本　transaction cost

旅游中介　travel agent

双边搜索　bilateral search

买卖价差　bid-ask spread

中介利润　intermediary profit

去中介化　disintermediation

再中介化　reintermediation

复习与思考

1. 基于信息搜索成本，可以将商品或服务分为哪些类型？请各举一例。
2. 请分别从游客和旅游供应商角度说明其面临的市场交易成本。
3. 旅游中介为什么会拥有市场力量？
4. 旅游中介有哪些功能和作用？请分别从游客和供应商角度进行分析。
5. 中介市场和搜索市场的竞争取决于哪些因素？
6. 瓦尔拉斯均衡与有搜索成本时的市场均衡有何不同？
7. 旅游中介在转售时如何决定其最优转售差价？
8. 请举例分析技术进步对旅游中介的未来影响。
9. 分析和讨论未来旅游中介的盈利模式。
10. 假设游客的支付意愿和旅游中介的销售意愿都在市场上均匀分布。游客可以通过旅行社购买机票，也可以直接从航空公司预订。如果旅行社的中介费用是每张机票20元，航空公司的直销费用是每张机票40元，请分析旅行社机票销售在经济上是否可行？如果可行，旅行社的最低和最高利润分别是多少？
11. 价格平价是酒店与OTA之间的一项法律协议，其规定酒店必须保证所有分销渠道（包括自己的网站）上同一房间的价格相同。这意味着无论佣金如何，酒店在自己的网站上或通过任何其他直接预订渠道进行销售，都必须保持与线上相同的价格，当然其前提是房间的相关销售条件相同。但是，自2015年以来，许多国家逐渐取缔了价格平价。原因是什么？价格平价将如何影响搜索市场和中介市场的经济盈余？

扩展阅读：

关于中介减少交易摩擦和协调市场的经典分析，可参阅Gehrig的Intermediation in

search market[①]。Biglaiser的Middlemen as experts提出了中介作为专家角色的观点[②]。关于中介对于商品质量的影响及其中可能存在的道德风险问题，可参见Biglaiser和Li的Middlemen: the good, the bad, and the ugly[③]。Salz的Intermediation and competition in search markets：an empirical case study从搜索外部性的角度讨论了中介对买家福利的直接和间接影响[④]。关于旅行与旅游市场中介的类型与作用，可参见Čavlek的Travel and tourism intermediaries：their changing role[⑤]。关于旅游市场去中介化问题的讨论可参见Law等的Distribution channel in hospitality and tourism：revisiting disintermediation from the perspectives of hotels and travel agencies[⑥]。Melki和Čavlek的The impact of blockchain technology on tourism intermediation讨论了区块链技术对旅游中介的影响[⑦]。Fernández-Villarán等的Value chain mapping for tourism intermediation对旅游中介价值链进行了描绘[⑧]。

---

① Gehrig T. Intermediation in search markets[J]. Journal of Economics & Management Strategy，1993，2（1）：97-120.

② Biglaiser G. Middlemen as experts[J]. The RAND Journal of Economics，1993，24（2）：212-223.

③ Biglaiser G，Li F. Middlemen：the good，the bad，and the ugly[J]. The RAND Journal of Economics，2018，49（1）：3-22.

④ Salz T. Intermediation and competition in search markets：an empirical case study[J]. Journal of Political Economy，2022，130（2）：310-345.

⑤ Čavlek N. Travel and tourism intermediaries：their changing role[M]// Tisdell C A. Handbook of Tourism Economics Analysis. Singapore：World Scientific Publishing Co. Pte. Ltd.，2013：191-206.

⑥ Law R，Leung R，Lo A S，et al. Distribution channel in hospitality and tourism：revisiting disintermediation from the perspectives of hotels and travel agencies[J]. International Journal of Contemporary Hospitality Management，2015，27（3）：431-452.

⑦ Melki S，Čavlek N. The impact of blockchain technology on tourism intermediation[J]. Tourism：2020，68（2）：130-143.

⑧ Fernández-Villarán A，Rodríguez-Zulaica A，Pastor R. Value chain mapping for tourism intermediation[J]. International Journal of Business Environment，2020，11（2）：81-97.

第五章

双边市场与平台

【导读案例】Airbnb 双边价格结构的变化

Airbnb，中文名为爱彼迎，2007 年成立于美国加利福尼亚州旧金山市，专注在线住宿旅游市场运营与管理。2021 年，Airbnb 实现营收 59.92 亿美元，市场估值约 628.05 亿美元，估值仅次于同行业的 Booking Holdings[①]。

在 Airbnb 出现之前，美国的短租住宿集中在价格昂贵的酒店集团及便宜但不安全的汽车旅馆，缺少介于两者之间的短租住宿供给，游客的选择有限，而美国家庭往往拥有利用程度较低的闲置房间。Airbnb 创始人瞄准这两大痛点，在互联网技术支持下创立了 Airbnb，作为支持房客和房东交互的商业平台。早期运营阶段，Airbnb 在消费者端（房客）和供给者端（房东）同时发力。在供给者端，创始团队向拥有闲置房间的房东发送电子邮件，传递“加入我们能每月多赚 500 美元”的核心价值，成功完成供给者用户的初始增长。在消费者端，Airbnb 则利用各大城市举办大型活动赛事时房源紧张的契机，向游客推广 Airbnb 在线平台，从而获得消费者端的用户增长。为了充分利用网络效应，Airbnb 在线平台还采用“邀请奖励”机制，对邀请新用户的老用户发放优惠券进行奖励，同时房东也可以向房客发放优惠券，实现了用户数量的迅速膨胀。

2010 年，Airbnb 注册用户数量不到 50 万人，2013 年突破了 100 万人，2014 年突破了 400 万人；到 2020 年，Airbnb 的月活跃用户数量超过了 700 万人。截至 2022 年，Airbnb 拥有超过 600 万个全球活跃房源，覆盖全球 220 多个国家和地区的 10 万多个城镇，累计入住房客数量超过 10 亿人次，美国市场房东平均收入 9 000 美元[②]。随着活跃用户数量的迅速膨胀，Airbnb 服务收费方式也有所变化。在创立初期，Airbnb 对房东收取低价服务费，一般为订单金额的 3%~5%，而向房客收取的服务费为订单金额的 5%~20%。2019 年，Airbnb 宣布自当年 6 月初开始，对全球大部分房源和酒店的预订房客取消服务费，

① 高江虹. 爱彼迎 2021 营收 60 亿美元比 2019 年增长 25%[EB/OL]. http://www.21jingji.com/article/20220216/herald/8620ec9b7e110de29ee6dec1bc4df634.html，2022-02-16.

② https://news.airbnb.com/zh/.

同时将房东的服务费提高为14%[①]。

2017年，Airbnb进军中国市场，邀请众多中国明星参与品牌营销，鼓励房客讲述“自己”的故事与分享旅行趣闻。进入中国市场的Airbnb保留了服务收费制度，对房客平均收取订单金额13%的费用，对房东则收取订单金额3%的费用。同时期的国内短租平台，如小猪短租、途家等均不向房客收取服务费。2018年10月，Airbnb宣布调整中国区服务费率，对房客的服务费下调至0，但对房东的服务费上升至10%[②]。在销售渠道上，Airbnb主要依托其App及官网和微信小程序，而小猪短租与途家分别依靠携程旅行、飞猪旅行等大型OTA平台。

Airbnb进入中国以来，虽然能够吸引一二线城市的年轻用户，但是用户流量入口只有官网、App及微信小程序。国内的短租平台，如小猪短租、途家分别背靠携程、飞猪，两者均属于国内旅游电子商务的多边平台，产品类型多样化，能为短租平台带来可观的流量。此外，房源是Airbnb在线平台存在的基础，但中国市场较为缺乏“共享闲置房间”。这导致Airbnb不得不扩大房源类型。中介机构、物业公司、地产公司成为Airbnb的房间提供者，房源个性化和差异化程度低，价格也不具备优势，对需求端缺乏足够的吸引力。2022年5月24日，Airbnb宣布调整中国市场业务，自同年7月30日起暂停支持境内游房源、体验及相关预订，下线中国本土的近15万个房源和体验业务，仅保留出境旅游业务[①]。

导读思考：

1. Airbnb为什么分别制定房客与房东的服务费用？
2. 试分析Airbnb从创始期到后期不断调整双边收费比例的原因。

随着Web 2.0的全球兴起，一种全新的商业模式——商业平台出现。在更强大的技术支持下，部门边界在技术的冲击下瓦解，使传统的管道型生产—销售模式或中介模式受到挑战。这些新的组织形式重新定义了企业的性质和范围。首先，数字化使得“相关市场”更加广泛；“行业”作为一组类似企业的集合，或“市场”作为一组易于识别的提供可替代商品的概念不再能够捕捉到经济行为的关键特征（见第七章）。竞争的焦点不再是在某个产业部门内占据上风，而是重塑整个市场的结构并形成一套新的组织原则。其次，在一个日益被软件主导的世界中，成本结构（即固定成本和可变成本之间的比率）越来越趋极端。产品创新、设计或代码编写一旦完成，复制成本几乎为零，知识产权（intellectual property，IP）的控制导致了“赢家通吃”的局面。人工智能、机器学习和量子计算的发展进一步使得少数平台型企业在生态系统中占据主导地位。

本章介绍平台作为中介之外的第二种制度安排的特征。首先，引入双边市场的规范定义，以便将平台与貌似相同但存在根本性差异的中介区分开来。其次，分析交叉网络外部性对平台的重要作用，以解释商业平台的定价行为。最后，简要介绍共享经济平台的发展状况。

---

① 环球旅讯. 对标Booking：Airbnb逐渐取消向房客收取服务费 | 旅讯8点正. https://baijiahao.baidu.com/s?id=1634839945743974017&wfr=spider&for=pc，2019-05-29.

② 李丹昱. 向市场低头，爱彼迎取消中国房客服务费率，正面迎战小猪短租[EB/OL]. https://www.lanjinger.com/d/94479，2018-10-11.

本章思维导图——双边市场与平台

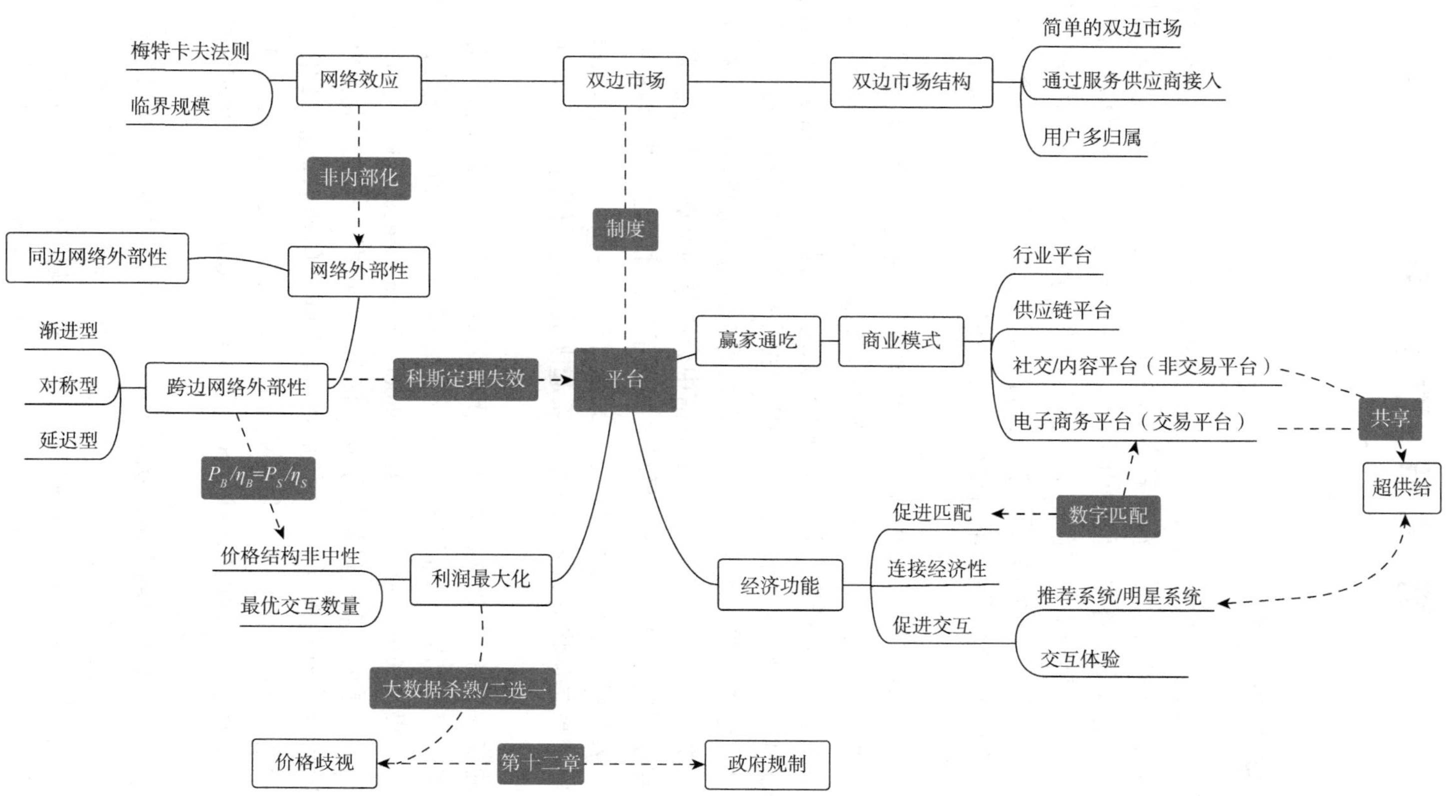

第一节 双边市场

一、双边市场的定义

考虑一趟“说走就走的旅行”：消费者一觉醒来开始了新的一天。在看到太阳光照射在对面高楼的玻璃幕墙上时，消费者突然心里一动，想要逃离由这些玻璃和水泥组成的城市，去海边观日出。首先，他使用手机从外卖平台订购了一份早餐。就餐时，他打开电脑开始搜索OTA平台上的目的地信息，在对比了多个目的地和多家航空公司及酒店信息之后，他通过在线支付购买了机票并预订了酒店。简单收拾好行李，他使用打车软件预订了一辆出租车前往机场，准备度假。在这些过程中的每一个步骤，平台将消费者连接到不同的供应商。

消费者对目的地的搜索词由Web搜索引擎处理，该搜索引擎在内容消费者和内容供应商之间进行协调。搜索同时，一个单独的中介系统将消费者（及消费者的搜索行为）与广告商联系起来，从而产生广告。车辆预订系统是消费者和潜在的车辆供应商（出租车司机或Uber司机）之间的中介。打车的费用通过车辆预订系统的在线支付接口处理（网银或在线支付平台），这是一个促进买卖双方之间支付的服务供应商。所有这些交互都需要由消费者、供应商及为他们提供复杂电信中介服务的互联网服务供应商实现。消费者所使用的移动网络或Wi-Fi设备、平板电脑和手机，本身也可以被视为中介。这些设备通过设备安装的操作系统将消费者连接到软件应用程序。消费者使用的手机、Wi-Fi设备或平板电脑也是从将消费者与卖家联系起来的在线零售商，如Tmall、京东或eBay手中购买的。

在强大的技术支持下，连接消费者和生产商/供应商的数字业务和相关生态系统已经成为人们组织新信息和搭建新商业模式的平台。这些平台已经成为世界上最有价值的公司。2022年，苹果、微软、亚马逊、Aplphabet、Meta（Facebook）、腾讯（中国）和阿里巴巴（中国）的市值之和已经超过了10万亿美元，占据着全球商业世界的领先地位。此外，还有近200家“独角兽”企业（价值超过10亿美元的初创企业）跟随着这些旗舰平台。在这些初创企业中，60%~70%是商业平台，如蚂蚁金服、eBay、Airbnb、Uber、滴滴出行（中国）及旅游领域的Booking.com和Expedia.com等。它们同时面对着双边或多边用户市场，并为其提供服务。

双边市场（或更为普遍的多边市场）可被定义为一个或多个平台支持终端用户之间交互的市场。这里的交互可以是任何东西，但必须可以清楚地识别。例如，当游客购买电脑并安装搭载在操作系统上的Airbnb应用程序时，就操作系统软件供应商而言，买方（用户）与卖方（Airbnb）在操作系统平台上就发生了交互。类似地，消费者确认了酒店或租车订单后，使用自己的银行卡与供应商或司机进行交易时，就发生了交互。看电视或听广播的消费者，通过电视广播或电台的媒介接触到广告信息时，也会产生观众和广告商之间的互动。在电信网络中，呼叫者和接收者之间的交互是电话对话，而网站和互联网的Web用户之间的交互是数据传输。在一趟“说走就走的旅行”所涉及的交易过程中，存在许多不同的当事方，包括消费者、旅游供应商、电脑和手机制造商、软件供应商、银行、在线支付平台、互联网服务商等。两个或多个截然不同的当事方通过一个平台相互连接，该平台就构成了实现这些当事方之间的交互所需的一系列机构协议。

二、双边市场的结构

如果参与交易的双方——消费者（C）和销售者（S）需要通过某种媒介或平台完成交易，那么这在形式上就构成了双边市场；C和S就是交易平台的终端用户。例如，消费者通过外卖平台订购早餐，此时消费者和餐馆分别构成外卖平台两端的最终用户。又如，百货公司既要吸引消费者来光顾，也要吸引商家入驻；门户网站在吸引读者“眼球”的同时也在争夺广告商；银行既要吸引贷款人，又要吸引资金持有者，其开发的信用卡系统需要同时吸引商家和持卡人。诸如此类的例子随处可见。

（一）简单的双边市场

如图5.1所示，某OTA平台的一边连接着游客，另一边连接着旅游产品或服务供应商，包括旅行社、机票供应商、酒店民宿供应商等商家。平台从最终用户之间的交易中获得的收益主要来自其提供的服务：呼叫者和被呼叫者从交流中获益不是因为有电话本身，而是电话提供了方便流畅的沟通渠道；当消费者使用信用卡而非现金进行支付时，持卡人和商户都会获得便利性。按照需求定律，用户是否使用的决定取决于平台为用户的使用收取多少费用。对于普通用户，该OTA平台可以按使用量（按交易的数量或金额）向两边的终端用户收取利润最大化条件下的服务费（消费者购买的商品本身价格除外）P_C和P_S。例如，现付模式下，携程收取商户订单价的15%左右作为佣金（即服务费）；预付模式下通常收取订单价的10%左右；买方使用微信支付或携程旅行平台预订交纳的费用为零（P_C=0）。

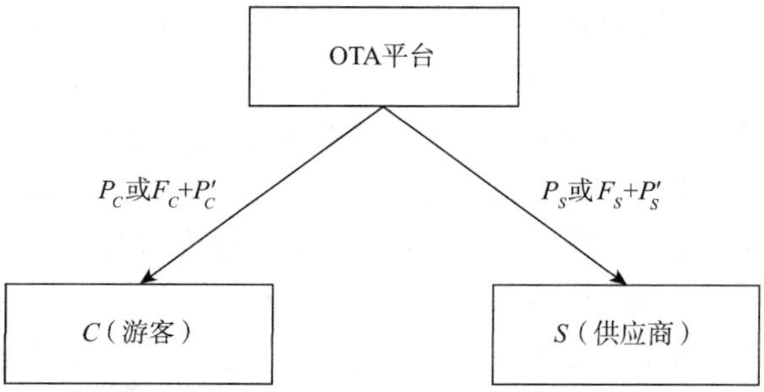

图 5.1　简单的双边市场结构

对于平台的会员用户或会员商家（如天猫的88VIP客户），平台在利润最大化条件下收取的服务费用分别为F_C+ P'_C和F_S+ P'_S。其中，F_C和F_S分别是消费者交纳的会员费，P'_C和

P_S' 分别是平台对双边用户收取的流量费，则交易平台收取的总费用为$P=P_C+P_S=(F_C+P_C')+(F_S+P_S')$。平台也可能会收取与互动无关的会员费用$F_C$和$F_S$。例如，许多银行向其信用卡持卡人收取年费（$F_C>0$），但不收取可变费用（$P_C'=0$）。需要注意是，平台的使用量或可变收费会影响双方的交易意愿，从而影响潜在互动带来的净盈余；反过来，平台的会员资格或固定收费也会影响终端用户在平台上的存在，因此平台总是需要对双边市场收费结构进行权衡取舍，以使自身利益最大化（见本章第三节）。

（二）通过服务供应商接入的双边市场

最终用户也可以通过中介或服务供应商连接到平台，如图5.2所示。假如游客在OTA平台预订机票和酒店时，选择使用微信支付。游客通过网银将自己存在银行A的钱支付给收款商户，而收款商户持有的是银行B的账户。此时，银行就成为游客支付时的中介。用户确认收货或消费结束后，第三方支付平台（如银联或财付通）会根据清算结果将款项转至商户在银行B的账户，同时向商户收取该笔支付款项0.6%的服务费[①]。

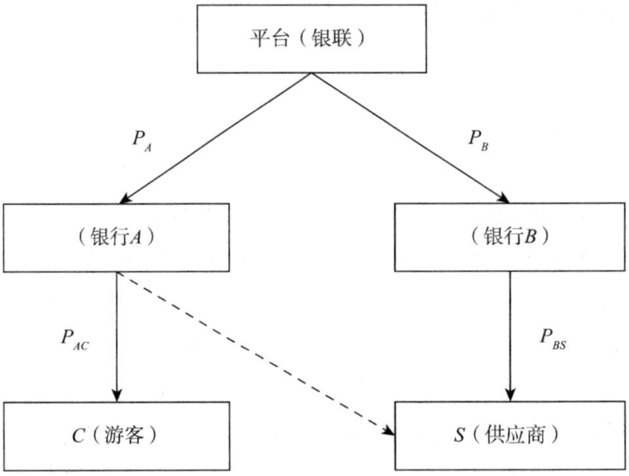

图 5.2 通过服务供应商接入的双边市场结构

商户与游客也可能都是中介银行A的用户。此时，如果消费者选择使用网银支付，则无须与其他中介（银行B）进行交互。此类交互称为“在我们之间”交互，对应于同一银行既是支付的发起方又是商户的收款方的情况，它实际上也形成了一种简单的双边市场，如图5.2中银行A同时面对支付方和收款方（虚线）。同样，电信运营商可以同时为呼叫者和被呼叫者提供服务，而Web网可以为网站和网络用户提供服务。不过，在电信和互联网应用中，不存在自然区分的“买方”和“卖方”。因为呼叫者和被呼叫者之间或者从网站到网络用户之间都有通信流。在这种情况下的“平台”是完全虚拟的，可以将其看作记录净流量和运营结算的机制，只需要通过连接协议规定终端费用的支付方即可。

① 微信支付商户手续费计算说明，https://kf.qq.com/faq/200311maUZNZ200311f67n2q.html.

（三）用户多归属

消费者在进行酒店预订时，有可能通过携程旅行平台进行预订，也可以使用同程艺龙或其他平台。同样，酒店也可以选择与多家平台合作。当然，消费者也可以通过搜索酒店官方网站直接预订，这样就有可能不会通过平台发生买卖双方之间的互动。由于不同的平台系统不兼容，商户通常会接受用户多归属，而且商户也会采取多归属战略，以吸引广泛的潜在买方，如图5.3所示。消费者在流媒体平台或视频游戏平台通常是单宿主形式，在电子商务平台通常是多宿主形式。用户决定加入单宿还是多宿取决于加入或使用平台的具体成本，包括转换成本，以及平台之间的差异。一般而言，当平台之间互不兼容或不互联时，至少要有一边市场存在多归属才能从交易中获得收益。

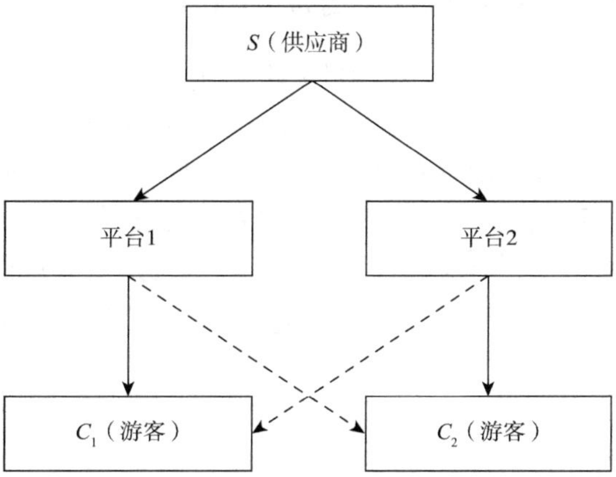

图 5.3　存在用户多归属的双边市场结构

三、网络效应与网络外部性

消费者在购买某种具有网络外部性的产品时，往往会考虑网络的预期规模。网络效应指的是产品效用或价值随购买这种产品及其兼容产品的消费者数量增加而增加的现象。通常，可以将网络用户所能得到的价值分为自有价值与协同价值两部分。自有价值指的是产品自身所具有的价值，这部分价值与用户网络规模大小无关。协同价值指的是已购买产品的消费者因新消费者的加入而获得的额外价值，这部分价值与产品销售网络规模大小有关。如果世界上只有一个人使用微信，则微信的自有价值为零；微信用户人数越多，每个用户得到的效用就越高。也就是说，网络对每个人的价值与网络中其他人的数量成正比。梅特卡夫法则（Metcalfe law）认为，网络效应将随着网络用户的增加而呈指数增长。假设网络中有n个人，则网络对所有人的总价值为$n(n-1)$。这一法则描述了网络的价值以网络节点数平方的速度增长的经济现象[①]。正是在这种强大的正反馈力量推动下，微信在短短几年内就获得了超过20亿个用户。

假设一项受网络效应影响的新技术拥有n个消费者。如果网络实际规模与预期规模

① 因此有学者认为大型网络提供的效率增益证明垄断平台的存在是合理的。

相同，则达到了预期均衡（fulfilled expectations equilibrium）。厂商的收费方式为两部定价法，即收取一项固定的网络接入费p，但是不收取流量费（即产品价格为p）；ω_i 为第i个消费者的心理价位，均匀分布在[0，100]，则消费者的需求函数可以表达为

$$q_i = \begin{cases} 0, & \text{如果} f\omega_i < p \\ 1, & \text{如果} f\omega_i > p \end{cases} \tag{5.1}$$

其中，f为已经加入网络的人口比重。可以看到，网络规模的效应通过f反映出来。对于其他消费者来说，新加入的消费者提高了网络的使用价值。

假设边际消费者的心理价位为$\tilde{\omega}_i$，边际消费者认为在这个点上消费者加不加入是无差异的，因此有$p = f\tilde{\omega}_i$。也就是所有心理价位高于$\tilde{\omega}_i$的消费者都会加入这个网络。由于$f = 1 - \dfrac{\tilde{\omega}_i}{100}$，即消费者愿意支付的金额为$\tilde{\omega}_i = 100(1-f)$。由此可得

$$p = 100f(1-f) \tag{5.2}$$

如图5.4所示，在这一网络产品市场中，存在两个均衡点，即f_{low}和f_{high}。其中，f_{low}是不稳定的，价格稍微上升或消费者数量减少都会使最终结果偏离均衡。但是，一旦用户规模跨越f_{low}点，由于协同效应的存在，消费者愿意支付高于p的价格。此时，需求将通过自我增强机制持续增长，从而实现向f_{high}移动，最终达到大规模网络均衡。因此，f_{low}是网络经济必须跨越的壁垒，称为导致网络建立的最小临界规模（critical mass）。

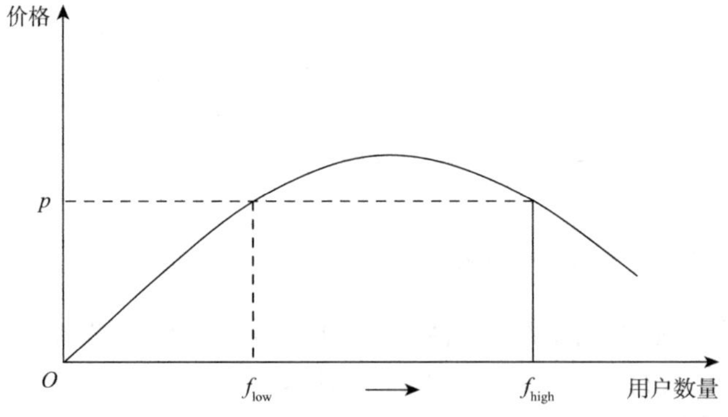

图 5.4　网络效应和临界规模

在一个基本的双边市场中，存在三个经济主体：市场两边的买者和卖者，以及一个协调双方互动的平台。平台的网络效应表现为平台将不同的生产者、最终用户和其他市场参与者相互联系、连接起来而产生的积极反馈。如果平台中某一边用户数量的改变会影响同边用户的数量和交易量，如加入携程旅行平台的酒店越多，愿意加入的住宿企业就会越多，就称这种效应为直接网络效应或同边网络效应。如果平台中某一边用户数量的改变会影响到另一边的用户数量和交易量，如使用微信的消费者增加从而吸引来更多的广告商；加入携程旅行平台的酒店增多吸引来更多的游客预订，就称这种效应为间接网络效应，又称为交叉网络效应或跨边网络效应。同边网络效应和跨边网络效应可以同时存在。例如，商家和用户使用信用卡支付平台的决策不仅会受到同一边用户的影响，也会受到另一边用户的影响。

现代数字平台通常进行非常复杂的匹配，而不是简单地授予用户对网络的全部访问权。例如，搜索引擎会优先考虑某些结果，并根据用户偏好来策划搜索页面信息。电信运营商允许用户在由不同服务捆绑组成的许多不同套餐之间进行选择。这样做的目的是，平台可以微调其内部的网络效应，并在一定程度上内化其内部的网络效应。例如，消费者希望在一个有许多供应商的平台上进行搜索，而供应商希望接触到最大的潜在客户群。然而，供应商之间（消费者之间）也是竞争对手。只要产品能够覆盖到该平台的消费者，供应商更愿意与尽可能少的其他供应商竞争。因此，平台有动力将企业之间的竞争减少到超出社会最优水平的程度，如要求商家进行“二选一”的抉择或实施约束性的合同条款和政策来控制在线零售价格等。也就是说，网络效应可能被平台价格机制内化。严格地讲，只有当网络效应不能通过价格机制进入收益成本函数时，网络效应才能叫做网络外部性。

四、跨边网络外部性

积极的跨边网络外部性有助于平台的运作。一边的用户越多，平台对另一边的用户就越有价值，反之亦然。就交易而言，跨边网络外部性表示买卖双方在使用平台时的相互依赖，这是构成或判断双边市场的关键。双边市场运作的前提就是存在不能被两边用户自己内化的跨边网络外部性。例如，对于租车平台Uber或滴滴，注册的司机越多，就会有更多的乘客愿意使用Uber。随着Uber司机的增多，Uber也给乘客带来了更多的好处，如减少等待时间、降低使用费用等，从而进一步增加了乘客对Uber的使用。从司机到乘客的跨边网络效应是积极的。反之，司机对Uber的使用取决于乘客在Uber预订用车的数量。在Uber上注册的乘客越多，就会有更多的司机愿意使用Uber来运送乘客。如果没有乘客使用Uber，司机使用Uber也就毫无意义。可见，从乘客到司机的跨边网络效应也是积极的。

跨边网络外部性不一定是互惠的和对称的。如果平台一边用户的增加不利于吸引另一边用户，这样的外部性就不是互惠的。例如，YouTube、知乎等提供视频或内容的平台，从观众或读者到广告商之间存在着正向的跨边网络效应，即观众或读者观看或阅读量越多，平台对广告商发布广告的价值就越大。然而，平台上的广告越多，它对那些目标是观看视频、检索信息的观众或读者的吸引力就越小。因此，从广告商到观众或读者的跨边网络效应是负面的。为了协调观众或读者与广告商之间的充分互动，平台需要在吸引广告商以增加创收和吸引观众或读者之间进行权衡。还有一些平台，其跨边网络效应是互惠的，但可能是不对称的。

跨边网络外部性可以用“价值曲线”进行衡量。价值曲线是指平台一边的用户价值随另一边的用户数量上涨的速度，以及在到达临界点时网络效应的强度。图5.5显示了三种不同的双边市场跨边网络外部性的供求曲线情况。中间的黑色直线显示的是对称型跨边网络外部性，即供给侧增长为需求侧产生的价值与需求侧增长为供给侧产生的价值是相对成比例的，如淘宝网、拼多多等平台。这是一种典型的（typical）网络效应，这样的市场慢慢会变得非常强大。

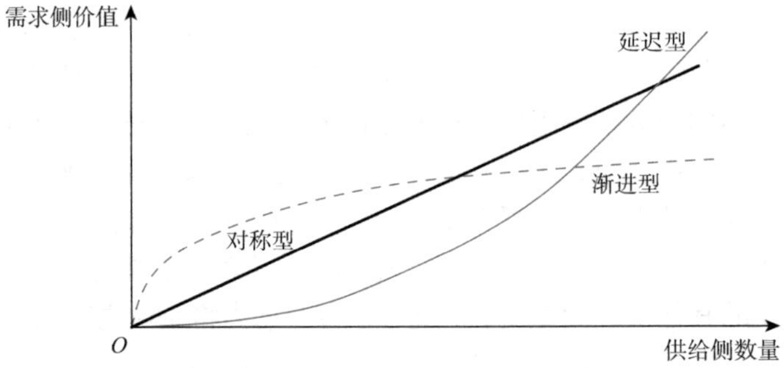

图 5.5 平台网络效应的价值曲线

资料来源：Currier J. The Network Effects Manual：16 Different Network Effects – 2022[EB/OL]. https://www.nfx.com/post/network-effects-manual，2022

图5.5中灰色曲线表明，跨边网络效应的价值是延迟的（delayed），而一旦突破了临界点，延迟型跨边网络外部性就会变得非常强大，代表性平台包括美团、饿了么等，如美团在带给需求侧任何价值之前就已经把供给侧发展到很高的水平了。第三种称为渐进型（asymptotic）跨边网络外部性，如图5.5中灰色虚线。一开始，供应侧会迅速给需求侧带来价值的增加，如Uber和Airbnb。在大多数情况下，Uber依靠乘客来吸引司机，因此网约车的价值首先在于被吸引用户的数量。在一定程度上，司机越多对乘客越有益，因为可以减少等待时间、降低费用。但供给增加到一定的数量之后，其对乘客的价值就会显著减少。乘客等待4分钟才打到车跟等待10分钟才打到车是有很大差别的；但是等4分钟跟等3分钟或5分钟的效用并没有太大差别。因此，只要车辆数量达到允许乘客3~4分钟内打到车，在此之后增加额外车辆供应的价值就会急剧减少，也就是越过了图5.4中f_{high}点，乘客愿意额外支付的价格将减少。除非遇到一些特殊情况，如用车高峰期或极端天气，司机短缺时跨边网络效应才可能会被逆转。此时，司机可以享受额外补贴，而乘客则需多付费（见第六章激增定价）。除了这个弱点外，渐进型市场也很容易受到用户多归属的影响。很多人同时用飞猪旅行、携程旅行和同程艺龙平台，至于用哪一个要看特定时间谁的价格更低、体验更好。在供给侧，很多酒店和旅游供应商同样也会同时使用多个平台，其考虑的因素同样是定价和客户数量。

五、价格结构非中性

对于平台，其最终用户（消费者和供应者）之间的“交互”中存在潜在的交易收益。因此，交易平台必须为它提供的两种产品或服务同时进行定价。假如外卖平台在每笔订餐交易中向消费者收取P_C的费用，向销售商收取P_S的费用，则交易平台收取的总费用为$P=P_C+P_S$。同样，电子游戏平台不仅向每位售出版权的游戏开发者收取开发费用（$P_S>0$），同时也向游戏玩家收费（$P_C>0$）。某些平台，如信用卡或电信运营商还会采取两部定价法（见第六章）向用户收取一定的固定费用，如年费、入网费、会员费，同时根据用户的使用量收取使用费。在没有成员资格外部性的情况下，平台面临的关键问题在于最终用户是否使用该平台，而不是是否加入该平台。在这种情况下，需要考虑价格水平（定义为平台向双方收取的总价格）与价格结构之间的区别。价格结构是指交易双方（买方和卖方）之间总价格的分解或分配。平台经营者往往投入大量时间和资源来确定每一方的价格负担，并且通常会向一方收取较多的费用，而向另一方收取较少的费用。

考虑一个平台，对买方和卖方按每次交互费用P_B与P_S收费。如果平台上实现的交易量V仅取决于总价格水平$P=P_B+P_S$，则价格结构是中性的。也就是说，如果市场交易量对总价格在买方和卖方之间的重新分配不敏感，则双方互动的市场是单边的。例如，中介的价格是线性的。对于中介，买方的需求和卖方的供应是独立的，因此重要的是买卖价差，而不是买卖价格如何分配给卖家和买家，也即中介介导的交互数量不因P_B和P_S的价格结构而变化。保持隐含价格P不变，尽管存在双边用户，但市场仍然是单边传统市场。相反，如果在给定隐含价格P的情况下交易量 V 随着P_B或P_S变化，意味着交互数量取决于P_B与P_S的比例而不是整体的隐含价格水平。当且仅当交互数量因买卖双方隐含价格P的分配而变化时，市场才被认为是双边的。

传统市场中的多产品定价同样关注价格结构，并且认为价格结构比价格水平更不易被市场力量扭曲。然而，多产品定价并不考虑不同产品消费中的外部性，并且，多产品定价可以分别在每个市场中都采取利润最大化的定价策略。例如，酒店在对其住宿产品定价时并不考虑其餐饮产品的价格问题，因而可以分别定价或者对两个部门的经营实行独立核算。双边市场理论的出发点是存在跨边网络外部性。正因如此，平台如果分别在每个市场中采取最大化利润的定价策略很可能是不具效率的，最大化联合利润是更为有效的定价策略。并且，只有在双边市场用户没有协商消除相应的使用和会员外部性的情况下，平台对可变收费和固定收费结构的精细设计才有意义。

第二节　平台及其商业模式

一、平台作为一种制度安排

平台扮演的基本角色是为参与某种交易或交换的双边用户之间的交互创造一个隐性市场[①]。携程、Uber、Airbnb等作为平台运营，一边的用户通过这些平台与另一边的供应商进行交互。两边用户之间的交互要求他们平等且同步地访问平台。换句话说，平台在协调双边用户方面发挥着核心作用，其功能在于实现和促进他们之间的互动。平台的独特之处在于，使用平台的用户越多，平台对所有者和用户的价值就越高。并且，用户访问越多，互补和创新就会越多，将进一步导致新的用户和补充者加入，从而形成一个生态系统。因此，平台运作的核心是“网络效应”。当然，并不是所有平台都位于两个相互影响的双边市场之间。

图5.6描述了一个以Airbnb共享住宿为例的双边市场。Airbnb的一边是房客，他们需

① Rochet J C，Tirole J. Platform competition in two-sided markets[J]. Journal of the European Economic Association，2003，1（4）：990-1029.

要从另一边的房东那里购买住宿服务。房客和房东之间的交易由Airbnb作为匹配和交互的平台进行协调。一方面，房客依靠Airbnb发出需要住宿服务的请求，另一方面，房东需要通过Airbnb搭建的平台吸引房客。因此，Airbnb需要同时向房客和房东讨价还价，以协调他们之间的交易。如果这种交互可以明确被市场识别，那么每个互动都会有一个双方都愿意共同支付的价格。信用卡也是一种平台，当持卡人使用信用卡进行商户接受的支付时，交互被信用卡平台中介。

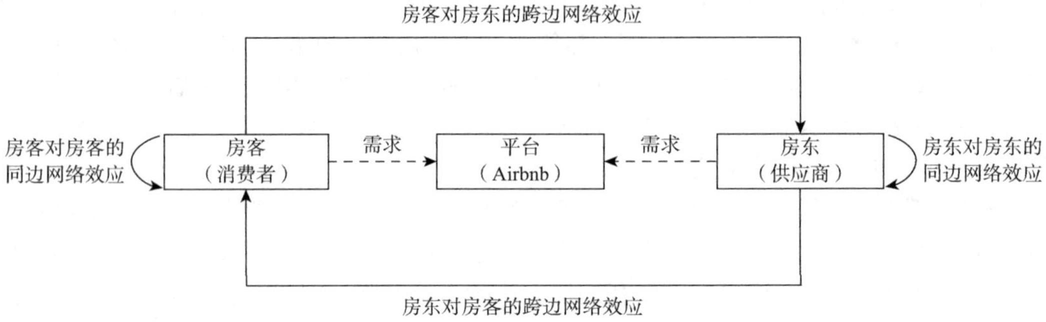

图 5.6 Airbnb 平台的双边市场

一些社交平台或内容平台，如微信、抖音、知乎、YouTube、Twitter等允许所有参与者共同创造和改变产品或服务的价值，这在传统企业中是没有的。这类平台被定义为一家或多家企业开发的产品、服务或技术，可作为更多用户能够进一步补充创新并产生网络效应的基础[①]。例如，观众可以在抖音上观看他人发布的在某个目的地游玩的视频，同时自己也可以上传制作的短视频。一旦观众关注到某个目的地或景区在抖音上的广告，抖音就协调了观众和目的地或景区之间的互动。

还有一些平台，如微软Windows操作系统、游戏平台等为企业提供即插即用的业务基础设施，来自世界各地（平台外）的不同商业公司和个人可以轻松简单地加入平台（“插入平台”），在平台上创建和开发他们的产品和服务平台（在平台上“玩”），与其他平台参与者（包括这些产品和服务的最终用户），共同创造和增加他们的产品和服务的价值（“使用”平台）。平台开放程度可能因许多维度而有所差异，包括访问连接到平台或利用平台的界面信息的级别、管理平台使用的规则类型或访问成本等。这类平台有目的地设法将行业内的各方聚集在一起，可以使生产者和用户能够共同创造和增加产品或服务的价值，从而实现并促进生产者和用户之间的有效交互，为生产者、用户和平台带来利益。

可以将平台分为多种类型。按照用户的多少，平台可以分为多边平台和单边平台。多边平台是促进不同用户组之间直接互动的中介，并在这些用户组之间或内部呈现网络效应。单边平台，如Facebook在早期只是提供摄影的社交媒体，微信同样如此，在这个平台上没有广告和第三方内容供应商。

平台还可以分为：内容分发平台，如YouTube；众筹（crowd funding）平台，如

① Gawer A. Platform dynamics and strategies：from products to services[J]. Platforms Markets & Innovation，2009，（3）：45-76.

Kickstarter、Indiegogo；视频游戏平台，如Playstation、Xbox等；转售平台，是指从独立供应商处购买产品或服务再转售给消费者，如流媒体平台Netflix、Spotify；内容商店，如iTune从音乐公司购买版权后向用户收取订阅费。多边平台或转售平台更多是商业模式选择，而不是行业或企业的内在特征。

平台也可分为交易平台和非交易平台。交易平台促进买卖双方进行商品或服务的交易（如携程、京东、淘宝等），包括与支付系统相对应的交易系统，如支付宝、财付通等。非交易平台包括：提供匹配的平台，如众筹平台只充当中介而不提供任何附加值；媒体平台，其将广告商和观众聚集在一起；向开发人员提供服务的软件平台。

上述可见，平台具有多种类型，它既可以是特定的法人实体，也可以是某个法人实体的产品。在本质上，平台是一种中介市场用户互动的制度安排。

二、平台商业模式

平台商业模式由三个主要力量驱动：全球联系的不断增强导致的网络效应，全球范围内日益分散的生产，以及人工智能在商业领域越来越强大的作用。平台商业模式的核心原则是创造和促进平台参与者之间的开放互动和开放广泛的市场合作，而不是产品或服务的内部生产①。平台具有促进和提高互补产品和服务创新的功能。互补性创新越多，通过网络效应为平台及其用户创造的价值就越多。越来越多的补充功能可为现有平台创造累积优势，进而给新平台的进入造成障碍，从而现有平台也就越来越难以被竞争对手或新进入者超越。因此，对于平台型企业，最重要的不是提供最好的产品，而是提供用户最满意的平台及通过什么方式提供这个平台。

在由信息技术驱动的高科技企业中，以基础技术为特征的行业平台，最有可能的赢家不一定是主导设计的发起者或最精细产品的所有者，而是“最佳”平台的所有者②。例如，苹果、谷歌、微软、思科、ARM、高通等许多公司为计算机、手机和消费类电子产品的第三方供应商创建了数百万个在这些平台上运行的软件程序和硬件设备。这类平台称为行业平台。该类平台需要遵循一个重要的设计规则：平台接口应足够“开放”，允许外部公司“插入”补充，并在这些补充上进行创新，因为这些合作伙伴也参与了基于平台的“生态系统”创新。不过，虽然开放界面可增加互补者创新的积极性，但平台也需要在开放和封闭之间进行复杂权衡，保留一些专有的收入和利润来源。

供应链平台可以接入不同的市场方，替代与传统供应商的合同。通过将两个或多个市场参与者（卖家和买家、应用程序生产商、广告商等）聚集在一起并遵循特定的准则，供应链平台可向最终产品组装商提供中间产品或组件，能够访问平台供应链的企业可以利用外部功能来寻找更具创新性或更便宜的组件和技术。供应链平台和行业平台之间的一个关键区别是，行业平台中开发互补创新的企业之间不一定相互购买或销售，它们通

---

① Astyne M，Parker G，Choudary S P. Pipelines，platforms，and the new rules of strategy[J]. Harvard Business Review，2016，94（4）：54-60.

② Reillier L C，Reillier B . Platform Strategy：How to Unlock the Power of Communities and Networks to Grow Your Business[M]. London，New York：Routledge，2017.

常也不是同一供应链的一部分，而供应链平台中的企业之间可能会共享交叉所有权。例如，许多大型酒店集团包含多个层级、多个档次的品牌酒店，其年采购规模可以达到几十亿元。基于信息技术打造的供应链平台既可作为酒店集团的采购部门，同时也是加盟商的采购部门，又是供应商的销售部门。

电子商务平台业务涉及多个市场方，其赚钱的方式也各不相同。许多平台通过将两个或多个市场参与者聚集在一起来提供产品或服务，但它们基本上不直接销售产品或服务，而是关注买卖商品或服务的买卖双方之间的互动所带来的市场交易。视频游戏机平台需要同时服务于开发者和游戏玩家,并介导游戏玩家购买和开发者设计游戏时的互动。在共享经济方面，Uber平台以乘车服务在双方之间进行交易的方式来匹配乘客和司机。在这种情况下，Uber类似于一个中介，但不同的是，Uber平台不转售乘车服务，而只是促进乘客和司机之间的交易。大众点评是连接食客和餐厅的平台；Airbnb也从来都不是公寓的所有者。因此，电子商务平台的利润取决于它们协调的每笔交易的价格，而不是中介的买卖价差。对于该类多边平台，必须满足两个条件才是可持续的，或者说是可以盈利的：第一，多边平台必须通过降低不同用户组之间的交易成本来创造价值，如果平台不能降低交易成本，则是无效的，会很快从市场中消失；第二，多边平台应该对其不同的用户组有一定的市场支配力，这种支配力是平台可以设定不同于完全竞争条件下的价格的能力。即平台有能力扭曲价格，从而影响参与和使用。

就社交平台或内容平台而言，它们与Uber等共享经济中介平台的互动不同，它们介导的是与贸易无关的互动。当观众观看广告商在网易、知乎、YouTube或其他平台上投放的广告时，双方之间会发生互动。但这不是观众看到广告并与广告商进行广告产品交易的情况。观众和广告商之间没有市场交易，但平台对广告商产生的可见性又取决于受众群。这意味着平台提供的互动质量非常重要。广告商一方面会选择拥有庞大受众或观众群的平台，另一方面受众市场特征必须与广告商的产品吸引力保持一致。在其他条件相同的情况下，平台的受众和广告商越多，平台可以协调的互动就越多，就会变得越有价值。因此，要获得更多的广告收益，平台必须进行非价格决策，提供高质量的体验，规范参与和互动，投资于推荐系统，提升画面质量、游戏体验等。

从平台的角度来看，用户之间能否最终完成市场交易并不重要。重要的是平台所协调的最终导致市场交易的交互的数量和质量。与传统商业模式相比，利用网络效应建立业务的商业平台需要在营销和竞争策略方面采用不同的思维方式，即促进产品或服务的交易比维护和使用企业资产直接生产产品或服务更具经济价值。

三、商业平台的经济功能

传统的生产、供应和消费链都像“管道”（pipeline）一样运作。每个产品都通过管道从生产者向消费者的方向运动。传统旅行社就是典型的管道型（也称为线性）商业模式。它们聚合开展服务的资源，并将这些服务提供给用户。传统媒体电视、广播和报纸也是管道型，内容（新闻、娱乐等）通过“管道”输送给消费者。管道型商业模式提供了从生产者到一个或多个消费者的线性价值移动。由于其业务的线性性质，这种传统商业模式也被描述为线形业务或管道型业务。

传统的管道型商业模式要么通过低成本战略来获得竞争优势，要么通过产品差异化（创造更高的独特的产品价值）并为此产品设定溢价（见第八章）。平台商业模式是一种同时服务于多边市场的高级功能模型，其主要的经济功能如下。

（一）促进匹配

有效匹配必须满足平台参与者的需求，及时、有效地提供正确的信息数量和深度。市场参与者往往希望在相互进行交易之前共享额外的信息。ICT的发展促进了数据可用性和匹配技术的发展，降低了市场搜索成本。例如，Airbnb平台将房客介绍给房东，后者在适当的地点和适当的时间提供住宿；在eBay平台上，买家经常询问卖家所提供的待售商品的问题。多边平台的特征是促进不同组别之间的匹配，世界上市值排名前列的企业，如亚马逊、阿里巴巴和谷歌的核心业务都属于多边平台，它们通过向市场一边或两边收取代理费用来内部化匹配的外部性。

（二）连接经济性

平台让市场双方相互连接，并实现双方市场的及时互动。连接经济性主要来自信息产品的共享性，降低交易费用，产生累积效应、互补效应和学习效应。企业可以依靠网络拓展产品的生产经营范围，如以文化和体育为代表的服务业可以通过刻录、电视转播和网络传播转换为可贸易商品，并获得规模经济和范围经济。

（三）促进交互

在平台进行的所有交互中，核心交互是供应商和最终用户之间的金钱交易（买卖行为）。准确匹配交易为平台带来佣金收入，交易也通过平台获利，如在LinkedIn上成功找到职位的员工。平台让市场双方相互连接，同时必须确保其连接功能不会导致平台参与者在平台内相互联系后决定在平台外进行交易。

与传统的管道型商业模式相比，平台商业模式具有如下优势。

（1）价值共创：平台“即插即用”是一种集体努力，主要基于平台参与者，包括供应商和用户的价值共创，使个人和组织能够从中获利，而不仅仅是基于技术和所使用的物理和人力资产。

（2）精准营销：利用大数据分析技术，如AdWord（谷歌）、likes（微信）等，平台可以精准地将广告送达目标市场，有针对性地汇总和评估用户对营销措施的反映。平台还提供了锁定用户的独特方式，并有可能将一次性产品或一次性销售模式转变为服务模式（如微软的Office365），从而获得定期收入流。

（3）拓展市场：平台经济从根本上摆脱了时间和地理空间的局限，为生产者打开市场、解决长尾问题提供了可能。无论是在大众市场还是通过大规模定制的长尾市场，平台为平台所有者和参与者提供了远远超过产品和服务的规模经济潜力。

（4）价格歧视：平台业务与传统产品和服务业务的不同之处在于，业务平台独特的成本结构允许平台为不同的用户设置不对称的价格。平台拥有许多不同的定价模式和收费类型，如服务不收费（由平台提供）、服务暂不收费（试用期）、融资免费、平台向单边收费、平台向第三方（广告商）收费、仅在交易发生时收费（流量费）、收取独立于交易的会员费（订阅费）等。例如，在苹果与来自全球的数十万个外部合作伙伴（应用程序创建者和开发者）合作创造的百亿美元的市场中，30%的收入来自应用程序的销售；谷歌年度报告显示，谷歌从每笔交易中抽取约20%的佣金，其收入还涉及广告收入、在谷歌和YouTube网络上销售应用程序、应用程序内购买数字内容产品、许可和谷歌云提供的服务费用等。2015年，微信的活跃广告者为200万人，而2016年活跃广告者的数量已经达到了300万人。亚马逊平台平均每笔销售收取交易金额的15%作为佣金费用；eBay收取的佣金约为10%；携程收取的佣金为15%~20%。竞争降低了平台的加价收费幅度，也提高了价格的偏斜度。

平台参与者的多样性是平台化的最大优势，同时也是平台业务管理面临的最大挑战。平台管理与产品或服务管理有着根本的不同管理理念和方式，因为平台不是产品或服务的生产者，它没有完全所有权的控制，无法控制整个价值链和消费者体验。传统管道型商业模式通常更适合为特定的消费者群体服务，它可以通过对整个价值链的改进及策划产品（包括组合捆绑互补产品）从头到尾地完全控制消费者体验——这是平台无法提供的。与传统的管道型商业模式相比，平台的管理和治理决策都更加复杂。平台不仅需要打造自身独特的技术或能力，还需要培养利用他人的能力，这需要平台在给予创新生产者足够的自主权和自主集成创新之间保持微妙的平衡。因此，对传统产品或服务业务的管理要求不适用于平台。

第三节　平台的价格决策①

一、对平台的需求

只要平台可以很好地定义和准确地衡量交互，平台就可以向用户出售交互。Uber可以出售乘客和司机之间的互动，双方分担在其平台上执行的每个乘车请求的费用。Airbnb和饿了么也是如此，它们可以通过收取用户双方共担的预订费来销售每次互动。对于一些平台，如微信和抖音，互动既无法观察也无法正确衡量，销售互动不再可行。微信无法监控和衡量读者和广告商之间的互动，因此不能作为单独的商品或服务出售。但微信可以向读者收取一次性订阅费，允许他们访问该平台，无论他们是自发还是有意阅读广告，同时向广告商收取在微信上发布的每条广告的费用。无论平台面对何种情形，平台双方的用户越多，平台可以在他们之间进行协调的互动就越多。

隐性的交互市场表现为平台双方用户的服务需求。如果任何一方都没有用户或用户

① 本节内容节选自：Chen Y. Economics of Tourism and Hospitality: A Micro Approach[M]. London, New York: Routledge, 2021；同时参考了：Rochet J C, Tirole J. Platform competition in two-sided markets[J]. Journal of the European Economic Association, 2003, 1 (4): 990-1029.

很少，则无论另一方的用户数量如何，平台所介导的交互数量将为零或可以忽略不计。因此，平台的目标是同时聚集双方的用户。在其他条件相同的情况下，任何一方的用户数量由平台在该方收取的价格决定。为简化分析，假设有一个垄断平台分别向买方B和卖方S收费，以授权他们访问和使用平台。那么，买方使用平台的需求是价格P_B的函数$D_B(P_B)$，即愿意使用平台的买方数量取决于买方从平台获得的效用。在不存在交易的社交网络服务平台（social networking services，SNS），买方获得的收益不是与卖方互动时获得的收益，而是从平台本身获得的收益。例如，读者从知乎上获得的效用是具有价值的信息，而不是从广告商处购买的产品。同样，卖方使用平台的需求是价格P_S的函数$D_S(P_S)$，即愿意使用平台的卖方数量也取决于卖方从平台本身获得的效用。因此，平台介导的潜在互动数量是买方数量乘以同时使用平台的卖方数量：

$$N=D_B(P_B)\cdot D_S(P_S) \tag{5.3}$$

式（5.3）表明，由平台介导的交互数量取决于使用平台的买方数量和卖方数量，而后者又分别取决于P_B和P_S。在没有交易的情况下，$D_B(P_B)$可以解释为通过支付订阅费P_B观看视频或问答内容的观众数量；$D_S(P_S)$可以解释为通过支付广告费P_S在SNS上投放广告的广告商数量。在存在交易的情况下，$D_B(P_B)$可以解释为支付佣金P_B以在Uber上提出乘车请求的乘客数量，而$D_S(P_S)$可以解释为愿意支付服务费给Uber以有权处理Uber发出的乘车请求的司机。无论哪种情况，P_B和P_S越低，$D_B(P_B)$和$D_S(P_S)$越大，平台可以在两边之间协调的交互越多。这是由需求定律决定的。

但上述情况并未考虑跨边网络外部性。如前所述，平台买方$D_B(P_B)$数量同时也取决于使用该平台的卖方$D_S(P_S)$数量，反之亦然。因为交互是平台在拉拢买方和卖方之后创造的产品，交互数量首先取决于交互对平台任一方或双方用户的价值。就SNS而言，这种交互更受广告商而非用户的重视，因为从用户到广告商的跨边网络效应是积极的。就Uber而言，双方都重视这种互动，因为从乘客到司机及从司机到乘客的跨边网络效应都是积极的，因此是互惠的。跨边网络外部性越大，交互价值就越大，交互价格也就越高。由此，可以通过纳入交互价格来修正式（5.3），以反映用户两边之间的跨边网络外部性的价值：

$$N=f(P,P_B,P_S)=P\cdot D_B(P_B)\cdot D_S(P_S) \tag{5.4}$$

其中，P为平台收取的交互价格，它隐含在市场中并且不可观察。这是因为平台不收取价格P，而是以$P=P_B+P_S$的形式分配给买方和卖方。函数（5.4）表明，平台介导的交互数量取决于P、P_B和P_S三个价格。首先，平台需要为买方和卖方在单独使用平台时（不考虑交互）设置价格。如果双方都不重视交互，则交互P的价格将为零。该平台在市场上将被否定，因此没有必要讨论P_B和P_S。其次，考虑双边用户需要交互时的价格P，平台需要确定可以最大化交互数量N的最优价格P_B和P_S。N、$D_B(P_B)$和$D_S(P_S)$因跨边网络外部性的作用而相互依赖，因此，将P分配给买方和卖方绝不是任意的。受P约束的最优价格P_B和P_S必须通过协调参与平台的买方和卖方数量来最大化交互数量。因此，P_B和P_S不仅取决于买卖双方各自使用平台的需求，还取决于他们在使用平台时相互影响的程度。

假设平台收取每次交互的隐含价格为1元时利润最大化。显然，如何在乘客和司机之间分配这1元有多种方式，如Uber可以让每个乘客和司机均分，此时$P_B=P_S=0.5$元，也可以在一边收取更高的费用而在另一边收取更少的费用，如向乘客收取P_B =0.6元，则司机支付P_S=0.4元。保持交互的隐含价格不变，如果价格的分配结构从一种（5∶5）转变到另一种（6∶4）或任何其他分配结构时，会导致交互数量发生变化。此时，存在P_B和P_S的最佳分配，使交互数量最大化，从而使平台利润最大化。

二、平台利润最大化

平台利润最大化问题涉及两个方面。首先，它需要找出使其利润最大化的交互的最佳隐含价格P。其次，平台需要确定最优价格结构，以最大化交互数量，从而最大化其利润。也就是，平台需要确定向买方收取的最优价格P_B和向卖方收取的P_S。只有确定了P_B和P_S，相互作用的隐含价格P才能在市场上体现出来。假设平台所介导的交互的边际成本为c，则平台的利润函数为

$$\Pi=(P-c)\,D_B\cdot D_S=(P_B+P_S-c)\,D_B\cdot D_S \tag{5.5}$$

其中，D_B为$D_B(P_B)$的简写；D_S为$D_S(P_S)$的简写。

确定相互作用的隐含价格是识别P_B和P_S的先决条件。勒纳指数（Lerner index）表明，垄断企业产品或服务的最优价格由产品的边际成本和需求价格弹性决定（见第七章）。假设市场中交互的需求价格弹性为η，则：

$$(P-c)/P=-1/\eta \tag{5.6}$$

其中，$\eta=(\mathrm{d}N/\mathrm{d}P)(P/N)$。由于$c>0$，有$\eta<-1$。从式（5.6）可推导出相互作用的价格：

$$P=\eta^2+c$$

因此，只要知道交互的需求价格弹性η和平台介导双方交互的边际成本c，就可以确定交互的隐含价格。由于隐含价格是施加在两边的约束，它反映了平台对用户两边的交互价值，并暗示了跨边网络外部性的大小。因此，P_B和P_S不是由平台单独确定的，而是受用户两边交互价值的约束。

三、双边价格结构

由平台的利润函数（5.5）可知，当平台的边际利润相对于P_B和P_S分别为零时，平台利润最大化。否则，平台始终可以通过改变双方隐含价格的分配来改变其利润。因此，平台利润关于P_B和P_S的偏导数必须为零：

$$\begin{cases}\dfrac{\partial \pi}{\partial P_B}=D_B\cdot D_S+(P_B+P_S-c)(D_B)'D_S=0\\[2ex]\dfrac{\partial \pi}{\partial P_S}=D_B\cdot D_S+(P_B+P_S-c)(D_S)'D_B=0\end{cases} \tag{5.7}$$

其中，$(D_B)'$为D_B对P_B的导数，它是买方不考虑卖方的情况下使用平台的边际需求；$(D_S)'$为D_S对P_S的导数，表示卖方在不考虑买方的情况下使用平台的边际需求。求解方程（5.7）可得到

$$(D_B)'\cdot D_S=D_B\cdot(D_S)' \tag{5.8}$$

其中，$(D_B)'\cdot D_S$表示买方相对于P_B的交互数量的边际变化；$D_B\cdot(D_S)'$ 表示卖方相对于P_S

的交互数量的边际变化。只有当交互的边际变化相对于P_B和P_S相等时，交互总数也就是平台利润最大化。否则，在给定隐含价格P的情况下，平台总是可以操纵P_B和P_S以改变介导的交互数量，从而改变其利润。例如，保持D_S不变，平台可以通过降低P_B来增加D_B，从而增加交互$D_B \cdot D_S$的数量。显然，如果卖方的需求D_S根本不响应P_S，则平台可以通过仅最大化D_B来最大化交互$D_B \cdot D_S$的数量，这仅需要最小化P_B。但这种假设不适用于双边市场。事实上，随着P_B的下降，平台必须通过增加P_S将价格负担转移给卖方，这反过来会减少D_S，导致交互数量$D_B \cdot D_S$下降。因此，只有当$D_B \cdot D_S$相对于P_B和P_S的边际变化相等时，交互数量才能最大化，平台利润也会最大化。根据边际需求与需求价格弹性之间的关系，有

$$\eta_B=(D_B)'P_B/D_B，\eta_S=(D_S)'P_S/D_S$$

由于η_B和η_S 均小于零，可以得到

$$\eta_B=(D_B)'P_B/D_B=[D_B(D_S)'/D_S]\cdot P_B/D_B=(\eta_S\cdot P_B)/P_S$$

即

$$\frac{P_B}{\eta_B}=\frac{P_S}{\eta_S} \tag{5.9}$$

函数（5.9）说明P_B和P_S分别取决于买方和卖方使用平台的需求价格弹性，并与其成正比。这意味着平台必须向需求价格弹性较大的一方收取较高的价格，而对需求价格弹性较小的一方收取较低的价格，以平衡这两个比率。这似乎有悖常理。从数学上讲，这一定是正确的，否则等式将无效。就经济直觉而言，在双边市场中，平台的目的不是增加买方或卖方而是同时增加两者。由于存在跨边网络外部性，双方在使用平台的需求上是相互依赖的，平台需要通过降低价格来增加需求价格弹性较小的用户，以吸引需求价格弹性较大的用户。相互作用的价格负担因而转移到需求价格弹性较大的一边，因为它首先被需求价格弹性较小的一边锁定。

例如，如果乘客对使用Uber的需求价格弹性较大，而司机的需求价格弹性较小，那么对乘客来说，重要的不再是平台收取的价格，而是对方的司机数量。在这种情况下，乘客会比司机更渴望交互。当然，降低乘客的价格可以增加他们使用平台的需求，但这需要提高司机支付的价格，最终导致司机数量减少。由于增加司机数量有助于产生互动，降低司机的价格可以增加司机的数量，从而吸引乘客。尽管降价导致司机数量的增加幅度过小，但从司机到乘客的跨边网络效应是巨大的。这可以解释为什么Uber和Airbnb以多种方式补贴司机和房东，尤其是在平台发展的早期。提高价格弹性方的价格会导致需求减少，但这种减少可以在很大程度上被正的跨边网络外部性抵消。一旦乘客成为产生互动的关键，价格负担就会转移到司机身上，因为司机的需求会变得更有弹性。

将等式（5.9）代入等式（5.6），得到

$$P_B+P_S-c=-P_B/\eta_B=-P_S/\eta_S \tag{5.10}$$

因此有

$$P_B/\eta_B=P_S/\eta_S=P/\eta \tag{5.11}$$

方程（5.11）展示了交互的隐含价格P与之前推导的交互的需求价格弹性η的比率。方程（5.10）中的两个比率首先受到交互作用价格与交互作用需求价格弹性之比的约束，

与方程（5.11）一起表明三个需求不可能完全无弹性，即$\eta_B\neq0$、$\eta_S\neq0$和$\eta\neq0$。三个价格P_B、P_S和P与它们各自的需求价格弹性成正比，且

$$\eta=\eta_B+\eta_S \tag{5.12}$$

方程（5.12）表明，在给定交互的需求价格弹性的情况下，买方和卖方使用平台的需求价格弹性之间存在权衡。在其他条件相同的情况下，当一边的需求变得更有弹性时，另一边的需求必须降低弹性才能保持交互的需求价格弹性不变。一旦买方的需求变得更有弹性，买方被平台吸引的关键在于卖方。卖方的需求价格弹性较小，因为卖方更关心平台本身的价值，而不是与买方的互动。例如，受众对抖音的需求价格弹性较小，因为他们关注视频本身的娱乐价值，而广告商对使用抖音的需求价格弹性较大，因为他们的需求更多地取决于受众的存在。如果在不同平台之间保持从受众到广告商的跨边网络效应不变，广告商更有可能转向收取广告费用较低的另一平台。

最终，可以得到：

$$\begin{cases}P_B=\eta_B\cdot P/(\eta_B+\eta_S)=\eta_B\cdot c/(\eta_B+\eta_S+1)\\ P_S=\eta_S\cdot P/(\eta_B+\eta_S)=\eta_S\cdot c/(\eta_B+\eta_S+1)\end{cases} \tag{5.13}$$

等式（5.13）进一步表明，隐含价格是根据交互需求价格弹性中每一方的需求价格弹性的比例来分配的。最终，P_B和P_S由双方的需求价格弹性和相互作用的边际成本决定。请注意，式（5.13）中的这两个方程意味着（$\eta_B+\eta_S$）<-1，因为只要边际成本$c>0$，给定两边买方和卖方的数量，作为垄断者的平台会收取利润最大化需求价格弹性部分的交互价格。如果$\eta_B=\eta_S=1/2\eta$，买卖双方平分隐含价格，各自支付$P_B=P_S=\eta\cdot c\ /2(\eta+1)$。在这种情况下，跨边网络效应不仅是互惠的，而且是对称的。如果买方的需求更具弹性$\eta_B>\eta_S$，则价格负担将落在买方一边，并且卖方在每次互动中收取的价格低于买方的价格而得到补贴。如果卖方的需求更具弹性，$\eta_B<\eta_S$，则价格负担将落在卖方一边，买方得到补贴。根本原因在于，另一边用户产生的正的跨边网络外部性，使一边用户对使用平台的需求更具弹性。由于$\eta_B\neq0$、$\eta_S\neq0$、$\eta\neq0$，等式排除了一方承担全部价格负担而另一方全额补贴的可能性。

四、网络外部性的内部化

跨边网络外部性的存在是平台作为机构发挥作用的必要而非充分条件。如果买卖双方能够将来自跨边网络外部性的收益和/或成本内部化，平台将在市场上被否定。科斯（Ronald Coase）定理指出，如果产权定义明确且交易成本可以忽略不计，即使存在外部性，买卖双方仍然可以相互讨价还价达成一致交易，且与产权的初始分配无关（见第十二章）。在双边市场中，产权可以被解释为可以授予买方、卖方或两者平台的使用权。市场中的互动次数与谁有权使用该平台无关。如果买方对平台的使用对卖方具有正外部性，他们可以协商出卖方为诱导买方使用平台而支付给买方的外部性价格。例如，如果用户和广告商准确地知道观看抖音为广告商带来了价值1元的宣传，那么广告商可以通过支付1元来吸引用户。另外，如果用户从无广告视频中获得的收益大于或等于1元，而广告商因不做广告而造成的损失小于或等于1元，则用户可以向广告商支付1元要求广告商

不做广告。这将最终得到双方用户在社交上所期望的最佳互动次数。

但科斯式的讨价还价机制在双边市场中并不适用。第一，由于信息不对称，一方用户可能不知道他们使用平台会影响另一方的福祉,或者双方都没有意识到彼此的外部性。抖音用户通常不知道他们为广告商带来的积极外部性，从社交角度来看，他们往往没有充分利用抖音。第二，即使双方都知道存在外部性，但任何一方都很难验证和测量跨边网络外部性。例如，广告商很难知道用户是否阅读了广告，如果阅读了，是无意还是有意阅读。由于用户的观看行为是不可观察的，用户和广告商就外部性进行价格谈判并达成一致在现实中完全不可行。第三，即使可以衡量和评估外部性，广告商也会发现将各种观看条件下的外部性分配和转移到用户中是极其困难的。如果这样做的话，交易成本将是无法逾越的，并且一定会超过支付给用户的报酬。

由于科斯定理的失效，平台作为一种促进市场横向外部性交易的制度安排而出现。这与为降低交易成本而出现的中介一样。当买卖双方决定使用平台时，对他们来说重要的是平台收取的价格，而不是他们使用平台对另一边的影响。如果跨边网络外部性是积极的，并且无法获得好处，那么双边用户往往都不会充分利用该平台，从而导致所需的互动减少。如果跨边网络外部性是负面的，他们往往会过度使用平台，因为他们没有为对方的福祉承担使用的外部成本。交互隐含价格的结构反映了用户在决定是否加入平台时所忽略或无法衡量的跨边网络外部性的价值。

严格来说，尽管交易和交互有时会重叠，但平台并不协调用户之间的交易，而是协调用户之间的交互。例如，对SNS而言，重要的是用户和广告商之间互动的数量和质量，而不是用户和广告商之间就正在做广告的商品或服务进行的交易。由于用户的两边是相互依存的，平台不能简单地对一边收取垄断价格而不考虑对另一边需求的影响。在实践中，平台通常通过收取高于其本来应该收取的价格的方式在一边获利，而在另一边故意亏损。例如，微信和抖音允许个人用户免费访问其平台，同时对广告商发布广告收取高额费用。使用平台的费用完全由广告商负担，而用户则得到补贴，因为拉拢用户是吸引广告商的前提。社会最优交互数量由买方和卖方对每次交互的共同支付意愿决定，前提是他们具有完美的跨边网络外部性信息，并且可以零交易成本相互交易外部性。

第四节　共享经济平台

传统上，旅游服务是由酒店、餐馆、出租车公司或旅行社等企业提供的。近年来，在技术发展推动下特别是数字平台的出现，以及消费者越来越愿意分享资源，更愿意在旅行中寻求更真实的体验，越来越多的旅游目的地居民通过社交网络与游客分享他们所拥有的物品（如房子或汽车），或他们所做的事情，如吃饭、钓鱼或其他活动。市场需求推动了在旅游相关行业出现了众多管理该类形式的平台。住宿方面有转租私人住宅、沙发客和交换住宅的平台Airbnb、小猪短租、Homeaway、Stayz；交通方面包括拼车、叫车、分享私人停车位及共享单车平台，如Uber、滴滴、BlaBlaCar、FlightCar；餐饮方面有大众点评、饿了么或由本地居民组织的购买家常饭菜或参加晚宴等活动的EatWith、BonAppetour、Feastly；旅游方面有当地人提供导游服务和定制旅游体验的Vayable、toursby、localizedvoomago等。

根据是否存在交易，可以将共享经济分为两种模式：一是市场模式，其中参与者用商品或服务的使用权换取金钱，这与传统商业活动极为相似；二是非市场模式，即交换或共享过程中不涉及任何金钱，如在线分享音乐，这种模式更能激发用户的社区意识。随着共享经济的发展，传统的市场模式和非市场模式日益融合，走向价值交换的混合形式。这种商品或服务的共享或交换通常是通过满足需求和供应的在线平台实现的。

"共享经济"最初的含义是指"在不拥有商品的情况下，通过资源共享、交换、租赁等活动所产生的协同消费"①。共享经济的核心是共享闲置资产，基于社交工具和商业平台及真正的对等交流，居民能够相互联系，通过分享他们未充分利用的资产，获得新的经济机会和货币化收益。在存在经济交易的背景下，共享经济是指将某个实物商品或服务的消费分割成单个部分（包括不同的使用时间段），这些部分通过基于社区的在线服务或通过技术平台［B2C（business to customer，企业对消费者）或C2C（consumer to consumer，个人对个人）的形式］产生协同消费。从宏观的角度，共享经济是指利用互联网等现代信息技术整合、分享海量的分散化闲置资源，满足多样化需求的经济活动总和。

美国商务部经济与统计管理局于2016年发布的报告将Uber、Airbnb等新兴共享经济平台定义为"数字匹配公司"（digital matching firms），并认为数字匹配公司具有如下四个特征②：①通过基于Web的平台（如支持互联网设备上的移动应用程序）获得的信息技术（信息技术系统）来促进点对点交易；②依靠基于用户的评级系统进行质量控制，确保消费者和以前从未见过面的服务供应商之间的信任程度；③为通过数字匹配平台提供服务的工人提供了决定其典型工作时间的灵活性；④数字匹配公司依赖于工人使用自己的工具和资产提供服务。这类数字匹配公司主要包括以下类型。

（1）初创公司。共享经济中很大一部分创新源于初创公司。2015年，共享经济已经创造了十个所谓的"独角兽"企业，大量共享初创公司专注于金融服务、出行和旅游，其中包括Uber、Airbnb、快的打车和WeWork。

（2）老牌公司。除了初创公司外，老牌公司也在共享经济领域充当服务供应商。例如，宜家允许其客户在其网站上交换二手家具；在沃尔玛的在线平台上，消费者可以分享使用过的视频游戏。还有一种典型的模式是老牌公司与初创公司合作，如自2019年以来，传统车企扎堆涉足网约车市场。自2018年12月起，一汽红旗的"旗妙出行"、广汽集团的"如祺出行"、江淮汽车的"和行约车"，以及由一汽、东风、长安共同打造的T3出行相继推出。众创型产能共享成为大型骨干企业创新发展的重要方向，服务型产

---

① Hamari J，Sjöklint M，Ukkonen A. The sharing economy：why people participate in collaborative consumption[J]. Journal of the Association for Information Science and Technology，2016，67（9）：2047-2059.

② Telles Jr R. Digital matching firms：a new definition in the "sharing economy" space[R]. https://www.commerce.gov/sites/default/files/migrated/reports/digital-matching-firms-new-definition-sharing-economy-space.pdf，2016.

能共享日益成为生产性服务新模式，中介型产能共享则开启了“无工厂”制造模式。

（3）B2C。尽管共享经济专注于消费者之间的商品或服务交换，但在许多情况下，为消费者提供增值服务的公司对这些资源的访问是非中介的，主要原因是个人之间缺乏信任。例如，Airbnb的房东担心共享物品的损坏，通常由平台通过向房东提供保险服务中介来解决。

（4）C2C。这种模式主要体现在“协同消费”上。它侧重于服务的点对点消费，不涉及任何中介，用户通常同时承担消费者和生产者的角色。例如，在线音乐分享为其他消费者提供消费信贷（参与众筹）。又如，在知乎平台上，消费者既是提问者也可能是内容回答者。消费者和生产者之间的界限越来越模糊。

共享经济的发展不仅成为经济增长的重要新动能，也成为就业增长，尤其是新型的弹性就业、零工经济的一个重要源泉，并成为反映经济形势和就业走势的一个风向标。欧洲的一项调查显示，2016年爱尔兰和法国有三分之一的人使用共享平台；世界银行2017年的一项研究发现，10%的法国人曾经通过共享经济平台提供服务或赚取收入。即使受新冠疫情影响，我国的共享经济在2021年也表现出显著的韧性和潜力，涉及交通出行、共享住宿、知识技能、生活服务、共享医疗、共享办公、生产能力等方面（图 5.7），年营业收入达到3.69万亿元，同比增长9.2%；共享经济直接融资规模为2 137亿元，同比增长80.3%[①]。其中，共享办公空间、知识技能和生活服务领域的共享经济增长最快，交易量同比分别增长26.2%、13.2%和5.8%。2018年我国共享经济参与者人数约7.6亿人，参与提供服务者人数约7 500万人。仅2019年在滴滴平台获得收入的网约车司机达到了1 166万人，其中51.5%是进城务工人员[②]。

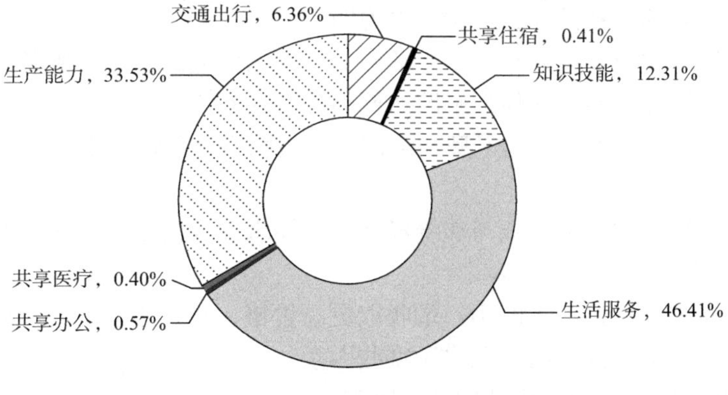

图 5.7　2022 年我国共享经济市场结构情况[③]

共享经济平台为数字技术的创新应用提供了丰富的场景，数字技术则成为共享经济

① China Daily. Sharing economy shows resilience[EB/OL]. http://www.chinadaily.com.cn/a/202202/25/WS6218305ca310cdd39bc88d76.html，2022-02-25.

② 中国质量万里行. 还有多少网约车司机在跑滴滴？最新数据出炉！[EB/OL]. https://baijiahao.baidu.com/s?id=1656414237076020842&wfr=spider&for=pc，2020-01-22.

③ 国家信息中心. 中国共享经济发展报告（2022）[R]. http://www.sic.gov.cn/archiver/SIC/UpFile/Files/Default/20220222100312334558.pdf，2022-02-22.

模式创新的重要支撑。无论是从培育经济增长新动能，推进产业转型升级，还是从满足消费者巨大的潜在需求来看，共享经济的作用远未充分释放，共享经济向各领域加速渗透融合的大趋势不会改变。数字匹配公司创新的技术和商业模式，是创造就业机会的源泉，是全球贸易和商业的推动者，也是国家和城市竞争力的关键要素。

关键词：

双边市场　two-sided markets
预期均衡　fulfilled expectations equilibrium
临界规模　critical mass
网络效应　network effects
同边网络效应　same-side network effects
跨边网络效应　cross-side network effects
网络外部性　network externality
典型的网络效应　typical network effects
延迟型跨边网络外部性　delayed cross-side network externality
渐进型跨边网络外部性　asymptotic cross-side network externality
价格结构非中性　price non-neutrality
在线旅行代理商　online travel agency
商业生态系统　business ecosystems
共享经济　sharing economy

复习与思考

1. 什么是双边市场？请举例说明双边市场的特征。
2. 如何理解平台在本质上是一种制度安排。
3. 平台与中介的区别是什么？请举例说明。
4. 什么是网络效应？请列举一些生活中具有网络效应的产品或服务。
5. 什么是网络外部性？如何理解跨边网络外部性？
6. 请分别为具有对称型、延迟型和渐进型跨边网络外部性的平台各举一例，并说明其特征。
7. 网络外部性下的需求曲线与传统经济学中需求曲线向右下方倾斜有所差异，这是否违背了需求规律？
8. 平台向需求价格弹性大的用户端收取更高价格，是否违背了经济规律？
9. 人们使用某个平台的需求取决于哪些因素？
10. 请说明双边平台的价格结构及其决定。
11. 为什么科斯定理在双边市场中不适用？
12. 共享经济是否正在使劳动力市场非正规化？
13. 列举你所知道的不同类型的平台，并分析其商业模式。
14. 本章提到，假设Uber收取每次交互的隐含价格为1元时利润最大化。如果价格的分配结构从一种（5∶5）转变到另一种（6∶4），会导致交互数量发生变化。此时，如果增加竞争性平台数量，如滴滴和高德打车平台加入，会对乘客福利产生何种影响？
15. 既然Uber的乘客和司机并不总是平分Uber平台中介的交易价格，为什么Uber的定价策略不是三级价格歧视（见第六章）？既然乘客和司机使用Uber的需求不一样，为什么双边市场不是产品差异化的例子？

16. 有些人认为艺龙旅行（elong.com）是一个平台，因为它将酒店经营者和游客联系起来，以换取酒店客房服务。艺龙旅行需要争取酒店经营者和游客同时使用其网站。越多的酒店经营者使用艺龙旅行销售酒店客房，艺龙旅行对游客的价值就越大，从而吸引游客通过艺龙旅行预订酒店，反之亦然。其他人则认为，艺龙旅行不是一个平台，而是一个通过最大化酒店分销中的转售差价来获利的中介。你如何看艺龙旅行的商业模式，为什么？

17. 招商银行发行可广泛使用的信用卡，使游客能够尽可能方便地支付酒店、航班、公共交通车票和出租车的费用。招商银行不向持卡人收取每次使用费，而是收取年费。根据信用卡类型的不同，年费可能高达数百元。为吸引持卡人，通常第一年免除300元金卡持有人的年费。另外，持卡人在使用其信用卡购物时，招商银行将对商家征收0.5%~2%不等的信用卡使用费。请解释为什么招商银行在收取附加费的同时免除年费？为什么招商银行不对其信用卡持卡人收取每次使用费？

扩展阅读：

关于双边市场价格结构与平台竞争的经典论文，可参阅Rochet和Tirole的Platform competition in two-sided markets①、Two-sided markets：a progress report②，读者可自行跟踪阅读相关的最新论文。von Richthofen和von Wangenheim的Managing service providers in the sharing economy：insights from Airbnb's host management③有助于理解共享经济服务商的管理战略。关于旅游业双边市场定价策略的综述可参见邹光勇等的《从单边市场到双边市场：旅游定价文献综述》④。关于短期住宿平台Airbnb对传统酒店企业的经济影响可参阅Zervas等的The rise of the sharing economy：estimating the impact of Airbnb on the hotel industry⑤。美国商务部发布的报告Digital matching firms：a new definition in the "sharing economy" space⑥描绘了数字匹配公司在美国的发展状况，它们对消费者和服务提供商的潜在影响及其为社会经济带来的好处和挑战。

---

① Rochet J C，Tirole J. Platform competition in two-sided markets[J]. Journal of the European Economic Association，2003，1（4）：990-1029.

② Rochet J C，Tirole J. Two-sided markets：a progress report[J]. The RAND Journal of Economics，2006，37（3）：645-667.

③ von Richthofen G，von Wangenheim F. Managing service providers in the sharing economy：insights from Airbnb's host management[J]. Journal of Business Research，2021，134：765-777.

④ 邹光勇，刘明宇，何建民. 从单边市场到双边市场：旅游定价文献综述[J]. 旅游学刊，33（2）：77-89.

⑤ Zervas G，Proserpio D，Byers J W. The rise of the sharing economy：estimating the impact of Airbnb on the hotel industry[J]. Journal of Marketing Research，2017，54（5）： 687-705.

⑥ Telles R. Digital matching firms：a new definition in the "sharing economy" space[R]. https://www.commerce.gov/sites/default/files/migrated/reports/digital-matching-firms-new-definition-sharing-economy-space.pdf，2016.

第二篇　市场竞合策略与绩效

第六章

定价策略

【导读案例】春秋航空的低价格竞争策略

春秋航空股份有限公司（简称春秋航空）成立于2004年5月，是中国首批民营航空公司之一，主打“省之于旅客，让利于旅客”的廉价航空经营理念。同一航线春秋航空的机票可能比其他航空公司低十至百元，有时甚至能“捡漏”199元乃至99元的低价机票。

初入航空运输市场的春秋航空采用渗透定价法，以一个低于市场价格的初始价格进入市场以吸引新客户。春秋航空初期大量发售1元、9元、99元、199元等一系列低价机票，迅速吸引了大量有出行需求的消费者争相购买春秋航空机票。2007年，春秋航空的全年票价平均折扣比市场平均票价约低34%，平均客座率95.03%，远远高于国内其他航空公司[①]，实现了增加市场份额和销售量的目的，在消费者心中留下了“廉价实惠”的品牌定位。当春秋航空拥有相对稳定的客群之后，两部定价、差别定价等定价方法也轮番上场。

春秋航空将航班机票与行李托运、机上餐食、礼品与纪念品等分开定价：不提供餐食、行李托运需付费；空乘还会热情地推销化妆品和奢侈品。类似其他全服务航空公司为旅客提供的免费服务也被春秋航空明码标价。在节约航班飞行成本的同时，给予旅客航运服务购买的自主权。

春秋航空还推出了“想飞就飞”省钱卡，旅客花费199元线上购买会员卡成功后可在购买日起一年内享有单次票价至少40元的购票优惠。对于经常需要出行的旅客来说，一年内至少购买5次春秋航空机票就可以抵清花费199购买会员卡的费用，而从第6次开始就会完全享有该会员卡的优惠服务。春秋航空诸如此类的优惠活动还有很多，如绿翼会员、积分兑换、学生优惠等，目的在于长久地维系企业与旅客的关系，引导旅客在出行购票时优先考虑春秋航空。

导读思考：

春秋航空主要使用了哪些定价策略？这样的定价策略与其目标市场有何关联？

---

① 陈姗姗. 春秋航空盈利7000万：廉价策略带来超高上座率［EB/OL］. https://business.sohu.com/20080312/n255654768.shtml，2008-03-12.

本章思维导图——定价策略

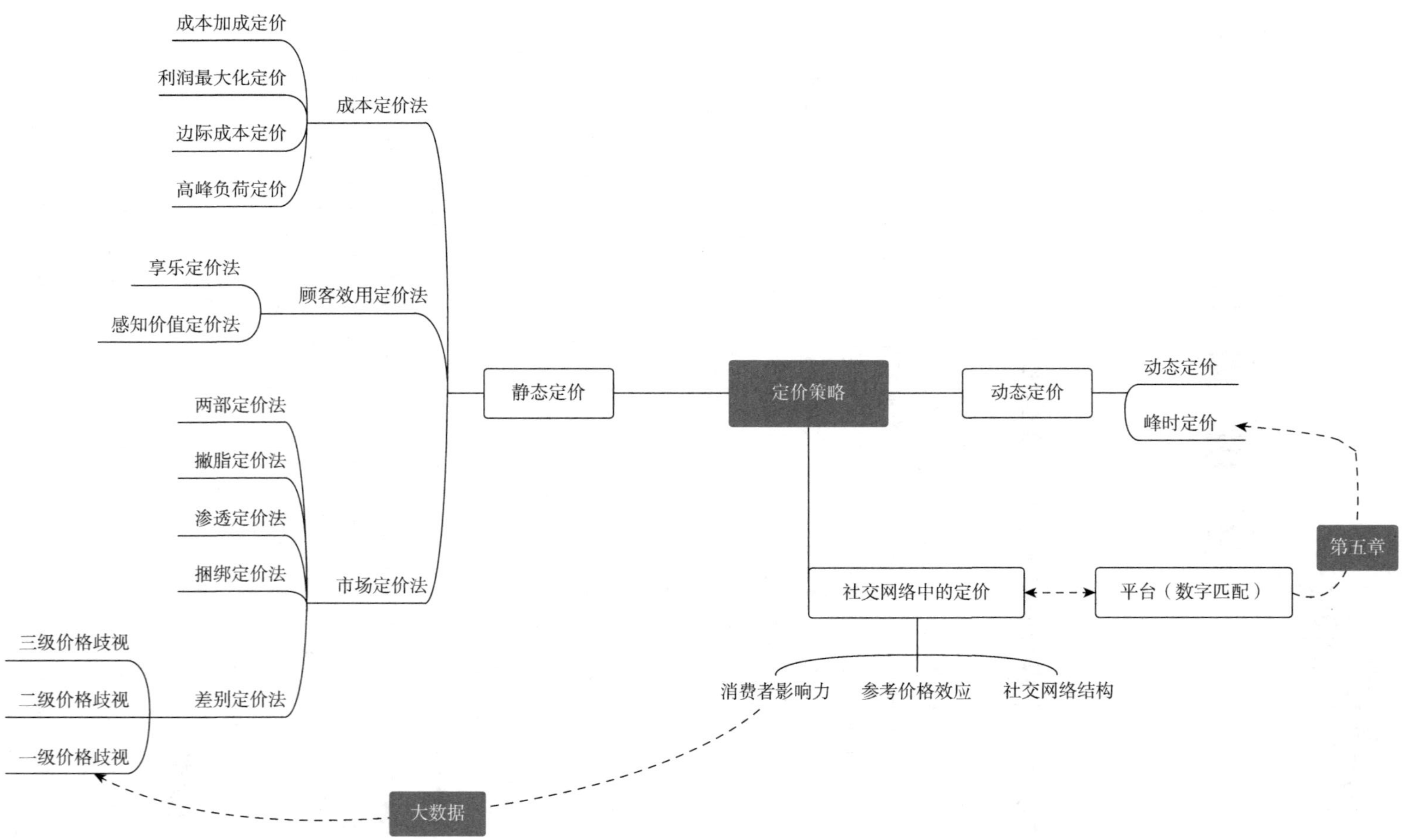
成本加成定价
利润最大化定价
边际成本定价
高峰负荷定价
成本定价法
享乐定价法
感知价值定价法
顾客效用定价法
两部定价法
撇脂定价法
渗透定价法
捆绑定价法
市场定价法
三级价格歧视
二级价格歧视
一级价格歧视
差别定价法
静态定价
定价策略
动态定价
动态定价
峰时定价
第五章
社交网络中的定价
平台（数字匹配）
消费者影响力
参考价格效应
社交网络结构
大数据

定价即确定产品价格，是企业最重要的市场竞争行为。因为价格不仅影响交易成败，也决定着企业的销量和可得利润。马克思主义价值理论认为，价值是价格的基础，价格是价值的货币表现。在完全竞争条件下，企业是市场价格的接受者，商品价格由生产商品所需的社会统一必要劳动时间决定。但这只是一种理想状态。由于产品差异化的存在，不同企业往往具有一定的市场力量。这要求企业在定价中既要考虑成本补偿（如购买生产资料）和价值量（生产产品所需的社会必要劳动时间），又要考虑消费者对价格的接受能力，从而使定价策略具有受买卖双方双向决定的特征（见第三章）。本书第一章指出，影响游客进行旅游目的地选择的主要因素之一就是目的地产品的相对价格。同时，企业定价还受制于市场结构和竞争对手价格行为的影响。这使得定价本身也成为一种企业可控制的，并且是最为灵活的市场竞争手段和工具。关于这一点，本书将在第七章予以详细说明。本章主要介绍企业在面向消费者时常用的基本的定价策略。

第一节　成本定价法

成本定价法有多种类型，包括成本加成定价（markup pricing）法、利润最大化定价法、边际成本定价（marginal cost pricing）法及高峰负荷定价（peak-load pricing）法。

一、成本加成定价法

成本加成定价法是企业根据生产、分销和销售产品的成本费用加上合理的预期利润来制定价格的方法，即价格=成本+预期利润。成本加成定价法是一种比较普遍的做法，企业首先采用作业成本（activity based cost，ABC）核算出每种产品的直接生产成本，然后定价。每单位产品的直接成本和价格之间的差额代表了固定生产成本的“贡献”。因此，这种方法也称为贡献定价法。假定某酒店投资1亿元建成200间客房，采用成本加成定价法制定产品价格。如果其加成率设定为其总投资的15%（按税后利润计算）并预期5年收回投资（不计算利息、折旧等），按照当地平均客房出租率75%计算产能利用率，可以估算出其每间客房的投资成本为365.3元。在此成本基础上加上15%的利润所得到的价格（420元）就是“标准价格”。企业可以把该标准价格作为基准，并且根据竞争环境、企业发展的长期目标和其他因素进行调整。

对于不从事商品生产的商贸零售或旅行社等中介部门，通常需要计算预期利润率（加价率）来确定待售商品的价格，如第四章介绍的中介制定的转售价差（$a-b$）就是中介的预期利润。加价率的计算公式为

$$加价率=（销售额-销售成本）/销售成本\times 100\% \tag{6.1}$$

成本加成定价法是企业根据生产成本而不是竞争或经济环境等外部因素来决定产品价格的。这种方法的优点在于稳妥，只要出单每笔都能赚钱。其缺点在于，如果差异化营销不到位，对用户统一售价，不能保证预估的销量是否很好。假如对手降价，也不

能对市场反应做出及时调整，影响产品销量。

成本加成定价法貌似简单，但难度其实深不可测。仅仅对成本的分类就包括历史成本、机会成本、制度成本、信息成本、交易成本、货币成本、全面成本等。不过，在企业会计成本核算中，这些成本都被精简为实际发生的以货币进行计量的历史成本。但历史成本不是完全成本，而且以货币计量会遗漏很多非货币成本。另外，预期利润率具有较强的主观性，其大小通常是由行业传统、管理经验、行业协会的指导方针或一些经验法则来决定的。同一家企业中不同产品的加价也会不同，并随着时间的推移，根据成本条件的变化而变化。例如，餐厅经常对酒水饮料的销售和服务采用高加价，还经常在不同种类的菜肴中，甚至同种菜肴中采用不同的加价百分比。外卖平台从免佣金到收取佣金后，同一家餐厅同质菜肴在线上和线下的售价出现了较大的价差，原因在于餐厅为了保证收益一致性（相同的预期利润率）而对线上和线下产品售价进行了相应调整。

二、利润最大化定价法

如第二章所述，追求利润最大化的旅游企业会根据边际收益等于边际成本（MR=MC）来设定相应的价格。设π为利润，Q为厂商产量，TR为厂商总收益，TC为厂商总成本，则：

$$\pi(Q)=\mathrm{TR}(Q)-\mathrm{TC}(Q)=P\times Q-\mathrm{TC} \tag{6.2}$$

利润最大化的必要条件是π对Q的一阶导数为零，而TR对Q的一阶导数就是边际收益MR（边际收益是最后增加一单位销售量所增加的收益），也就是边际成本MC。因此，当MR=MC，即边际收益等于边际成本时，利润最大。利润最大化的充分条件还要求π对Q的二阶导数为负值，它表示，利润最大化要求边际成本函数的斜率要大于边际收益函数的斜率。一般来说，在不同的市场结构中，边际成本函数的斜率为正值，而边际收益函数的斜率在完全竞争市场中为零，在不完全竞争市场中为负值。

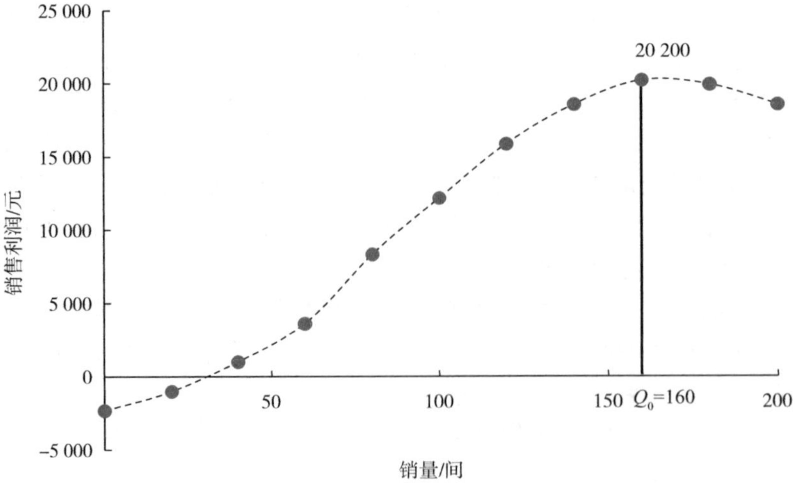

图 6.1 酒店的客房销量与其销售利润的对应关系

当厂商只生产一种产品时，它通常向所有买家收取相同的价格（统一定价）。例如，对相同类型的房间，酒店会对每位顾客收取相同的价格，只要成本被覆盖[平均收益（AR）高于平均成本（AC）]。假定某酒店的客房销量与其销售利润的对应关系如图6.1所示。当在销量Q_0=160间处达到最大化利润20 200元，则该酒店对每间客房收取的统一价格应为P_0=266.9元。

三、边际成本定价法

边际成本定价法是指厂商以变动成本（VC）作为定价基础，只要定价高于变动成本，企业就可以获得边际收益用以抵补固定成本的方法，其剩余即盈利。这一定价法也称为边际贡献定价法，计算公式为

$$P = (\mathrm{VC} + M) / Q \tag{6.3}$$

其中，VC为总的变动成本；M为边际贡献，$M = S - \mathrm{VC}$；S为预计销售收入。如果边际贡献等于或超过变动成本，企业就可以保本或盈利。边际成本定价法是将产品的价格设定为等于或高于生产一单位额外产出的额外成本的做法。它不是一种用于正常定价活动的方法，通常适用于具有“易消亡”特征的产品。

旅游住宿、景区游览、交通运输等服务类产品都具有不可储存性，如果当天产能不能销售出去，就永远不能获得收入。因此，在当天较晚（但不是“太晚”）或凌晨未售出的房间，酒店可能会降低价格销售。当企业面临产品供过于求、卖方竞争激烈的情况时，与其维持高价，导致产品滞销积压，丧失市场，不如以低价保持市场，不计固定成本，尽量维持生产（注意，在这种情况下，固定成本是沉没成本）。许多存在产能过剩或积压存货的企业，可以通过使用过剩的生产能力来赚取额外的利润。此时，企业只收取中间投入和直接人工成本的总和，而忽略与产品或服务相关的任何间接/固定成本，如租金或利息支付。在这种情况下，尽管销售额是递增的，但无法抵消企业的固定成本。旅行社在招徕或接待团队游客时，以成本价甚至低于成本价的价格在市场上开展竞争，这种不合理的低价竞争虽然可能在短期内使整个行业总收入提高，但利润率不断下降，最终削弱行业竞争力，并危害市场秩序。因此，这种方法只能用于短期的价格制定，或在特定的情况下才适用。

四、高峰负荷定价法

人们乘坐飞机旅行往往会发现，8时前和22时后进出港的航班票价较低，而9时到17时的航班票价普遍偏高，但是购买的人数并不少。观看电影的情形也类似。通常，19时左右场次的电影票价较高，观影人数也较多；而下午和22时以后的电影票价折扣较多，但观影需求也较少。这不是与需求定律相背离吗?

事实上，这种价格变化正是价格机制和市场均衡原理的体现。航空公司每趟航班的座位是固定的，而消费者的需求集中在白天的时段，供给不足与需求过剩同时出现，就会出现高价格。利用时间的差异，把支付能力强的人找出来，让他们为同一件产品或服务多付钱，航空公司就可以顺势获取更多的利润。这种利用时间差制定产品价格的方式，称为高峰负荷定价法。

高峰负荷定价法最适合于供应缺乏弹性，且消费者对某些产出的需求可能会随时间大幅度变动的情况。每年的“春运”期间，铁路、公路、民航会提高票价，广交会期间广州市酒店住宿价格会提高，还有一些景区（景点）、旅游住宿企业等在旺季收取高价而淡季则降低票价。例如，2020年黄山风景区门票价格旺季230元/张（3月1日至11月30日），淡季150元/张（当年12月1日至次年2月28日）；海南三亚的一些豪华型酒店在淡季的客房价格甚至不足春节期间的1/2。位于市中心的商务酒店的需求在工作日比周末高，周二和周三的需求也比其他工作日多，体现在价格上也一样——周一到周五的价格普遍比周末高，周二和周三的价格也比其他时间高。理发店也会利用客人消费时间的不同来进行收益管理，在顾客比较少的周二推出特价，以吸引一些顾客周二来理发，避开拥挤的周六。如此一来，周二来理发的顾客可以节约支出，理发店也可以减少周六的压力，同时还能增加周二的收入。这些都属于典型的高峰负荷定价方式。供应商完全能预测需求的增长，因而能够进行系统化的价格上调。

清理定价（clearance pricing）或清仓价也属于高峰负荷定价法。它最适合于需求状况不确定和容易贬值的产品。特别是当产品处于生命周期末期时，企业急于减少损失而不是最大化收益，此时市场中产品的清仓价格通常较低。生命周期较短的计算机等高科技产品就属于此类产品；许多超市会设置特价商品区，在产品即将临近保质期时大幅度降价，及时清理多余库存，加快资金的回收。

高峰负荷定价法也属于边际成本定价法。一方面，高峰期产量增加，边际成本也会增加，根据边际成本定价的原则，价格应该定得更高，让高峰期的消费者承担全部设施能力扩张成本，而非高峰期的消费者则不必负担任何设施能力扩张成本。另一方面，高峰期的需求更大，可能出现需求量大于供给量的状况，供应商将价格推高能抑制需求，从而使市场调整到均衡。因为高峰负荷定价法使价格接近边际成本，将使消费者剩余与生产者剩余的总额最大。在高峰期与非高峰期收取不同的价格从而可以提升整个社会资源配置的效率。

第二节 市场定价法

市场定价法是指根据当下的市场状况为商品或服务定价的过程。这有时被称为以客户为导向的定价法，因为只有客户愿意支付的价格才是有效的价格。市场定价法主要包括差别定价法、两部定价法、撇脂定价法、渗透定价法和捆绑定价法（也称搭售）。

一、差别定价法

不同顾客对于同一产品的偏好不同，对其价格的敏感性也不同。企业必须了解消费者及消费者所处的环境，并对相同或相似产品的不同购买群体或在不同场合收取不同的价格，即差别定价法。这种定价方法也被称为价格歧视（price discrimination）。它根据客户对产品或服务的支付意愿来定价，而不是以产品成本或历史价格为依据。此时，价格反映了使用价值并起到了有效传递其价值的作用。根据歧视或差别的程度，可以将价格歧视分为以下三种类型。

1. 一级价格歧视

一级价格歧视指将消费者分成不同的个体，并向每个个体收取其最大支付意愿（也称为保留价格）的方法。这种方法能够最大限度地将消费者剩余转化为生产者收入。集市上买卖双方的讨价还价就是实施一级价格歧视的例子。卖方通常会给出一个他们认为潜在买家会支付的价格，而最终价格则取决于买方讨价还价的能力。在某些旅游区，销售本地特色小吃的摊贩如果面对游客，会将价格提高，如果是本地人购买，价格通常偏低。

2020年7月，胡女士通过携程旅行App订购了某地希尔顿酒店的一间豪华湖景大床房，支付价款2 889元。但在离开酒店时，胡女士发现酒店的实际挂牌价仅为1 377.63元，订房差价达1 511.37元。作为携程旅行钻石级会员，胡女士不仅没有享受到85%的会员优惠价，反而支付了多一倍的房价。随后胡女士起诉携程旅行，诉请包括“退一赔三”，以及不同意携程旅行App采集其个人非必要信息，从而避免成为被“大数据杀熟”的对象。其后，法院开庭审理此案并认定携程旅行存在虚假宣传、价格欺诈和欺骗行为，支持原告退一赔三①。

“大数据杀熟”已经成为近年来被诟病的互联网乱象之一，引起了社会各界和监管部门的高度关注。早在2000年，消费者发现亚马逊平台上的注册用户在购买DVD（digital video disc，数字多功能光盘）时将支付比新用户更多的费用，这在当时的美国社会造成了巨大影响②。2020年8月，文化和旅游部发布《在线旅游经营服务管理暂行规定》，规定“在线旅游经营者不得滥用大数据分析等技术手段，基于旅游者消费记录、旅游偏好等设置不公平的交易条件，侵犯旅游者合法权益”。2021年2月，国务院反垄断委员会印发《国务院反垄断委员会关于平台经济领域的反垄断指南》（国反垄发〔2021〕1号），其中第十七条“差别待遇”对大数据杀熟进行了明确的法律界定，指的是“具有市场支配地位的平台经济领域经营者，可能滥用市场支配地位，无正当理由对交易条件相同的交易相对人实施差别待遇，排除、限制市场竞争。分析是否构成差别待遇，可以考虑以下因素：（一）基于大数据和算法，根据交易相对人的支付能力、消费偏好、使用习惯等，实行差异性交易价格或者其他交易条件；……”。

在市场经济中，差异化定价一般来说并不违法。但在数字经济时代，互联网企业利用收集到的用户个人信息对其进行画像，根据支付能力的不同设定不同的价格，就可能有损公平交易原则和个体的自由选择权。对此，欧盟主要从个人信息保护角度加以严格限制，其《通用数据保护条例》规定，如果没有特定的、明确的、合法的目的，企业收

① 余建华，徐少华. 浙江一女子以携程采集非必要信息“杀熟”诉请退一赔三获支持[EB/OL]. http://rmfyb.chinacourt.org/paper/html/2021-07/13/content_207319.htm，2021-07-13.

② Li Z H. Affinity-based algorithmic pricing：a dilemma for EU data protection law[J]. Computer Law & Security Review，2022，46：105705.

集了用户的数据，或者虽然用户同意但企业搜集并达成目的后未立即删除的，就属于违法行为。谷歌就曾因歧视购物搜索竞争对手而被欧洲委员会（European Commission）处以创纪录的24亿欧元罚款[①]。从国际上来看，对于涉嫌利用大数据进行不正当竞争的界定要素如下：①滥用市场支配地位；②无正当理由实施差别待遇；③利用大数据和算法的优势排除或限制市场竞争。因此，差异化定价是否构成不正当行为，还需要考虑到定价是否损害竞争。

2. 二级价格歧视

二级价格歧视也称批量定价法或销量歧视，即根据消费者购买的数量制定不同的价格。通常，消费者买得越多，价格就会越便宜。例如，《海南经济特区旅游价格管理规定》（琼价费管函〔2013〕335号）第七条第三款规定，“旅游景区景点实行无差别团体票，团体票价优惠幅度不得高于散客票价的20%”，即游客参加团队旅游，可享受不高于散客票价的20%的优惠。当然，享受优惠的是旅游者，不是旅行社或导游。有的酒店规定如果客人住宿超过两个晚上，第二晚的房价将得到5%的折扣，第三晚将得到10%的折扣，第四晚将得到半价折扣，甚至免费。这种策略不仅能给企业带来额外的利润，也是企业获得更多市场份额的有效途径。

二级价格歧视通常适用于规模经济比较突出的行业。一些以消除过剩产能为目标的市场也可能存在二级价格歧视。因为，即使只有少量客户，酒店也必须保持营业，飞机也必须飞行。在这种情况下，二级价格歧视成为企业产量管理的基础。即使航空公司或酒店没有从销售中获得收益，但能弥补成本。另外，还存在一种限量配给策略，即企业开发专门的产品服务组合，利用在不同渠道、不同时间、不同花销情况下消费者所表现出来的差异性价格承受心理和时间，进行区别定价。例如，本章导读案例中的春秋航空推出的“想飞就飞”省钱卡，以及东方航空于2020年6月推出的周末随心飞产品。许多主题公园推出的月卡、年卡等，都属于二级价格歧视。上海迪士尼度假区游客数据表明，持有上海迪士尼乐园年卡的游客平均一年游玩次数多达10次[②]，对提升重游率产生了重要作用。

实施价格歧视，基准定价非常关键。以酒店为例，其基准价也称为参照价，是指酒店提供给公共市场的除了牌价外的最高价格。这个价格通常是酒店提供的限制价最少的价格，它给予消费者最大的自由度取消或更改预订。基准价的高低体现了酒店客房的价值和档次，还反映了酒店的市场定位和形象。基准价还是其他折扣价格，如贵宾优惠价、团体折扣价、公司协议价格、网络促销价等的参照。这些价格通常会在基准价的基础上给予一定百分比或一定数值的折扣。基准价的变动直接影响到折扣价格的变动，进而影响酒店的总体收益，因此，基准价必须定得准确。

---

① 彭嘉昊，宋海涛. 算法周刊 · 案析 | 关于大数据杀熟的法律治理探析[EB/OL]. https://www.thepaper.cn/newsDetail_forward_13812852，2021-07-30.

② 中国旅游研究院. 中国旅游研究院今日发布《上海迪士尼度假区快乐旅游趋势报告》[EB/OL]. https://www.prnasia.com/story/319050-1.shtml，2021-05-19.

3. 三级价格歧视

三级价格歧视是指根据不同类型或不同组别的消费者特征来制定不同的价格。这种根据需求价格弹性将购买者划分为不同的群体并实施差别定价的方式在旅游业比比皆是。例如，为了区分休闲旅客和商务旅客的不同弹性市场，航空公司会提前一段时间制定较低的机票价格，随着飞行时间的临近，航空公司会提高价格。与提前很长时间订票的旅客相比，在航班起飞前订票的旅客更可能是商务旅客或需求价格弹性较低的休闲旅客。为了使利润最大化，航空公司可以将商务舱机票的价格定为P_b（需求缺乏弹性），将经济舱机票的价格定为P_e（需求富有价格弹性），并在两个市场之间分配供应，使得每个市场的边际收入相等。酒店也会根据房间的大小、结构及景观来调整价格。海边度假酒店会根据客房景观将房间分为海景房和山景房，并制定不同的价格。在这种情况下，酒店收取的不同价格与供应成本关系不大，而是根据可以识别的消费者特征来决定谁支付什么样的价格。

价格歧视可以增加企业总收益和利润，帮助企业减少过剩产能，并可以用来从竞争对手那里抢夺市场份额。但实施差别定价法需要一定的条件：①厂商具有价格控制能力，这意味着市场中存在垄断力量，企业必须是垄断者、寡头或垄断竞争者。②需要有技术来区分不同的顾客，并为他们提供不同的价格。大数据的出现使得这种形式的收益管理变得更加容易。③不同市场（地理位置）和时间必须能够分割开来，以防止倒卖。如果不同的消费者群体之间可以进行交易，那些收取更高价格的买家可能会向那些以较低价格购买商品的人购买，那么价格歧视就是无效的。④不同市场的需求价格弹性不同，不同的购买者愿意并且能够为同样的商品支付不同的价格。许多同质产品的全球定价，在不同国家、地区的定价是不一样的。某地的价格越高，说明该地的消费者更愿意为产品或服务的高溢价买单，这称为区隔歧视策略。例如，从广州、深圳前往乌鲁木齐的往返机票价格通常高于珠三角地区其余城市（如佛山、惠州等）机场前往乌鲁木齐的价格，原因就在于广州、深圳地区消费者支付意愿更强。⑤企业在不同市场中销售产品，必须按等边际成本原理分配销售量才能实现利润最大化。上述可见，一级价格歧视产生的利润最多，但它需要更多精准的关于消费者支付意愿的信息；二级和三级价格歧视产生的额外利润略低，但更容易实施。

价格歧视有可能使得社会总福利下降。第一，价格歧视总是和垄断相关。在完全竞争的条件下，企业是价格的接受者，因而根本谈不上价格歧视。有资格实施价格歧视的，必定是有一定垄断势力的企业。第二，价格歧视会导致消费的无效率。价格歧视的直接表现就是不同的消费者支付不同的价格。由于消费者的边际支付意愿不同，如果进行转售的话，对社会是有利的。但价格歧视的基本条件是不许转售，因此导致了无效率。第三，消费者的支出有时候完全是不必要的。为了得到更低的价格，有时需要消费者到很远的商店购买或者搜索成本很高或者排队时间很长，这对社会来说都是损失，因而也是无效率的。价格歧视也可能增进社会福利，如果实施价格歧视后产量增加，价格歧视就会提高效率，其结果取决于相对于统一价格政策，实施价格歧视的生产者剩余的收益是否大于消费者剩余的减少。如果社会总剩余增加，那么价格歧视就提高了效率。特别地，如果垄断者能够成功实施价格歧视，那么垄断对社会的无谓损失将被消除。

二、两部定价法

一些景区、主题公园或动物园通常会对其产品实行分部收费：一部分是入场费，即门票；另一部分则是按消费者使用的具体设施收费，如乘坐景区内的区间车、观光缆车、喂食动物、观看动物表演等。这种定价方法称为两部定价法。两部定价法的最优收费问题是如何设定进入费用和使用费用以最大限度地提高总体利润。

$$总利润\ \pi=门票利润\ \pi_1+设施销售利润\ \pi_2=n(P_T)\cdot(P_T-MC_T)+(P-MC)\cdot Q(n) \quad (6.4)$$

其中，P_T为门票价格；$n(P_T)$为购买门票的游客人数，它是门票价格的函数；MC_T表示景区运营成本。P和MC分别代表使用设施的价格和边际成本，使用具体设施的消费数量$Q(n)$是购买门票的游客数量n的函数。一般情况下，总有一定流量的游客愿意付费消费设施，这被称为转化率。对于正常商品，在流量转化率既定的条件下，n越大，则π_2越大；但同时，由于需求曲线向右下方倾斜，n越大意味着P_T越小，则π_1越小。因此，π_1和π_2之间存在此消彼长的关系。通常，企业需要进行反复实验，从一个既定的P值出发，找出最优的$Q(n)$，估计相应的利润，然后改变P_T，直到利润最大为止。

低成本航空公司将一些全服务航空公司的服务项目拆解后与交通位移服务分开定价的方法，也可以被认为是一种分部定价法。分部定价法有时也会遭到消费者反感。因为价格被分割支付，消费者对价格的敏感度提升；特别是当消费者感到过去支付的价格带来的是损失而非收益时，消费者满意度将受到严重影响。

三、撇脂定价法

具有明显竞争优势的企业可以采用撇脂定价（skimming pricing）策略进入市场，以便在其他竞争对手开始提供类似产品或替代产品之前获得最大的收入优势。撇脂定价法是指在面对价格更为敏感的消费者之前，先将商品以高价卖给那些愿意支付的人。例如，2021年9月，美国太空探索技术公司（SpaceX）进行了名为Inspiration 4的全平民太空旅游发射。4名太空游客被带到距离地面575千米高的轨道上环绕地球飞行，进行了为期3天的太空旅游观光。但太空之旅的高昂价格并不是所有人都能支付得起的。此前，太阳马戏团创始人盖·拉利伯特花费了3 500万美元，电子商务巨擘亚马逊创始人贝索斯花费了2 800万美元竞得太空旅程；而美国国家航空航天局开放国际空间站给私人游客的售价为5 200万美元一个席位[①]。即使是最便宜的英国维珍银河公司的太空旅行，一张90分钟的太空之旅“船票”售价也在45万美元[②]。可以预计，在相当长的一段时间里，太空旅行将远超任何地面高端旅行产品的价格。这使得Space X和英国维珍银河公司等太空探索企业能够在市场价格降低之前迅速收回成本。

---

① 袁源. 太空旅行：只是富豪的“冒险游戏”[EB/OL]. https://www.163.com/dy/article/GEO29LB70519DTSV.html，2021-07-12.

② 张静. 维珍银河再次开售太空游“船票”：45 万美元旅程约 90 分钟[EB/OL]. https://www.thepaper.cn/newsDetail_forward_16721928，2022-02-16.

在国际机场内开设的第一家免税店，或在商场内开设的第一家咖啡店，都可以在竞争对手进入之前采用撇脂定价法。撇脂定价法的应用主要看开发时间的长短，竞争者模仿能力的大小、质量和商品的时尚特性。如果人们预计到产品在未来会大幅降价，很可能会推迟购买行为。企业也不可能随着时间推移无限降价。并且，产品销售在很短的时间内出现大幅度的降价通常会引发消费者的抱怨情绪。因此，撇脂定价法的常见方式是告诉消费者，降价有时间限定。许多企业在推出新款产品后会立即下架旧款产品，目的就是要向消费者传达这样一个信号，以促使那些潜在的消费者尽早购买。此外，撇脂定价法最重要的应用就是把其产品或服务定位为一种奢侈品。和一般商品不同，奢侈品在满足人们一般需求的同时，更重要的是满足人们的炫耀性需求。这就为企业设置高价格提供了理由。

四、渗透定价法

新进入一个市场的企业为了抢占市场份额而采取渗透定价法是比较常见的。特别是当新进入者的产品与竞争对手的产品没有明显区别时，只能选择在价格上差异化。渗透定价法是指厂商以一个低于当前市场价格的初始价格进入市场以吸引新用户，一旦获得预期的市场份额后，就会提高价格的方法。这种策略基于消费者会被“特别的入门价格”吸引，或者因为价格敏感而转向新品牌。

许多新开业的经济型酒店、餐厅、健身场馆都通过渗透定价法进入市场。例如，在星巴克稳居中国咖啡市场龙头的情况下，很多消费者因便宜的价格、免费增杯、抵价券等活动而被瑞幸咖啡吸引。星巴克咖啡的售价在32~42元/杯，而瑞幸刚进入市场时的售价在16元左右一杯，加上各种新注册免费送、买二送一、买五送五等优惠，瑞幸咖啡得以成功突破星巴克的包围。2022年3月，瑞幸咖啡线下自营门店4 675家，联营门店1 905家，门店总数达到6 580家，反超了星巴克；2022年第一季度的月平均交易用户数为1 600万人，营收为24.046亿元，美国会计准则下营业利润为1 610万元[①]。同时，瑞幸咖啡的基本价格体系也调整到22~28元，但其瑰夏系列咖啡仍然定价为15元，以降低普通消费者的消费门槛。

渗透定价法与撇脂定价法的顺序刚好相反。它的目标不是增加利润，而是希望在短期内吸引那些缺乏品牌忠诚度的人购买其产品，以实现增加市场份额或销售量的目的。渗透定价法适用于商品需求弹性较大，商品生产具有一定的规模经济，弱品牌忠诚度、消费者转换成本不高的市场。但有时价格定得太低，会使卖方无法获利，甚至销售越多，亏损越大。品牌企业偶尔也会采取类似的策略，将价格定得很低，以期击败竞争对手，增加市场份额。这种针对竞争对手或潜在竞争者的低价竞争行为，被称为掠夺性定价（predatory pricing）或限制性定价（limit pricing）（见第七章）。

五、捆绑定价法/搭售

将两种或两种以上的产品以单一价格组合成一个“套餐”是旅游业和酒店业的一种

① 司宣. 瑞幸咖啡公布2022年第二季度财报[EB/OL]. http://www.jjckb.cn/2022-08/09/c_1310650891.htm，2022-08-09.

常见策略。旅行社包价旅游产品（机票、住宿和地面交通等的组合）和麦当劳快餐店提供的“超值套餐”（汉堡+饮料和薯条）是典型的例子。在捆绑定价中，顾客购买产品组合比购买一个个单独定价的产品更加方便，这对买卖双方都有好处。

在捆绑定价法中，旅游产品可以被看作其固有属性或特征的总和。为了确定捆绑产品的价格，可以将产品分解成其组成特征，并对每个特征的贡献价值进行估计，与每个特征相关联的价值可以帮助确定未绑定商品的单独价格，或者确定绑定商品的总体价格。有两种主要类型的捆绑销售。

1. 纯搭配

在纯搭配捆绑销售中，只允许消费者购买捆绑产品，而不允许购买单个部件。例如，旅行社的全包价旅游产品、地中海俱乐部全包度假酒店和邮轮旅游提供的都是“要么接受，要么放弃”的全包套餐。这是一种获取更多消费者剩余的尝试，限制了消费者的选择。为了成功地使用这种定价策略，企业必须创造超过消费者预期价值的捆绑旅游产品。

2. 混合搭配

在混合搭配捆绑销售中，企业通常提供包含核心产品和附加服务或功能的捆绑销售，同时独立销售非核心产品，如OTA推出的“机票+酒店”的半包价产品等。餐馆也通常为顾客提供混合搭配捆绑套餐，并允许顾客适度选择，这使餐馆能够捕捉来自不同菜单不同部分的预订价格差异很大的顾客的消费者剩余。传统上，航空公司销售的机票价格通常包括机上餐饮、娱乐、座位分配和托运行李等，但随着低成本航空公司的出现，这类非核心服务将被征收额外的费用。并且，这些费用在航空公司收入中占有相当大的比例。现在流行的私人定制，实质是为那些肯为品牌溢价买单的顾客提供的个性化混搭。

第三节　顾客效用定价法

以成本或市场定价是根据因果逻辑关系进行决策，根据顾客效用定价则突破了这样的思维范式。产品或服务的价格可以被认为是卖方认为对买方的价值。许多企业奉行以顾客效用为基础的定价策略，将买家的感知价值（效用）而非供给成本作为定价的关键。这其实是一种换位思考，是从消费者的角度来思考问题的。顾客效用定价法跳出了商品本身的质量、成本、规格、品牌的现实层面，更多是展现一种社会精神层面的追求，其出售的是一种对特定顾客的价值。它更多地挖掘消费者的心理需求，关注消费者购买体验、使用感受、售后服务等，更加人性化地开展商业活动，更符合后现代消费的特征。这种定价方法特别适合休闲旅游等具有体验性质的产品或服务。

一、感知价值定价法

从顾客效用出发确定的产品价格反映了消费者从产品中获得的全部利益或满足，也称为基于价值的定价法（value-based pricing）。根据消费者对产品的感知价值和支付价格的感知痛苦，可以将消费者分为四种类型（图6.2）。

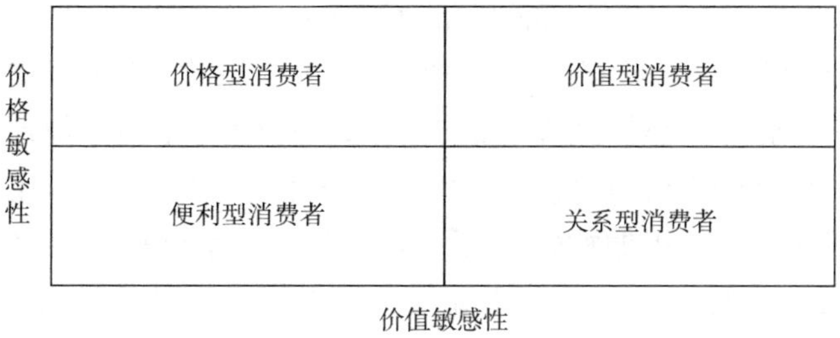

图 6.2 价格—价值型消费者分类

（1）价格型消费者。这类消费者对于产品价格很敏感，对产品质量要求不高，一般不做性能利益权衡，通常采取标准化采购方式。他们属于“追求低价者”，如购买低价机票、喜欢打折商品等。不过这类消费者也会因购买的商品品类不同而调整其行为。

（2）关系型消费者。消费者对某一品牌有强烈偏好，推崇产品质量和性能，对价格不敏感，价格只是评估质量的工具。他们极少考虑替代品牌，很少受到广告影响，交易过程更要求人性化，要求价格和质量组合要独特，以显示和传递产品的无形价值。

（3）价值型消费者。消费者既关注支付的价格，也关注所得到的价值，会花费时间和精力评估商品，愿意为较高的价值支付高价格，追求性价比，强调性能和价值。

（4）便利型消费者。消费者不会花时间评估产品，不关注品牌差异，也不关注价格，一般在情况紧急或者开支较小时采取这样的行为，包括购买便宜的旅游纪念品等。

大多数企业在定价时会忽视价值，而以消费者在不了解价格产生的原因时的支付意愿为基础确定价格，这样会丧失主动影响消费者感知以增加企业的利润和提高消费者满意度的机会。买卖双方信息不对称，使得生产者可以根据消费者对于产品的感知价值和支付意愿制定价格。特别是随着收入的提高和物质生产的极大丰富，产品的功能、品牌、价格已经不再是竞争力的核心。商品的情感属性、精神属性的重要性日益显著，并成为消费者买单和获取高溢价的原因。

顾客效用定价法可以引导消费者把产品的关注点从商品功能本身转向体验，能让消费者心甘情愿地付出高溢价。例如，星巴克咖啡的口味和性价比并不是定价的关键，其价值升华来自借助环境氛围所塑造的综合体验。同样，对于许多现代奢华酒店，其提供的优质住宿服务并非主要的价值来源，而是融艺术、环境、时尚、生活于一体，为消费者提供丰富的享乐、审美、社交等极致体验。产品的享乐属性而非功利属性成为其较高价格的来源。

二、享乐定价法

旅游吸引物具有多属性和多价值资源，由于消费者偏好和生活方式的变化及游客环境意识提高，旅游业与环境日益“融合”意味着越来越多的旅游产品价格无法使用常规的方法来评估，因为旅游体验没有既定的市场属性或资源。旅行的主要动机是享受，并且与功利主义者相比，游客更容易感知旅游产品的享乐属性，因此享乐定价法（hedonic pricing，HP）被广泛用于旅游目的地环境资源价值评估及豪华酒店定价。

旅游产品的基本享乐定价模型可以表达为

$$\ln P_i = a + bX_{ij} + \mu_i \tag{6.5}$$

其中，$\ln P_i$为特定旅游产品i的价格的自然对数；X_{ij}为与旅游产品相关的属性j的向量[①]；a为截距；μ_i为随机误差项。P_i对每个特征j的偏导数$\partial P_i / \partial X_{ij}$指边际隐含价格$b$，代表消费者对旅游产品特定属性的支付意愿。享乐定价法旨在解开各种属性对隐性价格的影响。通常，产品的积极属性有望提振整体价格，相应地，负面属性将施加价格下行压力[②]。

享乐定价法的一个特点是广泛使用虚拟变量来衡量产品的价格属性。可以用转换e^{b-1}给出虚拟变量的估计效果，即货币价格可以通过将e^{b-1}乘以样本因变量的平均水平值来获得。所得价格既可以是预测价格也可以与观察到的价格进行比较，以揭示旅游产品价格是否明显过高或过低。由于环境可能对旅游产品价格有很大的影响，目的地公共属性，如环境卫生、气候和宜人的环境、文化和体育设施、餐厅、码头、拥挤、自然环境等对于价格都具有显著的积极影响（见第一章）。通过享乐定价法可以反映出哪些属性对游客最重要，帮助确定那些可以增强旅游目的地或旅游企业经济回报的项目。享乐定价法还能够对非市场产品或服务特征进行价格估算。旅游企业经营者或旅游目的地将这些信息用于经营和目的地管理，可以提高旅游业的竞争力。

除了产品属性对整体产品价格的影响，顾客的偏好与需求波动也共同影响价格。一个提供免费停车位的酒店，其价格可以比同类酒店上涨8.5%[③]。宜人的环境、酒店房间配备露台或阳台等属性也会成为价格溢价的决定因素。无论进行投资决策还是日常管理，企业的管理者都要懂得市场定价的机制。产品的交换价值是消费者最佳可选方案的价格（参考价值）加上该产品区别于其他产品的价值（差异价值）。如果价值的专注点是商品本身，性价比不可避免会成为定价的关键因素，这必然会加大市场竞争，并大幅削弱利润空间。

总体看，成本定价法、市场定价法、顾客效用定价法三种传统市场定价方法都属于静态定价法。当不同顾客群体的价格差异不能反映成本差异时，属于差别定价法；当不同顾客群体的价格差异反映成本差异时，则属于成本定价法。在成本定价法中，若组成部分均以市场价格确定成本，消除冗余和浪费的成本，同时增加遗漏的非货币成本，将利润率确定到细分市场的平均利润率水平，成本定价法就无限接近市场定价法了。

成本定价法更多适用于以价格作为主要竞争手段的市场环境，价格策略没有最低只有更低，其结果是将市场厮杀成一片“红海”。顾客效用定价法属于具有独特产品的市场

---

① 本书向量、矩阵等字母均用白体表示。

② Falk M. A hedonic price model for ski lift tickets[J]. Tourism Management，2008，29：1172-1184.

③ Espinet J M，Saez M，Coenders G，et al. Effect on prices of the attributes of holiday hotels：a hedonic price approach[J]. Tourism Economics，2003，9：165-177.

策略，一般而言该产品不容易被替代，市场竞争不激烈，顾客的转换成本高，其效用也很难用普通的衡量标准描述。

市场定价法位于二者的中间，应用范围最广。需要注意的是，三种定价方法并非对立排斥。以市场定价法为基准应对现在竞争，以顾客效用定价法面向未来，根据企业的战略确定二者的影响权重，制定企业的价格机制，最后将成本定价法作为参考，这是最佳的定价方案。

第四节 动态定价策略

动态定价法是指企业根据市场需求和自身供应能力，以不同的价格将同一产品适时地销售给不同的消费者或不同的细分市场，以实现收益最大化的策略。它实际上是利用消费/生产前一段时间的市场需求和信息作为一种反馈机制来及时调整价格的行为。旅游产品供给具有“时间点产品”特性，附着于严格的时间维度上。这一特性使得旅游供给Q_s对于价格p和销售（或购买）时点与消费时点之间的时间段t同时具有高度敏感性。设$Q_s = F(p，t)$，则$p = f(t，Q_s)$。对t求导，可得旅游收益Y：

$$Y=\iint Q_t\left[\frac{f}{t}+\frac{f}{Q_s}\cdot\frac{\mathrm{d}Q_s}{\mathrm{d}t}+\frac{f}{Q_s}+\frac{f}{t}\cdot\frac{\mathrm{d}Q_s}{\mathrm{d}t}\right]\mathrm{d}t\mathrm{d}Q_s \tag{6.6}$$

其中，$\frac{f}{t}$表示在某个固定销售数量上，由时间段的变动引起的价格变动情况，即价格瞬时变化速度；$\frac{f}{Q_s}$表示在某个固定的销售时点上，由供给数量变动引起的价格变动；$\frac{\mathrm{d}Q_s}{\mathrm{d}t}$表示时间段变动引起的数量变动，可定义为时点销售率；$\frac{f}{Q_s}\cdot\frac{\mathrm{d}Q_s}{\mathrm{d}t}$表示价格—供给数量弹性，其倒数即该旅游要素的需求价格弹性。

式（6.6）表明，在其他条件不变的情况下，时间是决定旅游供应商“收益管理”绩效的根本性变量。它具有两方面含义：①时期时间t。也就是购买时点与消费时点之间的时间段，这是决定旅游要素价格的重要变量。许多度假型游客会提前半年购买往返目的地的机票，目的就是获得较多的价格优惠。越临近起飞时间，价格越接近全价。②时点时间t。旅游要素在不同时点上具有不同价格，这是旅游要素与物质产品在价格上存在的重要区别。由于存在供给刚性，也无存货可用，在某个时点搜索量或预订数量越大，机票价格越高，直至达到价格的上限。因此，旅游供应商“收益管理”是一个围绕时间不断变动的过程。旅游供应商必须围绕产品的销售数量、销售时段、价格瞬时变化速度、产品平均价格、即时销售率及需求价格弹性进行价格管理，以制定出不同时点的销售价格策略，实现产品及服务价格的最大化。

在大数据算法支持下，出现了一种新的动态定价方式——激增定价法或称峰时定价

（surge pricing）法。在这种定价方式中，价格会根据消费者在特定时间对产品或服务的需求及供应的短缺程度而变化。例如，在用车高峰期或者异常天气的情况下，网约车平台经常面临司机数量少，乘客打不到车的问题。要解决供需不平衡，要么增加供给，要么减少需求。为了解决这个问题，网约车平台通常会提高用户使用价格，或请用户主动加价以优先调度车辆。这样做一方面可以过滤一部分需求，很多对价格敏感的乘客将转而选择其他交通工具；另一方面，也可以激励司机在高峰时段提供更多服务，也就是增加供给量。

如图6.3所示，在一般情况下网约车市场需求D_0和供给S_0在$E_0(P_0,Q_0)$处达到均衡。在用车高峰期，需求曲线从D_0右移至D_h，如果没有飙升的价格，司机不愿意提供服务，会造成（Q_h–Q_0）的供应短缺。短缺越严重，乘客等待司机应答和到达的时间越长。乘客等待应答和等待车辆的时间不仅反映了供应短缺的规模，也是反映消费者福利的指标。当网约车平台观察到需求激增从而将价格从P_0提升至P_1时，供给曲线将从S_0移动到S_h。价格提高一方面会阻止乘客提出用车请求，需求量从Q_h减少到Q_1，另一方面又会激励司机接受请求。最终，需求与供应在E_h点再次达到市场均衡。在没有涨价的情况下，需求完成率最高为Q_0/Q_h，漫长的等待时间将使乘客、司机或两者都失去可能的交易，降低市场效率。涨价后，乘客的需求量等于供给量，可以实现100%的完成率，乘客等待时间最小化。例如，对美国的研究表明，在用车高峰期，如果允许Uber提升价格，则乘客的平均等待时间为3.5分钟，而在没有飙升价格的情况下，乘客等待时间将延长为8分钟[①]。

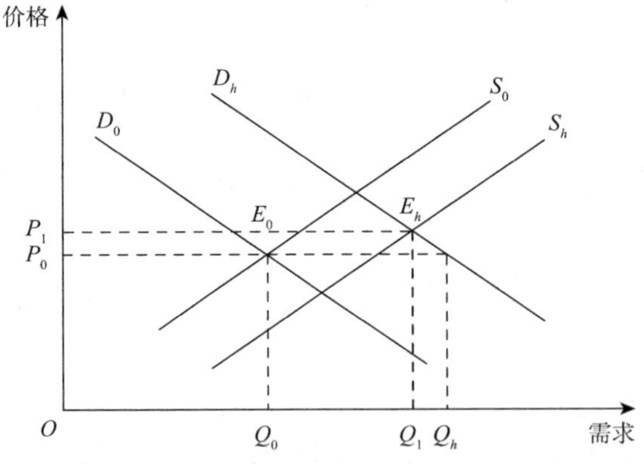

图 6.3　峰时定价模型及其均衡

动态定价法的原理是通过制定灵活的价格以影响供求关系。价格本质上是一种信号，它引导自利的市场参与者，即供给方和需求方，按照市场的供求规律行事。在这种情况下，不应轻易地将峰时定价认定为数字平台对市场价格的操纵。相反，这是平台在供应方面对需求瞬时冲击的敏捷反应。事实上，正是由于大数据技术，价格信号不仅可以在市场上更有效地传播，而且像Uber这样的平台还可以利用这些信息在特定时间和地点对特定市场参与者进行匹配。乘客和司机在Uber的应用程序上可以立即观察到市场变

① Jiao J. Investigating Uber price surges during a special event in Austin，TX[J]. Research in Transportation Business & Management，2018，29（12）：101-107.

化，因此可以充分释放价格机制在自由市场中分配稀缺资源的力量，使得亚当·斯密所比喻的“看不见的手”变得可见。不过，由于峰时定价法的不可预测性和缺乏透明度，仍然会给市场监管者带来挑战。

企业实施动态定价策略的前提是要准确地掌握不同细分市场消费者的支付意愿，并且还需要及时向消费者传达价格变化。随着网络经济的兴起，人工智能、大数据等技术的应用使得供需双方为达到平衡点而做出的价格调整更加快捷。这使得峰时定价已经成为数字驱动的新经济特征之一。如果行业是充分竞争的，即使每家企业都采用动态定价法，消费者也可以在多家平台提供的不同价格的产品或服务中进行选择（即进行比价）。企业竞争力最终仍然取决于企业提供的产品或服务的质量。

第五节 社交网络定价

在标准的价格理论模型中，厂商在给定的异质性消费者偏好下决定价格，最优的定价策略是对缺乏弹性的消费者定高价，对富有弹性的消费者定低价。这种定价原则的隐含假定是，消费者的决策是彼此孤立的。朋友、邻居、同事对消费者的购买行为完全没有影响。本书第一章已经指出，在奢侈品消费、网络游戏、通信网络选择，特别是对于一些具有社交属性的产品或服务的选择，如社交网络工具等场景中，普遍存在消费网络外部性——消费者的效用不仅取决于自己消费的数量，还取决于身边其他人的消费数量[①]。Stackla公司在2017年的一项调查发现，57%的千禧一代在看到朋友在社交媒体上发布的图片或视频后会计划跟随旅行[②]。

一、社交网络中的最优定价

社交网络中的最优定价策略始于网络游戏的研究。研究者发现，网络中的纳什均衡（Nash equilibrium）行动与每个参与者的博纳西克中心性（Bonacich centrality）成正比，且双头垄断情况下的均衡价格表现出很强的网络依赖性。因此，网络效应在决定社交网络中的定价策略方面起着至关重要的作用。

在存在正网络外部性条件下，企业对每个消费者的最优定价是其在消费者网络中的位置的函数[③]。在可以实施价格歧视的情况下，最优价格由三部分组成：除了传统垄断

---

① Fainmesser I P, Galeotti A. Pricing network effects: competition[J]. American Economic Journal: Microeconomics, 2020, 12（3）: 1-32.

② Chambers E. Stackla survey finds authenticity drives brand affinity and consumer-created content influences purchases[EB/OL]. https://www.businesswire.com/news/home/20171109005375/en/Stackla-Survey-Finds-Authenticity-Drives-Brand-Affinity, 2017-11-09.

③ Candogan O, Bimpikis K, Ozdaglar A. Optimal pricing in networks with externalities[J]. Operations Research, 2012, 60（4）: 883-905.

厂商定价理论指出的固定成本常数项和边际成本加成部分，还包含网络外部性带来的价格折扣项。该项的大小与用博纳西克中心性衡量的消费者网络中的位置密切相关。微信、推特、Facebook等在线社交网络的迅猛发展，使得企业可以更加容易地收集到或购买关于消费者社会影响力的详细信息。一旦企业能够获得这些信息，它就可以为不同的消费者设定不同的价格，以利用网络效应使其成为企业制定定价策略的重要因素。

例如，在推广新产品或服务时，企业往往采取推荐返现的形式，根据现有消费者推荐进入网络的新消费者数量，给予现有消费者现金或折扣，即使不知道现有消费者的影响力水平。Klout公司利用开发的Perks Program，通过收集社交平台的数据，可以估计消费者的社会影响力并给予评分。根据Klout公司的评分，一些公司（如在线零售商）可以向不同的消费者提供不同的优惠券或折扣，以进行区别定价。Klout公司因此在一年内获得了2 000个新企业合作伙伴[①]。这种基于消费者社会影响的价格歧视在营销实践中引起了广泛关注，不仅在实践中存在争议，而且在理论上存在争议。

二、参考价格效应

在网络定价中，向消费者收取的最优价格不仅取决于消费者在网络中的位置，还取决于网络效应和参考价格效应之间的平衡。参考价格主要有三个概念[②]：第一个概念也是最常见的概念，将参考价格描述为基于消费者先前遇到的价格记忆和当前购买环境而形成的价格预期；第二个概念将参考价格定义为规范的（应该的）预期价格，即卖方收取的“公平”、“合理”或“公正”的价格；第三个概念将参考价格描述为“基于愿望”——由社会群体中的其他消费者为相同或类似产品支付的价格。

社会比较理论认为，个人会将他们的经历或成就（如价格和薪水）与社会群体中其他人的经历或成就进行比较。因此消费者的购买决定不仅基于他们需要支付的价格，还基于社交网络中的关联行为。消费者不仅关注所属群体的消费水平，同时也注意群体成员对同一产品所支付的价格，这就是参考价格效应。具体来说，当企业想要在社交网络上推广产品时，管理者应该考虑不同消费者的相对价格。企业在推广新产品或服务时，通常会向有影响力的消费者提供相对较低或零的价格，这可以增加有影响力的消费者的消费，进而利用网络效应吸引更多的其他消费者购买该产品。

网络结构对企业定价策略和利润也有显著影响。是否实施价格歧视在很大程度上取决于网络结构[②]：在星形网络中，参考价格效应在某些情况下对总利润有负面影响，这是因为当参考价格高于向消费者收取的价格时，会对消费者的效用产生负面影响，从而减少需求。在实践中，企业可以利用网络效应来增加利润。例如，在网络游戏或旅游直播中，企业可以通过增加交互的流畅度来增加网络效应。在双向网络中，参考价格效应总是有利于企业。这意味着在实践中，如果管理者想利用参考价格效应来增加利润，就应该降低星形网络中的价格透明度，并增加双向网络中的价格透明度。在星形网络中，

---

① Cole S. Klout：where did it go wrong？[EB/OL]. https://econsultancy.com/klout-where-did-it-go-wrong/，2018-05-14.

② Duan Y，Feng Y. Optimal pricing in social networks considering reference price effect[J]. Journal of Retailing and Consumer Services，2021，61：102527.

管理者也可以考虑实施价格歧视以获得更高的利润；而在双向网络中，由于价格歧视不会显著增加利润，考虑到价格歧视的成本，实施价格歧视可能并不值得。在星形网络中，当参考价格效应的强度高于网络效应的强度时，具有高度影响力的消费者将始终获得最优惠的价格。在网络时代，了解消费者网络结构的知识对于企业制定有竞争力的价格至关重要。

关键词：

成本加成定价　markup pricing
作业成本　activity based cost
利润最大化　profit maximization
边际成本定价　marginal cost pricing
变动成本　variable cost
固定成本　fixed cost
沉没成本　sunk cost
高峰负荷定价　peak-load pricing
清理定价　clearance pricing
价格歧视　price discrimination
保留价格　reservation pricing
两部定价　two-part pricing
撇脂定价　skimming pricing
渗透定价　penetration pricing
捆绑定价　bundling pricing
基于价值的定价　value-based pricing
享乐定价　hedonic pricing
动态定价　dynamic pricing
博纳西克中心性　Bonacich centrality
峰时定价　surge pricing

复习与思考

1. 如何理解价格和价值之间的关系？
2. 企业在决定其价格时需要重点考虑哪些因素？请举例说明。
3. 什么时候边际成本定价可获得利润最大化？
4. 在本章所述所有定价策略中，哪一种定价方法需要收集的关于顾客支付意愿的信息最少？哪一种最多？
5. 评述各类定价策略的优缺点。
6. 仅仅因为新奇性就可以解释太空旅行的高位定价吗？
7. 峰时定价法是否属于价格歧视？
8. 企业实施差别定价法所需的条件有哪些？
9. 价格歧视是否会增进社会福利？举例说明。
10. 峰时定价是平台对市场价格的操纵吗？为什么？
11. 航空公司根据飞机的飞行范围和容量，使用不同类型的飞机在不同的航线上运营。某航空公司使用波音737-700型（128个座位）飞机服务区域型目的地；使用空客A320neo（194个座位）飞行国内省会城市航线，使用空客A340-600（297个座位）飞行国际航线。在航空业中，通常使用单位可用座位里程的成本（cost per avalilable seat kilometer，CASK）来衡量航空公司的运营效率，计算方法为航空公司的总运营成本除以航线上的可用座位里程数，无论其是否被占用。假如具有128个座位的波音737-700型飞机飞行100英里可产生12 800个可用座位里程。请解释航空公司部署上述三种类型飞机的理由。

12. 星巴克通常为其销售的饮料提供多种尺寸的容器。以拿铁咖啡为例，2022年星巴克新春咖啡价格为中杯27元（Tall杯型，354毫升），大杯30元（Grande杯型，437毫升），超大杯33元（Ventil杯型，591毫升）。请分析星巴克的定价策略。

13. 在第12题中，假设星巴克使用三种尺寸的容器将咖啡消费者分为三个细分市场，从而实施三级价格歧视。假设消费者只要购买一杯咖啡，无论大小，都可以获得相同数量的非功能性效用。星巴克咖啡的需求价格弹性是多少？

14. 消费者在不同的时间段使用网约车从*A*地打车到*B*地所需费用不同。如果10时出发，网约车价格在31~35元，如果选择8时出发，网约车价格在30~44元。请分析这一定价策略并与按里程收费的出租车相比较其定价方式的差异。

15. 高峰负荷定价法与峰时定价法有何不同？

16. 淘宝网店家会不时发放产品优惠券，也会在产品包装中附上卡片，给那些填写评价的消费者发放红包，这里使用了什么定价方法？

17. 创始之初的拼多多在毫无用户基础的情况下利用微信巨大的用户流量，通过单品拼团模式了解和匹配用户需求，让广大用户参与到低价拼团的活动中，在拼团享受价格优惠的模式下，用户会积极向熟人介绍和分享产品，激发更多的低成本流量，实现用户数的指数式增长，从而迅速获取大量用户。拼团用户之间相互传播和推荐的行为可以被视为“分布式人工智能”，在这个算法设计过程中，优化的重点不是购物、点击，更重要的是消费者看到这件商品时的心理和行为。请分析拼多多的定价策略。

18. 某度假型酒店将其顾客分为普通顾客、银卡会员、金卡会员，并制定如表1所示的价格。请分析其定价策略。

表1　酒店制定的价格　　单位：元

房型	普通顾客	银卡会员	金卡会员	周末价（周五、周六）
标双（园景）	418	398	368	788
标双（海景）	498	458	418	818
商务度假套房	888	818	788	988
海洋主题套房	1 688	1 488	1 268	1 998

19. 2021年9月1日，北京环球影城宣布，指定单日门票将采用四级票价结构，推出淡季日门票、平季日门票、旺季日门票和特定日门票。其中，第一档淡季日门票价格为418元；第二档平季日门票价格为528元；第三档旺季日门票价格为638元；第四档特定日门票价格为748元。此外，北京环球度假区还提供90天滚动价格日历，以方便游客提前规划行程。北京欢乐谷也根据游玩时间制定了不同的年卡价格策略。国内另外一个大型主题度假区——上海迪士尼，也从2020年6月6日起，将门票调整为四级票价结构，分别为常规日、特别常规日、高峰日和特别高峰日。请分析主题公园的这一定价策略。

扩展阅读：

将商品定价为0会增加其内在价值。2013年，为了庆祝迪拜成功获得2020年世界博览会的举办权，阿联酋宣布为每个人免费提供一勺冰淇淋，人们为了领取冰淇淋而不惜排队等待数小时。这种对获得免费物品的非理性冲动被称为零价格效应（zero price effect，ZPE）。在零价格效应作用下，当商品价格降至零时，需求将爆发式增长。原因是人们以社交心态而不是交易心态看待免费事物，导致人们对零价格商品的估值高于正常水平。这种效应对于享乐主义产品（如旅游）来说比功利主义产品更明显，因为情感在享乐主义产品的购买决策中的作用会更强。要了解零价格效应的潜在来源，以及免费对消费者决策的影响，可以阅读Shampanier等的Zero as a special price：the true value of free products①。关于如何运用零价格效应吸引游客，可参阅Nicolau和Sellers的The free breakfast effect：an experimental approach to the zero price model in tourism②，以及Zhang等的Zero price effect on hotel demand：evidence from a discrete choice experiment③，这两篇文献采用实验研究法讨论了酒店提供免费早餐或免费住宿一晚对于消费者选择酒店的影响。在现代经济中，免费的东西是有隐性成本的。作为消费者，我们应如何突破自身的价值感知困境，可以阅读Segran的It’s time to stop spending billions on cheap conference swag④，以帮助我们在社会规范和市场规范之间找到平衡。

---

① Shampanier K，Mazar N，Ariely D. Zero as a special price: the true value of free products[J]. Marketing Science，2007，26（6）：742-757.

② Nicolau J L，Sellers R. The free breakfast effect：an experimental approach to the zero price model in tourism[J]. Journal of travel research：The International Association of Travel Research and Marketing Professionals，2012，51（3）：243-249.

③ Zhang X，Grisolía J M，Lane T D T. Zero price effect on hotel demand：evidence from a discrete choice experiment[J]. Tourism Management，2023，96：104692.

④ Segran E. It’s time to stop spending billions on cheap conference swag[EB/OL]. https://www.fastcompany.com/90260185/its-time-to-stop-spending-billions-on-cheap-conference-swag，2018-11-02.

第七章

市场结构、市场博弈与市场绩效

【导读案例】OFO 与 Mobike 的价格博弈

OFO 与 Mobike（摩拜）都是国内的共享单车企业。2014 年，基于移动支付的无桩共享单车在我国各大城市登陆。2015 年 1 月，Mobike、OFO 相继成立，并得到资本青睐，规模快速拓展。至 2017 年 10 月，OFO 与 Mobike 合计占有 90%以上的市场份额，成为共享单车市场双寡头。

OFO 与 Mobike 的共享单车除颜色区别之外，并未形成强烈的品牌或产品差异。大多数共享单车用户手机上会同时安装 OFO 与 Mobike 的应用程序，在有骑行需求时通常进行实时比价，选价低者得之，因此价格成为消费者在 OFO 和 Mobike 单车之间进行决策的重要变量，也是 OFO 与 Mobike 单车之间近乎唯一的产品差异。

由于低价厂商将占据所有市场，整个共享单车市场转变成"all or nothing"的价格博弈。无节制地投放单车和广告，甚至推出"1 元月卡"的优惠活动，这些都导致 OFO 与 Mobike 两家企业利润越来越低，陷入低价竞争的囚徒困境之中。2017 年 5 月，高昂的人力成本和维护费使 OFO 资金开始入不敷出，高层决定挪用用户押金。3 个月后，因为 OFO 的财务问题，融资未能成功，OFO 遭遇资金链断裂危机。2018 年下半年，OFO 深陷 40 亿元的用户押金泥潭，由此退出市场[①]。同时，Mobike 也面临高损坏率、高运营成本和低收入困境。据报道，截至 2017 年 12 月，Mobike 持有现金 37.52 亿元，欠供应商 10 亿元，挪用用户押金 60 亿元；2018 年，Mobike 被美团以 37 亿美元收购[②]。自此，OFO 和 Mobike 退出市场。

导读思考：

为什么 OFO 和 Mobike 采取降价方式占领市场？有什么方案可以解决共享单车市场降价竞争的恶性循环？

---

① 腾讯网. 深度解析 OFO 的成与败！[EB/OL]. https://new.qq.com/rain/a/20210506A0BQSH00，2021-05-06.

② 腾讯财经. 一文读懂：美团 37 亿美元全资收购摩拜！背后的精彩与图谋[EB/OL]. https://finance.qq.com/a/20180404/011424.htm，2018-04-04.

本章思维导图——市场结构、市场博弈与市场绩效

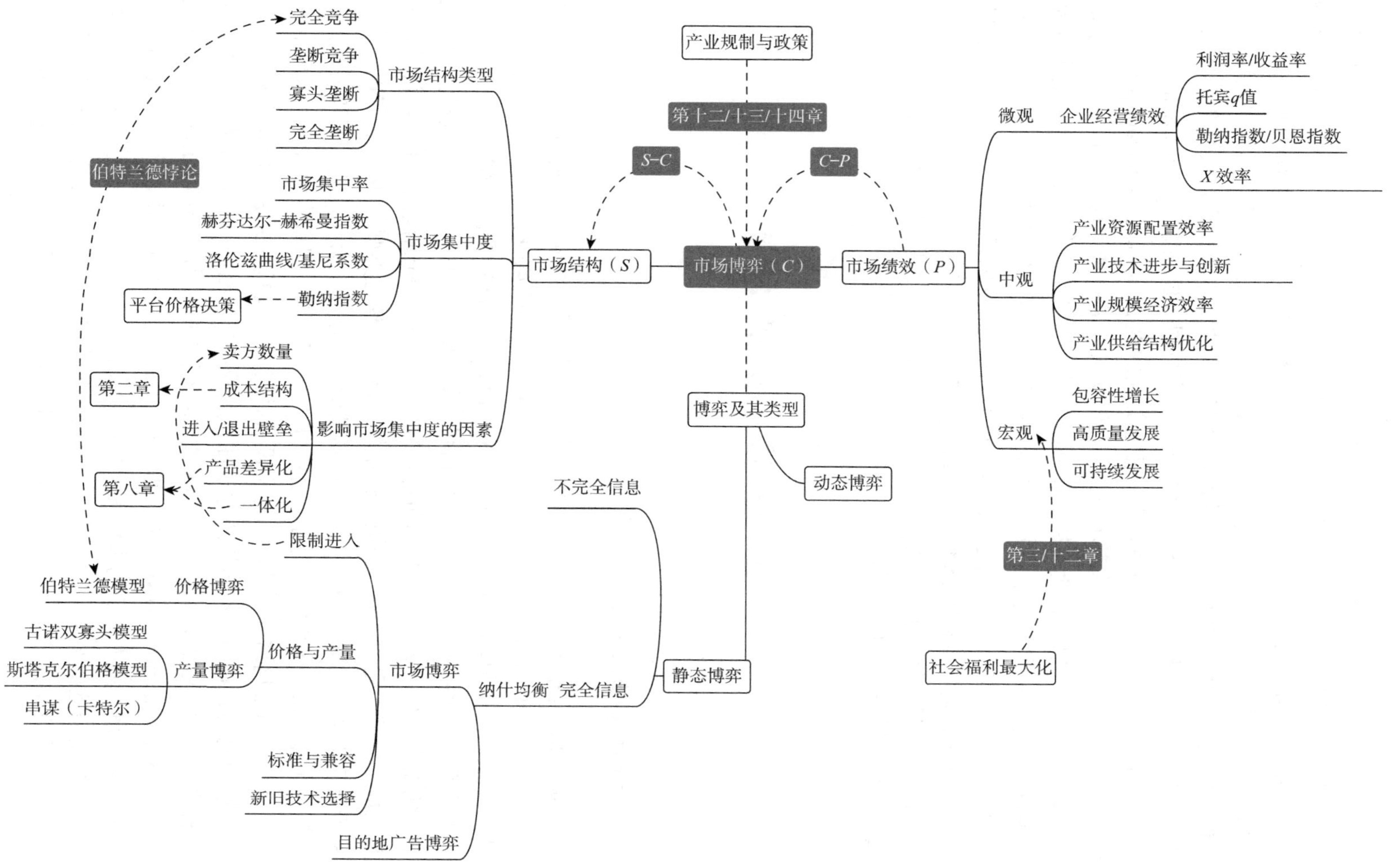

在中国式现代化进程中，需要着力发展社会生产力，使之达到并超过资本主义国家的水平。加快建设现代化经济体系是推进中国式现代化的重要内容，也是中国式现代化的重要体现。这包括：提高企业经济活力，提升全要素生产率（total factors' productivity，TFP），提高供给体系的质量及其适应性和灵活性，推动经济实现质的有效提升和量的合理增长，同时确保在经济发展过程中实现人与自然和谐共生和全体人民共同富裕。企业是经济活动的主体，微观主体企业的活动和行为决定了市场运行及社会最终取得的经济成果。20世纪30年代，美国哈佛大学经济学家贝恩（Bain）和谢勒（Scherer）等提出了市场结构、市场行为与市场绩效之间相互关联的SCP（structure-conduct-performance，结构–行为–绩效）模型。该模型认为，市场结构决定着企业如何为其产品或服务制定价格和决定其供应量，以及企业为拓展业务而采用的战略性竞争策略。这些企业行为进而又决定着市场上的产品质量、价格、产量、社会所取得的技术进步、资源配置效率及社会福利状况，即市场绩效。反过来，通过对市场运行的效果和状态的分析，可以判断出微观主体的行为规范性和活跃度、市场机制的有效性及市场运行效果是否合乎社会期望，以便进行针对性的宏观调控和政策引导，更好地解放和发展社会生产力，推动经济高质量发展和建设竞争有序的现代化经济体系。

第一节 市场结构

一、市场结构的类型

市场结构是指市场主体之间的内在联系及其特征。根据行业内生产者数量的多少和产品的差别化程度，可以将市场结构分为完全竞争、垄断竞争、寡头垄断和完全垄断四种类型。在四种市场结构类型中，竞争程度依次降低，资源配置效率依次递减。竞争是商品生产者或交换者之间进行经济实力较量和利益争夺的一种关系。它使市场经济规律的内在强制成为对商品生产者的外在强制而得到贯彻，因而竞争机制被视为市场经济条件下经济进步的最大动因。完全竞争往往被看作市场经济的“理想类型”。因为它实现了最优的资源配置效率（见第三章）。在完全竞争市场结构下，市场上有无数的卖家和买家，产品基本同质，企业是市场价格的接受者，会获得“正常利润”，可以自由进入或退出市场。

完全垄断市场结构下的产品通常没有替代品。垄断者决定产量和价格，因而垄断产品价格会比具有相同成本结构的竞争性行业的产品价格高。许多自然和人文景观通常没有替代品，如列入联合国教育、科学及文化组织（United Nations Educational, Scientific and Cultural Organization，UNESCO）世界遗产目录的自然和文化遗产（埃及的金字塔，柬埔寨的吴哥窟，澳大利亚的大堡礁，中国的长城、九寨沟、张家界、黄山等）因其独特性往往被视为近似垄断产品。在不考虑景区公共属性的情况下，进入世界遗产名录意味着旅游目的地拥有提高价格以增加利润的机会。如果某条交通运输线只有唯一的许可运营商，或者景区内唯一的商店，或者某家旅游企业可以设置强有力的壁垒阻止潜在竞争者进入市场，那么它们都在某个市场范围内享有垄断地位。

垄断竞争市场中买卖双方数量较多，产品相似但略有不同。由于产品差别化的存在，每个企业对所收取的价格有部分控制权。企业进入或退出的门槛较低。旅游业中绝大多数企业都属于中小规模企业，这些企业缺乏门槛或壁垒来阻止竞争者进入市场。对于处于垄断竞争市场中的旅游企业，保持领先于竞争对手的差异化是至关重要的（见第八章）。但是由于旅游产品创新具有易于被模仿的特征，从长远来看，这些旅游企业的利润将会减少，直到赚取“正常利润”为止。

在寡头垄断市场中也会存在许多高度差异化的小企业，但市场主要受少数几家大企业控制。典型案例如航空运输市场、邮轮旅游市场等。虽然存在产品或核心利益同质化的情况，但由于服务产品的易变性，旅游寡头通常倾向提供较强差异化的产品或服务，以保持自身的市场势力，对产品价格实施有一定的控制权，因此潜在进入者进入寡头垄断市场时会遇到相对较强的阻力和较高的壁垒。寡头企业在确定市场产量和价格时是相互依赖的，企业定价和产出决策及获得的绩效（利润、市场份额、效率等回报）部分取决于竞争对手的产出和定价决策（见本章第二节）。考虑到决策过程中的风险和不确定性，在寡头垄断市场占主导地位的企业倾向通过一体化策略（合并和收购）或勾结共谋（这是非法的）来减少竞争（见第八章）。

表7.1总结了四种市场结构的特征，并提供了一些实例。每一种市场结构都支配着其中的旅游企业的潜在营利能力、市场份额和效率，提高或限制了旅游企业产生利润、增加市场份额和实现效率的能力。现实中，市场结构是从完全竞争到完全垄断一系列过渡的市场状态；旅游市场通常处于寡头垄断和垄断竞争地带。旅游企业可以根据自身市场占有率大小判断自己所处的市场地位。因此，旅游市场中的企业在定价和产出方面既表现出产品的差异性，又表现出相互依存关系。

表 7.1　四种市场结构的特征与实例

特征	完全竞争	垄断竞争	寡头垄断	完全垄断
厂商数量	数量众多	一定数量	市场供应由少数几家大企业控制	市场仅有唯一的供应商
产品差异化	产品同质	销售相似但略有不同的产品	产品可能是无差异的，但在实践中往往存在一些差异	产品没有替代品
定价能力	企业是价格接受者，以市场价格出售其产品	企业对所收取的价格有部分控制权——受差异化程度影响	企业在确定市场产量和价格时是相互依赖的；企业对产品价格实施有一定的控制权	垄断者决定市场产量和价格
进入与退出壁垒	没有进入或退出障碍	企业进入或退出的门槛较低	进入壁垒相对较高	高进入壁垒
市场信息	信息完备，无政府干预	信息不完备	信息不完备	信息不完备
市场价格	P=MC=MR	P>MC=MR	如果寡头企业的竞争策略是价格而不是产量，那么，寡头博弈均衡与完全竞争市场均衡相同	MR=MC
举例	街头小贩	酒店、民宿、旅行社	航空业、游轮业	高铁

二、市场结构的衡量

使用恰当的工具与方法来描述和衡量市场结构的状况，了解产业内的企业之间是一种什么样的关系结构，对于企业制定竞争策略及政府制定产业政策都是非常重要的。市场集中度是市场中部分或所有厂商的市场表现的函数，可以反映企业的规模分布，因而常被用于衡量市场结构的状况。常见的市场集中度计量指标有市场集中率（market concentration rate）（CR_n）、赫芬达尔-赫希曼指数（Herfindahl-Hirschman index，HHI）、洛仑兹曲线（Lorenz curve）、基尼系数（Gini coefficient）、勒纳指数（Lerner index）等。其中市场集中率（CR_n）与赫芬达尔-赫希曼指数（HHI）两个指标经常被运用在反垄断经济分析之中。

（一）市场集中率

市场集中率以产业（行业）内规模最大的前n家企业的相关指标X（如销售额、利润额、职工人数、资产总额等）占整个产业（行业）的份额来表示产业（行业）的集中程度，其计算公式为

$$CR_n = \sum_{i=1}^{n} X_i \Big/ \sum_{i=1}^{N} X_i \qquad (7.1)$$

图7.1展示了中美两国主要航空集团按运输总周转量计算的市场占有率情况。经过计算，2019年中国前四大民航集团市场占有率之和，即CR_4=84.9%，市场集中率非常高；美国民航业前四大航空集团市场集中率CR_4=74%，略低于中国。但是，从首位度来看，美国西部航空的市场占有率为38%，高于中国排名第一的中国南方航空（占比25.2%）。这反映出市场集中率CR_n指标的一个局限性，即其难以反映市场规模是否存在不平均分布情况。

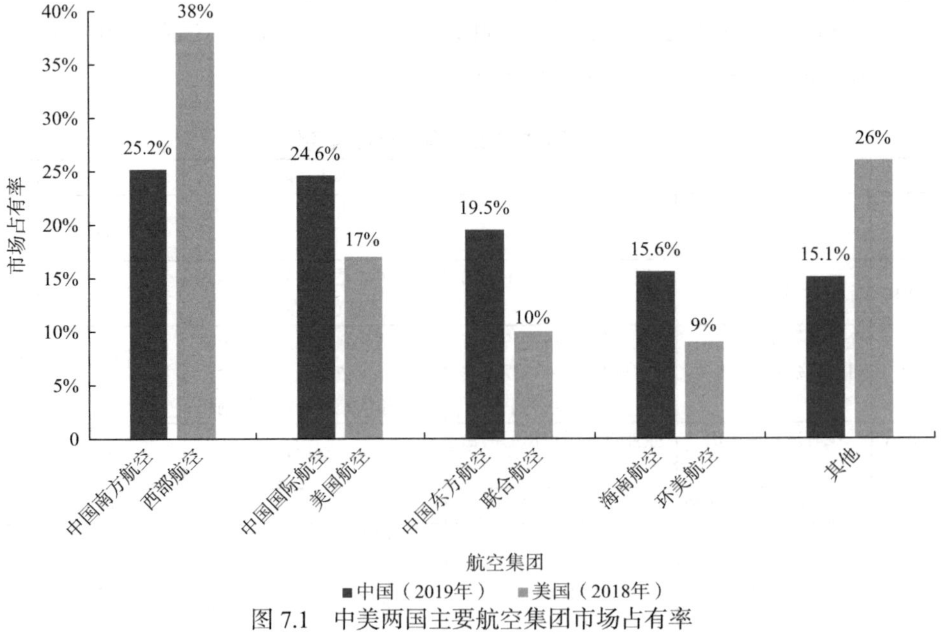

图 7.1 中美两国主要航空集团市场占有率

中国数据来自：中国民用航空局. 2019 年民航行业发展统计公报[EB/OL]. http://www.gov.cn/xinwen/2020-06/13/5519220/files/c5cf239470c64d7fb5cde4626ba9b37e.pdf，2020-06-13；美国数据来自：Schonland A. US airline industry fleet concentration[EB/OL]. https://airinsight.com/us-airline-industry-fleet-concentration/，2018-09-13

（二）赫芬达尔–赫希曼指数

赫芬达尔–赫希曼指数（HHI）的计算公式为

$$\mathrm{HHI}=\sum_{i=1}^{n}\left(\frac{X_i}{X}\right)^2=\sum_{i=1}^{n}S_i^2 \tag{7.2}$$

其中，X表示产业市场总规模；X_i表示产业中第i位企业的规模；S_i表示产业中第i位企业的市场占有率；n表示产业内的企业总数。HHI越大，表明市场集中度越高。当市场为完全垄断市场时，HHI=1；当市场中有许多规模相同的企业时，HHI=1/n；当市场为完全竞争市场时，n趋向无穷大，HHI趋向0。HHI值通常较小，实际使用中习惯乘以10 000（即去除百分号的平方）加以使用，因此有0≤HHI≤10 000。

根据美国商会公布的相关数据，美国总体经济和制造业市场集中度自2007年以来一直在下降，总体经济平均CR_4从2007年的36.9%下降到2017年的35.2%，下降了1.7个百分点；制造业的平均HHI从2007年的8 210点下降到2017年的6 190点，下降了2 020点①。表7.2展示了美国经济学家贝恩对产业集中度的划分标准。按照这一标准，2017年美国制造业平均HHI为6 190，属于竞争I型，竞争激烈；零售业CR_4=35.5%，体育运动服装器材行业CR_4=42.9%，属于垄断竞争市场；但出租车服务业的市场集中度呈爆炸式增长，从2002年的17.6%增长到2017年的77.2%，产量增长超过650%。美国出租车服务业的市场集中度的大幅增加主要发生在2012~2017年，原因在于网约车平台的出现："UberX"于2012年7月推出，其竞争对手Lyft于2012年8月进入美国市场。网约车服务的出现颠覆了传统出租车公司的地方性垄断，与之相关的市场集中度大幅增加。过去认为，高水平的市场集中度是美国经济的一个持久的结构性特征，但随着时间的推移可以发现，集中度较高的行业往往变得不那么集中，而集中度较低的行业往往变得更加集中。从长期来看，市场集中度水平显示出明显的均值反转趋势。

表 7.2 市场集中度的划分标准

美国经济学家贝恩分类标准	CR_4值	CR_8值	日本经济学家植草益分类标准	HHI 值
寡占Ⅰ型	$CR_4 \geqslant 85\%$	—	高位寡头垄断Ⅰ型	HHI ≥ 3 000
寡占Ⅱ型	$75\% \leqslant CR_4 < 85\%$	$CR_8 \geqslant 85\%$	高位寡头垄断Ⅱ型	1 800 ≤ HHI < 3 000
寡占Ⅲ型	$50\% \leqslant CR_4 < 75\%$	$75\% \leqslant CR_8 < 85\%$	低位寡头垄断Ⅰ型	1 400 ≤ HHI < 1 800
寡占Ⅳ型	$35\% \leqslant CR_4 < 50\%$	$45\% \leqslant CR_8 < 75\%$	低位寡头垄断Ⅱ型	1 000 ≤ HHI < 1 400
寡占Ⅴ型	$30\% \leqslant CR_4 < 35\%$	$40\% \leqslant CR_8 < 45\%$	竞争Ⅰ型	500 ≤ HHI < 1 000
竞争型	$CR_4 < 30\%$	$CR_8 < 40\%$	竞争Ⅱ型	HHI < 500

资料来源：Bain J S. Relation of profit rate to industry concentration：American manufacturing，1936–1940[J]. Quarterly Journal of Economics，1951，65，293-324；Uekusa M. Effects of the deconcentration measures in Japan[J]. Antitrust Bull，1977，22（3）：687-715

① U. S. Chamber of Commerce. Industrial Concentration in the United States：2002-2017[EB/OL]. https://www.uschamber.com/finance/antitrust/industrial-concentration-in-the-united-states-2002-2017，2022-03-09.

（三）洛仑兹曲线和基尼系数

洛仑兹曲线反映的是市场占有率与市场中从小企业到大企业数量的累计百分比之间的关系，反映企业的销售额占市场总体规模的分布情况。如图7.2所示，横轴是按规模从最小企业到最大企业数量的累计百分比，纵轴是企业市场份额（收入、利润或销量）的累计百分比。图7.2中，45°线（虚线）为企业规模分布的绝对平均线，即市场是一个完全平均分布的结构，也称为均等分布线。向右下方弯曲的灰色曲线即洛伦兹曲线。它通常位于45°线和90°线（右侧黑色直角线）之间，说明市场上厂商规模分布有所差异。洛伦兹曲线越接近90° 线，厂商规模分布的差异就越大。当洛伦兹曲线与90°线重合时，说明市场规模分布绝对不平均，存在独家垄断。

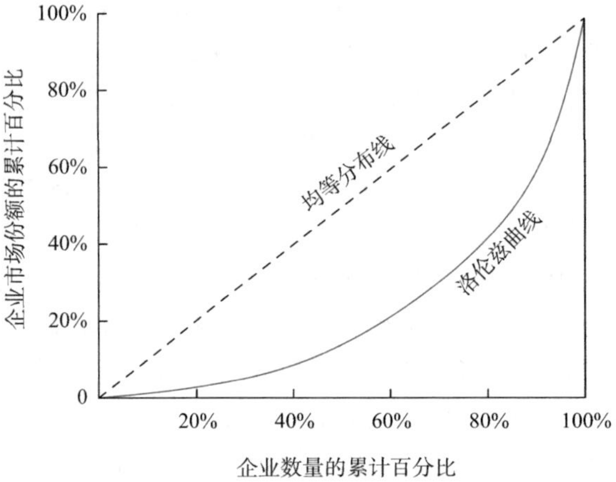

图 7.2　反映企业规模分布的洛仑兹曲线

基尼系数是依据洛仑兹曲线计算出的衡量企业发展规模不平衡程度的比例数值，可用以下表达式计算：

$$基尼系数=\frac{均等分布线与洛伦兹曲线围成的面积}{均等分布线以下的三角形面积} \quad (7.3)$$

当洛伦兹曲线与均等分布线重合，即所有企业规模完全相等时，基尼系数为0，当市场存在独家垄断时，基尼系数=1，因此基尼系数是一个在0~1之间变动的数值。基尼系数越大，企业规模分布越不均等。值得注意的是，如果市场上存在少数几个寡头企业规模相同时，洛伦兹曲线与均等分布线重合。使用基尼系数无法反映出这种寡头垄断市场结构的规模分布情况，此时还需要结合其他指标进行分析。

以上几种衡量市场集中度的指标都属于相对指标。其中，CR_n指标计算简便，但难以充分反映企业规模分布的差异。例如，当CR_4=60%时，既可能存在4家规模最大的企业各占15%的情况，也可能存在规模最大的企业占据30%，而其余3家企业仅占10%的情形，这两类市场结构的分布是完全不相同的。图7.1中，中美两国前四大民航集团市场占有率尽管接近，但企业规模分布差异明显。HHI能更真实地反映市场中企业之间规模的差距大小，并在一定程度上反映企业支配力的变化。按照图7.1计算，中美两国航空业HHI

分别为2 092和2 590，说明美国航空业市场集中度更高。这是由于HHI根据企业自身规模赋予其权重。企业规模越大被赋予的权重越高，因此，HHI能够特别灵敏地反映规模较大的前几家企业的市场份额比重的变化。

（四）勒纳指数

勒纳指数是一种以垄断势力为基础的计算市场结构的方法。计算勒纳指数无须掌握每一家企业的市场销售资料，可以减轻数据资料的收集压力。勒纳指数计算公式为

$$L=(P-\mathrm{MC})/P=-1/e_d \tag{7.4}$$

其中，e_d为产品的需求价格弹性。勒纳指数遵循一个简单的定价原则，即成本加成定价法（见第六章），因此勒纳指数又称作价格加成指数。价格加成的幅度取决于该产品的需求价格弹性。勒纳指数的范围为0~1。需求弹性越大，市场越具有竞争性，勒纳指数趋近于0，市场集中度越低；反之，需求弹性越小，市场集中度越高。在完全竞争市场条件下，所有厂商利润为0，因此，L=0；在垄断条件下，垄断厂商利润最大时有MR=MC，而MR=P (1+1/e_d)。因此，勒纳指数反映了价格偏离边际成本的程度，在缺乏资料的情况下可以作为垄断势力的度量。

一般而言，市场集中度越高，市场支配势力越大，竞争程度越低。因此，企业的市场份额通常反映了它在市场上的地位高低和市场支配能力的强弱。企业的市场份额越大，利润率越高，这正是现实中许多企业追求扩张的原因所在。正是通过这种对市场集中度的测量及与市场势力的关系分析，人们才得以区分出不同的市场结构。然而，市场集中度并不表示市场的可竞争性程度。对于集中是否有利的判断需要考虑市场集中度的来源。如果集中来自技术变革导致规模回报率增加和无形资本深化，以及生产率更高的企业扩张，此时市场集中度将保持稳定增加，但市场可竞争并有进入或退出的自由。如果集中来自经济租金和竞争壁垒提高的影响，则是一种糟糕的市场集中度，将降低市场的可竞争性。

三、影响市场集中度的因素

影响旅游市场集中度的因素主要包括市场中企业数量、产品差异化程度、成本结构、进入/退出壁垒、企业一体化程度和多元化程度等，这些影响因素之间都是相互依赖的。其中，市场中企业的数量和相对规模是影响市场集中度的重要指标。通过产品差异化，每个企业都可以为自己开拓并保持一个利基市场，在一个竞争激烈的市场中增加自己的市场力量。一体化允许较大的企业通过合并和收购获得和巩固市场份额，从而影响市场内企业的数量和规模（产品差异化和企业一体化等策略将在第八章进行探讨）。成本结构是指企业发生的固定成本和可变成本的种类和相对比例。通常，如果一个行业的经营需要较高的固定成本比例，则很可能出现规模经济导致的寡头或垄断市场结构（见第十二章）。

经济学的"进入"，是指在某产业内出现新的供应商（企业）。从企业创立角度，可以将进入分为全新创立进入、收购和内部发展（多元化）三种；从技术的角度，可以将进入分为模仿进入和创新进入两种。进入壁垒是指与潜在的进入者相比，市场中现有企业所享有的优势，也可以理解为新厂商比老厂商多承担的成本。退出壁垒则是指企业在退出某个行业市场时所遇到的阻碍。

进入壁垒对在位企业有利。它可以让在位企业持久地维持高于竞争水平的价格，保护自己的收入和利润不受新进入企业的侵蚀。进入壁垒可以是结构性的，也可以是战略性的。结构性壁垒与成本和需求等基本行业条件有关，如规模经济壁垒、必要资本量壁垒、知识和技术壁垒等，而与在位企业采取的战术行动无关。战略性壁垒则是由市场上的在位企业故意设立或加强的，通常是为了阻止其他企业进入，包括通过广告建立品牌来形成产品差别化壁垒，通过增加转换成本培养消费者的忠诚度，打造供应商和客户的网络和联盟（供应链管理），以及过度生产能力投资等。特别是考虑到旅游作为一种"体验品"的性质（见第四章），在位企业的声誉将成为潜在企业面临的强大进入障碍。此外，政府的政策法律制度也会对行业进入或退出形成壁垒。

以航空业为例，航空业具有高投资、高风险、资本回收周期长等特点。高昂的启动成本可能会阻止新的竞争对手进入，因其将面临巨额的投入成本。如果进入者最终离开市场，这些成本可能无法收回，这将抑制潜在竞争者进入该行业的积极性。因为存在规模经济，所以在位企业的低生产成本使得航空公司可以采用限制性（或掠夺性）定价策略低价销售机票，这种成本优势将使潜在进入者难以获得市场份额。此外，航空业还面临着航权限制与票价管制等政策法律制度壁垒。特别是航班时刻、航线经营权是航空公司特有的资源，如果没有进入某一机场的航班时刻或航权，哪怕是实力再雄厚的企业也无法进入，更遑论与在位航空公司进行价格竞争。与高进入壁垒相对应，航空业同样面临着很高的退出壁垒，主要表现为资产专用性高所带来的沉没成本、解雇劳动力安置成本及制度限制等。

进入壁垒可以让在位企业持续获得价格溢价的能力。根据市场上行业平均利润率水平可以识别或判断出某个行业进入壁垒的高低[①]：①高进入壁垒产业，指当市场价格高于平均成本10%甚至以上时，新企业仍难以进入的产业；②较高进入壁垒产业，指当市场价格比平均成本高6%~8%时，新企业仍难以进入的产业；③中等和低进入壁垒产业，指当市场价格高于平均成本4%以下时，新企业难以进入的产业。

进入壁垒对社会福利具有双重效应。一方面，进入壁垒的高低与市场上垄断力量的大小相关联。高进入壁垒将限制潜在进入者进入，从而将减少市场中的企业数量，提高这一行业的市场集中度并增强该行业内大企业的市场权力，易于生成垄断性的市场结构，其结果将减少社会总福利。另一方面，进入壁垒的存在具有正面作用。一定程度的进入壁垒可以提高资源的配置效率，可以增加规模回报率，推动生产率更高的企业扩张。

---

① Bain J S. Barriers to New Competition[M]. Cambridge：Harvard University Press，1956.

第二节　市场博弈

一、博弈及其分类

博弈是一种日常现象，指的是一些相互依赖、相互影响的决策行为及其结果的组合。无论是家庭出游决策、旅游企业定价还是旅游目的地的营销推广，都涉及博弈问题。博弈论（game theory），又译为对策论，是研究决策主体的行为发生直接相互作用时的决策及这种决策的均衡问题。博弈论使用严谨的数学模型研究冲突对抗条件下最优决策问题，在经济学、金融学、管理学、国际政治、生态学等领域得到广泛应用。20世纪90年代中期以来，博弈论领域的经济学家已经6次获得经济学诺贝尔奖，足见其在经济学领域的重要性。

博弈一般由参与人、行动空间、信息集（information set）、策略、收益和均衡等要素组成。参与人又称局中人，指博弈中选择行动以最大化自身利益的决策主体。局中人既可以是个体，也可以是团体，包括企业、目的地、政府、国家等。行动空间是指参与人的各种决策，如企业的产量、价格或广告。策略又称为战略，指参与人选择其行为的规制，即参与人应该在什么条件下选择什么样的行动，以保证自身利益最大化。在静态博弈中，由于参与人只有单次博弈，其策略就等同于行动；而在动态博弈中，策略是参与人在各个阶段的行动的全面计划。信息集，指参与人所掌握的对其决策有影响的所有知识和信息的总和。收益是指参与人从博弈中获得的结果，它是所有参与人策略或行为的函数，是每个参与人的核心利益所在。在重复博弈之中，参与人关心的是整个博弈的总得益而非单次博弈的得益，其总得益是所有阶段博弈得益的贴现值之和。均衡是指所有参与人的最优策略或行动的组合。上述要素中，参与人、行动空间、收益属于博弈规则，博弈分析的目的就是使用博弈规则来决定均衡。

从不同的角度可以将博弈分为不同类型。根据参与人的多少，可将博弈分为两人博弈或多人博弈；根据参与人是否合作，可将博弈分为合作博弈或非合作博弈；根据博弈结果的不同，可将博弈分为零和博弈（zero-sum game）、常和博弈（constant-sum game）及变和博弈。在零和博弈中，不管博弈各方如何进行决策，所有参与人的得益之和都为零。这意味着一方的赢必然伴随着另一方的输，因此博弈双方不存在合作的可能性。在常和博弈中，各博弈方的得益之和等于一个非零的常数。如果各方得益之和为负值，称为负和博弈；如果各方得益之和为正值，称为正和博弈。变和博弈意味着在不同策略组合下各博弈方的得益之和是不同的。倘若博弈各方之间相互配合，则可能争取到总得益和个人得益均较大的理想结局；反之，则总得益和个人得益均较小。从行动的先后次序来分，博弈又可以分为静态博弈与动态博弈。静态博弈是指在博弈中，参与人同时选择行动或虽非同时行动但后行动者并不知道前行动者采取了什么具体行动。动态博弈指的是参与人的行动有先后顺序，且后行动者能够观察到先行动者所选择的行动的博弈。从博弈主体获得的信息差异来分，博弈可分为完全信息博弈和不完全信息（incomplete information）博弈。完全信息博弈指的是每一个参与人对所有其他参与人的特征、策略及收益函数都有准确完备的知识；否则就是不完全信息博弈。

博弈可以用不同的方式来表达。N个参与人的博弈的标准表达式（normal form representation）为$G=\{N;S_1,S_2,\cdots,S_N;u_i,u_2,\cdots,u_N\}$。其中，$S_i$和$u_i$分别表示参与人$i$的策略和收益。对于有限数量参与人的有限次数的博弈（有限博弈），可用博弈树来表示。对于两个参与人有限行动选择的博弈，通常用支付矩阵表来表示。图7.3表达了A、B两个目的地在不同情形下开展广告竞争的支付矩阵。其中包括三个要素，即参与人的集合（A地和B地）；行动集合（做广告和不做广告）与支付矩阵（图7.3中的单元格代表的收益组合）。

B地 / A地	做广告	不做广告
做广告	3，3	6，2
不做广告	2，6	5，5

（a）情形1

B地 / A地	做广告	不做广告
做广告	6，6	8，2
不做广告	2，8	5，5

（b）情形2

图 7.3 目的地广告博弈的支付矩阵①

二、目的地广告博弈与占优策略均衡

如图7.3所示，假定提供同质旅游度假产品的A、B两个目的地都想开发某客源地市场，由于市场需求有限，两个目的地需要为此进行广告竞争。如果两者广告支出与影响均相同，则存在如下两种情形。

（1）情形1。目的地做广告仅能影响客源地需求在不同目的地之间的分配而不能激发更多的需求。此时，如果两者都不做广告，依靠目的地需求的随机分配，则双方可获得（5，5）的收益组合。如果两者同时做广告，由于广告同质，双方仍将平分客源市场，且广告成本的存在致使双方收益下降为（3，3）。如果其中一个目的地做广告，而另一个目的地不做广告，则做广告的目的地可以获得更多的客源，获得6个单位的收益，而不做广告的目的地则会因为市场需求的转移而仅能获得2个单位的收益。在这样的情形下，尽管双方不做广告的收益更高，但由于在一个目的地做广告的影响下，另一个目的地将遭受较大的损失，双方都将选择做广告。双方收益矩阵如图7.3（a）所示。

（2）情形2。目的地做广告不仅能影响客源地需求在不同目的地之间的分配且能激发更多的需求。此时，如果两者都不做广告，依靠目的地需求的随机分配，则双方可获得（5，5）的收益组合。如果两者同时做广告，即使存在广告成本，由于广告可激发额

① 在双变量支付矩阵中可使用下划线选优法求解纳什均衡。图 7.3 中，对于 A 地的每一个给定的策略，如假定其做广告，可以通过比较不同策略下 B 地的最大收益，在其下画一横线，即最优策略；然后用类似的方法找出 A 地的最优策略，也在其对应的最优收益下画一横线。完成所有的这个过程后，如果矩阵的某个单元格的两个支付数字下都有下划线，那么这个支付组合所对应的策略组合就是一个纳什均衡。

外需求，在双方平分客源的情况下双方收益上升为（6，6）。如果其中一个目的地做广告，而另一个目的地不做广告，则做广告的目的地可以获得更多的客源，获得8个单位的收益，而不做广告的目的地仅能获得2个单位的收益。同情形1，此时双方都将选择做广告。双方收益矩阵如图7.3（b）所示。

在博弈中，每个参与人的得益是所有参与人的策略的函数，因此每个参与人的最优策略选择依赖于所有其他参与人的策略选择。但在上述博弈中，某个目的地的最优策略并不依赖于另一个目的地的策略选择。也就是说，不论其他目的地选择做广告或不做广告，每个目的地的最优策略是唯一的，这样的最优策略被称为占优策略。如果一个博弈中，某个参与人有占优策略，那么该参与人的其他可选择策略就被称为劣策略。在一个博弈中，如果所有参与人都有占优策略存在，那么占优策略均衡是可以预测到的唯一均衡，因为没有一个理性的参与人会选择劣策略。这一占优均衡组合被称为纳什均衡，即在给定其他参与人选择的策略情况下，参与人所选择的最优策略的集合。

任何有限博弈都存在至少一个纳什均衡。现实生活中，有相当多的博弈可能有多个纳什均衡，而具体会实现哪个均衡，纳什均衡本身不能给出回答。例如，在家庭旅游决策中，父母可能倾向休闲度假游以放松身心，而子女更偏好游戏娱乐。父母与子女都想按照自己的想法选择旅游产品，但由于旅游时间和经济预算有限，在一次旅游决策中只能满足其中之一。要么满足父母，要么满足子女。但无论是对父母还是子女，都不存在一种策略优于另一种策略，也不存在严格劣策略。因此，有许多博弈没有纯策略，只能去寻找混合策略的纳什均衡。

三、技术选择博弈

科技在旅游业发展史上一直发挥着关键作用。20世纪70年代中期，美国航空公司和联合航空公司各自开发了一套名为Sabre和Apollo的计算机联机订票系统。系统的应用为两家航空公司带来了极大的竞争优势，使两家航空公司在机票销售渠道方面分别占据了41%和39%的市场份额，成为20世纪80年代初美国航空业的两大寡头。订票系统的开发还为两家公司带来了巨额利润。例如，Sabre不仅为其他航空公司的机票销售提供预订服务，还向旅游代理商和其他旅游部门提供集成化的一体服务，包括预订酒店房间、租车，提供餐厅和娱乐信息，同时也提供数据处理、旅客安置、航班计划、货物跟踪等服务。其他航空公司通过Sabre订票系统每售出一张机票需要支付1.75美元的系统使用费。在Sabre的支持下，美国航空公司在1985年实现利润3.36亿美元，其中由Sabre订票系统带来的利润占1.43亿美元[①]。

近20年来，以信息技术、通信技术、高速交通等为代表的关键共性技术的发展提升了旅游业现代化水平，改变了旅游活动的组织方式。大数据、云计算、物联网、5G等新一代信息技术快速发展，旅游市场本身正在发生变化，给旅游业转型升级提供了新契机、新模式和新思路。但是，科技创新具有不确定性，旅游企业引入新技术面临着高风险。例如，面对新冠疫情影响，许多旅游企业考虑引入机器人为游客提供无接触式服务，这

---

① Sabre 系统使美国航空公司获得竞争优势，https://doc.mbalib.com/view/d403578619ba786d1875f1af860ae3c0.html.

会增加企业投资成本。那么企业就面临着是否使用机器人替代面对面人力服务的选择问题。同时，企业也面临着同行竞争。过早引入新技术的市场风险较大，如果待市场成熟后再引入，则可能会因技术落后而被淘汰。

假定市场上只有两家（或两组）企业甲和乙，存在图7.4所示的支付矩阵。图7.4（a）中，两家企业同时使用新技术获得的收益要大于两家企业仍然使用人力服务的收益，而图7.4（b）的收益则正好相反。无论哪种情形，都存在两组纳什均衡，即都不采用或都采用。虽然图7.4（b）中企业引入机器人技术后收益更高，但企业很有可能因为害怕独自选择使用机器人会因投资成本较高和降低顾客满意度而不敢引入新技术（不采用，不采用），也有可能因为害怕独自保持原有人力服务模式导致创新不足而决定花费大量成本转换到新技术上（采用，采用）。前者称为过度惰性（excess inertia），后者称为过度动机（excess momentum）。由于存在纳什均衡，企业最终都会达成某种共识。机器人和人力投入在一定程度上可相互替代，因此，上述博弈是在两者兼容的情况下做出的。在现实中，企业还要考虑新旧技术之间的兼容（在一定程度上可相互替代）和匹配（互补）问题。

甲＼乙	采用	不采用
采用	7，8	4，6
不采用	6，5	8，9

（a）新技术/低收益

甲＼乙	采用	不采用
采用	8，9	4，6
不采用	6，5	7，8

（b）新技术/高收益

图 7.4 旅游企业采用机器人技术选择博弈

以上述计算机联机订票系统或平台Sabre和Apollo为例，每个系统都有自己的技术标准。两者在市场上展开竞争。使用某个订票系统的企业越多，则该系统的市场影响力越强。因此，市场将存在三种竞争形式。

一是Sabre和Apollo试图通过竞争来决定行业标准，其博弈结果如同上述技术选择博弈：要么标准为Sabre，要么标准为Apollo。这种非此即彼的标准之争是具有很强的网络外部性及正反馈的网络市场中较突出的现象，如操作系统、通信网络等。双方都千方百计地获得尽可能大的网络市场，挤走对手，以达到独占的目的。

二是Sabre和Apollo都偏好于彼此技术能够相互兼容。此时，竞争的中心将转移到争夺市场份额，如携程和艺龙竞争签约酒店和其他服务供应商的数量，滴滴和Uber竞争用户和司机，以获得统治地位。

三是假设Sabre已经在市场上处于统治地位，具有很好的声誉和很好的安装基础，为了锁定客户，Sabre不愿意使自己的技术与Apollo兼容。此时，如果两个厂商同时决策，则不存在均衡点。虽然Sabre不愿意与Apollo兼容但也很难阻止Apollo的进入，市场最终将产生兼容Sabre、Apollo的产品。1988年，欧洲航空公司紧急开发了自己的计算机联机订票系统Galileo，中国民用航空局也随后推出了中航信（Travelsky），形成了新的分销渠道以对抗Sabre和Apollo系统。实际上，混合、兼容与匹配是许多具有网络外部性的产品的常见策略。

四、阻止进入博弈

企业定价行为具有双重目的。企业定价并非仅仅针对消费者，获得消费者剩余。在现实市场中，必须把各个竞争者之间的策略及其相互作用纳入定价策略中，因为寻求竞争与合作的动态均衡始终伴随着决策者。因此，旅游经营者为其提供的产品所定的价格取决于企业内部和外部的许多因素的相互作用。旅游企业可能会根据其目标（可能强调利润、市场份额或社会责任）采取不同的定价策略。这将对企业的产出、销售和利润产生不同的影响。规模较小、没有差异化、竞争激烈的旅游企业往往是价格接受者。规模较大的企业将倾向避免价格战，它们可能参与串谋定价行为，或者通过定价限制或排挤竞争对手，这被称为阻止进入博弈。

（一）限制性定价

限制性定价又被称为阻止进入定价。它是指垄断市场上的卖主将价格定在足以获得经济利润，但又不致引起新企业进入的水平上。限制性定价是指为了阻止其他厂商进入而采取的一种定价。在位厂商通过压低当前价格水平影响潜在厂商对进入市场后利润水平的预期，从而影响其进入决策。限制性定价是一种短期非合作策略性行为。在位厂商通常会面临一个两难选择：或者在短期内获取高利润同时逐渐丧失支配地位，或者在长期获得较低利润（图7.5）。

图 7.5　跨时期利润总额最大化的限制性定价策略

如果存在进入成本但进入没有被阻止会发生两种可能：当进入成本足够高时，在位厂商将会有节制地把产量扩张至垄断水平，同时有节制地把价格降至垄断水平以下来阻止进入（如导读案例中的OFO与Mobike）。一般地，进入市场所需要的投资越大，同时进入所必需的资产越专业化，进入的壁垒就越大。在网络经济马太效应影响下，进入者需要采纳以技术作为基础的竞争策略才能进入市场。当进入成本足够低时，在位厂商影响市场环境的主要武器是它自己的产出水平，即产能。在位厂商必须大幅度地扩张产能才能影响潜在厂商进入或扩张后的价格。然而，由于连锁店悖论（chain-store paradox）[①]的存在，新企业的进入实际上是无法被阻止的。此时厂商最有利可图的是制定高价格和放弃市场份额。

（二）掠夺性定价

掠夺性定价是指在位厂商将价格削减至平均成本之下，不惜遭受短期损失，以便将

① 莱茵哈德·泽尔腾（Reinhard Selten）利用逆推归纳法，说明了在位者的多市场掠夺威胁不可信。

对手驱逐出市场。如图7.6所示，由于P=AR<AC（即平均收益小于平均成本），企业销售不仅不能弥补边际成本，甚至销售越多，亏损越大。一旦对手因亏损而离开市场，在位厂商就会提高价格以补偿掠夺期损失。

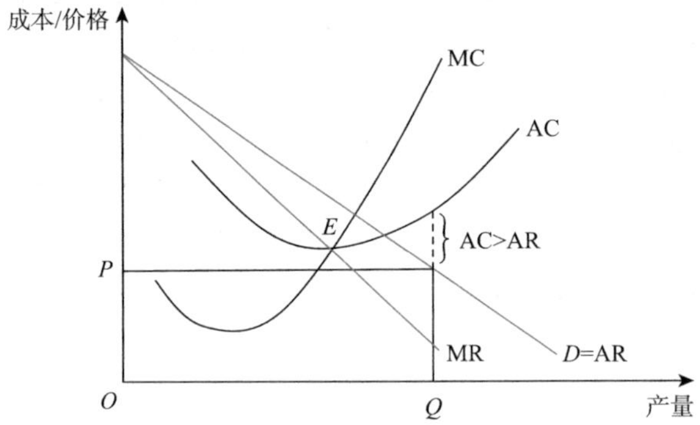

图 7.6 掠夺性定价策略

掠夺性定价是以排挤竞争对手为目的的故意行为，实施该行为的企业以低于成本价销售，会造成短期的利益损失，以此为代价挤走竞争对手，行为人在一定时间达到目的后，会提高销售价格，独占市场。因此，掠夺性定价是在位企业发出的“威胁信号”，通过暂时性的降价行为驱逐竞争对手，缩减市场供给量。实施该行为的企业通常占有一定的市场支配地位，具有资产雄厚、生产规模大、分散经营能力强等竞争优势，因此有能力承担暂时故意压低价格的利益损失，而一般的中小企业势单力薄，无力承担这种牺牲。因此，掠夺性定价行为的实施主体通常是处于卖方地位的经营者，表现为暂时以低于成本的价格在市场上连续地销售其商品或服务；其行为者的主观故意是试图排挤竞争对手，以谋求垄断地位。

掠夺性定价存在有补偿的掠夺性定价和没有补偿的掠夺性定价之分。假设市场上一家企业A制作某种旅游纪念品并且有两个竞争对手。制造产品的平均可变成本为每单位10元。为了消除两个竞争对手，A企业将价格降至每单位9元。两个竞争对手在坚持了两年之后彻底退出市场。在此期间A企业销售了200万个单位产品，承受了约200万元的损失。在竞争对手退出市场后，A企业开始收取垄断价格，每单位11元，并继续每年销售100万个单位产品，持续了3年，直到新企业进入市场并迫使其将价格调回每单位10元。简单假设贴现率为零，A企业实施掠夺性定价后额外获得了100万元垄断利润。

但是，也可能存在另外一种情形。如果A企业将其产品价格降低到每单位 8 元，这意味着它在掠夺期间的损失总计400万元。在竞争对手退出市场后，A企业将价格提升至11元后获得了300万元垄断利润，直到新的竞争对手进入市场并恢复竞争性价格。此时，A企业将无法收回其在掠夺行为中的投资，尽管可以维持两年的垄断地位，但仍会损失100万元。

降价获得的只是产品占有率，而不是品牌占有率。企业发展的根本是服务于消费者而不是打败竞争对手。价格战中的销量增加，来自未来的顾客在低价的诱惑面前提前购买，也就是透支企业和行业未来的销量。OFO与Mobike的价格博弈最终导致的结局是两败俱伤。企业在采取掠夺性定价，试图通过挤走对手独占市场的时候，一定要对自己的市场实力及对手的实力做出正确的判断，还要考虑到对手的合伙抵抗。

掠夺性定价是一种不公平的低价行为，将对市场结构的竞争性产生影响，许多国家法律对此加以限制，在上述两种情形中，*A*企业都实施了掠夺性定价，并对竞争对手和消费者造成了同样的损害。尽管*A*企业在后一种情形中并未从降价竞争行为中获利，但这不应成为免除行为本身责任的理由。值得注意的是，近年来出现了一种新的掠夺性定价行为，即掠夺性购买行为。例如，随着电子商务平台亚马逊的快速发展，亚马逊开始成为物流行业的重要客户。2015年，美国快递公司UPS（United Parcel Service）从亚马逊承揽了10亿美元的生意，这给了亚马逊要求降低费率的议价能力。据估计，亚马逊能拿到相当于正常价格70%的折扣，物流企业只有通过向独立销售商提价来弥补提供给亚马逊的折扣①。这种现象随着互联网平台企业的发展而日益突出，也是今后值得关注的现象。

第三节 双寡头竞争模型

竞争涉及组成一个行业的企业的所有行动和行为、所做的决定及其理由。一个企业的行为很大程度上取决于其对于竞争对手的预期。特别是在寡头垄断市场中，少数厂商垄断了整个行业的市场，任何一方的行为和决定都会在一定程度上影响到对手。由于进入或退出市场的壁垒较高，寡头竞争对于整个市场的影响巨大。本章主要分析寡头垄断市场中的竞争行为。

一、双寡头产量竞争——古诺双寡头模型

法国经济学家古诺（Cournot）最早关注到寡头企业的竞争行为，提出了经典的“古诺双寡头模型”（Cournot duopoly model）。该模型假定：市场中存在两家垄断厂商，分别生产产量为 q_1 和 q_2 的产品，生产的产品是无差别的或同质的；每个企业有相同的边际成本c并面临向右下方倾斜的线性市场需求曲线$p(Q)=a-bQ$（$a,b>0$）；两厂商无串谋行动，厂商的行动均是独立的。其中，$p(Q)$为价格；市场总产量 $Q=q_1+q_2$。在古诺竞争中，市场变化是指产量Q的变化而非价格p的变化，即两个厂商都通过调整产量来实现各自利润的最大化，并且每个厂商都根据对手采取的行动来做出自己的决策。

由于$p(Q)=a-bQ$，可计算出厂商1的利润函数为

$$\pi_1=pq_1-c(q_1)=\left[a-b(q_1+q_2)\right]q_1-cq_1 \tag{7.5}$$

其利润最大化条件是其一阶导数等于零，即 $\partial\pi_1/\partial q_1=0$，由此得到

① Khan L. Amazon's antitrust paradox[J]. Yale Law Journal，2017，126：710-805.

$$q_1^*(q_2)=\frac{a-c}{2b}-\frac{q_2}{2} \tag{7.6}$$

可见，厂商1的利润最大化产量是它认为厂商2将生产的产量q_2的函数。因此式（7.6）称为厂商1的反应函数，相应的曲线称为厂商1的反应曲线，如图7.7所示。

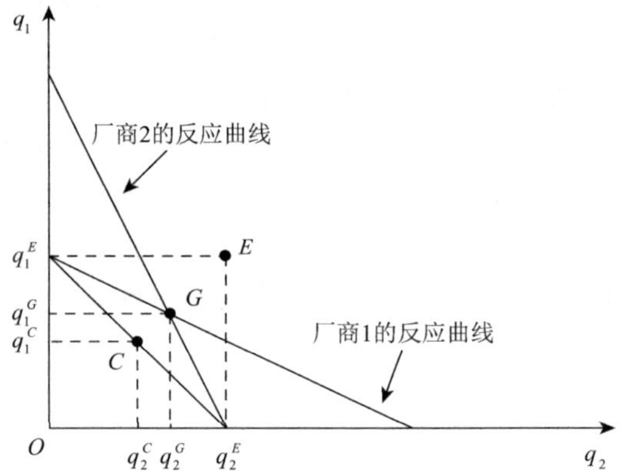

图 7.7 卡特尔串谋均衡（C点）、古诺均衡（G点）和竞争性均衡（E点）时的产量

同理，厂商2的利润最大化条件为

$$q_2^*(q_1)=\frac{a-c}{2b}-\frac{q_1}{2} \tag{7.7}$$

联立方程（7.6）和方程（7.7）可解得古诺均衡产量为

$$q_1^*=q_2^*=\frac{a-c}{3b} \tag{7.8}$$

古诺均衡是指两个厂商反应曲线相交时的一组产量水平。在这种状态下，各厂商的行为是给定它的竞争对手行为时它能做的最优行为，因此，双方都没有改变其产量的动力，具有稳定性的特点。

古诺双寡头模型也可以推广到市场中有多家企业竞争的情形。假设市场由n（$n>1$）家相同企业组成且每家企业都具有相同的成本函数，此时会出现n个卖方博弈的情形。采取和上面同样的步骤，同样可以计算出多个厂商古诺均衡，推导如下。

选择一个企业计算其最优反应函数。

$$\max \pi_1=pq_1-c(q_1)=\left[a-b\left(\sum_{i=1}^{n}q_i\right)\right]q_1-cq_1 \tag{7.9}$$

求解可得均衡产量和市场总产量为

$$\begin{cases} q_i^*=q^*=\dfrac{a-c}{(n+1)b} \\ Q^*=nq^*=\dfrac{n(a-c)}{(n+1)b} \end{cases} \tag{7.10}$$

此时，市场价格和利润函数分别为

$$\begin{cases} p^{*}=a-bQ^{*}=\dfrac{a+nc}{n+1} \\ \pi_i^{*}=\pi^{*}=\dfrac{(a-c)^2}{(n+1)^2 b} \end{cases} \tag{7.11}$$

由式（7.11）可得，对于有n个古诺式企业的市场，其产量是完全竞争市场中的$n/(n+1)$倍，价格是其$(a+nc)/c(n+1)$倍。

（1）当n=1时，市场结构为完全垄断市场。可以发现，完全垄断厂商产量是完全竞争市场产量的1/2，价格是完全竞争市场价格的$(a+c)/2c$倍，完全垄断厂商比完全竞争厂商获取更高的利润。

（2）当$n=2$时，即上述古诺双寡头模型，此时厂商产量仅是完全竞争市场产量的2/3，价格是完全竞争市场价格的$(a+2c)/3c$倍。在双寡头垄断市场中，其价格不如完全垄断市场的厂商那样高，利润也相对较低。

（3）随着厂商数量n的增加，市场竞争加强，市场价格随之逐渐趋近于边际成本c。当n趋于无穷大时，每个厂商的产量q^*和利润π^*随之下降并趋近于零，但市场总产量增加到Q，市场趋向于完全竞争的极限状态。由此可见，完全竞争是n个厂商古诺博弈的极限结果。古诺双寡头模型完美地描绘了不完全竞争向完全竞争进化的过程图谱。

二、双寡头价格竞争——伯特兰德模型

法国经济学家约瑟夫·伯特兰德（Joseph Bertrand）对古诺的结论提出了质疑。他认为，如果两个寡头以价格而非产量作为决策变量，两者就可以实现完全竞争所达到的市场状态，即价格等于生产的边际成本，这被称为“伯特兰德悖论”（Bertrand paradox）。

假定市场上只有两家企业，企业1和企业2。双方同时定价，生产的产品是同质的且两家企业的成本函数完全相同，生产的边际成本等于单位成本c。市场需求曲线为$Q=a-bp$，厂商之间没有任何串谋行为。由于两个企业的产品是完全替代品，如果厂商1的价格p_1高于厂商2的价格p_2，则消费者将从低价厂商2处购买，厂商1销量为0。低价的企业会拥有整个市场，而高价的企业会丧失整个市场。因此，两家企业会竞相削价以争取更多的顾客，直至两家企业的价格相同且都等于边际成本c，即$p_1=p_2=c$，最终达到完全竞争的零经济利润状态，此即伯特兰德均衡。于是，每家企业的需求函数为

$$\begin{cases} q_1=0, & p_1>p_2 \\ q_1=\dfrac{a-bp_1}{2}, & p_1=p_2 \\ q_1=a-bp_1, & p_2>p_1 \end{cases} \tag{7.12}$$

伯特兰德由此证明了，在寡头垄断市场中，企业之间会相互削价，直至价格等于各自的边际成本为止。只要有一个竞争对手存在，企业的行为就如同在完全竞争市场结构中一样，价格等于边际成本。

在古诺双寡头模型中，价格是由市场出清机制决定的，而伯特兰德描绘的实际上是一种价格竞争行为。特别是在寡头垄断的情形下，价格是由竞争决定的，这种行为在现

实中广泛存在，且价格竞争比数量竞争更加激烈。不过，在垄断市场中，数量竞争与价格竞争是无差别的。

伯特兰德悖论产生的关键源于两个不太符合实际的假定：①假定企业没有生产能力的限制。如果企业的生产能力是有限的，低价者就不可能得到全部市场，企业也就没有动力将价格降到等于边际成本的水平上。如果存在过剩产能，则可能出现掠夺性定价的情况，打破当$p=c$时每家企业只能获得一半市场需求的局面，从而影响市场均衡。②假定企业生产的产品是完全替代品。如果企业生产的产品不完全相同，就可以避免直接的价格竞争，因此厂商可以多样化其产品，培养忠诚顾客，当其价格提升时也不至于因为价格高于竞争厂商而失去市场。

古诺双寡头模型和伯特兰德模型说明，完全竞争市场并不利于新产品的产生，因为要支持产品创新和过程创新需要研发和投资，这样势必需要企业增加利润。从长远来看，企业创新与企业规模、市场集中度之间表现为倒U形关系，即适度的企业规模和市场竞争能够促进企业创新。市场集中度“高而不太高”的竞争最有利于技术进步。

三、斯塔克尔伯格模型

古诺双寡头模型和伯特兰德模型假设竞争性厂商在市场上的地位相同，彼此势均力敌。但在某些市场上，竞争厂商之间的地位并不是相同的，特别是在互联网企业、文化产业中通常存在强者更强的赢家通吃局面（见第十章）。德国经济学家斯塔克尔伯格（Stackelberg）观察到这一现象，并由此提出了将寡头厂商的角色定位为“领导者”与“追随者”的分析范式。

模型假设：厂商1是领导者，它选择的产量是q_1，作为反应，厂商2选择产量q_2。市场需求函数$p(Q)=a-bQ$，表明均衡市场价格取决于行业总产量Q（$Q=q_1+q_2$）。与古诺双寡头模型一样，每个厂商的决策变量都是产量，即每个厂商都会选择自己的最优产量来实现利润最大化。但是，由于市场地位的不对称性，企业决策也会存在先后次序。领导者往往先行一步，而追随者会先观察大企业的行为，再决定自己的产量。领导者明白均衡市场价格取决于行业总产量，且追随者一定会对它的产量做出反应，因此当它在确定产量时，会考虑追随者的反应。这个模型因而也被称为“主导企业模型”，模型分析如下。

第一步，计算追随者对领导者的反应函数。追随者厂商2的利润函数为

$$\pi_2=\left[a-b\left(q_1+q_2\right)\right]q_2-cq_2 \tag{7.13}$$

令$\partial\pi_2/\partial q_2=0$（利润最大化的条件）可解得反应函数为

$$q_2=\frac{a-c}{2b}-\frac{q_1}{2} \tag{7.14}$$

第二步，计算领导者厂商1的产量决策。厂商1的利润函数为

$$\pi_1=\left[a-b\left(q_1+q_2\right)\right]q_1-cq_1 \tag{7.15}$$

将厂商2对厂商1的反应函数代入厂商1的利润函数，即得利润函数为$\pi_1=(a-c)q_1-\frac{b}{2}q_1^2$。其利润最大化的条件是$\partial\pi_1/\partial q_1=0$，解得

$$q_1^* = \frac{a-c}{2b} \tag{7.16}$$

第三步，将厂商1的最优产量决策解代入厂商2对厂商1的反应函数得到厂商2的最优决策解为

$$q_2^* = \frac{a-c}{4b} \tag{7.17}$$

可见，厂商1的产量和利润均高于厂商2的产量和利润。这种由首先行动带来的好处称为先行者利益或先行优势（first mover advantage）。例如，在乡村旅游目的地开设第一家特色民宿或餐厅，或在机场开设第一家免税店等。

古诺双寡头模型和斯塔克尔伯格模型是寡头垄断市场中两个最有代表性的产量竞争模型。对于一个由大致相似的企业构成，没有哪一个寡头具有较强的经营优势或领导地位的行业，一般使用古诺双寡头模型进行分析，而对于那些有某个在推出新产品或生产方面领头的大厂商主导的行业，斯塔克尔伯格模型更加适用。

四、卡特尔串谋均衡

正式地勾结在一起以谋求更大的整体利益的一群厂商被称为卡特尔（Cartel）。世界上最著名的卡特尔是石油输出国组织（Organization of the Petroleum Exporting Countries，OPEC）。它通过联合限产来提高石油价格。这也是卡特尔谋取利益的通常做法，即通过减少产量和提高价格来增加利润，并对利润加以瓜分。假定市场需求函数为$P(Q)=a-bQ$（$a,b>0$），由于众多寡头厂商结成了一个整体，它们如同一个垄断厂商那样行动，此时，厂商1和厂商2面临的利润最大化问题就是选择使整个行业利润实现最大化的产量Q（$Q=q_1+q_2$），即

$$\pi = p(Q) - c_1 q_1 - c_2 q_2 \tag{7.18}$$

其利润最大化条件为

$$\begin{cases} p\left(q_1^* + q_2^*\right) + \dfrac{\mathrm{d}p}{\mathrm{d}y}\left(q_1^* + q_2^*\right) = \mathrm{MC}_1\left(q_1^*\right) \\ p\left(q_1^* + q_2^*\right) + \dfrac{\mathrm{d}p}{\mathrm{d}y}\left(q_1^* + q_2^*\right) = \mathrm{MC}_2\left(q_2^*\right) \end{cases} \tag{7.19}$$

由此可得$\mathrm{MC}_1\left(q_1^*\right) = \mathrm{MC}_2\left(q_2^*\right)$，即两个厂商的边际成本在市场达到均衡产量时相等。也就是说，市场中额外一单位产量不论由哪个厂商生产，其边际收益都必定相等。如果有一个厂商具有成本优势，那么在卡特尔串谋均衡中，它就一定会生产更多的产量。

假设厂商面临相同的需求曲线，且企业边际成本为零。图7.7绘制了不同竞争模型下的均衡产量。比较三个均衡的价格和产量可以发现：在卡特尔串谋均衡时（C点），市场价格最高，产量最低，利润最高；竞争性均衡时（E点），市场价格最低，产量最高，利润为零；古诺均衡时（G点），市场价格、产量和利润均介于两种均衡之间。

卡特尔使得竞争性市场变成一个垄断市场，说明当厂商进行合作、联合起来决定产量时，其效率更高，可以分享到比不合作、只考虑自身利益独立决策时更高的利润。但是，如同博弈论的经典案例囚徒困境中所讨论的情况一样，尽管双方都了解这种合作带

来的好处，但如果没有足够的强制力，这种合作也是不可能实现的。在串谋的策略组合下，任何一个理性的参与人都有足够的积极性通过提高自己的产量来增加自己的得益，因此卡特尔串谋均衡不是一个纳什均衡，它是极其不稳定的。这个不合作的结果对整个社会来说却是有效率的，因为它有助于增加产量，降低价格。这也就是为什么产业规制政策要严格限制串谋勾结及垄断的原因（见第十二章）。

第四节　市场绩效及其衡量

市场绩效是指在一定的市场结构中，一定的市场行为导致的企业或整个行业在价格、产量、产品质量和品种，以及技术进步、资源配置和社会责任等方面的最终经济成果。它反映了在特定的市场结构和市场行为条件下市场运行的效果及社会福利状况。市场绩效并不仅仅是经济利益导向的，也是一个含有多元目标的价值判断。从不同层面或不同角度出发，其判断和评价标准不同。通常可以从微观企业经营绩效、中观产业发展绩效和宏观社会福利三个层面对市场绩效进行分析和评估。

一、企业经营绩效：生产与管理现代化

从微观层面来看，企业经营绩效指的是一定时期内市场中在位企业取得的经营效益及其市场影响力。它包括两方面：一是企业外部（市场）竞争效率水平，反映其市场影响力与生产效率；二是企业内部组织管理效率。前者衡量企业的生产现代化水平，后者体现企业的管理现代化水平。二者都是对企业核心竞争力的度量，是建设现代化经济体系的微观基础。

（一）企业生产现代化

通常使用财务指标从企业营利能力、资产运营水平、偿债能力和后续发展能力等方面对企业市场绩效进行评估。表7.3展示了2021年1~6月中国A+H股旅游类企业营收前十名的经营情况。

表7.3　2021年1~6月中国A+H股旅游类企业营收前十名的经营情况

序号	股票名称	营收/亿元	营收同比增减	净利润/亿元	净利润率
1	中国中免	355.26	84.0%	52.65	14.8%
2	华侨城A	230.14	34.4%	12.49	5.4%
3	华住集团-S	59.14	49.1%	0.54	0.9%
4	王府井	46.87	36.9%	4.59	9.8%
5	同程艺龙	37.52	70.2%	4.6	12.3%

续表

序号	股票名称	营收/亿元	营收同比增减	净利润/亿元	净利润率
6	中青旅	35.20	37.8%	3.18	9.0%
7	首旅酒店	31.44	65.1%	0.49	1.6%
8	中国民航信息网络	28.38	24.1%	2.95	10.4%
9	复星旅游文化	27.81	−38.6%	−20.65	−74.3%
10	三湘印象	26.20	430.0%	1.91	7.3%

资料来源：各上市公司年报。企业营收按 1~6 月总营收排名；企业净利润按归属于上市公司股东的扣除非经常性损益的 1~6 月净利润

其中，营收反映了企业的规模和存续能力；利润率指标（这里所指的利润是会计利润）主要反映企业营利能力。二者都是评估企业绩效的核心指标。可以看到，中国中免和王府井作为购物类企业，同程艺龙和中国民航信息网络作为中介代理类企业，其市场盈利并未受到新冠疫情的严重冲击。相反，由于出境旅游受到限制，中国中免营收和净利润都出现了大幅度增长；而住宿类企业，如华住集团–S和首旅酒店，特别是复星旅游文化受到疫情的严重影响。

由于现实中各行业税率存在差异，税后利润往往具有一定的不可比性，通常使用税前利税总额来计算利润率和收益率等指标并进行比较，相应的公式为

$$\begin{cases}销售利润（税）率=利润（税）总额/产品销售收入\times 100\% \\ 资本收益率=利润（税）总额/自有资本\times 100\% \\ 成本利润率=利润（税）总额/产品销售成本\times 100\%\end{cases} \tag{7.20}$$

利润率越高，市场就越偏离完全竞争的状态。引起超额利润的因素一般包括：①由不可预期的需求和成本费用变化形成的预料外的利润；②技术开发与创新所带来的创新利润；③作为风险性投资报酬的风险利润；④通过控制市场获得的垄断利润。通常，企业高额利润是短期的，不可能长期存在，如果某企业的利润率长期超过社会一般利润率水平，就应该考虑与垄断因素有关。此时，可以使用勒纳指数或贝恩指数（Bain index）进行评估。贝恩指数的计算公式为

$$贝恩指数=企业经济利润/投资总额 \tag{7.21}$$

式（7.21）中，企业经济利润=会计利润−市场平均利润；会计利润=总收益−当期总成本−折旧；市场平均利润=市场平均投资收益率×投资总额。贝恩指数反映了企业的超额利润率。与勒纳指数相比，贝恩指数所要求的基础数据相对比较容易取得，产生系统偏差的可能性减少。

对于上市公司，通常使用托宾q值（Tobin q）来评估企业的投资回报率。托宾q值是指一个厂商资产的市场价值与该厂商资产的重置成本的比率，也称为托宾指数，其计算公式为

$$q=\frac{R_1+R_2}{K} \tag{7.22}$$

其中，R_1为股票的市值；R_2为债券的市值；K为企业资产的重置成本。托宾q值根据企

业资产价值的变化来衡量市场绩效的高低。显然，托宾q值越大，企业能获得的垄断利润越大。

同利润率指标一样，较高的贝恩指数或托宾q值并不一定是通过垄断力量实现的。垄断企业也并不一定会获得高经济利润。如果市场对垄断者的产品需求不足或者存在较强的进入威胁，即使是一个纯粹的垄断者也无法获得经济利润（如某小型景区中唯一的餐馆）。因此，使用贝恩指数或托宾q值进行评估和分析也需要从一个较长的时期来进行判断。

（二）企业管理现代化

内部组织管理效率反映了企业的管理现代化水平，通常又称X效率（X-efficiency）。它是企业实际产量与企业以现有资本和劳动有效率地组织生产应该达到的产量之比。其数值越接近1，表示越有效率。如果企业管理能使厂商在每一产出水平下都达到低成本，就实现了X效率。一般认为，市场集中度与X效率呈现倒U形关系，并以基尼系数0.4为界。当基尼系数在0.4以下时，X效率有上升的趋势；而当基尼系数超过0.4时，X效率出现下降的趋势。也就是说，在高度集中和高度分散的行业，X效率均较低。此时，行业内存在X非效率（X-inefficiency）的现象。

垄断的X非效率，是指在垄断企业的组织内部存在着资源配置的低效率状态，即垄断企业脱离竞争压力引起的费用增加和效率衰减。X非效率主要有三个来源：一是无外部竞争的压力，企业缺乏成本最小化动机，导致投入资源超出生产所需，即资源的闲置；二是企业规模扩大导致内部信息传递扭曲、失真或决策失误，监督和激励成本增加；三是管理层级增加导致委托—代理成本的增加和团队成员的机会主义。后果是使实际成本超过可能的最低成本（图7.8），可用式（7.23）表示：

$$X\text{非效率}=\text{超额成本}/\text{可获得的最低平均成本} \tag{7.23}$$

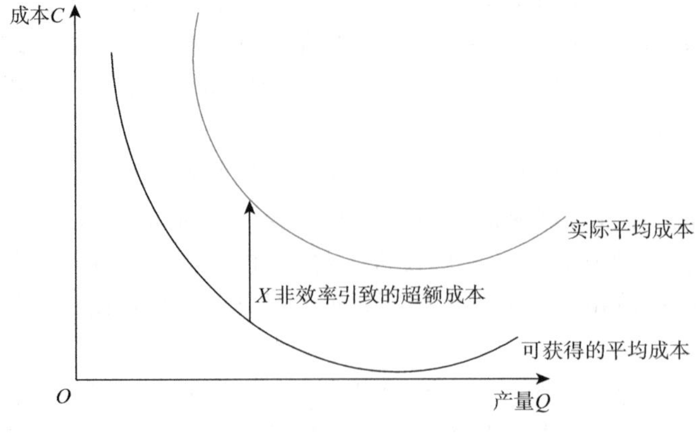

图 7.8　X非效率和超额成本

在企业要素投入量给定情况下，如果要素投入变化可使某些产品的产出增加而无其他产品的产出减少，就说明该企业存在X非效率，反之，则说明它有效率。

垄断的非效率是从社会角度而言的，垄断结果本身实则是一个帕累托最优状态。原因在于垄断厂商产量大于Q_m时，厂商增产的边际利润为负值。此时，如果不损害一方的福利，就无法提高另一方的福利。此外，从生产的外部性来看，当存在正外部性时，竞争产量低于社会最优值；当存在负外部性时，竞争产量高于社会最优值（见第十二章）。垄断产量可能更加接近于社会最优产量。

二、产业发展绩效

从中观产业层面对市场绩效进行评估，主要关注产业资源配置效率、产业技术进步与创新、产业规模经济效率及产业供给结构优化等方面的内容。它们分别反映了市场机制的有效性、产业创新能力、产业供给能力的现代化、产业供给结构的适应性和灵活性。

（一）产业资源配置效率

资源配置效率是从产业层面评价市场绩效的最基本指标。狭义的资源配置效率仅仅指企业或产业的资源是否得到充分利用，如要素价格是否存在扭曲，产业内企业的生产量是否达到规模经济的要求等。广义的资源配置效率还包括从整个社会的角度来看，产品的质量和品种规格能否满足消费者的需求，无效和低端供给是否减少，有效和中高端供给是否充足，以及资源的配置状况是否使社会总效用或社会总剩余最大。

对中国各省（区、市）酒店、景区和旅行社业2002~2014年生产效率与资源使用情况的研究表明，三个行业均存在资本和劳动力要素配置显著扭曲的情况，要素流动方向与生产力增长呈显著的负向相关关系，主要表现为生产率增长较快的旅游企业在行业内的资本份额和劳动份额逐渐减少，说明资本和劳动都在远离旅游业中效率最高的企业。其中，旅游景区行业劳动力市场的配置扭曲尤为显著，生产率高的旅游景区难以获得额外的劳动力资源来扩大生产①。原因在于稀缺的土地和吸引物资源受到国家的严格控制和供给约束，研究期内大部分旅游资本投资是为了获取土地资源，而非推动生产性技术进步。

随着国内旅游业的发展，许多小型和非生产专业化企业，如家庭经营的住宿设施、街头摊档、乡村企业和承包经营的小规模分支机构使用了大量的资源。这些小型和非生产专业化企业的特点是经营规模有限，资源配置不能达到最佳状态。由于国家对中小微企业的税收优惠扶持政策，它们不太愿意扩大生产规模提高生产率。据《2017年中国旅游业统计公报》，2017年全国共有旅行社28 939家，比2016年增长1.2%，然而，其总资产同比下降4.8%；2016年全国旅行社总营收4 643.1亿元，同比增长10.8%，而缴纳的税费和附加费同比下降35.4%②。非生产专业化企业对资本使用的扭曲和职业选择的错误配置，也会产生对生产率更高企业的挤出效应。

---

① Zuo B，Li L. Resource reallocation and heterogeneous productivity growth in the tourism industry[J]. Journal of China Tourism Research，2018，14（3）：370-391.

② 中国旅游研究院. 2017 年中国旅游业统计公报[EB/OL]. http://www.guojialvye.com/cb/kbmdd/2527.html，2018-12-28.

（二）产业技术进步与创新

技术是人类认识自然和改造自然的劳动手段、知识、经验和方法的总称。技术进步是指技术在实现人类进步的目的性方面所取得的进化和革命，主要包括发明、创新和技术转移。产业技术进步可以推动产业并逐步带动整个国民经济技术基础转移、迭代和升级到现代化的技术基础上来。进入21世纪以来，世界各国在经济和科技领域的竞争异常激烈。创新成为经济发展最重要的推动力量，科技开发已经成为综合国力的展现。

对于企业而言，技术进步是企业核心竞争力。技术进步的最大价值在于能够提高企业的现代化生产程度，提升生产效率，生产新产品，开拓新市场，进而提高企业营利能力。技术进步也能带来与竞争对手足够大的差异化，如支付更加便捷、消费体验更佳等，使得顾客偏好企业所提供的产品或服务，并愿意为支持这一偏好付出额外的费用。在市场竞争越来越激烈的情况下，技术进步带来的经济优势已经成为关系企业生存与发展的必要条件。

从产业层面来看，技术进步主要表现为产业领域内技术不断发展和完善及新技术不断代替旧技术的过程，包括：①科技研发活动的规模与成效，可以用取得的专利数量、产业研发（R&D）活动的规模和强度予以衡量。②新技术、新工艺、新设备、新材料的采用，如餐馆引进送餐机器人、开发智慧酒店等；还包括用先进的科学技术改造原有的生产技术和生产手段（如利用数字技术发展线上零售服务和云旅游产品），以及设计和制造生产效率更高的新工具和消费体验更好的新产品。③管理技术进步，如通过引入现代科技成果提高管理水平和管理效率，利用数字平台更精准、合理、灵活地组织生产和供应，助推企业生产和管理流程合理化，提升管理效率。④人力资本水平提升。人力资本是重要的现代化资源；高质量发展必须以高质量人才为支撑。因此，产业技术进步内含着劳动者文化技术素质和道德素质的全面提升，表现为知识型、技能型、创新型劳动者占比日益增多，企业家精神得到发挥，社会充满创新创业活动，劳动者职业素养和道德修养得到提升，社会主义核心价值观得到弘扬。

人的素质和能力的现代化是建设中国式现代化的基础。从经济学的角度，技术进步反映的是一种动态的经济效率的提升，在宏观计量方面，通常采用全要素生产率来衡量，本书第十三章将结合旅游产业发展对全要素生产率的概念与测量方法进行详细介绍。

（三）产业规模经济效率

产业规模经济效率是对产业供给能力的现代化水平的反映，主要从产业内的企业是否实现了规模经济性及产业内已有的生产能力的利用程度，来评估生产的相对效率是否得到提升，以及生产要素在产业内的有效利用程度，因此又称为产业组织技术效率（technical efficiency，TEEF）。

产业规模经济是指当某个行业总产量扩张时，可引起该产业内部的企业经济效益增加的程度。因此，产业的规模效益与产业内企业的外部经济性相关。通常可用以下指标来衡量产业的规模经济状况：①用达到或接近经济规模的企业的产量占整个产业产量的比例来反映产业经济规模的实现程度；②用实现纵向一体化（vertical integration，VI）

的企业的产量占流程各阶段产量的比例来反映经济规模的纵向实现程度；③通过考察产业内是否存在企业生产能力的剩余来反映产业内规模能力的利用程度。

产业规模经济效率主要存在以下三种状态：①低效率状态，即绝大部分产业内企业未达到规模经济；②理想状态，产业内绝大部分企业已经达到或接近规模经济；③过度集中状态，存在超规模经济的大企业。根据浩华管理顾问公司与中国旅游饭店业协会发布的《2020年中国酒店业绩回顾与展望》，2020年新冠疫情的暴发对全国酒店市场造成致命性打击，使得2020年全国四星级及五星级酒店的全年平均入住率仅为44%，即使是三星级及有限服务类别的酒店也仅有52%的入住率[①]。通常情况下，70%~80%的酒店客房入住率被行业内人士公认为酒店盈亏平衡区间或最佳经济规模。可见疫情影响下，酒店业整体规模经济严重下跌，出现产能闲置。

（四）产业供给结构优化

产业供给结构优化包括供给结构合理化和供给体系高度化两方面。其中，供给结构合理化是供给体系高度化的基础，只有在供给结构合理化的基础上才能实现供给体系高度化，进而实现高质量发展。

供给结构合理化是指产业供给结构在数量、质量与类型上与社会需求结构相协调，能保证社会有效需求得到满足，并能保持对需求结构变动的适应性和灵活性。随着改革开放以来数十年的经济发展，中国人均收入水平不断上升。2018年，中国以1 457亿美元的奢侈品消费额跃居全球第一大奢侈品消费国，占全球奢侈品市场的42%；其中，有74%的奢侈品购买行为发生在中国境外[②]，消费外流严重。中国消费者偏好境外消费（consumption abroad）的原因除了关税及进口环节的税收导致国内同类商品价格偏高外，更重要的是国内中高端产品供给不足，而低端产品供给过量。消费者关于产品“质量”的需求得不到满足，“供需错配”导致了消费需求外流。中国供给侧结构性改革的目的之一正是对不合理的供给结构进行调整，推动供给结构合理化。一方面要减少过量低端供给造成的浪费；另一方面要着力提高产品质量，形成供给端的有效供给，并能保持供给体系对需求变动的适应性和灵活性，以推动国内经济的良性循环，实现高质量增长。

供给体系高度化是建设现代化经济体系的基础，指的是产业内部各行业之间的比例关系协调和结构适宜，产业内企业能够在既定生产力条件下，通过合理组织现有生产要素，提高供给质量，促进新需求、激发潜在需求，更高程度地提高经济效益的过程。图 7.9 对比了中美两国城镇居民本国出游花费构成。中美两国居民在交通与购物支出方面的构成比例基本一致，但美国居民用于住宿及游览活动的消费支出比例明显高于中国居民，而餐饮支出则低于中国居民，反映出美国较为发达的文化旅游休闲产业体系的价值创造（value creation）能力。

---

① 酒店圈儿. 浩华发布 2020 年中国酒店业绩回顾与展望[EB/OL]. https://view.inews.qq.com/k/20210717A0ACOE00?web_channel=wap&openApp=false，2021-07-17.

② 资料来源：要客研究院《2019 年中国奢侈品报告》。

中国（2019年）	消费项目	美国（2020年）
34.3%	交通	31.8%
16.7%	住宿	24.8%
23.6%	餐饮	13.2%
15.5%	购物	15.4%
5.1%	游览活动	11.9%
4.8%	其他	2.9%

图 7.9　中美两国城镇居民本国出游花费构成

资料来源：中国数据为 2019 年城镇散客出游花费构成（中国旅游研究院. 中国国内旅游发展年度报告 2021[R]. 北京：旅游教育出版社，2022）；美国数据来源于 BEA（U. S. Bureau of Economic Analysis（BEA），https://www.bea.gov/tourism-satellite-accounts-data-sheets），经作者整理计算

按照2020年美国国内旅游人数22.9亿人次数计算，美国居民人均年国内旅游消费15 929.28美元，国际旅行消费6 080美元①；国内旅游业增加值率为0.572 8。这意味着每1美元的直接旅游产出将产生0.572 8美元的GDP，旅游业发展质量较高，从而经济效益较好。2020年，中国国内旅游人数达28.79亿人次，人均年出游2次以上；东部区域国内旅游人均消费为1 359.22元。按照年均旅行4次计算，中国东部区域人均年旅游消费为5 437元，不足1 000美元，与美国相比有很大的差距。

我国已经实现了小康这个中华民族的千年梦想。人们普遍产生了追求美好生活的愿望，愿意为文化、教育、娱乐、健康、体育活动付费。旅游业需要更好地调整供给结构，不仅需要建设协同发展的产业体系，还需要加快推动文旅深度融合（见第十章），建设高度发达的文旅供给结构体系，成为支撑中国经济高质量发展的重要支柱。

三、宏观社会福利

发展是为了人民、造福人民。从社会整体的角度看，社会福利是最主要也最具有综合性的目标。社会福利目标包括了经济活动的效率、公平性、稳定性和进步性等多层次和多方面的内容，是一个规范性（涉及价值判断）的概念。不同国家对于社会层面市场绩效的评估各不相同。在美国，对企业的相对优势市场地位的衡量和关注，曾经成为20世纪50~70年代美国政府关注的焦点，而欧盟更加重视价格稳定和平衡发展，以保障竞争秩序。

中国式现代化是人与自然和谐共生的现代化，是物质文明和精神文明相协调的现代化，是全体人民共同富裕的现代化。从建设中国式现代化的目标出发，对宏观层面的市场绩效进行衡量，除了考察经济目标外，还需要充分重视社会发展和精神文明建设，这是中国式现代化的应有之义。因此，在产业发展绩效的基础上，还需要着重考察：①企业社会责任的履行状况，如企业是否创造了更多物质财富和精神财富，是否获得了高质量发展；企业是否积极承担社会义务，推动公益事业发展并积极参与社区共建共享。②经济是否实现了包容性增长，经济发展是否让全体人民受益，包括受教育机会增多、政治民主、法治完备、文化繁荣、基本公共服务均等诸多方面；③企业生产过程和产业未来

① U. S. Bureau of Economic Analysis（BEA），https://www.bea.gov/tourism- satellite-accounts-data-sheets.

发展是否有助于降低能耗和节约资源，保护资源和环境，实现可持续发展。

第五节　SCP模型的局限

图7.10对SCP模型进行了图示化的说明，其中列出了SCP模型涉及的每个环节的关键因素。SCP模型通过对行业现状和历史数据的分析，能够有效捕捉行业内企业间基本关系，把握市场组织架构方面的关键特征。SCP模型也可以考察行业或者企业受到冲击时（如政策变化）可能的战略调整及行为变化，并从经营绩效的角度分析外部冲击的影响和评估企业行为。它也可以为外部投资者进入市场提供预期判断，为政府进行宏观调控及反垄断执法提供依据，因而在提出之后即成为产业组织理论中应用问题研究的经典范式和规范分析框架。例如，洛克菲勒的标准石油公司曾占据整个产业90%以上的市场份额，被美国高等法院判决拆分；微软在个人电脑操作系统市场一度占据96%的市场份额，也曾面临美国司法部提出的垄断指控。可见SCP模型对美国的反垄断执法展现出强大的影响力①，同时也成为各国制定产业政策的基础。

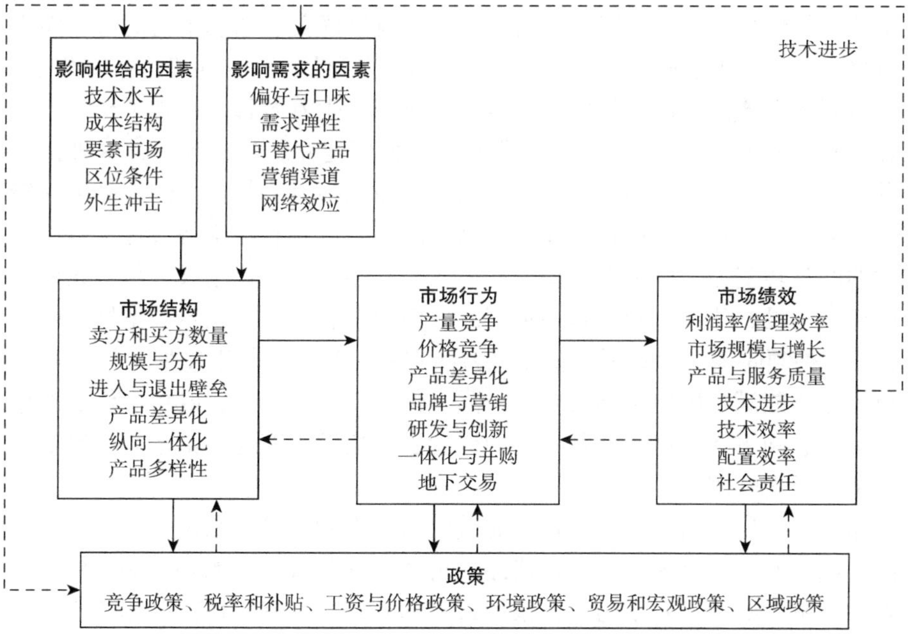

图 7.10　SCP 模型分析范式

资料来源：Lipczynski J, Goddard J, Wilson J O S. Industrial Organization: Competition, Strategy, Policy[M]. 2nd ed. Upper Saddle River：Prentice Hall，2005

SCP模型所呈现的因果关系并非单向度的。结构、行为、绩效三者之间也可能产生

① 从反垄断的角度，当前各国对垄断行为的关注已经超越了对市场结构（市场集中度）的关注。

反向影响，即企业市场绩效也会影响企业在市场中的行为从而对市场结构造成影响，如图7.10中虚线箭头所示。此外，在SCP模型中，对市场集中度的测量，进而对市场结构、市场行为和市场绩效的分析的基本前提假设是市场可以被明确定义。例如，在分析住宿市场时，既可以将星级酒店和提供共享住宿的企业，如Airbnb定义为同一市场——均提供住宿服务，也可以将两者定义为不同的市场。前者属于传统住宿行业，后者属于共享经济范畴。同样，如果将亚马逊等电子商务平台与线下超市、购物中心共同视为零售业市场，则亚马逊在美国零售市场所占份额仅为4%；但如果将亚马逊定义为在线零售平台，则亚马逊占据了在线购物市场46%的份额[①]。可见，对市场的清晰、明确的界定直接关系市场集中度的衡量结果。“市场”定义得越准确，市场集中度的实践意义就越显著。特别是在对市场结构进行实证分析或进行反垄断等实务操作中，必须按一定的准则对市场进行定义。

市场通常被定义为“涉及相同的商品，或者涉及一组有差别的产品。这些产品至少是该组产品中的一种产品的很好的替代品（或互补品）”[②]。也就是说，位于同一市场内的企业生产/供应的产品存在较高程度的可替代性，而不同市场中的企业生产/供应的产品都具有特殊的性质，相互之间不可替代、不会发生竞争且可以被明显地区分开来。然而，产业融合（industrial convergence）使得过去相互独立的行业不断融合重组，同一产品同时能满足多个大众市场的需要。例如，度假酒店的基本功能是提供住宿服务，但又不是原来意义的住宿服务，因度假酒店本身具有风景优美、活动丰富的特点而直接成为旅游吸引物。又如，邮轮旅游不仅提供交通位移等基础服务，同时集住宿、购物、美食、休闲、娱乐服务于一体。这使得传统的市场边界正发生着游移，出现了交叉或模糊化。

多媒体和ICT也在为创造全新的行业和获取价值建立新的边界。在这种情况下，出现了两种新的变化：一是产品的可替代性增大。原先不具有替代性的产品可能转变为具有替代性，或原先只具有潜在替代性的商品可能转变为具有现实替代性，或原先具有很小替代性的商品转变为具有更大的替代性。二是产品的差异化增大。尽管某些融合产品实质上已经成为没有什么不同的同一种产品，但消费者对其的认定及偏好不同，从而出现差异化。这种倾向正引导着不少企业努力使它们的产品“有针对性地大众化”，也就是为大众市场生产能满足用户个别需要的产品。例如，OTA企业，既可看作旅游中介（旅行社）又是互联网平台。这意味着市场的概念也开始发生变化，给市场的界定及市场结构的分析带来极大的困难。

从产品的可替代性出发，可以替代品链的差别为判断准则来定义市场界限。即先从给定商品开始，然后考察该商品的替代品，再考察这些替代品的替代品，依次类推，直到发现替代品链中的明显差别为止。根据最终的差别，可确定该商品相关市场的界限。但是，这一方法只考虑了现存的竞争而没有考虑潜在的竞争，更主要的是在实际操作中难以精确定义其差别。假定只有当两种商品是完全可替代时，它们才属于同一市场，那

---

① 腾讯科技. 亚马逊遭美国反垄断机构调查：排查其是否借市场影响力损害竞争[EB/OL]. https://new.qq.com/rain/a/TEC2019091100723600，2019-09-11.

② Tirole J. Jean Tirole：market power and regulation（press release）[EB/OL]. http://idei.fr/sites/default/files/medias/doc/by/tirole/scientific_background_economics_nobel_2014.pdf，2014-10-13.

么产业融合导致的产品差异化增大，无疑使它们分属于不同的市场，这就可能导致所有的市场都会由单个厂商提供服务。但事实上，融合的商品几乎不可能是完全的可替代品，它总是因某些特征而有所不同。一旦其提高价格，消费者就会在少量的可替换商品中寻找替代。反过来，如果对市场的定义过于宽泛，即假定两种商品只要有任何一点的替代，它们就属于同一市场，那么产业融合无疑使相当数量的可替代性产品同属于一个市场，这就泛化了市场的边界。因为一组产品总是在某种程度上与经济中的其他商品相互作用。并且，该产业之外的商品定价或多或少地会通过收入效应或者替代效应影响对该产品的需求。

在产业融合导致市场边界游移和模糊化的情况下，市场的边界难以明确界定。在边界不明确的情况下，市场集中度是无法确定的。这在一定程度上意味着市场集中度衡量工具的失效，已不能用来对市场结构进行衡量与解释。当然，这并不是市场集中度本身在技术性上存在什么问题，而是产业融合给市场结构带来的新变化，使市场集中度对其的衡量及解释越来越变得不可能。产业融合中的市场结构变异，给产业组织研究提出了新课题，特别是对实务工作（判定是否垄断，以及采取相应规制政策等）提出了新要求。这种新变化在某种程度上是对哈佛学派“结构–行为–绩效”产业经济分析范式的否定。因为在市场结构无法用市场集中度来衡量和解释的情况下，是不可能清楚揭示其对市场行为的决定作用的，从而也不可能进一步分析对市场绩效的影响。

撇开市场结构与市场行为必然联系的芝加哥学派的分析方法，如“有效市场假说”（efficient markets hypothesis）可能更适合用来分析产业融合中的组织方式问题。有效市场假说提供了其他的因素来解释产业融合中的市场行为与市场绩效的可能。例如，美国司法部提供了一套做法，即从特定的产品和卖家开始，不断加上密切的替代品（未必由同一卖家生产），直到这一类产品作为一个整体具有充分低的需求弹性。这些产品的卖家如果合谋，会收取高于某种生存水平（行业利润率或平均利润率）的平均垄断加价。这一组产品就可以被称为一个市场。这样，在实际操作中就不必刻意去寻找差别。这种新的变化也可能会带来新的视角，激发学者重新探讨有关判别垄断与竞争的新标准。

关键词：

市场结构　market structure
结构–行为–绩效模型　structure-conduct-performance（SCP）model
完全竞争　perfect competition
垄断竞争　monopolistic competition
寡头垄断　oligopoly
完全垄断　complete monopoly
行业集中率　market concentration rate
赫芬达尔–赫希曼指数　Herfindahl-Hirschman index
均衡　equilibrium
合作博弈　cooperative game
非合作博弈　non-cooperative game
零和博弈　zero-sum game
常和博弈　constant-sum game
变和博弈　variable-sum game
纳什均衡　Nash equilibrium
技术博弈　technical game
过度惰性　excess inertia
过度动机　excess momentum

洛仑兹曲线 Lorenz curve
基尼系数 Gini coefficient
勒纳指数 Lerner index
贝恩指数 Bain index
成本加成定价 markup pricing
进入壁垒 barriers to entry
退出壁垒 barriers to exit
博弈 game
博弈论 game theory
限制性定价 limit pricing
掠夺性定价 predatory pricing
寡头博弈 oligopoly game
古诺双寡头模型 Cournot duopoly model
伯特兰德悖论 Bertrand paradox
斯塔克尔伯格模型 Stackelberg model
先行者利益 first mover advantage
卡特尔 Cartel
市场绩效 market performance

复习与思考

1. 有哪些主要的市场结构类型？不同类型的市场结构有何特征？
2. 如何理解市场竞争机制对于推动高质量发展的意义？
3. 如何刻画和描绘市场结构？哪些因素决定了市场结构？
4. 市场结构、市场行为与市场绩效存在什么样的关系，请举例分析。
5. 请根据图7.2计算基尼系数并绘制洛伦兹曲线。
6. 如果某投资者意图在粤港澳大湾区新建一家主题公园，他将面临哪些进入壁垒？
7. 旅游行业中哪些门类属于高进入壁垒，哪些属于较低或中低进入壁垒？
8. 从博弈角度讨论为什么各国际机场都建有免税店？
9. 假定市场需求曲线为P=40−Q，且边际成本为0。请计算图7.7中C点、G点、E点三个均衡点的产量及市场价格，并加以比较。
10. 把伯特兰德均衡与古诺均衡状态相比较，可以得到什么发现？
11. 导读案例中OFO与Mobike的价格竞争属于掠夺性定价还是限制性定价？
12. 除了市场结构，还有哪些外部因素会对企业市场绩效造成影响？
13. 收集数据资料，验证企业的利润率与其市场份额之间是否存在正相关关系。
14. 应用伯特兰德模型分析OTA平台之间的价格竞争，它们与传统双寡头价格竞争有何不同？
15. 应用古诺双寡头模型分析网约车平台之间的竞争，可以得到什么发现？
16. 什么是市场绩效？对市场绩效进行评价应当注意哪些方面？
17. 如何理解供给能力的现代化和供给体系的现代化？
18. 中国式现代旅游产业体系的特点是什么？
19. 什么是规模经济效率？应当如何对其进行衡量？
20. 为什么说创新或技术进步是企业核心竞争力的体现？
21. 当今世界各国在旅游市场上的竞争主要表现在哪些方面？
22. 旅游业技术进步表现在哪些方面？请举例说明。

23. 你如何理解旅游业供给结构合理化与供给体系高度化，请举例说明。

24. 请选择某类旅游行业（旅行社、酒店、景区等不限），收集相关数据，进行SCP分析，并根据分析结果，提出发展建议。

25. 请阐述建设现代市场经济体系对于推进中国式现代化的重要意义。

扩展阅读：

党的二十大报告中详细阐述了中国式现代化的理论内涵，读者可深入学习，加强对建设现代市场经济体系的理解。关于市场结构、市场行为、市场绩效之间关系的分析及相关的行业案例，可参阅王俊豪的《产业经济学（第四版）》[①]。关于市场博弈，可进一步学习张维迎的《博弈论与信息经济学》[②]。诺贝尔奖委员会收集整理的Tirole的Market power and regulation（press release）[③]提供了关于市场力量与政府规制的深刻的理论分析。

---

① 王俊豪. 产业经济学[M]. 4 版. 北京：高等教育出版社，2021.

② 张维迎. 博弈论与信息经济学[M]. 上海：格致出版社，2004.

③ Nobel Prize Committee. Market power and regulation（press release）[Z]. Nobel Prize in Economics Documents 2014-1，Nobel Prize Committee，2014.

第八章

非价格竞争策略

【导读案例】TUI 因何“途易”？

国际旅游联盟联合公司（Touristik Union International GmbH & Co. KG），又称途易股份有限公司，简称途易集团（TUI），是目前欧洲经营规模最大的旅游集团。TUI 的业务范围广泛，覆盖全球 180 多个国家。截至 2018 年，TUI 旗下拥有约 150 架飞机、400 多家酒店、16 艘豪华邮轮及遍布全球主要度假目的地的 1 600 余家旅行社，每年为超过 27 个客源国家、近 3 000 万名游客提供旅游服务；至 2019 年，TUI 员工约 7 万人，年营业额约 190 亿欧元，年利润近 9 亿欧元[①]。

1968 年，德国 4 家中等规模的旅游经营商游罗巴（Touropa）、萨摩旅游（Scharnow-Reisen）、胡梅尔旅游（Hummel Reise）和蒂格旅游（Dr. Tigges-Fahrten）共同建立 TUI，将游罗巴的包船旅游、蒂格旅游的马略卡（Mallorca）海岛旅游与胡梅尔旅游及萨摩旅游的旅游指南等核心业务相结合，最终使马略卡海岛成为当时最受德国人欢迎的旅游度假地之一。1970 年，国际航空旅游（Airtours International）及环欧旅游（Trans Europa）加入 TUI；1972 年后，丽屋酒店及度假村等连锁酒店也相继加入。1978 年 TUI 拥有了自己的假日旅游专列，1998 年 TUI 又先后收购 1-2 飞（1-2-Fly）、孔蒂航空旅游（Air Conti Flugreisen）和埃尔图国际（Airtours International）等企业。

保留合作企业的独立性或与同领域其他企业共建具有独立法人的新公司，是 TUI 在 21 世纪的重要合作竞争方式。2003 年，TUI 进军中国市场，与中国旅行社总社有限公司合作建立中旅途易旅游有限公司（TUI China Travel Co. Ltd.，简称途易中国），提供中国公民出境、外国公民入境、商务会奖、邮轮旅游等旅游服务，其中 TUI 占股 75%[②]。2005 年，TUI 整合旗下德国、英国、瑞典、比利时、法国及荷兰等地的所有航空公司，统一采用“途易航空”品牌，并由其协调相互间的飞行计划及保持统一的品牌形象，各个成员仍保持独立运营。

2007 年 3 月，TUI 宣布尝试将旗下旅游部门与英国旅游企业首选假日（First Choice Holidays PLC）合并。首选假日成立于 1973 年，1982 年于伦敦证券交易所上市，旗下拥

---

① https://www.tuigroup.com/en-en/about-us/about-tui-group.

② http://www.tui.cn/cn/facts_figures.php?mcs=109.

有 Air 2000 等业务板块，是当时英国旅游产业的重要成员。2007 年 6 月，欧盟委员会批准了 TUI 的合并计划。区别于此前 TUI 对其他企业的收购，在该次合并计划中，TUI 将航空及部分酒店与度假村业务从集团中剥离，与首选假日共同组建新的途易旅游公共有限公司（TUI Travel PLC，简称途易旅游），其财务报表纳入 TUI①。新公司具有相当的独立性，总部设在英国，首席执行官由原首选假日首席执行官彼得·隆格担任，但由 TUI 总裁米歇尔·弗伦策尔博士担任董事会主席。途易旅游于 2007 年 9 月在伦敦证券交易所上市，其中 TUI 持有途易旅游 55.9%的股权。合并完成后，途易旅游以年均 180 亿欧元的营业额成为欧洲最大的旅游集团。这使 TUI 最终成为拥有欧洲最大旅游集团的途易旅游、欧洲第五大航空集团的途易航空、居世界连锁酒店第 12 位的途易酒店及豪华邮轮领域的赫伯罗特邮轮旅游等在内的旅游巨头（图 8.1）②。

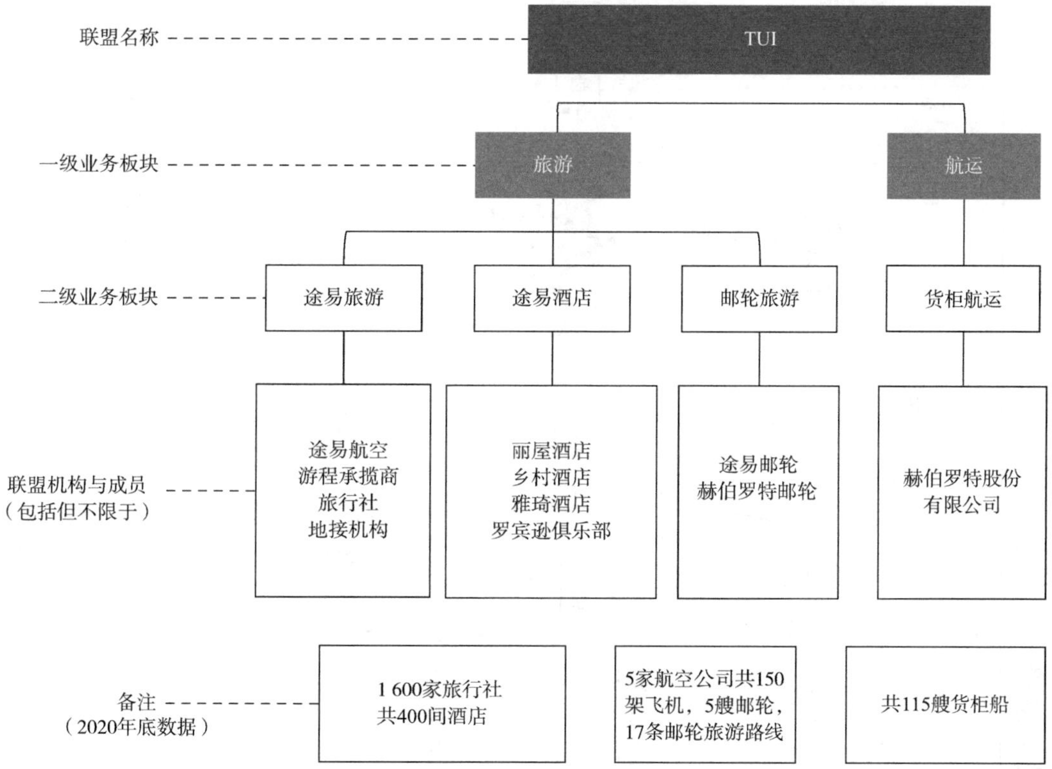

图 8.1 TUI 组织架构②

导读思考：

1. TUI 在成长与发展过程中采用了哪些非价格竞争策略？
2. 分析 TUI 与星空联盟的区别？

---

① http://www.tui-group.com/de/pressemedien/pressemeldungen/2007/20070319_Ad_hoc_Meldung.html.

② http://www.tui.cn/cn/facts_figures.php?mcs=109.

本章思维导图——非价格竞争策略

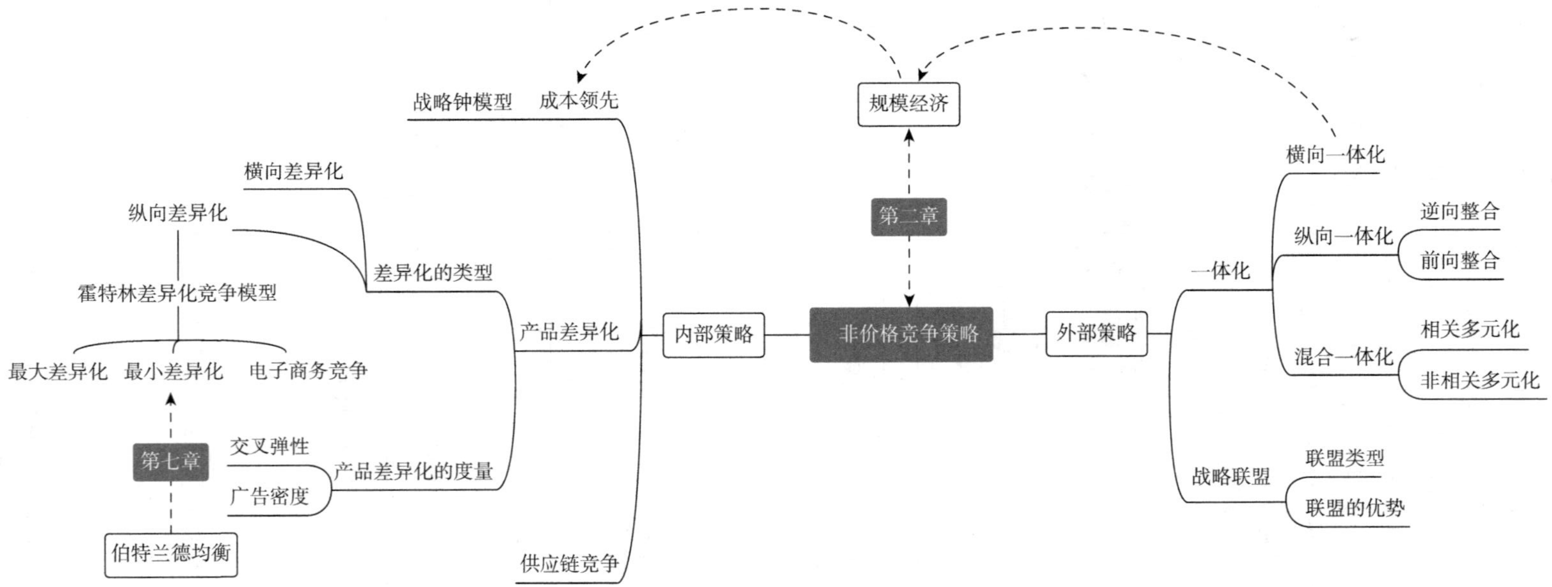

企业非价格竞争策略可分为内部策略和外部策略两类。内部策略包括企业通过研发创新或规模经济实现成本领先，以及实施产品差异化策略与供应链竞争策略；外部策略通常包括一体化和战略联盟。无论使用何种策略，就像任何定价策略一样，需要企业对可能的竞争对手的反应进行准确的评估和了解，同时也需要掌握市场需求的价格弹性（根据企业提供的商品和服务的性质）、市场需求的增长率、消费者偏好与价值观的变化及政府的政策倾向。从旅游目的地层面，还需要关注企业采用的策略是否有利于旅游业的长期可持续发展。

第一节 成本领先策略

旅游需求通常富有弹性，市场对价格的变化非常敏感。追求成本领先，即实现比竞争对手更低的生产成本对于旅游企业而言是非常有价值的战略。成本领先可以通过使用更便宜的投入（如集团采购）、仅提供核心产品（如低成本航班），通过大量销售实现规模经济或获得批量购买折扣来实现。低成本也可以成为一个有效的进入壁垒。由于利润率低，潜在竞争者很难进入市场（见第七章）。这种情况在普通旅行社提供的包价旅游、经济型酒店及低成本航空公司和包机航空（charter airlines）的竞争中尤为常见。

成本领先的方式包括技术创新和规模经济。这里的“技术”是一个广义的概念，包括人类关于如何组织生产和提供商品或服务的全部知识，也包括企业的有形资本和无形资产。创新可以使企业比竞争对手更有优势，使产品在质量、安全性、可靠性、可持续性、差异化、品牌形象等各种特性上价值更突出。所有这些都将促使顾客愿意支付更高的价格（价格溢价），增加市场份额。创新企业可以通过转换能力、与供应商和其他企业建立网络、使现有技术和流程适应新用途或创建定制解决方案来满足顾客需求从而提高生产率。在数字经济时代，旅游企业还需要考虑信息技术的持续发展对供应结构的影响，特别是对其产品销售媒介、方式及销售成本的影响，这在很大程度上决定了它们的竞争力、效率、创新和生产力。

图8.2的战略钟模型（strategic clock model，SCM）显示了八种“成本—价值”战略组合及其可能对企业竞争力产生的影响。横轴代表市场价格，纵轴显示顾客感知到的产品附加价值的高低。从第“1”象限开始，沿着顺时针方向，顾客感知价值逐渐升高，在越过感知价值顶点（12点钟方向）后逐渐降低；市场价格走向却与之相反，先降低再逐渐走高，越过第“6”象限后再下降。在任何旅游目的地，不同的旅游供应商在不同时间或地点，甚至在同一企业内不同部门间都可能采用这八种战略中的一种或几种战略组合。

（1）低价格/低价值。这种战略依赖于成本领先。航空公司往往具有较高的固定成本，低成本航空公司可以通过控制可变成本的种类和相对比例以实现规模经济，如采用中型机、高座位密度和取消一切机上免费服务，否则很难在市场上立足。

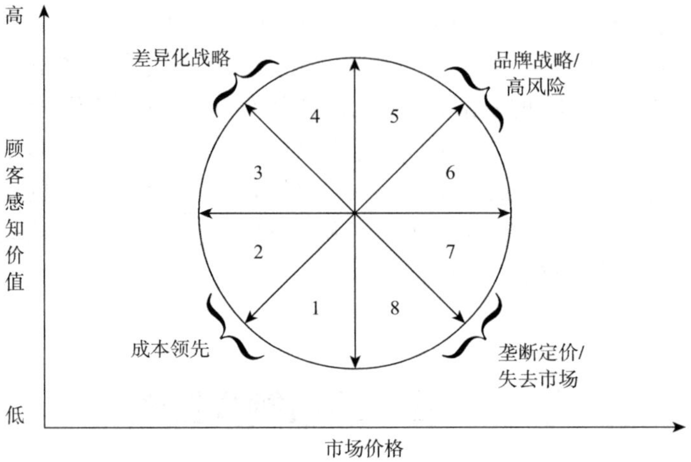

图 8.2 战略钟模型——竞争战略的选择

改编自：Bowman C，Faulkner D O . Competitive and Corporate Strategy[M]. New York：Irwin Professional Publishing，1997

（2）低价格/标准价值。这类组合同样依赖于企业必须大量生产产品，同时还要具有成本效益和效率，沃尔玛是低价策略市场领导者的典型例子。但是，由于产品标准化，这类企业往往会面临价格战的风险，如旅行社之间的低价竞争。成本领先通过大规模生产旅游产品提供更便宜的价格，但可能不利于企业长期发展。

（3）低价格/高价值。这一组合依赖于规模经济和企业对成本的有力控制，同时需要实施产品差异化才能产生溢价。消费者通过竞争性的低价格和产品差异化的结合来感知附加价值，而且规模经济伴随差异化往往会导致寡头垄断市场的出现。

（4）标准价格/高价值。这类企业往往品牌资产很高。高星级酒店通常采用这类组合策略，通过提供高附加价值，以增加顾客满意度，获取市场份额。

（5）高价格/高价值。采用这一战略的大多数是奢侈品牌，由于具有极高的感知价值和与之相匹配的价格，因而极具竞争力。这类产品包括奢华酒店或鸿鹄逸游、Abercrombie & Kent、耀悦等高端定制旅行产品，需要高度差异化和个性化产品以产生价格溢价。

（6）高价格/标准价值。这是一种高风险战略，企业设定高价格而没有提供太多价值作为回报。竞争对手容易以较低的价格提供具有类似感知价值的产品。因此，高价格/标准价值的组合可以带来更高的利润率，但有失去市场份额的风险，通常需要实施忠诚计划以留住顾客。例如，南方航空推出的明珠会员计划、洲际酒店集团IHG®[①]优悦会忠诚度计划等。

（7）高价格/低价值。高价格/低价值的组合只适用于垄断产品定价。消费者需求弹性低，感知价值通常很低，企业品牌资产也很低。

（8）标准价格/低价值。旅游景区内的餐馆属于标准价格/低价值组合。这类产品往往需求弹性较低，价格过高将导致企业市场份额的损失。企业可以通过提高产品或服务的感知价值，也可以通过降低价格来增加感知价值。

① IHG：Intercontinental Hotels Group，洲际酒店集团。

阅读材料 8.1 春秋航空的低成本战略

春秋航空成立于 2004 年 5 月，是中国首批民营航空公司之一，主打“省之于旅客，让利于旅客”的廉价航空经营理念。2019 年，春秋航空的廉价航空客座市场占有率为 22.7%，机队规模达 87 架，国内航线数量超 120 条，国际与地区航线 65 条，位于中国廉价航空公司之首。

航空客运与航空货运是春秋航空的主要业务，其中航空客运是其主要业务收入来源。2018 年，春秋航空客运收入约 127 亿元，货运收入约 3 亿元，客运收入占营收比重超 97%。春秋航空客运实行“低票价”战略，通过实施“两单、两高、两低”战略，辅以“热卖会”“领券集市”等方式销售优惠折扣机票，取得了显著的市场效果。2011~2018 年，春秋航空收入复合增长率达 16.6%，扣非归属母公司所有者的净利润复合增长率达 42.1%。

“两单”指春秋航空机型单一、仓位单一。春秋航空机队机型均为空客 A320，并统一配备 CFM 国际公司的发动机，主要动力及辅助动力装置等复杂设备由原制造商包修。在舱位上，春秋航空只设置经济舱，不设置头等舱或公务舱，使 A320 单机座位数量从 150 座上升至 180 座。2021 年，春秋航空引进空客新客舱布局的 A320 飞机，在保持座位间隔不变的情况下由 180 座提升至 186 座。截至 2018 年底，春秋航空拥有的 186 座的 A320 飞机数量增加至 36 架。

“两高”指春秋航空的高客座率和高飞机日利用率。春秋航空在运力扩张的情况下，通过有效的收益管理，保障其客座率。春秋航空以上海虹桥机场和浦东机场为主基地，国内航线主要集中在二三线城市，覆盖约 3.7 亿人口。在航班时刻管理方面，春秋航空更多利用延长时段（晚 9 时至次日早 8 时）飞行，2018 年飞机日均利用时长达 11.06 小时，较同年行业在册运输飞机 9.36 小时的平均日利用率高 1 个多小时。

“两低”指春秋航空的低销售费用与低管理费用。春秋航空不使用中航信的分销系统，以春秋航空 App 等电子商务直销为主要销售渠道。2018 年，春秋航空电子商务直销（含 OTA 旗舰店）占其销售渠道比重达 90.7%，单位销售费用（销售费用/可用座位公里）为 0.006 7 元，单位管理费用（管理费用/可用座位公里）为 0.005 2 元，均远低于国内其他上市航空公司。

资料来源：

1. 春秋航空官网，https://www.ch.com/

2. 李丹. 春秋航空（601021）深度报告[R]. 浙商证券有限责任公司，2020

3. 2018 年民航行业发展统计公报，http://att.caacnews.com.cn/special/mhgzlfw2019/ziliao/201906/t20190624_2395.html

第二节 产品差异化

假设所有企业的产品都在相同的完全竞争市场中，不存在产品差异化，也不存在垄断者。只有在垄断竞争市场或寡头垄断市场中，企业才会关注产品区别，从而避免陷入价格战之中。因此，产品差异化是垄断竞争市场与完全竞争市场的根本区别，也是寡头垄断市场重要的企业竞争行为。

产品差异化是指企业在提供给顾客产品时，通过各种方法造成足以引发顾客偏好的特殊性,使顾客能够把它提供的产品同其他竞争性企业提供的同类产品有效地区别开来，从而达到使企业在市场竞争中占据有利地位的目的。产品差异化的手段包括外观、包装、品牌、服务、分销渠道、广告和促销活动、服务类型、商标等。产品差异可能是真实存在的，如更好的体验、更好的质量或独特的服务，也可能是消费者所感知到的（买家的主观判断）。

产品差异化实质上是一种非价格竞争手段，其实施的可能性基于产品之间替代不完全，并且差异化也影响着产品（和整个旅游目的地）之间的可替代性。通过产品差异化，旅游目的地或旅游企业可以在竞争激烈的市场中为自己开拓并保持一个利基市场，或增强自己的市场力量。旅游产品越有特色，就越能控制自己的利基市场，降低消费需求的价格弹性（价格上涨时产生更多的销售收入，见第一章），增加顾客忠诚度和顾客黏性。特别是将差异化与品牌相结合时，它可以制造有效的进入壁垒，并导致更高的价格，为价格歧视提供基础（见第六章）。但产品差异化也将产生额外成本，只有差异化带来的收益超过差异化成本，企业才能从中获利。

产品差异化可分为横向产品差异化和纵向产品差异化。假定有两种产品A和B以相同的价格出售，如果某个利基市场上的一些消费者总是喜欢产品A，而另一些消费者总是喜欢产品B，即消费者对接受哪一种产品无共同偏好，则它们是横向区分的。如果所有消费者都一致喜欢产品A或产品B，那么这两种产品就属于垂直区分。酒店等级分别对应着不同的服务标准。根据STR的分类，酒店行业可分为经济型、中档、中高档、高档、超高档、奢华六类。假设所有六个等级的酒店房间都以相同的价格出售，显然几乎所有消费者会首选奢华酒店，再次选择超高档酒店，向下排序一直到经济型酒店。因此，酒店在等级维度上的分类是纵向产品差异化。

六个类别中的每个类别下都有各种连锁酒店品牌。例如，奢华酒店包括万豪、丽思卡尔顿、四季和香格里拉等连锁酒店品牌。假设这四家奢华酒店的房间以相同的价格出售，则有些消费者会更喜欢万豪而不是丽思卡尔顿，有些消费者会更喜欢丽思卡尔顿而不是四季，还有些可能更喜欢四季而不是香格里拉，等等。这些连锁酒店的分类就属于横向产品差异化。同样，如果所有景区游览价格相同，消费者可能对选择游览黄山风景区还是武陵源风景区没有共识，这也是横向产品差异化的体现。总之，横向产品差异化表现出相对的消费者偏好，而纵向产品差异化展示的是绝对的消费者偏好。

然而，当两种产品在多个属性上有所区别时，确定首选哪种产品，即消费者偏好，就会变得异常复杂，甚至不可能进行排序。因为任何产品都具有多维特征。这些特征都可以在构成差异化属性的空间上进行广泛差异化。在实践中，企业往往会从某种属性开始逐步地区分它们的产品，最终在市场上生产出各种各样的差异化产品。因此，产品差异化是随着时间的推移在产品的某个属性上逐渐发展的结果。为简便分析，下面的竞争模型中将假设两种产品在所有属性上都是相同的，产品差异化只能一次性地在一个属性上进行区分，而不是同时在多个属性上进行区分。

第三节　霍特林差异化竞争模型

霍特林（Hotelling）差异化竞争模型由美国经济学家哈罗德·霍特林提出。该模型用非价格因素反映产品由空间地域位置不同造成的购买成本差异。空间位置的差异代表两家企业提供的产品的差异性。模型基本假设如下。

有一座长度为L的线形街道，顾客均匀地分布于[0，L]区间内。假定有两家企业1和企业2，分别位于街道两端，以相同的价格p出售完全同质的产品，市场上销售的两种产品的总数量为$q=q_1+q_2$，等于市场上消费者的数量。同时，两家企业提供的单位产品的边际成本相同，都等于c。消费者购买产品的交通成本与商店的距离成正比，单位距离的交通成本为t。这样，位置成为区分两种产品的唯一属性。住在x处的消费者如果在商店1（S_1）购买，需要花费的运输成本为tx；如果选择在商店2（S_2）购买，需要花费的成本为$t(L-x)$。由于企业没有生产能力的约束，任何一家企业都能无限制地满足市场上的所有需求，企业市场份额完全取决于企业在街道上的位置及另一家企业的位置。这样，企业利润最大化问题就转化为空间位置选择问题，即企业可选择产品属性空间中的不同地点实施产品差异化策略。

一、空间竞争

根据无差异曲线，若住在x处的消费者在两个商店之间购物是无差异的，即在商店1或商店2购物的旅行成本加上产品价格都是相同的，则所有住在x处左边的消费者都将在商店1购买，而住在x处右边的消费者都将在商店2购买。消费者需求函数分别为：$q_1=x$，$q_2=L-x$。x满足：

$$p_1+tx=p_2+t(L-x) \tag{8.1}$$

由此可得

$$D_1(p_1,p_2)=x=\frac{p_2-p_1+Lt}{2t};\ D_2(p_1,p_2)=L-x=\frac{p_1-p_2+Lt}{2t} \tag{8.2}$$

两家企业的利润函数可分别表示为

$$\pi_1(p_1,p_2)=(p_1-c)\frac{p_2-p_1+Lt}{2t};\quad \pi_2(p_1,p_2)=(p_2-c)\frac{p_1-p_2+Lt}{2t} \tag{8.3}$$

利润最大化条件为

$$\frac{\partial\pi_1}{\partial p_1}=p_2+c+Lt-2p_1=0;\ \frac{\partial\pi_2}{\partial p_2}=p_1+c+Lt-2p_2=0 \tag{8.4}$$

由此可解得

$$\begin{cases} p_1^*=p_2^*=c+Lt \\ \pi_1^*=\pi_2^*=\dfrac{L^2t}{2} \\ x=L/2 \end{cases} \tag{8.5}$$

这意味着市场均衡价格=企业边际生产成本（c）+产品的差异化程度（Lt）。即在生产成本给定的情况下，企业间提供的产品差异越大，均衡价格就越高，从而利润就越大。原因在于产品间的替代性随着差异性增加而降低，企业垄断势力便增强，这样将导致竞争越来越弱，从而均衡价格将更接近于垄断价格，企业实现利润最大化。

图8.3为旅游企业的空间选址博弈。由$x=L/2$可得，街道的中心位置（M）是两家旅游企业在市场中的竞争均衡位置。此时，两家旅游企业将平分整个市场，各自获得50%的市场份额。假设旅游企业S_1选择定位在中间位置M左侧x的地方，则旅游企业S_2可以通过定位在其右侧，如距离S_1为y的地方以尽可能获取更多的消费者。如图8.3所示，S_2不仅可以获得其右侧的所有消费者，并且可以共享两家旅游企业之间一半的消费者，即（$L-x-y/2$）。很明显，旅游企业S_2距离旅游企业S_1越近，y越小，旅游企业S_2获得的市场份额越大。因此，当且仅当旅游企业S_1定位在街道的中间位置M时，无论旅游企业S_2如何选址，它都将获得至少50%的市场份额。这一情形同样适用于旅游企业S_2。最终，两者将背靠背地位于街道的中心（$x=L/2$，$y=0$），任何一方都没有动力从中心转移出去。因此，街道的中心位置是它们在市场中的均衡位置。

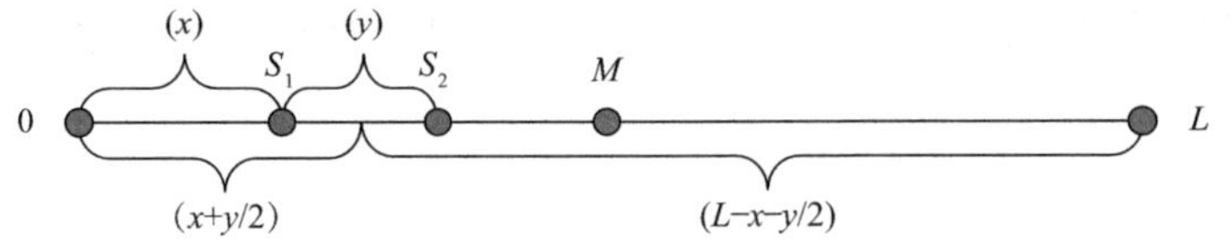

图 8.3 旅游企业的空间选址博弈

二、最小产品差异化

旅游企业S_1和企业S_2背靠背地位于街道中心的均衡位置（M）被称为最小产品差异化。也就是说，这两种产品在均衡状态下根本没有区别，不仅在位置上没有区别，也没有所有其他属性的差异，因此它们是完全相同的。在最小产品差异化中，给定相同的价格，只要两家企业选择在同一个地方，每个消费者，无论他在街上的哪个地方，都会随机选择其中任何一家企业来光顾。当两家企业选定均衡位置后，由于两种产品没有区别，这两家企业将转向价格竞争。此时，一家企业的直接利益就是削弱另一家以增加市场份额。只要$p_1<p_2$，企业S_1将占领整个市场。当然，企业S_2可以通过与企业S_1完全相同的方式进行报复，以垄断市场。这种价格竞争将一直持续到一家企业将价格降低到边际成本，同时促使另一家企业也将价格降低到边际成本，因此有$p_1=p_2=c$，每家企业最终获得50%的市场份额，但利润为零。这便是产品同质条件下的伯特兰德均衡结果（见第七章）。

事实上，即使让企业S_1和企业S_2同时在位置和价格上竞争，它们最终也会位于街道的中心并收取价格$p_1=p_2=c$，这与两者分别进行均衡位置博弈和价格竞争所得结果相同。因为两家企业在位置和/或价格上的任何差异都会使一家企业比另一家企业更具优势，这反过来又会导致另一家企业进行报复，直到两者都达到均衡为止。除了产品差异化之外，霍特林差异化竞争在很多方面都与伯特兰德竞争相似。但不同之处在于霍特林差异化竞争模型中企业的位置选择涉及固定成本的改变，因此是长期的，而伯特兰德竞争中的价格决策是短期的。

在霍特林差异化竞争模型中，虽然位置选择对于许多旅游业务，如酒店、餐厅、主题公园等起着关键作用，但它绝不是产品差异化的唯一属性。当霍特林差异化竞争模型从位置扩展到其他属性时，如产品的颜色、大小和风味，街道的长度隐喻地显示出消费者对任何相关属性的偏好分散。平均交通成本则是消费者会在多大程度上妥协并愿意改变其偏好的隐喻。假如某家酒店试图通过对房间色彩进行重新设计以打造差异化风格，则L可以是从一端的白色到另一端的黑色的颜色光谱，中间有各种均匀间隔的颜色；t衡量消费者对每种颜色的偏好程度。在其他条件相同的情况下，随着L的扩展，消费者偏好将在色谱上扩展，并且随着t的增加，消费者对特定颜色的偏好，如近年来流行的莫兰迪色将增强。L和t在色彩的位置上是连续的，但在其他方面的实践应用中也可能是离散的。例如，旅行社按照主营业务可以分为票务代理、地接社、批发商、综合性旅行社、旅行社加盟店、MICE[①]旅行社、平台运营旅行社、定制旅行社（图8.4）。又如，餐厅可以选择使用圆形或方形的饮料瓶等。

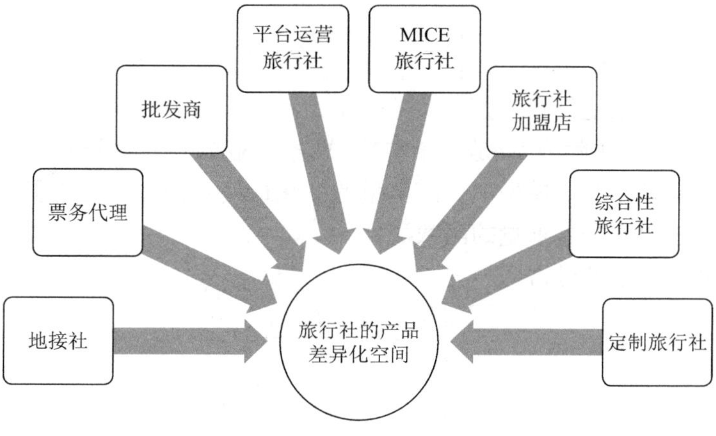

图 8.4　旅行社的产品差异化空间

① MICE 即 meetings（会议）、incentives（奖励旅游）、conferencing/conventions（大型企业会议）、exhibitions/exposition（活动展览）和 event（节事活动）的首字母大写。

三、最大产品差异化

实际上，旅游企业S_1和企业S_2也可以分别位于街道L的两端。假定两家企业收取相同的价格$p_1=p_2>c$。此时，两者同样可以各自获得50%的市场份额。由于街道的两端代表产品差异化空间内的最长距离，因此企业S_1和企业S_2通过定位在两端来执行最大程度的产品差异化。此时，消费者对于偏好哪一家企业并没有达成共识，只是根据花费的成本进行选择。这一定位上的差异化称为横向产品差异化。

假设两家企业的位置选定后不能再做改变，只能进行价格竞争，那么如何确定两种不同产品的价格？如果企业S_1率先降低其产品的价格以增加其市场份额（此时企业S_2不改变价格），显然企业S_1可以多吸引一些消费者而获得超过50%的市场份额。如果p_1足够低于p_2，企业S_1甚至能够垄断整个市场，同样，企业S_2也可以通过削弱价格的方式进行报复，将其市场份额提高到50%以上。如果p_2足够低于p_1，企业S_2也可以独占市场。这样，两家企业获得的市场份额取决于p_1相对于p_2的变化程度，反之亦然。只要企业S_1和企业S_2不再有改变价格的动机，或者无论它们收取什么价格都无法进一步增加其市场份额，就达到了价格均衡。

价格均衡意味着任意消费者i在特定p_1和p_2下在企业S_1和企业S_2之间进行选择时效用无差别。假设消费者i与企业S_1相距x单位（$0 \leqslant x \leqslant L$，可位于街道上的任何地方），其支付意愿为$r$，并且$r \geqslant p_1,p_2$。令消费者$i$从企业$S_1$购买的效用为$U_1$，从企业$S_2$购买的效用为$U_2$，有

$$\begin{cases} U_1 = r - (p_1 + tx) \\ U_2 = r - [p_2 + t(L - x)] \end{cases} \tag{8.6}$$

令$U_1=U_2$，通过求解x可得消费者对企业S_1的需求函数为

$$\begin{cases} x = \dfrac{p_2 - p_1}{2t} + \dfrac{L}{2} \\ 1 - x = \dfrac{p_1 - p_2}{2t} + \dfrac{L}{2} \end{cases} \tag{8.7}$$

式（8.7）表明，给定任意一家企业的价格，消费者对另一家企业的需求将完全取决于它收取的价格。由于边际成本c是一个常数，两家企业的利润也分别完全取决于p_1和p_2。因此，在霍特林差异化竞争模型中，需求量的变化最终是由价格变化引起的，而利润最终是价格的函数，而不是需求量的函数。

通过利润最大化条件可得

$$\begin{cases} p_1 = \dfrac{p_2 + Lt + c}{2} \\ p_2 = \dfrac{p_1 + Lt + c}{2} \end{cases} \tag{8.8}$$

式（8.8）表明，一家企业的价格完全取决于另一家企业的价格。因此，式（8.8）中的两个函数也被称为价格响应函数。当企业S_1和企业S_2位于执行最大产品差异化的街道两端时，它们最终也收取与最小产品差异化相同的价格，但各自可获得相同的加价

$p-c=Lt>0$（请与最小产品差异化所得结果比较）。可见，只要消费者对差异化空间的地点有偏好，产品差异化就会赋予两家企业市场力量。

旅游企业S_1和企业S_2获得的加价$p-c=Lt$取决于两个常数：街道的长度L和平均运输成本t。在其他条件相同的情况下，L越大（意味着产品属性空间越大），两家企业获得的加价越大；t越大（偏好越强），两家企业获得的加价也越大。由企业最大化利润$\pi=\dfrac{L^2t}{2}$可知，不仅均衡价格，而且总利润也取决于街道的长度L和平均运输成本t。t越大，总利润越大；L越大，总利润越大，且总利润与L成二次方增长。企业S_1和企业S_2也可以在产品属性空间上执行一些非最大程度的产品差异化，一方面，每家企业都可以收取到高于其边际成本的价格，但加价将小于在最大产品差异化中获得的Lt。另一方面，除非它们的位置沿街道对称，即它们与街道的两端或中心的距离相等，否则市场均衡时两家企业的价格不会相同。

四、考虑消费者偏好的差异化

在旅游企业S_1和企业S_2位于街道两端的最大产品差异化中，均衡价格完全取决于街道的长度L和平均运输成本t，企业利润也是如此。从本质上讲，L衡量消费者对产品空间的偏好在市场上的分散程度，t衡量其偏好程度。在其他条件相同的情况下，L越大，消费者偏好越分散，意味着消费者偏好在位置上的分布越广泛。如果L是无限的，消费者偏好将在位置上无限传播。企业S_1和企业S_2的任何两个不同位置都表明它们的产品非常差异化。

如果$L=0$和/或$t=0$，企业S_1和企业S_2选择在哪里定位都没有关系，消费者偏好将收敛到一个点，企业无法在位置上创建消费者偏好。所有消费者都随机选择两家企业来光顾。此时，$p_1=p_2=c$，$\pi_1=\pi_2=0$。无论企业S_1和企业S_2背靠背位于街道中间，还是位于街道的两端都不再具有位置差异性。消费者对两者无感。此时，在地点上区分产品对企业来说毫无意义。例如，假设消费者可以从两家旅行社在线购买相同的机票，其他条件相同。显然，两家旅行社在地理上的位置并不重要，因为消费者没有位置偏好。因此，从消费者的角度来看，两家旅行社的位置对其预订服务没有影响。在这种情况下，地理位置不成为两家旅行社区分其预订服务的属性。只有当两种产品在消费者偏好的属性上进行区分时，该属性上的产品区分才具有经济可行性。可见，消费者偏好和产品差异化是同一枚硬币的两面。一面是消费者的偏好导致供给侧的产品差异化；另一面，产品差异化也体现了在需求侧的消费者偏好。

五、产品差异化和市场效率

霍特林差异化竞争模型非常抽象，有很强的实用性。经过一定的修正，我们可将两家企业之间的距离解释为任何一类产品的差异化程度，也可以用该模型对任何具有差异化的产品需求进行分析：第一，产品差异化程度取决于消费者偏好在市场上的分散程度，以街道长度L来衡量；第二，给定消费者偏好的一定分散程度，产品被感知的程度取决于消费者偏好的强度，以平均运输成本 t 衡量。因此，不仅企业的市场力量，而且企业的利润最终都来自市场中消费者偏好的分散性及消费者偏好的强度。一方面，企业倾向模仿彼此的产品，收取相似但较低的价格，特别是当消费者偏好的分散性和/或强度可以忽略不计时。另一方面，企业会诱使消费者相信它们的产品有显著的差异化，这使它们能够获得诱人的加价，特别是当消费者偏好的分散性和/或强度很大时。

在最小产品差异化中，价格$p_1=p_2=c$，利润为零。任何一家企业都没有相对于对方提高或降低价格的市场力量，因此市场价格等于两家企业的边际成本。从市场效率来看，如果不考虑消费者偏好，霍特林差异化竞争与伯特兰德竞争没有什么不同。并且，霍特林差异化竞争模型和伯特兰德模型的最终市场结果与完全竞争的市场结果相同，即企业都是价格接受者，边际收益等于边际成本，也等于市场价格，P=MR=MC，短期利润为零。

但霍特林差异化竞争的不同之处在于，完全竞争和伯特兰德竞争都是社会最优的，而霍特林差异化竞争模型中的最小产品差异化仅对双寡头垄断者来说是最佳的。就消费者而言，社会剩余没有最大化则不是社会最优的。原因是霍特林差异化竞争是基于消费者偏好的，当两家企业背靠背地位于街道中心时，市场均衡以最小产品差异化告终。最小产品差异化（提供同质产品）往往带来恶性价格竞争，并且消费者偏好并没有得到满足。最大产品差异化也不是所有情况下企业的最优选择策略。因此，霍特林差异化竞争模型表明，社会最优需要一定程度的产品差异化，两家企业的定位应该不同，也即提供多样的社会产品，保持“适度差异化”，有助于增进和提升社会福利。

六、电子商务下的差异化竞争

电子商务的迅速扩张对经济生活产生了极其重大的影响。对消费者来说，他们不但多了一种购物渠道，而且往往能够以更低的价格买到他们所需的产品。对传统的零售企业而言，它们开始面临着一类崭新的竞争者：不论消费者身居何处，都可以足不出户就能从电子商务企业购买商品。此时，商品是完全同质的，其本身不存在差异化属性空间，那么，在线企业如何与线下企业竞争？

假设市场中有两个生产成本为0的传统企业A和B，它们分别位于霍特林线性城市的两端。企业A和B的定价分别记为P_A和P_B，其目标都是最大化各自的利润。市场中还有众多处于完全竞争状态的电子商务企业E，它们的定价为P_E。假设电子商务企业向消费者收取的递送费为e。P_E越小，电子商务企业相对于传统企业的竞争力越强。消费者总人数标准化为1，则位于x处交通成本为t的消费者的净效用函数可以表达如下：

$$U=\begin{cases}u-P_A-tx\text{，从}A\text{处购买}\\u-P_B-t(1-x)\text{，从}B\text{处购买}\\u-P_E-e\text{，从}E\text{处购买}\end{cases}\tag{8.9}$$

由于消费者效用无差异，通过利润最大化条件可得

$$\begin{cases}x=\dfrac{P_A-P_E-e}{t}\\1-x=\dfrac{P_B-P_E-e}{t}\end{cases}\tag{8.10}$$

式（8.10）表明，给定任意一家线下企业的价格，消费者对电子商务企业的需求将完全取决于它收取的价格加上递送费与线下企业价格之差和消费者的交通成本之比。

x取值在[0, 1]之间，因此有$0 \leqslant (P_A - P_E - e) \leqslant t$。消费者的目标是选择合适的购买方式以最大化自己的效用。假设市场中有两类消费者，其中一种交通成本很高。如果没有电子商务，那么，高交通成本消费者越多，传统企业的均衡定价和利润越高。当存在电子商务时，这个结果就不一定成立了。主要是因为这些高交通成本的消费者更有积极性参与网购。因此，为了吸引和留住这些消费者，传统企业就需要制定更低的价格。在递送费不变的条件下，高交通成本消费者的比重越大，传统企业的均衡定价反而越低。当消费者交通成本很低时，电子商务企业只能靠低价格与线下企业竞争。

由于传统企业或多或少存在某些垄断定价因素，即P_A或P_B高于市场均衡价格，消费者可能过度地从电子商务企业购买。与没有电子商务竞争的基础状态相比，引入电子商务竞争后，传统企业并不一定会提高价格，因而对消费者总是一件好事，但引入电子商务竞争的福利效应不明确。电子商务对社会福利产生影响主要取决于两方面因素：第一，当消费者从电子商务企业购买时，他们需要承担相应的送货成本e；第二，当消费者从传统企业购买时，他们需要支付相应的交通成本t。因此，电子商务既有可能提高社会福利，也有可能降低社会福利。

七、产品差异化的度量

产品差异化程度可以用需求交叉弹性（即产品可替代性的大小）来度量。i产品的需求量q对j产品价格p的交叉弹性计算公式为

$$\theta_{ij} = \frac{\mathrm{d}q_i / q_i}{\mathrm{d}p_j / p_j} \tag{8.11}$$

当j产品价格变化而i产品价格不变时，如果i产品的需求量有较大变化，则说明二者有较高的可替代性，也说明两种产品的差别不大；反之，当j产品价格变化而i产品价格不变时，如果i产品的需求量并无太大变化，则说明两种产品的差别较大。

由于收集数据难度较大，需求交叉弹性的实用性有限。日本经济学家植草益基于1997年日本31个产业数据的分析发现，广告是形成产品差异化壁垒的有效手段，有助于提高市场集中度，打造产品（品牌）声誉，是一种非价格竞争手段和战略行为。因此，可用广告密度来反映某行业产品差异化的程度，其计算公式为

$$广告密度=AD/SL \tag{8.12}$$

其中，AD表示行业所有企业支出的广告费用绝对额；SL表示行业总销售额。如果AD/SL ≥3.5%，则该行业产品差异化程度高；如果1%≤AD/SL<3.5%，则该行业产品具有较高差异化程度；如果AD/SL<1%，则具有中差异化程度。广告形成的进入壁垒的程度，主要取决于广告效果的持续时间及消费者的品牌忠诚度，同时也会受到目标消费者的购买经验及偏好的影响。广告作为一种信息传递渠道，能降低消费者的转换成本和搜索成本，在某种程度上也能增进社会福利。

第四节 供应链竞争

旅游企业间的竞争不仅依赖于企业内部对规模经济和创新的控制和管理，还依赖于行业内外众多其他企业独立活动的协调，因为游客消费的产品、服务或体验是由各种各样的供应商提供的。面对旅游供应链的复杂性和旅游市场的竞争性，旅游企业往往寻求通过区域一体化、纵向一体化、战略联盟和多样化来控制和理顺其供应链，实现旅游产品或服务的开发和分销。

供应链是将产品或服务从供应商转移到消费者所涉及的组织、人员、活动、信息和资源的网络。供应链活动包括企业如何将资源转化为产品，以及如何与原材料供应商、中间投入产品供应商建立契约关系，还包括如何在生产过程的不同环节将这些商品组装成最终产品。它不是简单地将产业链的上下游企业信息与流程叠加，而是站在全局角度审视企业内外部价值链的契合点。旅游供应链与其他行业供应链的主要区别在于，游客购买的旅游产品具有特别高的服务成分。所有的销售商、服务中介和游客都是旅游产品或服务供应链中的环节。可以将旅游供应链定义为“一个从事不同活动的旅游组织网络，从提供旅游产品/服务的不同组成部分，如航班和住宿，到在特定旅游目的地分销和销售最终旅游产品，涉及私人和公共部门的广泛参与”①。由于每个供应链都根据所提供产品或服务的类型、目的地的特点及客源市场消费者的态度和价值观而不同，没有两个旅游供应链是完全相同的。

根据旅游消费涉及的范围及技术流程，可以将旅游供应链区分为后向（上游）联系和前向（下游）联系。

（1）上游联系包括建造机场、公路、铁路、港口及发展能源、通信等基础设施和其他与旅游业有关的设施，以及利用农业、制造业和其他部门的投入提供的支持性服务。

（2）下游联系包括为游客提供服务的部门。这些服务包括金融、电信、零售、娱乐、文化、酒店、安保和健康服务等。

图8.5显示了一个简单的旅游供应链中的一些环节。游客购买的包价旅行组合含航班、住宿、接送机、餐饮和额外费用。旅游产品组合可以由游客自行组装，也可以从旅游零售商（如旅行社、直销企业或使用基于互联网的中介）购买。除了预付费产品外，游客还可以在旅游目的地购买多种商品。此外，旅游业不仅涉及私人产品，也依赖于旅游目的地公共服务和基础设施。

游客的“旅游体验”取决于旅游供应链中每个环节的质量。为保证各个环节的质量，要求有效的供应链管理，包括在旅游产品直接供应链之外的各种行动，如通过与公共、

① Song H Y. Tourism Supply Chain Management[M]. London：Routledge，2011.

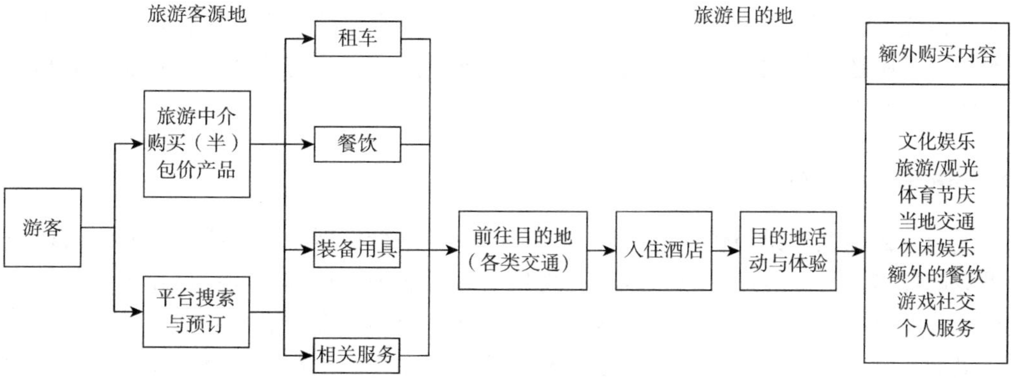

图 8.5　旅游供应链示例

私人部门的利益相关者，以及与当地企业、社区和非政府组织建立伙伴关系，以管理旅游影响，促进可持续旅游发展等。因此，供应链管理是一种整合活动，其目标是将企业内部和跨企业的主要业务功能和业务流程连接到一个具有凝聚力和战略性的业务模型中，即在供应链的不同环节与合作伙伴合作。在供应链管理中，信息共享尤为重要。信息共享可改善供应链中每个供应商的业务运营，使各方能够适当地协调安排以满足消费者和生产商当前和未来的需求，并增进与其他旅游企业之间的关系，促进组织间的协调，提高经营绩效。

旅游业不同部门供应链管理的成功，最终可能导致市场上出现一种新的竞争，即竞争不再是企业对企业的竞争，而是采取供应链对供应链的形式进行。特别是在ICT支持下，OTA寡头从销售平台向供应链的延伸竞争趋势更加明显。OTA在旅游产业链中处于中游地位，其上游对接丰富的旅游资源（为消费者提供的旅游产品或服务），可在资源端进行预订，对酒店、门票、邮轮、演唱票等进行大规模的采购，可锁定产品的议价权，实现从平台商向资源商的延伸。例如，联手锁仓南极旅游的中华区邮轮，或者加勒比海某些区域的邮轮，从而拥有整个产品的定价权。尤其是在国际旅游方面，国际供应链缺乏透明度（被称为“神秘化”），消费者无法了解其购买来源，可能导致社会上不负责任的行为。

在下游，OTA面对广大的消费群体，不仅可为旅游资源方（酒店、旅行社、景区）导入客流，还可充分利用自己的平台流量优势，将流量导向自己旗下的品牌。例如，携程的北京游线实现与多家景区的“IBU”①战略，美团、同程艺龙等也有类似的探索，以打通整个产业链，可能导致“强者愈强”的寡头格局。

第五节　一体化战略

一体化战略（integration strategy）也称为整合战略，可分为横向一体化（水平整合）、

① IBU：Internet solutions business unit，互联网解决方案商业单元。

纵向一体化（垂直整合）及混合一体化（多元化）。垂直整合和水平整合在旅游业中都很普遍。本节阐述一体化（整合）战略的主要特征，然后讨论这些特征对企业创造和维持竞争优势的影响。

一、横向一体化

横向一体化实质是对供应链中同一环节的业务进行扩展。它是指处于同一行业或同一供应链环节的企业之间的收购或合并现象。旅游业中常见的横向一体化现象包括一家旅行社收购另一家旅行社，航空公司合并，或母企业购买多个酒店物业等。

横向一体化可以增加企业的市场份额/支配地位，为产生规模经济和获取垄断利润创造机会，也可以使企业获取先进技术与人才，成为其供应链中更强大的参与者。例如，2022年2月，美国边疆航空（Frontier Airlines）和精神航空（Spirit Airlines）宣布合并，其中边疆航空将拥有合并公司51.5%的股份，精神航空将拥有48.5%的股份。合并后的公司致力于发展成为美国最具竞争力的超低票价航空公司。预计在完全整合完成后，受到企业规模效率（scale efficiency，SE）和采购成本的节省驱动，合并公司每年将实现5亿美元的运营协同效应[①]。

二、纵向一体化

纵向一体化是指企业将供应商的价值链和/或分销渠道的价值链整合到自己的价值链中，以实现规模经济和范围经济，消除竞争并降低市场交易成本的行为。采取纵向一体化策略的企业通常面临较高的沉没成本，其投资的资产专用性较强。资产专用性是指一项投资一旦做出之后，就会产生较大的转换成本，如果再把资产改作其他用途就可能丧失全部或部分价值。资产专用性高意味着外界可供利用的资源有限，涉及该项业务的企业与供应商数量都较少，难以实现规模经济，生产成本也会随之提高。因此，对于资产专用性高的业务而言，建立纵向一体化结构可以成为一种防御性策略，通过用垄断性交易关系代替竞争性交易关系，可以确保中间投入品的稳定供应。

纵向一体化在旅游业也很普遍，总体上可以分为两类。

（1）逆向整合。它是指下游企业获得对其投入的中间产品（上游企业）的控制权。例如，航空公司自行提供机上餐饮以取代其餐食供应商；岛屿度假酒店开设渡轮业务，接送顾客上岛或离岛。逆向整合可以保证供应的价格、质量和可用性，通过协调供应的生产者与消费者需求可获得更高的效率。

（2）前向整合。当企业集成其核心业务或获得对其分销渠道的更大控制权时，称为正向整合或前向整合。例如，航空公司通过整合目的地产品扮演传统旅行社的角色，提供机票+酒店+景区等产品组合；邮轮企业可以收购或发展在不同停靠港经营旅游的相关企业；OTA经营者收购线下旅行社或酒店。前向整合的优势包括排除竞争的供应商，获得更强的接触最终顾客的能力及更好地获取最终顾客的信息。

---

① 邵冰燕. 美两大廉价航司合并跻身全美第五大航司，交易价值 66 亿美元[EB/OL]. https://www.thepaper.cn/newsDetail_forward_16612243，2022-02-08.

对于许多旅游企业来说，要想在全球市场中生存下去，就需要协调那些提供整个产品不同组成部分的企业，或者合并它们。改善供应链或流程管理是最强大的旅游业务垂直整合方式，可以提高进入壁垒，阻碍潜在竞争对手的进入，也能创造旅游价值链。例如，2018年，TripAdvisor和Booking Holdings分别收购了两家原本独立的目的地活动供应商Bokun和活动预订软件商Fare Harbor。这两家从事预订系统的软件企业分别成为在线旅游巨头的子企业，为消费者提供分销、旅游运营、航班、住宿、保险和娱乐等信息来源。其他许多中小型独立企业，要么被这些大机构排挤寻找利基市场，要么被接管成为其供应链中参与者。一体化过程使这些大企业变得更强大，取得市场支配地位，甚至正在改变全球旅游业的性质。

三、混合一体化

混合一体化也称为多元化。企业通过收购不相关的业务来实现多元化，可减少单一产品市场的风险敞口。例如，一家旅游企业收购非旅游企业，可能会使该企业在旅游业低迷时期分散商业风险。但是，多元化本身也会带来风险。由于不同行业的生产要素、技术和组织方式不同，企业实施多元化也会面临市场进入或退出风险，内部资源调配和经营整合风险及市场整体风险。例如，文化创意企业通常高度依赖创意劳动，而工业企业以标准化生产和普通劳动为主，在两者整合的过程中往往会面临不同管理方式和组织风格的冲突。

因此，企业在实施多元化的过程中，通常应选择与自身具有“战略匹配关系”的新业务，寻求与自身的资源相似性和/或互补性相匹配的整合度。资源相似性是指主收购企业和被收购企业享有共同的技术、市场或产品的程度；互补性是指主收购企业可以通过组合不同但相互加强的技术、市场或产品来创造更高价值的潜力。

例如，早期的华侨城集团通过地产业务的优势，推动了包括文化旅游景区、酒店、住宅和商业类地产等多种形式的旅游综合业务的协同发展，创立了“旅游+地产”的商业模式。随着中国房地产进入存量时代，华侨城将其战略方向调整为“文化+旅游+城镇化”“旅游+互联网+金融”“科技+产业+园区”三大发展模式，其发展囊括了景区、博物馆、文化艺术场馆、特色小镇、美丽乡村综合项目、主题酒店、旅行社、旅游交通公司、文旅科技设备制造公司等与旅游相关的产业，跨界文化、旅游、新型城镇化、科技、互联网五大业务。2021年，华侨城集团实现旅游综合业务营收433.17亿元，房地产业务营收589.61亿元，其他业务收入3.06亿元，分别占营收总额的42.23%、57.48%和0.30%[①]。

四、旅游企业并购的风险

兼并、收购和重组是实现一体化的重要途径。企业兼并和收购（merger & acquisition）是相伴相随的一对概念，通常称之为并购，即M&A，指企业为了获得其他企业的控制权而进行的产权交易活动，包括生产要素在企业间的整体流动，全部（或基本、主要的）产权在企业间的有偿转移或生产和技术上的专业化改组。

---

① 《深圳华侨城股份有限公司 2021 年年度报告》。

兼并是指通过产权的有偿转让，双方重新组成一个新的有机体的组织调整行为，即$A+B=A$。合并（或联合）指两家或两家以上的企业按照一定的方式组成一家企业的产权交易或转移行为，包括吸收合并（存续合并）和新设合并（创立合并）两种形式，即$A+B=C$。收购分为资产收购和股份收购，是指一家企业通过产权交易取得其他企业的一定程度控制权的经济行为。重组则是指两家以上企业对其资产和负债进行重新划分和结构调整的行为。

虽然大多数并购在计划期看起来非常完美和理想，但研究表明，并购活动的总体成功率约为50%，其概率与抛硬币无异。大企业通常有足够的管理人员及资源去收拾残局，而大多数中型企业缺乏足够的财力和人力为一项失败的并购交易善后。因此，企业在进行并购时要充分考虑各方面因素，趋利避害，以取得并购的成功。企业并购失败往往是由多方面原因引起的。并购中发生风险的不确定性因素众多，要进行并购必须首先对导致风险发生的因素加以识别和分析。根据风险因素的性质，可以将其分为系统风险和非系统风险两大类。系统风险归因于宏观环境因素，如政治、经济、自然灾害、疫情影响等，这些风险因素是投资者不能改变的，其不确定性对市场上所有的旅游项目都可能带来损失，但并购者可通过采取措施使这类风险降到最低程度。非系统风险归因于对某一具体的旅游项目产生影响的特定因素，如管理因素、市场风险、当地居民对该旅游项目的态度等，这些因素只对该特定项目带来风险，是并购时需要重点识别、防范和化解的风险。

第六节 战略联盟

战略联盟是指同一市场上的企业为了某些共同的目标而采取相互协调、签订相关协议、建立伙伴关系或合资合作等行为。这些目标包括分享资源、协调营销、稳定需求、改善现金流、降低管理费用和其他成本、分担风险、获得知识和技能、获得额外的设备和技术、实现规模经济等。战略联盟可以存在于大小企业之间、政府之间、政府与企业之间，如北约、航空联盟或酒店、旅游目的地等。它以合作关系取代组织间的竞争和冲突关系。战略联盟的形式多样，包括以下几种。

（1）许可。企业许可将知识产权或技术的使用权、工作方式和方法，或版权、专利权、商号或品牌的权利出售给另一家企业，以换取企业获得的利益，对被特许者所从事的生产经营活动并不做严格的规定，如迪士尼图案许可，可以用于各种文具、印刷品、包装用品等。

（2）特许经营（franchise）。这也是一种许可形式。特许者将自己拥有的品牌、产品、平台、系统、经营模式等以特许经营合同的形式授予被特许者使用，同时也会为被特许者提供培训、广告、研究开发和后续支持。特许经营在酒店业中非常普遍，如洲际酒店集团是全球酒店业最大的特许经营授权商之一，在其分布于全世界的5 900家酒店中，80%以上采取特许经营模式。在美国，洲际酒店集团的特许经营占比更是在90%以上[①]。

（3）品牌联盟。例如，全球航空联盟——星空联盟（Star Alliance）、寰宇一家（Oneworld）和天合联盟（SkyTeam）及目的地营销联盟等。又如，Spotify与Uber通过联盟增加了彼此的客户群：Uber获得Spotify的高级套餐，Spotify的客户可以在乘坐Uber时播放他们最喜欢的音乐，两家公司都在竞争中获得优势。再如，万事达卡与苹果公司结盟成为第一家提供Apple Pay服务的公司，Apple Pay的数字支付业务也得益于万事达卡的声誉，两家公司都从联盟中受益。

（4）委托—代理关系。委托人可以从另一家企业的品牌形象中受益，该企业可能利用更好的设施和技术来满足其代理人的需求。例如，代理商分销是机票销售特别是国际机票销售的主要途径，航空公司委托机票代理商分销机票，且通常存在多级代理商。

（5）买方—卖方或供应商—分销商关系。例如，会议策划者和会议酒店或餐馆及其他批发供应商建立某种单一来源买卖关系，或景区、酒店和OTA企业建立供应商—分销商关系等。

（6）两个或多个供应商之间的联盟。例如，航空公司之间的联盟或前文的TUI联盟。又如，联名信用卡（是由银行和品牌方共同发行的信用卡）因卡面上通常同时出现银行和品牌方的商标而得名。最早发行联名信用卡的品牌方以航空公司和酒店为主，因此通常又称为“航司卡”（airline credit cards，航空公司信用卡）或“酒店卡”（hotel credit cards，酒店信用卡），如花旗银行（Citibank）和美国航空（American Airlines）的联名卡；美国运通（American Express）和希尔顿（Hilton）、万豪（Marriott）和喜达屋（SPG）及亚马逊的联名卡[②]。国内有中信银行万豪旅享家联名卡，以及京东金融、京东手机、中国银行及Visa联合推出的中银京东联名卡等。

联名卡是非常经典的互补“锁客”案例——它对持卡人、品牌方和银行都具有很多好处。优质的信用卡持卡人和优质的消费者往往是同一批人，对于银行而言，这些消费能力强、还款能力好的优质消费者是各家银行竞逐的对象。联名信用卡持卡人在日常刷卡消费时可以累积对应品牌方的积分（如航空里程或酒店点数），以兑换旅行奖励，这样就为银行、航空公司和酒店共同降低了获客成本。首先，联名卡自身的制度能够锁客。“刷卡得积分、积分换票换房”的循环一般需要消费者的持续投入，没有达到门槛的话，之前的积分也没有用处。持续投入的好处显而易见：它会吸引消费者长时间使用同一张信用卡，降低了银行的获客、留客成本。其次，这些积分只能通过品牌方自己的渠道消费，因此品牌方既不需要面临激烈的竞争，也不需要向OTA支付渠道手续费，相当于品牌方建立了自己的“私域流量”——也就是“忠诚的客人”，降低了品牌方的获客、留客成本。联名信用卡制度保证了这些优质消费者对特定航空公司和酒店的相对黏性，也为消费者带来了更丰富的权益。

---

① 瞄准中高端市场和存量改造，特许经营正成为酒店业主流发展模式[EB/OL]. https://new.qq.com/rain/a/20200922A023AG00，2020-09-22.

② 本节对联名卡的分析内容来自：李瀚明. 美国航司酒店的忠诚度计划，被信用卡手续费卡住了脖子[EB/OL]. https://www.traveldaily.cn/article/165424，2022-08-29.

截至2021年4月，全球共有3个主要航空公司联盟集群——寰宇一家、天合联盟和星空联盟，以及3个区域联盟（表8.1）。全球几乎所有的航空公司都先后加入了这3个联盟集团。其中，星空联盟最大，占有23.6%的市场份额，向消费者提供“每天超过18 521趟航班飞往全球193多个国家/地区的1 321个目的地和联盟范围内的1 000多个休息室”的联盟优惠。天合联盟次之，占有20.7%的市场份额，寰宇一家占有13.5%。3个主要联盟合计占世界航空公司运力的80%（以可用座位公里计算），其中包括世界20家最大航空公司中的19家。

表 8.1　世界航空联盟概况

名称	寰宇一家	天合联盟	星空联盟
成立时间	1999 年	2000 年	1997 年
创始成员	英国航空公司、美国航空公司、澳大利亚航空公司、加拿大航空公司、国泰航空公司	法国航空公司、达美航空公司、大韩航空公司、墨西哥航空公司	加拿大航空公司、汉莎航空公司、泰国国际航空公司、美国联合航空公司
成员航空公司/家	14	19	26
其他附属航空公司/家	13	2	40
服务的机场/座	1 012	1 150	1 294
机队规模/架	3 296	3 054	5 033
年载客量/亿人次	4.9	6.3	7.62
区域联盟	香草联盟	优行联盟（U-FLY Alliance）	价值联盟

资料来源：王晶. 多重挑战削弱航空联盟紧密度——全球航空联盟发展综述[J]. 国际航空，2017，(3)：26-29

当前，战略联盟的发展和管理已经成为旅行、旅游和酒店业的一项关键战略技术。大多数航空公司、酒店和旅行社正在其行业内建立合作伙伴关系，以形成联盟。不仅仅是为了对抗竞争，也是为了在动荡时期生存下来。一般来说，生产商与其供应商或分销商之间的纵向联盟更侧重于保持灵活性和增加价值，而供应商之间的联盟属于横向联盟，侧重于保护核心竞争力。此外，战略联盟还包括旅游企业、政府与社会资本合作（public-private partnership，PPP）或社区与私人投资者之间的合资企业等。

形成战略联盟可以为旅游企业带来如下好处。

（1）产生积极的品牌效应。

（2）通过合作伙伴的数据库进入新市场并接触更大的目标受众。

（3）获得新的创新来源。

（4）通过为客户提供更多选择获得竞争优势。

（5）通过联合广告和促销扩大市场份额。

（6）增强联盟伙伴的形象和认知度。

（7）增加与最终客户的心理距离。

（8）对冲和降低风险。

（9）提高上市速度。

（10）获得特定的专业知识。

（11）实现规模经济。

（12）以更低的成本获得所需的资源。

（13）制定行业标准。

关键词：

成本领先 overall cost leadership

产品差异化 product differentiation

包机航空 charter airlines

战略钟模型 strategic clock model

一体化战略 integration strategy

横向一体化 horizontal integration

兼并 merger

合并 consolidation

收购 acquisition

重组 restructuring

纵向一体化 vertical integration

混合一体化 conglomerate integration

战略联盟 strategic alliance

特许经营 franchise

“航司卡” airline credit cards

“酒店卡” hotel credit card

复习与思考

1. 企业常用的非价格竞争策略有哪些？

2. 春秋航空采用了哪种“价格—价值”组合战略？哪些因素支撑了这一战略的实施？

3. 战略钟模型表明基于市场价格与产品附加价值可以有哪些组合策略，试各举一例。

4. 从产品差异化角度理解霍特林差异化竞争模型，并举例说明。

5. 思考图8.3，如果一家企业始终选择与另一家定位在同一位置，会出现什么结果？

6. 霍特林差异化竞争与伯特兰德竞争的不同之处在哪里？

7. 试举一例，刻画并描述旅游产品的供应链。

8. 请分析不同一体化战略的收益与风险，各举一例。

9. 汽车大王福特曾说过，“获得高品质产品的方法就是自己生产”（If you want something to be done properly，do it yourself）。但是丰田汽车生产线的设计者大野耐一（Taiichi Ohno）曾说过，“获得高品质产品的方法就是到市场上购买”（If you want something to be done properly，buy it）。你赞同哪一种说法？

10. 企业在并购前应当考虑哪些问题？

11. 在数字经济时代，旅游企业如何实现成本领先？

12. 电子商务的迅速扩张对经济生活产生了极其重大的影响，在线企业与线下企业相比，其竞争优势是什么？

13. 形成旅游联盟可以为企业带来哪些好处？试举例说明。

14. 请举例说明企业合作发行联名卡或发售联名商品的作用。

15. 假设两家茶餐厅（F_1和F_2）提供相同的粤式早茶，边际成本为每份2.0元。消费者均匀分布在一条6个单位长的街道上，每个单位长度的交通成本为0.5元/人。现在F_1位于街道左起长度的三分之一处，而F_2位于距右端三分之一处，并且假设它们不能改变位置。如果F_1对每份早茶收费10.0元，之后不会改变其价格，而F_2的目标是获得50%的市场份额，F_2应该收费多少？

16. 麦当劳特别强调位置对消费者的重要性："麦当劳在市场中寻找最佳位置，为我们的客户提供便利。我们在社区及机场、购物中心、收费公路和大学中建造优质餐厅，为我们的客户创造价值。"假设消费者均匀分布在一条固定长度为L单位的街道上，每单位运输成本为t（$t>0$），如果麦当劳计划在这条街道上开设两家门店，并且没有竞争对手。那么这两家门店的最优位置在哪里？

17. 2022年4月22日，亚马逊宣布设立一项名为亚马逊产业创新基金（Amazon industrial innovation fund）的10亿美元基金，为供应链和物流技术提供支持，用于提高配送速度，改善仓库和物流员工的体验。同时，亚马逊推出了一项名为"使用Prime购物"的新服务，向第三方商家开放Prime送货服务。事实上，从2013年起，亚马逊就开始着手打造全球物流网络，试图建立一个物流帝国，除与大量外包公司签订排他性协议外，亚马逊还运营自己的货运飞机、卡车和轮船物流网络，并在美国各地开设了仓库和航空枢纽，同时探索机器人和无人驾驶飞机等新的运输选择。2021年8月，亚马逊已开始为Etsy及BigCommerce等其他电子商务平台提供物流配送服务。截至2022年4月，亚马逊在全球拥有40万名货运司机，4万辆半挂车，3万辆货车，以及一支由70多架飞机组成的航空运输队①。请剖析亚马逊进军物流行业的原因及其战略意图。

18. 假设可口可乐和百事可乐销售一款除甜味外都同质的可乐，并假设它们的品牌对消费者的选择没有影响。根据市场调查，消费者对甜度的偏好在0~1度的范围内均匀分布，其中0表示不加糖，1表示消费者可以接受的最高甜度。每个消费者都愿意妥协接受较低或较高甜度的偏好，前提是厂商要为每度甜度提供一定的价格折扣。假设可口可乐和百事可乐销售可乐的边际成本相同，并且不会因改变甜度而产生额外成本。如果它们不勾结，市场上可乐的甜度是什么？如果可口可乐和百事可乐的甜度如图1所示，可口可乐与百事可乐应当如何定价才能实现利润最大化？

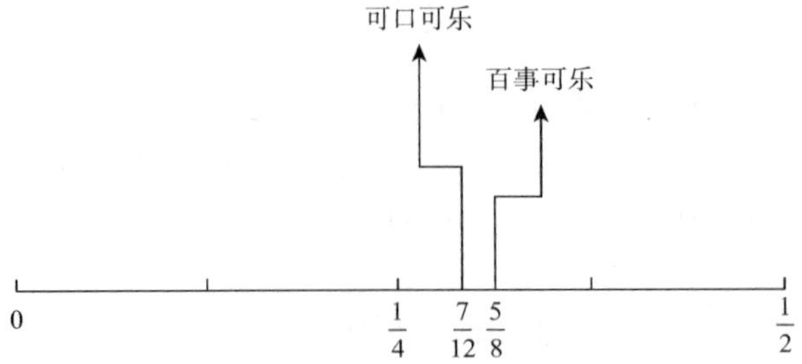

图1 可口可乐和百事可乐的甜度

① 王添蓉，勇全. 亚马逊投资10亿美元"输血"物流 开放Prime剑指美国快递行业霸主胜算几何？[EB/OL]. https://page.om.qq.com/page/OSDjgKgvI0apddK0yAzb415A0，2022-04-22.

扩展阅读：

关于旅游供应链管理，可参阅Song的*Tourism Supply Chain Management*[①]。关于在线旅行社产品差异化与价格离散的分析参见Clemons等的Price dispersion and differentiation in online travel：an empirical investigation[②]。旅游企业之间的横向一体化和纵向一体化问题可参见Lafferty和van Fossen的Integrating the tourism industry：problems and strategies[③]。Chen的Economic performance of Chinese tourism companies with business diversification[④]对旅游企业相关产品多元化与绩效之间的关系进行了研究。对旅游多元化的更进一步的了解可以阅读王彩萍等的《制度动因与旅游多元化：理论、实证与案例》[⑤]。读者可阅读Zuo等的Formation of a tourist destination image co-occurrence analysis of destination promotion videos，了解如何利用短视频广告建立旅游目的地的差异化形象[⑥]。

① Song H Y. Tourism Supply Chain Management[M]. London：Routledge，2011.

② Clemons E K，Hann I H，Hitt L M. Price dispersion and differentiation in online travel：an empirical investigation[J]. Management Science，2002，48（4）：534-549.

③ Lafferty G，van Fossen A. Integrating the tourism industry：problems and strategies[J]. Tourism Management，2001，22（1）：11-19.

④ Chen Y Y. Economic performance of Chinese tourism companies with business diversification[J]. Journal of Chinese Economics，2014，12（2）：39-50.

⑤ 王彩萍，徐红罡，等. 制度动因与旅游多元化：理论、实证与案例[M]. 北京：经济科学出版社.

⑥ Zuo B，Tsai C H，Su C H，et al. Formation of a tourist destination image：co-occurrence analysis of destination promotion videos[J]. Journal of Destination Marketing & Managemen，2023，27：100763.

第九章

旅游投资

【导读案例】运通商旅收购易信达：投资如何实现价值升值？

2021年5月，美国运通全球商务旅行（Global Business Travel，GBT，简称运通商旅）对全球在线旅游领导企业Expedia集团拥有的商务旅行品牌易信达（Egencia）发出具有约束力的收购要约。这项交易把世界领先的数字化差旅管理公司易信达纳入运通商旅旗下[①]。

运通商旅是国际最大的旅游服务及综合性财务、金融投资（financial investment）及信息处理的跨国公司——美国运通公司（American Express）旗下三大分支机构之一。运通商旅向个人客户提供签账卡、信用卡及旅行支票，同时也向企业客户提供企业卡和开销管理工具，辅助管理公务旅行、奖励旅游及采购等方面的开支，并向世界各地的个人和企业提供旅游及相关咨询服务。易信达则是全球重要的线上商务差旅平台，利用人工智能等数字技术为企业客户提供定制差旅计划，并提供API（application program interface，开放程序接口）开放式平台辅助企业用户构建数字化差旅系统，实现差旅及报销流程的自动化。

自2019年以来，易信达及其所属的Expedia集团负面事件频发：2019年末易信达总裁罗伯·格雷伯（Rob Greyber）离职；Expedia集团陆续出售其火车票分销平台SilverRail，关闭Local Expert目的地旅游线下业务，并在2020年初宣布裁员3 000人，出售奢华度假品牌Classic Vacations[②]。与负面报道接踵而至的是Expedia集团股票（EXPE）价格的暴跌。2017年8月EXPE股价曾达到157美元，至2019年11月，股价迅速跌至101美元，跌幅达25.61%。2020年3月，由于出售业务、裁员消息曝出，EXPE股价再次跌落至56美元，达到历史低位。运通商旅适时对Expedia集团旗下的易信达品牌发起收购要约，并于2021年11月完成了对易信达的收购。

---

① 国旅运通. 美国运通全球商务旅行同意收购Expedia集团旗下易信达[EB/OL]. https://www.prnasia.com/story/archive/3371019_ZH71019_1，2021-05-08.

② https://www.egencia.cn/zh/%E5%85%B3%E4%BA%8E.

易信达总裁马克·霍利海德（Mark Hollyhead）称："成为一家完全专注于商务旅行公司旗下的一员，将加速易信达的发展，并扩大我们的优势。"运通商旅首席执行官保罗·阿伯特（Paul Abbott）则表示："通过收购易信达，我们将迎来业内极为领先的数字化商务旅行平台。运通商旅所拥有的先进技术、企业能力和前沿资源将帮助易信达变得更加强大。无论是对我们两家公司的跨国公司和中小企业客户、供应商，还是我们优秀的内部团队而言，这都将为他们创造新的机会。"

根据运通商旅 2022 年第一季度财报，第一季度运通商旅收入 3.5 亿美元，同比增长 179%；2021 年 11 月完成的对易信达的收购在 2022 年第一季度获得协同效益 1.1 亿美元，并永久节省了 2.4 亿美元的成本。美国运通公司股票（AXP）价格也在 2022 年 3 月达到约 194 美元的上市以来最高值①。

导读思考：

1. 运通商旅收购易信达的动机是什么？它属于什么类型的旅游投资？
2. 请评论运通商旅首席执行官保罗·阿伯特的观点。

旅游目的地的成功除了依赖于自然和人文资源禀赋，在很大程度上还取决于供游客使用的设施设备及基础设施的状况。所有旅游目的地都需要提供接待设施和辅助性服务（购物、餐厅、休闲娱乐及交通），发展各种旅游活动（观光、展览、游憩、运动、文艺）和支持性服务（旅游中介、游客咨询和专业服务）。这些设施、活动及服务的提供都需要投资。并且，随着旅游发展，项目、设施和产品都可能面临供给不足或老化问题，满足不了市场需求，或者与旅游消费的新需求相去甚远。这就要求在供给端进行新的投资，为旅游目的地扩大再生产和项目升级提供必要的资金支持，以推动旅游产品创新，优化供给结构，使其能够有效满足游客需求。

投资可以分为资本投资和金融投资。资本投资是指专门用于产生更多长期产出的支出，如旅游目的地用于建设酒店、道路、机场、航运码头和打造旅游吸引物等资本物品方面的支出。其中，企业用于扩大再生产的投资又称为实业投资（real investment）。金融投资是指将资金投入金融市场，以赚取利息或尚未指定用于资本投资的现金股息。资本投资和金融投资对于旅游基础设施和旅游项目建设都是必不可少的。本章重点介绍资本投资，但也涉及金融投资。

对于个体企业来说，投资可以确保其未来的生产活力和满足旅游需求；对于旅游目的地来说，投资可以提高其吸引力和竞争力。从全社会的角度来看，旅游投资能够带来多种收益，包括经济增长、创造就业机会、获取技术、扩大出口、发展偏远地区经济、提供高质量的基础设施、带来旅游流和消费支出等。

---

① https://www.amexglobalbusinesstravel.com/uk/.

本章思维导图——旅游投资

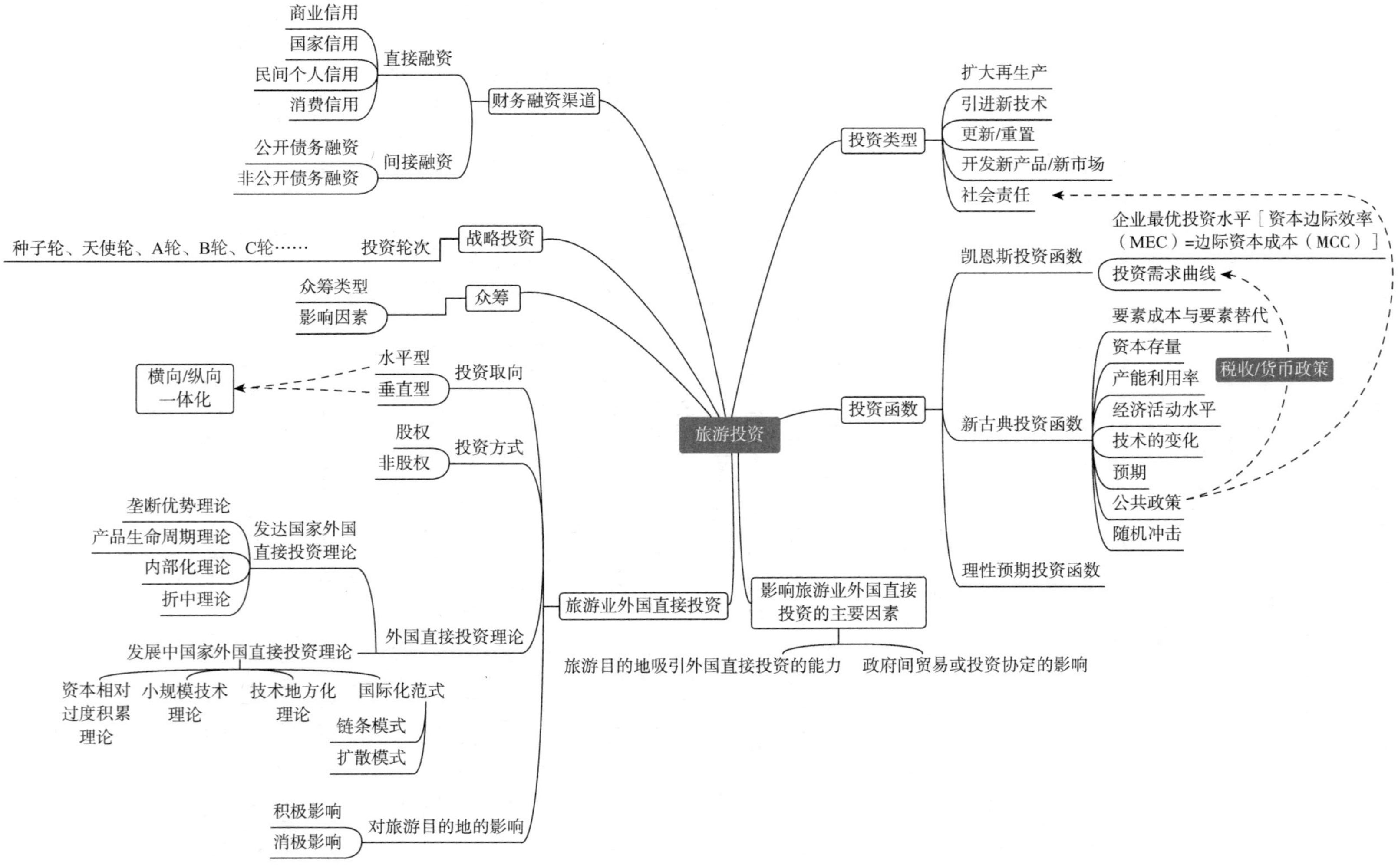
旅游投资
财务融资渠道
直接融资
商业信用
国家信用
民间个人信用
消费信用
间接融资
公开债务融资
非公开债务融资
战略投资
投资轮次
种子轮、天使轮、A轮、B轮、C轮……
众筹
众筹类型
影响因素
旅游业外国直接投资
投资取向
水平型
垂直型
横向/纵向一体化
投资方式
股权
非股权
外国直接投资理论
发达国家外国直接投资理论
垄断优势理论
产品生命周期理论
内部化理论
折中理论
发展中国家外国直接投资理论
资本相对过度积累理论
小规模技术理论
技术地方化理论
国际化范式
链条模式
扩散模式
对旅游目的地的影响
积极影响
消极影响
投资类型
扩大再生产
引进新技术
更新/重置
开发新产品/新市场
社会责任
投资函数
凯恩斯投资函数
企业最优投资水平［资本边际效率（MEC）=边际资本成本（MCC）］
投资需求曲线
新古典投资函数
要素成本与要素替代
资本存量
产能利用率
经济活动水平
技术的变化
预期
公共政策
随机冲击
税收/货币政策
理性预期投资函数
影响旅游业外国直接投资的主要因素
旅游目的地吸引外国直接投资的能力
政府间贸易或投资协定的影响

第一节 旅游投资及其类型

从企业层面来看，投资是企业经营活动的一项基本要素，是企业创建、生存和发展的一个必要条件。简单地说，投资是指购买生产性资本商品（capital goods），以便形成商品资本的过程，也即马克思所称的货币资本转换为生产资本。马克思将产业资本划分为货币资本、生产资本和商品资本三种职能形式。其中，货币资本是产业资本的最初表现形式。马克思认为，产业资本家总是首先把一定的货币额G预付出去购买生产要素。这些产业依次经过购买阶段、生产阶段、销售阶段，分别采取货币资本、生产资本、商品资本三种职能形式，最后又回到原来的出发点，实现价值增值。经过一系列形态变化，资本家最终得到增值了的货币G'，并获得相应的剩余价值$m=G'-G$。可将产业资本循环公式表达为：G（货币）$-W$（资本商品/生产要素）[$\cdots P$（生产）$\cdots W'$（商品）] $-G'$（增值货币）。从马克思产业资本循环角度，投资也可以看作一种财富储存和生产制造模式，其实质就是将资源要素转化为资本品，以便在未来实现价值增值的牟利性经营活动。

广义地看，“资本”泛指一切投入再生产过程的有形资本、无形资本、金融资本、人力资本及以文化形式进入生产和服务的文化资本（见第十章）。狭义地看，资本是指所有者投入生产经营，能产生效益的资金。按照马克思主义政治经济学的观点，资本是能够带来剩余价值的价值。资本总是表现为一定的物，如货币、厂房、机器设备、商品等，但这些物本身并不是资本。只有在一定的社会关系下，这些物被用来从事以获得剩余价值为目的的生产活动，也就是成为带来剩余价值的手段时，它才成为资本。

从投资主体来看，旅游供给包括公共产品和私人产品，因此，旅游业的发展不仅需要公共部门投资，也需要私人部门共同投资。公共部门投资由政府代表目的地进行集体投资，通常采取修建基础设施工程、补贴和拨款的形式。私人部门投资是由企业进行的，以期获得更大的产出和未来的利润。在资本短缺的情况下，越来越多的目的地采用政府和社会资本合作模式（PPP模式）进行相关项目投资。PPP是由政府与一个或多个私人部门企业合作，共同出资并运营的一种政府服务或私营企业经营项目。PPP能够协调政企合作关系，平衡企业营利与政府公益需求。我国从2014年开始在旅游领域大力推广PPP模式。全国PPP综合信息平台项目管理库数据显示，截至2017年底，旅游PPP项目投资额为4 261亿元，投资项目数为310个。

一般而言，可以将资本投资分为以下几种类型。

（1）扩大再生产投资。这是指企业为满足在原有或现有市场中对企业产品日益增长的需求而增加固定资产，如设备等的投资，以提高产出数量。例如，新建一条高速公路，度假酒店新建一栋副楼，租车公司增加其拥有的车辆数量。

（2）更新与重置设施设备的投资。这是用于更换生产过程中损耗设备的投资，也包括购买新的和更高效的设备，对可运作但已过时的设备进行置换。例如，餐厅更换新的桌椅，主题公园更新其游乐设施。

（3）节约成本的投资。成本导向型企业将生产地点迁移至劳动力和其他投入更便宜地区的投资；市场导向型企业将办公地点迁至市场稠密的地区。例如，诸多小型创意公司或主题公园选址在创意产业或主题公园集聚区域以获得集聚经济效应（见第十一章）；航空公司购买或租赁新型飞机以节省燃油。

（4）拓展新产品和/或新市场的投资。这是企业用于开发、生产和销售新产品和/或进入新市场的投资。例如，游轮公司在其航线上增加新的停靠港；旅行社在新的目的地开设办事处；酒店开展并购以扩大市场规模。

（5）研发投资。技术正在塑造新的旅行方式及目的地与游客的互动方式，并为旅游企业带来了提高利润的新途径。企业可以通过开发新服务和新产品，进行社会营销、数据分析和知识管理来调整、完善商业模式以提高经济效益，如航空公司投资在线预订和在线办理登机牌；乘坐高铁的旅客在购票后可以直接刷身份证或通过人脸识别进站等，可大大便利消费者出行。

（6）为遵守政府规章制度而进行的投资。这包括为遵守政府的健康和安全条例或污染控制条例，以及符合其他法律要求所需的投资。“双碳”政策的实施要求旅游企业必须遵守各种减排政策；在新冠疫情影响下，运输企业和酒店必须按照国家规定的防控技术指南组织运输和接待游客。

第二节 融资渠道

融资是投资的基本前提条件，是完整的投资过程的重要组成部分。如何筹措资金，如何决定投资资金的来源是旅游投资决策中的一个重要问题，因为它会对投资项目的总体成本产生重要影响。任何企业或投资者都可能存在三种预算头寸（budget position）之一[①]，即平衡预算头寸、盈余头寸和赤字头寸。在有盈余头寸（即留存收益，来自未分配利润）的情况下，企业可以使用它们的留存收益为其投资项目提供资金。但是，使用留存收益用于扩张和发展会产生机会成本。如果金融市场的收益较高，提取留存收益会导致损失潜在利息（未能留在金融市场中），也难以向股东支付股利，或者影响企业流动资金状况。此时，投资者可以通过金融市场筹集资金，具体包括两种方式。

一、直接融资

为了给投资项目提供资金，企业（或筹资人）可以向银行贷款而不是使用其留存收益，这称为债务融资。企业借贷有商业贷款和发行债券两种形式。商业贷款是指企业按商业利率向银行贷款，企业与银行之间通过直接签署借款协议进行货币资金的转移。大

① 头寸（position）原意指投资者可以用作投资的资金量，目前也常用于衡量个体或企业所持有资产的情况和方向。

型企业可以按政府规定通过在金融市场上发行债券（期票）进行筹资。出资人通过直接购买企业所发行的有价证券，将货币资金提供给企业使用。

国家通过发行政府债券（国库券或者公债）来筹措资金也属于一种借贷行为，它形成了国家财政的债务收入，具有偿还和付息的基本特征。例如，从2000年开始国家发展计划委员会（现国家发展和改革委员会）首次将旅游列入国债项目，安排国债资金加强旅游基础设施建设。“十五”期间，我国共向30个省（区、市）和5个计划单列市的617个旅游基础设施项目安排国债资金68.1亿元，项目总投资额累计达238.96亿元；累计修建旅游公路约11 000千米，游览步道4 000多千米，用于旅游交通基础设施的建设资金占国债旅游项目总投资的80%以上[①]。随着我国旅游业的发展，旅游专项债已经成为地方旅游产业重大项目投融资的创新手段。地方政府及平台企业发行的债券类型包括旅游专项债、文化旅游专项债、红色旅游专项债、旅游扶贫开发建设专项债、旅游产业专项债、旅游基础设施建设专项债等[②]。

在一定的条件下，企业还可以通过发行股票［首次公开募股（initial public offering，IPO）或新股］筹集资金，这被称为股权融资。通过债务为项目融资意味着企业承担了必须偿还债务的压力，会对现金流量产生影响。股权融资蕴含的现金流量风险较低，但它会稀释所有权并可能导致投资回报减少，且发行新股往往会稀释企业的所有权。股本成本通常高于债务成本，因此有可能抵消股权融资相比债务融资现金流量减少的风险。

其他直接融资工具还包括商业信用，如企业间的商品赊销、分期付款等，以及在商品交易基础上发生的预付定金、预付货款等。这类信用主要是提供与商品交易直接相联系的资金融通形式。伴随着商业信用，出现了商业票据作为债权债务关系的证明。

上述几类融资方式称为直接融资，也称“直接金融”。在直接融资过程中，没有任何金融机构作为中介参与，资金供求双方形成的是一种直接借贷关系。企业之间、个人之间的直接借贷，均属于直接融资。在直接融资中，经纪人、交易商和投资银行（家）发挥着重要作用。交易商持有证券库存（称为持仓），随时准备购买或出售特定证券。他们从买入价和卖出价之间的价差中获利（如同第四章所介绍的旅游中介）。经纪人提供纯粹的搜索服务，他们不持仓，只是充当媒介，将出资人（贷方）和筹款人（借方）聚合在一起，根据其服务流量收取佣金来获得收益（类似第五章所介绍的平台）。通常，企业的资金来源可能兼有债务融资和股权融资。无论采用哪种方式，负债的结果都是借款企业要对本金和利息进行偿还，企业需要根据经营情况在两者之间取得平衡。

二、间接融资

间接融资是指贷款人（债务的原始发行人或债务的当前持有人）与借款人不产生直接借贷关系的资金融通方式。间接融资是直接融资的对称，它需要在金融中介的帮助下

① 左冰. 旅游流动、资本积累与不平衡地理发展[M]. 北京：经济科学出版社，2010.

② 搜狐新鲜事. 文旅项目专项债：国家与地方创新实践[EB/OL]. https://www.sohu.com/a/335906502_100202367，2019-08-23.

从第三方获得资金。典型的间接融资产品是大家所熟知的"银行信贷机制"：首先，储户（贷款人）将钱存入银行，然后银行将钱借给企业或其他法人。银行从借款人那里获得利息，然后银行向储户支付利息。借款人与储户之间形成的就是以银行作为中介的间接借贷关系。在这类金融中介市场中，如果借款人产生信用问题，储户作为贷款人的索赔是针对金融中介（如银行）而不是借款人。因此，间接融资可以帮助改善资金可用性和风险管理。通常，无法获得直接融资的借款人可以选择间接融资方式，但这一方式往往比直接融资更昂贵，支付的成本（利息）更高。

金融中介可以分为：①存款机构，包括商业银行、储蓄银行和信用合作社等；②合同储蓄机构，如保险公司和养老基金；③投资中介机构，包括金融公司、共同基金、风险投资者和货币市场共同基金。它们向公众出售股票，并将收益投资于股票、债券和其他证券。合同储蓄机构和投资中介通过发行非货币间接证券（股票和保险单）为自身的投资提供资金。在金融中介机构中，存款机构尤其是商业银行仍然是主导者。截至2023年2月末，美国商业银行持有资产规模约20万亿美元，占金融中介持有的所有资产的27%，其中贷款占60%、证券占30%[①]。

间接融资包括公开债务融资和非公开债务融资。公开债务融资是指在证券市场上公开发行债券。证券市场又可分为一级市场和二级市场。一级市场即发行市场，交易的是以前从未发行过的新证券。它主要是为储户（贷款人）和借款人提供匹配服务。通常，一级市场上债权和股权的销售有公开发行和私募两种类型。二级市场是现有资产（证券）的转售市场，交易的是先前发行的证券。通过二级市场进行的资金融通交易往往被视为间接融资。在二级市场上交换证券会导致所有权的变更，但二级市场提供风险分担，增加证券流动性，生产信息，在现代经济中也扮演着非常重要的作用。

资产证券化（asset-backed securitization，ABS）是另一种重要的间接融资渠道。通常，对于较大的旅游投资项目，与资本供应价格有关的大量资金流出在项目开始时（第0年）就出现了，而运营活动现金净流量则会在项目开始和项目后期才能持续地产生。运营资金的流出可能会超过项目早期的资金流入，这表明投资项目可能需要一段时间才能达到盈亏平衡，然后才能为企业创造利润。为了给大型旅游投资项目提供资金，许多企业开始转向资产支持证券化和租赁支持证券化。企业会把来自投资项目的现金流量分配给为该项目的开发提供资金的投资者。如果投资者对项目营利能力的评估是积极的，如项目净现值或内部收益率评估为正值，即以企业的资本成本评估的净现金流量的现值等于或超过初始项目成本（投资额），则将接受该投资项目。

三、直接融资和间接融资的关系

当借款人不使用第三方服务（如金融中介）直接从金融市场借款时，称为直接融资。当金融机构或中介机构充当中间人，持有资产组合，并根据该投资组合向储户发放债权（间接融资）时，这种有金融中介参与匹配的过程称为间接融资。因此，直接融资与间

① 新浪财经. 中金海外：美国银行的资产端风险分析[EB/OL]. https://finance.sina.com.cn/money/forex/forexroll/2023-04-03/doc-imypaaar3401950.shtml，2023-04-03.

接融资的区别主要在于融资过程中资金的需求者与资金的供给者是否直接形成债权债务关系。习惯上认为，凡是债权债务关系中的一方是金融机构均被认为是间接融资，而不论这种融资工具最初的债权人或债务人的性质。

金融中介体系为贷方（筹资者）和借方（投资者）提供三项关键服务，即风险分担、流动性和信息。投资者更喜欢所持有资产的稳定回报，倾向持有一系列资产（投资组合），金融体系通过允许贷方持有许多资产（投资组合）来分担风险，总体上提供了相对稳定的回报（多元化）。此外，金融中介提供的交易系统可使投资者的资产很容易地兑换成购买其他资产及商品或服务的货币，从而更具流动性。最后，金融中介也向投资者提供了潜在的筹资者的信息，减少了市场中信息不对称带来的摩擦，从而提高了经济效率和社会福利。

历史地看，直接融资活动从时间上早于间接融资，因此直接融资发展是间接融资的基础。在现代市场经济中，直接融资与间接融资并行发展，互相促进。并且，间接融资已经构成现代金融市场的主体，而直接融资若脱离了间接融资的支持则无法发展。从生产力发展的角度来看，间接融资的产生是社会化大生产需要动员全社会的资源参与经济循环，以及社会财富极大丰富的必然趋势；直接融资形式的存在则是对间接融资活动的有力补充（表9.1）。

表 9.1 直接融资和间接融资的优势与局限

比较项目	直接融资	间接融资
定义	直接融资是指资金供给者与资金需求者通过一定的金融工具直接形成债权债务关系的资金融通行为	间接融资是指资金供给者与资金需求者通过金融中介间接实现资金融通的行为
中介	在直接融资中，金融中介的作用是帮助资金供给者与资金需求者形成债权债务关系。在这个过程中，金融中介并不因此与资金供给者或者资金需求者之间形成债权债务关系	在间接融资中，资金的供给者和需求者不直接形成债权债务关系，而是由金融中介分别与资金供给者和需求者形成两个各自独立的债权债务关系。对资金的供给者来说，中介机构是债务人；对资金的需求者来说，中介机构是债权人
工具	a.商业票据和直接借贷凭证； b.股票和债券	金融机构发行的各种融资工具，如存单、贷款合约等
优势	a.资金供给者和需求者联系紧密，有利于合理配置资金，提高资金使用效率； b.筹资成本较低而投资收益较大	a.多样化的融资工具可以灵活方便地满足资金供给者和需求者的融资需求； b.金融机构可以通过多样化的策略降低风险，安全性较高； c.有利于提高金融活动的规模效益，提高全社会资金的使用效率
局限	a.直接融资的双方在资金数量、期限、利率等方面受到较多限制； b.直接融资工具的流动性和变现能力受金融市场的发育程度的限制，一般低于间接融资工具； c.资金供给者所承担的风险和责任较大	a.资金供给者和需求者的直接联系被割断，不利于资金供给者监督和约束资金的使用； b.对资金需求者来说，增加了筹资成本；对资金供给者来说，降低了收益

资料来源：法律出版社法规中心. 中华人民共和国金融法典（应用版）[M]. 北京：法律出版社，2013

四、政府补贴

为支持旅游业发展，在适当或必要的情况下，政府和行业组织会为企业提供资助、补贴等，为民营企业投资提供种子资金。文化旅游行业通常具有很强的公益性和正外部性（见第十章），各国政府纷纷通过各种税收优惠、补贴、直接资助或鼓励私人捐赠等手段解决其发展资金筹措问题，以支持其发展。例如，美国是当今全球文化投资最大的国家，也是国际文化资本流入最多的国家。美国的税收体制是对文化艺术类赞助最重要的保障。早在1917年，美国联邦税法就规定对非营利性文化团体和机构免征所得税，并减免资助者的税额。美国国会每年负责对艺术基金会（National Endowment for the Arts，NEA）年度拨款进行审议。NEA资助范围包括：①艺术作品补助金，一般从1万美元到10万美元不等。资助项目包括创作新的文艺作品、演出或展览，艺术教育和重要艺术品的保存，以及创新使用新模式或新技术。②支持创造性的场所营造。从2011年起，NEA每年为“我们的城镇”（Our Town）项目提供资助，金额从25 000美元到150 000美元不等，包括规划、设计和艺术参与活动，支持打造社区的宜居性。③研究：艺术作品（research：art works）。NEA目前提供1万~3万美元，用于支持对美国有艺术价值和影响力的作品和数据的研究。此外，NEA还通过战略合作伙伴关系资助各种艺术项目，为美国数千个社区的艺术项目提供间接支持。2012年，该机构的拨款为1.46亿美元，其中80%用于上述项目类型的补贴和资助[①]。

根据2017年2月国家发展和改革委员会等七部门公布的《“十三五”时期文化旅游提升工程实施方案》（发改社会〔2017〕245号），为提高文化旅游发展质量和效益，夯实旅游产业发展基础，充分发挥文化旅游在开展公民教育、促进地方经济结构转型升级中的作用，国家对公共文化服务设施、文化和自然遗产保护利用、旅游基础设施和公共服务设施三类项目实施补贴，考虑到各地区经济发展水平和财力的差异，原则上东、中、西部地区中央投资补助比例为30%、60%和80%。西藏、新疆等地的项目可按最高补助额度予以全额补助。地方层面，2020年，广东省财政厅安排广东省文化旅游事业发展专项资金共43 262万元。该专项资金的主要用于四个方向[②]：文化遗产保护传承项目资金19 448万元，主要用于非物质文化遗产传承、文物保护和利用；艺术创作发展项目资金2 775万元，用于艺术作品创作排演和推动地方戏曲发展；公共文化旅游服务项目资金9 620万元，主要用于广州、珠海、佛山、汕头、韶关5个地市的文旅行业贷款贴息项目；省级文化旅游服务及重点活动资金11 419万元，主要用于支持广东省文化系统改善设施状况和业务工作条件，补助广东省重点文化活动或群众文化活动项目，促进文化事业发展。

---

① U.S. National Endowment for the Arts. How the United States Funds the Arts[R]. https://www.arts.gov/sites/default/files/how-the-us-funds-the-arts.pdf，2012.

② 广东省文化和旅游厅. 2020 年文化旅游事业发展专项资金绩效自评报告[R]. https://whly.gd.gov.cn/attachment/0/472/472165/3595593.pdf，2020.

五、中国旅游业资本市场现状[①]

1978年开启的改革开放，推动我国旅游业从外交事业转变为经济性产业，旅游资本市场开始发育。1984年，中央明确提出旅游发展要采取“国家、地方、部门、集体和个人一起上，自力更生和利用外资一起上”的“五个一起上”方针，以加快旅游基础设施的建设。到2015年，我国旅游业实际完成投资突破1万亿元；2016年投资规模达到1.3万亿元。其中，民营企业对旅游投资积极性高涨，占旅游投资总额的59%。2017年，全国旅游投资超过1.5万亿元，同比增长15.4%，创造投资增速连续多年超越第三产业和社会固定资产投资增速的奇迹。旅游业已然成为经济新常态下扩大内需、改善投资、稳定增长的重要动力。从我国旅游投资与收入的比例来看，社会资金的投入量与旅游业总产出的比例为1：6.9，利用外资与旅游外汇收入的比例为1：4.4。

我国的融资渠道一直以来以间接融资为主。在间接融资的要求下，商业银行等金融机构为避免道德风险，通常将债务主体是否拥有抵押/质押担保物作为授信的重要依据。在旅游开发中，开发商仅拥有一定期限内的经营权，其本身并不拥有待开发对象的所有权。在经营权或使用权无法质押或抵押的情况下，开发商只能依赖自有资金进行投资，其结果导致旅游企业融资难的问题。

2014年，国务院发布的《关于促进旅游业改革发展的若干意见》积极鼓励旅游企业开展直接融资，并就可行的融资范围和方式方法进行明晰规定，该意见提出要“支持符合条件的旅游企业上市，通过企业债、公司债、中小企业私募债、短期融资券、中期票据、中小企业集合票据等债务融资工具，加强债券市场对旅游企业的支持力度，发展旅游项目资产证券化产品”。2015年国务院办公厅下发了《关于进一步促进旅游投资和消费的若干意见》，对旅游业可以尝试的抵（质）押标的物进行了“扩围”，提出“积极发展旅游投资项目资产证券化产品，推进旅游项目产权与经营权交易平台建设。积极引导预期收益好、品牌认可度高的旅游企业探索通过相关收费权、经营权抵（质）押等方式融资筹资”[②]。国家连续颁发的政策文件不仅鼓励符合条件的企业积极开展企业债、公司债等直接融资渠道，而且对于如何加快旅游资产证券化和推进收费权、经营权抵（质）押等融资渠道拓展也给予了大力支持。

据统计，2016年我国住宿和餐饮业融资资金来源构成中，自筹资金占比达到87.85%，而国内贷款部分占比仅为6.6%，融资规模为373亿元左右，利用外资的比重更低，不足0.32%。相比间接融资，通过债券等直接融资方式筹集的资金规模为1.06亿元。从直接融资情况看，2016年旅游企业的企业债、公司债等直接融资规模为350亿元，占全社会企业债、公司债融资金额的1.1%，占旅游业当年社会实际完成投资总额的2.7%。由此可见，旅游直接融资发展并不充分。整体来看，无论是间接融资还是直接融资，均已无法满足旅游业日益增长的投资资金需求。拓展多元化融资渠道和加快金融产品创新等供给侧结构性改革成为大众旅游时代金融机构积极参与旅游业发展的必然选择，也是旅游从业主

---

① 本节内容节选自：夏杰长，齐飞. 中国旅游业投融资的现状、问题与改革建议[EB/OL]. https://www.traveldaily.cn/article/121960，2018-05-14.

② 关于旅游资产证券化，详见第十四章“宏观经济政策与旅游发展”。

体改善经营绩效推动旅游业高质量发展的重要手段。

旅游开发融资效率主要体现在开发主体资金融入效率和法人治理效率方面。总体来讲，当前旅游开发主体的资金融入效率偏低。原因在于多数开发商首先选用外部融资和权益融资，而这两者的融资成本远高于内部融资和非权益融资。一般通过资本市场融资的开发商，其法人治理效率相对较高。在某种意义上，国家投资于旅游业的资金可以作为旅游开发的“种子”资金。因此，除了出台各种优惠扶持政策外，政府也可直接作为投资方参与到旅游发展中。根据全国PPP综合信息平台项目管理库的统计分析，截至2017年5月31日，我国旅游业PPP项目达到781个，占入库PPP项目总数的6.2%，涉及金额达到9 283亿元，占入库项目总金额的6.1%。同时，政府支持下的旅游产业投资基金得以快速增长。据统计，截至2017年底，全国已有144只旅游产业投资基金，总规模超过8 000亿元，其中，更多的基金投向了乡村旅游、文化旅游、生态旅游、体育旅游、休闲度假、养老旅游及旅游小镇等新兴旅游业态领域，如图9.1所示。

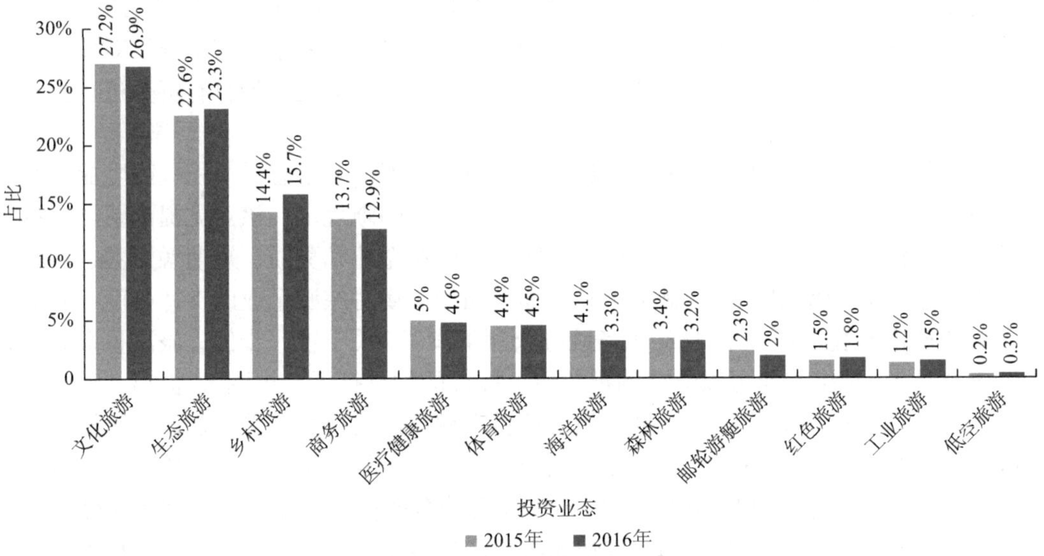

(a) 2015和2016年中国旅游投资业态占比

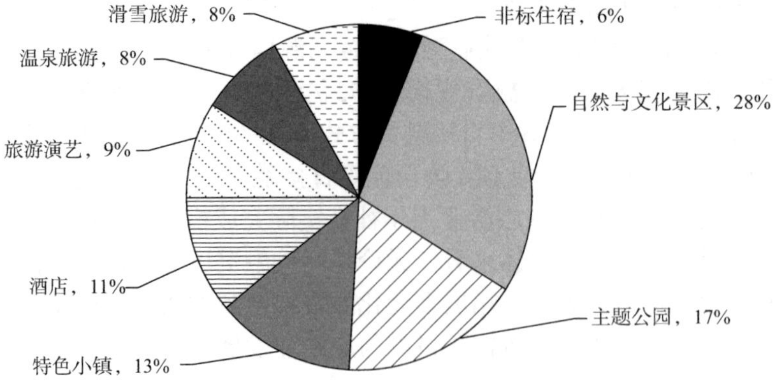

(b) 2017年旅游投资分类占比

图 9.1 中国旅游投资业态占比与分类占比

资料来源：夏杰长，齐飞. 中国旅游业投融资的现状、问题与改革建议[EB/OL]. https://www.traveldaily.cn/article/121960，2018-05-14

从市场投融资主体来看，旅游市场国企比重较高。在整个旅游市场上，像中国旅游集团、华侨城、海南航空、锦江国际（集团）有限公司、北京首旅（酒店）股份有限公司、大连万达集团、复星旅游文化集团等旅游重资产公司要么是央企、国企，要么是从地产或者其他金融领域转型而来的，有很强的资本支撑，导致再融资和并购重组诉求弱。2017年，餐饮旅游板块共32家上市公司，其中国有企业21家，占64%。

从旅游行业资本市场来看，旅游板块资产证券化程度低，二级市场规模与行业体量剪刀差很大。例如，2016年中国旅游总收入达4.69亿元，但截至2017年6月30日，旅游板块A股二级市场中有32家公司，总市值为3 216亿元，占总旅游收入市场规模不足10%，其中100亿元市值以上的公司不到10家，不到整个板块的1/3；16家是景区公司，占比50%。A股市场目前还没有携程、途牛等在线旅游互联网平台公司，这类公司主要还是在港股或美股上市。

从一级市场融资角度来看，50%集中在旅游景区、重资产等，包括了索道、门票景区、交通运输、酒店、餐饮等。从利润来看，门票经济在整个旅游板块中毛利率最高，基本上在40%~70%；索道业务次之，毛利率能达到50%以上。旅游景区类上市公司在总体的规模增长上有很大的瓶颈和压力。一是客流量和环境承载力限制；二是不可抗力的风险因素过大，如新冠疫情或气象、地质灾害等冲击；三是景区门票、独家经营（exclusive dealing）权和土地性质的问题。对于上市公司来讲，如果涉及公共景区，上市公司需要全部剥离其门票收入，对于索道、酒店和餐饮的独家经营权有年限限制，到期之后需要重新招标。许多旅游上市公司因而寻求在外延领域扩张，以缓解市值、收入等的压力。

六、旅游业战略投资

战略投资（strategic investment）是在符合国家法律法规和相关规定要求下，通过与发行人建立合作关系或合作意向，并愿意按照发行人配售要求与发行人签署战略投资配售协议的投资方式。通常，战略投资者是指具有资金、技术、管理、市场和人才优势，致力于长期投资合作，谋求获得长期利益回报和企业可持续发展的境内外大型企业和集团。战略投资与单纯的财务投资不同之处在于，战略投资者或投资机构与筹资者可能开展战略合作甚至可能积极参与企业治理。其原因是战略投资者追求长期可持续的回报而非短期利润，因而可能调动自身资源积极参与企业运营管理，以期增强企业核心竞争力和创新能力，拓展企业产品市场占有率。1999年，中国证券监督管理委员会发布的《关于进一步完善股票发行方式的通知》（证监发行字〔1999〕94号）中明确我国在新股发行中可引入战略投资者，允许战略投资者在发行人发行新股中参与申购，并将战略投资者定义为“与发行公司业务联系紧密且欲长期持有发行公司股票的法人”。

伴随旅游业的蓬勃发展，在国家大力推动下，我国旅游领域战略投资快速发展。如表9.2所示，2020年6月，即便面对新冠疫情影响，我国旅游领域仍发生规模以上投融资事件14起，其中战略投资、种子轮投融资事件各4起，A轮投融资事件2起，B轮、D轮、Pre-A轮、天使轮投融资事件各1起[①]；投融资金额共计59.33亿元。

---

① 中商产业研究院. 2020 年 6 月旅游领域投融资情况分析：投融资金额环比大增（附完整名单）[EB/OL]. https://www.askci.com/news/chanye/20200706/0942131163119.shtml，2020-07-06.

表 9.2 2020 年 6 月旅游领域投融资事件汇总

时间	公司名称	轮次	金额	投资方	截至 2020 年 7 月估值
2020.6.1	Tripfuser	战略投资	240 万英镑	RACV（领投）	1.06 亿元
2020.6.3	Vacasa	D 轮	1.08 亿美元	Reviewood Capital、Level Equity、Silver Lake（领投）	35.1 亿元
2020.6.8	Travelport	战略投资	5 亿美元	Evergreen Coast Capital、Siris Capital	162.5 亿元
2020.6.11	Journera	B 轮	1 160 万美元	Andreessen Horowitz（领投）、B Capital、Pritzker Group Venture	3.77 亿元
2020.6.12	航旅纵横	战略投资	2.747 亿元	南方航空、东方航空、启航资本（领投）	4 亿元
2020.6.15	猴开心旅游	A 轮	5 000 万元	五岳资本	2.5 亿元
2020.6.15	Tickitto	种子轮	70 万美元	Seedcamp	2 275 万元
2020.6.16	华软创新	天使轮	500 万元	浙大教育（藕舫）基金	2 500 万元
2020.6.17	TripActions	战略投资	1.25 亿美元	Greenoaks（领投）、Vista Credit Parterner	40.63 亿元
2020.6.18	Akia	种子轮	100 万美元	金沙江创投	3 250 万元
2020.6.19	Bob W	种子轮	400 万欧元	ByFounders（领投）、Superangel	1.56 亿元
2020.6.22	K Hotel	种子轮	200 万其他	Noel Neo	1 000 万元
2020.6.22	Simplenight	A 轮	未透露	Florida Funders	6.5 亿元
2020.6.29	果栖 Gulch	Pre-A 轮	4 800 万元	蓝焱资本（领投）、九轩资本（财务顾问）	2.4 亿元

资料来源：http://www.ASKCI.com

战略投资可以按企业发展阶段划分为多轮，与企业发展的生命周期紧密相关，如图 9.2所示。

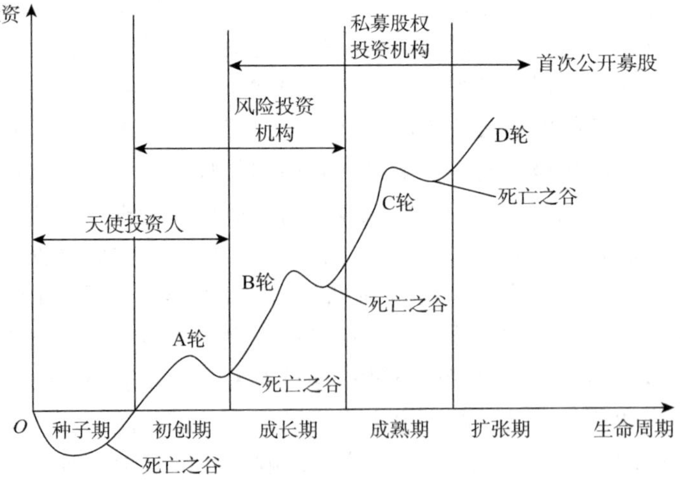

图 9.2 企业生命周期与风险投资①

① de Rooij T. The company life cycle and the 4 stages of venture capital fundraising[EB/OL]. https://thalein.com/2020/08/04/the-company-life-cycle-and-the-4-stages-of-venture-capital-fundraising/, 2020-08-04.

（1）种子轮。此时，项目仅仅只有一个概念，融资完全依赖于创始人的社会资源，即刷脸融资。

（2）天使投资（angel investment，AI）。天使投资所投的一般是初创早期的项目。通常企业有了产品初步的模样（原型）和关于商业模式的初步设想，积累了一些核心用户（天使用户），甚至有些企业还没有一个完整的产品和商业计划，这个时候一般需要寻找天使投资人或天使投资机构。天使投资是风险投资的一种，其投入资金额一般较小，投资量级一般在100万~1 000万元。天使投资一般会在A轮融资后退出。

（3）风险投资。在获得天使投资后，企业产品开始成熟并正常运作了一段时间。此时企业已经有了较为完整详细的商业及盈利模式，在行业内拥有一定的地位和口碑。因前期研发投入或市场开拓投入较大，企业仍可能处于亏损状态，需要进行融资。企业初创期的资金来源一般是专业的风险投资机构，投资量级在1 000万~10 000万元。

初创企业经过首轮风险融资后，获得较大发展，开始盈利进入成长期。在基本的商业模式和营利能力得到市场验证后，企业加快推出新业务、拓展新领域以占领市场，因此需要更多的资金流。此时，企业的资金来源主要有三个：一是上一轮的风险投资机构跟投；二是新的风险投资机构加入；三是吸引私募股权投资机构的加入。通常投资量级在2亿元以上。

（4）私募股权。企业已经非常成熟，主要工作目标是拓展新业务、补全价值链或商业闭环，准备上市，即IPO，但也有公司可能不愿意上市而选择进一步融资，从而进入D轮、E轮、F轮融资（图9.2）。IPO的资金来源一般是私募股权投资机构，之前的风险投资机构也可能会选择跟投。投资量级更大，在10亿元以上。

大型战略投资者的投资行为与小型投资者的众筹行为（见第五节）明显不同：一是投资额通常较大；二是持有周期长；三是具有领头羊效应；四是一些机构投资者拥有包括市场价格、交易信息在内的专业研究能力。

第三节 投资函数

旅游企业进行任何一种投资的金额取决于许多相互关联的因素。投资函数是一个经济实体，如一个国家、一个地区、一个部门或一个企业的投资额决定机制的代数表达式。对一个经济实体的发展进程来说，投资额的多少往往起着决定性的作用，因此投资函数不但在经济学的基础研究中占有重要地位，而且在经济发展理论、宏观经济动态分析及现代理论经济学和数理经济学的研究中得到越来越广泛的重视。投资函数的种类繁多，其代数表达式的繁简程度也不一致。西方经济文献中所说的投资函数，除了包括设备投资函数之外，还包括库存投资函数、住宅投资函数等。一般情况下，投资函数分析大多指设施设备投资函数。

一、凯恩斯投资函数

凯恩斯在《就业、利息和货币通论》一书中，曾经提出一个用于短期经济分析的投资函数。凯恩斯认为，研究投资函数，必须计算通过投资得到的未来收益（又称预期收益）的现值V。由于资本资产在很长的一段时间内会持续生产商品、产生收益，资本资产的预期收益率r必须在其整个生命周期内进行估算。考虑到预期利润率在各年的数值不尽一致，为了简化分析，假定预期收益率各年相等。由此，如果某企业购买一批设备，经过安装使用，第1年收益为Q_1，第2年收益为Q_2，第n年收益为Q_n，又假定该设备使用n年后报废，其残值为S，则这些未来收益的现值V如下：

$$V=\frac{Q_1}{1+r}+\frac{Q_2}{(1+r)^2}+\cdots+\left(Q_n+S\right)/\left(1+r\right)^n \qquad (9.1)$$

凯恩斯把上述未来收益的现值V称为设备的需求价格，而把购置设备所需代价称为供给价格（用C表示），并把这两种价格相等时的r称为资本边际效率（marginal efficiency of capital，MEC），又称为投资收益率。按照凯恩斯的定义，资本边际效率是一种贴现率（discount rate），这种贴现率正好使一项资本品的使用期内各预期收益的现值之和等于这项资本品的供给价格或者重置资本。它实际上是企业计划进行一项投资时预期可赚得的按复利方法计算的利润率。资本边际效率r=（收益R–成本C）/成本C=净收益/成本，因此资本边际效率是一个百分率，可以直接与利息率相比较。其数值大小取决于预期未来收益的现值V和购置投资资产的成本C。当资本边际效率r大于市场利率￡时，$V>C$，投资有利可图，因此低利率会导致投资额I的增长；反之，当资本的边际效率r小于市场利率￡时，$V<C$，此时投资无利可图，因此高利率会导致投资额I的缩减。

在凯恩斯投资决策中，投资额往往跟随预期收益率一起变化，且依赖于预期收益率，因此投资额是预期收益率的函数。推广到宏观经济中，则一个社会一定时期的投资量由资本边际效率与利息率共同决定。如图9.3所示，假设所有的其他投资决定因素不变，通过比较企业的资本边际效率（MEC）和利率￡来做出投资决策。在利率为$￡_0$的情况下，每年的投资水平为I_0。额外一单位投资的回报率（利润）随着投资额的增加而降低。这是因为初始投资的重点在于“最佳”机会，能够产生高回报率；后续投资的产出效率降低，投资回报逐渐减少。在较低的利率，如$￡_1$，投资需求量将增加到I_1。由此可见，凯恩斯的投资函数是投资额I随利率￡的高低而变动的递减函数d，即[①]

$$I=I(￡)，I'<0；线性形式为：I=e-d￡ \qquad (9.2)$$

其中，e为自主投资；￡为实际利率；$d=\Delta I/\Delta￡$，是指利率上升（下降）一个百分点引

① 利率代表了投资支出的机会成本。利率有实际利率和名义利率之分。名义利率是根据名义价值计算的一项金融资产的收益率；实际利率是根据实际价值计算的一项金融资产的收益率。实际利率=名义利率–通货膨胀率。例如，名义利率（￡′）=10%，通货膨胀率（i）=5%，则实际利率（￡）=5%。在一个给定的时间点和特定的资本市场上，利率取决于相对风险、贷款期限、管理成本和税负规定。名义利率等于实际利率加上物价的预期通货膨胀率。也就是说，￡′=￡+i。只有在预期通货膨胀率为零时，才会有￡′=￡。在贷款期限内，一般物价水平可能会上涨，导致货币贬值，用以偿还贷款的货币的购买力会比原先所借取的货币的购买力更低。名义利率必须足够高才能使贷款人有能力支付贷款期内价格水平（或实际索取价格）的任何上升，因此，实际利率才是决定投资的关键。

起投资减少（增加）的数量，反映投资需求对利率变动的敏感系数，即投资弹性。d的绝对值越大，投资需求曲线就越陡峭。因此，投资变化的程度取决于投资支出对利率变化的弹性。并且，资本存量的预期值并不取决于产出水平，而是取决于利润水平。当投资的预期利润率既定时，投资取决于利率：利率上升，则投资需求量减少；利率下降，则投资需求量增加。这正是国家可以通过货币政策调节社会总投资需求的理论基础（见第十四章）。另外，由于边际效应递减规律的存在，全社会资本边际效率会随投资增加而递减，在短期内主要在于资本资产成本上升，在长期内主要在于资本存量的大量积累导致可供选择的投资机会越来越少，资本对劳动的边际替代率递减。

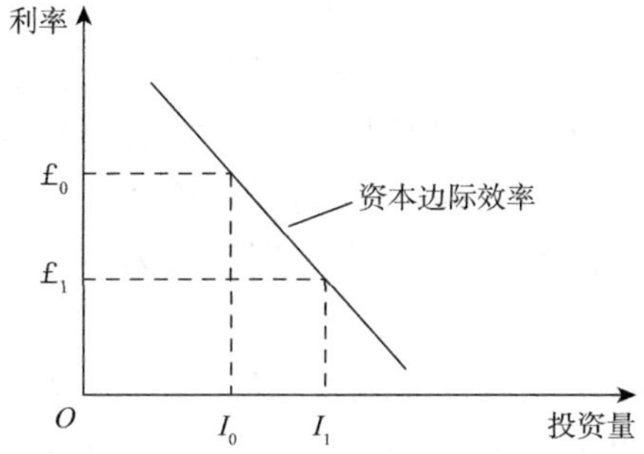

图 9.3　投资需求曲线

投资需求曲线可用于确定企业面临多个投资机会时的最优投资水平。在图9.4中，曲线MCC（marginal capital cost，边际资本成本）代表着边际资本成本，即债务融资（也称债权融资）与股权融资的相关融资组合的增量成本（如资本的加权成本）。边际资本成本在一定范围内保持不变，之后开始上升。只要预期回报率超过现行市场利率，投资将会表现为任何特定形式的资本资产投资。向下倾斜的投资需求曲线（MEC）表示在一定时期内，每一种资本资产的资本边际效率（MEC）都会随着投资的增加而下降。最优投资水平为I^*，此时边际资本成本（MCC）等于最后一单位投资的回报。在这一投资水平上，边际资本成本为£*，与企业进行的最后一个投资项目的资本边际效率（MEC）相同。由此可得到最优资本预算的条件为MEC=MCC。这类似于企业利润最大化的条件MR=MC。即当MEC=MCC时，所有可盈利的投资项目都已经被市场接受。

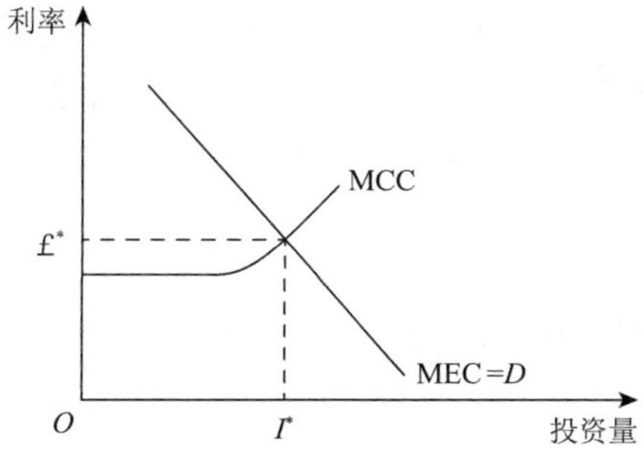

图 9.4　最优投资水平

在凯恩斯看来，所有的消费问题都是由资本边际效率下降，投资不足引起的。后者是因，前者是果。凯恩斯在《就业、利息和货币通论》中具有总结性的“略论商业循环”一章指出，发生商业周期的原因在于资本边际效率变动，以及人们对资本边际效率递减的预期。“其尤著者，当推消费倾向、灵活偏好状态以及资本之边际效率。此三者之变动，在商业循环中各有作用。但我认为商业循环之所以可以称为循环，尤其是在时间期限长短上之所以有规律性，主要是从资本之边际效率的变动上产生的。”[①]资本边际效率从而成为凯恩斯学说中造成社会有效需求不足的三个基本因素之一。

二、新古典投资函数

凯恩斯投资函数是运用加速原理[②]的投资函数。加速模型假设资本产出比为常数，即认为资本与其他要素之间不具有可替代性。戴尔・W. 乔根森（Dale W. Jorgenson）认为，在生产函数中，要素之间具有可替代性，从而将新古典生产函数引入投资函数模型。新古典投资函数将投资需求曲线叫做投资边际效率曲线，并将投资函数的影响因素设定为产出水平Y、产出价格p及资本使用K。以利润最大为目标，新古典投资函数模型设定如下：

$$\max \pi_t = p_t Y_t - w_t L_t - £_t K_t;\quad Y_t = f\left(K_t, L_t\right) \tag{9.3}$$

其中，π、w、£分别为利润、工资率和资本的租金。求解该极值问题即得到资本的最优存量，以此决定投资。按照新古典投资函数，最优投资水平是在假设投资需求曲线具有特定形状和位置的前提下确定的。如果初始投资需求为D=MEC_0，则决定投资的各种因素发生变化，曲线将向左或向右移动，其形状也可能改变。这些因素包括以下几种。

1. 要素成本与要素替代

关于如何组织生产要素生产特定商品，企业拥有一系列的选择。酒店、博物馆或展览中心既可以使用先进的资本设施和相对较少的人员，如使用电子导览代替人工讲解，也可以使用更多的人力和相对较少的资本。投资选择既受资本的使用成本的影响，也会受到劳动力成本的影响，其中，资本的使用成本主要包含资本的价格、折旧、资本的时间价值及利率等因素。对于任何给定的利率，在低工资时期，企业可能更倾向使用劳动密集型的生产方法；如果工资成本上升，就会刺激企业通过资本替代的方式来提高劳动生产率，对投资的需求可能会增加。如果资本的成本降低，投资就更具吸引力，反之亦然。如果新酒店的建造成本上升，那么无论利率是多少，投资数量都可能下降。为了反映资本的使用成本等因素的综合作用结果，也可以将资本调整成本纳入投资函数中，即以新增资本的市场价值与重置成本的比值为边际调整成本来建立投资函数。

2. 资本存量

大多数投资的目的是置换折旧的资本，因此资本存量越大投资越多——因为有更多

① 凯恩斯 J M. 就业、利息和货币通论[M]. 高鸿业译. 北京：商务印书馆，1999.

② 加速原理认为，在现代机械化生产大量使用资本设备的情况下，企业净投资额必将随着社会的生产额或销售额的变动而加速增减。净投资额和生产额（或销售额）之间的这种数量关系称为加速原理，净投资额加速增减的比率称为加速系数。

的资本需要进行置换。然而，增加资本存量必然会减少净投资。现有资本越多，达到给定的预期资本水平所需的新资本就越少。因此，社会资本存量的增加（所有其他因素保持不变）将导致资本的边际产品减少，并通过降低新投资的预期收益率来降低资本边际效率。

3. 产能利用率

产能利用率衡量的是使用中的资本存量的百分比。由于资本物品通常需要停工以维护和修理，产能利用率通常会低于100%。如果很大一部分的现有资本存量已得到利用，那么与大量资本存量闲置的情形相比，企业增加投资的可能性更大。在经济衰退期间，产能利用率趋于下降。企业拥有的更多闲置产能会进一步抑制投资。在经济增长时期，随着产能利用率的提高，企业想要提高产量就必须增加投资。

4. 经济活动水平

对资本（投资）品的需求是衍生（间接）需求。有利的经济条件带来商品或服务总需求的增加，可刺激对资本的需求并带来更多的投资。如果需求下降，企业就会减少投资。大量的经验证据表明，投资是周期性的。投资在经济衰退时会减少，又会随着经济增长而回升。加速原理指出，净投资取决于经济增长的变化率。企业和家庭的高储蓄率可以使更多资源用于投资。有了高存款，银行就能放出更多的贷款。在封闭经济情况下，经济储蓄率的下降会限制可用于投资的资金数量。

5. 技术的变化

新技术的应用通常需要新的资本。元宇宙和数字经济的崛起鼓励了全社会对计算机领域的大量投资。技术的长期变化也会影响投资吸引力。如果技术进步的速度放慢，投资的预期收益率将降低，企业将减少投资。

6. 预期

对旅游流量、销售收入、政府政策、经济增长等变量的预期会对投资水平产生影响。投资具有冒险性，特别是文旅行业的市场不确定性较强，只有在对未来的需求和经济前景有信心的情况下，企业才会进行投资。因此，高利润预期会促使企业进行大规模的投资，导致总需求增加，为旅游目的地的经济繁荣创造条件，而低利润预期会导致投资下降，市场总需求减少，进而引发经济衰退、失业和产能过剩。

7. 公共政策

公共政策（如财政政策和货币政策）通过影响资本成本，能够对资本需求产生显著的直接影响。允许企业加速折旧可以让企业缴纳较低的所得税款；投资税收抵免允许企业在一定时期内减少其应纳税额，从而降低资本成本。较低的资本利得税税率使应征税资产更具吸引力，从而增加资本需求。为推动中西部地区旅游业发展，2007年财政部、国家税务总局发布《关于将西部地区旅游景点和景区经营纳入西部大开发税收优惠政策范围的通知》（财税〔2007〕65号），西部大开发地区主要从事旅游景点和景区接待经营活动的企业，按照规定可享受企业所得税两免三减半的西部大开发税收优惠政策。此举大力推动了西部地区旅游招商引资和旅游业大发展。虽然降低企业所得税的直接作用较小，但它可以刺激投资，因为税后利润的增加意味着企业可以保留大部分的投资回报。

8. 随机冲击

投资容易受到随机冲击的影响。新冠疫情加速了人工智能和机器人等新技术在旅游和酒店业务中的运用，但是由于资源禀赋和经济发展水平的不同，不同国家和地区的酒店业在技术进步方向方面存在显著差异。发达国家和地区倾向选择资本偏向的技术，来满足非接触式服务或公共卫生需求，而大多数发展中国家和地区仍保持其劳动力偏向的技术进步方向应对疫情带来的影响，原因在于发展中国家和地区人口密集，疫情导致失业人数增多，工资率下降，降低了旅游业所使用的劳动力成本。这种技术进步变方向上的差异可能增加发达国家和发展中国家之间的技术差距，进而加剧发展中国家的技术滞后性，导致全球旅游和酒店业出现"数字技术"鸿沟①。

三、理性预期投资函数

新古典投资理论及其函数在实证上的不适应（求解过程利用了边际生产率条件），导致了卢卡斯等为代表的理性预期（rational expectations）投资理论的产生。理性预期投资函数是基于投资的固定成本很高且具有不可逆转性、投资风险的不确定性，以及投资机会的存续性等特点而建立的投资函数。基于凯恩斯—哈罗德增长模型，可建立如下方程②。

$$\begin{cases} X_{t+1} = E_t\left(D_{t+1}\right) \\ E_t\left(D_{t+1}\right) = f_t\left(Z_t\right) \\ D_t = C_t + I_t \\ C_t = \left(1-s\right)D_t \\ I_t = vX_{t+1} \end{cases} \tag{9.4}$$

其中，X_t为t时期的总产出；C_t为t时期的总消费；I_t为t时期的投资；D_t为t时期的总需求；$E_t\left(D_{t+1}\right)$为投资者使用t时期收集的信息对t+1时期需求的期望；Z_t为t时期所有的可用信息；v为资本产出率（capital-output ratio）；s为储蓄倾向（propensity to save）。

式（9.4）的第一个方程表明，企业将生产其期望能够销售出去的最大产量。由于生产需要时间，产量决策必须在本期需求实现之前做出，因此，企业必须形成市场对其产品需求的预期。第二个方程描述了企业期望的形成过程。即企业对未来需求的期望取决

① Zhao H，Zuo B. The change of technical progress direction of tourism and hospitality industry during pre-and post-pandemic[J]. Current Issues in Tourism，2021，25：3735-3740.

② Fazzari S M. Keynes，Harrod，and the rational expectations revolution[J]. Journal of Post Keynesian Economics，1985，8（1）：66-80.

于其当下掌握的和可以得到的相关信息的集合Z_t，包括历史上的需求信息D_{t-1}，D_{t-2}，……但不包括当期需求D_t。并且企业的期望函数$f_t(Z_t)$会根据实际情况，如投资成本、投资风险、商业周期等不断调整。进行预测的规则f_t和期望的形成是企业在对经济形势进行理性分析的情况下做出的。

第三个和第四个方程分别代表收入函数（即社会总需求）和消费函数。并且，当期消费取决于储蓄倾向。第五个方程说明投资受资本产出率的影响，并且当前的投资是未来期望产量的函数。

以往的模型假设所有的投资在当期生产过程中完成，没有考虑到投资具有动态调整的可能，并且投资模式和策略也需要不断变化以适应现实世界的情形。理性预期模型考虑了投资可间歇性调整的特点，认为投资活动不是在理想水平上的持续调整，而是间隔相当长的一段时期再进行调整的。投资的沉没成本较大，不可能在预期收益大于成本时就进行资本的调整，而是要持续一定时间的观察，增加一定的信息，在减少不确定性风险后，才能进行资本的调整，因此理性预期投资理论更加强调观望的成本与沉没成本之间的选择，以及间歇调整的时机等问题，从而将投资与理性人对未来的产出/收益的预期联系在一起。

理性预期投资理论虽然更接近于现实，但是面临着“理性主义”的难题。理性预期理论认为，投资者的预期是对未来的最佳猜测。期望不一定是正确的才能是理性的，只要期望从逻辑上遵循所有可用的相关信息时，它就是理性的。如果期望不是从现有信息中逻辑地得出，或者如果它忽略了一些现有信息，那么它就是不合理的。因此，投资者往往会花费大量时间和金钱以学习和掌握根据某些类型的信息进行正确推理的方法，也会非常频繁地更新他们的预期或预测。

因为理性预期的最优预测基于可得信息，但信息往往是不完全的，所以其预测结果并非完全准确。实际情形中，投资者会获得不同的信息（如一些投资者可能有内幕消息），投资者对他们共同知道的信息的看法和推理也不同，并且不同的投资者有不同的期望、不同的风险敏感性和不同的时间跨度。尽管是不完美的，但越来越多的证据表明，在对不同类型的投资者进行的不同调查中，理性预期投资理论对于理解投资者行为和预测回报方面提供了很有用和极其有价值的理论基础。

第四节　旅游业外国直接投资

旅游业是天然的开放性产业。国际旅游是经济全球化过程中的重要力量。生产国际化中最重要的角色是外国直接投资（foreign direct investment，FDI），也叫外商直接投资。当一个经济体（母国）的投资者获得了另一个经济体（东道国）的企业的持久收益或生产性资产的所有权并对其产生重大影响时，就会产生外国直接投资。“持久收益”意味着直接投资者与其投资企业之间存在长期关系，并会对直接投资企业的管理产生重大影响。

在国际收支平衡表中，外国直接投资反映为权益资本、其他长期资本和短期资本之和。

根据国际货币基金组织的分类，外国投资可细分为外国直接投资、组合投资、证券投资和其他外国投资。组合投资是指投资者通过购买某企业的证券或股票进行的投资，其占比最多占企业股票总数的10%。如果投资者在国外购买了企业至少10%的股票，并对企业的持久利益及对企业管理带来重大影响，也可以将其称为外国直接投资。其他外国投资包括两个或多个国家之间的外国（金融和贸易）信贷。

根据外国投资者/所有者商业投资所占的百分比，可以将外国直接投资者的角色具体分为：①如果母公司持有绝对所有权，则投资企业为其分支机构；②母公司拥有超过50%的股份时，投资企业为其子公司；③母公司直接或间接持有股份为10%~50%时，投资企业为关联公司或国外间接所有权[①]。此外，还可以将投资分为棕地（brownfield）投资和绿地（greenfield）投资两种类型。前者是指对现有企业的投资，通过合并或收购改变现有企业的所有权；后者是指建立新企业获得永久性收益。

根据投资取向，可将外国直接投资分为水平型外国直接投资和垂直型外国直接投资。水平（横向）型外国直接投资是指企业在多个国家进行大致相同活动的投资，如洲际酒店集团旗下有17个品牌，6 000多家酒店遍及世界100多个国家和地区。垂直（纵向）型外国直接投资是指企业在不同国家向不同企业或对位于不同生产阶段企业的投资[②]。水平型外国直接投资对出口有替代关系，垂直型外国直接投资对出口有互补关系。例如，中国本土酒店集团华住集团在17个国家经营8 402家酒店，并不断进行酒店之外的多维延展，包括嵌入式咖啡馆niiice café，引入图书阅览等；通过投资、孵化等方式，打造长租公寓品牌城家、办公品牌办伴、创邑等运营空间，以延展办公、公寓等全空间生态圈[③]。

与旅游有关的活动中，许多外国直接投资主要集中在住宿、餐饮、旅行社、旅客运输、旅游文化服务、第二居所和汽车租赁业。一般认为，外国直接投资在旅游业的普及部分归因于全球连锁酒店品牌的全球扩张。酒店业跨国企业的投资参与可以分为：①股权投资。这种情形下母公司拥有100%或多数股权，以确保一定程度的管理控制。②包括合资在内的少数股权投资（母公司持股比例为10%~49%）。③租赁合同、管理合同及特许经营或营销协议。前两类属于股权模式，最后一类属于非股权模式（即跨国公司可以在没有取得股权资本的情况下进行经营活动）。

外国直接投资进入外国市场的方式因东道国的特点而异。在高收入国家/地区，非股权模式，如管理和特许经营合同是进入国外市场的首选方式，而股权投资合同在发展中国家非常普遍。在风险较高的市场或国家中，外国直接投资首选的进入方式也是非股权模式。从全球来看，发展中国家有80%的跨国公司相关酒店处于非股权模式，只有20%的跨国公司拥有部分或全部股权[④]。因此，非股权模式通常被认为是旅游业外国直接投

① Sisek B. Foreign direct investment in Croatia：causes of failure[J]. Proceedings of the Faculty of Economics and Business in Zagreb，2005，3（1）：89-108.

② Ivanovic Z，Baresa S，Bogdan S. Influence of foreign direct investment on tourism in Croatia[J]. UTMS Journal of Economics，2011，2（1）：21-28.

③ https://www.huazhu.com/news.

④ UNCTAD. World investment report 2011[R]. https://unctad.org/system/files/official-document/wir2011_en.pdf，2011.

资风险较小的进入模式，并且构成了旅游业跨国活动的最常用形式。

与其他行业外国直接投资相比，旅游业外国直接投资国际化程度还比较低，大型连锁酒店的投资规模相对较小。截至2012年，尚未有任何一家连锁酒店的投资规模进入非金融类跨国公司前100名①。许多目的地国家提供的住宿接待服务仍主要由其国内酒店提供。另外，发达国家外国直接投资约占全球旅游业外国直接投资的三分之二，其中外国直接投资的最大来源国是英国和美国；2002~2005年，与全球旅游相关的并购活动的21%发生在发展中国家，旅游相关的绿地投资中有70%发生在发展中国家②。

旅游业外国直接投资的独特之处在于企业所有权和控制权之间经常发生分离，因为酒店主要通过非股权模式进行国际化。这可能会低估旅游业外国直接投资的影响，因为许多国家都没有将非股权模式的投资统计列入外国直接投资范围。如果外国直接投资的定义包括非股权模式，那么旅游业外国直接投资的数额和影响可能会更大。

一、发达国家外国直接投资理论

1. 垄断优势理论

垄断优势理论认为，国内和国际市场的不完全性特点，造成跨国公司具有相应的垄断优势，如拥有专有技术、管理经验、融资渠道和销售能力等。这些垄断优势使跨国公司能排斥东道国企业的竞争，维持较高的垄断价格和利润，导致不完全竞争或寡头垄断局面。因此，企业进行外国直接投资的目的是获得最大的预期收益，通过在另一个国家使用自己的品牌资产、技术或其他专有技术来发挥自己的竞争优势。

2. 产品生命周期理论

弗农（R. Vernon）在垄断优势理论的基础上，提出了产品周期理论。产品在市场上具有周期特性，该周期大体可分为三个阶段，即创新阶段、成熟阶段和标准化阶段；各个阶段与企业的区位决策、出口或国内外生产决策均有联系。在不同的阶段，企业应采取不同的投资战略。在产品成熟尤其是标准化以后，企业应以外国直接投资的方式，将生产转移到工资低和成本低的地区，替代产品的出口，获得更大的利益。产品生命周期理论将企业的垄断优势与区位优势（location advantages）相结合，动态描述了跨国公司对外直接投资的原因。这一理论也被20世纪以来国际上发生的三次产业转移浪潮支持。

3. 内部化理论

现代跨国公司是市场内部化过程的产物。市场内部化是指外部市场机制造成了中间产品（如原材料、半成品、技术、知识、经验等）交易的低效率。为提高这种低效率，

---

① Sharma A，Johri A，Chauhan A. FDI：an instrument of economic growth & development in tourism industry[J]. International Journal of Scientific and Research Publications，2013，2（10）：1-6.

② Barrowclough D. Foreign investment in tourism and small island developing states[J]. Tourism Economics，2007，4（13）：615-638.

企业通过其有效的组织手段——行政结构将中间产品的外部市场内部化，其实质是用内部垄断性交易关系（指令性机制）代替市场的竞争性交易关系。当开辟内部市场的行动跨越国界时，就出现了跨国公司。正是内部化的动机，促使企业进行外国直接投资。

4. 折中理论

折中理论（eclectic paradigm）融合了各种理论，如贸易理论、产业组织理论和企业理论，可以用于解释跨国旅游投资的各种动机。折中理论认为，跨国公司在其母国以外开展增值活动的范围、模式和增长取决于三个主要变量的价值及它们之间的相互作用，即所有权优势（ownership advantages）、内部化优势（internalization advantage）和区位优势，三者缺一不可，因此该理论也被称为跨国公司直接投资的“OIL模式”[①]。

所有权优势包括外国企业在任何特定市场或多个市场的供给中拥有的竞争优势。这些优势可能来自企业对特定技术、管理、金融或营销资产的专有所有权或使用权。所有权优势也可能具有结构性或行为性。例如，中国家族式跨国公司在强调私人关系网络的市场环境中进行谈判和做生意的能力构成其独特竞争优势。在亚洲成立合资企业时，中国家族企业会选择其他中国家族企业及与之有关系的企业和政府机构作为合作伙伴；而在亚洲以外建立合资企业时，则选择能够增强自身能力的从事高科技行业的非亚洲合作伙伴[②]。这是中国家族式跨国公司在亚洲的营利能力要强过西方跨国公司的重要原因。

在旅游业中，企业所有权优势可能包括：企业规模及其获得规模经济的能力；专有的竞争优势，包括旅游服务供应商拥有的高品牌知名度或已建立的声誉等，这有助于提高企业的市场渗透率；提供更多的股权融资来支持旅游业的扩张；充分了解国际旅游市场，并拥有进入特权；受过良好培训的职员；更好的管理和预订系统；更好的组织和信息技术能力，能够成功整合不同的增值活动。技术优势往往被视为所有权优势的一个重要来源。外国直接投资因而会导致技术外溢效应。

内部化优势是通过股权和合同控制共同创造的，指的是跨国公司能够对所有权及公司内部的区位特定优势进行控制和协调的优势，而不是向东道国的国内企业出售其使用权的优势。在旅游业中，这些优势可能包括：企业对旅游产品特性的控制更加容易，包括供给、价格和质量的保障；更好的规划和协调能力及带来的市场份额；增加利润的机会更多。

区位优势是所有权特定优势与直接要素禀赋加以结合获得的增值收益。旅游目的地吸引国际投资者的因素包括：东道国整体旅游市场的规模和发展阶段；东道国现有的旅游服务供给状况，包括旅游吸引物的类型、自然环境和历史遗迹的特色等；东道国政府针对外国直接投资的政策，如投资鼓励措施；东道国的政治、社会和经济稳定性；投资目的地的硬性和软性基础设施的质量（如交通、电信、水务、电力）；投资目的地的知识和能力、人工成本及当地供应商的可用性；投资目的地的市场规模和税率等。例如，中

① Dunning J H. The eclectic paradigm as an envelope for economic and business theories of MNE activity[J]. International Business Review，2000，9（2）：163-190.

② Shapiro D M，Gedajlovic E，Erdener C. The Chinese family firm as a multinational enterprise[J]. International Journal of Organizational Analysis，2003，11（2）：105-122.

国旅游业的对外投资很大程度上取决于东道国的游客流量、该国的旅游规模及对入境投资的开放程度。冰岛和挪威酒店业对外直接投资主要考虑目的地国家的经济和市场规模、增值税率及劳动力状况[①]。犯罪率也是影响国际酒店在目的地投资的重要因素。

所有权优势、区位优势和内部化优势之间的相互关系及企业对此做出的反应，会随着不同的产业、投资来源国和投资目的地、特定企业的特征而变化。随着技术发展、影响企业竞争地位的创业环境和经济环境的改变及价值链增值点位的改变，上述优势也会随着时间的推移而发生变化。如何利用这些优势主要取决于管理相关经济活动的股权和非股权模式的相对成本。

二、发展中国家外国直接投资理论

世界市场是多元化、多层次的。即使对于那些技术不够先进、经营范围和生产规模不够庞大的企业来说，参与外国直接投资仍有很强的经济动力和较大的市场空间。20世纪80年代以来新兴工业化国家在外国直接投资领域异军突起。自2001年正式加入世界贸易组织后，中国政府提出了旅游业主动“走出去”的发展战略，以适应经济全球化发展趋势，提升国际竞争力。多年来，中国旅游业在海外投融资规模不断扩大，如2010年6月复星国际有限公司收购地中海俱乐部（Club Med）7.1%的股权；2012年海南航空集团收购法国蓝鹰航空公司48%股权；2013年大连万达集团并购英国圣斯克游艇公司[②]。中国旅游企业开始多渠道、多方式地参与和融入国际旅游产业分工体系。

通常认为，西方发达国家的外国直接投资可以认为是资本过剩的产物，或者说是资本输出的一种形式，可称之为“资本过剩型跨国投资”。发展中国家的外国直接投资是在普遍存在资本缺口的情况下发生的，不仅不存在资本过剩的问题，而且国内建设资金短缺。在大规模地吸引外资仍是发展中国家经济发展的一项艰巨任务的情况下，发展中国家何以有资金和动力来对外投资？本部分梳理了关于发展中国家外国直接投资的诸多理论观点。

1. 资本相对过度积累理论

这一理论认为，发展中国家普遍存在“二元经济结构”。传统落后的农业部门与采用较新技术的现代工业部门之间在技术水平、劳动生产率、经济组织形式上存在巨大差距。这种差距将使得产业间联系减弱。同时，传统农业部门在供给和需求上的低弹性使其无法对现代工业部门提供的经济发展机会做出及时有效的反应，使产业间的差距进一步扩大。这样，发展中国家的现代工业部门在远远未到规模效益要求的情况下，出现了结构性供给过剩乃至个别行业或企业的“相对过度资本积累”或“相对资金富余”，于是对外投资成为可能。

---

① Kristjánsdóttir H. Multinational activities and foreign direct investment[M]//Sustainable Energy Resources and Economics in Iceland and Greenland. Cham：Springer International Publishing，2015：31-39.

② 一财网. 旅游业“走出去”：并购活跃大量资金外流[EB/OL]. https://www.yicai.com/news/3335957.html，2014-01-09.

2. 小规模技术理论

美国经济学家刘易斯·J. 威尔斯（Louis J. Wells）认为，发展中国家跨国公司的主要竞争优势来自与母国市场特征密切相关的低生产成本。由于发达国家的技术在市场容量比较小的发展中国家无法取得规模优势，发展中国家往往在引进技术之后会按照当地市场小批量的需求规模和多样化的需求特征对技术进行改造，即发展小规模技术。这为发展中国家跨国公司提供了比较优势：首先，发展中国家跨国公司拥有为小市场需求提供服务的小规模生产技术；其次，发展中国家在民族产品的海外生产上具有优势；最后，发展中国家跨国公司可以实施低价竞争策略。

从小规模技术理论角度，可以将发展中国家外国直接投资分为两种类型：一是经营延伸型（operations-extending），即将外国直接投资作为企业在国内市场经营的国际延伸；二是出口提高型（export-enhancing），即为了获取别国的技术或管理技能方面的优势。前者经营的目标市场是本国市场的延伸或拓展东道国中与国内相类似的市场。例如，2010年以来中国庞大的出境旅游需求推动了中国旅行社、中国国际旅行社、锦江国际（集团）有限公司等旅游集团纷纷在海外设立分社或并购海外资产，以最大限度地利用客源。携程旅行网在主要出境旅游目的地建立了接待系统，以实现对旅游接待服务的下游控制，此举使得携程在中国的海外旅游市场占据着30%~40%的份额。出口提高型外国直接投资的目标是促进母国的产品出口，其投资东道国往往是发达的高收入国家。通过其外国子公司及时地向母公司转移国外先进的技术，基于出口提高型的外国直接投资可以使得国内母公司能够以低成本生产同类产品，持续提高出口绩效。

3. 技术地方化理论

英国经济学家桑加亚·拉奥（Sanjaya Lall）提出了技术地方化理论来解释发展中国家对外投资行为。他认为，发展中国家跨国公司的技术特征尽管表现为规模小、使用标准化技术和劳动密集型技术，但这种技术的形成包含着企业内在的创新活动，因此发展中国家也能够形成和发展自己的独特优势。这些优势包括：其一，在不同于发达国家的环境下,发展中国家可以将引进的技术知识结合本国的要素价格和市场偏好进行当地化，使其产品在当地或邻国市场产生竞争优势（这一点类似于上述基于出口提高型外国直接投资）；其二，发展中国家跨国公司的竞争优势不仅来自其生产过程和产品与当地的供求条件紧密结合，而且来自创新活动中所产生的技术在小规模生产条件下具有更高的经济效益；其三，从产品特征上看，发展中国家跨国公司往往能开发出与名牌产品不同的消费品（如国产智能手机与苹果手机在东南亚市场上竞争），特别是当东道国市场较大、消费者的品位和购买能力有很大差别时，来自发展中国家的产品仍有一定的竞争力。例如，福耀玻璃工业集团股份有限公司、比亚迪股份有限公司、玖龙纸业（控股）有限公司等赴美国投资建厂，开拓美国乃至世界市场。

4. 国际化范式

这一范式把关注焦点放在不同发展中国家在不同发展阶段的国际化战略，关注从产品、服务、生产系统直至技术的国际化转移顺序。发展中国家外国直接投资的国际化范式存在两种模式：其一是链条模式，即企业的对外投资往往经过无规则出口到出口代理，再到在海外建立销售子公司，最后在海外设立生产子公司这样一个发展链条；其二是扩散模式，即企业海外投资的目标市场最初往往从邻近的国家开始，然后依据文化、经济和政治的差异程度及地理位置的远近程度依次向外扩散直至抵达差异最大的国家。

在产业分布上，发展中国家外国直接投资先是从以自然资源开发为主的纵向一体化生产活动开始，然后采取进口替代，最后以出口导向为主；在地理分布上，发展中国家企业在很大程度上受"心理距离"的影响，其投资方向遵循周边国家—发展中国家—发达国家的渐进发展轨道；在投资类型方面，发展中国家外国直接投资并不局限于传统产业的传统产品，而是可能直接跳入高科技领域的生产和开发活动，获得技术追赶效应。截至2019年，在美国上市的中国旅游企业已经超过30多家，包括携程、同程艺龙、如家、华住集团、去哪儿网、途牛网、一嗨租车等企业集团，涉及酒店、汽车租赁、主题公园、游轮企业等旅游产业链上的多种业务类型，促进了国内旅游与国际旅游经济大循环的接轨与融合。

三、外国直接投资对旅游目的地的影响

外国直接投资对任何经济体（尤其是发展中国家）都非常重要，并且，任何产业的外国直接投资对东道国的影响既可能是正面的，也可能是负面的，如图9.5所示。

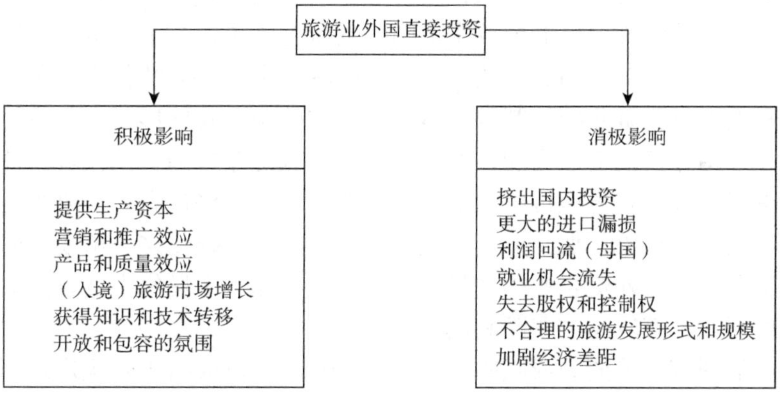

图 9.5　旅游业外国直接投资对东道国的潜在利弊

资料来源：Dwyer L，Forsyth P，Dwyer W. Tourism Economics and Policy[M]. 2nd ed. Clevedon：Channel View Publications，2020

外国直接投资可以在发展中国家的国民经济现代化和经济增长中发挥重要作用。外国直接投资可能通过影响东道国的资本存量，创造更多的就业机会和企业税收来影响经济增长；它还通过东道国的资本积累促进国内企业使用更先进的技术，也促进新企业员工培训、技能的获取和传播，以及新的管理和最佳实践标准的转移，帮助东道国获取新技术、知识和发展人力资本；跨国公司的后向联系具有积极的外部性，可以促使当地供应商提高中间产品的质量，使得生产同类产品的当地企业同样能够获得高质量的中间产品，从而最终提高市场上的产品质量；外国直接投资还可以增加全球互联的机会，打开出口市场，并通过

技术外溢和由此提高的生产率促进国际贸易一体化；外国直接投资可以帮助改善环境质量和劳工标准，所有这些好处都将成为发展中国家成功实现经济增长的关键因素①。在中国，外国直接投资通过技术外溢效应带动了中国国内产品部门的产出增长，外资企业技术外溢因子每提高1个百分点，国内部门的产出相应增加0.199个百分点；东部地区与西部地区之间GDP增长率差异的大约90%是外国直接投资的差异引起的②。

由于旅游的跨界性，旅游业外国直接投资可以在东道国经济中产生溢出效应，包括农业、文化、体育、游戏、娱乐、建筑、运输及会议和活动管理等。许多外国投资者会对东道国的社区发展计划和环境责任进行大量投资，带来知识技能和技术，推动提高旅游服务的标准，同时可增进员工对新技术、新知识的了解，进一步在社会和经济上促进东道国发展。在旅游业减轻贫困的讨论中，外国直接投资通常被视为促进岛屿型国家、非洲发展中国家经济发展的主要渠道③。许多国家通过放松监管，提供财政激励措施，建立一站式投资促进机构等，来提高本国对外国直接投资的吸引力。

外国直接投资也会对发展中国家的国内投资、就业、收入分配和国家主权产生不利影响。当外国直接投资与国内部门存在竞争时，外国直接投资会挤出预期回报率较低的国内投资，导致本地投资的“挤出效应”。外国企业汇回母国的利润是一种经济漏损（leakage），甚至可能导致国际收支恶化。如果旅游目的地国家的人力资源不足，资本水平低，为了支持旅游业发展，旅游目的地需要从境外输入更多的劳动力、资本、商品和服务，从而带来更多的漏损（见第十三章）。此外，如果外国直接投资在发展中国家偏向于使用熟练工人而不是非熟练工人，则可能会使贫困群体的相对收入状况恶化。对旅游业外国直接投资的依赖也可能导致东道国将其所有资源投资于旅游业，而没有其他强大的产业来支撑经济，产生资源诅咒效应④。旅游业外国直接投资的潜在负面影响还包括失去股权和失去对旅游业的控制权，造成不合理的旅游发展形式（如飞地旅游）和规模等。旅游业外国直接投资还会加剧经济差距，由旅游业外国直接投资驱动的旅游业繁荣通常伴随着建筑成本和土地价值的上涨，导致房地产价格过高。如果东道国市场存在较为严重的市场垄断现象，那么外资企业的加入将进一步强化这一市场扭曲效应。在许多发展中国家和地区，外资企业往往趋向于进入那些原本市场集中度较高的行业，其原因就在于这些行业具有较高的垄断利润。

当地企业的现有技术能力或吸收能力（absorptive capacity）是决定外国直接投资技术外溢效果的关键因素。研发投入对企业技术进步的影响表现在两方面：一是研发成果直接促进技术进步；二是研发投入可增强企业对外来技术的吸收、学习、模仿能力，使得企业拥有更强的技术能力去吸收外部技术扩散。因此，如果外资企业技术水平远远高

---

① Dufey A，Grieg-Gran M，Ward H. Responsible Enterprise，Foreign Direct Investment and Investment Promotion[M]. London：International Institute for Environment and Development（IIED），2008.

② 魏后凯. 外商直接投资对中国区域经济增长的影响[J]. 经济研究，2002，(4)：19-26，92-93.

③ Craigwell R，Moore W. Foreign direct investment and tourism in SIDS：evidence from panel causality tests[J]. Tourism Analysis，2008，13（4）：427-432.

④ Gatsinzi J，Donaldson R. Investment in the tourism industry：the experience of Rwanda[J]. Journal for Development Support，2009，(1)：33-49.

于国内企业，则技术外溢效应几乎不存在。研究表明，南美洲国家与东亚国家技术吸收效果和最终经济增长率不同的最主要原因在于“吸收能力”差异[①]。从这个意义上来说，在一个日益全球化的世界中，发展中国家通过“自主开发”或“外国直接投资依赖”两种途径中的任何一种来实现本国技术的升级都是不可取的，只有一方面通过外国直接投资引进先进技术，另一方面建立本地的研发能力才有可能在动态的现代化进程中不被边缘化。与此类似，知识是非竞争性的。新知识一旦被生产出来，复制、再生产这一新知识的附加成本是很低的。人力资本的吸收能力是知识产品的主要载体，只有当东道国人力资本存量足够丰裕时，东道国经济才能吸收外国直接投资的技术外溢。因此，为了更多地获取外部知识和技术，任何国家或企业都必须首先拥有足够的基础设施和基本的技术水平和人力资本水平。

简言之，东道国接受外国直接投资的收益和成本取决于许多条件，如外国投资者从事的行业，当地企业参与外国直接投资的程度和向外国直接投资学习的机会大小，地方人力资本、金融体系发展及东道国政府能够并愿意利用外国直接投资进行投资的程度。除此以外，外国直接投资属于绿地投资还是棕地投资也具有重要影响。为了取得积极成果，东道国在引入外国直接投资时需要设置一些条件和政策，如政府可以明确要求外国企业获得的部分利润用于再投资及雇用一定数量的本地劳动力，以确保外国直接投资在东道国经济中发挥积极作用。东道国最好将旅游业外国直接投资视为对国内旅游业投资的补充而不是替代[②]。

四、影响旅游业外国直接投资的主要因素

投资对于旅游业的进一步发展至关重要，因此需要了解推动投资的因素。旅游业对外国直接投资的需求取决于几个因素，包括总体经济发展目标及目的地实现规划目标所需的旅游业发展类型和规模。对于发展中国家，由于缺乏资本、企业家精神及国际品牌、专业知识和营销网络，急需外国直接投资弥补其在旅游业发展中的劣势，以开发符合或匹配国际市场预期的旅游相关设施和服务产品，提高国际市场竞争力。

（一）旅游目的地吸引外国直接投资的能力

一个旅游目的地吸引外国直接投资的能力（有时被称为投资环境）受到多种复杂因素的影响，其中包括旅游目的地的经济规模与增长率、良好的基础设施、与其他国家的经济文化联系、国家的政治稳定性和相关的政策法规、程序和激励措施等。表9.3展示了这些主要决定因素及其细分项目。其中，东道国的旅游市场规模、政治和经济稳定性、外国直接投资相关商业法规、基础设施可用性与质量、人力资源总体质量、创新能力等都是外国直接投资中考虑的重要决定因素。另外，成本因素，如税收和劳动力成本，以

① Lall S, Narula R. FDI and its role in economic development: do we need a new agenda[J]. Research Memorandum, 2004, 16（3）: 447-464.

② Dwyer L. Foreign direct investment in tourism[M]//Jönsson H C. Tourism and Foreign Direct Investment, London: Routledge, 2022: 105-124.

及劳动力技能和熟练工数量对于企业经济效率至关重要。文化邻近性和历史文化交流可减少经济交流中的不确定性，如法国在吸引与法国有着共同文化渊源的法语国家的酒店业外国直接投资方面尤其成功①；如果目的地税负较重，可以通过提供与外国直接投资活动有关的优质公共物品（public goods）以抵消不利的税负条件。投资者通常会在综合考虑诸多因素后，预期其仍然可以获得足够的投资回报时，才会做出必要的长期投资决策。

表 9.3 旅游业外国直接投资的主要决定因素及其细分项目

主要决定因素	细分项目
旅游发展状况	旅游目的地受市场欢迎程度 旅游市场规模 旅游市场潜力 旅游设施状况 旅游经济发展水平 旅游资产水平 劳动力技能和熟练工数量 旅游价格优势 当地旅游企业家情况
社会经济环境	经济发展水平 经济增长率 人口数量 贸易水平（出口占 GDP 比重） 创新能力 基础设施可用性与质量 税收和劳动力成本 人力资源总体质量 外国直接投资总量与实际流量 最低工资水平 其他成本因素（如土地资源）
政治与制度环境	政治和经济稳定性 政府政策与投资激励 国家外国直接投资评级 国家/地方声誉 政治和经济风险 外国直接投资相关商业法规 外国直接投资监管力度 私有化程度 大型事件/活动数量 犯罪率和腐败
其他考虑的因素	地理邻近性 文化邻近性 历史文化交流 语言通用性 健康与安全

资料来源：作者整理

① Cró S，Martins A M. Foreign direct investment in the tourism sector：the case of France[J]. Tourism Management Perspectives，2020，33：100614.

（二）政府间贸易或投资协定的影响

在全球贸易或投资活动中，政府这只“看得见的手”也发挥着重要影响。这是由于国际政治关系对跨国公司的海外投资具有决定性作用。跨国公司在海外投资时可能面临两种政治风险：一是与目的地国家的企业共同面临的系统性风险，如需求的变化等；二是国际政治关系导致的本国和东道国双边特定的风险，如外国公司可能会因母国与东道国外交关系恶化而遭受被没收投资回报等报复性后果。因此，外国投资者对国际政治关系非常敏感。国家间签署贸易协定做出国际承诺或遵守共同的国际贸易规则可以使投资环境更加透明和安全。

例如，《服务贸易总协定》把服务贸易的提供方式分为四种：①跨境交付（cross-border Supply）；②境外消费；③商业存在（commercial presence）；④自然人流动（movement of personnel）。中国在《服务贸易总协定》的旅游服务贸易方面的承诺主要体现在市场准入和国民待遇两个方面，主要包括：在旅游服务贸易方面，对跨国境服务的市场准入及国民待遇没有做出任何承诺；对跨国境的消费无任何限制；在商业存在方面，关于市场准入，我国承诺外国的服务提供者可以通过合资、合作等方式在中国开办或建设旅馆及餐馆，合资酒店必须经国家发展和改革委员会、商务部及文化和旅游部等有关部门审批；可试点举办中外合资的旅行社；关于自然人移动，则承诺与中国合资餐馆、酒店、旅行社签订合同的外国经理、专家、高级管理人员将获准在中国提供服务[①]。

贸易或投资协定存在三方面的效果。第一，国家可以向外国服务提供者提供市场准入，如《服务贸易总协定》/世界贸易组织在1995年首次将对外国服务提供者的待遇承诺纳入了《服务贸易总协定》，其中各国承诺提供市场准入的行业约160个。第二，贸易协定（特别是投资模式）提供了有利于私人部门活动的一套透明的贸易规则，可减少不确定性并鼓励投资。第三，签署贸易或投资协定是东道国向潜在投资者发出的积极信号，在一定程度上可以将投资协定理解为东道国政府间的可信任的承诺机制。特别是双边投资条约签署后，一方面可以抵消国家之间的政治紧张关系和由此产生的被没收风险，另一方面也提供了一个表明东道国政府将不会削弱国内机构对财产权保护的信号。这不仅可以直接降低投资成本，而且有助于间接增加双边直接投资的数量[②]。特别是在具有政治紧张局势的国家之间实施双边投资协定时，其影响更加显著。

第五节 旅游众筹

旅游业是全球最大的经济部门之一，占全球GDP的10.4%[③]。旅游活动也是相对资本

① 附件 9 中华人民共和国服务贸易具体承诺减让表第 2 条最惠国豁免清单，http://www.gov.cn/gongbao/content/2017/content_5168131.htm.

② Desbordes R, Vicard V. Foreign direct investment and bilateral investment treaties: an international political perspective[J]. Journal of Comparative Economics，2009，37（3）：372-386.

③ UNWTO. International Tourism Highlights，2020 Edition[R]. https://www.e-unwto.org/doi/epdf/10.18111/9789284422456，2021.

密集型的，如在线平台的打造、航空运输、游轮设施和高标准酒店的建造等。随着数字技术的推广应用，旅游供应商和生产商开始越来越多地转向数字视频、直播、云展览等在线平台。旅游业开始虚拟化和游戏化。旅游和休闲行业，包括艺术、文化和遗产，以及体育和娱乐日益成为众筹活动的重点①。

众筹是指创建者通过在线中介，如Kickstarter、Indiegogo、Wadiz等，外包某种特殊产品概念或创新项目，以使投资者和捐赠者通过互联网平台，在财务上支持该概念性产品创意或项目②。国际众筹市场可分为几种类型，包括捐赠、奖励、股权投资和点对点贷款等。鼓励投资者参与众筹是一种理想的替代性非金融机构投资机制。众筹通过团体借贷来利用社会资本，可以解决金融中介中可能存在的信息不对称问题，帮助解决不良贷款环境中存在的抵押和信贷限制，为企业提供替代性融资来源③。

除了资金支持外，众筹可帮助创造新的就业机会，增加收入，还可提高企业对于投资者的信誉。基于包括区块链在内的金融技术（fintech）的众筹也已成为提供加密货币首次代币发行（initial coin offering，ICO）的主要手段（如比特币、以太坊）。在文旅行业，中小企业占主导地位，投资回报率因相对较低而难以吸引资本。众筹鼓励了价值共创，对于文旅行业中小企业发展和创新日益重要。特别是在与旅游文化遗产相关的项目中，众筹是解决资金短缺的可行方案。2015年，众筹占英国中小企业总贷款的3%以上，占小企业新增银行贷款的14%④。除了Kickstarter、Indiegogo、Lendingclub等通用平台外，专注于休闲旅游业的主要众筹平台包括TravelStarter、Garupa等。

众筹的类型如图9.6所示。

Kickstarter是全球领先的众筹平台之一。2009年以来，Kickstarter通过奖励、捐赠和投资众筹，为旅游和休闲行业提供了高达16.8亿美元的资金，占平台众筹总额的47.2%⑤。根据Statista的数据，截至2022年4月，Kickstarter平台成功完成筹款项目57.42万个；全球众筹的年度总价值达到136.4亿美元，预计2028年的年度交易总价值为289亿美元⑥。

影响众筹者投资于旅游的因素众多，主要包括风险质量（venture quality）（人力、社会、智力资本）、不确定性水平（股权和财务预测）和口碑等。

---

① Marchegiani L. From Mecenatism to crowdfunding：engagement and identification in cultural-creative projects[J]. Journal of Heritage Tourism，2018，13（2）：143-151.

② Cho M，Kim G. A cross-cultural comparative analysis of crowdfunding projects in the United States and South Korea[J]. Computers in Human Behavior，2017，72：312-320.

③ Marakkath N，Attuel-Mendès L. Can microfinance crowdfunding reduce financial exclusion? Regulatory issues[J]. International Journal of Bank Marketing，2015，33：624-636.

④ Zhang B，Baeck P，Ziegler T，et al. Pushing Boundaries. The 2015 UK Alternative Finance Industry Report[EB/OL]. http://www.jbs.cam.ac.uk/faculty-research/centres/alternative-finance/publications/pushing-boundaries/#.V3FC62grLb0，2016.

⑤ Myung J，Kim M J，Hall C M. What drives visitor economy crowdfunding? The effect of digital storytelling on unified theory of acceptance and use of technology[J]. Tourism Management Perspectives，2020，34：100638.

⑥ Statista. Market size of crowdfunding worldwide in 2021 with a forecast for 2028[EB/OL]. https://www.statista.com/statistics/1078273/global-crowdfunding-market-size/，2022.

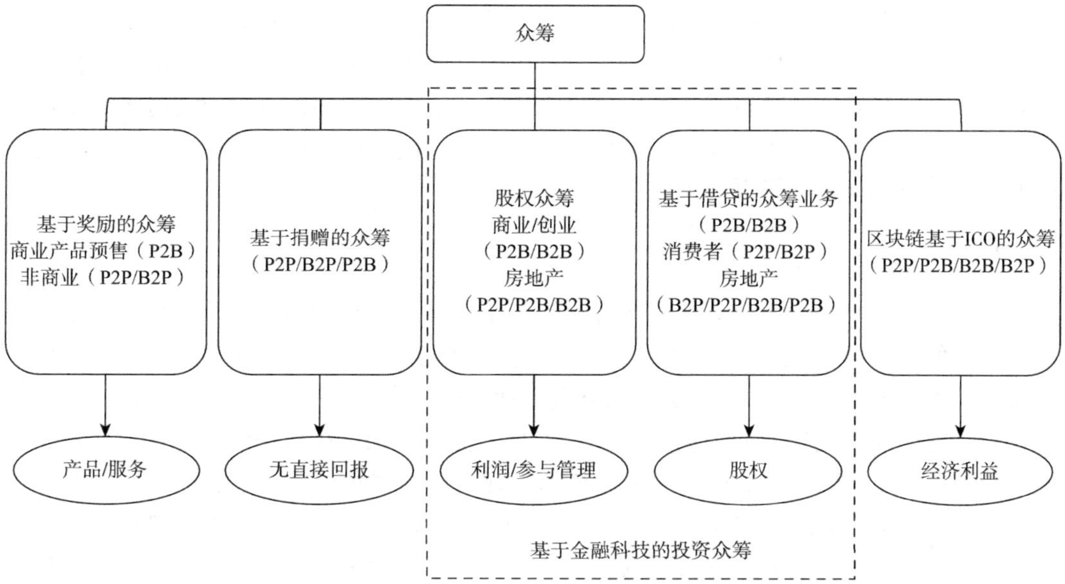

图 9.6 众筹的类型

P：person 或 peer，个人；B：business，企业；P2B、B2P、B2B、P2P 中第一个字母代表出资者，第二个字母代表资金筹集人

资料来源：Zhang B，Baeck P，Ziegler T，et al. Pushing Boundaries. The 2015 UK Alternative Finance Industry Report[EB/OL]. http://www.jbs.cam.ac.uk/faculty-research/centres/alternative-finance/publications/pushing-boundaries/#.V3FC62grLb0，2016

1. 风险质量

风险质量被定义为“最有可能诱使投资者在股权众筹环境中投入财务资源的项目信号或属性”[①]。在创业环境中，初创企业的风险质量会影响风险投资公司的投资参与，同样也会影响到吸引社会出资者参与的能力。众筹投资者是在不确定的条件下运作的，因此投资者倾向寻找潜在风险的长期信号。企业财务潜力、知识产权、合伙企业、个人关系、管理团队都会影响投资者对风险质量的看法。对于那些小额众筹项目投资者来说，感知风险越大，就越能激发支持者的融资意图；而对于“大额”供资项目，感知风险会对供资意向产生重大负面影响。旅游业往往具有较小的融资目标，有助于产生更好的筹款绩效[②]。

2. 不确定性水平

出资者对众筹平台上发起者与企业家之间信息不对称的担忧与风险质量的不确定性有关。经济和技术上的不确定性会影响出资者的股权份额：不确定性水平越高，出资者对盈余的预期份额就越大。不确定性水平被定义为“众筹平台提供的股权份额和财务预测程度。企业家提供的信息越不精确，潜在投资者在评估被投资企业时就越受限制”。

---

① Ahlers G，Cumming D，Schweizer D. Signaling in equity crowdfunding[J]. Entrepreneurship Theory and Practice，2015，39（4）：955-980.

② Wang Z，Li H，Law R. Determinants of tourism crowdfunding performance：an empirical study[J]. Tourism Analysis，2017，22（3），323-336.

外部资源出资者在新项目中投入时间、资金或其他资源的决定受到创业企业财务前景和生存机会的巨大不确定性的影响。信息不对称带来的不确定性会减少投资的可能性，因此成功地向支持者传达项目质量的信号可降低不确定性。例如，可以由支持者和质押者建立社交网络进行口碑传播和推广项目信息，此外，使用高质量的图像来传达产品属性对于发展积极的众筹网络也至关重要。

3. 口碑

口碑被定义为“非商业关联消费者之间关于品牌、产品或服务等商业内容的基于意见或基于偏好的社交互动”[①]。自在线信息技术问世以来，电子口碑（eWOM，也称为互联网口碑）已经成为传播信息的重要渠道。社交效用会鼓励众筹活动支持者的eWOM，并有助于发展项目创建者的社会资本。eWOM、虚拟评论及在互联网上点击“喜欢”和分享的数量越多，吸引并影响众筹者的效果就越好。众筹创建者可以在初期阶段利用支持者的产品反馈，鼓励用户生成内容（user generated content，UGC）和大规模个人交流以吸引潜在众筹者。另外，众筹者通过eWOM交换有关出资者和项目信息，可提高项目出资者的意识并扩大关于筹资的社交网络。这对于风险投资的质量及股权份额和财务预测的不确定性水平非常重要。

2015年，由淘宝众筹平台、亚龙湾国际玫瑰谷、周大生珠宝股份有限公司共同发起的“爱情地标”项目落户三亚亚龙湾玫瑰谷。该项目达成远超300万元的众筹目标，打破了27万人参与单个众筹项目的世界纪录，成为国内旅游界首个众筹成功的项目。据世界银行预测，2025年全球众筹市场规模将达到3 000亿美元，中国市场将占到500亿美元[②]。未来，以电子商务+旅游的跨界众筹方式必将为旅游业发展注入新的活力。

关键词：

资本商品　capital goods
政府和社会资本合作　public-private-partnership
直接融资　direct financing
间接融资　indirect financing
战略投资　strategic investment
投资函数　investment function
天使投资　angel investment
资本边际效率　marginal efficiency of capital
贴现率　discount rate
首次公开募股　initial public offering
政府补贴　government subsidy
用户生成内容　user generated content
资本产出率　capital-output ratio
储蓄倾向　propensity to save
折中理论　eclectic paradigm
所有权优势　ownership advantages
区位优势　location advantages
内部化优势　internalization advantage
经营延伸型　operations-extending

① Wessel M，Thies F，Benlian A. The emergence and effects of fake social information：evidence from crowdfunding[J]. Decision Support Systems，2016，90（10）：75-85.

② 网易新闻. “电商+旅游”跨界众筹　为旅游业注入新活力[EB/OL]. https://www.traveldaily.cn/article/90231，2015-03-18.

理性预期 rational expectations
外国直接投资 foreign direct investment
棕地投资 brownfield investment
绿地投资 greenfield investment
资产证券化 asset-backed securitization
净现值 net present value
内部收益率 internal rate of return
预算头寸 budget position
出口提高型 export-enhancing
双边投资条约 bilateral investment treaty
众筹 crowd funding
风险质量 venture quality
不确定性水平 uncertainty level
口碑 word-of-mouth
电子口碑 eWOM

复习与思考

1. 分析旅游投资和文化投资的特殊性，请举例说明。
2. 试分析文旅企业直接融资与间接融资的优劣及其可行性。
3. 结合文化或旅游业发展现实，分析各类投资函数的解释力。
4. 结合理论，分析旅游业外国直接投资的动机和优势。
5. 结合现实，分析中国旅游业外国直接投资的原因和动机。
6. 收集相关数据，分析中国酒店业外国直接投资的时空格局的演变状况。
7. 哪些因素影响旅游目的地吸引外国直接投资的能力？
8. 了解中国旅游业引进外国直接投资的历史，并分析政府在其中的作用。
9. 社会文化因素对旅游企业和文化企业投资活动的影响是什么？
10. 中国旅游业对外投资面临哪些风险，试举例说明。
11. 大型投资者投资行为与小型投资者的众筹行为有哪些不同？
12. 结合现状，分析旅游众筹项目的收益与风险有哪些？文化类众筹项目与旅游类众筹项目有何不同？
13. 2022年5月，国务院办公厅印发《关于进一步盘活存量资产扩大有效投资的意见》，强调有效盘活存量资产，形成存量资产和新增投资的良性循环。请分析旅游业如何通过盘活存量资产提升投资活力？
14. 2016年4月，深圳证券交易所发行“云南文产巴拉格宗入园凭证资产支持专项计划”。巴拉格宗风景区一直以来因资金不足而无法大规模开发。巴拉格宗资产证券化的发行为该景区解决了融资难的问题。该景区把募集资金投入峡谷生态观光区、巴拉文化体验区等项目中，加快了景区的开发建设工作。此后，越来越多的旅游资产证券化项目在国内诞生，如欢乐谷主题公园入园凭证专项资产管理计划、广州长隆主题公园入园凭证专项资产管理计划等，也有将观光车船乘坐凭证纳入资产支持专项计划的。上述旅游资产证券化项目的实质是以旅游景区或设施未来持续产生的净现金流及其期末处置价值作为基础资产还款来源。请分别从投资者和监管者角度分析其市场利弊。

扩展阅读：

如果读者想了解投资的基本原理，可阅读达摩达兰的《投资原理——成功的策略和成功的投资者》[①]。关于外国直接投资的生产折中理论，可阅读Dunning的经典书籍*International Production and the Multinational Enterprise*[②]。Ahlers等的Signaling in equity crowdfunding[③]分析了风险质量和不确定性对融资成功的影响。关于外国直接投资与旅游之间的关系，可阅读联合国贸易和发展会议（United Nations Conference on Trade and Development，UNCTAD）的FDI and tourism：the development dimension：east and southern Africa[④]，以及Dwyer的Foreign tourism investment[⑤]。宋昌耀和厉新建的《旅游业跨国投资与经营研究进展与展望》[⑥]提供了一份较为全面的综述。关于政府对众筹行为的监管可参阅Wardrop和Ziegler的A case of regulatory evolution–a review of the UK Financial Conduct Authority's approach to crowdfunding[⑦]。塔勒布的《反脆弱：从不确定性中获益》[⑧]提供了有价值的思考。

---

① 达摩达兰 A. 投资原理——成功的策略和成功的投资者[M]. 胡英坤，吴迅捷译. 大连：东北财经大学出版社，2009.

② Dunning J. International Production and the Multinational Enterprise[M]. London：George Allen and Unwin，1981.

③ Ahlers G K C, Cumming D, Günther C, et al. Signaling in equity crowdfunding[J]. Entrepreneurship Theory and Practice，2015，39（4）：955-980.

④ UNCTAD. FDI and tourism: the development dimension：east and southern Africa[R]. https://www.mendeley.com/catalogue/f6b58dd8-3f34-3eaf-8434-d0ca68a0428e/，2008.

⑤ Dwyer L. Foreign tourism investment[M]//Jönsson H C. Tourism and Foreign Direct Investment. London：Routledge，2022：7-26.

⑥ 宋昌耀，厉新建. 旅游业跨国投资与经营研究进展与展望[J]. 旅游学刊，2018，（12）：134-144.

⑦ Wardrop R，Ziegler T. A case of regulatory evolution–a review of the UK Financial Conduct Authority's approach to crowdfunding[R]. IFO DICE Report，2016，14（2）：23-32.

⑧ 塔勒布 N N.反脆弱：从不确定性中获益[M]. 雨柯译. 北京：中信出版集团，2012.

第三篇　经济发展与政策

第十章

旅游产业融合

【导读案例】Hello Kitty 乐园的文化知识产权和旅游融合

21 世纪以来，随着国民经济的快速发展，中国主题公园迎来了持续发展的利好时期。长隆、方特等本土品牌发展迅速，迪士尼乐园和环球影城先后在上海与北京落地生根。中国主题公园已经从一线大都市转向二三线城市布局。在 2021 年国庆假期，国内 Top50 主题乐园总出票量较 2020 年同期增长近 20%①。

文化知识产权是主题乐园塑造差异化形象及市场竞争的焦点，如迪士尼乐园的达菲家族，珠海长隆海洋王国的企鹅家族均吸引无数游客。但 Hello Kitty 乐园作为由日本三丽鸥株式会社（简称三丽鸥）正式授权的中国首家主题公园，在 2015 年开园后却表现平平。创立于 1960 年的三丽鸥是全球著名的造型人物品牌发行商，以三丽鸥专卖加盟、商品授权业务及空间授权为主要业务。

Hello Kitty 乐园占地面积达 1.6 平方千米，日最大承载量近 35 000 人次。乐园将凯蒂猫（Hollow Kitty）、美乐蒂（My Melody）、大眼蛙（Kero Kero Keroppi）、淘气猴（Osaru No Monkichi）及酷企鹅（Bad BadTZ-Maru）等三丽鸥旗下经典知识产权形象作为“区域主人”，分别融入凯蒂猫小院、音之村、欢乐港湾、精灵森林、蒸汽王国及友谊广场六个主题区域，同时每个区域配备游乐设施、Hello Kitty 专卖店及主题餐厅等。

开园以来，Hello Kitty 乐园的经营并不乐观。尽管 Hello Kitty 高居全球知识产权价值榜前列（其相关产品的全球累计销售额高达 845 亿美元），但作为其线下体验场景的杭州 Hello Kitty 乐园游客门可罗雀，乐园内多家餐饮店与商店暂停营业。尽管在一定程度上受到新冠疫情的外生冲击，相比上海迪士尼乐园专属成员玲娜贝儿（LinaBell）的爆红，Hello Kitty 乐园并未将其世界顶尖级的文化知识产权发挥到极致。在体验经济时代，需要寻找新的商业模式将文化知识产权和旅游项目有效融合，并实现商业变现。

导读思考：

1. 浙江银润休闲旅游开发有限公司为什么要跨界寻求与三丽鸥合作？
2. Hello Kitty 乐园反映出文旅融合存在哪些风险与挑战？

---

① 姚亚奇. 国内主题公园为什么这么火？如何“拔节生长”[EB/OL]. https://baijiahao.baidu.com/s?id=1713828083538471681&wfr=spider&for=pc，2021-10-17.

本章思维导图——旅游产业融合

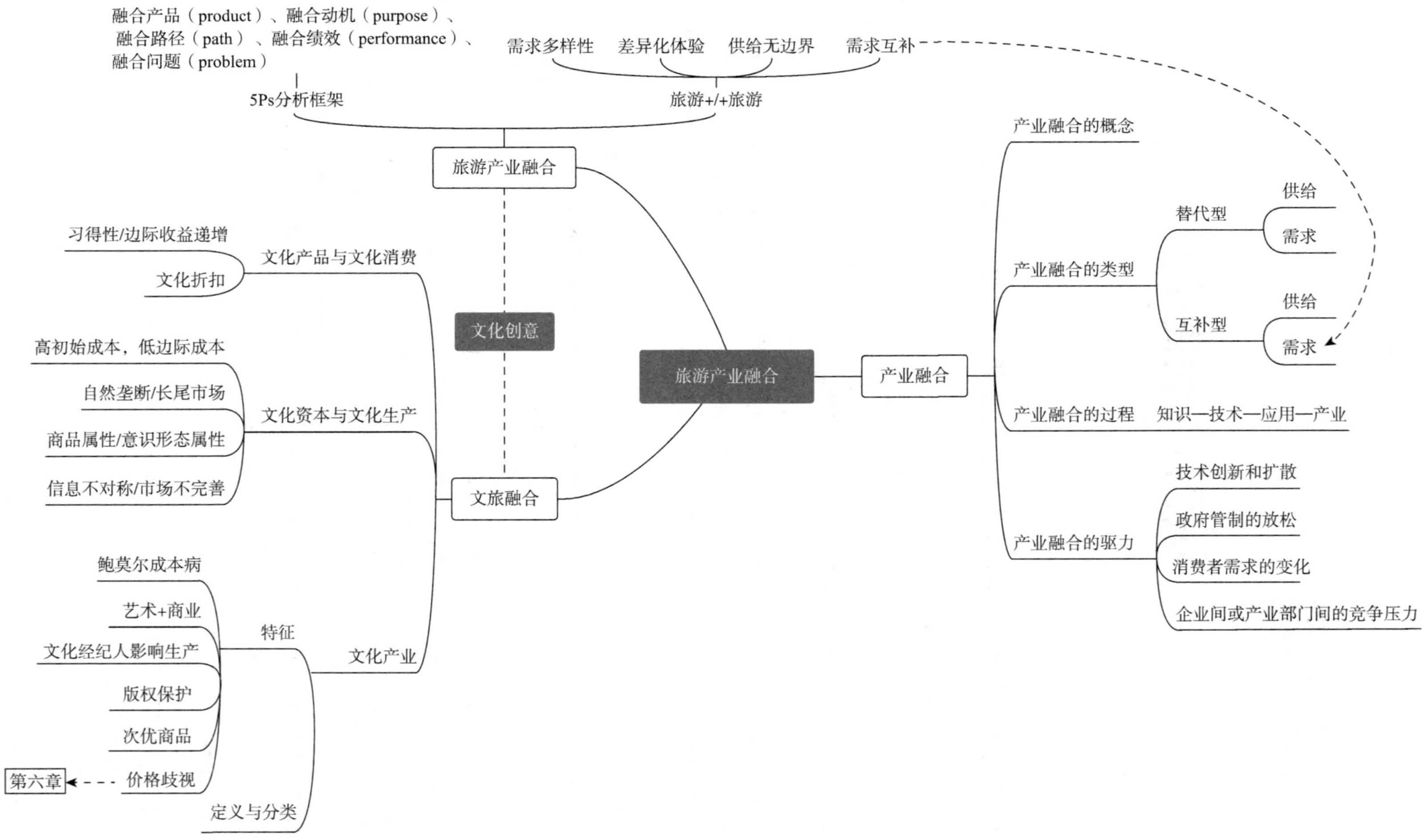

Hello Kitty乐园属于“旅游+文化”的文旅融合业态，俗称为“跨界”。“旅游+”概念源自“互联网+”“物联网+”等新的经济形态。“互联网+”是将互联网行业与其他行业融合起来，整合行业资源创造新的发展生态。伴随着我国经济的稳步发展，各行各业也提出自己的“+”，并不断进行实践。“旅游+”概念于2015年首次正式提出，是指充分发挥旅游业的拉动力、融合能力，以及催化、集成作用，为相关产业和领域发展提供旅游平台，形成新业态，提升其发展水平和综合价值的过程，反过来也能有效地拓展旅游业自身的发展空间，推进旅游业转型升级。

旅游业具有与互联网一样的特点：产业边界模糊，流量是基础，用户体验是核心，正反馈效应显著，具有天然的融合性。随着我国旅游业向纵深化方向发展，旅游业与其他产业融合（industry convergency）的趋势日益明显。旅游项目开发从传统的旅游资源转向社会各种资源，出现了旅游业和其他产业的融合现象。除了早期的农业旅游、工业旅游以外，赛事旅游、博物馆旅游、旅游房地产、旅游演艺、影视旅游等也迅猛发展；云旅游、元宇宙旅游的发展也如火如荼。

如果说“旅游+”体现的是旅游业寻求与相关产业相融发展的努力，那么“+旅游”，则是其他产业与旅游业的主动融合、合力联动。无论是“旅游+”还是“+旅游”，其实质是一种产业整合活动，也称为产业融合。它们的目标是将企业内部和跨企业的旅游功能和旅游业务流程连接到一个具有凝聚力和战略性的业务模型中，通过旅游业务的整合改善企业自身的内部管理程序和业务运营环节，从而实现内部的范围经济，改变企业价值创造的基本形式，使企业不仅能够提高经营绩效，也能够增进与旅游企业之间的关系，形成社会化协同，并横跨多个产业价值体系。

第一节 产业融合

一、产业融合的概念与类型

产业融合是伴随技术变革与扩散过程而出现的一种新经济现象，其思想最早起源于美国学者罗森伯格（Rosenberg）在研究1840~1910年美国机械设备业技术变迁（technological changes in the machine tool industry）时描绘的“电脑和通信”融合的图景。1978年，美国麻省理工学院媒体实验室尼古拉斯·尼葛洛庞帝（Nicholas Negrouponte）用韦恩图对计算机业、印刷业和广播业三者间技术融合过程进行了模型化描述（图10.1），并认为三大产业的交叉处将是未来创新最多、增长最快的地方[①]。20世纪90年代中后期，美国通过新电信法案后，信息通信领域中跨媒体、跨产业、跨地域的企业并购风起云涌，出现了产业融合的高潮。随后，产业融合逐渐扩散至功能食药品、机械装备等领域。

① Dubberly H. Extending Negroponte’s model of convergence[J]. Interactions，2011，18（5）：74-79.

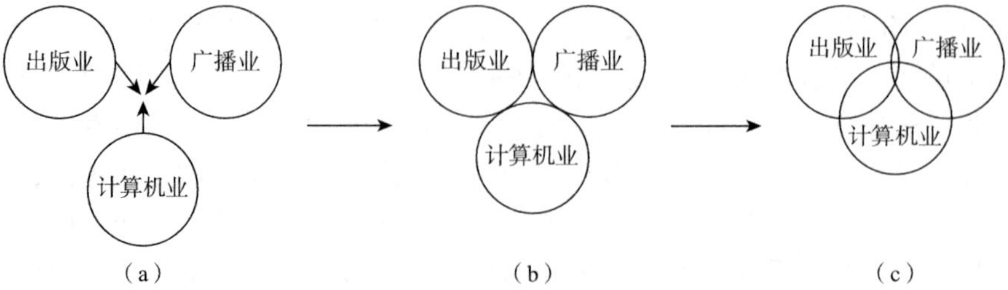

图 10.1　产业融合 1.0 版本

资料来源：Rosenberg N. Technological change in the machine tool industry：1840-1910[J]. The Journal of Economic History，1963，23：414-446

图10.1描绘了尼葛洛庞帝提出的产业融合1.0版本，其中，出版业、广播业和计算机业从三个独立的部门日益走向交叉融合，出现了新的地带。图10.2是产业融合2.0版本，反映了在数字技术时代，交互式社交媒体与有形产品生产及无形服务相互整合的过程，为理解新一代基于网络的产业融合提供了一个框架。

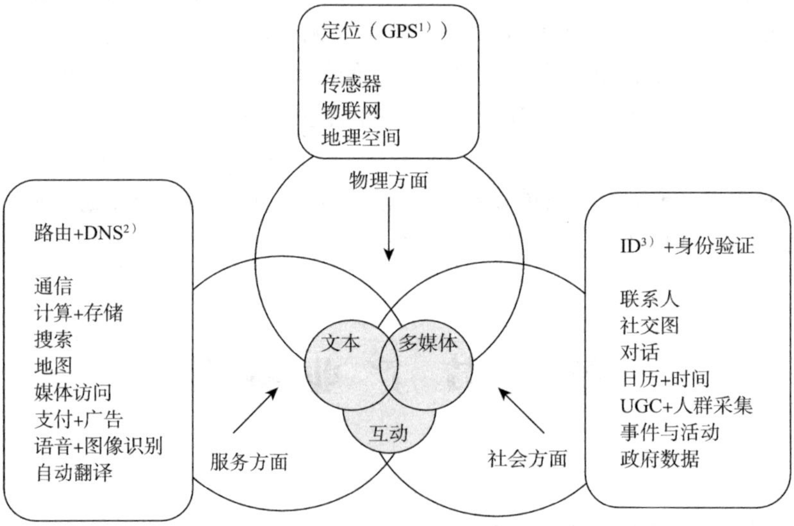

图 10.2　产业融合 2.0 版本

1）GPS：global position system，全球定位系统；2）DNS：domain name server，域名服务器；3）ID：identity document，身份标识号

资料来源：Dubberly H. Convergence 2.0 = service + social + physical[J]. ACM Interactions，2011，XIX.3：6

由于产业融合最先从ICT产业萌芽发展，产业融合概念的提出也是基于ICT产业的特征来定义的。欧洲委员会认为，“融合是产业的合并、技术网络平台与市场的三方面融合”①，这是从融合现象或结果方面进行的定义。从产品替代性（市场边界划分）出发，日本经济学家植草益认为，产业融合是从前分属不同领域的两个产业，因其中一方或双方技术进步而能够供给可以相互替代的产品或服务，或者因政府规制放松而能够比较容

① European Commission（EC）. Green paper on the convergence of the telecommunications，media and information technology sectors，and the implications for regulation[R]. 1997.

易地相互进入对方的经营领域，导致从前的两个产业融合为一个产业，从前分属两个产业的企业之间形成竞争关系的过程①。这一定义揭示出推动产业融合的两大动因：一是技术进步；二是规制放松。也有学者简洁地将产业融合定义为“两个或多个以前各自独立的产业或企业成为直接竞争者的过程”②。例如，手机和数码相机过去各自用于通信和拍照，但现在的智能手机同时拥有这两种甚至更多的功能。从更宽泛的意义上，可以将产业融合定义为，“产业融合是原本分离的市场间的一种合并和跨产业边界进入壁垒的消除”③。数字融合（digital convergence）是指在数字技术驱动下，不同的技术、媒体、内容、服务和应用随着时间的推移发展出相似功能的趋势④。

可将产业融合进行两维分类：一维是替代性融合，如果一项技术（产品）能替代另一项技术（产品）即认为发生了替代性融合；另一维是互补性融合，即两种技术（产品）一起使用可以比原来各自使用能获得更好的效果。例如，智能手机既可用于通信，也可用于拍照；邮轮旅游同时提供休闲、运动和购物等服务。在此基础上，可再添加“需求—供给”两个维度，从而组成一个产业融合类型矩阵，如图10.3所示。

	供给维度		
替代性	供给替代性融合	供给互补性融合	互补性
	需求替代性融合	需求互补性融合	
	需求维度		

图 10.3 产业融合的类型

资料来源：Pennings J M，Puranam P. Market convergence & firm strategy：new directions for theory and research[C]. ECIS Conference：The Future of Innovation Studies，Eindhoven，2001

图10.3中，供给替代/互补性融合强调的是技术进步对产业融合的影响，而需求替代/互补性融合强调的是需求变化和商业模式创新对于产业融合的影响。需求替代/互补性产业融合通常进入壁垒比较低，不容易受到规模经济的约束和技术创新门槛的限制，对于企业组织结构不会产生太大影响，是旅游领域常见的融合类型。此外，还可以按照融合过程将产业融合分为功能融合和组织融合，并可根据产业融合的不同程度，进一步区分为功能和组织的高度融合、高功能和低组织融合、低功能和高组织融合三种类型①。根据融合技术的创新程度，还可把产业融合分类为应用融合、横向融合和潜在融合⑤。

① 植草益. 信息通讯业的产业融合[J]. 中国工业经济，2001，（2）：24-27.

② Malhotra A. Firm strategy in converging industries an investigation of US commercial bank response to US commercial investment banking convergence[D]. Doctorial thesis of Maryland University，2001.

③ Lind J. Ubiquitous convergence：market redefinitions generated by technological change and the industry life cycle[C]. Paper for the DRUID Academy Winter 2005 Conference，Copenhagen，2005.

④ Covell A. Digital Convergence[M]. New Delhi：Laxmi Publications，2005.

⑤ Hacklin F，Marxt C，Fahrni F. Coevolutionary cycles of convergence：an extrapolation from the ICT industry[J]. Technological Forecasting & Social Change，2009，76（6）：723-736.

二、产业融合的过程

产业融合既是一个过程，也是一种状态。从演化的角度，可以将产业融合的过程分为三个阶段[①]：第一阶段，产业间从供给到需求都不相关，因外部因素激发开始向彼此靠拢［图10.1（a）］；第二阶段，产业边界、市场结构和企业行为均发生变化，产业间出现重叠交叉［图10.1（b）］；第三阶段，产业间的技术或产品市场开始具有某种相关性，融合实现稳定化［（图10.1（c）］。从知识扩散的角度，可以把产业融合分为四个阶段，即知识融合阶段、技术融合阶段、应用融合阶段和产业融合阶段（图10.4）[②]。

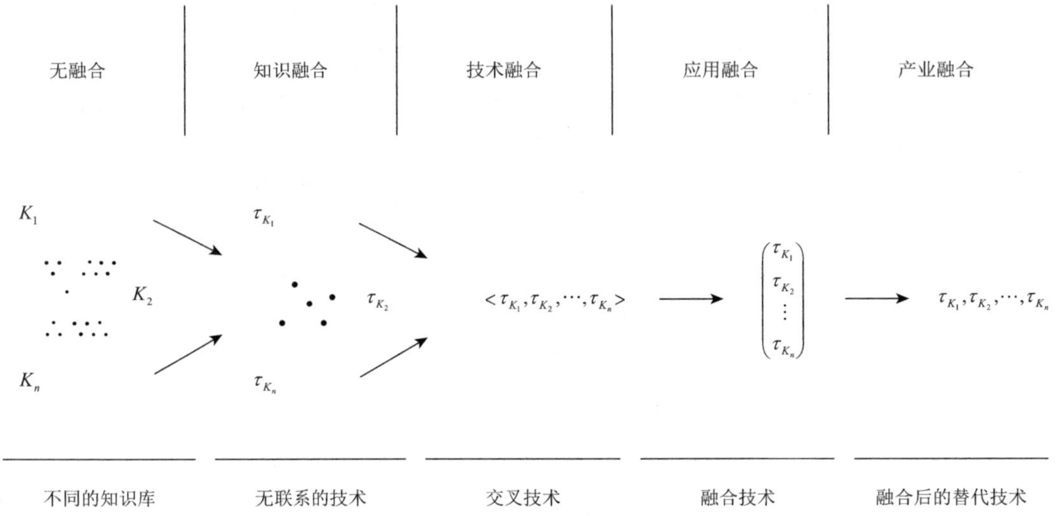

图 10.4　产业融合作为演化机制

资料来源：Hacklin F. An evolutionary perspective on convergence[M]//Hacklin F. Management of Convergence in Innovation. Heidelberg：Physica-Verlag ，2008：67

知识融合是指在先前不相关且不同的知识库之间出现偶然的协同进化，从而导致“定义和区分特定行业的知识边界消融”。知识融合减少了不同的知识库之间的认知距离，但这种对知识边界的侵蚀一般不会发生在企业层面，而是通过基础知识的溢出引发创新活动，因此通常被视为一种相当自主和偶然的外部效应。

企业的知识库可以分为两部分：一部分是关于基础技术的知识，用于建立技术能力；另一部分是关于市场、产品、用户和竞争对手的具体知识，用于形成商业运营能力。从高层管理者的角度来看，产业融合会给企业带来重大的技能问题。例如，在英国，65%的高级管理人员认为产业融合提高了对复合型、跨专业知识员工的要求，需要员工对所融合行业有更深入的认识[②]。这意味着企业在考虑产业融合前需要跳出传统行业寻找合适的人才，但这样的人才往往是稀缺的，因而企业需要有能力应对人员配备的挑战。

---

① Stieglitz N. Digital dynamics and types of industry convergence：the evolution of the handheld computers market[J]. The Industrial Dynamics of the New Digital Economy，2003：179-208.

② 部分内容节选自 Hacklin F. An evolutionary perspective on convergence[M]//Hacklin F. Management of Convergence in Innovation. Heidelberg：Physica-Verlag，2008：51-105.

技术融合是指知识融合转变为潜在的技术创新的过程。它是通过融合先前不同的知识基础而产生的。知识融合导致以前不同的技术突然变得相关，并越来越多地被纳入一个共同的技术集合中，继而会出现跨行业相互交叉的技术组合，价值创造的机会之窗就会出现。因此，产业融合中常见的是高技术产业融入其他产业，影响和改变其他产业产品生产方式与特征、市场竞争状况及价值创造过程，从而改变原有产业产品的市场需求和产业的核心能力。同时，产业融合使得产业之间的边界模糊化，两个或多个产业之间形成了共同的技术和市场基础，将使产业的市场结构发生变化。其中的某个产业或企业可以很容易地进入另一产业市场体系中，推动融合向前发展，继而在更通用的层面上导致服务或应用融合。

应用融合或者应用趋同是指由技术趋同转变为创造新的价值，产生产品与业务融合或市场融合。当技术被整合，来自先前不同领域的生产或应用程序组合成新的产品或应用程序时，其影响可能会超越单个项目或产品。特别是在数字经济背景下，随着新兴应用程序和服务的发展，数字化越来越多地侵蚀以往独立的基础部门或行业的原始价值创造领域，导致商业模式的创新。因为这种发展逐渐消除了各个相关行业部门之间的部门界限。这不仅在技术交叉领域引入了新颖、改进的应用程序，而且导致了行业范式的转变，从而产生全新的竞争格局。例如，在城市街道上巡游载客的出租车曾是游客重要的城市交通工具，但Uber等在线汽车租赁平台的出现提供了乘客和司机在线搜索和匹配的新方式，并日益发展成为汽车租赁市场的主体，改变了汽车租赁市场的结构。

在技术融合和应用融合推动下的产业融合已被认为是推动经济发展和商业创新的重要方式。产业融合是指应用融合推动行业边界转移的过程，通过这种边界转移和消融，来自先前不同行业的企业突然成为竞争对手，如外卖平台的出现导致方便面等速食品生产的衰退。产业融合现象也可以被理解为技术变革的进化过程，它因不同行业的知识库之间的协同进化溢出而被触发，然后依次扩展到更多应用层面，最终导致整个产业的融合。

在产业融合过程中，企业需要谨慎地从知识探索阶段过渡到知识利用阶段。知识探索可能会带来新的能力，但同时可能引发进化锁定。根据企业发展的成熟度和企业在融合过程中所处的阶段不同，可以将企业分为不同类型，如图10.5所示。

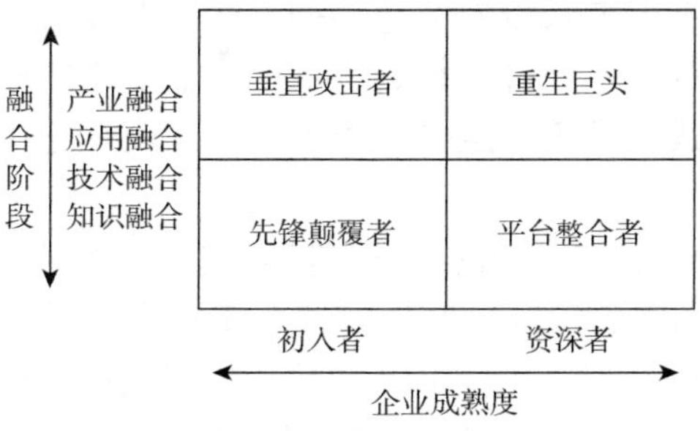

图 10.5　融合企业的战略定位

资料来源：Hacklin F. An evolutionary perspective on convergence[M]//Hacklin F. Management of Convergence in Innovation. Heidelberg：Physica-Verlag，2008：69

（1）先锋颠覆者（pioneering disruptors）：通常是一些低龄企业（企业存续年限低于行业内企业存续年限的中位数），其产业融合处于知识融合和技术融合阶段，因而其发展的战略重点是知识或技术融合。

（2）垂直攻击者（vertical attackers）：同样属于低龄企业，但位于应用融合及以上阶段。这些企业融合度较高，且掌握了关键技术，对于传统行业可形成降维打击，因而被称为垂直攻击者，如Uber对出租车行业，微信等社交媒体对电信业“飞信”等业务都产生了颠覆性影响。

（3）平台整合者（platform consolidators）：由存续年限高于行业内企业存续年限中位数的高龄企业构成，因其所处产业融合阶段较低，被称为平台整合者，如携程。

（4）重生巨头（reincarnating giants），同样由高龄企业构成。一些大型企业在面对重大的技术和产业变革时，可能会出于各种原因，如决策失误等失去对前景的控制。虽然坚实的行业边界仍可能允许创新被保留在一个封闭的系统中，但在不断变化的外部影响下，企业必须进行整体性的战略调整，以适应不断变化的环境并创造新的市场机会、产品和利基市场（新的竞争领域）。这样的战略转型也被称为“战略拐点”。并且，企业的技术变革或战略转型依赖于其建立技术交叉点的能力。

三、产业融合的驱力

产业融合首要动因（或内驱力）来源于企业间或产业部门间的竞争压力和追逐利益的动力。从外驱力来看，日本经济学家植草益揭示出推动产业融合的两大力量：一是技术创新和扩散；二是政府管制的放松。其他外部驱动因素还包括消费者需求的变化。

1. 企业间或产业部门间的竞争压力

健康的市场竞争是经济运转良好的基础。但是，当企业在传统利益点上争夺消费者时，必然会进入低价格竞争的“红海”，降低企业经营效益这将迫使企业寻求通过差异化产品或服务、改善客户体验、提高效率及推出更多的创新产品，跳出传统市场空间来开辟新市场，提升竞争力，以此提高经营效益或维持高额利润。特别是当企业变老、产品老化时，市场需求增长缓慢甚至萎缩。企业要保持获利性增长，就必须消除非增值任务，超越产业竞争。通过与相近领域的企业合作或联合服务来对冲风险，集成利用跨行业的最佳实践，可重新定义竞争格局。这就加速了以前分开的行业、项目或团队的融合。

例如，美国NBC Universal经营的环球影城乐园利用好莱坞制片大厂的优势，将电影与休闲旅游及娱乐相结合，打造以电影题材为核心的主题公园。在环球影城乐园中，游客可深入了解电影制作过程、体验电影特技、扮演电影中的角色、了解电影制作的幕后故事，获得沉浸式体验。环球影城乐园的影视知识产权+旅游+科技+娱乐的融合与多元延伸为NBC Universal创造了巨大的价值，为客户带来了新价值。由此，NBC Universal业绩稳健增长，财务状况稳健向好。2021年，NBC Universal的营收达到343.2亿美元，第二、第三季度调整后的息税折旧摊销前利润为29亿美元，全年净资产收益率达到14.69%。

2. 技术创新和扩散[①]

产业融合发生的前提条件是产业之间具有共同的知识和技术基础，并且能够发生应用融合，即产业的技术革新或发明可以影响和改变其他产业产品的开发特征、竞争和价值创造过程，产生产品与业务融合及市场融合。首先，技术革新开发出替代性或关联性的技术、工艺和产品，这些替代性或关联性的技术、工艺和产品通过渗透、扩散融合到其他产业之中，或者改变原有产业生产的技术路线，或者丰富原有产业经营的内容和形式，从而改变了原有产业产品的消费特征；其次，技术革新改变了原有产业产品或服务的技术路线和技术特征，因而改变了原有产业的生产成本函数，为产业融合提供了动力；最后，技术革新改变了市场的需求特征，给原有产业产品带来了新的市场需求，从而为产业融合提供了市场空间。

无论是从供给的视角（技术）还是从需求的视角（商业模式），产业融合的本质是创新。正是出于这个原因，产业融合一般发生在产业之间的边界和交叉处，而不是发生在产业的内部。

3. 政府管制的放松

政府放松经济管制是推动产业融合的重要制度性因素。例如，20世纪90年代以来，在美国政府放松管制的背景下，美国在线公司并购时代华纳公司，通过“三网融合”促进了网络媒体产业的兴起；亚马逊并购互联网电影资料库、Mobipocket、Double Helix等，通过丰富内容供给、拓展上下游业务促进了网络出版产业的发展。因此，产业融合与管制放松之间存在着一个互动的过程：政府管制的放松为产业融合创造了制度环境；技术融合和产业融合的内在要求促使管制理论与政策的不断改善，以适应变化的技术和经济条件。

4. 消费者需求的变化

本章导读案例中，Hello Kitty乐园将文化知识产权融入旅游主题乐园失败的原因，不在于技术能力的不足，而在于其联结“新价值网络”的能力不够。例如，虽然Hello Kitty乐园引入了3D神奇试衣镜MR（mixed reality，混合现实）体验游戏装置、3D幻影灯光秀等，但萌系、幼态化的玲娜贝儿却收获了游客更多的热情。随着信息科技快速发展及旅游现象的普遍化，消费者需求越来越复杂和多元化。游客不再满足于传统的自然风景、名胜古迹观光旅游，而是追求更高层次的休闲、学习和体验，社交、展示身份、共享经验、共情、有趣等情感动机成为重要的购买决策。

产业融合动力机制作用如图10.6所示。

① 本部分源自：吴颖，刘志迎，丰志培. 产业融合问题的理论研究动态[J]. 产业经济研究，2004,（4）：64-70.

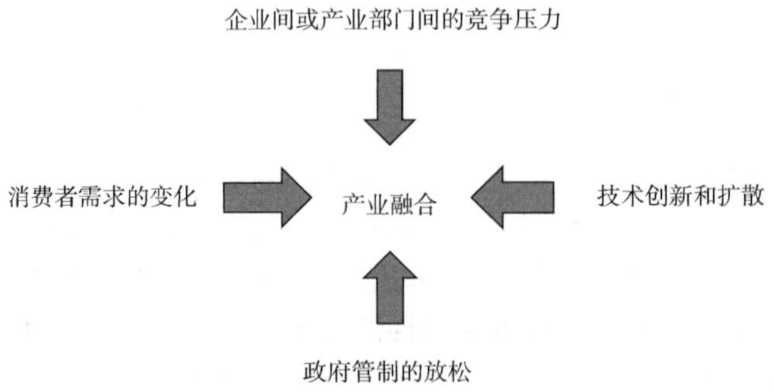

图 10.6 产业融合动力机制作用

资料来源：吴颖，刘志迎，丰志培. 产业融合问题的理论研究动态[J]. 产业经济研究，2004，(4)：64-70

四、产业融合的优势

1. 推动产品创新，通过供给诱导需求

产业融合的目的是寻求提高产品的生产性能或延长产品价值链，通过产业融合，企业可为市场提供新颖的、差异化的产品，服务市场需求，形成企业独特的利润源泉。面对需求与偏好的变化，企业融合中应考虑的内容包括：①技术与业务融合的结果能否改变成本结构，形成产品差别，取得竞争优势，从而获得更多的市场需求；②技术与业务融合形成的新产品和经营内容是否面临着新的市场需求；③技术与业务融合能否通过改变人们当前的消费内容和工作方式来创造新的需求。

2. 推动商业模式创新和产业的转型升级

现代社会由以生产为中心的工业经济向以消费为中心的服务经济过渡，单纯以生产为中心，只是致力于企业内部成本最低，并不能实现企业绩效最优。产业融合可有效降低企业成本，改进生产流程，提高产业的价值创造功能，引发产业功能、形态、组织方式及商业模式的重大变革。例如，广东江门新会香业小镇突破原有的生产制造范畴，通过集群化发展，拓展旅游功能，其产业链从传统的家庭作坊式生产向原料种植、生产、商贸、旅游延伸，产品品种也由传统宗教用香向高端养生香、保健品及文化创意产品转变。小镇不仅成为高端檀香、沉香集散基地，也成为综合性的“香业+文化+旅游+养生+互联网”文化产品集散地。

3. 增强企业的价值创造和价值获取能力，提高产业竞争力

产业融合可以激发产业链价值链的分解、重构和功能升级。推动企业实现价值重组（value resturucting）、价值创造和价值获取（value capture）。例如，美国华特迪士尼公司在50年代主营动画产业，之后成为电影制片和电视节目领域的先驱。现在，该公司已经成为全球首屈一指的超强文化知识产权制造者，并将其知识产权融入不同的产业之中，包括影视娱乐、酒店及度假村（含主题公园、游轮和其他旅游相关资产）、传媒网络，以

及消费产品与互动媒体（如基于迪士尼知识产权的玩具、服装及其他周边商品的生产，基于迪士尼的社交媒体、虚拟世界和电脑游戏业务等）。该公司通过将知识产权融入这些传统产业并对其进行改造、延伸，可以在世界范围内配置资源，构建出由其主导的消费网络，同时把产生高附加值的核心资源（知识产权）控制在自己手中，以保持适应、引领、创造新需求的能力。

从旅游目的地来看，通过产业融合，可以打造化平淡为神奇的创意卖点和实现旅游经济升级。例如，在德国大众汽车透明工厂，游客可以挑选配饰并亲自参与完整的制造过程；游客也可以在加拿大渥太华皇家造币厂（Royal Canadian Mint）的古建筑中观看铸币过程并购买纪念币。又如，在广东乐从镇罗浮宫国际家具博览中心，游客不仅可以参观了解中外家居文化，还可以在酒店住宿，体验不同家居风格的生活。随着旅游客源流量的导入，土地开发、商业开发与资本运作的机会将接踵而来，迅速提升区域产业整体发展机遇。

第二节 旅游产业融合的特性与路径

旅游产业融合是指旅游成为其他产业在资源配置或生产组织过程中的重要影响因素，直接影响其他产业生产组织形态或产品功能，并能够为其创造更多价值的方式或过程。例如，德国慕尼黑的宝马汽车展示中心成为全球爱车族喜爱的场所，房地产行业专门设计建造提供给游客的短租公寓，餐饮店在经营过程中考虑外来游客口味从而创新菜品，甚至将菜品制作过程舞台化、表演化。许多城市在文化、休闲娱乐设施建设过程中考虑非本地居民的使用等。在当前旅游产业融合实践中，从推动融合的主体来看，存在两种类型的融合，即“旅游+”和“+旅游”。前者是指旅游业作为重要的生产服务部门，将其他产业资源纳入旅游生产服务和体验过程之中，如将乡村日常农事活动作为旅游体验项目纳入游客行程，推动农业+旅游发展；依托工业景观或其生产过程，开展工业旅游。“+旅游”则是指非旅游企业跨界参与到旅游发展之中，将旅游作为流量、平台或者生产设计的出发点，为产业创造更多的附加价值。简言之，前者是为旅游业创造更多附加价值，后者是为自身产业创造更多附加价值。无论哪种形式，其本质都是意图实现产业间价值共创和价值分享。

一、旅游产业融合特性

从“旅游+”的角度看，旅游产业融合根植于旅游无边界的供给特征。旅游业具有关联性强、上下产业链多和产业边界模糊的特点（见第十二章）。站在旅游业的角度，凡是与人的需要有关的一切要素都可以融入旅游之中，如自然条件、气候生态、地质地貌、工艺流程、历史故事、人物传记、民居聚落等，都可以是商业开发的重要内容。通过产业融合，旅游企业可抓住产业的“产”，立旅游的“业”，不断将以往或传统上不具备旅游价值或旅游功能的资源卷入旅游洪流之中，挖掘其符号价值和使用价值，推动以往不具备旅游经济价值的资源商品化，以获得范围经济，延长价值链或产业链，孵化商业机会，提高技术水平，获得高质量发展。旅游产业融合就是将旅游本身看作一种商业化方案或资源配置方式。旅游产业融合绝不仅仅是“旅游+产业”的简单叠加，而是通过与其他产业资源的交互融合，重塑产业生态，促进产业共同转型升级。

从“+旅游”的角度看，旅游产业融合根植于旅游消费具有需求多样性的特点。“+旅游”产业融合表现为协同式产业链融合，即在原有产业/企业核心业务的基础上，深度挖掘产业资源中的旅游体验或旅游审美、旅游教育功能，通过再造生产流程、整合重组营销和服务环节，形成生产—旅游—销售—服务协同共享的组织结构，满足游客的消费需求，提升产业规模经济和范围经济。以葡萄酒旅游为例，从本质上讲，葡萄酒生产属于制造业范畴，产品质量和品牌是其根本诉求。旅游业与葡萄酒产业融合后，需要回归到游客的体验和需求来做策划，强化园区的葡萄酒文化塑造、营销创新和社会公共关系的互动，通过资源价值化、价值品牌化、品牌故事化、故事情境化、情境体验化、体验社交化的方式，达成与消费者沟通、交流的目的，塑造浪漫、健康、积极的葡萄酒旅游文化体验，通过满足消费者社交和情绪需要来促进销售。在很多情况下，“+旅游”具有非常强的消费者教育和潜在消费者培育功能。“+旅游”的方式可突破狭义的产业受众市场，彰显产业个性及其独特的文化魅力，吸引很多有特殊兴趣爱好的非相关产业型人群聚集。

旅游产业融合与信息化、工业化等产业融合有明显的不同之处。

首先，工业领域的产业融合绝大多数体现为供给性关联，而非需求性关联。旅游产业融合更多的是需求互补性融合，游客体验是旅游产业融合过程中创造价值的通用型要素。旅游产业融合基于的是市场需求的复合性，强调的是满足游客需求并在此基础上进行商业模式创新，对企业进行多方面、多范围的重塑与再造，而非基于技术的替代性和互补性，或者产品的替代性和互补性。

其次，旅游产业融合推动的商业模式创新根植于旅游的体验本质。旅游的核心就是追求差异化的兴奋点和体验奇观，创意是旅游企业或旅游目的地保持持续竞争力的关键。非旅游企业向旅游业跨界融合是对产业服务化趋势的响应，以满足人们对日常生活审美化和设计化的需求。在互联网影响下，旅游作为服务性体验产品，也是一种圈层化、社群化的品牌营销工具。旅游业迈向新的社交休闲时代，也为产业市场的拓展与升级打开了一个新的增量市场。释放旅游的文化交流功能和共享、互动、沟通功能，可以使消费者在潜移默化中强化品牌感知体验，培育出产业内容的新增长点。

二、旅游产业融合5Ps分析框架

旅游产业融合的最终目的是可以为旅游企业或非旅游企业带来额外的附加利益和价值，主要包括提升企业的品牌效应、促进主营业务的销售、提高内部协同管理能力、提高企业服务能力和水平，最终实现提升企业的核心竞争力，打造企业利润新增长点的目的。这些额外的利益和价值在产业主营业务中分化、延伸，进而与旅游产业融合。由于不同产业的属性不同，与旅游产业的融合点位、模式和价值创造路径也各不相同，可以从以下五方面对微观企业实施旅游产业融合进行分析，即融合产品（product）、融合动机（purpose）、融合路径（path）、融合绩效（performance）、融合问题（problem），简称5Ps分析框架。下面通过三个旅游产业融合案例对该框架进行说明。这三个案例分别对应于旅游+农业、旅游+珠宝设计制造及旅游+商贸流通的产业融合路径。

（一）旅游+农业案例：广东陈村花卉世界

陈村花卉世界位于“中国花卉之都”的广东省佛山市顺德区陈村镇。1998年初，陈村镇人民政府为推动本镇花卉产业集约化发展，规划一万亩[①]用地兴办大型花卉农业综合园区——陈村花卉世界，将其整体建设定位为“三位一体、三大分区、六大功能”。三位一体是建立花卉交易市场、兰花生物科技园与会展中心；三大分区为交易区3 000亩、高新种植区6 000亩、综合配套区1 000亩；六大功能为花卉生产、销售、科研、信息、旅游、展览。陈村花卉世界花卉品种有6 000多种，年交易额40亿元，占广东省花卉业总产值的三分之一，是全国交易额最大、配套设施最完善的花卉交易市场。

经过多年建造开发，陈村花卉世界已建成占地3万平方米的室内外会展中心；占地700多亩、全球最大的兰花种苗供应中心——兰花生物科技园；占地3万平方米、500余间商家进驻、华南地区最大的艺术品市场；占地150亩、汇聚全国盆景艺术各大流派精品的中国盆景大观园；由400多家商铺组成的花卉综合批发市场，以及为陈村花卉世界下属花场办理进出口业务手续和服务的进出口分公司；等等。

陈村花卉世界具有较高的农业旅游资源和吸引力，常年吸引大量旅游观光、休闲放松的游客。从2011年开始，陈村花卉世界启动国家4A级旅游景区创建工程，投入超过2 000万元的资金，在原陈村花卉世界园区的基础上，对原有艺术品市场进行升级改造。在原来花卉生产、交易批发、展览为主要功能的基础上，新增了休闲、娱乐、精品购物、饮食、教育等多项功能，并建设了占地6 000多平方米的花卉超市，让游客自选购买心仪的花卉。2010年4月，陈村花卉世界获评广东省首批科技旅游示范基地，2012年1月获评国家4A级旅游景区，是全国首家农业旅游4A级园区。

（二）旅游+珠宝设计制造案例：万辉珠宝城

佛山万辉珠宝首饰有限公司（简称万辉珠宝）是专业从事钻石、铂金、K金、925纯银、镶嵌设计、起板、加工、品牌营销及品牌管理的珠宝首饰连锁营销企业。万辉珠宝共有直营品牌店、直营珠宝金行及连锁加盟店97家，分布在广东、上海、湖南、广西等十几个省（区、市）。其总部在中国香港地区，旗下拥有万辉珠宝、格妮玛奴、CX、DIF＋、G&TWO、Cisily等品牌。2013年该公司全年销售总额突破3亿元，被业内人士称为珠宝界的“三剑客”之一。

---

① 1亩≈666.67平方米。

借助广东省佛山市顺德区伦教珠宝产业集聚发展的地域优势（国内两大品牌“周大福”“周生生”总部均在香港，但生产基地位于广东省佛山市顺德区）。万辉珠宝于2009年投资兴建万辉珠宝城，打造中国首家集珠宝文化、休闲观光、工艺展示、珠宝消费、品鉴收藏、行业咨询及学习交流于一体的珠宝文化产业园区。首期项目占地30亩，项目总投资6 000万元。以提高游客对珠宝文化体验为目的，万辉珠宝城设计建设了包括“钻石文化宫、时尚饰品区、如意黄金桥、钻石人生路、珠宝外观设计中心、宝石标本室”等珠宝产业文化景观区域。

2010年7月，万辉珠宝城开业运营一年内便成为广东省佛山市顺德区旅游定点接待单位，获国内首家珠宝产业旅游基地、广东省首批工业旅游示范单位等称号。万辉珠宝城成立专门负责旅游接待业务的珠宝城项目部，负责万辉珠宝城的旅游业务推广、游客接待和讲解工作，每日接待游客容量约600人，并曾在“顺德美食万人游”及“李小龙文化节”期间创造了单日接待量近3 000人的最高纪录。以万辉珠宝城作为载体，该公司还承办了首届钻石恋人鉴证会、智慧女人缔造钻石人生红酒舞会等一系列珠宝文化活动。

（三）旅游+商贸流通案例：广东罗浮宫家居集团

广东罗浮宫家居集团是一家集全球产品运营、卖场渠道管理、家居品牌推广、家居创意研发于一体的多元化、综合型的家居集团公司。该集团创立于2000年，位于中国家具商贸之都——广东省佛山市顺德区乐从镇。自成立以来，该集团始终专注于全球家具、家居产业链的广度与纵深发展，先后投资成立了罗浮宫国际家具博览中心、罗浮宫欧美家居有限公司、罗浮宫贸易有限公司、罗浮宫广告策划有限公司等数家公司。

罗浮宫国际家具博览中心总投资3亿元，占地面积12万平方米，总建筑面积18.3万平方米，设有万国殿堂家居广场、文艺复兴金色大厅、罗浮宫进口馆、欧美馆和生活馆等内部景点。正面主体建筑8层，楼高41米，其中1~2层为家具超级商场，3~4层采用园林布局，单层建筑面积4.4万平方米，中庭面积8 000平方米，外有大型玻璃幕墙4 410平方米。中心建筑物前面设有3万平方米的广场。2001~2006年，罗浮宫国际家具博览中心每年举办两届，共举办了12届中国（乐从）国际家具博览会。2012年4月，该集团斥资16亿元建造罗浮宫家居主题商业购物中心，与罗浮宫国际家具博览中心实现无缝对接。总部大厦的8层和11~30层，是该集团与法国雅高集团合作共同运营的罗浮宫·索菲特家居体验大酒店。该酒店装修设计融入了家居时尚体验元素，共设有325间设计独特、选材精考、家具品质至上的客房。酒店还设有超豪华、超宽阔无柱式国际宴会厅、超大智能型国际会议厅，整层超大全天候餐厅、超豪华水疗会所及颇具岭南特色的中医养生馆。

罗浮宫国际家具博览中心作为以家居为特色主题的国家4A级旅游景区，将旅游与购物消费需求有机结合，打造出旅游+商贸流通的新模式，被誉为七星级家居旅游购物天堂，以及“不收门票的家居文化博物馆”。为了不断提高罗浮宫国际家具博览中心的文化内涵，吸引更多采购商和游客前来采购、参观，该博览中心在五一、十一期间举办一系列主题促销活动，平时定期举办与家居主题相关的藏品品鉴会、名家讲座、论坛，也承办一些诸如广东粤商名媛盛典、“童画艺术家”夏令营活动等。2013年该博览中心启动了罗浮宫意大利艺术家居年展活动，通过九大装置艺术和百余件原装进口的意大利顶级艺术家具的现场展示，增强了家居艺术的旅游观赏性，年接待国内外商务考察团体与购物客商180万人次。

表10.1展示了旅游产业融合的5Ps分析框架。其中，陈村花卉世界通过整合花卉产业资源和旅游业实现范围经济，万辉珠宝城通过整合产品资源实现销售渠道整合，而广东罗浮宫家居集团则通过需求整合提供体验式服务实现与主业的互相促进。三个案例融合过程中的共同点是将满足旅游市场需求作为重新分配业务资源的目标，各有侧重地开展产品创新、过程创新、服务创新、管理创新和信息传播创新，以不同程度的组合投入实现与旅游业的融合。

表 10.1　旅游产业融合 5Ps 分析框架

分析内容		陈村花卉世界	万辉珠宝城	广东罗浮宫家居集团	共同点小结
产业属性分析	主营业务属性	第一产业	第二产业	第三产业	产业融合不局限于某产业，旅游可融合性强
	产业融合类型	农业旅游	工业旅游	商业旅游	
	主营产业	花卉（生产与交易）	珠宝首饰（设计与制造）	家居装饰（展示与销售）	主营业务具备一定的可参观性，比较容易成为旅游吸引物
	产业集群	陈村（中国花卉之都）	伦教（珠宝首饰）	乐从（广东家具国际采购中心）	主营产业在当地产业集群优势明显，区域品牌比较显著，客源开展相对容易
5Ps 分析框架	融合产品	花卉产业园区、展览节庆活动	珠宝城、主题活动	家居博览中心、索菲特酒店、主题活动	以游客体验为设计中心；基于生产流程体验的产品设计；有明显的旅游载体；具有旅游属性的专题活动开发
	融合动机	战略定位、企业发展、市场竞争	企业发展、行业竞争、渠道拓展、培育市场	战略选择、培育市场、自身优势驱动	市场驱动，包括企业发展、行业竞争、培育市场。主营业务与旅游业融合，是企业转型的重要方向，是企业升级的迫切需求
	融合路径	资源整合、专业机构合作、政府支持	项目建设、旅游部门建立、政府联动	专业机构合作、充实内涵、优化分工	整合产业、产品、市场资源，开展创新
	融合绩效	环境优化、客商增加、品牌提升	品牌提升、销售促进、消费者沟通、行业地位提高	管理提升、人流和销售促进、品牌巩固	以市场融合为主，品牌得到提升，企业得到发展。短期经济收益提高和长期竞争力提高兼备
	融合问题	核心景区建设、旅游配套	人力资源配套、政府部门管制	专业性、人力资源配套	从事非主业业务，专业能力有待加强

资料来源：左冰，冯家辉. 基于需求驱动的旅游产业融合机制研究——以广东佛山顺德区罗浮宫家居集团为例[C]. 2014旅游学刊中国旅游研究年会，北京，2014

陈村花卉世界旅游产业融合是基于主营业务向旅游业跨界所开展的产品创新，其主营业务均具备与旅游需求建立关联的功能：在花卉种植、生产方面，可将花卉种植过程、花场景观风貌、园区场景等形成旅游吸引物，形成资源关联融合点；在花卉销售方面，通过举办农业专题展览、花卉文化节庆活动等，短期内集聚大量的客流和信息流，形成市场关联融合点；在科研功能方面，通过开展青少年花卉科普教育、举办专业展览和花卉主题节庆活动，创新构建旅游形象、提高旅游服务质量；在组织改造方面，包括与旅游专业机构合作、创新营销传播模式等。这些创新进一步推动旅游需求的扩大，实现农业和旅游业融合业务的开展。

珠宝首饰的加工过程和产品本身具备一定的观赏性和知识性，这是万辉珠宝城开展旅游产业融合的需求基础。万辉珠宝城在珠宝首饰的设计、加工功能上，将珠宝工业生产过程、工作场景形成旅游吸引物，形成资源关联融合点；在珠宝销售、客户信息传递的功能上，通过举办珠宝品鉴活动、集体婚礼等主题活动，形成市场关联融合点；在珠宝的知识功能上，通过向游客讲解珠宝首饰专业知识，形成教育功能关联融合点；在市场方面，通过与旅行社合作，与旅游部门携手扩大万辉珠宝城的旅游需求，实现旅游+珠宝设计制造的业务开展。

罗浮宫国际家具博览中心作为当地的商业旅游名胜区打破了人们的传统观念，景区不再局限于自然人文景区或主题公园。该博览中心本身在硬件建设、产品规划、文化传播、消费体验等诸方面均具有较高的旅游价值，这种丰富的体验与感受一方面促进了商场销售，另一方面不断向公众传递出罗浮宫国际家具博览中心的品牌价值，形成品牌美誉度。值得注意的是，广东罗浮宫家居集团开展旅游产业融合的需求基础是所在地商贸流通业旺盛的客流所带来的市场需求。广东罗浮宫家居集团所在的乐从镇是家具、钢材、塑料交易重镇，每年前来采购的客商数以百万人计。这为广东罗浮宫家居集团改造展览中心申报4A级景区、引进索菲特大酒店等旅游业务的开展提供了客流基础。该集团的主营业务——高档家居装饰展示与卖场良好的环境，均具有旅游吸引物属性，可满足游客体验、购物的需求，在企业正式开展旅游产业融合之前，采购商、旅游散客及旅行团就已初具规模，其开展旅游产业融合是顺应旅游需求的水到渠成之举。

表10.1中，三种不同类型的旅游产业融合都属于需求性融合。旅游需求性融合强调的是对需求的掌握和商业模式创新的关键性作用。通常，主营业务产业和旅游业这两大产业提供的服务产品的功能并不相同，如陈村花卉世界开展旅游业务的需求基础是主营业务的产业优势，属于需求互补性产业融合。这三家企业都将旅游作为流量和价值增值的途径，试图通过为游客提供具有审美性、娱乐性和教育性的体验式服务，创造新的商业价值，推动企业从原来的以成本中心（高成本、低价值）转型为以利润中心（价值提升和收入创造）。

旅游产业融合不仅仅是技术转变或商业模式的问题，而是四种形式资本（经济、社会文化、人力和制度资本）的有机结合，代表了工业、文化和社会范式的变化。图10.7展示了旅游产业融合过程中需要考虑的主要因素，分别涉及技术、产业、组织和管理、消费需求四个方面。消费需求层面，需求基础的大小、对旅游市场需求的理解和掌握程度，影响企业的资源整合选择、投资力度和创新步伐；技术可能性及基础设施决定了融合的深度和潜力；商业模式的再造与资源的重新配置决定着附加价值的大小，而组织和管理层面能否实现适应性变革，在一定程度上决定了旅游产业融合的可持续性。

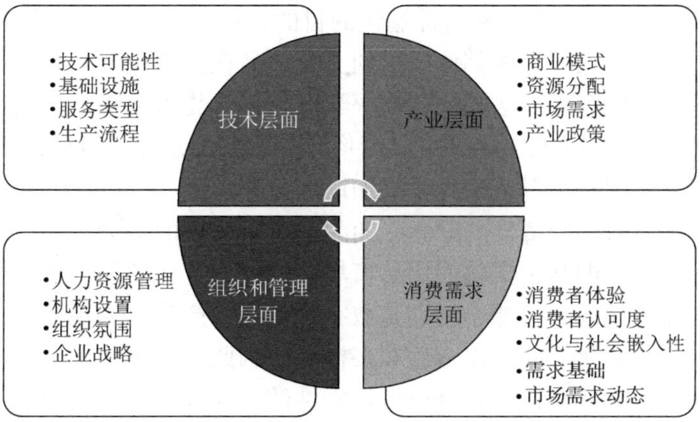

图 10.7 旅游产业融合的四个层面

第三节 文旅融合

2000年，中共十五届五中全会提出“推动有关文化产业发展”的要求。2018年，国务院正式设立文化和旅游部，率先开展组织变革，从管理和组织制度层面推进文旅融合。各类特色民宿、主题酒店、主题公园、旅游演艺、文旅小镇、文创园区纷纷兴起；以虚拟现实、增强现实等为代表的数字科技创新手段在文旅产业中被广泛应用。文旅融合发展成为文化和旅游界及社会经济关注的热点话题。截至2017年，全国文旅产业基金数量超过140家，其中有10家基金规模超百亿元[①]。2021年，文化和旅游部联合国内6家主要银行公布了总额为6 194.1亿元的投资计划，涉及30个文化和旅游投融资项目，拟融资金额2 325.4亿元[②]。2022年10月，党的二十大报告中明确提出，坚持以文塑旅、以旅彰文，推进文化和旅游深度融合发展[③]。这表明文旅融合发展已经成为建设中国式现代化的使命和任务之一。未来，在国家政策指引下，在数字科技、文化创意、资本投资三轮驱动下，必将孕育出更加丰富多元的文旅新业态。

一、文化产品

文化产品一般是指传播思想、符号和生活方式的消费品，它能够提供信息和娱乐，进而形成群体认同并影响文化行为。文化产品在传统社会并不以商品形式存在，仅具有

① 前瞻产业研究院. 2018 年文旅融合行业发展现状分析 政策与投资撬动万亿级资本市场[EB/OL]. https://bg.qianzhan.com/report/detail/458/190124-640ba560.html，2019-01-24.

② 黄高原. 全国文化和旅游投融资项目遴选结果公布[EB/OL]. https://www.mct.gov.cn/whzx/whyw/202101/t20210112_920685.htm，2021-01-12.

③ 习近平. 高举中国特色社会主义伟大旗帜 为全面建设社会主义现代化国家而团结奋斗——在中国共产党第二十次全国代表大会上的报告（2022 年 10 月 16 日）[EB/OL]. http://cpc.people.com.cn/n1/2022/1026/c64094-32551700.html，2022-10-26.

使用价值，通常被用于满足审美和精神愉悦的目的，因而也被称为审美产品或精神产品。20世纪60年代，基于个人或集体创作成果的文化产品在世界范围内开始大规模、标准化生产，并在世界范围内销售。法国法兰克福学派代表人物霍克海默和阿都诺由此提出了文化商品化的概念，并对文化的商品化、庸俗化持批判的态度。但是，从经济学的角度，对文化产品的概念界定并不以艺术为标准加以区分。

按照马克思主义政治经济学的概念，商品是用于交换的劳动产品。因此，狭义的文化产品特指文化商品，即基于文化的用于市场交换的专业化商品。现代科学技术的发展使商业化量产文化产品成为可能，特别是数字化对文化产品的大规模生产和分发产生了巨大的影响，促进了文化产品的丰富性和多样性。因此，本书使用广义的文化产品的概念，将文化产品定义为商品化的且具有可识别性的，涉及人类创造力并表达和传递象征性意义的产品。

文化产品具有不同的价值类型，既具有经济价值，也具有非经济价值（如文化价值）；既具有交换价值也具有使用价值。它既是供个体使用的耐用消费品，也是一种经由社会建构其价值的公共产品；文化产品既具有经济属性，也具有意识形态属性。基于对文化产品的多重价值属性的认识，世界各国政府都在扩大和发展文化经济，作为刺激经济增长、促进文化繁荣和传播、创造社会福祉的经济多样化战略。

二、文化产品的生产与消费特征

文化产品的生产具有与工业产品及服务产品不同的特征。

（1）文化产品供给具有较高的初始成本，但边际成本非常低，甚至接近于零[①]。并且，随着数字化的发展，这一特点将更加明显。例如，“印象刘三姐”、宋城“千古情”等演艺项目初始创作成本很高，创作完成后的边际成本主要是演出成本。如果现场录制后进行网络播放，则边际成本更低。按照边际成本定价原理，文化产品定价将接近于零，但这明显不能弥补创作者的初始投入；如果定价过高，则将妨碍大众对文化产品的消费。高质量的文化产品总是面临着供给不足的问题，需要政府对文化产品进行补贴或价格监管。

（2）文化产品市场风险很高。这是由于文化产品具有与众不同的内容生产特征和创意性，消费者对其的需求存在很大的不确定性。很多时候，难以从任何特定的特征来预测某个作品或文化产品的成功，如电视剧《熊出没》中的主角“光头强”的爆红，以及本章导读案例Hello Kitty主题乐园的冷清。消费者对产品的接受程度难以确定，将导致文化产品很高的失败率，增加资本和企业投资的风险。潮流效应和“粉丝”的存在也催生出文化产品市场中的娱乐明星和互联网“网红”。

（3）文化产品市场信息不对称和垄断（如古董）使得界定文化产品或文化服务的质量非常困难。文化产品或文化服务既可以由私人提供，如私人博物馆，也可以由公共文化机构生产。并且，很难将文化服务与其他类型的服务区分开，如旅游中或多或少蕴含着文化成分。本章第二节介绍的三个旅游产业融合案例中也都各自蕴含着花卉艺术、

① 读者可以进一步阅读杰里米·里夫金的《零边际成本社会》一书。

珠宝艺术设计及家居文化内涵。因此，在文化产品市场中，充当“把关人”的文化经纪人或“做市”具有重要的作用。

“把关”是文化产品生产过程中的一个中间环节。文化经纪人往往可以充当艺术家、创作者和消费者之间的过滤器或调停人的角色，可有效地克服来自自由源信号的噪声（如大量的消费者评论），保证文化产品供给的质量。例如，中央电视台曾推出的《鉴宝》节目，其中一个重要环节就是由专家鉴定评述。当然，把关人的声誉资本非常重要，通常由专业人士或专业机构承担。

（4）文化产品的市场价值难以衡量。文化产品或服务的生产和消费都与特定的价值观念或意识形态相关，这使得文化产品的价值无法用金钱来完全表达。通常认为，文化产品的经济价值具有多个维度，包括：①直接使用价值，指文化产品直接提供给消费者的某种使用，如开平碉楼、西递宏村等世界文化遗产建筑因其满足居住需求而具有的潜在销售价格；②间接使用价值，指消费者使用文化产品所获得的间接利益，包括美学享受、精神体验、心理满足、社交功能、展示身份及其他象征性意义；③存在价值，由产品本身的历史重要性和文化独特性构成；④期权价值，指文化产品将来可能被使用的价值，某些文化产品具有稀缺性，其价值随着时间流逝而提高。并且，文化产品在世界范围内销售的过程中，还会被不断复制从而附加新的价值。所有这些都构成文化产品的价值元素。因此，文化产品的交易价格和计价方式与传统工业和服务业有所不同。目前，学界主要使用条件价值（contingent valuation，CV）法、享乐定价（hedonic pricing，HP）法、旅行成本法（travel cost method，TCM）及它们的改进方法对各种属性的价值进行评估，以揭示文化产品的经济价值，但它们可能仍然无法代表文化产品的全部价值。

（5）文化产品具有自然垄断特征，少数拥有规模效应的文化巨头与大量个性化生产的小企业共存，呈现为长尾状态[①]。文化产品具有消费外部性或公益性（见第十二章），如人们通过观看艺术品来获得文化资本并可能刺激其他艺术作品的产生；在红色旅游中人们被红色文化浸染导致生成更强的社会凝聚力；文化消费也会带来更多的贸易机会及信息和思想的流动，也许还有更大的吸引外部投资的能力，等等。文化创造的外部性是多种多样的，其社会收益难以内化弥补成本，因此各国纷纷利用知识产权法（专利、版权、商标、设计权）来保护文化内容或创意，通过外在的奖励促进文化生产和投资。由于受到知识产权保护，文化产业通常表现为垄断竞争的市场结构，其头部经济和长尾效应均非常明显。例如，艾伦·沃克（Alan Walker）2015年通过索尼音乐发行的个人单曲《Faded》被全世界传唱，其音乐短片在YouTube上的点击量突破了12亿次。

（6）文化产品市场中市场机制的不完善性。文化产品的商品属性与意识形态属性相矛盾。文化产品的使用价值服务于人的精神意识，具有外部性，又具有商品属性。但资本为追求交换价值而批量生产，往往导致资本掌握话语权。文化产品越专业、越特殊，价格体系提供的相关信息就越少，竞争规则就越不可能达到预期结果。文化产品所耗费的时间和空间越多，市场机制就越无法有效地调节其生产和消费。艺术和商业的矛盾导致文化产品市场成为一个市场机制不完善的市场。

---

① 魏杰. 文化经济学[M]. 北京：企业管理出版社，2021.

人们对文化产品的消费也具有与普通商品不同的特征。

（1）文化产品消费具有经验性和习得性，它是个体过去消费的增函数。“一个人听到的音乐越美好，他的需求就越强烈。”①与普通产品消费边际效用递减相反，文化产品消费的边际效用随着消费资本的增加而提升。消费者边消费边学习，每次消费都会增加影响未来消费的“消费资本”，即建立欣赏一种特殊形式的文化产品的能力。例如，在欣赏2022年春节联欢晚会《千里江山图》舞蹈的过程中，人们就建立了特定于中国古典文化及舞蹈艺术的消费和鉴赏能力。消费资本可分为两个层面②：其一，个体（消费）资本，由个体过去的消费和其他相关的个人经验形成，其边际效用将随着个体消费文化产品的能力而增加。因而有研究者认为艺术品或文化产品消费具有积极成瘾性，也称为理性成瘾（rational addiction）③。从这个角度而言，文化产品既是个人资产又是耐用消费品。其二，社会（消费）资本，指的是个人所居住的社会环境（如社区、同伴群体）的选择在一定程度上影响文化产品对个人的效用。这一定义接近于“社会资本”的概念，表明文化系统是共享的文化网络和关系，可以促进群体成员之间的文化、社会和经济互动。

（2）文化产品消费存在“文化折扣”（cultural discount）④现象，即消费者对陌生文化产品的需求低于对熟悉文化产品的需求。在消费全球化的情况下，文化消费的上述特征具有重要的含义。人们对来自国外的文化产品的消费需求取决于个体为这种陌生的艺术是否积累了足够的消费资本。文化越接近，相关消费资本的差异就越小，因此双边文化贸易量就越大。也就是说，文化产品/艺术品的跨国消费或贸易是文化接近性的积极结果。并且，这种文化消费可能是不对称的。一个国家可以积累对另一国文化的消费资本，但反过来不一定成立。例如，美国文化产品和非美国文化产品的接受度是不同的。因此，不同国家之间的文化欣赏不一定是对称的，在文化需求方面存在固有的贸易壁垒。此外，文化消费资本积累得越多，其积累就越容易，当前的文化贸易是过去贸易的积极结果，即文化产品贸易具有滞后效应。在文化产业所有权和控制权集中化趋势作用下，文化产品的跨国消费或贸易也引发了人们对世界范围内文化日益趋同的隐忧。

三、文化资本

在文化消费成为消费新热点的时代背景下，文化本身已经成为一种资本形式。按照马克思主义政治经济学的观点，资本是一种可以带来剩余价值的价值。从产业资本的角度，资本可以定义为耐久性的产品，并且可以与其他投入（如劳动力）相结合以生产更多的产品或服务。文化资本也具有增值性。艺术品和其他文化产品也具有作为资本资产

① Becker G S. The Economic Approach to Human Behavior[M]. Chicago：University of Chicago Press，1976.

② Throsby D. Cultural capital[J]. Journal of Cultural Economics，1999，23：3-12.

③ Becker G S，Murphy K M. A theory of rational addiction[J]. Journal of Political Economy，1988，96：675-700.

④ Lee F L F. Cultural discount and cross-culture predictability：examining the box office performance of American movies in Hong Kong[J]. Journal of Media Economics，2006，19（4）：259-278.

的特征[①]，可以把这些文化资本与其他投入结合起来，以生产更多的文化产品或服务。从而，文化资本可随着时间推移产生货币或服务流量[②]。例如，可以将美术馆作为艺术品展览空间，与游览服务和其他投入结合起来，为游客带来消费体验。

文化资本可以被界定为，体现、存储或生产文化价值的资产，这种文化价值与其经济价值相对独立。文化资本具有多样性和长期性特征，可以分为有形的文化资本和无形的文化资本两种形式。有形的文化资本包括遗产性建筑、雕塑绘画等艺术品，以及手工艺品、人文景观等。无形的文化资本包括音乐、文学作品、生活方式、价值观、信仰，甚至人类的文化网络和关系形态。文化资本与介入文化生产的其他资本不同，并且也与前述用来表示个人在高级文化中的能力的个体文化资本的概念不同。从产业融合视角看待的文化资本特指以文化形式直接进入生产领域的资本，是社会再生产的一种生产资料。

无论是有形的还是无形的文化资本，都可以看作一个地方（国家、地区、城市或个体）或个体持有的资本存量而存在。这些资本可以直接进入最终消费，或者可以与其他投入结合以生产更多的文化产品或服务，产生资本服务的流量。

四、文化产业的定义与分类

20世纪80年代以来，随着文化贸易的发展和扩张，文化产业成为国民经济的重要部门和组成部分。在全球化浪潮的推动下，文化已经变得充满流动性和国际性。文化产品出口成为创汇和国家竞争力的重要组成部分，并受到各国政府的重视和扶持。由于文化本身的特殊性和无边界特性,国际上还没有一个被各个经济体广泛采纳的文化产业定义。但是从国家的角度，文化产业是经济中客观存在的并具有重要地位的产业，有必要对这一产业进行严格界定。因此，各国往往根据各自的国情和政策目标定义文化产业并界定其范围。

联合国教育、科学及文化组织将文化产业界定为，“主要目的是生产、复制、储存、推广及分发具有文化、艺术或遗产性质的商品、服务和活动”[③]，包括文化和自然遗产、演艺和庆祝活动、视觉艺术和工艺、书籍和新闻、视听与互动媒体及设计和创意服务六大领域和非物质文化遗产[④]，其相关领域包括旅游、体育与休闲。根据国家统计局颁布的《文化及相关产业分类（2018）》统计标准，文化及相关产业是指“为社会公众提供文化产品和文化相关产品的生产活动的集合”，其范围包括：①以文化为核心内容，为直接满足人们的精神需要而进行的创作、制造、传播、展示等文化产品（包括货物和服务）的生产活动。具体包括新闻信息服务、内容创作生产、创意设计服务、文化传播渠道、文化投资运营和文化娱乐休闲服务等活动。②为实现文化产品的生产活动所需的文化辅助生产和中介服务、文化装备生产和文化消费终端生产（包括制造和销

---

① Throsby D. Economics and Culture[M]. London：Cambridge University Press，2001.

② 文化资本的概念与布迪厄从社会学层面的解释有所不同。

③ Ávila J F. The cultural & creative industries and the language of business[EB/OL]. https://thebronxchronicle.com/2018/06/03/unesco-the-cultural-creative-industries-and-the-language-of-business/，UNESCO，2018-06-03.

④ UNESCO Institute for Statistics（UIS）. The 2009 UNESCO Framework for Cultural Statistics[R]. 2009.

售）等活动。可见，文化产业是一个以精神产品生产、消费和交换为主要特征的产业系统。

从创意的角度，文化产业可以被定义为大批量生产的具有丰富艺术内容且富含创意和文化意义的产品或服务的集合，其本质特征是创意内容的规模生产[①]。也有学者认为，文化产业是以经营符号性商品为主的活动，这些商品的经济价值源自它们的文化价值，并且至少在原则上可被识别为体现了某些知识产权。从贸易的角度，文化产业被定义为由大量生产和提供丰富艺术内容的企业组成，包括广告、建筑、艺术品和古董市场、手工艺、设计、时尚、电影、游戏、遗产服务/博物馆和图书馆、互联网、出版、软件、电视和广播及视频等；这些企业具有创造性和文化意义，其本质特征是产业规模化生产与内容创新相结合[②]。

正是由于文化产业具有知识或信息产品生产的特征，不少学者认为应将其归属于内容生产或“创造性”的经济。有的国家因而将文化产业称为内容产业或创意产业。例如，英国将文化产业称为创意产业，原因是文化源自个体创造力、技能和才华，通过知识产权的生成和取用，这些活动可以发挥创造财富和就业的潜力[③]。美国没有关于文化产业的定义，与其对应的是版权产业，以强调其知识产权。欧盟将文化产业定义为内容产业，即为制造、开发、销售和包装信息产品及其服务的产业。日本将其作为感性产业和内容产业的一部分，后者是指通过大规模运营和高科技提升以改进文化商品或发展出新的文化商品形式的行业总称，并认为以体验为标志的文化和时尚是构成感性产业的基础[④]。

从组织形式来看，文化产业具有圈层式的核心—边缘结构。其中，“创意”位于文化企业生产的核心环节，其他产业位于外环的一些圈层。随着创意思想的传播，同心圆不断向外扩展，从而涵盖更加广泛的生产领域。表10.2展示了UNCTAD编制的创意产业的产品或服务目录。其中，创意产业分为遗产与艺术、媒体及功能创意三个大类，其下又有许多小类，包括广告、建筑、工艺美术、设计、时装、电影、视频、摄影、音乐、表演艺术、出版、研究与开发、软件、计算机游戏、电子出版和电视/广播等。这些产业被认为是创意经济的核心组成部分，是创意经济商业和文化价值的重要来源。世界知识产权组织（World Intellectual Property Organization，WIPO）将创意产业按其对版权的“依赖程度”进行分类。其中，文化内容的生产被界定为“核心版权”活动。总之，文化产业是从事具有文化属性的产品或服务的创造、生产和分销的行业。不同国家对文化产业进行不同层次和维度的定义是基于政策的需要，体现了不同的侧重点，因此很难将创意产业与文化产业区分开来，有时这两个术语可以互换使用。

---

① 陶斯 R，纳弗雷特 T. 文化经济学手册[M]. 3版. 周正兵译. 北京：首都经济贸易大学出版社，2022.

② UNCTAD. Creative economy report 2008：the challenge of assessing the creative economy towards informed policy-making[R]. 2008.

③ Throsby D. The cultural industries as a sector of the economy[M]//Oakley K，O'Connor J. The Routledge Companion to the Cultural Industries. London，New York：Routledge，Taylor and Francis Group，2015：56-69.

④ 魏杰. 文化产业经济学[M]. 北京：企业管理出版社，2021.

表 10.2 创意产业的产品或服务目录

大类		小类	创意产品（可获得数据）	创意服务（总类）	创意服务（目前尚不能获得数据）
a. 遗产与艺术	遗产	传统文化载体	工艺品、地毯、故事、编织器皿、纸制品、节日用品等		
		文化遗址		其他个人、文化和娱乐服务	文化和娱乐服务、图书馆服务、档案服务、博物馆服务、历史遗迹和建筑物的保护服务、植物园和动物园服务、游乐园和类似景点服务
	艺术	视觉艺术	古董、绘画、摄影、雕塑； 其他：收藏品和类似装饰材料		摄影：肖像摄影服务、广告及相关摄影服务、动作摄影服务、专业摄影服务、摄影修复、复制及润色服务、其他摄影服务、摄影处理服务。 绘画与雕塑：为除表演艺术家外的作家、作曲家、雕塑家和其他艺术家提供的服务
		表演艺术 音乐	激光唱片、录音磁带、手稿 音乐		表演艺术：表演艺术活动推广和组织服务、表演艺术活动制作和展示服务、表演艺术设施运营服务、其他表演艺术和现场娱乐服务音乐。 音乐：录音服务、收费或合同制录音媒体批量发行服务
b. 媒体	媒体	出版和印刷媒体	书籍：小说、字典、百科全书、儿童绘画、彩绘书籍等； 报纸：报纸和期刊； 其他：宣传册、传单、明信片、日历、广告材料及其他印刷品		出版服务：收费或合同制出版、印刷服务； 新闻社为报刊提供的服务
		音像资料	电影胶片： · 35 毫米宽度或更宽 · 其他宽度	音像及相关服务	电影：电影、录像带和电视节目制作服务；电影、电视节目发行服务；电影和视频后期制作服务；制作电影、录像带和电视及广播节目相关其他服务；电影放映服务；录像带放映服务。 广播电视：广播（节目编导和调度）服务；音频后期制作服务；广播节目制作服务；音像制作支持服务；新闻社对音像媒体的服务
		新媒体	音像、视频、游戏的录制媒体		商业和创意软件、数字化创意内容
c. 功能创意	功能创意	设计	室内设计：家具、餐具、墙纸、玻璃器皿、瓷器、灯具等； 时尚品：手袋、腰带、配饰（领带、披肩、围巾、手套、帽子、发夹等）、太阳镜、头饰、皮具、香水等； 玩具：洋娃娃、带轮子的玩具、电动火车、拼图、游戏等； 图纸：原始图纸、建筑平面图等； 珠宝：由金、银、珍珠和其他贵金属以及仿制珠宝制成的珠宝制品		室内：室内设计服务；其他定制设计服务
		创意服务		广告、市场研究和舆情服务；建筑、工程和其他技术服务；研发服务；个人、文化和娱乐服务	广告服务：策划、创作服务；其他广告服务；展销会及展览组织服务 建筑服务：建筑咨询和前期设计服务；建筑设计服务；其他建筑服务

资料来源：UNCTAD. UNCTAD Handbook of Statistics[R]. 2008

五、文化产业的特征

文化产业具有以下鲜明的特征。

（1）存在鲍莫尔成本病（Baumol's cost disease）。鲍莫尔认为艺术表演机构广泛存在"收入差"（income gap）现象，这一现象会导致人力成本的大幅度上升。伴随全社会对文化表演等服务需求的增长，服务业必须吸纳更多劳动力才能够满足正常供给。同时，服务业又无法如同制造业一般通过提高生产率来抵偿全社会名义工资上涨带来的人力成本增长，致使服务业患上"成本病"，给艺术机构带来财务赤字，因此需要政府通过直接补贴或税收优惠支持文化产业的发展。

（2）价格歧视和次优商品广泛存在。文化产品的生产是唯一的，具有垄断性特征，因此，私人部门将应用价格歧视策略以提高利润。并且，由于垄断产品的质量无法控制，生产者往往提供次优水平的商品（如仅展出部分藏品或部分景点），并将某些消费者（如低收入人群）排除在其产出外。

（3）需要大量公共补贴。公共文化机构是非营利性文化生产者，具有固定成本相对较高的特点。它们需要大量的、连续的沉淀资本投入。尽管一些博物馆和表演艺术机构对它们的服务收取一定的入场费，但是，由于相对较高的需求弹性、生产数量相对有限和对"高级文化"的需求有限，这些机构无法将价格设定得足够高以支付生产成本。很多情况下，生产者需要通过政府补贴或私人捐赠才能保证最大限度地提高其产品质量。此外，比起公共部门主要追求消费者剩余，私人部门文化服务生产中往往具有降低成本的动机。这可能会导致相对于社会最优成本的投资不足。

（4）文化产业是艺术和商业的结合。文化产业的组织特点也与其他产业有显著的不同。文化生产可看作由两个不同的方面组成，即内容创造及内容传递。前者是艺术家、设计师的领域，后者是商人的领域，如推广和分销电影、音乐或游戏，同时，也需要大量协调在内容创作方面具有不同技能的创造性工作者。文化企业家在从内容创作到市场交付的整个生产过程中的投资是决定创意市场的重要因素，因而形成了以商人（制片人）为后台，艺术家和明星为前台，且利益风险共担的"好莱坞制片厂"（Hollywood studio）体制模式。但是，随着剧本杀、网络写手的出现和网络电视剧的热播，好莱坞制片厂体制模式开始瓦解，"灵活专业化"（flexible specialized）兴起。在这种体制下，艺术家被高薪聘用，并签订独家长期合同；内容创作者可以签订短期合同，进行自由创作。此时，文化产业企业家不再有动力投资于培训和发展，而艺术家也不愿与企业家一起分担风险。

（5）文化经纪人影响文化产品的生产。文化经纪人是文化产品生产链中的一个重要中介，承担着"把关者"或"做市"的角色。在普通产品消费中，市场是协调买卖双方的形式，利润动机保证了消费者主权（用脚投票）。在文化产业发展中，文化经纪人选择产品和市场进行生产。他们决定了文化供给的性质和有效性，会影响文化的发展。如果制片人支持《功夫熊猫》，他们就能影响青年人去了解中国功夫和中国文化；如果出版公司认为读者想要追求财富自由之路，就会大量出版诸如《百万富翁的思维密码》之类的作品，而不出版其他更有文学价值或社会意义的作品。因此，文化产业中的中介，无论是营利还是非营利组织，都充当着艺术家和消费者之间的过滤器或中间人角色，有能力影响艺术家的事业和整个社会的文化氛围与产出。

（6）版权是文化产业和创意经济的驱动力。正如UNCTAD在Creative economy report 2008：the challenge of assessing the creative economy towards informed policy-making（《2008年创意经济报告：创意经济评估的挑战面向科学合理的决策》）所指出的，版权对创造力和创意产业发展至关重要。文化内容的生产就是“核心版权”活动——知识产权。当前，版权和创意产业知识产权几乎已经成为创意产业的代名词。世界知识产权组织对文化创意产业的分类依据之一即对版权的“依赖程度”。由于信息和知识具有“公共产品”特性，存在正外部性，加强版权保护可以增加创造性产出。这是因为版权提供了经济激励。没有对作者和出版商的版权保护，新作品的生产和传播将低于社会所需。当然，版权保护也有成本；过分强大的版权保护也会给作者和出版商带来更高的成本。因此，必须对最优的版权强度，即版权的期限、范围和实施程度的成本和效益进行平衡。

数字经济作为一种技术变革，从根本上影响了文化产品或服务的生产和消费。数字化给文化产业带来了一些问题，如盗版；消费者自由创作导致产品“超供”和产品质量优劣不齐，也给知识产权管理带来困难。不过，增强现实、虚拟现实和人工智能的应用也为文化产品的内容和形式创新及发展新的商业模式提供了机会。

六、文旅融合的市场维度与文化维度

旅游天然地具有文化属性。文化是旅游的灵魂，旅游是文化的载体。从某种程度而言，旅游本身可以被看作一种文化消费活动或文化消费行为，并且旅游本身也会产生文化。虽然不同旅游活动中或多或少地涉及文化产品或文化服务的消费，但是在市场经济中，往往存在某些企业过度追求商业利益，从而导致文化内涵蔽而不彰，或者文化被过度商业化，甚至出现文化扭曲和文化误导的问题。

党的二十大报告中提出了“坚持以文塑旅、以旅彰文，推进文化和旅游深度融合发展”[①]的要求。这一论述有着重要而深刻的理论内涵。在全面建设中国式现代化的背景下提出文旅融合发展，表明中国的文旅融合既具有世界一般性，又具有中国的特殊性。前者反映的是文旅融合的市场过程，后者反映的是文旅融合的文化内涵。

（一）文旅融合的市场维度

文旅融合的一般性指的是文旅融合的市场维度，即推进文化和旅游的深度融合应基于现代市场供求机制和竞争机制，要健全现代文旅产业体系和市场体系，让市场发挥资源的基础配置作用。文旅融合的这一市场过程服从于一般的经济规律。在国家宏观经济管理层面，文旅融合也具有与世界一般国家相同的，可广泛运用各种产业政策手段来推动文旅市场发展的普遍特征。

凡经济生产，必然涉及要素、产品、企业与市场等基本范畴。文化产业与旅游业的融合过程中必然包括这四个方面的融合。并且，这四个方面之间构成了层层递进的关系。

---

① UNWTO. Framework convention on tourism ethics[EB/OL]. https://www.e-unwto.org/doi/pdf/10.18111/9789284421671，2020.

第一，生产要素融合，即文旅产业所涉及和使用的资源、劳动、资本、技术等生产要素可以在文化产业和旅游业的生产领域自由流动。文化发掘成为旅游产品开发的主要途径，文化体验成为提升旅游产品质量和附加值的关键要素。

第二，产品层面的融合。这是文旅融合最为明显的特征。不仅越来越多的旅游产品具有文化属性，并且越来越多的文化形式也进入旅游产品或服务。从旅游产品所包含的商业化的文化形式或文化成分来看，可以按照文旅融合的深浅程度将各类旅游产品分为不同谱系。其中，融合程度最浅的是自然旅游。该类旅游包括丛林探险、徒步旅行、冲浪漂流等形式，其商业化的文化成分较弱。融合程度最深的当属文化旅游。根据UNWTO大会第22届会议通过的定义，文化旅游是指“一种旅游活动，其中游客的基本动机是学习、发现、体验和消费旅游目的地的有形和无形文化景点/产品。这些景点/产品涉及一个社会的一系列独特的物质、智力、精神和情感特征，包括艺术和建筑、历史和文化遗产、烹饪遗产、文学、音乐、创意产业和生活文化及其生活方式、价值体系、信仰和传统”①。这一定义反映出文旅融合产品的广泛性和多样性。

第三，企业“跨界”与产业链交织。在文旅融合推动下，文化生产和旅游生产的产业链逐渐交织，并得以相互促进。例如，风靡全球的迪士尼乐园就是迪士尼影视作品与传统休闲游乐项目相结合的产品。影视作品带动游客前往乐园消费，游客带动迪士尼知识产权联名的服装、玩具等的消费，并持续创造收入流。文旅融合也导致了企业的跨界经营。当前，华特迪士尼公司不仅是全球最大的主题公园集团，也是全球最大的娱乐及媒体公司之一。

从旅游目的地层面来看，游客对文化体验的兴趣日益浓厚，为地方旅游业发展带来了独特的机遇。文化和创意产业越来越多地被用于推广旅游目的地并提高其竞争力和吸引力，如杭州、三亚和丽江纷纷引资打造演艺旅游区。许多地方都在积极开发有形和无形的文化资产；标志性建筑已成为全球城市竞争战略的重要组成部分；艺术创作、舞蹈、烹饪等创意体验也被用来构建目的地文化，以在竞争日益激烈的旅游市场中发展比较优势，并在全球化背景下创造地方特色。

第四，市场融合，包括交换体系的融合。如今，文化产品消费不再被少数人享有而是走向了大众化；文化产品，如节庆活动不仅仅被本地人或本国人消费，也伴随着通信、交通和网络的超地域性发展而走向全球化。根据美国旅游业协会的调查数据，文化是国际旅游消费的主要元素，占旅游入境人数的39%以上；预计未来全球文化旅游还将增长15%②。新一代的游客对创意氛围和地方的“嗡嗡声”特别感兴趣。伦敦等城市的非正式创意区吸引来越来越多的游客；意大利现代艺术展览对游客流量产生了积极的影响③。反过来，利用文化资产开发出吸引游客的创意内容和体验，旅游也支持了文化创新和交流，并使地方更具特色和吸引力，为地方提供了增加其文化资产经济价

① Tourism and Culture，https://www.unwto.org/tourism-and-culture.

② Greg R. Cultural tourism：a review of recent research and trends[J]. Journal of Hospitality and Tourism Management. 2018，36：12-21.

③ Lascio D F M L，Giannerini S，Scorcu A E，et al. Cultural tourism and temporary art exhibitions in Italy：a panel data analysis[J]. Statistical Methods & Applications，2011，20：519-542.

值的潜力。

（二）文旅融合的文化维度

文旅融合的特殊性指的是文旅融合的文化维度。文旅融合是在党的二十大报告的第八部分“推进文化自信自强，铸就社会主义文化新辉煌”[①]提出的。这深刻地表明了中国推进文旅融合的特殊意义在于以下方面。

第一，文旅融合是推进文化自信自强，铸就社会主义文化新辉煌的重要途径。这是国家对于文旅融合的目的性的基本定位。物质富足、精神富有是建设社会主义现代化的根本要求。中国在社会主义市场经济体制建设过程中，始终高度重视物质文明和精神文明协调发展；始终高度重视在促进物的全面丰富和人的全面发展方面保持同步性，“物质贫困不是社会主义，精神贫乏也不是社会主义”。离开精神文明进步的单一物质文明发展，不是真正的社会主义现代化。推进文旅融合的目的，是要不断提升国家文化软实力和中华文化影响力。

第二，“以文塑旅、以旅彰文”中的“文（化）”并非指任何文化，而是特指社会主义先进文化、革命文化和中华优秀传统文化。文旅融合中需要打造的是增强人民精神力量的旅游产品，需要将社会主义核心价值观融入人们的旅游活动之中，需要通过旅游大力发展面向未来的、民族的、科学的、大众的社会主义文化。

第三，在文旅融合过程中，“以文塑旅”和“以旅彰文”具有前后继起和相互作用的关系。其中，“以文塑旅”是文旅融合的基础，“以旅彰文”是文旅融合的目的。前者是“聚民心、育新人”，后者是“兴文化、展形象”。二者都是“举旗帜”，是建设社会主义文化强国的重要手段。

从“以文塑旅”来看，旅游是满足人们精神追求的重要方式，也是一种非正式的教育方式[②]。通过寓教于乐，旅游可以开阔视野、增进知识、陶冶情操。以社会主义核心价值观为引领，将中华大地上的优秀文化创造性地转化、创新性地植入旅游活动之中，提升旅游产品的文化内涵和品质，是加强社会主义理想信念教育，增强文化自信，传承中华文明，满足人民日益增长的精神文化需求的重要途径；是“聚民心、育新人”，发挥旅游的“教化”功能，推动人的素质现代化，增强实现中华民族伟大复兴的精神力量的基本手段。

从“以旅彰文”来看，旅游是促进文化传播的最好的非正式媒介。就个体而言，旅游是人们触摸文化、感知文化、汲取文化的重要途径。就旅游目的地或经济体而言，旅游是一个全方位的展示系统，它全面地呈现出一个地方或国家的物质文明程度和精神文明状态。以旅游为载体推动文化建设，可以激发全民族文化创新创造活力，提升国家文化软实力。同时，让优秀的、先进的、增强人民精神力量的文化通过旅游活动得以传播和展现，

---

① 习近平. 高举中国特色社会主义伟大旗帜　为全面建设社会主义现代化国家而团结奋斗——在中国共产党第二十次全国代表大会上的报告（2022 年 10 月 16 日）[EB/OL]. http://cpc.people.com.cn/n1/2022/1026/c64094-32551700.html，2022-10-26.

② Zuo B，Huang S S，Liu L H. Tourism as an agent of political socialisation[J]. International Journal of Tourism Research，2016，18（2）：176-185.

让游客切身体会社会主义现代化的建设成就，让社会主义制度的先进性通过旅游活动得以彰显，是“兴文化、展形象”，建设社会主义文化强国，不断提升中华文化影响力的重要途径。

第四节　文化政策和旅游发展

旅游和文化之间存在共生关系。旅游活动越来越与文化艺术融为一体，赋予人们生活想象力和生命体验。同时，旅游也是文化创意经济运行的沃土。文旅融合在为文化提供支持的同时也为旅游业创造吸引力，使文化创意产业与旅游业一起壮大，共同受益。同时，文旅融合也带来了复杂的管理挑战，需要加强相关研究并提供政策引导。

首先，在投融资模式上，大型企业为了应对不确定性和获取更大的文化市场价值，更倾向采取纵向一体化战略，建立从创意内容生产到发行平台再到衍生品的产业链闭环，从而导致市场上出现“赢家通吃”的马太效应。从激励竞争的角度出发，需要完善相关的竞争政策框架。

其次，文化和旅游两者均存在多样化和无边界特征，需要利益相关者持开放态度并重视文化及遗产的保护。UNWTO的《旅游道德框架公约》第7条第2款指出，“旅游政策和活动的开展应尊重艺术、考古和文化遗产，并应保护这些遗产并传给子孙后代；应特别注意保护古迹，礼拜场所，考古和历史遗址，以及升级必须广泛开放并可供旅游参观的博物馆”①。遗产保护和文化消费的正外部性导致私人部门投资不足，政府的金融与财政支持不可或缺。

最后，需要对文化支出的杠杆效应进行评估以便制定相应的文化消费政策。文旅融合的市场目的是增加旅游业与文化产业之间的协同耦合作用，加强内容生产，并在旅游经济和文化创意经济之间建立更紧密的联系。虽然文化旅游与非文化旅游之间的差异表现为程度差异而非类型差异，为了评估游客文化支出和相关投资对经济的影响，有必要区分本地文化消费和非本地文化消费，以及本地购买的商品或服务与从非本地供应商处购买的商品或服务。非本地文化消费反映的是被该地区的文化禀赋吸引的游客消费商品或服务对本地区的影响，以及考虑了由于该地区文化产品的竞争力而对居民的外部消费所产生的保留效应，这被称为文化支出的杠杆效应。此外，还存在由文化产品的教育价值所带来的更直接的生产力收益（人力资本提高）。这些长期影响与文化资本的消费价值相关联，它们可以通过提高人口质量和经济增长的形式对实体经济产生潜在可衡量的经济影响。表10.3列出了文化创意产业的政策分析目标与相关的政策选择框架，可供政策制定者参考。

---

① UNWTO. Framework convention on tourism ethics[EB/OL]. https://www.e-unwto.org/doi/pdf/10.18111/9789284421671，2020.

表 10.3 文化创意产业的政策分析目标与相关的政策选择框架

政策层面	目标	政策选择
微观	社会经济影响	价值链情境，审视现有部门政策和各产业的特定生态
	支持创新型中小企业	创新型中小企业发展举措：金融财政支持、商业技能培训、创业孵化器和市场战略
中观	文化创意产业与相关产业的关系	建立创意集群和创意产业基础设施，旨在激励最佳实践、分享知识和吸引非正规部门
		组织网络化、部门化的协会，促进包括非政府组织和学术界等利益相关者在内的伙伴关系和合资企业的形成
		扩大 ICT 的使用，促进其他新技术的使用，以便在创意链的所有阶段都能从新的商业模式中获益
		确定所有组织、成员之间的关键衔接和中介
宏观	建立正式的、有证据基础的决策系统	建立监测系统并收集必要的信息以确定最合适的模型
		区分国家统计数据与实际市场活动评估工具之间的差距
	跨部门体制机制	设立多学科中心或跨部门机构，促进文化、贸易、金融、旅游、劳工、技术、教育和移民等不同部门之间的协调
	社会经济发展	识别本地创意产业的独特性、优势和劣势及国际贸易的机会
		找出现有版权制度及其他知识产权制度的缺陷，并促进适当竞争法的实施
		促进文化多样性和社会包容性政策，尤其是为青年和妇女量身定制的政策
	国家的特征	将创意产业"品牌化"作为国家形象提升战略
元基础	创意产业的长期影响	分析美学、生活方式、商品化的长期变化及对国家战略的长期影响

资料来源：UNCTAD. Creative economy report 2008：the challenge of assessing the creative economy towards informed policy-making[R]. 2008

关键词：

融合 convergence
产业融合 industrial convergence
数字融合 digital convergence
替代性融合 substituted convergence
互补性融合 complementary convergence
供给性融合 supplier convergence
需求性融合 demand convergence
功能融合 functional convergence
组织融合 organization convergence
横向融合 horizontal convergence
潜在融合 potential convergence
知识融合 knowledge convergence
技术融合 technological convergence
应用融合 application convergence
平台整合者 platform consolidators
重生巨头 reincarnating giants
技术创新 technological innovation
技术扩散 technological diffusion
价值重组 value resturucting
价值创造 value creation
价值获取 value capture
旅游产业融合 tourism industry convergence
文旅融合 cultural and tourism convergence
文化产品 cultural product
文化消费 cultural consumption
文化产业 cultural industry
创意产业 creative industry
文化资本 cultural capital

先锋颠覆者 pioneering disruptors
垂直攻击者 vertical attackers
鲍莫尔成本病 Baumol’s cost disease
知识产权 intellectual property

复习与思考

1. 简述产业融合的概念与类型。
2. 产业融合的过程可以分为哪几个阶段?
3. 产业融合驱力的重要维度有哪些?产业融合的本质是什么?
4. 产业融合的优势体现在哪些方面?
5. 价值重组、价值创造和价值获取三个概念之间有哪些区别与联系?
6. 请从“旅游+”和“+旅游”的角度分别谈谈你对旅游产业融合特性的理解。
7. 应用5Ps分析框架，任选一个案例或Hello Kitty乐园，分析其旅游产业融合方式。
8. 从本章三个旅游产业融合案例中可以得到什么启示?
9. 什么是需求性融合?如何理解旅游产业融合?
10. 文化产品的生产与消费分别具有哪些特点?
11. 举例说明你对“文化资本”概念的理解。
12. 文化产业具有哪些特征?
13. 如何理解党的二十大报告中提出的推进文旅深度融合的战略意义?
14. 谈一谈你对“以文塑旅、以旅彰文”的认识。
15. 请举例分享你感兴趣的创意产品或服务，思考如何将其融入旅游业。
16. 数字经济的发展将对文旅融合产生怎样的影响?
17. 试分析迪士尼的知识产权矩阵及其价值创造。
18. 除了文旅融合，你还知道哪些旅游产业融合的新业态，请尝试列举。

扩展阅读:

关于产业融合的基础概念和相关理论可阅读Hacklin的*Management of Convergence in Innovation*[①]和吴颖等[②]对产业融合的研究动态的综述。关于文化经济学的理论和知识可参阅陶斯和纳弗雷特主编的《文化经济学手册》[③]及魏杰的《文化经济学》[④]。张朝枝和朱敏敏提供了对文旅融合内涵、挑战与践行路径的新的探讨[⑤]。Zuo等在论文Tourism as an agent of political socialisation中以红色旅游为例，探讨了旅游的教化功能[⑥]。

---

① Hacklin F. Management of Convergence in Innovation[M]. Heidelberg：Physica-Verlag，2008.

② 吴颖，刘志迎，丰志培. 产业融合问题的理论研究动态[J]. 产业经济研究，2004，(4)：64-70.

③ 陶斯 R，纳弗雷特 T. 文化经济学手册 [M]. 3 版. 周正兵译. 北京：首都经济贸易大学出版社， 2022.

④ 魏杰. 文化经济学[M]. 北京：企业管理出版社，2021.

⑤ 张朝枝，朱敏敏. 文化和旅游融合：多层次关系内涵、挑战与践行路径[J]. 旅游学刊，2020，(3)：62-71.

⑥ Zuo B，Huang S H，Liu L H. Tourism as an agent of political socialisation[J]. International Journal of Tourism Research，2016，18(2)：176-185.

第十一章

产业集聚与目的地竞争力

【导读案例】冰与火之歌——阿尔卑斯山冰雪产业集群

阿尔卑斯山脉地处意大利、法国、瑞士、德国、奥地利等国家的交界地带。得益于优越的气候及地形条件，阿尔卑斯地区依托冰雪资源发展起来诸多世界知名的滑雪小镇，在国际滑雪市场上形成了极大的吸引力，其年游客接待量占到全世界总量的40%以上。其中包括第一届冬奥会举办地法国霞慕尼小镇、世界经济论坛举办地瑞士达沃斯小镇等。在瑞士阿尔卑斯山区，每年冬季滑雪旅游收入约60亿瑞士法郎（约411亿元），占瑞士全国GDP的1%~1.5%[①]。

阿尔卑斯地区冰雪产业发展模式是以冰雪旅游产业体系为核心，在此基础上根据各地特有资源发展外延产业，涵盖体育、文化、餐饮、酒店、滑雪制造、房地产、教育、医疗等产业，形成了完整的产业集群和冰雪产业链。

以法国霞慕尼为例，其产业体系包括：①冰雪产业体系。霞慕尼将滑雪旅游作为核心产业，同时结合非雪季旅游产品发展山地旅游，形成了“核心旅游圈”+“相关延伸产业”+“城镇生活圈”的空间模式和产业格局。②教育产业。1943年，霞慕尼成立了培养教练及职业选手的法国国家登山滑雪学校，设有高山向导、滑雪教练、攀岩教练、滑翔伞教练、滑雪急救员等专业。同时，面向冰雪运动初学者打造世界一流的、完善的冰雪培训体系。③房地产业。霞慕尼常住人口约1.4万人，年接待的游客数量约460万人。大量游客在此购置第二居所，作为旅游度假时的短期居所。④文化产业。霞慕尼多次举办国内外赛事，并结合当地节庆类活动举办霞慕尼冰雪节、霞慕尼狂欢节，以及攀岩世界杯赛、勃朗峰马拉松赛、徒步越野赛等，每年吸引约200万名游客到访，形成了多元的文化旅游产品。

导读思考：

哪些因素和条件助推形成了阿尔卑斯地区冰雪旅游产业集群？

---

① 王志成. 瑞士滑雪旅游产业动向与发展趋势[EB/OL]. http://www.ctnews.com.cn/paper/content/202202/17/content_63038.html，2022-02-17.

本章思维导图——产业集聚与目的地竞争力

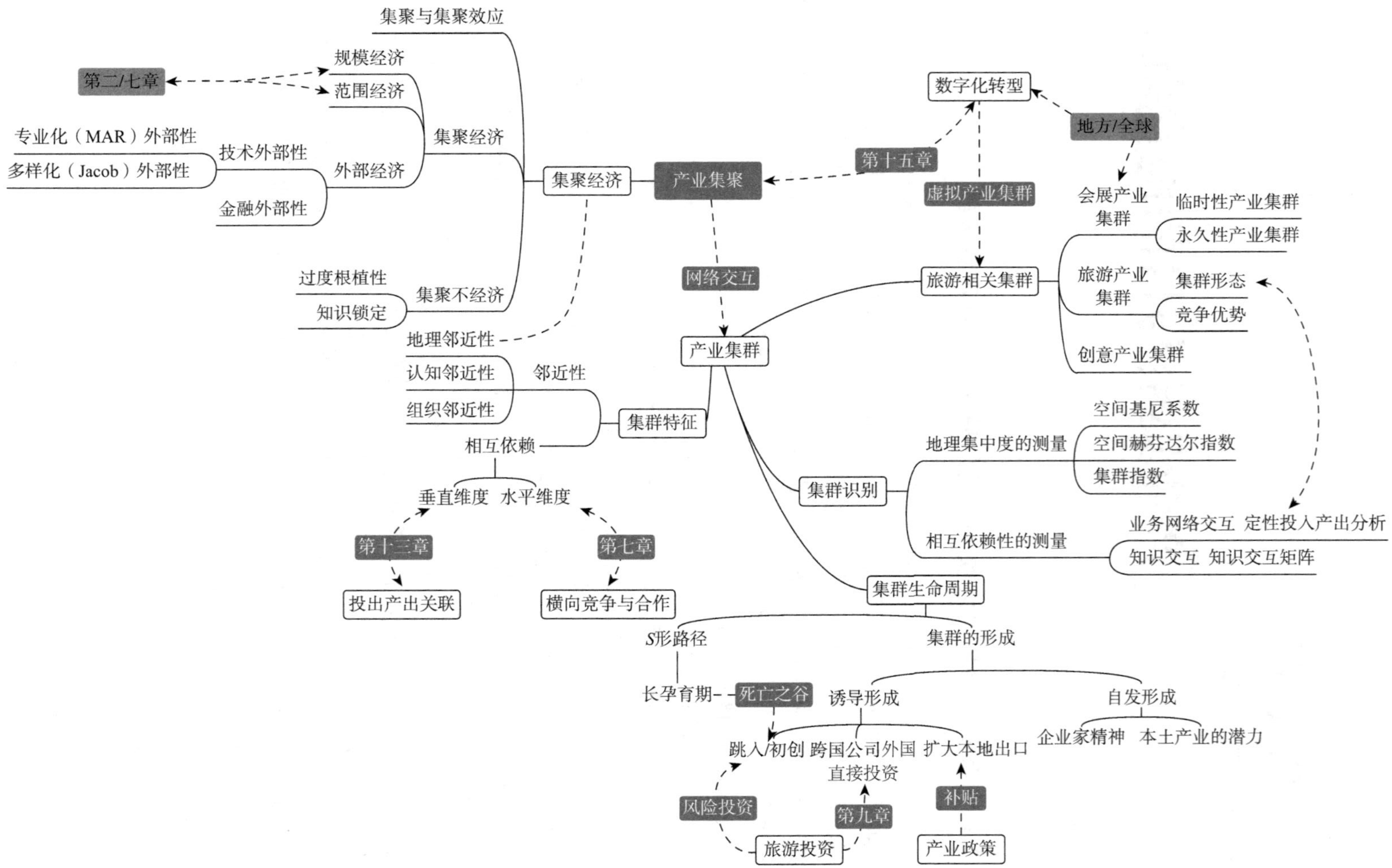

旅游活动集中于特定的空间和时间，具有较强的地域约束性。对于旅游目的地而言，其提供的旅游产品在本质上是一系列“产品束”，依赖于多个具有互补关系的行业联合提供，这些行业之间可替代性较小，是彼此依赖与竞争并存的。任何一个旅游目的地要在激烈竞争中立于不败之地，就必须在旅游产业链上建立良好的网络协作关系。因此，旅游企业的空间集聚在旅游目的地的旅游经济发展中具有重要的作用。

第一节　产业集聚

集聚是指各种产业和经济活动在地理空间上的集中从而吸引经济活动向一定地区靠近的现象。集聚效应（combined effect）也称为协同效应，是指在社会经济活动中，一些相关生产和服务部门在地域上集中产生的经济效果和社会效应。集聚效应产生集聚经济。通过生产活动在邻近空间上的彼此接近，企业可实现信息交流、减少运输和交易成本、共享规则、促进信任、获得专业劳动力、推动技术创新和扩散；地方可以不断地从外部吸收资金和人才，并不断向外部输出创新产品和分裂新的企业，使经济实力迅速增强，就业机会不断增多。此即集聚经济。

集聚经济实际上是劳动和资本等生产要素的地理集中所产生的高效益。这种优势主要呈现在三方面：第一，地方有潜力吸引更多的专业供应商与相关服务业，企业之间可以更加有效地互动从而具有合作性；第二，地方劳动力市场更集中，并能提供更专业的技能；第三，通过不同的渠道可产生知识溢出，带来知识创新。正是这三种优势构成了支持区域产业竞争力和经济增长的机制。当然，三者作用的相对权重取决于特定产业的特征。在生物技术领域，知识溢出非常重要；而在旅游领域，面对面接触、特殊氛围的打造和减少不确定性更加重要。例如，在桂林阳朔、浙江莫干山，形态丰富多样的民宿集聚极大地增强了地方旅游知名度，甚至使民宿本身成为旅游吸引物，推动阳朔和莫干山成为具有竞争力和影响力的乡村度假旅游目的地。

企业规模经济、外部经济（地方产业规模扩大）和与之紧密相关的范围经济是实现集聚经济的基本途径。这三重由内到外的效应的叠加作用，推动了经济集聚体从集聚产业点向集聚产业区，再到集聚产业核心区演变发展。

（1）企业规模经济。规模经济意味着生产规模的扩大、生产要素（资金和劳动力）和产品流通量的增加及效率的提高和成本降低（见第二章）。在经济集聚景观形成中，规模经济是集聚体形成发展的基础。没有规模经济带来的效率提升和流量增加就无从谈起范围经济（产业多样化）和外部经济。

（2）外部经济。外部经济是企业在地域上的集中导致社会分工深化、企业联系加强和区域资源利用提高所产生的成本节约，即由相同或相关产业在某一区域集聚所产生的专业化经济。外部经济包括金融外部性（pecuniary externalities）和技术外部性（technological externalities）两种类型。金融外部性是指产业的前后向垂直关联（价值链关联），即由于市场规模扩大提高中间投入品的规模效益和劳动力市场供应，进而通过价格机制降低企业成本。技术外部性也称“纯”外部经济，是指知识和信息的流通、交换和技术外溢所带来的效率提高，企业间不一定存在投入产出联系或交易关系。

（3）范围经济。范围经济是指来源于同一个地区不同产业类型的企业集聚所带来的多样化程度的提高。范围经济激励生产者和分销商提供多样化的产品，促进产业协同发展和打造有组织的生产体系，推动地方实现范围收益递增。存在价值链联系的区域集中的专业化企业受益于互补的可能性更强，这在一定程度上接近于集群生态。

关于技术外部性，目前学术界尚存争论。争论的焦点在于究竟是专业化和垄断更有利于知识与技术的外溢，还是多样化和竞争更有利于知识与技术的外溢。前者称为MAR（Masrhal-Arrow-Romer）外部性，后者称为Jacobs外部性。MAR外部性强调专业化对创新和发明的促进作用，认为同一地点某种特定经济活动的大量集中更能促进企业之间的技术交流和知识溢出，如硅谷、好莱坞，以及北京798文化街区等；而Jacobs外部性则认为差异性和多样化更有助于激发创新和发明，如在城市经济中，多个差异化行业的企业集聚更有助于激发企业家精神，推动初创企业的出现，带来风险投资，特别是对于旅游与文化产业，打造多样化的产品和休闲氛围更加重要。Jacobs外部性进一步认为，建立在不相关的知识协调基础上的创新将是根本性的，而MAR式的专业化集聚则更可能支持渐进式创新。在MAR的理论框架中，产品创新的垄断利润有助于激发创新动力，因而垄断比竞争更有利于知识和技术的溢出；Jacobs外部性认为竞争环境更有利于激励企业不断创新以保持竞争力，因而竞争比垄断更有利于知识和技术的外部性①。

地方经济的专业化和多样化之间并不一定存在冲突。它们可以相互结合，特别是在较大区域或大城市。较大的空间尺度允许地方在创建高质量的专业化集群的同时支持多集群的发展和组合，使得该地区不仅具有竞争性，而且会因产业间互动带来合作性。另外，区域发展也可以遵循“相关多元化”的模式②，一些基础相似的地区如果发展出不同的专业化模式，在集聚效应影响下，也可以达到同样的规模和增长。

早期，研究者主要从交易成本、劳动分工和产业垂直分离（上下游分离）的视角解释生产活动的地理集聚机制。例如，克鲁格曼的收益递增模型及“新产业空间”③理论强调，在产业组织模式变革和新劳动分工背景下，生产活动的垂直分离和地理集聚将促进企业获得专业化效应，同时可减少企业间投入产出联系的交易费用。但随着对知识流动和技术创新的关注，学者普遍意识到企业地理集聚也有利于投入产出系统内的知识流动和技术传播，尤其是缄默知识（tacit knowledge）的交流和学习、共同规范和惯例及形成共识。这其实是一种地理邻近导致的认知邻近效应。通常认为，这种非贸易性质的相互依赖根植于地方特定的制度文化，因此地方惯例、制度和文化等社会因素在推动区域经济集聚中也具有重要作用。

---

① 梁琦. 空间经济：集聚，贸易与产业地理[M]. 北京：科学出版社，2014.

② Neffke F, Henning M, Boschma R. How do regions diversify over time? Industry relatedness and the development of new growth paths in regions[J]. Economic Geography，2011，87（3）：237-265.

③ Scott A J. Flexible production systems and regional development：the rise of new industrial spaces in North America and Western Europe[J]. International Journal of Urban and Regional Research，1988，12（2）：171-186.

过度集聚会导致集聚不经济，产生一些抵消效应，抑制这种不受约束地向“协同选址”方向推进的趋势。韦伯在工业区位论中早已指出，如果远距离服务顾客的成本太高，则跟随顾客选址（即以市场为导向）而非企业协同导向（即跟随集群中的相关企业选址）会更有好处。这也正是旅游目的地进入生命周期的发展期之后，来自地域外的投资越来越活跃的原因。过度集聚也会带来较高的用工成本。企业越多，彼此间在员工、专用基础设施和其他投入因素方面的竞争就越激烈。更加重要的是，如果过于强调地方主体的本地互动，忽视外部联系，本地企业的过密化会导致区域发展出现内部锁定（internal lock-in）、集群封闭、区域衰退等现象，阻碍对区域外新技术的吸收和应用，如纽约纺织产业就存在过度根植性（over-embeddedness）的问题①。

因此，集聚效应的大小取决于两股相互背离的力量的共同作用：一是在集聚区内，各企业由交易成本降低、信息知识交流、专业化和多样化等因素产生的综合收益；二是由产业集聚产生的额外的支出成本（不包括生产成本）。经济活动的协同倾向，以及企业是否选择集聚或扎堆取决于这两种对立的力量（成本—收益）之间的特定平衡。在地方层面，为了避免负面锁定效应导致区域竞争力降低的风险，必须保持集聚区的对外开放程度达到一定水平，以保证对区域外的新讯息、新技术的持续不断的发现和学习。因而，地方产业集群必须与区域外的经济实体、市场保持联系，如通过举办或参加国际贸易博览会获得更广泛的知识来源，或者通过“跨界搜索”（boundary-spanning search）汲取组织外部的异质性知识元素，利用外部技术和资源打破核心能力刚性，不断推进企业创新②。

第二节 产业集群

一、集群的概念

尽管“集群”一词已经被广泛使用，但关于集群的概念至今存在争议。Czamanski和Ablas最先提出集群一词，并将其界定为“通过商品和服务的流动联系起来的，在区位选址上有显著的相互吸引力的产业组群”③。Porter从打造竞争优势的视角将产业集群定义为“在某一特定领域内一群地理上邻近，且具有共性和互补性的相互关联的企业和机构”④，这一概念强调集群主体之间存在很强的相互依赖关系。从功能性的角度，有学者将集群定义为“在一个增值的生产链中由一些高度相互依赖的企业（包括专业供应商）

---

① Uzzi B. The sources and consequences of embeddedness for the economic performance of organizations：the network effect[J]. American Sociological Review，1996，61（4）：674-698.

② Yang M，Wang J，Zhang X. Boundary-spanning search and sustainable competitive advantage：the mediating roles of exploratory and exploitative innovations[J]. Journal of Business Research，2021，127：290-299.

③ Czamanski S，Ablas L A D. Identification of industrial clusters and complexes：a comparison of methods and findings[J]. Urban Studies，1979，16（1）：61-80.

④ Porter M E. The Competitive Advantage of Nations[M]. New York：Free Press，2000.

相互联系形成的生产者网络”[①]。这些价值链包括产品生产的所有环节，从基础研究到生产、开发及市场营销。从关系的角度，可以将产业集群视为“由于贸易关系和/或共享共同要素市场（包括基础设施、知识资源和劳动力）和/或共同商品市场而共同集中在某个特定区位的企业”[②]。

在法国，集群被称为“竞争极”（pôle de compétitivite），在德国被称为“kompetenz netze”（能力网络），指的是包含四个动态/地理集群的结构系统：①企业网络，包括作为网络协调者的领先企业，创新企业，制造、服务、销售、培训企业，研发创新机构和金融机构；②促进者，包括参与商定和合作的机构、组织行动者（商会、工商会和其他贸易组织）和区域发展机构、监察及规管机构、雇主协会、工会、专业协会、传媒等；③地方政府；④外部连接装置，指目标市场中有特定需求且行为不断变化的客户和消费者。

虽然集群的定义各不相同，但均强调三个关键要素：一是经济活动主体的空间邻近性；二是企业在空间上具有较高的地理集中度；三是企业间需要形成网络关系或价值链。因此，一个成熟的产业集群应该具备地域化集聚、社会根植性、专业化分工、社会化协作、知识流动及网络交织性等特征。

产业集群是企业技术升级、提高效益、增强国际竞争力的重要载体，有着非集群无法比拟的竞争优势。通常，集群内企业间的相互关系建立在相互依赖、相互信任和相互合作的基础上，这有利于集群内企业之间信息、技术和新思想的传播和应用。从区域发展的角度，集群可以为企业和区域发展带来的竞争优势包括以下方面。

（1）促进竞争和创新。

（2）可以围绕产业集群发展本地市场。

（3）鼓励企业之间的合作和最佳实践的传播交流。

（4）可以开发基于区位的品牌（如地理标志产品等），使集群中的所有企业受益。

（5）小企业可以结成联盟，为大企业提供质量更好的供应资源。

（6）可以推动地方完善支持专业化发展的特定基础设施。

（7）集群本身可以成为吸引外部投资的焦点和对象。

虽然产业集群在区域发展中发挥着关键作用，但并非所有产业都可以集群化或受到集群化过程的影响。生产过程的可分割性（影响垂直关联长度及范围）和产品的可运输性（决定着可形成的集群网络范围）是形成集群的必要的前提条件。此外，集群化的程度也取决于价值链的长度、网络多样性、创新重要性和市场波动性。

二、邻近性与相互依赖

空间邻近是构成产业集群的首要条件。马歇尔最初观察到，企业可以从与其同处一地的其他企业活动中获益，提高生产力或效率，且此类收益将随距离的增加而衰减。这

---

① Roelandt T J A，den Hertog P，van Sinderen J，et al. Cluster analysis and cluster policy in the Netherlands[R]//OECD. Boosting Innovation：The Cluster Approach，1999：315-338.

② Feser E J，Luger M I. Cluster analysis as a mode of inquiry：its use in science and technology policymaking in North Carolina[J]. European Planning Studies，2003，11（1）：11-24.

种地理的邻近性导致的经济活动主体在一定空间范围内的地理集中或集聚，所带来的竞争优势是其他地方无法获得的。从组织合作视角出发，法国邻近动力学派（French school of proximity dynamics）建立的多维邻近性框架中，将邻近性进一步划分为地理邻近性、认知邻近性、组织邻近性等维度①。这些维度之间并非完全分割和独立发挥作用，而是相互作用、交互影响。

地理邻近性或称空间邻近性，反映要素和产品在集群内企业主体之间传输所需要面对的物理距离的远近。这种距离不单纯用“千米”来衡量，还包括运输成本或传播时间等因素。地理邻近性对集群的影响机理主要表现在三方面：①通过减少促进创新产生的人力、物资的运输时间来降低交易成本，从而提升生产层面的效率；②方便集群内行为主体之间的面对面交流和学习，推动集群创新；③通过地理邻近性对组织邻近性和认知邻近性产生强化效应，提高企业间交流频率和多企业合作交流的并发数，从而促进隐性知识的传播。

认知邻近性反映集群企业在相互沟通时所表现出的行为方式的相似性，包括沟通方式、处事方式、语言表达、经验知识和技术特征等。其中，技术上的邻近和知识结构上的邻近是集群内不同企业之间、企业内不同部门之间进行创新活动的前提条件。相比文化邻近性和语言邻近性，由相似的经验、共同的语言、共享的知识和技术基础所形成的认知邻近性可以使组织合作中的沟通更加流畅，它们是认知邻近性的重要组成部分。企业能够高效率、低成本地从合作伙伴那里获取资源并吸收知识。同时，企业之间或企业内不同部门之间基于认知邻近性建立的长期合作关系也有利于组织邻近性的形成。

组织邻近性是指企业组织安排和制度、规范被共享的程度，由文化、结构、社会等邻近性组成②。它具有地方公共产品特征，反映着特定地方的文化资本。组织邻近性对于企业之间成功互动更加重要，在建立制度规范、增加认知邻近、维持地方声誉方面起到互补作用。

地理邻近性本身不能创造互动或协作。并且，过度邻近甚至会带来一个重大的风险，就是锁定和僵化。有的学者将这一现象称为“邻近性悖论”，表现为企业生产率与同行数量存在倒U形关系。原因是地理邻近的企业很容易变成一个同盟者，对其他区域的企业或外来创新企业产生排斥性；产业集群的过度根植性也会造成对异质性知识的排斥，集群内的知识越来越相似，长此以往会降低知识的有效性。高水平的认知邻近性也会使得集群内的知识产权保护难度增大，阻碍创新活动的产生。因此，过度强调本地知识的重要性易存在技术锁定的风险，仅关注内部联系也可能造成集群内过度封闭、缺乏灵活性及排他性的结果。

在产业集群发展的成熟阶段，企业需要在集聚经济和“同伴拥挤”之间权衡，特别是随着当代信息技术的发展，一些行业中组织合作对永久性地理邻近性的依赖大大降低，转而强调临时性地理邻近性的重要性。由专业技术人员的跨区域流动所形成的临时性地

① 李琳. 多维邻近性与产业集群创新[M]. 北京：北京大学出版社，2014.

② 曹贤忠，曾刚，司月芳，等. 企业创新网络与多维邻近性关系研究述评[J]. 世界地理研究，2019，28（5）：165-171.

理邻近性，如参与专业性会议、举办展览、博览会等能够冲破企业原有关系网络中的地域屏障，为企业拓展其他地域市场提供帮助，可以满足合作创新中的知识需要。从这个角度出发，可以将会展节事活动等视为一种关系空间和传递信息的重要媒介。它通过多种组织形式促成了远距离行为主体间的临时性邻近。参加会展的企业网络包括商业机构、研究院所及生产者、供应商、经销商等众多行业部门，涵盖产业价值链中的横向和纵向联系，它同时满足了形成集群的三个关键要素，因而也被称为临时产业集群（temporary industry cluster），表明其具有类似于永久性产业集群的知识交换机制[①]。

三、集群的水平维度和垂直维度

集群的特性是集聚和互连。从产业链的角度，可以将产业集群看作一个多维的本地化增值系统，包括水平维度和垂直维度及两者的组合。产业集群的水平维度指的是在同一市场上竞争、生产相似产品的企业由于具有相互替代的能力而形成横向竞争与合作关系。这种横向竞争与合作关系导致企业在寻找专业劳动力、资源和技术供应商时能够以集约化的方式运作，提高生产率。即便不与竞争对手直接交流，企业也可以通过观察、模仿等获得认知邻近性，从而促进相互学习和激励。

产业集群的纵向维度指的是企业通过投入产出关联，即上下游关系而联系在一起的状态。这些企业通过价值链联系起来，可以从互补合作和相互依赖中产生协同效应。投入产出体现了与产品相关的最有价值的技术知识，影响着企业的创新和经济绩效，使得地理位置遥远的竞争者无法与之竞争。相比水平维度的集聚，沿着价值链形成的知识上的相互作用更加重要。

四、集群网络与交互

集群网络是指在一定地理集聚范围内，集群内具有产业关联性的企业之间的关系集合。交互的概念来自社会化结构观念，强调的是网络节点之间的网络关联及由此引发的集体性学习。在经济学中，交互指的是当地行动者之间建立的竞争/合作网络关系。集群企业之间通过网络交互能提高生产力，共享集群内部信息和基础设施，大幅降低集群企业的知识搜寻及创新成本，使得网络内部企业可获得网络外部企业难以比拟的创新优势。空间邻近性、成员关联性、经济外部性和社会文化邻近性等特征促使集群企业搜索本地知识和整合知识资源的效率更高，从而更具竞争力。美国硅谷高科技企业集群、意大利鞋业集群及埃塞俄比亚鞋业集群的实证研究均证明，拥有更多本地商业联系的企业具有更高的创新绩效。并且，本地网络中的非正式网络也有助于企业获取黏性的隐性知识和复杂性知识，这些知识同样是决定创新成功的关键技术和核心知识。

---

① Bathelt H，Malmberg A，Maskell P. Building global knowledge pipelines：the role of temporary clusters[J]. European Planning Studies，2006，14（8）：997-1013.

图11.1展示了桂林市阳朔县旅游产业网络结构历时性动态演进图。图11.1中连线的粗细代表了产业关联的强度，也就是业务流量大小。灰色方框代表构成产业网络的“最小角”（smallest angle），即网络节点。图11.1直观地显示出阳朔县旅游产业由最初1989年的简单、分散的产业形态，经过快速发展达到2006年的两极化关联状态，又经过一系列调整，演变为2018年的较为均衡的网状紧密关联结构。旅游产业网络关联进一步深化，网络均衡性相对增强，这种结构变化显著提升了阳朔县旅游产业竞争力，推动阳朔县旅游发展模式从观光旅游向休闲度假旅游转型。在这一转型过程中，阳朔县旅游产业内部的主导部门也发生着更替变化，从早期以游览业为核心向以住宿业、餐饮业、购物业为核心转变，而辅助服务业为推动和实现这种转变起到了重要的支撑性作用。

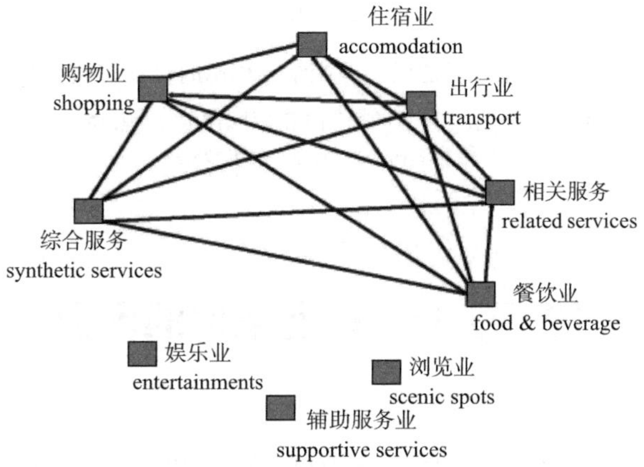

（a）1989年

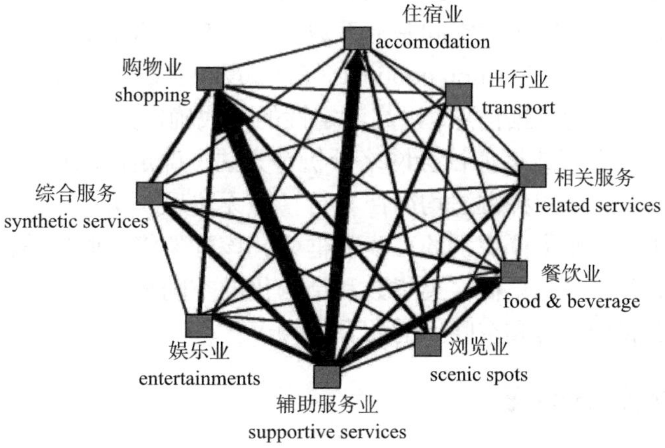

（b）2006年

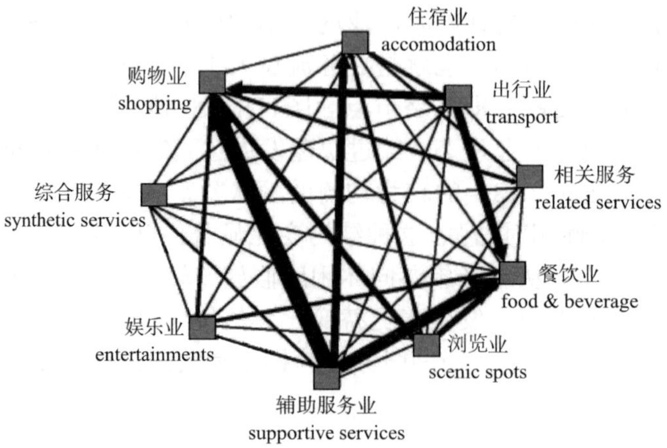

（c）2018年

图 11.1 阳朔县旅游产业网络结构历时性动态演进图

资料来源：左冰，蔡书漫，杨艺，等. 旅游产业网络拓扑结构演进与旅游经济增长：阳朔案例[J]. 旅游学刊，2020，35（6）：25-39

第三节 产业集群的识别

集群识别的传统框架可以从总体上分为自上而下和自下而上两种方法。自上而下的方法通常使用按地理分类的区域数据来确定专门化或相互关联活动的空间集中程度。这些方法包括计算空间集中度（如空间基尼系数、空间赫芬达尔指数）以确定不同部门的集聚情况，或使用区位熵（location quotient，LQ）反映区域专业化程度。自下而上的方法依赖于微观企业层面的数据信息，以高度定性的方式确定产业集群，如基于专家调查、电话黄页/网络链接、会议或诸如社会网络分析等方法，确定区域产业集群结构，并将其与区域发展联系起来。这两种方法均简便易行，但无法反映集群空间依赖和经济相互依存的状况。本节介绍产业集群识别的三步骤框架，该框架将空间集聚测度与投入产出方法相结合，整合了有关产业集群聚类指数和结构化的空间相互依赖性信息，可反映企业规模分布和产业集群在部门和空间上的相互依赖。

一、地理集中度的测量

为了反映集群的空间邻近性和相互依赖特征，首先需要确定区域空间中的活动分布。虽然对空间集中或专业化的测量无法捕获集群的结构，但借助空间集中度指标，如空间基尼系数、空间赫芬达尔指数和集群指数等，可以确定经济活动是否呈现集聚趋势或是否属于区域内重要的生产活动。

1. 空间基尼系数

空间基尼系数评估的是某个行业在多个待评估区域空间内的分布差异，可以帮助确定哪些区域具有发展成为集群的潜力。假设待评估比较的区域数量为N，区域内某行业i的产值（或产量、职工人数、资产总额、专利数量等）排名为r，区域内该行业占行业总产值的份额为s，则有

$$\mathrm{Gini}_i=\frac{2}{\bar{s}N^2}\cdot\left[\sum_{i=1}^{N}(r_i\cdot s_{ir})\right]-\frac{N+1}{N},\quad s_{ir}=\frac{\mathrm{output}_{ir}}{\mathrm{output}_i} \tag{11.1}$$

其中，$\bar{s}$代表待评估比较的各区域s_{ir}的平均数。

空间基尼系数值越大，说明生产在空间上越集中，即生产是由少数实现内部规模经济的区域创造的。这样的区域具有发展成为集群的潜力。

2. 空间赫芬达尔指数

空间赫芬达尔指数（空间H指数）由区域中某部门或企业i的产量/就业等指标的平方和除以某部门总产量/就业的平方得到。空间H指数越大，表明生产越集中。由于经济活动空间的人口、生产和就业分布不均，当使用人口或经济规模等总量指标作为地理集中度的测量指标时，使用空间H指数可能会高估大尺度区域的集中度，而当使用基于相对数（如就业份额占比）的指标时，其结果可能会偏向小区域，因此难以准确评估区域专业化程度。

$$H_i=\frac{\sum_{r=1}^{N}\mathrm{output}_{ir}^2}{\mathrm{output}_i^2},\mathrm{output}_i=\sum_{r=1}^{N}\mathrm{output}_{ir} \tag{11.2}$$

3. 集群指数

集群指数（cluster index，CI）也称为聚类指数或区位熵。它由三部分组成，即相对产业密度（industrial density，ID）、相对产业存量（industrial stock，IS）和相对企业规模（size of establishment，SE）。设z为当地居民数量，a为区域面积，x为雇员数量或总产出，n为所分析行业的企业数量。区域i的集群指数计算如下：

$$\mathrm{CI}_i=\mathrm{ID}_i\cdot\frac{\mathrm{IS}_i}{\mathrm{SE}_i}=\frac{x_i/a_i}{\sum_i x_i\Big/\sum_i a_i}\cdot\frac{\dfrac{x_i/z_i}{\sum_i x_i\Big/\sum_i z_i}}{\dfrac{x_i/n_i}{\sum_i x_i\Big/\sum_i n_i}}=\frac{x_i/x_i}{\sum_i z_i\Big/\sum_i z_i}\cdot\frac{n_i\Big/\sum_i n_i}{a_i\Big/\sum_i a_i} \tag{11.3}$$

集群指数与地区中某产业产出占比及居民数量占比成反比，与企业数量占比成正比。如果集群指数的值大于1，则表明该区域的i产业出现了较高集中度和专业化程度。集群指数改进了基于简单的集中度来识别产业集群的方法，同时也将企业规模分布整合到指标中。相对较高的产业密度和相对较高的生产规模都不是形成产业集群的必要和充分条件。只有当相对密度和相对规模高于区域平均水平，并且行业集中度不是由一两个企业主导时，产业集群的基本特征才存在。

集群指数比简单的空间集中度指标更适合于识别产业集群。其优势在于灵活性、计算的简单性和数据可得性。并且，集群指数避免了偏向于少数大企业的结果。但是，集群指数忽略了所考虑地区的行业规模和企业之间的邻近程度，因此这种方法不能用于评估价值链意义上的产业集群的相互作用或集群的空间邻近性。当集群出现跨部门联系时，使用这种方法无法识别产业集群的垂直维度（即上下游关联）。另外，对于不同产业，也很难定义一个标准的阈值CI以确定区域r内的产业集群。对于工业部门，通常将该阈值设定在4左右。

二、相互依赖性的测量①

产业集群内存在两种不同的活动。第一种活动涉及产业集群生产系统的水平维度，表现为同类企业的竞争与合作；第二种活动基于投入产出流，涉及生产系统中行为者的垂直交互（价值链关系）。水平型部门相互依赖性可以借助空间自相关统计指标，如Moran's I 和Getis-Ord's G_i^*来度量。这两个指标有助于在行业或整个价值链的地理分布中识别出“热点”产业或地区。本部分重点介绍由Ord和Getis开发的G_i^*统计量②。与前文较为简单的地理集中度指标相比，G_i^*统计量可以评估跨行政边界的经济活动在空间上的相互依赖关系。

对于区域i和给定的行业，G_i^*的计算公式为

$$G_i^* = \frac{\sum_i w_{ij}x_j - W_i\bar{x}}{s\sqrt{\left(ns_{1i} - W_i^2\right)/\left(n-1\right)}} \tag{11.4}$$

其中，x为经济活动的度量标准，如就业、产值规模或集群指数；w_{ij}为区域i到区域j的空间权重；W_i为权重w_{ij}的总和；$\bar{x} = \sum_j \frac{x_j}{n-1}, s_{1i} = \sum_j w_{ij}^2, s^2 = \left(\sum_j \frac{x_j^2}{n-1}\right) - \bar{x}^2$。

G_i^*统计量测量的是产业集群结构水平维度。应用G_i^*统计量并结合集群指数，可区分是否存在空间滞后的产业集群，因为它反映了跨行政边界的合作可能性和必要性。G_i^*统计量的值取决于所使用的空间权重矩阵和对经济活动x的衡量。但目前并未有统一的空间权重矩阵，可采用的方法包括使用直接相邻区域以定义邻接关系（相邻=1，不相邻=0），或使用区域中心之间的大圆距离计算。也有学者使用区域与质心之间的距离的倒数作为空间权重。

利用空间邻接矩阵，可进一步计算产业集群/部门与相邻区域集群/部门的垂直相关性，以识别具有垂直相互依存关系的产业集群的空间集聚，评估区域范围内经济一体化的程度。产业集群的垂直关系（vertical relation，VR）统计量的计算公式为

---

① 本部分的分析基于：Feser E，Sweeney S，Renski H. A descriptive analysis of discrete U.S. industrial complexes[J]. Journal of Regional Science，2005，45（2）：395-419.

② Ord J K，Getis A. Local spatial autocorrelation statistics：distributional issues and an application[J]. Geographic Analysis，1995，27（4）：286-306.

$$\mathrm{VR}_{ri}=\sum_{i=1}^{n}\sum_{j=1}^{n}C_{ri}\times V_{rj}\times \mathrm{PM}_{ij} \tag{11.5}$$

其中，C_{ri}为地区r行业i的二进制向量①；V_{rj}为邻近地区向量，$V_{rj}=\sum_{j=1}^{n}C_{ri}\times w_{ri}$，$w_{ri}$表示邻接矩阵$W$的某个元素；$\mathrm{PM}=P+P^{\mathrm{T}}$，$P$反映行业价值链上所关联的产品矩阵，显示相关部门之间的关系。基于VR的计算结果，可用于分析区域内和区域间基于部门相互依赖的产业集群结构之间的垂直互动或合作的潜力。

三、部门间业务网络交互的测量②

使用定性投入产出分析（qualitative input-output analysis，QIOA）可以将产业集群中各部门之间的投入产出联系纳入分析中，以更全面地了解产业集群系统中的业务联系与交互作用。QIOA是基于投入产出表的直接价值链关联的图论分析，可从自上而下的角度解释不同类型产业集群的结构性差异及其产生的范围经济效应。

为了识别部门间的业务交互，即沿着价值链形成的联系，需要先区分投入产出框架内重要和不重要的产业间联系。这需要将投入产出表的数量信息转化为质量信息。从数学上讲，就是通过对两个行业i和j之间的输入流（基于行业之间交易的绝对规模或相对规模）进行二元变换来实现过滤。如果一个输入流s_{ij}超过一个滤波率F，则可设定该业务流量为1，否则就是0。由此可将投入产出基本流量矩阵转换为邻接矩阵W［图11.2（a）］：

$$W_{ij}=\begin{cases}1, & \text{当}s_{ij}>F\\ 0, & \text{其他}\end{cases}$$

部门i / 部门j	1	2	3	…	m
1		1	0		0
2	0		1		0
3	0	1			1
⋮					0
m	0	0	0	0	

（a）

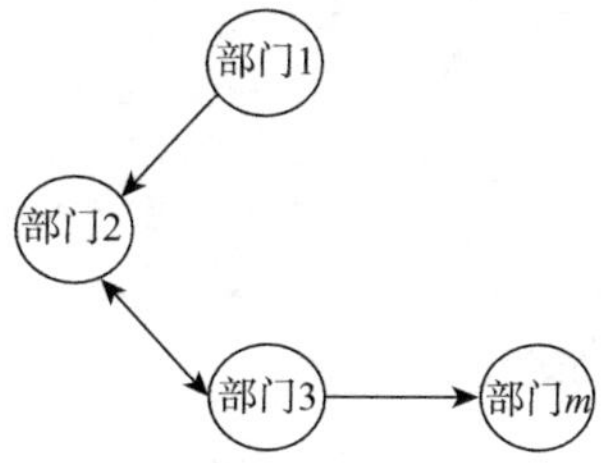

（b）

图 11.2　投入产出布尔邻接矩阵与部门间网络交互关系图

资料来源：Titze M，Brachert M，Kubis A. The identification of regional industrial clusters using qualitative input–output analysis（QIOA）[J]. Regional Studies，2011，45：89-102

进而，可确定各经济部门之间的四种不同类型的关系［图11.2（b）］。

（1）$s_{ij}=0$，说明部门i和部门j之间不存在联系，即i和j是相互独立的。

（2）$s_{ij}=1$，部门i和部门j之间存在弱关系。

（3）$s_{ij}=2$，部门i和部门j之间存在单向关系，表示i供给j，即i是j的中间投入部门，

① 本书涉及的向量、矩阵字母均用白体表示。

② 本部分的分析基于：Titze M，Brachert M，Kubis A. The identification of regional industrial clusters using qualitative input–output analysis（QIOA）[J]. Regional Studies，2011，45：89-102.

如图11.2中部门1供给部门2。

（4）$s_{ij}=3$，两个部门之间存在双边关系，其中部门i和部门j相互供给，也称为互惠，如图11.2中部门2和部门3。

对投入产出基本流量矩阵的变换简化了部门间联系，从而丢失了部分信息。分析中可以使用其他确定滤波率的算法使信息损失尽可能小，如使用“直接流量分析”或将流量矩阵元素的平均值作为滤波率或采用极大值法考察最强的产业间联系；也可以使用主成分分析法，根据行业间贸易信息计算出联系的相对强度。需要注意的是，虽然可以使用聚类分析法来识别产业集群的成员，但它只能描绘行业中间采购和销售结构的相似性，而不能反映其网络关联特性。

基于邻接矩阵，可以绘制出区域内和区域间（超越行政边界的联系）的产业集群结构图。图11.3展示了珠海市旅游业关联整体网络和旅游业自我中心网络结构图，其中的数字为珠海市42个部门投入产出表中的各部门代码，详见表11.1。自我中心网络是指以单个产业，如旅游业为中心，通过获取或传递网络中的各类资源（中间投入、资本或技术、信息等）来形成的产业结构关系。从图论的角度来理解，也就是产业节点本身，加上从产业节点出去的边及对应的节点所构成的子网络。

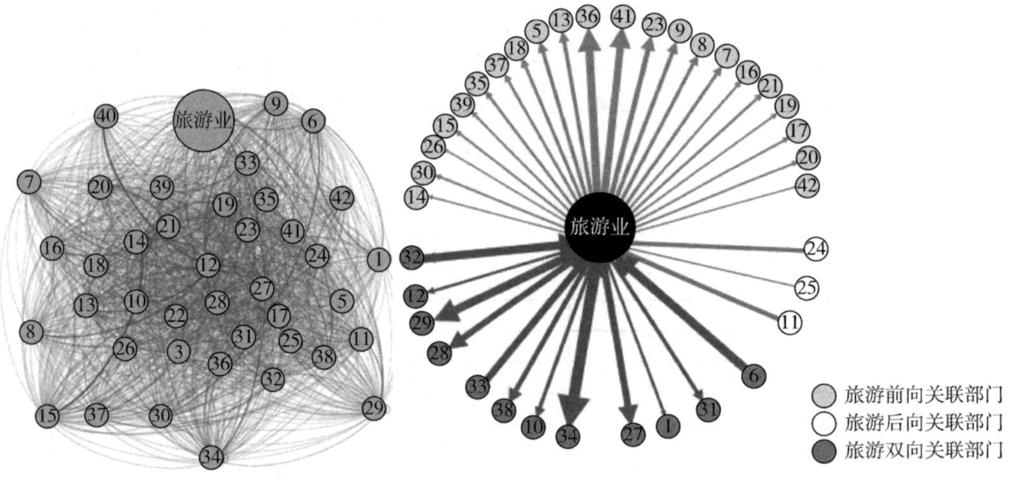

图 11.3　珠海市旅游业关联整体网络［（a）图］和旅游产业自我中心网络结构图［（b）图］

资料来源：左冰，伍姣，廉吉全，等. 珠海市旅游经济影响与产业关联研究报告[R]. 珠海市旅游发展中心，中山大学旅游学院，2022

表 11.1　珠海市 42 个部门投入产出表中各部门代码及产业名称

部门代码	产业名称	部门代码	产业名称
1	农林牧渔产品和服务	4	金属矿采选产品
2	煤炭采选产品	5	非金属矿和其他矿采选产品
3	石油和天然气开采产品	6	食品和烟草

续表

部门代码	产业名称	部门代码	产业名称
7	纺织品	25	燃气生产和供应
8	纺织服装鞋帽皮革羽绒及其制品	26	水的生产和供应
9	木材加工品和家具	27	建筑
10	造纸印刷和文教体育用品	28	批发和零售
11	石油、炼焦产品和核燃料加工品	29	交通运输、仓储和邮政
12	化学产品	30	住宿和餐饮
13	非金属矿物制品	31	信息传输、软件和信息技术服务
14	金属冶炼和压延加工品	32	金融
15	金属制品	33	房地产
16	通用设备	34	租赁和商务服务
17	专用设备	35	研究和试验发展
18	交通运输设备	36	综合技术服务
19	电气机械和器材	37	水利、环境和公共设施管理
20	通信设备、计算机和其他电子设备	38	居民服务、修理和其他服务
21	仪器仪表	39	教育
22	其他制造产品和废品废料	40	卫生和社会工作
23	金属制品、机械和设备修理服务	41	文化、体育和娱乐
24	电力、热力的生产和供应	42	公共管理、社会保障和社会组织

图11.3反映出，珠海市旅游业关联范围非常广泛，为经济体系中83.3%的产业提供了中间服务，说明该地旅游业已经开始脱离纯粹的消费性服务业性质，逐渐增强了其服务于普通制造业和第三产业其他产业的功能。图11.3（b）表明，与旅游业存在双向关联的部门共计12个；将旅游业作为中间投入的产业部门（后向关联部门）仅3个；旅游推动型部门（前向关联部门）共计22个。

采用极大值法可以进一步绘制出珠海旅游产业TOP1和TOP3网络结构（图11.4）。在图11.4（a）TOP1网络结构中可以发现，该网络结构图形成了8个社团，与旅游业直接关联的部门有食品和烟草（点6）、租赁和商务服务（点34）。产业部门2、产业部门3、产业部门4之间不仅没有直接关联，与其他产业也没有产生强关联，因而未出现在图11.4中。其他的产业部门，如产业部门16、产业部门18、产业部门24、产业部门25等，在TOP1网络中与旅游业也没有产生强关联，主要原因是旅游属于消费终端。在图11.4（b）TOP3网络结构图中，与旅游直接关联的部门有所增加，食品和烟草、金融（点32）、房地产（点33）、租赁和商务服务（点34）为旅游业提供了主要的中间投入。与旅游业处于三步距离的关联部门集中在普通制造业，如仪器仪表、机械设备制造等，以及公共与社会管理组织。化学产品（点12）工业在与旅游业存在两步距离和三步距离的部门之间起到了重要的中介桥梁作用，说明化学产品工业处于珠海市各类制造业产品供应链的前端环节。

由投入产出流表示的业务互动可以理解为从生产技术的角度呈现出来的价值链产业集群。但使用这一方法进行集群识别存在一个问题，即QIOA虽然能够描述产业集群的业务依赖性，但无法解释集群在知识方面的交互及知识溢出效应，因此，还需要通过知识生成活动来区分和识别产业集群结构。

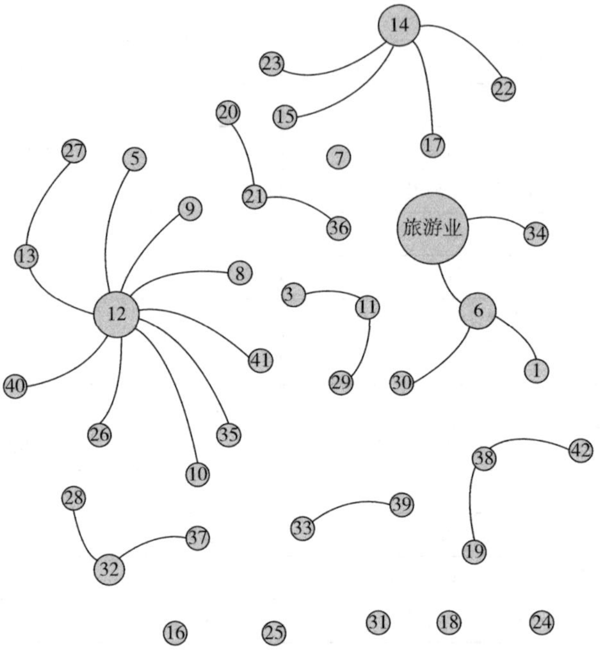

（a）TOP1

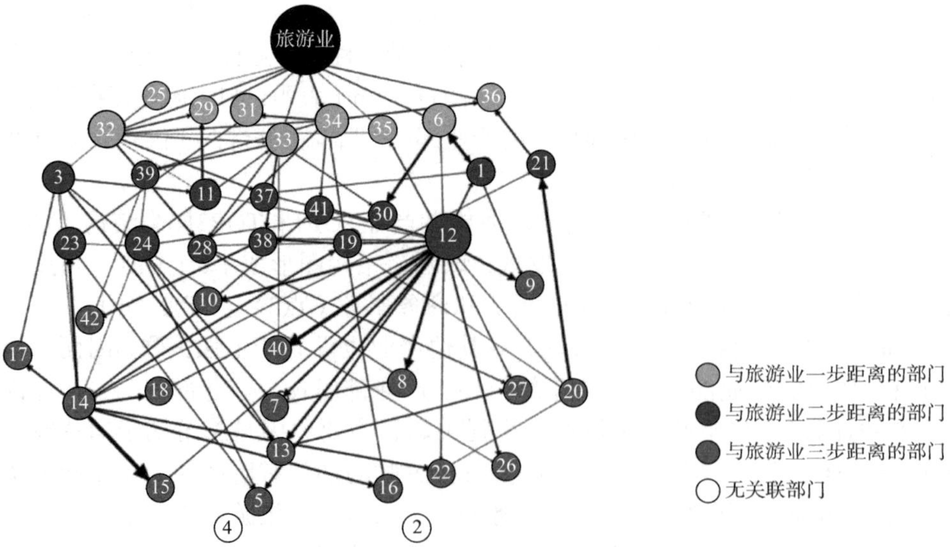

（b）TOP3

图 11.4 珠海市产业关联 TOP1 和 TOP3 网络结构图

资料来源：左冰，伍姣，廉吉全，等. 珠海市旅游经济影响与产业关联研究报告[R]. 珠海市旅游发展中心，中山大学旅游学院，2022

四、知识交互矩阵

企业间的沟通和本地化学习的互动过程在集群成长过程中发挥着重要作用。如果同一行业的企业扎堆集聚在某个地区，通过共享知识，企业能够不断地对资源进行组合和重组，从而产生新的知识和创新。这使企业能够不断地精进，获得专业化效率，并导致集群内企业可获得的本地资源增加。企业面对不同类型的行动者和相互作用，其各自的生产网络（由投入产出流表示的业务互动）和知识生成网络具有不同的结构特征①。对产业集群内部知识互动的差异化分析有助于确定产业集群内知识溢出和知识生产的来源及约束条件。

表11.2展示了从业务和知识的视角识别产业集群的概念框架。如果某企业参与了除生产合作之外的知识创造活动，则称其为集群内知识系统中的参与者。为了识别集群内知识系统中的参与者，以及其与生产系统中参与者之间的关系，需要建立企业间的知识交互矩阵。在实际分析过程中，可以先找出合作项目较多的企业或部门，然后通过这些确定的企业或部门识别出集群中重要的行动者，建立基于合作项目的数据集，并使之与生产活动交互矩阵相关联。

表 11.2 识别产业集群的概念框架

集群	经济活动层	
维度	生产系统	知识系统
行动者	集群指数 本地化 G_i*统计量	合作项目数量 特许经营项目数量
互动	投入产出基本流量表 QIOA	协作指标（如专利版权、商标使用） 项目数据库

资料来源：Feser E，Sweeney S，Renski H. A descriptive analysis of discrete U. S. industrial complexes[J]. Journal of Regional Science，2005，45（2）：395-419

知识交互矩阵是参与合作项目的企业的方阵。第一步，创建一个交叉表C，行代表协调者，列包含参与者。每个参与合作项目的企业都按各自的行业分类，其部门分解最好与投入产出表分类相一致。第二步，在原始合作矩阵C中加入转置矩阵C^T，以描述项目合作伙伴之间的双向知识交换，即$C^1=C+C^T$。如果集群中没有产生知识扩散信息，则令$C^2=C^1\times C^1$（矩阵C^1与自身的乘积）。第三步，将矩阵C^2添加到矩阵C^1中，以展示合作项目中所有相关伙伴之间的知识流，即$C^D=C^1+C^2$。矩阵C^D为最终知识交互矩阵，展示了所有参与者之间的知识交互情况。由于知识流动是双向的，矩阵C^D是对称的。

利用知识交互矩阵，可以识别出创新过程中部门之间的知识交互程度，从部门和空间的角度揭示知识产生和知识扩散的关键位置，还可以识别出集群中维持知识活动的主要行动者和传递渠道。通过将知识交互矩阵与产业间业务流动QIOA进行比较，能够识别出知识系统中的交互结构及其与生产业务互动产生的集群结构的关系，确定生产系统和知识系统的位置的相似性。另外，还可以纳入区域行为主体（如政府）的公共资助和

① Giuliani E. The selective nature of knowledge networks in clusters：evidence from the wine industry[J]. Journal of Economic Geography，2007，7：139-168.

非协作研发项目，以描述地方政府在知识创造方面的努力[①]，这些分析可以促进对区域产业集群结构的全面理解。

第四节 集群生命周期与经济政策

一、集群生命周期

集群发展的过程复杂且脆弱，与技术扩散遵循的S形路径大致相同。通常，可以将产业集群的发展分为孕育期、增长期和成熟期三个阶段，如图11.5所示[②]。集群的形成通常需要经过很长一段时间的缓慢的孕育阶段。此时，区域内没有显著的创新和创业活动，一些外生因素或突发事件，或者是政府扶持政策推动着企业家创新和创业。之后，在示范效应和正反馈机制作用下，更多的初创企业被创建出来并产生其衍生产品。集群将达到一定规模，集群效应开始显现。在累积循环正反馈机制作用下，行业增长开始加速甚至出现爆炸性增长，直至达到集聚经济顶峰。随着集群达到其最大市场潜力，增长将放缓，拥堵效应显现。此时，某些集群会设法自我改造，寻找新的市场或技术来激发下一阶段的集群生命力。更多的集群会被锁定在现有技术中，并随着市场的萎缩或其他地区发展出更多更新的集群而最终消失。

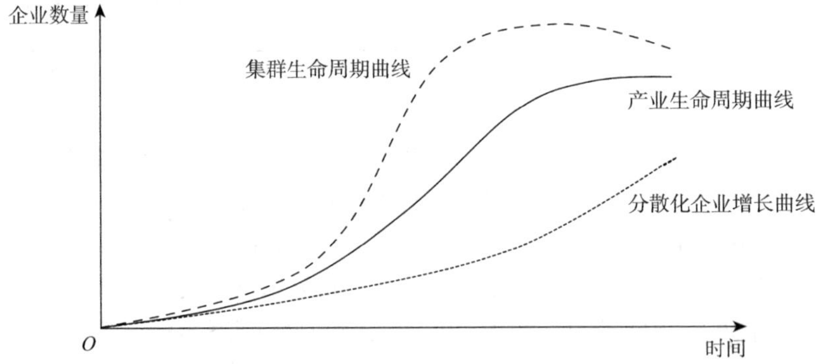

图 11.5 集群生命周期与产业生命周期的差异

环境决定了集群的性质和稳定性。集群发展的最后阶段需要提供达到临界点所需的资源。如果该区域能够提供支持性公共政策、开发必要的基础设施来支持创新和创业活动，可能会进一步增强集群吸引风险投资和大型投资项目的能力，这反过来又可

① Schmidt T. Knowledge flows and R&D co-operation：firm-level evidence from Germany[C]. No 05-22，ZEW Discussion papers from ZEW-Leibniz Centre for European Economic Research，2005.

② Menzel M P，Dirk F. Cluster life cycles-dimensions and rationales of cluster evolution[J]. Industrial and Corporate Change，2010，19（1）：205-238.

为该地区吸引更多的创新和创业活动，最终将形成一个功能齐全的创业环境，并建立起作为特定技术场所的声誉。当一个集群能够经受住消费市场的偏好转变、资源价格冲击、经济衰退等外生冲击，并具备自我改造和更新能力时，就可以认为它已经完全成熟。

德国鲁尔工业区拥有近200年的工业发展史，曾经是德国重要的能源、钢铁、化学和机械制造基地。20世纪60~70年代，鲁尔工业区先后遭遇“煤炭危机”和“钢铁危机”，出现严重的经济衰退。20世纪80年代末，鲁尔工业区开始向旅游业转型。目前，鲁尔工业区已经发展成为世界知名的工业遗产旅游区。其关键产业已经从工业集群转变为文化旅游集群，形成了新的发展活力。政府在促进创业、集群形成和经济增长方面可以发挥许多作用。

可见，产业集群的发展和地区经济繁荣是相互关联和内生的①。从长时期来看，区域经济通常会跟随着关键集群的上升和下降而出现繁荣与衰退。集群的转型并不容易，除非该区域同时拥有多个不同类型的产业集群。此时，随着经济发展，区域将依次进入相关产品或服务集群，区域经济增长与该区域不断变化的集群类型和专业化模式密切相关。

二、自发形成的产业集群

产业集群的形成主要是一个自组织过程。在自发形成的产业集群中，企业家的创新和创业活动是推动其形成的主要力量，如硅谷的计算机和半导体、好莱坞的电影、波士顿的生物技术集群。许多地方民宿产业集群的发展都遵循自发生成的模式。初创民宿的成功及它们之间的协同作用激发了当地对新兴民宿产业的认可，为吸引更多民宿加入及开发衍生产品创造了新的可能。

对于自发形成的产业集群，集群组织与创新和创业企业同时甚至共生发展。区域发展战略的关键是要认识到企业家精神的重要性和本土产业的潜力。事实上，风险投资者在评估项目时更加看重的是人而不是技术②。相关政策问题是如何将潜在的企业家精神转化为积极的创业活动，以及如何提供将潜在创业者转化为企业家所需的条件。政府经济发展政策制定需要更多地倾听小企业的需求，以培养企业家精神；在公共投资方面也需要在高知名度项目和帮助实现更强劲增长的小企业之间取得平衡，为企业发展和集群形成创造条件。

三、诱导形成的产业集群

产业集群也可以通过外部诱导形成。区域可以“跳入”非常遥远的区域的产品空间，或发展外资嵌入型产业集群，如打造飞地型旅游度假区。这类似于物理上通过U盘（经

---

① Duranton G，Puga D. Nursery cities：urban diversity，process innovation，and the life cycle of products[J]. The American Economic Review，2001，91（5）：1444-1477.

② Feldman M P，Francis J L. Homegrown solutions：fostering cluster formation[J]. Economic Development Quarterly，2004，18：127-137.

济体）与电脑（发达区域）相连；也可以通过增加地方现有的特定产业的出口（如补贴）发展相关集群。许多发展中国家在经济起飞前阶段，由于资金短缺需要依托于地方产业资源禀赋，通过引入外国直接投资打造产业集群。经验表明，外国直接投资与产业集群之间存在相互促进作用①。外国直接投资带来资金、技术、设备和就业机会，可提升区域专业化水平，直接或间接导致知识转移（见第五章）。本地企业可通过技术模仿、人力资源流动及市场示范效应等获得知识溢出，从而激发本地企业的创新意愿和创新能力。这对劳动密集型及资本、技术密集型产业集群均有促进作用。例如，1995年美国马里兰州和俄亥俄州就生物制剂公司MedImmune的选址展开竞争。该公司最著名的产品是流感鼻喷剂疫苗FluMist。马里兰州为阻止该公司在俄亥俄州建厂而投入1亿多美元用于改善马里兰州的道路，其目的是通过移植尖端公司来引发区域转型。

跨国公司要进入区域产业集群可以采取多种方式，如新建企业、并购集群内原有的当地企业，或者与集群内的本地企业进行合资或合作，也可以选择有潜质的本地企业进行风险投资等。产业集群通过集聚经济、规模优势等也会影响外国直接投资的区位选择（见第九章）。产业集群产生的集聚经济可以为外国直接投资节省生产成本，带来协同竞争效应，从而形成良性互动循环。产业集群独具的网络特性是外来企业欲进入集群的重要诱因，因此，外国直接投资的进入会强化地方产业集群的路径依赖效应。当然，产业集群的根植性壁垒也可能成为外部企业特别是外国直接投资进入地方产业集群的障碍。并且，在这类外资嵌入型产业集群中，外资企业、大学和科研机构占据着重要位置。外资企业拥有先进的技术，大学和科研机构是创新资源的发源地，很多关键性的技术、信息需要从这三类节点中扩散出去。同时，外资企业、大学和科研机构的集聚会吸引大量本地企业的进入，在一定程度上左右着网络规模的大小。它们的数量是产业集群网络形成的关键，对拥有外国直接投资较多的产业集群的发展起着决定性作用。当地政府要想更好地利用外国直接投资，需要引进更多的高附加价值投资，增加本地产业集群的吸引力。

第五节 旅游、会展和创意产业集群

一、旅游产业集群和旅游目的地竞争力

旅游产业集群是旅游活动中相互关联的企业和机构在某个特定目的地的集中，包括住宿、餐饮、娱乐、各种景点、运营商和旅行社、导游、工艺品、租车、旅游交通、其

① Ramachandran R, Sasidharan S, Doytch N. Foreign direct investment and industrial agglomeration: evidence from India[J]. Economic Systems, 2020, 44 (4): 100777.

他服务、相关支持性组织和活动，如金融服务、交通基础设施、教育和培训、咨询等业务服务及政府管理机构和大学等①。这些企业和机构在为游客提供服务或产品方面具有垂直和/或水平的生产性关联，其目标是将地理上集中但生产上各自独立的企业和机构集聚在一起，打造出具有竞争力的旅游产品。因此，旅游产业集群实质上与某个旅游产品和/或某个旅游目的地相关联。换句话说，旅游目的地可以看作旅游产业集群的战略综合体。

作为一种只能在当地消费的产品，如何提高旅游目的地竞争力是世界各国/各地均关注的关键问题之一，而打造成功的旅游产业集群是提高区域产业竞争力的关键。图11.6展示了基于波特钻石模型的旅游目的地竞争力模型。该模型强调，竞争能力是产业集群成功的关键因素，通常可以从产业供给条件、需求状况、企业战略与竞争环境、上下游产业联系四种力量来考察旅游目的地竞争力大小。不仅如此，由于旅游部门主要由中小型企业组成，结构分散，其发展在很大程度上依赖于旅游目的地公共基础设施与公共服务水平，政府对于旅游集群的竞争力也具有非常重要的影响。知识创新、研究开发及人力资源的培训和教育对于旅游集群创新和区域发展至关重要，因此，区域是否存在研究机构也是一个关键的战略变量，如表11.3所示。

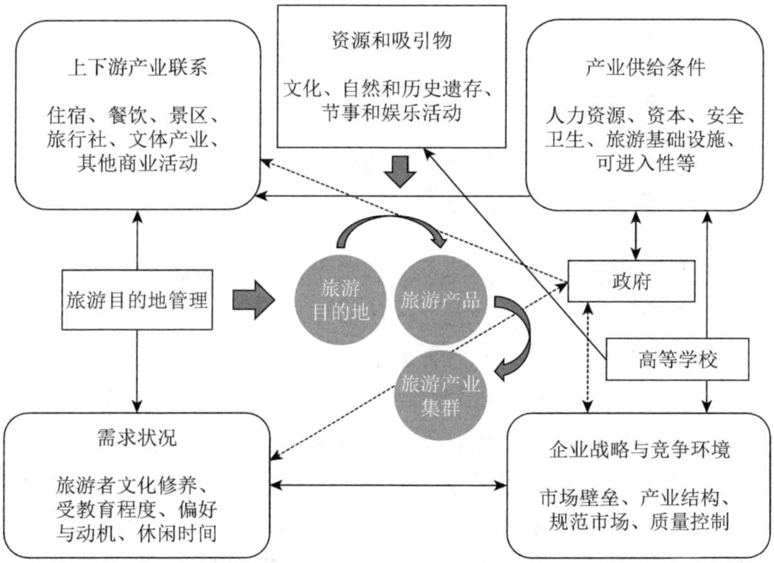

图 11.6 基于波特钻石模型的旅游目的地竞争力模型

资料来源（略有改动）：Estêvão C M S，Ferreira J. The tourism clusters role in regional development：presenting a competitiveness conceptual model[C]. Tourism Destination Development and Branding Eilat 2009 Conference Proceedings：127-139

① Capone. Tourist Clusters，Destinations and Competitiveness：Theoretical Issues and Empirical Evidences[M]. Abingdon：Routledge，2016.

表 11.3 影响旅游目的地竞争优势的主要因素

因素	具体内容
旅游产品	● 自然、历史和文化资源的吸引力 ● 体育、休闲与娱乐活动 ● 节庆与节事活动 ● 旅游配套基础设施的质量
支持性因素	● 生产要素可得性与质量 ● 相关和配套产业的存在和完善程度 ● 市场需求情况与趋势 ● 企业战略、市场结构和竞争程度
竞争策略	● 合作开放程度 ● 进入壁垒高低 ● 出口障碍 ● 所提供产品的差异化和创新
旅游目的地管理	● 旅游营销力度 ● 旅游信息推广 ● 企业家精神和主动性 ● 旅游支持与辅助服务 ● 员工的热情好客
政府	● 旅游基础设施建设 ● 创造可接近性 ● 对旅游投资项目的财政支持 ● 旅游目的地的卫生安全 ● 自然、历史、文化资源保护力度
研究机构	● 旅游规划与旅游产品和服务创新 ● 人力资源教育和培训

总之，旅游集群成功的关键是各种决定因素的组合，而旅游产品的吸引力、旅游目的地的管理能力和旅游集群的竞争潜力共同决定了区域旅游竞争优势。从全球来看，跨国公司在影响旅游集群形成及其竞争力方面起到了重要的作用。

截至2020年，在欧洲大约有2 950个集群，提供36 180万个工作岗位，其中198个在就业、规模、集中度和专业化方面被认为是世界级的[①]。欧洲南部和东部地区是旅游业集聚的主要区域。这些旅游产业集群高度专注于旅游业，如西班牙的加那利群岛和土耳其的安塔利亚，主要侧重于旅游服务和手工艺品消费。在城市旅游发展中，许多旅游消费发生在地方文化街区，这些地点也称为城市游憩区（tourism business district，TBD）。这些城市游憩区通常将地方博物馆、遗产遗迹、商业活动、咖啡馆、酒店、购物中心等融为一体，使得集聚经济和本地化产生的规模报酬递增效应及多样化范围经济显著增强，反映出旅游与地方文化产业协同集聚发展的潜力，同时也强调了区位资源的重要性。

产业集群形态图（the industry cluster map）旨在对构成产业集群的企业间关系或类别进行可视化描述。它直观地展示了一个行业的战略相互依存关系。图11.7绘制出

① Hollanders H，Merkelbach I. European panorama of clusters and industrial change（2020 edition）[R]. Luxembourg：European Commission，2020.

湖南省2002年旅游产业集群形态图，从供给关联的角度显示了湖南省旅游产业集群的组成[①]。

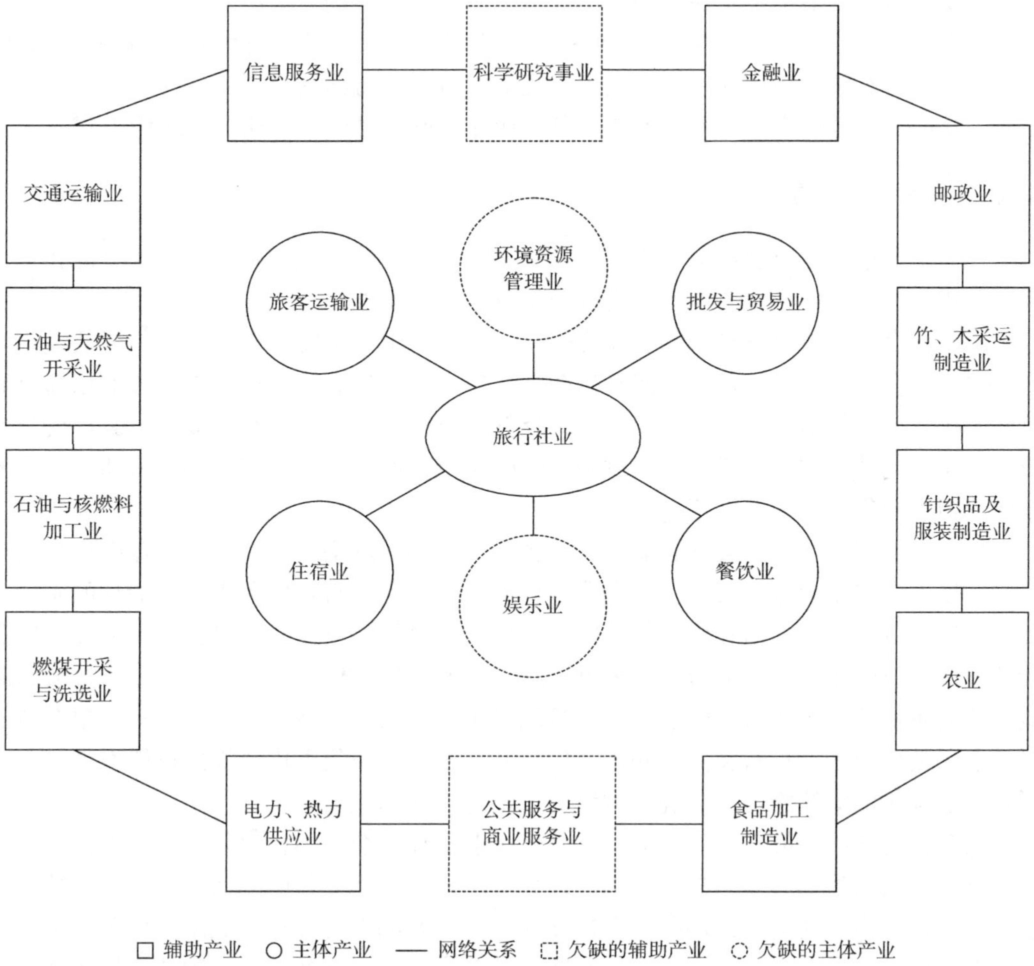

图 11.7　湖南省 2002 年旅游产业集群形态图

其中，旅行社业在旅游产业集群中的经济地位和影响力远远领先于其他旅游部门，表现出处于“旅游业的龙头”“游客与旅游供应商的联系纽带”等特征。在当时的历史条件下，消费者信息搜索壁垒较高，旅行社组织的团队包价旅游占据市场主体。旅客运输业、住宿业、餐饮业、游览业（环境资源管理业）、批发与贸易业、娱乐业等都围绕旅行社所组织的旅游活动而展开，形成了服务对象共享、生产要素互补的共生联结模式。景区虽然是主要的旅游吸引物，但其经济总量远远低于旅行社业，在当时还未能发展成为旅游产业集群的核心产业。农业、石化工业、食品加工制造业等产业为旅游集群各类主体产业的发展提供所需的物品、服务和信息，从而在基于旅游活动的基础上与集群主体

① 左冰. 旅游产业集群：形态、边界与运行机制——湖南旅游产业集群实证研究[J]. 桂林旅游高等专科学校学报，2007，18（5）：741-745.

产业形成了以上下游价值链为纽带的纵向联结模式，成为旅游产业集群中的辅助产业。科学研发部门与公共机构为旅游产业集群的运行和发展提供知识和公共产品支持，但在当时的支持力度明显不足。在形态上，湖南旅游产业集群的主体产业与核心产业之间的关联关系呈现轴轮状，而主体产业与辅助产业之间的联系则属于网状结构。两者相结合，形成了混合形态的结构模式。集群成员围绕消费者的旅游活动，根据其在集群组织中的结构—功能定位开展生产活动，形成了分工协作、互惠共生的有机生产组织方式。

二、会展产业集群

会展产业集群是以展览场馆为核心，基于大型展会所形成的临时性产业集群和永久性产业集群的集合。形成会展产业集群必须具备下列条件①。

第一，会展企业具有显著的空间集聚特征。这是由于空间集聚是产业集群的最基本特征之一。会展企业的地理集中能产生两种效应：①邻近效应，企业在地理上相邻及面对面的接触，促使信息和知识快速流动，降低搜集信息的成本和交易成本；②社会化效应，来自不同地区的企业通过会展打破了空间隔离，产生临时性知识邻近习惯，可形成集体学习与合作的氛围并共担风险。

第二，会展企业间、会展企业与相关企业间需形成网络关系。会展产业有很高的产业关联度，会展企业包括会展主办企业、会展场馆企业，直接服务于会展活动的旅游、广告、装饰及餐饮、通信和住宿等部门，还包括为会展经营活动提供技术、人才、资金和信息等支持的企业。在会展产业集群网络中，网络规模体现了与焦点企业直接或者间接关联的企业或者科研机构的多寡。并且网络规模越大，网络节点数量越多，单个节点可拓展的关系范围就相对宽泛，知识、信息和技术在产业集群内传播的可能性就越大，通过会展提供的集体学习机制提高网络的创新能力就越显著。

第三，有连续举办的大型展会。如今，企业参加展会已不仅仅是追求新的订单，而是非常重视与其他参展商、参观者进行信息交流，寻求建立新的创新合作关系。从这个意义来讲，展会的功能不再局限于促进交易，更重要的是为知识的流动提供关系平台，使企业能够系统地从竞争者、供应商和客户处获取信息，并建立企业间持久性的知识管道。特别是国际性展会，不仅可推动知识交流和信息传递机制在展会中形成，形成地方蜂鸣（local buzz），而且可推动建立跨区域的全球通道（global pipeline），促进全球性蜂鸣（global buzz）的形成。例如，被称为“中国第一展”的中国进出口商品交易会截至2021年已经连续举办了65年，共130届，境内外参展企业近2.6万家，分布在全球210多个国家和地区。并且，连续举办的展会可推动临时性会展产业集群的发展和成长，最终带动会展企业向展馆周边集聚，促进会展企业的永久性集聚。

三、创意产业集群

创造性人才的流动性很高，因此创意产业集群（也称为文化创意产业集群）的发展

① Bathelt H，Malmberg A，Maskell P. Clusters and knowledge：local buzz，global pipelines and the process of knowledge creation[J]. Progress in Human Geography，2004，28（1）：31-56.

相对困难。一方面，创意企业不是为了经济发展，而是为了自己的文化和商业目的而从事商业活动；另一方面，本地企业可能会阻止“外部进入者”，并倾向选择封闭的网络来开放集群，特别是非营利性质的文化和创意企业。创意产业集群的另外一个特点是小型企业和大型创意企业之间存在不对称的竞争，但小型创意企业会从行业中大型企业的存在中受益，因为这些大型企业或跨国公司是小型企业佣金和资本的重要来源。因此，文化创意产业集群在形成中普遍存在一种“择优依附”机制，产生马太效应。没有强大创意集群或政策支持的地方很容易流失创意人才和相关业务，甚至失去创意产业集群。

通常认为，打造创意产业集群的关键在于[①]：①当地社区具有文化凝聚力，特别是文化传统和社会资本禀赋较高；②企业规模可以实现收益递增和范围经济；③有较强的企业家精神；④开放的市场；⑤有足够的公共财政支持基础设施；⑥能吸引风险资本投资，有较高的新企业诞生率；⑦具有地方意识，无论自发成长还是通过引入外国直接投资，均重视打造本地创意产业。集群管理者的关键任务是汇聚大量有创造力的人才和服务人才，鼓励创意企业家精神蓬勃发展，推动自由贸易、新思想和新产品的流通。政府支持政策不仅应关注税收优惠、金融支持和共性技术等方面，更需围绕降低行业环境的不确定性，如规范行业秩序、构建大数据平台发布技术动态、行业趋势研判等行业要素建设，以降低行业环境变化造成的冲击，从而为集群企业提供良好的创新环境。

创意企业的未来前景取决于其声誉，而不仅仅是知识产权。一旦某个地方享有作为特定专业中心的声誉，新的地方很难取代它，因此，创意集群的声誉管理非常重要。例如，伦敦的文化创意产业集群、巴黎大区的数字媒体和传播产业集群“数字角”等，在其各自的创作领域中独树一帜，成为世界创意之都。美国的好莱坞也极具竞争力，并享有良好的声誉。又如，新加坡为了发展国际创意产业，以国家主导的形式创建新加坡“全球艺术之都”，力图通过吸引世界著名的文化创意企业入驻新加坡，借此提升新加坡的国际和地区影响。新加坡已经成功吸引了国际电影融资公司RGM Holdings，日本的电子游戏开发商Koei，以及汽车和产品设计工作室BMW Design；另有53家外国媒体公司，包括全球音乐电视台（Music Television，MTV）、HBO（Home Box Office，家庭票房）、Discovery（探索频道）、BBC（British Broadcasting Corporation，英国广播公司）等都在新加坡设立了地区总部或枢纽[②]。

四、虚拟产业集群

当互联网技术开始普及之后，行为主体之间往来联系的空间距离被极大地拓展，个人或企业能够通过互联网技术在世界的各个角落获取生产贸易信息，使集群空间出现了扩展，从过往的“实体性集群”延伸至“虚拟性集群”（virtual cluster）。虚拟产业集群是建立在互联网技术的基础上突破地域限制的一种产业空间组织形式，它通过现代信息技术将各个企业和相关组织机构联系在一起，通过组织之间的网络化信息平台建立行为

---

① Santagata W. Cultural districts and their role in developed and developing countries[M]//Ginsburgh V A，Throsby D. Handbook of the Economics of Art and Culture，2nd ed. Oxford：North-Holland Elsevier，2006：1101-1122.

② 钱志中. “全球艺术之都”：新加坡创意产业发展战略检讨[J]. 江苏社会科学，2016，(6)：251-256.

主体彼此的联系[①]。例如，在新冠疫情期间，广交会搭建了在线3D/虚拟现实展厅，可供参展企业在数万个直播间同时展销上百万件商品，其实质是利用组织邻近性替代了地理邻近性，即利用互联网空间替代了地域空间，从而拓展了产业集群的组织空间。

虚拟产业集群是一个“虚实结合”的产物。它既可以包含线上虚拟企业（如电子商务平台），也可以包含线下实体企业（如物流中心）。相比实体性产业集群，虚拟产业集群借助新的信息技术获得了独有的特征和优势。首先，它利用网络化渠道，使地方集群与外界环境建立起良性的互动关系，实时更新技术知识并获取创新信息。其次，它能够更好地适应市场需求的快速变化。当企业通过互联网形成虚拟产业集群后，不仅可获得地理产业集群带来的优势（诸如形成专业化的知识、形成有效的合作、降低交易成本、形成专业劳动力市场、产生知识外溢等），还能通过互联网形成有效的网络治理，使信息传递的效率更加高效、及时，使产品生产和供应更加灵活有弹性。

关键词：

集聚　agglomeration
产业区　industrial district
集聚效应　combined effect
产业集聚　industrial agglomeration
集聚经济　agglomerative economies
旅游产业集聚　tourism industrial agglomeration
旅游产业集群　tourism industrial cluster
规模经济　economies of scale
外部经济　external economy
范围经济　economies of scope
金融外部性　pecuniary externalities
技术外部性　technological externalities
缄默知识　tacit knowledge
内部锁定　internal lock-in
过度根植性　over-embeddedness
集群　cluster
产业集群　industrial cluster
地理邻近性　geographical proximity
组织邻近性　organizational proximity
认知邻近性　cognitive proximity
临时产业集群　temporary industrial cluster
交互　interconnection
社会网络分析　social network analysis
外国直接投资　foreign direct investment
区位熵　location quotient
产业集群形态图　the industry cluster map
地方蜂鸣　local buzz
全球性蜂鸣　global buzz
创意集群　creative cluster
虚拟产业集群　virtual industry clusters
跨界搜索　boundary-spanning search
渐进式创新　incremental innovation
突破式创新　radical innovation

复习与思考

1. 形成集聚经济的重要机制有哪些？

---

① Galeano N，Molina A. Core competence management in virtual industry clusters[J]. IFAC Proceedings Volumes，2005，38（1）：31-36.

2. 你认为专业化经济和多元化经济哪一种更有利于创新？试各举一例。
3. 辨析产业集中、产业集聚和产业集群三者的概念及相互关联性。
4. 形成旅游产业集群的关键要素有哪些？
5. 浙江莫干山民宿是否可以被定义为产业集群？
6. 从区域发展的角度来看，集群可以为企业和区域发展带来哪些竞争优势？
7. 辨析地理邻近性、组织邻近性和认知邻近性的关系。
8. 试各举一例从自组织和外力推动两个方面剖析产业集群的形成过程和关键环节。
9. 搜集城市或区域投入产出流量表，分析地方产业间的垂直关联和网络交互状况。
10. 调查本地旅游企业协作与合作情况，分析地方旅游产业集群网络形态。
11. 举例说明旅游世界中的“本地蜂鸣—全球通道”现象。
12. 相比实体性产业集群，虚拟产业集群的优势有哪些？二者之间存在何种关系？

扩展阅读：

集聚经济是克鲁格曼新经济地理学和新产业空间的主题，读者可自行检索相关经典论文。关于集聚经济理论和创意集群的文献综述可参见Malizia等的Theories of agglomeration[①]，以及Chapain和Sagot-Duvauroux的Cultural and creative clusters-a systematic literature review and a renewed research agenda[②]。旅游产业集群的概念探讨可见Kachniewska的Towards the definition of a tourism cluster[③]。关于集群与区域发展的文献可参见Asheim等的*Clusters and Regiona Developmentl*[④]和王缉慈等的《创新的空间——产业集群与区域发展》[⑤]。关于区域产业集群的转移可参见张安迎等的文章[⑥]，该文描述了日本爱知县从制造业产业集群到生态旅游城镇的发展经验。Liu等的Evolution of innovation networks in industrial clusters and multidimensional proximity：a case of Chinese cultural clusters[⑦]通过采集中国各地区文化及相关产业联合专利申请数量识别文化产业集群，并分析了地理邻近性、技术邻近性和社会邻近性对文化产业集群创新网络演化格局的影响。Sheresheva等的文章[⑧]展示了识别和描绘集群的最新方法。

---

① Malizia E E，Feser E J，Renski H，et al. Theories of agglomeration[M]// Malizia E E，Feser E J. Understanding Local Economic Development. 2nd Ed. London，New York：Routledge，2020.

② Chapain C，Sagot-Duvauroux D. Cultural and creative clusters – a systematic literature review and a renewed research agenda[J]. Urban Research & Practice，2020，13（3）：300-329.

③ Kachniewska M. Towards the definition of a tourism cluster[J]. Journal of Entrepreneurshi，Management and Innovation，2013，9（1）：33-56.

④ Asheim B，Cooke P，Martin R. Clusters and Regional Development[M]. London：Routledge，2008.

⑤ 王缉慈，等. 创新的空间——产业集群与区域发展[M]. 北京：科学出版社，2019.

⑥ 张安迎，童昕，谷川宽树. 日本爱知县从产业集群到生态城镇的发展经验[J]. 国际城市规划，2022（4）：155-158.

⑦ Liu J M，Fang Y H，Chi Y H. Evolution of innovation networks in industrial clusters and multidimensional proximity：a case of Chinese cultural clusters[J]. Heliyon，2022，8（10）：e10805.

⑧ Sheresheva M Y，Valitova L A，Sharko E R，et al. Application of social network analysis to visualization and description of industrial clusters：a case of the textile industry[J]. Journal of Risk and Financial Management，2022，15（3）：129.

第十二章

政府规制与产业政策

【导读案例】航空运输自由化及其影响[①]

国际航空运输的运作遵循 1944 年《芝加哥公约》框架。航空公司在国际航线上的商业权利受到签署公约国家之间超过 10 000 个双边航空服务协议的复杂网络的管理。这些协议规定了国际航空服务有关的条件，包括：①授予在指定市场上提供服务的空中自由；②对交通量、服务频率和/或飞机类型的规定；③关税批准；④确定外国承运人运营的条件；⑤指定在两国间市场运营的航空公司数量；⑥国家或其航空公司交换业务统计数据；⑦规范合作和营销协议。其中最常使用的法规是关于定价、产能和合作。

1979 年，美国制定了《国际航空运输竞争法》，正式确立了促进自由化的原则。1992 年，美国和荷兰达成了第一个“开放天空”协议。截至 2008 年 11 月 25 日，美国与六大洲的 94 个国家签署了“开放天空”协议，成为世界“开放天空”中心国家。1988~1997 年，欧盟国家实施了 3 个航空运输自由化计划，为欧盟共同体的航空公司创造了一个单一的航空市场。2007 年 4 月，欧盟与美国签署了《开放航空协定》，努力进一步开放国际航空市场，消除所有权限制。

双边航空运输协定是大多数国家开放国际航空运输服务的主要工具。2000~2010 年，全球共缔结了大约 1 000 项双边航空运输协定，其中超过 70%的协定包含某种形式的自由化安排，如扩大航权、自由确定运力、自由定价机制及扩大航空公司所有权。计算机预订系统、航空公司代码共享、飞机租赁和多式联运等协议也在不断发展中。随着航空业的发展，双边“开放天空”航空服务协议数量大幅增加，这些协议规定了完全的市场准入。截至 2008 年 2 月，全球已缔结 142 项双边“开放天空”协议。

国际航空运输管制逐步自由化为航空运输业的发展提供了有利的环境。1992 年美国

---

① 本案例节选自：Fu X，Oum T H，Zhang A. Air transport liberalization and its impacts on airline competition and air passenger traffic[J]. Transportation Journal，2010，49（4）：24-41.

首次“开放天空”以来，截至2010年，全球航空旅客总数增长了46%，从14.57亿人次增长到21.28亿人次。全球直达客运航空服务载客量从1995年的不到4%增加到2006年的31%。航空自由化导致的竞争加剧也推动了新的商业模式，如低成本航空公司、电子机票和自助值机等服务创新。美国在放松管制后的20年间，客运量增加了55%，定期收入客运里程增长了60%以上，主要航线的实际旅行成本下降了约17%，为乘客带来了60亿美元的福利收益，也为航空公司带来了约25亿美元的利润。美国和英国、法国、德国、荷兰、意大利5个欧洲国家之间的交通量增长了56%，平均每位乘客受益585美元。

自由化带来的快速增长为航空部门增加了新的就业机会。美国放松航空管制后航空运输业的就业人数在1978~1988年增加了32%；1998年英国—阿联酋的自由化协议在英国创造了超过18 700个全职等效新工作岗位。截至2015年，单一欧洲航空市场的建立在航空和相关行业创造了约510万个新的就业机会，航空业创造的GDP占欧洲GDP总量的2.4%①。2004年和2007年中美两国签订的《航空运输协定书》(Air Services Agreement Protocols)对中美市场也产生了深远的影响，促进了中国经济的快速发展和与美国的贸易联系。协议签订后，中美两国间航空旅客数量从2007年的130万人次增加到2013年的270万人次，6年间增长了一倍多②。

当前，非洲一些国家仍继续限制洲内国家之间的航空市场准入，理由是其本国航空公司尚未准备好在自由化的市场中进行竞争。尽管拒绝进入非洲邻国，但这些国家仍向洲际交通开放。这导致两个非洲国家城市之间的最优连接通常是经过欧洲国家或海湾地区城市。例如，旅游者可以从内罗毕到伦敦，但不能直接从内罗毕到达喀尔。欧盟出于安全的考虑禁止几家非洲航空公司入境，这导致往返非洲的洲际运输中约有80%由非洲航空公司承运。旅游者在非洲境内旅行的时间和成本大幅增加。InterVISTAS在2014年进行的一项研究表明，如果这些非洲国家相互签署“开放天空”双边协议，将创造近万个新的就业机会，并使非洲国家GDP增加1亿美元；增强的连接性和航空旅行成本的下跌每年将为乘客节省12亿美元③，为消费者带来更大的便利，从而进一步刺激旅游需求。

导读思考：

1. 请分析政府对航空业实施管制的原因。
2. 为什么政府放松航空管制后可以推动航空市场的发展？

---

① Lee D. The European and Southeast Asian single aviation markets (background brief No. 15) [R]. Singapore Institute of International Affairs, 2015.

② Lei Z, Yu M, Chen R, et al. Liberalization of China-US air transport market: assessing the impacts of the 2004 and 2007 protocols[J]. Journal of transport geography, 2016, 50: 24-32.

③ IATA. Africa would benefit from liberalization[EB/OL]. https://airlines.iata.org/analysis/africa-would-benefit-from-liberalization, 2014-10-09.

本章思维导图——政府规制与产业政策

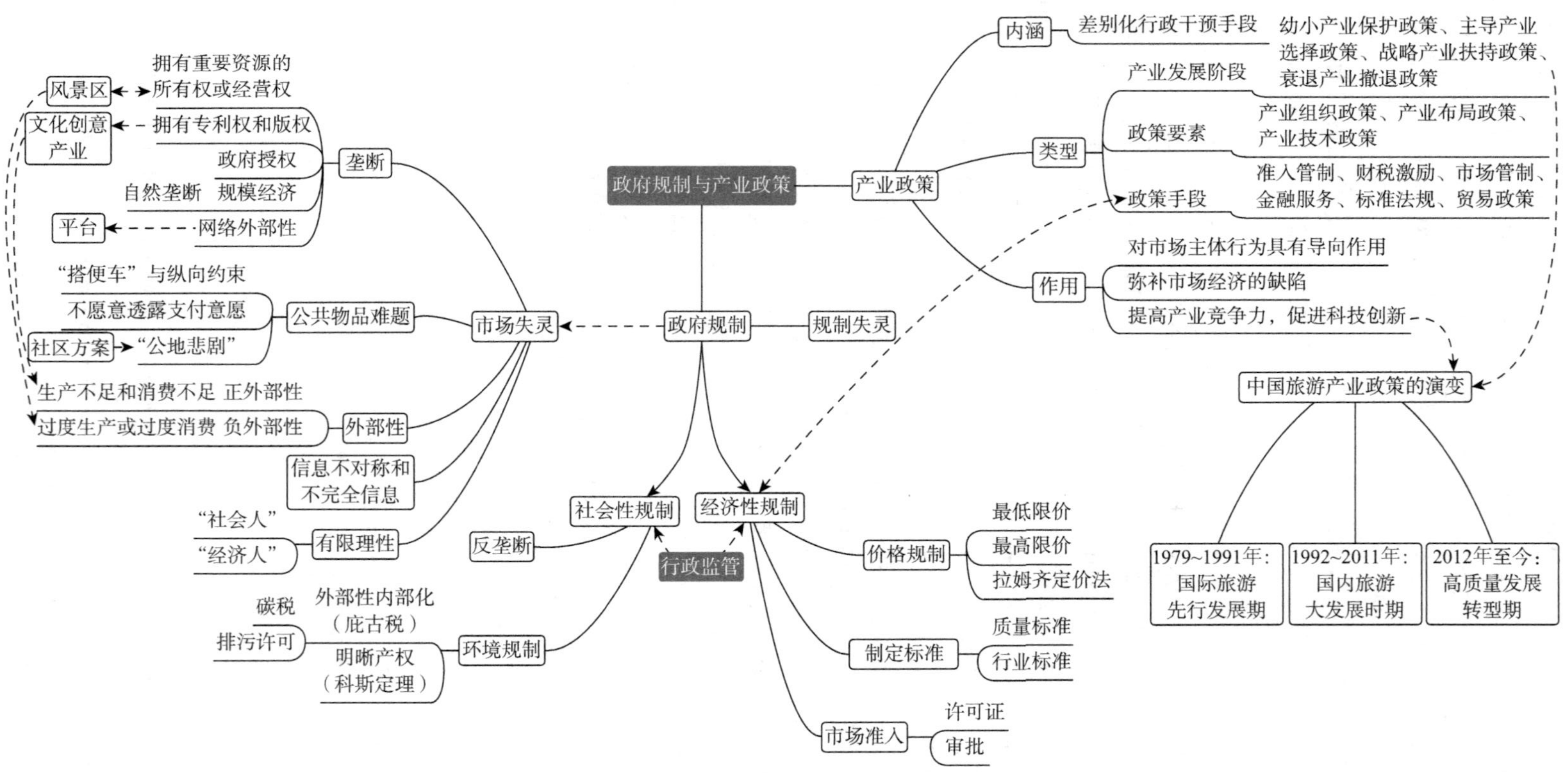

在市场机制条件下，价格是引导资源和商品进入其最高价值用途的信号或激励措施。然而，如果一些有价值的资源和商品没有市场，或者市场不能正常运作，此时依靠价格机制来配置资源无法实现效率——帕累托最优。这意味着实际的市场结果是无效率的，这种情况叫做市场失灵。只有在特定的或理想条件下（如完全竞争），价格机制才能保证资源的有效配置和社会福利的最大化。在现实经济中，市场失灵主要体现在垄断、公共物品与外部性、信息不完全等。这些现象在不同的商品市场中以不同的程度存在，因而需要政府介入加以干预，即实施政府规制。

第一节 市场失灵及其后果

一、垄断及其来源

中国有句俗语“店大欺客”。当生产者或要素投入品的供给者拥有市场势力时，如处于垄断或处于寡头垄断地位，通常会通过限制产量来提高产品价格，或者保持价格不变但降低质量。例如，机场和景区里的餐厅收取的费用相对较高，而消费者通常无可奈何。垄断性市场力量的存在，使得消费者为旅游商品或服务支付的价格通常不能反映其真实意愿或经济实际成本。根据埃奇沃思框图，这样的生产行为是无效率的（见第三章）。因为供应商在生产产品时选择边际收益（而不是价格）与边际成本相等的产出量，并以比竞争性市场高的价格出售较少的商品。

由于具有强大的市场势力，垄断企业生产的产品会比具有相同成本结构的竞争性行业的产品产量低且价格高。因此，垄断的市场结构会把收入从消费者向生产者转移，同时降低社会的总体经济福利，从而扭曲资源分配。如图12.1所示，垄断价格P_m高于边际成本MC，因此产生了“福利净损失”，也称无谓损失（dead weight loss，DWL），导致配置效率低下。不过，企业拥有垄断力量并不意味着它能够在所希望的任何价格水平售出任意数量的产品。拥有垄断力量的企业所能做的仅仅是沿着它的需求曲线选择某一种价格—产量的组合。如果企业决定提高产品价格，那么它必将面对销售量下滑的局面。

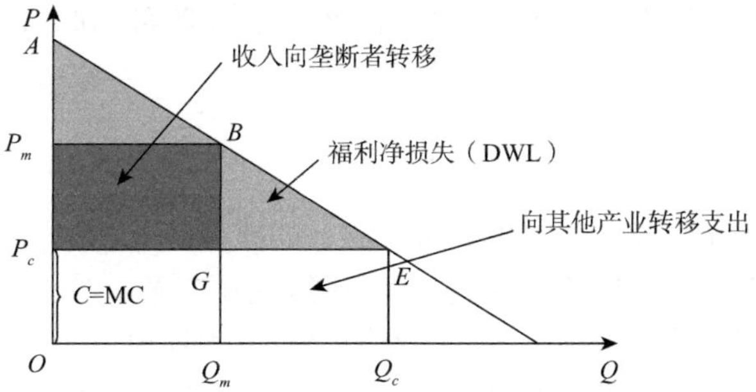

图 12.1 经济福利的净损失

市场势力是指企业提高其产品价格而不会失去所有销售量的能力。市场势力经常与企业高于生产成本定价的能力联系在一起。产生这种势力的原因大致可以分为两类：一类是由企业自身优势带来的，如创新或拥有某种重要资源的所有权或经营权、专利权和版权及政府授权等；另一类是由产业固有特征决定的，如规模经济与网络外部性。

1. 拥有重要资源的所有权或经营权

由于稀缺性的存在，拥有重要资源，如水资源、森林资源、矿产资源等的所有权或经营权会产生垄断。如果某一企业控制了生产某种产品的一种关键投入品，该企业会拥有市场势力。例如，南非的戴比尔斯公司（Debeers）控制了世界上规模最大的钻石矿，从而成为全球最大的钻石矿业公司。这种垄断力量的来源正是由于该公司掌握了对稀缺资源钻石矿的所有权。品位较高的自然和文化旅游资源也具有垄断性特征，相应地，取得了这些旅游资源经营权的企业在市场中就具有了一定的市场势力，如不加以规范管理，其收取的价格通常会偏高。

2. 拥有专利权和版权

专利权授予新产品的发明者或改进者在某一特定时期内出售这种产品的排他性权利。版权也采用相同的方式以保护电影、软件、音乐、书籍及其他内容出版物的创作者。在旅游业，主题公园、特色小镇是影视知识产权输出和应用的主要场景。例如，迪士尼公司携带其影视知识产权，在全球各地建立迪士尼乐园和酒店，同时开发与知识产权相关的演出、游戏和各类衍生品并在线上或线下销售。上海迪士尼乐园2022年12月10日的一日票最低价格为717元/人（标准票），园区内的气球售价为80元/个；珠海长隆海洋王国内气球的售价达到60元/个。这些产品的价格都远高于市场普通商品价格，其超额的附加价值的创造在很大程度上都可归结为知识产权。

3. 政府授权

一些企业依靠政府的授权成为垄断者。另一些企业之所以拥有垄断力量是因为其属于政府所有。自然和人文旅游资源依赖型景区大多数属于这样的情形。但是，成为垄断者并不必然意味着会收取垄断价格。例如，从2018年以来，国家发展和改革委员会始终持续推进完善国有景区门票价格形成机制，同时降低重点国有景区门票价格；从2009年开始，除文物建筑及遗址类博物馆外，全国各级文化文物部门归口管理的公共博物馆全部向社会免费开放。

4. 规模经济

许多行业的生产和服务服从规模经济性质，如能源产业、电信业、互联网企业等。企业生产的平均成本随着产出数量的增加而下降（见第二章），文旅企业也不例外。例如，华住集团在2016年超越锦江国际（集团）有限公司成为规模最大的酒店集团。2017年，华住集团收购桔子水晶酒店集团后规模进一步扩张。2015~2018年，集团归属母公司所有者的净利润增速为58%。这是由于加盟模式下，集团无须承担租金、折旧摊销、人力等成本费用，在快速拓店的同时，总部管理及系统等成本费用能够随扩张而摊薄。

文化产品制作和游戏开发也是具有规模经济的典型产业。文化产品制作在人力、物力和财力方面一般都需要很大的投入，而产品一经开发出来大规模复制的成本很低，提供额外一单位产品的边际成本几乎为零。例如，任天堂公司的《塞尔达传说：旷野之息》开发和运营成本约1.2亿美元。按照一套游戏产品售价60美元计算，200万套即可实现回本。游戏玩家规模越大，平均成本越低。截至2022年3月，《塞尔达传说：旷野之息》全球销量已经超过2 500万套[①]。

5. 网络外部性

前文曾经讨论过，某种产品的网络外部性是指，该产品的用户越多，愿意使用该产品的用户越多，对其的效用评价越高。Google Arts & Culture（GAC，原名GAP）是全球最有影响力的数字文化平台。在上线初期，GAC只打通了17家博物馆。之后通过与UNESCO的合作，并在YouTube等平台进行多元呈现，GAC迅速引发关注并不断扩张。目前，GAC收录了来自全球80个国家2 000多家博物馆和艺术机构，用户可以使用其提供的各种技术详细观摩其收录的超过600万件艺术品[②]。此外，GAC还通过艺术与各国官方机构联合进行区域旅游、科技、美食、时尚文化推广，利用其庞大的数字文化资产库获取全球文化权力。GAC能够成为数字文化平台领导者的重要原因正是来自网络外部性（见第五章）。这种网络外部性有两种表现形式：第一种是直接网络外部性，如同电话网络，GAC收录的藏品越多，加盟的博物馆就越多；使用的消费者越多，每个人得到的效用就越大。第二种是不同类型博物馆之间的间接网络外部性。艺术藏品总是稀缺的，甚至是独一无二的，博物馆之间存在互补性。博物馆的增多会增加消费者对文化艺术品的需求，从而增加博物馆的多样性；而艺术品多样性的增加又会提高所有使用者的收益。这就间接地导致使用者越多，使用GAC的效用越大。基于这种网络外部性及转换成本的存在，潜在的竞争者即使拥有很强的优势，要想进入已受其控制的市场也十分困难。

二、自然垄断

如果在一定条件下生产一种产品或服务，当市场上只有一个供应商比有多个供应商更有效率时，这种情况就称为自然垄断。规模经济是形成自然垄断的原因之一[③]，如自来水、电力供应行业，电信、邮政行业等，其产品或服务由单个企业大规模生产经营比多个企业同时生产经营更有效率。此时，经营这些产品的部门如果进行竞争，可能导致社会资源的浪费或者市场秩序的混乱。自然垄断也是公共景区在经营管理中的一个事实。这是由于公共景区集中经营比经营权分散（即单个景点相互竞争）产生的成本更低。

理论上，形成自然垄断需要两个条件。形成自然垄断的必要条件是，一个厂商必须

---

① 新周刊.《旷野之息》五周年：被改变的开放世界和游戏业[EB/OL]. https://m.sohu.com/a/527892426_100024718/, 2022-03-08.

② 腾讯研究院. 数字平台让文化遗产不再“老去”：谷歌 GAC 的经验[EB/OL]. https://zhuanlan.zhihu.com/p/491925239, 2022-04-02.

③ 形成自然垄断的第二个原因是范围经济。成本次可加性（弱增性）也被认为是产生自然垄断的第二个基础。

在满足全部市场需求时，其生产仍处于规模收益递增、平均成本递减的区间。如图12.2所示，对于一个自然垄断者，AC曲线在它与产业需求曲线（D曲线）相交之处仍是下降的，因此有效率的生产要求产出集中于一家企业。形成自然垄断的充分条件是，垄断厂商必须以足够低的价格满足该市场的全部需求，即它必须把自己的价格降低到使任何其他厂商的成本均在其之上的程度，否则它的竞争对手就具备了进入市场打破自然垄断的条件和可能性。虽然自然垄断行业，如供水、供电行业等都需要投入巨额固定成本以实现规模经济，但这并不必然意味着形成自然垄断需要巨大的投资成本。例如，景区内唯一的一家餐厅或运营索道，偏远小村庄里的一个理发师或专业修理匠都可形成自然垄断。

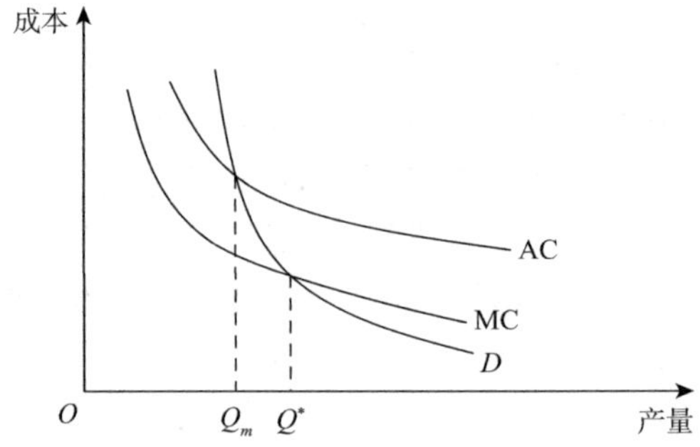

图 12.2　自然垄断行业的产量与成本

自然垄断和行政垄断是两个不同的概念。自然垄断不是通过政府行政干预、人为地排斥其他厂商进入市场所形成的，而是通过厂商间的成本/价格竞争，处于劣势的厂商自动退出，新厂商又因达不到市场现有较低的成本/价格水平而自动放弃进入所形成的。不过，自然垄断虽不是政府干预的结果，但往往是政府干预的原因。政府干预的理由如下：第一，垄断定价影响社会福利。只要自然垄断厂商不担心其他厂商进入，那么它就会像其他垄断厂商那样把产量确定在边际收益等于边际成本之处。因为这对自然垄断厂商最为有利。它可以从消费者那里拿走来自规模收益的全部好处，但对全社会而言是不利的。在这种情况下，社会的一部分需求因受高价所限而得不到满足，产生经济学中的“帕累托低效”。第二，垄断导致寻租。由于存在垄断利润，厂商往往将其利润的相当一部分花费在获得或维持其垄断地位的活动上，而不是用于生产性活动中，从而导致资源配置非效率。

市场交易结果也可能是“客大欺店”，即存在消费者垄断现象。市场上，任何一方都希望多占有交易剩余。在多数行业，大客户发出大额订单时都可以要求更有利的条款。那些拥有强购买力的个体或机构也会施加一种不成比例的影响力。例如，电子商务平台曾经实行“二选一”政策，要求商家与其签订“独家合作协议”，保证产品只通过该平台销售，不能同时入驻竞争对手平台。这是对平台内经营者与其他经营者的交易实行不合理限制或者附加不合理条件。

三、信息不对称和不完全信息

不完全信息是指市场参与者不拥有某种经济环境状态的全部知识。消费者可能不了解现有商品或服务的各种属性，而供应商可能不完全了解实现生产和配置效率所需的成本条件。此外，市场中信号传递的局限性和市场参与者故意释放市场噪声等客观和主观因素也将严重阻碍市场信息的交流和有效传播。结果，价格信息不可能及时传递给每个需要信息的市场参与者，而每个市场参与者所进行的交易活动及其结果也不可能及时地通过价格体系得到传递，导致市场价格不能灵敏地反映市场的供求状况。市场参与者之间的供求关系也就有可能不通过价格体系达到均衡状态。进一步地，市场供求状况也不可能灵敏地随着价格的变化而发生变化，市场机制因此失灵。

信息不对称也使得市场不完备。信息不对称是指交易一方掌握另一方所不能观测或无法验证的信息或行动。信息不对称的原因在于：首先，信息可靠性不同。理性的消费者不会相信所有的信息，曾经正确的信息也会因为时间的关系而变得过时甚至不准确。其次，收集信息是需要成本的。消费者需要付出时间、精力、交通、通信费用等搜索成本来收集信息。一旦收集信息的边际收益小于边际成本，消费者收集信息就会无利可图。最后，消费者能记住并迅速回忆的信息是有限的，同时消费者处理信息的能力也是有限的。在信息超供的互联网时代，很多消费者不知道该如何选择、判断和处理信息，只能依赖于专家、推荐机制、明星系统或者关键意见领袖。

由于买家和卖家之间存在信息不对称，消费者往往缺乏有关产品特征的信息，增加了供应商损害消费者利益的可能性（道德风险）。另外，供应商也往往利用信息不对称实施机会主义行为，限制另一方获取信息的能力，如提供虚假广告、虚假评论等，或选择性地提供信息，以及限制他们在交易中有效使用这些信息的能力。当消费者无法区分质量时，可能产生“逆向选择”，使经营不善的、提供低质量产品的旅游企业更容易生存，而高质量的卖家可能会离开市场，从而引发一个质量和价格下降的周期，直到只有质量较差的产品留下来，形成“柠檬市场”。这些影响将反过来削弱竞争，导致更高的价格、更低的质量和更少的创新。所有这些影响都会损害市场的有效运行。

Web 2.0的出现在一定程度上为解决信息不对称问题提供了技术方案。Web 2.0使消费者不再甘心处于被动的地位接受信息，他们出于各种目的，开始自发收集信息并成为内容的发布者和创造者。与传统的线下交易相比，线上交易的独特之处是电子商务平台提供的消费者评价体系。这使得用户可以将自己的原创内容通过互联网平台进行展示或者提供给其他用户，即UGC。借此，消费者在购买产品之后，可以对商家的产品乃至服务质量做出评价。这种机制极大地改变了商家与消费者之间的力量对比，进而对市场运行机制产生了本质性影响。Nielson Global在2021年的消费者调查报告发现，在线消费者评论是品牌信息第二大信任来源，89%的消费者表示相信其他人推荐的品牌内容，23%的消费者信任“网红”的广告[①]。向市场经济转型最重要的是解决信息的不对称和不完备对市场配置资源的效率，即市场的有效性所产生的负面影响。

① Johnson M. New global Nielsen study reveals who trusts what in advertising[EB/OL]. https://mediashotz.co.uk/new-global-nielsen-study-reveals-who-trusts-what-in-advertising/, 2022-11-01.

四、有限理性

市场的有效性建立在消费者作为理性“经济人”的假说之上，然而现实中，消费者的选择很大程度上受到他们所生活的社会的流行观念、价值观、时尚和品位的影响（见第一章）。消费者可能是非理性的、自私的、情绪化的，甚至没有能力做出正确的选择。此外，消费者（以及生产者）在进行选择时往往会忽视他们的行为可能引起的长期社会成本，如登山旅游过程中随地丢弃垃圾导致环境退化。因此，完全理性决策只是一种理想模式。

有限理性（bounded rationality）考虑了决策者信息处理能力的约束。该理论认为，人的理性处于完全理性和完全非理性之间。是“社会人”“心理人”而非“经济人”。人们会追随大众，而不会独立思考事件或物品对于自己的意义。例如，在目的地旅游时，消费者往往会去“网红打卡点”或跟随“网红”博主推荐，选择最热闹、食客最多的地方；根据别人释放的信号去做出自己的决策。消费者的需求往往受到广告、销售策略、社会习俗等的影响。消费者往往对广告中的某些产品并不完全了解，但他们常常被广告“说服”或“操纵”而购买生产者推销的商品。尤其是随着大数据应用的成熟，以及社交平台的精准推荐，消费者信息获取越来越圈层化，最终导致信息的不断趋同、彼此强化，造成了社会的不确定性。

五、外部性

当非经济交换中的主要方（生产者或消费者）因他人的市场活动而获得利益或产生成本时，就存在外部性。外部性的产生是由于市场力量和价格信号不能反映与生产和消费相关的全部成本和收益，因为私人部门的生产和消费决策是以私人成本和私人利益为基础的，而不是以社会成本和社会利益为基础的。导致产业集聚的原因之一是外部经济性，它属于积极的外部性，即正外部性。但旅游产品的供给和消费也可能产生社会成本，即负外部性。这些社会负外部性包括旅游发展对居民日常生活的干扰、交通拥堵和事故、妨碍当地居民使用公园及其他便利设施、带来垃圾和噪声、物价上升和环境恶化等，也包括增加导致全球变暖的碳排放和水资源危机等。这些成本是由社会集体承担的，而不是由个别供应商承担的。因此，外部性不会直接影响企业的财务状况，这就导致了市场失灵。

根据造成外部性的行为主体的不同及其导致的外部性的正负，可以区分四种主要类型的外部性。

（1）生产的负外部性。例如，建造高尔夫球场，给草地施肥用药，将对土壤和水体产生负面影响。同样，景观酒店、高山索道的建设将导致环境中生物多样性的损失。

（2）生产的正外部性。例如，集聚经济。又如，企业进行员工培训后，如果这些员工跳槽，则其他企业会受益于培训成本的节省和员工生产力的提高。

（3）消费的负外部性。因个体消费而给社会或他人带来的未得到补偿的损失；例如，游客乱扔垃圾影响居民的环境质量；海底潜泳对珊瑚生长造成有害影响；等等。

（4）消费的正外部性。因个体消费而给社会或他人带来的未被补偿的福利。例如，参观艺术中心可以增进文化资本并激发创造力；美化环境会带来邻近住宅的增值；等等。

生产的外部性可能同时影响其他生产者和消费者，消费的外部性也可能同时影响生产者及其他消费者，因此还可以将外部性进一步细分，见表12.1。

表 12.1　外部性的分类

分类	定义	正外部性范例	负外部性范例
生产者对消费者外部性	当产业或企业活动影响社区/社会时	举办音乐节为地方增添了更多的文化气氛并增进社会福利	举办展览导致交通拥堵
生产者对生产者外部性	当产业或企业活动影响其他产业或企业时	集聚经济；景区吸引的游客增加导致游客对餐饮需求增加	集聚不经济；低价竞争
消费者对消费者外部性	当某些产品或服务的消费影响到其他消费者的福利时	发展旅游使当地居民收入提高	游客过多带来拥挤和噪声
消费者对生产者外部性	当某些产品或服务的消费对生产造成影响时	参观文化遗址推动遗产保护和文化复兴	游客水上运动影响渔业捕捞

（一）负外部性导致过度生产或过度消费

外部性的存在会导致两个后果，即公共产品供给不足或对公共资源的过度使用。自然旅游景区是一种共享性的消费资源，在一定的范围内，其供给的边际成本几乎为零。如果缺乏有效的成本约束，容易导致对旅游景区的过度消费。一旦接待过量，就极易给景区的资源环境带来污染与损坏。如图12.3所示，曲线S［=MPC（边际生产成本）］是行业供给曲线，反映了旅游企业的生产成本。D［=MPB（边际个人收益）］是市场需求曲线，反映个体边际收益。曲线S与曲线D在点E^*（P^*，Q^*）相交。此时游客需求与旅游供应相匹配，市场达到均衡，但产生了负外部性E^*X，原因是边际社会成本（MSC）大于边际生产成本（MPC）。由于旅游生产或消费带来的边际外部成本MEC=MSC−MPC。如果外部性被价格内化，即企业价格中包含了外部社会成本，则社会福利最大化时的均衡点应该在点E（P_x，Q_x）。很显然，承担负外部效应的旅游企业所提供的产品数量Q_x小于市场均衡数量Q^*，而市场价格P_x大于反映真实成本的价格P^*。也就是说，当地居民承担了游客消费带来的成本（P^*-P_x）。可见，以利润最大化为目标的旅游企业存在着过度利用旅游资源的经济动机。其所提供的产品数量大于社会最优数量。此时，企业不负担外部成本导致的社会损失是三角形EXE^*。

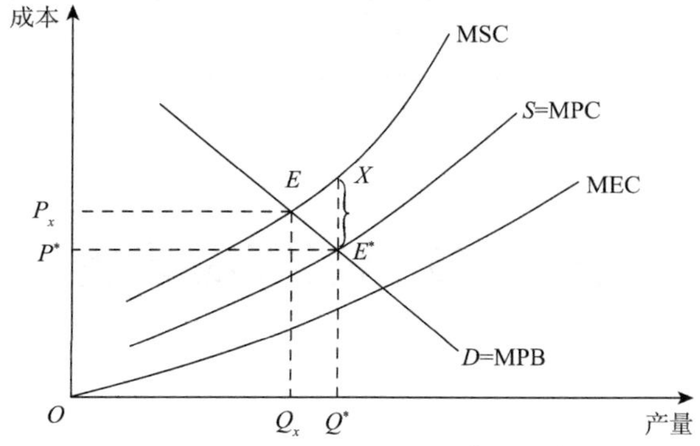

图 12.3　负外部性导致过度生产或过度消费

负外部性要求政府对此进行纠正，制定规定或标准让生产者承担这些成本，即内部化成本。方式包括征收一定比例的资源使用费以进行环境维护，或者对污染量征收特定的税（即庇古税，Pigou tax），使企业减少污染，并为政府清理污染提供资金。当然，对任何政府干预的净收益的考虑不仅需要评估收益是否超过成本，还需要评估是否会导致资源分配的扭曲。适当的政策干预的目标是最大限度地扩大具有公共利益的活动，并尽量减少不利的行为后果和非预期的影响。

（二）正外部性导致生产不足和消费不足

与正外部性相关的商品往往是优质商品，如教育、保健和交通服务等。举办音乐节、文化节等节庆活动可以为居民提供更多的娱乐和休闲机会，增加社会福祉。但创造正外部性的产品或服务通常在自由市场经济中面临消费不足和生产不足的问题。例如，中国政府实行公共博物馆免费参观政策，这完全不能反映个体参观博物馆获得的收益（按照边际成本定价原则，个体收益不可能为零）。

在图12.4中，曲线MPB表示参观博物馆的边际个人收益，而曲线MSB则显示了博物馆消费的边际社会收益。博物馆运营的最优均衡点在点$E^*(Q^*，P^*)$。此时，边际社会成本（MSC）等于边际社会收益（MSB）（=MPC）。但如果每个消费者只支付个人为参观博物馆所得利益（曲线MPB），则所产生的市场均衡是（Q_x，P_x）。这将导致消费不足（$Q_x < Q^*$），社会福利将损失三角形E^*EX。此时，需要通过政府补贴来补偿博物馆减少的收益，弥补相关的福利损失。可见，文化产业的强外部性特点要求文旅融合发展中坚持将社会效益放在首位，同时也需要政府提供资金支持以增进社会福利（见第十章）。

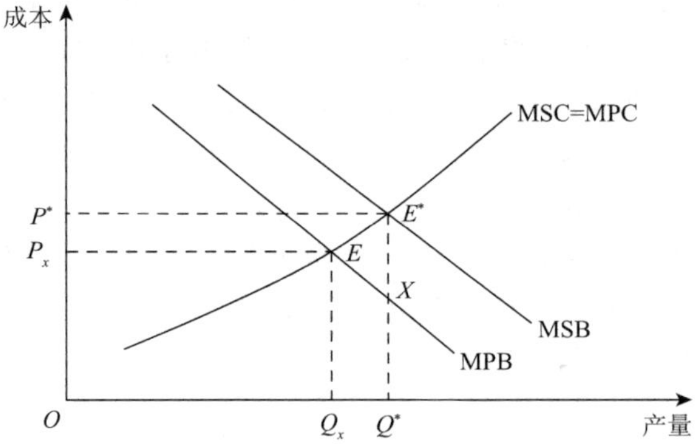

图 12.4　正外部性导致生产不足和消费不足

第二节　公共物品难题

一、“搭便车”与纵向约束

每个人都有避免为公共利益买单的动机。旅游目的地的所有旅游企业都希望分享由政府或行业协会出面开展的市场营销活动所带来的好处而不愿支付营销费用；游客也希望能够免费观赏旅游目的地的优美风景，享受海滩、公园、道路和其他福利。这类行为就称为“搭便车”（free rider）。“搭便车”是美国经济学家曼柯·奥尔逊在1965年发表的《集体行动的逻辑：公共利益和团体理论》一书中提出的概念，其基本含义是不愿支付费用而坐享他人之利。由于“搭便车”问题的存在，提供公共利益的企业或个体不太可能收回其为此承担的全部成本，因为从不想为公益买单的人那里收取公益金是不可能的或成本非常昂贵。尽管少数群体偶尔也会自愿为公共利益做出贡献，如捐赠，但这通常不足以提供社会所需的数量。这正是公共产品一般不由私人部门提供的原因。

当一家零售商同时代理几家供应商的类似产品时，也容易发生“搭便车”行为。例如，航空公司A_1做了大量的广告，这样消费者会到它的零售商或代理商，如旅行社B那里购买其产品。但是如果旅行社B也代理航空公司A_2的产品，对消费者而言就多了一种选择。在其他条件相同的情况下，没有做广告的供应商A_2的平均成本更低，因而其同类产品价格会更低，消费者很可能会因价格而购买A_2的产品，这就对做广告的航空公司A_1不利。从A_1的角度就是有人“搭便车”。当一家葡萄酒生产商培训其经销商或代理商，使其能够经营葡萄酒产品并能够负责售后服务的时候，也会出现类似问题，因为其他制造商就不用再花费培训费用了。这样，其他制造商的产品成本就可能更低一些。

解决这个问题的办法是什么？针对用户的常见方式包括航空公司或酒店推出积分或奖励计划，提高转换成本，增强用户黏性。针对零售商这一中介环节，供应商将约束其零售商，禁止它出售与其具有竞争性的其他厂商的产品，即让零售商独家经营。这种方式称为“纵向约束”。纵向约束的主要目的就是限制竞争，这样可以减少“搭便车”行为，消除外部性，从而促使零售商在营销上进行合理的投资。例如，凯撒（中国）文化股份有限公司2020年与北京朝夕光年信息技术有限公司签署了为期10年的《战略合作协议》，根据协议内容，对于凯撒（中国）文化股份有限公司在研的知识产权产品，北京朝夕光年信息技术有限公司拥有优先的独家发行权。纵向约束虽然有一定的合理性，但也有不利的一面。因为限制零售商的竞争有可能会培养它们的垄断势力。

那么，在什么样的情况下，纵向约束是合理的？在什么样的情况下，它是反竞争从而是不合理的？在什么样的情况下，它的效果是不确定的？

纵向约束是合理的，是指它对企业、对消费者都是有利的。企业希望其产品的销量达到最大，同时消费者也能通过这种约束获得更高的价值（或更低的价格）。如果纵向约束可以降低产品的价格，它就是合理的。这表现在两方面：第一，纵向约束可以增加产品的销量。因为在纵向约束的条件下，零售商有努力进行营销的激励，从而促进了品牌间的竞争，也就是提高了消费者剩余，因而会促使消费者购买更多产品，并且会促使更多的消费者购买产品。从这个意义上说，纵向约束可以增加产品的销量。第二，纵向约束可以鼓励新产品的推出。新产品的推出需要大量的营销努力，没有纵向约束，零售商之间会产生“搭便车”现象。这将抑制零售商的营销努力，不利于新产品的推出。但是，如果制造商对零售商的销售行为施加了限制，就会使得零售商专注于营销努力上，因而对企业推出新产品比较有利。

在什么情况下纵向约束是不合理的？站在社会的角度考察，纵向约束如果产生了两种后果，就认为它是不合理的：第一，纵向约束导致了行业内的卡特尔。这又分为两种情况，即零售商卡特尔和制造商卡特尔。纵向约束可以增加零售商的市场势力，这时如果零售商之间进行合谋，强迫制造商承认其专营地位并抬高零售价格，很显然这是反竞争的。另外，相互竞争的制造商如果形成卡特尔，那么此时纵向约束就更容易形成，因为此时批发价格比较容易控制。在这两种情况下，纵向约束导致的卡特尔的形成都会影响市场的正常竞争，此时纵向约束是不合理的。第二，如果纵向约束导致了新厂商进入困难，造成新厂商基本上不可能进入的局面，它也是不合理的。排他性经营使得制造商得以控制某些关键性资源，以此可以提高竞争者的成本，从而阻止新厂商进入。

纵向约束使得供应商能够进行价格歧视。因为如果没有纵向约束的话，套利行为（如转售）将使得价格歧视不可能存在。如果供应商、制造商规定零售商之间禁止转卖（如不同区域销售的产品不同），那么价格歧视就成为可能。由于价格歧视的效果是不确定的，取决于供给者的市场控制力量，这种纵向约束的效果也就是不确定的。

二、不愿意透露支付意愿

如果旅游目的地营销机构为了组织一次旅游促销会而向当地旅游企业筹集资金，此时，个体企业往往不会表达它们对旅游促销的真实需求。旅游目的地营销机构实际上不可能确切地知道它应该如何筹集资金，或确定它应当提供的营销服务的最佳数量。因为市场不会提供足够的信号表明旅游目的地营销机构应该提供多少此类公共产品。同理，消费者也会隐藏自己游览某个景区愿意支付的门票费用的真实倾向。因此，旅游营销的力度、旅游景区门票的定价及其他公共产品的数量、方式和程度往往偏离真实需要。

在这种情况下，依靠市场机制无法提供社会所需的公共产品的最佳数量。如果价格机制被用来分配资源，生产者将没有动力提供公共产品，因为他们无法找到足够的付费买家使这种投资在经济上可行。与私人部门提供的商品［私人产品（private goods）］相同，公共产品的供给曲线等于其边际社会成本曲线（MSC），且供给曲线有一个向上的斜率（图12.3）。由于公共产品的最优数量是社会边际收益（MSB）等于边际社会成本（MSC）。公共产品提供者将通过比较社会边际收益和边际社会成本来决定是否提供特定的公共产品。只要社会边际收益超过边际社会成本，就应该提供更多的公共产品。如果边际社会成本超过社会边际收益，则应减少供应。因此，公共产品[①]往往由政府提供，并由强制性税收提供资金支持。例如，公共景区门票收入可以专门用来支付保护和管理环境的费用。同样，征收酒店床位税（见第十四章）可以为政府提供旅游目的地营销和管理所需的资金，从而直接促进旅游目的地的发展。

三、“公地悲剧”

“公地悲剧”描述了共享资源系统（公共产品）消费中的一种情况。由于公共产品具有非排他性，商品价格为零。在缺乏限制使用规则和有效界定共有财产资源使用者的权利和义务的情况下，消费者和生产者都会根据自身利益独立行事，从环境中攫取资源

---

① 并非公共部门提供的所有商品都是公共产品。在经济学语境中，“公共产品”被明确定义为具有非排他性和非竞争性特征的商品。

以确保自己的短期收益而不考虑资源损耗对自己和他人的长期后果，从而导致对这些资源的过度使用或消耗，造成资源退化或减少，甚至对资源造成不可逆转的破坏。

图12.5描绘了过度使用公共资源的情况。以公共自然景区为例，随着游客数量的增加，游客获得的边际收益降低，总收益（TB）曲线开始趋于平稳。同时，旅游带来的边际成本增加，总成本（TC）上升。当到访人数达到拐点N^*（门槛值）时，总收益和总成本之差最大，社会的净收益达到最大值。因此，N^*代表了对这种基于自然的景区的最佳访问水平。当游客数量大于N^*，每增加单位游客的额外收益（MP）将低于增加单位游客对环境和其他消费者体验带来的额外成本（MC）。此时，增加游客使用仍然会为社会带来净收益，因为平均收益（AR）超过平均成本（AC）。因此游客数量可能会继续扩大到N。当游客数量跨越N点之后，从社会总福利的角度来说，旅游活动带来的平均收益（AR）将低于平均成本（AC）。资源被过度开发，自然旅游景点过度拥挤，当地居民生活受到影响，产生“过度旅游”[①]现象。任何超过N的游客数量都将带来环境资源不可接受的变化。因此N实际上代表着由当地资源条件或社会经济状况所限制的最大旅游阈值。在环境经济学中，也称为“环境承载力”（environmental carrying capacity）。

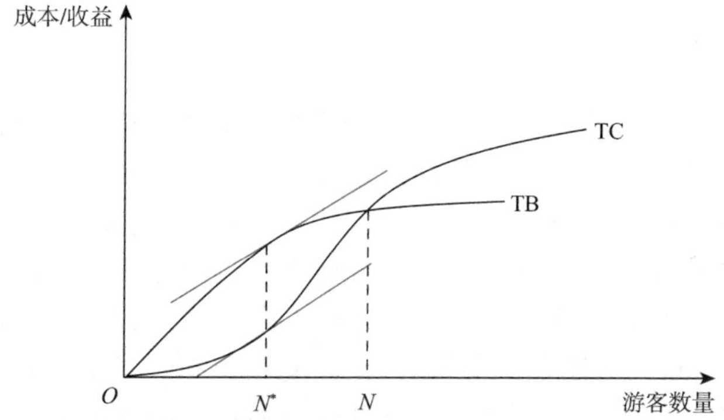

图 12.5　自然旅游景区的最佳访问水平

资料来源：Lindberg K. Policies for maximizing nature tourism’s ecological and economic benefits[R]. Washington：World Resources Institute，1991

不仅自然旅游景区，许多与旅游发展有关的资源都是共同的资源，包括开放存取资源，具有价值多元性。虽然一些外部成本和收益可以通过对资源在市场上的价格效应直接估值，但其他成本和收益必须使用代理价格间接估值。特别是对于一些非使用价值较高的文化类资源、野生动植物资源，其价值往往被低估。从全球来看，解决“公地悲剧”的方案通常分为两种。

（一）政府解决方案

政府解决方案通常包括明晰产权、外部性内部化和监管三类。

① Vagena A. Overtourism：definition and impact[J]. Academia Letters，2021，Article 1207：1-6.

1. 明晰产权

科斯定理认为，当交易费用为零时，不管初始产权如何界定，都能实现社会总产值的最大化或资源的最优配置；而当交易费用大于零时，产权的清晰界定将有助于降低人们在交易过程中的成本，改进效率，实现社会产值的最大化。因此，明确、清晰地界定公共资源产权的归属，可以使产权人有动力管理资源并取得资源的最佳配置效果，支持资源的可持续利用。

需要注意的是，产权明晰并非仅仅指所有权归属清晰，而是包括所有权在内的相关权利，如占有权、使用权、支配权，以及其他派生出来的产权类别。此外，产权明晰也并非等同于私有化，将资源分配给某一个人或某些人。国家、区域或地方政府可以将不同的共有资源作为公共产品，也可以作为共有财产资源由地方社区自行管理。这些都是明晰产权的行为。分配产权实质上就是分配财富与收入，它可能会带来关于分配公平的问题。即使产权明晰，如果所有者追求短期利润最大化，也可能出现过度生产导致资源迅速枯竭的情况。此时，仍然需要通过政府监管或将外部性内部化以保证资源的可持续利用。

2. 外部性内部化

外部性内部化是指对产生负外部性的生产者/消费者征税（即庇古税）或对产生正外部性的生产者/消费者给予补贴，从而使得外部性转化为生产者或消费者成本或收益的一种方法。2018年1月正式实施的《中华人民共和国环境保护税法》，明确规定要使排污单位承担必要的污染治理与环境损害修复成本，确保资源使用者为其使用的所有后果付费，引导排污单位提升环保意识，助推生态文明建设。欧盟在2012年提出征收航空碳税（carbon tax）遇阻后又提出了碳边境调整机制（carbon border adjustment mechanism，CBAM，又称碳边境税），即对进口到欧盟的商品中隐含的碳排放征收额外关税，以实现对碳价高企导致的欧盟本土企业价格竞争力下降的保护。外部性内部化也包括对带来正外部性的产业，如公园、博物馆、教育等给予补贴，以防止供给不足。这种方法可以尽量减少政府监管（government regulation）所需的间接费用，相比明晰产权更加灵活。

3. 监管

政府可以制定规章限制公共资源使用的频度、类型和数量。2007年，国家旅游局（现文化和旅游部）制定了《旅游资源保护暂行办法》，规定必须“加强对旅游资源和生态环境的保护，促进旅游业的健康协调可持续发展”；旅游资源的范围“包括已开发的各类自然遗产、文化遗产、地质、森林、风景名胜、水利、文物、城市公园、科教、工农业、湿地、海岛、海洋等各类旅游资源，也包括未开发的具有旅游利用价值的各种物质和非物质资源”[①]。许多国家设立许可证制度对矿产资源利用、捕鱼、狩猎、畜牧和伐木等

① 国家旅游局. 关于印发《旅游资源保护暂行办法》的通知[EB/OL]. https://zwgk.mct.gov.cn/zfxxgkml/zcfg/gfxwj/202012/t20201204_906115.html，2007-09-07.

采掘经济活动予以限制。2021年我国出台了《排污许可管理条例》，并积极推进排污权交易的制度化发展，这也是政府为加强环境管理而采用的一种监管制度。

（二）社区解决方案

诺贝尔经济学奖获得者埃莉诺·奥斯特罗姆提出了与科斯主张的私有化相反的观点。她认为，即使产权没有私有化，也没有政府强有力的监管，通过社区自治也能成功地管理好公共资源。社区可以制定正式或非正式的规则以维护共同财产和开放获取资源，包括制定共同财产制度，以及达成游客、开发商与社区规范的共识。

中山大学精准旅游减贫项目“阿者科计划”就是一个典型案例。阿者科村地处云南红河哈尼梯田世界文化遗产核心区内，海拔1 880米，全村共64户，479人[①]，是典型的哈尼族传统村落。由于交通不便、地理阻隔，村民文化水平低，阿者科经济发展缓慢。2018年阿者科村人均年总收入仅3 000元，人口多外出务工，村落空心化严重。村集体在外部技术援助人员带动下和当地政府协同下成立了阿者科村集体旅游公司。旅游开发之前，“阿者科计划”就以村规民约的形式，制定了旅游开发收益分配规则和资源保护利用规则。

按照“阿者科计划”分红规则，乡村旅游发展所得收入30%归阿者科村集体旅游公司，用于公司日常运营，70%归村民。归村民的分红再分4部分执行，即传统民居保护分红40%、梯田保护分红30%、居住分红20%、户籍分红10%。为了保护资源，守住保护底线，阿者科村建立了如下规则。

（1）不租、不售、不破坏。阿者科村集体旅游公司成立后不再允许村民出租、出售或者破坏传统民居，违者视为自动放弃公司分红权。

（2）不引进社会资本。公司不接受任何外来社会资本投入，培育本地村民自主创业就业。

（3）不放任本村农户无序经营。公司对村内旅游经营业态实行总体规划与管理，严控商业化，力保村落原真性。

（4）不破坏传统。公司组织村民修复村内传统文脉，传承民间技艺，保护传统生产生活设施。

上述规则规范了阿者科村传统民居蘑菇房和梯田等共同资源的保存、维护和消费，包括对负责任的使用奖励和对过度使用的惩罚等措施。截至2022年5月，阿者科村共举办了6次旅游发展分红大会。分红金额累计78.51万元，最多一户累计分红14 040元；项目为村民创造了10余个就业岗位，有3户人家不再外出务工[②]。

“阿者科计划”表明，“公地悲剧”并不是不可避免的。除了明晰产权和政府监管之外，通过社区自治再辅以外部支持，有可能创造和经营更加繁荣的公地，降低社会监督成本。共同体是人类生活、交往和发展的基本组织形式。马克思指出，“人的本质是人

① 中山大学. 阿者科计划——全球旅游减贫的一个中国解决方案[EB/OL]. http://www.moe.gov.cn/jyb_xwfb/xw_zt/moe_357/jyzt_2019n/2019_zt27/zsgx/zsdx/201910/t20191015_403545.html，2019-10-15.

② 中山大学党委学生工作部.“阿者科计划”驻村团队专稿：以星星之火燎动乡村振兴之光[EB/OL]. https://xsc.sysu.edu.cn/zh-hans/node/3772，2022-09-07.

的真正的共同体”[①]。当前，全球气候状况恶化、环境问题突出、世界经济增长乏力等全球治理难题成为影响未来人类生存、发展和繁荣必须面对和解决的公共问题，应更加重视对公域的管理。构建人类命运共同体的思想看到了人类“你中有我，我中有你”的高度依存状态及其“共命运”的关系，呼吁世界各国将全球治理问题作为全球发展中的公共问题，遵循共建共享的准则，在全球范围内开展合作，积极参与治理，为完善全球治理体系指明了新的探索方向[②]。

第三节 政府规制与反垄断

在存在市场失灵的情况下，政府干预成为提高资源配置效率的必要手段。如前所述，政府在市场经济中能起到两个重要作用，即政府规制和反垄断。

一、政府规制

规制是在以市场机制为基础的经济体制条件下，以矫正或改善诸如自然垄断、外部性、信息不对称及不完全竞争等市场失灵为目的的政府干预和干涉经济主体（特别是企业）活动的行为。具体来说，规制是政府依据法规对企业进入市场、价格、产品质量和服务条件施加直接的行政干预。它不是对市场经济的背离，而是对市场的完善和补充，是不同于市场调节的一种重要的资源配置方式。政府规制的方式有多种，包括市场准入规制、价格规制、制定标准（standard formulation）等。

1. 市场准入规制

对于自然垄断产业，由规模经济、范围经济等引起的成本累加性的存在，导致在这些产业中，单个厂商经营比多个厂商经营在生产与分配方面更有效率。此时，便需要政府对确实存在自然垄断性的产业实施市场准入规制，限制其他厂商的进入。公共资源型景区通常具有一定程度的自然垄断特征。山岳、湖泊等的开发，集中经营比经营权分散所导致的成本更低，因此其经营主体相对单一，以保证企业有足够的营运能力和盈利。

但是，市场准入规制会阻碍竞争者的进入，容易形成“垄断租金”。由于缺乏竞争及“租”的存在，市场准入规制在一定程度上会妨碍现存企业进行技术创新。特别是随着技术的进步、市场容量的扩大，某些行业的自然垄断性会逐渐消失，但是由于既得利益集团的存在，要取消市场准入规制是很难的。并且，在许多地方，经济性规制远远超出了自然垄断的范围，也可能带来政府规制失灵。

---

① 马克思. 评一个普鲁士人的〈普鲁士国王和社会改革〉一文[M]. //马克思恩格斯全集（第一卷）. 2 版. 中共中央马克思恩格斯列宁斯大林著作编译局译. 北京：人民出版社，2002：468-489.

② 谢新水，李有增. 深刻理解构建人类命运共同体思想的重要内涵[EB/OL]. http://theory.people.com.cn/n1/2019/1023/c40531-31415125.html，2019-10-23.

2. 价格规制

价格规制是政府规制自然垄断行业的一个重要手段。在自然垄断行业，各国政府不同程度地控制垄断经营者的价格。例如，《中华人民共和国旅游法》规定，“利用公共资源建设的景区的门票以及景区内的游览场所、交通工具等另行收费项目，实行政府定价或者政府指导价”。政府控制自然垄断价格的目的是在保护消费者利益的同时，鼓励经营者投资，实现供求平衡。政府进行价格规制的基本原则有三点：一是普遍性服务的原则，保证满足低收入人群的基本需求。二是鼓励投资的原则，保证经营者能够补偿成本，投资者获得合理的投资回报。三是提高效率的原则。一方面通过控制价格促进生产者节约成本提高生产率；另一方面，通过保持适度价格水平防止消费者过度消耗和浪费资源。

自国内旅游业蓬勃发展以来，公共景区门票价格一直是社会热点话题。2015年，一批5A级和4A级景区宣布门票涨价，引发大量社会关注。根据中国社会科学院旅游研究中心的数据，截至2014年底，我国共有186家5A级景区，门票平均价格达112元。在所有5A级景区中，有近一半的景区门票价格在100~200元，有近10%景区的票价在200元以上，仅有12家5A级景区免费对公众开放[①]。2018年6月，《国家发展改革委关于完善国有景区门票价格形成机制 降低重点国有景区门票价格的指导意见》，确立了以“公益导向”为基本原则，并以“补偿合理运营成本、保持收支总体平衡”为改革方向，明确提出一批重点国有景区要“切实降低偏高门票价格”。到2018年国庆节前夕，我国共有981家景区宣布免费或降价；在降价的907家景区中，降幅超过20%的有491家，占54.1%；降幅超过30%的有214家，占23.6%；降价的5A级景区有159家，4A级景区有534家，二者合计693家，占全部降价景区的76.4%[②]。但降价令在实施中依然存在问题，不少景区经营者对“建立主要补偿景区服务和生态环境保护合理成本并适当反映景区价值”的门票价格规制原则不理解，政策在执行中遭遇各种变通、抵制或形式化情况。例如，某些景区虽声称降价，但实际上是采取拆除收费项目的形式来降低价格。

2019年3月，《国家发展改革委办公厅关于持续深入推进降低重点国有景区门票价格工作的通知》推进更大范围、更大力度的降价，包括加强对交通车、缆车、游船、停车等服务价格监管，以减轻游客景区游览的全程费用。2020年7月，国家发展和改革委员会发布《关于持续推进完善国有景区门票价格形成机制的通知》，提出“分类施策推动国有景区门票价格回归合理区间”，不断完善门票价格形成机制和着力规范景区价格行为。文化和旅游部在印发的《“十四五”文化和旅游发展规划》中，提出了引导各地制定实施门票优惠补贴等政策[③]。

门票降价政策执行困难或产生偏差的原因在于，首先，自然垄断行业的边际成本总是低于平均成本，因此面临定价困难。如果按照边际成本定价，其价格等于或低于

① 李金磊. 社科院：近三年5A级景区门票涨价 平均价格112元[EB/OL]. https://moment.rednet.cn/rednetcms/news/indexNews/20150430/111722.html，2015-04-30.

② 陈溯. 社科院旅游研究中心：四成5A景区和八成4A景区门票没降价[EB/OL]. https://www.thepaper.cn/newsDetail_forward_2831212，2019-01-09.

③ 文化和旅游部. 文化和旅游部关于印发《“十四五”文化和旅游发展规划》的通知[EB/OL]. http://www.gov.cn/zhengce/zhengceku/2021-06/03/content_5615106.htm，2021-04-29.

平均成本，企业没有盈利或亏损；而如果价格高于平均成本，企业虽然有盈利，但是消费者剩余减少。减少的消费者剩余一部分被转化为生产者剩余，一部分成为社会福利损失（图12.1）。其次，由于信息不对称，政府难以了解企业的真实成本，政府不可能准确地按成本给企业制定价格，还可能要承担一部分虚假成本的补贴。因此，在规制自然垄断价格时，政府往往需要寻求一个合适的价格，使厂商能够提供足够的产量，又能补偿其成本。规制价格在本质上是实现社会福利在生产者和消费者之间转移的一种手段。实际上，对于具有公共产品性质的景区，不管景区收取多少费用，总是存在低收入者被排斥在市场之外的情况，此时，公共景区门票价格规制还需要考虑定价的效率与公平问题。

在公共行业，一般采取拉姆齐定价（Ramsey pricing）法以实现消费者剩余最大化。拉姆齐定价法又被称为次优定价（second-best pricing）法，是指在保证生产者收支平衡的情况下，消费者剩余最大化的价格由生产者的边际成本和各用户群的需求弹性来决定。拉姆齐定价法能够在以收支平衡为前提条件下实现福利最大化，同时在一定程度上补偿生产者的成本，调动生产者的积极性。

在拉姆齐定价法中，政府主要控制和监督打折系数。一般根据用户的需求弹性、支付能力和需求量等因素，以用户可接受的水平来确定价格。最简单的拉姆齐定价法是使用"价格偏离边际成本的程度与需求弹性成反比的规则"。这一方法在交通运输产品定价中使用较为普遍。对需求弹性越大的用户群，收取的价格越低，越接近边际成本；而对需求弹性越小的用户群，收取的价格越高。例如，公共景区门票对学生实行减半收费，针对70岁以上老人免费。推而广之，这一定价原则也包括企业对提供的普遍性服务收取较低价格（如经济型酒店、廉价航空），而对额外服务收取高价，如廉价航空公司对行李托运、机上餐饮等额外服务收取高价以弥补成本。

3. 制定标准

标准是经济活动和社会发展的技术支撑，是国家基础性制度的重要方面①。就广义而言，标准是指人们一致认可和共同商定的某种参考依据（定义或规范），以允许对对象、过程或信息单元进行一致的评估、鉴定或交换。在不同的语境中，标准的含义和内涵有所不同。在技术领域，"标准"一词经常用来指代某种通用技术规范。例如，HTML和HTTP标准描述了网页如何格式化和传输，以便所有的网络浏览器和网站服务器都能一致地、可交互地工作。对于政府而言，"标准"一词通常指经协商一致制定并由公认机构批准的，某种对象必须满足的某种要求、合规措施或最低限度的规范性文件。例如，根据《旅游饭店星级的划分与评定》（GB/T14308—2010），五星级酒店70%的客房面积（不含卫生间和门廊）应不小于20平方米，并且所有旅游饭店的建筑设计必须包含最低安全标准或性能措施，以满足消防法规的要求。

标准通常是已发布的文档，旨在建立技术规范和流程，或最大限度地提高人们日常使用的材料、产品、方法和/或服务的可靠性，它也可以被认为是完成任务的最佳方式。

---

① American National Standards Institute. United States Standards Strategy 2020[R]. New York：ANSI，2020.

通过建立可普遍理解和共同采用的一致协议，标准构成产品开发、提供服务、控制流程、数据处理、社会互动的基本构建模块。从企业的角度，标准提供了一个发展的基础，有助于提高产品兼容性和互操作性，简化产品开发，推动国际贸易往来。并且，具体的标准技术规范还是增加企业竞争优势的一种手段，特别是如果企业有目的地将知识产权（如专利权）包含在标准之中，没有参与制定标准的企业往往面临更高的创新成本（见第七章）。从消费者的角度，基于标准的互操作性可以使消费者能够自由地混合和匹配不同制造商的产品，增进消费者福利。并且，在消费者和供应商关于产品质量信息不对称的情况下，消费者在评估不同产品或服务的内在质量方面存在困难（如第四章介绍的信用品），产品质量标准可有效服务于消费者的购买决策，保障消费者权益。可见，标准的制定是提升产品质量的重要保障，也是推动产业高质量发展的重要基础。各国均建立了本国的标准化组织或机构提供认证服务（包括产品、系统或过程）、测试服务、校准服务，负责法定计量及颁布标准等工作。目前，标准化工作已经成为国际通行的质量管理手段和发展国家竞争力、推动创新、维护健康和安全，以及推动全球贸易便利化的重要的工具，在推进国家治理体系和治理能力现代化中发挥着基础性、引领性作用。

标准和法规有所不同。法规是由政府制定和颁布的，以塑造市场环境并影响相关者的行为，主要采用自上而下的监管方法。正式标准是利益相关者协商一致，出于自愿进行谈判达成共识后，再由公认机构批准的结果。许多产品标准和行业标准通常是市场驱动过程的结果。例如，新会陈皮、英德红茶、盘锦大米等地理标志产品（product of geographical indications）的制定过程是当地民众、企业推动和政府支持下的结果。因此，标准化也可以看作一个自我监管（self-policing）的过程，是“行业尝试自我监管”与“直接政府监管”的结合[①]。法规和标准在执行方面也有很大的不同。法规的实施是强制性的，而正式标准的采用在大多数情况下是自愿的。两者之间也存在相互依存的关系。此外，在市场不确定性程度不同的情况下，政府分别采取制定法规进行监管或采取标准化两种方式时对市场创新成本也有不同的影响，如表12.2所示。

表 12.2 不同市场规制方式对市场创新成本的影响

市场不确定性	规制俘获情境下[②]	信息不对称情境下	总成本
高市场不确定性	标准化成本=监管成本	标准化成本<监管成本	标准化成本<监管成本
低市场不确定性	标准化成本>监管成本	标准化成本=监管成本	标准化成本>监管成本

资料来源：Knut B，Linda B，Sören S，et al. The impact of standards and regulation on innovation in uncertain markets[J]. Research Policy，2017，46：249-264

标准的制定有一套全球公认的原则，包括：①透明性（transparency），指有关标准化活动的信息对所有感兴趣的各方都是可访问的；②开放性（openness），指所有受影响的利益相关者（stakeholder）均可参与；③公正性（impartiality），指标准的制定不

① Knut B，Linda B，Sören S. et al. The impact of standards and regulation on innovation in uncertain markets[J]. Research Policy，2017，46：249-264.

② 监管俘获指的是特定利益集团（如行业）试图影响政府法规制定以有利于自身利益的现象。理论上，所有类型的规则制定都会受到监管俘获的威胁，因此，它也可以用来解释一些企业在标准化制定过程中进行游说的现象。

应受任何利益方主导，也没有哪一种利益比另一种利益更受青睐；④有效性和相关性（effectiveness and relevance），指标准必须有效地响应监管和市场需求，并且，标准之间应当是相关的以更好地助推科学和技术的发展；⑤共识性（consensus），指标准的制定是利益相关者之间协商一致达成的。在标准的制定过程中，通常会采纳专家意见，如国际标准化组织（International Organization for Standardization，ISO）在制定ISO标准时会基于全球专家意见，由来自世界各地的消费者协会、学术界、非政府组织和政府及相关行业的专家，就标准的各个方面，包括其范围、关键定义和内容等进行协商制定。

截至2023年4月，与旅游服务行业相关的国家行业标准（现行）共计51项[①]，涵盖旅游度假区、旅游目的地品牌评价、旅游规划、旅游景区服务、内河航运、观光车、旅游客车运营、老年旅游服务规范、旅游民宿基本要求、星级饭店用纺织品、景区导览和旅游厕所建设等。正式的标准是基于利益相关方自愿、开放、透明、协商的过程产生的，因此，基于共识的标准具有更大的合法性。当政府授权由正式的标准化组织开发并颁布技术规范时，正式标准就成为法律要求。例如，2019年7月31日，文化和旅游部发布公告，根据《旅游景区质量等级的划分与评定》（GB/T 17775—2003）对5A级旅游景区年度复核结果，决定对复核检查严重不达标或存在严重问题的7家5A级旅游景区做出处理，责令整改并取消其中个别景区旅游景区质量等级[②]。被处理景区存在的问题涉及管理、服务等多个方面，包括市场秩序不规范、安全隐患严重、服务和设施不到位，以及旅游资源粗放式开发、景区生态建设滞后等。

二、反垄断

垄断使得产出小于社会最优量而造成效率损失，并且垄断者赚取的经济利润是以消费者的损失为代价的。各国政府为了提高经济效益和实现社会福利最大化的目标而采取抑制垄断势力的各种政策方法。政府既可以自己经营自然垄断，以掌握其所有权和控制权，也可以仅对自然垄断者的价格进行规制，还可以通过企业相互竞争投标以获得提供自然垄断服务的最终资格，如经营免税进口商品的牌照等。政府还可以将自然垄断者分解为多个小规模的相互竞争的实体，如著名的“石油大王”洛克菲勒创办的美国标准石油公司曾垄断美国95%的炼油能力，拥有90%的输油管道，以及美国25%的石油产量，但被政府分解成34家企业，其中不乏壳牌、美孚等当今知名企业。

反垄断法是一套法律规范的总称。它是政府通过制定各种法令、法规来限制垄断企业行为的垄断规制方式。更具体地说，反垄断法是调整竞争关系，防范和控制垄断，禁止企业以合谋、滥用经济优势等方式限制和破坏竞争，以保护和促进竞争的法律规范。它主要采取两种手段：一是禁止妨碍竞争的行为；二是规定合理的市场结构类型。作用主要体现在：①保护竞争者的合法利益。由于垄断等限制竞争的直接受害者首先是同行业的竞争对手，反垄断法对这种行为的禁止或限制可有效地保护竞争者的合法利益。

---

① 目录详见：全国标准信息公共服务平台（https://std.samr.gov.cn/gb/gbQuery）。

② 余俊杰. 文化和旅游部处理乔家大院等 7 家“不达标”5A 级景区[EB/OL]. http://www.xinhuanet.com/politics/2019-07/31/c_1124822619.htm，2019-07-31.

② 保护消费者的合法利益。通过阻止与惩罚垄断行为，反垄断法保护了消费者的合法利益。③维持经济社会的效率与公平。保护竞争者的利益一方面提供了经济的竞争效率，另一方面维护了竞争的公平性；保护消费者的利益一方面有助于实现社会福利的增加，另一方面体现了垄断厂商与消费者之间利益划分的公平性。

但是，所有规范垄断势力的法律手段，都会不可避免地产生经济问题。垄断可能缺乏效率、有失公平，但是替代垄断的其他市场状况未必就能达到完全有效的水平。对政府而言，所面对的最大挑战就是如何把握好反垄断政策的程度，如何在成本与收益的基础上解决社会福利的最大化问题。目前，各国政府普遍采用规制的手段以节约反垄断调查与诉讼中的执法成本。特别是数字经济时代互联网平台企业依托数字化、智能化技术进行生产，其资本力量与数据力量达到有史以来最高点，带来更加复杂的反垄断监管问题。相比反垄断诉讼，规制可能带来更有效的资源配置。这是因为：①规制机构分工专业，拥有比政府反垄断部门和一般法院更专业的知识；②规制机构拥有法律授权的直接裁决权，处理问题无须等待漫长的司法程序。因此，即便是在反垄断法日益重要的今天，政府规制对于规范垄断行为的作用仍然是不可忽视的。

2021年10月1日，酒店预订平台“周末酒店”在全国12351平台举报携程旅行网实施“二选一”不正当竞争行为①。“周末酒店”称，9月29日，“周末酒店”度假App连续接到各大合作酒店通知下架发布于该平台上的产品要求，原因是合作酒店收到携程旅行网通知，要求与“周末酒店”度假App有合作关系的酒店下架发布于该平台上的产品，否则将面临携程旅行网取消特牌、限流等处罚和限制。“周末酒店”表示，携程旅行网在无正当理由情况下，限制酒店供应商与其他平台合作的行为，是一种典型的利用平台优势实施的垄断行为，严重违反了《中华人民共和国反垄断法》第二十二条“禁止有市场支配地位的经营者从事滥用市场支配地位的行为”之“没有正当理由，限定交易相对人只能与其进行交易或者只能与其指定的经营者进行交易”。“周末酒店”认为携程旅行网的行为导致其在国庆假日高峰段无法正常售卖这些酒店的产品，预计直接损失近百万元。

“周末酒店”与携程旅行网的纷争，尚有待监管部门的调查。但平台经济的“二选一”问题由来已久。监管部门对此也频频重拳出击。2020年4月，国家市场监督管理总局依据《中华人民共和国反垄断法》，对阿里巴巴垄断行为罚款182.28亿元②；2021年10月，国家市场监督管理总局又对美团在中国境内网络餐饮外卖平台服务市场滥用市场支配地位行为作出行政处罚决定，处以其2020年中国境内销售额1 147.48亿元3%的罚款，计34.42亿元③。这展现出中国政府加强反垄断执法、维护公平竞争、保护平台内商家和消费者合法权益，推动互联网平台实现规范创新健康持续发展的决心。

---

① 温婧. 携程被实名举报涉嫌“二选一”垄断[EB/OL]. http://finance.people.com.cn/n1/2021/1003/c1004-32245208.html，2021-10-03.

② 国家市场监督管理总局. 市场监管总局依法对阿里巴巴集团控股有限公司在中国境内网络零售平台服务市场实施“二选一”垄断行为作出行政处罚[EB/OL]. https://www.samr.gov.cn/xw/zj/202104/t20210410_327702.html，2021-04-10.

③ 国家市场监督管理总局. 市场监管总局依法对美团在中国境内网络餐饮外卖平台服务市场实施“二选一”垄断行为作出行政处罚[EB/OL]. https://www.samr.gov.cn/xw/zj/202110/t20211008_335364.html，2021-10-08.

第四节 旅游产业政策

产业政策是国家为了实现某种社会经济目标，促进特定产业部门的发展而采取的各种政策措施和手段。与政府规制相同，产业政策也可以理解为政府用“有形的手”弥补市场经济“无形的手”的缺陷所做出的调整和调控。

从改革开放至今，我国政府高度重视旅游业的发展，不断出台各种支持旅游业发展的政策。旅游产业政策是指为保障旅游市场和旅游产业的健康持续发展，由国家或旅游行政管理部门制定的为实现一定时期的旅游目标的行动准则。1981年，国务院颁布的《关于加强旅游工作的决定》可以被视为我国最早的旅游产业政策，为推动我国旅游业引进外资，加强设施基础建设起到了关键性的作用。近年来，为应对新冠疫情给旅游业带来的冲击，重振旅游业发展，从中央到地方各级政府纷纷出台各种扶持旅游业的政策，以帮助国内旅游企业度过疫情影响下的“寒冬”，推动旅游经济复苏。

一、产业政策的内涵与作用

政府对一个产业采用何种产业政策，主要取决于该产业在社会、经济和文明建设中所发挥的作用。当某个产业对整个社会进步起到积极促进作用时，产业政策就会向其倾斜，对其加以保护和扶持；而那些处于衰退期的夕阳产业或与国家经济、社会发展导向不相符的产业，通常难以获得有利的产业政策。产业政策主要体现在国家的投资引导、规划和审批政策、土地政策及税收政策（见第十四章）等方面。

（一）产业政策的内涵

我国自20世纪80年代开始从日本引入产业政策的概念，经过40多年的发展已经形成了较为成熟的产业政策的研究体系，提出了运用产业政策调控市场经济的运行，完善各行业结构，引导产业合理化、高度化的系列理论。从不同的视角出发，学者对产业政策的理解有所差别，对产业政策的效果也存在争议。

经济合作与发展组织（Organization for Economic Co-operation and Development，OECD）将产业政策定义为任何试图改善经济环境或者变革经济活动结构而对产品市场、劳动力和资本市场、土地、技术与制度等的干预，包括通用的产业政策与有选择性的产业政策。从资源配置的角度，产业政策可以被认为是中央及地方政府有意识地使用资源或手段以帮助企业家克服外部性和协调问题，促进某些产业发展的政策措施。这些政策包括关税和贸易保护政策、特定税收优惠、工业园和出口加工区、研发工作中的科研补贴、特许经营、政府采购及强制规定等。从市场公平性的角度，产业政策是政府出于经济发展或其他目的，对私人产品生产领域进行的选择性干预和歧视性对待，其手段包括市场准入限制、投资规模控制、信贷资金配给、税收优惠和财政补贴、进出口关税和非关税壁垒、土地价格优惠等。从参与全球竞争的角度，产业政策是指一国政府为了提升在全球的竞争能力，在其国内推行的发展或限制某类特定产业的政策总称。

虽然上述关于产业政策的定义不尽相同，但也有共同之处，即产业政策是国家为了扶持或推动某种产业发展的目标而实施的一种差别化行政干预手段。

（二）产业政策的类型

产业政策可分为不同类型。

（1）从政策要素来看，产业政策包括产业组织政策、产业布局政策和产业技术政策①。

产业组织政策的主要目标是协调同一产业内部各企业之间的竞合关系，以维护市场经济的公平竞争和产业组织合理化发展。例如，2015年10月的《中共中央 国务院关于推进价格机制改革的若干意见》明确提出“逐步确立竞争政策的基础性地位”，并促使电信、电力、铁路、石油等传统垄断行业引入竞争机制。2017年7月，国家发展和改革委员会等八部门联合颁布了《关于促进分享经济发展的指导性意见》，明确提出分享经济的概念和构成要素，在鼓励发展分享经济的同时，也引导分享经济企业开展有效有序的竞争。

产业布局政策是指各国综合考虑本国的国情、经济发展状况、地理区位等条件后，协调区域间的经济活动和资源配置，以对本国的产业空间分布进行科学引导和合理调整。我国的产业布局政策历经数个“五年计划”调整，从“六五”计划提出“沿海地区发展高、精、尖工业，内陆地区加快发展能源、交通和原材料工业建设”，到党的十八大以来接连推出京津冀协同发展、长江经济带建设、黄河流域生态保护和高质量发展等区域重大战略。2019年，中共中央、国务院印发了《粤港澳大湾区发展规划纲要》，提出建设国际科技创新中心，加快发展先进制造业和现代服务业，大力发展海洋经济，构建具有国际竞争力的现代产业体系，以“充分发挥粤港澳综合优势，深化内地与港澳合作，进一步提升粤港澳大湾区在国家经济发展和对外开放中的支撑引领作用”。党的二十大报告进一步提出“构建优势互补、高质量发展的区域经济布局和国土空间体系”和“构建全国统一大市场”②。我国的产业布局政策随着经济发展状况的改变而不断地进行调整。

产业技术政策是指国家为促进技术创新、技术进步而制定的各类选择、促进与控制技术发展的指导性政策总和，是保障产业技术适度和有效发展的重要手段。我国产业技术政策思路经历了从“技术引进”向“自主创新”的演进过程；政策类别也由“政府主导”向“市场导向”转变。例如，随着数字技术广泛而深入的应用，2020年颁发的《文化和旅游部关于推动数字文化产业高质量发展的意见》，支持符合条件的数字文化企业申报高新技术企业，鼓励数字文化企业参与企业级数字基础设施开放合作，完善文化产业领域人工智能应用所需基础数据、计算能力和模型算法，推动传统文化基础设施转型升

① 顾强. 中国产业政策：回顾、反思与前瞻[EB/OL]. http://nads.ruc.edu.cn/upfile/file/20181211095330_947656_50284.pdf，2018-12-11.

② 习近平. 高举中国特色社会主义伟大旗帜 为全面建设社会主义现代化国家而团结奋斗——在中国共产党第二十次全国代表大会上的报告（2022 年 10 月 16 日）[EB/OL]. http://cpc.people.com.cn/n1/2022/1026/c64094-32551700.html，2022-10-26.

级，以推动落实数字经济、战略性新兴产业等国家相关产业政策，将数字文化产业纳入各地相关政策体系。

（2）从产业发展阶段来看，产业政策又可分为幼小产业保护政策、主导产业选择政策、战略产业扶持政策和衰退产业撤退政策。幼小产业保护政策是指政府为一些实力较弱但又具有良好发展前景的产业提供的保护性发展政策。例如，我国旅游业在20世纪80年代初期，针对旅游饭店接待设施严重短缺的局面推出了“五个一起上”政策，吸引了全社会与外资参与投资酒店，政府甚至专门成立了“利用侨资外资建设旅游饭店领导小组”，助推旅游接待设施的发展壮大。又如，2009年，《国务院关于加快发展旅游业的意见》提出，“把旅游业培育成国民经济的战略性支柱产业和人民群众更加满意的现代服务业”。到“十三五”期末，旅游业与其他产业跨界融合、协同发展，产业规模持续扩大，新业态不断涌现，旅游业对经济平稳健康发展的综合带动作用更加凸显，旅游业作为国民经济战略性支柱产业的地位更为巩固。

（3）从政策手段来看，产业政策包括准入管制、财税激励、市场管制、金融服务、标准法规、贸易政策等。美国是使用贸易政策对产业进行保护最多的一个国家，包括实施“国外供应商差别待遇”，对采购他国产品设置歧视性条款；滥用“国家安全审查”；使用大量非关税壁垒，如卫生和植物检疫及技术性贸易壁垒；美国联邦和地方政府对部分产业和企业提供大量补贴、救助和优惠贷款，这些补贴行为在很大程度上阻碍了市场的公平竞争。美国波音公司2011年以来获得来自各级政府的贷款、债券融资、风险投资、贷款担保、救助等737亿美元；特斯拉公司自2000年以来得到美国联邦和州（地方）政府超过35亿美元的补贴①。

在现实情况中，各部门颁布的产业政策不会是单独的产业组织政策、产业布局政策或是产业技术政策等，多数情况下是上述多种政策的综合，表现为某一时期产业发展的较为全面的国家产业政策。

（三）产业政策的作用

1. 弥补市场经济的缺陷

凯恩斯在其国家干预主义理论中早已指出，供给不能自动创造需求，经济也不能自动达到均衡，市场经济不能完全靠自身稳健运行，需要政府这只“看得见的手”对其进行干预。产业政策作为政府这只“看得见的手”的有力实施工具，可以优化社会资源的配置，提高整个社会的生产效率。

2. 对市场主体行为具有导向作用

产业政策通过调整商品供求结构，有助于实现市场上商品供求的平衡；通过差别利率等信贷倾斜政策可对资金市场进行调节，有助于资金合理流动和优化配置；通过推动

① 国务院新闻办公室. 关于中美经贸摩擦的事实与中方立场[EB/OL]. http://www.scio.gov.cn/ztk/dtzt/37868/39004/39014/Document/1638347/1638347.htm，2018-09-24.

区域协同发展，可以打破地区封锁和市场分割，促进区域市场和国内统一市场的发育和形成。

3. 提高产业竞争力，促进科技创新

科学技术是第一生产力，创新是引领生产的第一动力。一国必须给予新兴产业以政策保护，尤其在发展中国家，由于信息和创新的外部性，如果没有产业政策的支持，完全靠市场经济的自由竞争，科学技术和创新能力是无法提高的。前述美国的贸易保护主义政策正是助推其经济崛起的重要原因。

（四）产业政策的派系争论

2019年，德国政府在《德国工业战略2030》中明确提出，中国将市场经济原则与积极主动的国家政策结合起来，已被证明是全球使用产业政策最成功的典范。但近年来，学术界关于产业政策是否有效的争论从未停止，主要分为产业政策无效论和产业政策有效论两派。

产业政策无效论支持者指出：①受制于人类认知水平的局限性，政府在制定产业政策时可能获取的信息不够全面导致制定的政策事与愿违，产生“政策失灵”，导致产业政策的实施达不到预期效果；②政府政策制定者是追求利益最大化的“理性经济人”，其制定的产业政策也许是为了达到某种政治目的或被某些利益集团游说，产业政策的实施效果因而可能不尽如人意；③市场经济运行过程中，政府政策的干预只会打破市场经济运行的规律，进而导致市场经济运转失灵；④产业政策可能会产生高昂的寻租成本，这主要是官员激励机制的扭曲导致的。综上，产业政策无效论支持者认为产业政策之所以无效，是因为政府能力不足和获取的信息不完备。

产业政策有效论支持者认为：①从外部性协调角度，产业政策可以弥补市场机制的缺失，适度干预在市场经济中可以弥补多主体协调失败等问题。②根据比较优势理论，要使产业政策发挥的效用更大，需要在发达国家和发展中国家使用不同的产业政策，发展中国家适合采用强制性产业政策，而发达国家则适合采用诱导性产业政策。③市场会存在失灵的情况，因此需要政府对失灵后的市场做出补救措施，故产业政策是有效的。④无论是发达国家还是发展中国家，都需要在对外贸易中对其基础性、关键性、战略性产业实施保护。例如，欧美发达经济体对其农业、钢铁、飞机、电池为代表的传统产业、战略产业、新兴产业等各类型产业在不同程度上采取了税收优惠、财政补贴、研发补贴、鼓励出口、限制进口、防止外资并购等多样化的产业政策，以加强或巩固本国竞争力，保障国家经济安全。

基于上述争论，不少学者对产业政策的有效性边界进行了探讨①，并提出了许多有价值的见解。本书认为，“天时不如地利，地利不如人和”，运用产业政策的关键不在于其理论上“是否有效”，而在于其是否适宜于当时、当地的发展情景。并且，更重要的是，任何产业政策的制定都应当遵循普惠包容和竞争中性原则。

---

① 杨瑞龙，侯方宇. 产业政策的有效性边界——基于不完全契约的视角[J]. 管理世界. 2019，(10)：82-94，219-220.

二、中国旅游产业政策的演变

中国的旅游业是在高度集中的计划经济体制下开始起步的。从中华人民共和国成立后服务于国家外交事业，改革开放后成为经济产业，再到目前强调其文化属性与社会功能，中国旅游业的发展无不与国家社会经济状况和相关制度安排紧密相连。与西方国家旅游业“需求带动供给”发展路径截然相反，中国旅游业走的是一条“供给带动需求”，即先立“产业”后开拓市场需求的道路，是在市场机制和旅游供求体系均不完善的情形下开始起步发展的。1978年，中国基于改革开放和经济建设需要提出“大力发展旅游事业”。1981年，国务院颁布了第一份关于旅游业发展的战略性文件——《国务院关于加强旅游工作的决定》（国务院80号文件）。该文件指出：“旅游事业在中国既是经济事业的一部分，又是外事工作的一部分”，旅游业发展要“政治经济双丰收”。这是中国政府首次将旅游业定位于经济事业的重要文件，同时也是为中国旅游业的未来发展定位。从1981年至今，中国旅游业的发展已经走过40多年，旅游业已经发展成为国民经济的战略性支柱产业。在这一过程中，国家层面的旅游产业政策在旅游业发展壮大过程中起到了重要的扶持和推动作用。从政策目标来看，可以将改革开放后中国旅游产业政策的演进分为三个阶段。

（一）国际旅游先行发展期：1979~1991年

1978年，党的十一届三中全会做出了把全党工作的着重点转移到社会主义现代化建设上来的战略决策。1979年9月的全国旅游工作会议确定了中国旅游业由“外事接待型”向“经济经营型”转型的方针。尽管被定位于经济事业，但中国旅游业发展面临着国内市场需求不足，旅游供给短缺，市场机制不完善的问题。邓小平同志就中国旅游业的发展发表了多次讲话，指出“旅游事业大有文章可做，要突出地搞，加快地搞”，并提出要“很好地创造条件，把交通、住宿、设备搞好。要搞好道路，将来要能开快车”的要求①，以及“我们欢迎外资，也欢迎国外先进技术，管理也是一种技术……吸收外国资金肯定可以作为我国社会主义建设的重要补充”②。

1981年10月国务院发布了《关于加强旅游工作的决定》，该决定确定了旅游发展的路线为“统一领导，分散经营，政企分开，分级管理”。1984年7月，中共中央书记处、国务院批准国家旅游局《关于开创旅游工作新局面几个问题的报告》，提出加快旅游基础设施的建设要采取“国家、地方、部门、集体和个人一起上，自力更生和利用外资一起上”的方针。1985年5月，国务院颁布了《旅行社管理暂行条例》，标志着对中国旅游业的发展正式进行法制化管理。1985年11月，全国人民代表大会常务委员会通过了《中华人民共和国外国人入境出境管理办法》，该政策的实施规范了签证的签发和外国人在中国境内停留、居留的服务和管理，为发展境外人员来中国旅游创造了更好的条件。1986年，第六届全国人民代表大会第四次会议通过的《中华人民共和国国民经济和社会发展

① 杨春虹. 黄山讲话：开启中国现代旅游业大幕[N]. 海南周刊特稿，2010-11-22，B3版.

② 邓小平. 建设有中国特色的社会主义（一九八四年六月三十日）[EB/OL]. http://www.qstheory.cn/books/2019-07/31/c_1119485398_22.htm，2019-07-31.

第七个五年计划》，首次将旅游业列入国家发展计划，提出要“大力发展旅游业，增加外汇收入，促进各国人民之间的友好往来”。

1978~1991年，中国接待入境游客达3 334.98万人次，较1979年增长了7倍；接待国际旅游创汇达28.45亿美元，较1979年增长了5倍；接待入境过夜游客世界排名第12位。旅游接待设施也得到大幅度改善，到1991年，全国有旅游涉外饭店2 130座，拥有客房32.11万间，床位61.95万张，为未来旅游业的发展奠定了物质基础和知识经验基础[①]。

（二）国内旅游大发展时期：1992~2011 年

1992年，邓小平同志发表南方谈话。同年6月，中共中央、国务院印发《关于加快发展第三产业的决定》。该决定指出，“争取用十年左右或更长一些时间，逐步建立起适合我国国情的社会主义统一市场体系、城乡社会化综合服务体系和社会保障体系”。旅游业被列入国民经济和社会发展计划。同时，随着人民收入水平的提高，国内旅游需求开始增长。1999年，国务院发布了《全国年节及纪念日放假办法》（1999年修订），决定增加公共休假日，“十一”旅游黄金周自此诞生。该政策的出台极大助推了国内旅游业的发展，国内居民的旅游热情随之高涨。2001年4月11日，国务院发布《国务院关于进一步加快旅游业发展的通知》（国发〔2001〕9号），该通知明确提出“积极采取措施大力发展入境旅游，……要把发展国内旅游放到重要位置，增加适应国内旅游需求的产品和服务供给。同时，适度发展出境旅游”。旅游业逐渐进入国际（入境接待和出境旅游）与国内旅游并举发展时期。

2000年，国家发展计划委员会首次将旅游建设纳入国债项目，安排国债资金加强旅游基础设施建设，积极推动中部和西部地区的旅游发展。截至2005年，国家累计投入国债旅游基础设施建设67.2亿元，安排项目600多个，遍布31个省（区、市）的250多个重点旅游景区[②]。2009年12月，《国务院关于加快发展旅游业的意见》（国发〔2009〕41号）提出“转变发展方式，提升发展质量，把旅游业培育成国民经济的战略性支柱产业和人民群众更加满意的现代服务业”。旅游业转型升级、高质量发展成为重要政策导向。

黄金周休假制度的推出，旅游服务设施的完善和交通通达度的提高，助推国内、国际旅游迅猛发展。根据《中国旅游统计年鉴（2012）》，2011年，全国接待入境游客1.35亿人次，入境旅游收入484.64亿美元，接待入境过夜游客人数世界排名第三，开始进入世界旅游大国的行列；同年接待国内游客26.41亿人次，较1994年增长了4倍；国内旅游共花费19 305.4亿元，较1994年增长了18倍。截至2011年开放中国公民出境旅游目的地国家和地区140个，边境旅游业务扩大到黑龙江、内蒙古、吉林、辽宁、新疆等省（区）[③]。

---

① 《中国旅游年鉴》编辑委员会. 中国旅游年鉴（1992）[M]. 北京：中国旅游出版社，1992.

② 中华人民共和国国家发展和改革委员会. 旅游基础设施国债项目建设成效[EB/OL]. https://www.ndrc.gov.cn/xwdt/xwfb/200505/t20050524_958230.html，2005-01-05.

③ 钱春弦. 十年人数增五倍：我国出境游客推动世界消费[EB/OL]. https://www.gov.cn/jrzg/2011-12/09/content_2016280.htm，2011-12-09.

（三）高质量发展转型期：2012 年至今

党的十八大以来，中国旅游业发展进入全新的时期。旅游已经成为国内居民重要的休闲方式。在数字ICT推动下，旅游电子商务逐渐发展成熟，涌现出携程旅行网、去哪儿网、飞猪旅行、途牛、马蜂窝、同程艺龙、驴妈妈、穷游网等一大批在线互联网旅游平台。“旅游+”和“+旅游”的发展模式推动着产业融合进程。党的十九大报告指出，“我国社会主要矛盾已经转化为人民日益增长的美好生活需要和不平衡不充分的发展之间的矛盾”[①]。旅游业的发展目标转变为推动高质量增长，同时兼顾经济效益和人民福祉的双重目标。

2014年8月，国务院发布了《关于促进旅游业改革发展的若干意见》（国发〔2014〕31号），该意见强调“加快旅游业改革发展，是适应人民群众消费升级和产业结构调整的必然要求，……对于提高人民生活质量、培育和践行社会主义核心价值观也具有重要作用”。2018年3月，国务院颁布了《关于促进全域旅游发展的指导意见》（国办发〔2018〕15号），要求“构建良好自然生态环境、人文社会环境，……推动旅游供给品质化”，“鼓励各类市场主体通过资源整合、改革重组、收购兼并、线上线下融合等投资旅游业，促进旅游投资主体多元化”，“不断提升旅游业现代化、集约化、品质化、国际化水平”。2019年8月，国务院颁布了《关于进一步激发文化和旅游消费潜力的意见》（国办发〔2019〕41号）。《中华人民共和国国民经济和社会发展第十四个五年规划纲要》提出“推动文化和旅游融合发展”，要“坚持以文塑旅、以旅彰文”，为文旅深度融合提供了制度支持。在各种利好政策助推下，中国旅游业取得了辉煌的成就。2019年，全国接待国内游客达60.1亿人次，国内旅游总收入5.7万亿元，成为全球最大的国内旅游市场；全国接待入境游客达1.45亿人次，入境旅游外汇收入1 312.54亿美元；出境游客达1.55亿人次，成为世界排名第一的出境旅游客源市场。

简短的回顾可以发现，在适当的时候推出符合当时历史条件的产业政策一直是助推中国旅游业持续健康发展的重要力量。暴发于2019年的新冠疫情给旅游业造成了前所未有的重创，国外、国内旅游业在2020年出现断崖式下降，至今仍未复原。但疫情之下，数字旅游蓬勃发展。数字化正在重塑旅游业的运营方式，带动行业积极向好。2021年12月，《国务院关于印发“十四五”旅游业发展规划的通知》（国发〔2021〕32号）发布，指出“要充分运用数字化、网络化、智能化科技创新成果，升级传统旅游业态，创新产品和服务方式，推动旅游业从资源驱动向创新驱动转变”。2022年10月，党的二十大报告中提出了“坚持以文塑旅、以旅彰文，推进文化和旅游深度融合发展”[②]的要求。在国家持续加码推动繁荣社会主义文化、发展数字经济和支持文旅产业深度融合的政策支持下，“文化+旅游+数字技术”的深度融合必将激发旅游行业发展新动能，推动文化旅游

---

① 习近平. 决胜全面建成小康社会 夺取新时代中国特色社会主义伟大胜利——在中国共产党第十九次全国代表大会上的报告（2017 年 10 月 18 日）[EB/OL]. http://www.gov.cn/zhuanti/2017-10/27/content_5234876.htm，2017-10-27.

② 习近平. 高举中国特色社会主义伟大旗帜 为全面建设社会主义现代化国家而团结奋斗——在中国共产党第二十次全国代表大会上的报告（2022 年 10 月 16 日）[EB/OL]. http://cpc.people.com.cn/n1/2022/1026/c64094-32551700.html，2022-10-26.

业高质量蓬勃发展，建成具有社会主义特征的现代文旅产业体系。

关键词：

市场失灵 market Failure
市场势力 market Power
知识产权 intellectual property
主题公园及度假村 parks and resorts
用户生成内容 user generated content
关键意见领袖 key opinion leader
有限理性 bounded rationality
正外部性 positive externality
负外部性 negative externality
独家经营 exclusive dealing
信息不对称 asymmetric information
产权 property right
搭便车 free rider
环境承载力 environmental carrying capacity
过度旅游 over tourism
产业政策 industrial policy
标准化 standardization
规制俘获 regulation capture
自我监管 self-policing
利益相关者 stakeholder
国际标准化组织 International Organization for Standardization
自然垄断 natural monopoly
行政垄断 administrative monopoly
不完全信息 incomplete information
纵向约束 vertical restraints
目的地营销组织 destination marketing organization
边际社会成本 marginal social cost
边际社会收益 marginal social benefit
公地悲剧 tragedy of the commons
庇古税 Pigou tax
政府规制 governmental regulation
反垄断 anti-monopoly
拉姆齐定价 Ramsey pricing
次优定价 second-best pricing

复习与思考

1. 导致市场失灵的主要原因是什么？在旅游活动中有哪些体现？

2. 垄断是如何影响生产效率的？自然垄断是如何形成的？

3. 联系第七章中曾经讨论过的市场结构问题，分析为什么一些企业拥有市场势力而另一些企业却没有。

4. 信息不对称分为两类：一类是“隐蔽的行为”（hidden action），另一类是“隐蔽的信息”（hidden information）。哪一类将导致道德风险？哪一类会导致逆向选择？

5. 信息不对称的存在对消费者的购买行为、市场结构、产品质量和均衡价格都会产生影响。考虑机票的例子，假设订购/出售机票的成本基本相同，与机票价格相比可以忽略不计。然而，对于同一家航空公司提供的同一张机票，不同的代理公司给出的价格仍然存在明显的价格差异，原因是什么？

6. 请简要概述旅游活动产生的外部性有哪些类型及其表现，它会如何影响生产与消费？

7. 举例分析旅游活动中的“搭便车”与“公地悲剧”现象。
8. 在什么情况下纵向约束的效果是不确定的？
9. 拉姆齐定价与以获得最大垄断利润为目的的价格歧视有何不同？
10. 关于产业政策是否有效的争论，你支持哪一种观点？试举例说明。
11. 在旅游活动中，政府的干预行为有哪些？试举例说明。

扩展阅读：

关于社会成本及通过完善的产权界定解决外部性问题，可以学习科斯在1960年发表的经典文章The problem of social cost[①]。奥斯特罗姆的经典著作《公共事物的治理之道：集体行动制度的演进》提供了多中心治理理论及对公共政策的分析框架[②]。关于产业政策有效性之争，可参见杨瑞龙和侯方宇的《产业政策的有效性边界——基于不完全契约的视角》[③]。关于政府干预经济的力度和范围，可阅读坦茨的《政府与市场：变革中的政府职能》[④]。关于公共景区门票价格问题，请参见保继刚的《为什么西部景区门票价格居高不降？——门票地域性差异问题》[⑤]，以及谢彦君的《重点国有景区门票普遍降价的理论依据和实践价值辨析》[⑥]。关于谷歌数字艺术与文化项目，读者可下载App“Google Arts & Culture”自行浏览欣赏。

① Coase R H. The problem of social cost[J]. Journal of Law and Economics，1960，(3)：1-44.
② 奥斯特罗姆 E. 公共事物的治理之道：集体行动制度的演进[M]. 余逊达，陈旭东译. 上海：上海译文出版社，2012.
③ 杨瑞龙，侯方宇. 产业政策的有效性边界——基于不完全契约的视角[J]. 管理世界，2019，(10)：82-94，219-220.
④ 坦茨 V. 政府与市场：变革中的政府职能[M]. 王宇，等译. 北京：商务印书馆，2014.
⑤ 保继刚. 为什么西部景区门票价格居高不降?——门票地域性差异问题[J]. 旅游学刊，2019，(7)：12-16.
⑥ 谢彦君. 重点国有景区门票普遍降价的理论依据和实践价值辨析[J]. 旅游学刊，2019，(7)：25-30.

第十三章

旅游经济增长与旅游经济影响

【导读案例】古巴的旅游生产与经济增长

古巴意为“肥沃之地”。古巴的国土面积约 11 万平方千米，人口 1 000 多万，拥有复杂多样的自然资源和丰富的社会文化资源，被称为“加勒比海的绿色鳄鱼”。

20 世纪 90 年代初，古巴和美国的关系恶化，GDP 下降了 35%。1992 年，古巴政府考虑将旅游业作为经济复苏的一种可能选择。劳尔·卡斯特罗在讲话中声明：“我们没有科威特或其他国家的油井，但我们有阳光，我们有新鲜的空气，优秀的自然资源，可以娱乐和休息，我们必须利用这些旅游资源，我们必须出口它们，增加旅游业的收入。”古巴旅游部由此正式成立。1995 年 9 月，古巴国民议会通过了《关于外国投资的第 77 号法案》，允许不同形式的外国投资进入旅游业。在政府的改革推动下，20 世纪 90 年代古巴年平均游客增长率达 19%，年平均收入增长率为 26%，成为整个加勒比地区旅游业增长率最高的国家之一。进入 21 世纪后，古巴于 2008 年取消国内旅游市场限制，2009 年放开私人提供旅游住宅限制，2014 年批准新的外国投资法案。2015 年古巴和美国重新建立 50 多年前中断的外交关系，美国酒店、邮轮公司和旅游运营商等旅游企业逐渐开辟古巴市场。

截至 2019 年，古巴拥有 192 家四星级和五星级酒店，6 万多间客房，当年接待外国游客约 426 万人次，国际旅游收入超 26 亿美元，旅游业成为古巴第一大创汇产业。古巴在其国家经济和社会发展规划《关于国家、轴心和战略部门愿景的建议》中强调“旅游业将与建筑、能源、电信和生物技术产业一样，是未来几年国家发展的一个基础部门”，并认为“作为一个战略部门，旅游业必须多样化，发展其他旅游产品，如海洋和航海旅游，以及与高尔夫和房地产、自然、农业、邮轮、历史、文化和遗产、会议、大会和博览会，特别是与健康有关的旅游”[①]。

导读思考：

古巴为什么选择旅游业作为国民经济的基础产业和战略部门之一？

---

① Eros S，Lluis M，Eduardo S. Historical evolution and spatial development of tourism in Cuba，1919-2017：what is next[J]. Tourism Planning & Development，2018，15（3）：216-238.

本章思维导图——旅游经济增长与旅游经济影响

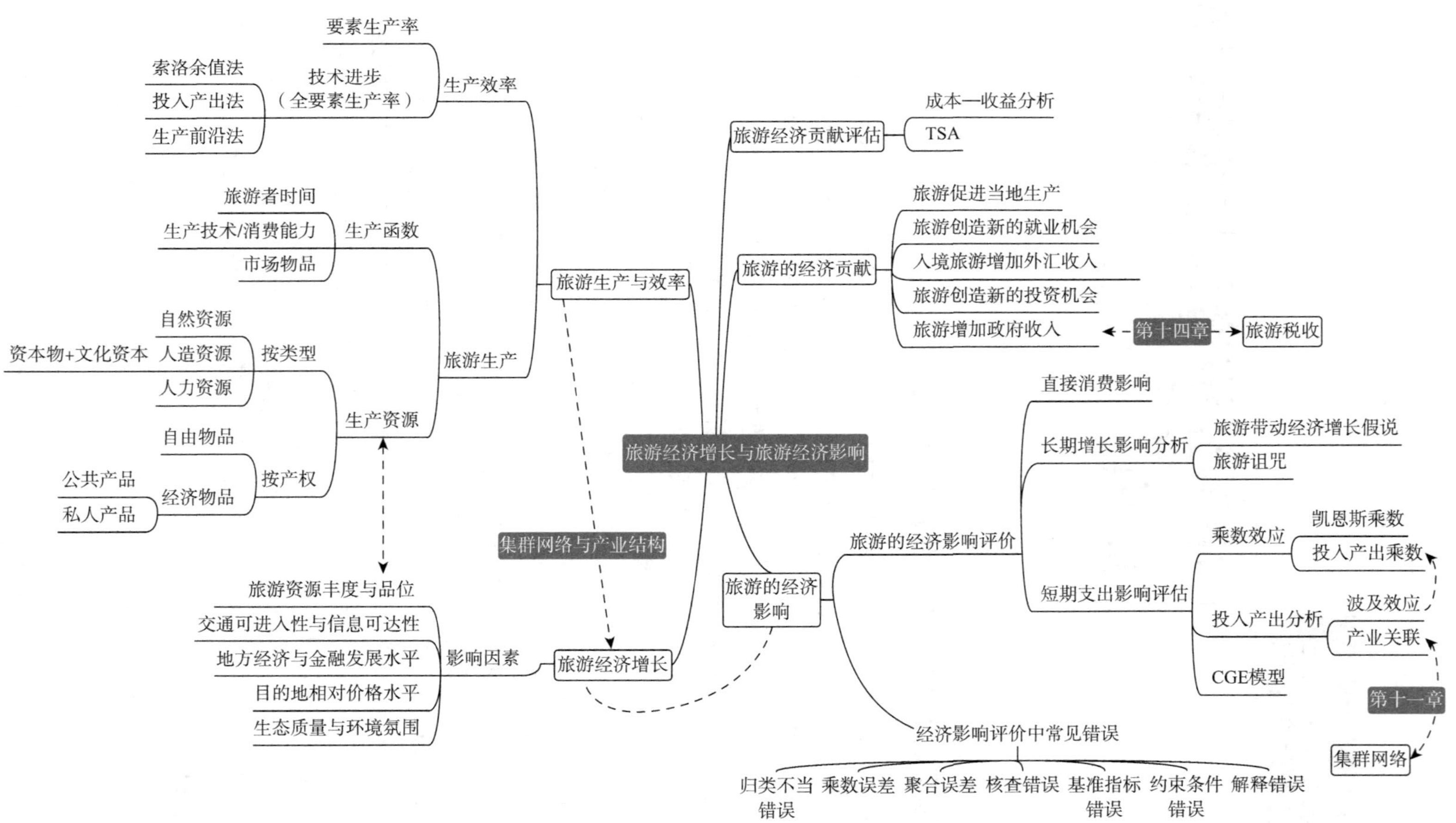

传统市场中不同行业之间的界限相对较为明确，但旅游产品复杂而异质。它由来自各类公共部门和私人部门的供给者提供的大量互补性产品组成，被游客的时间整合。据调查，游客在异地停留一周，可能会与30~50个不同的经营实体接触，包括酒店、餐馆、景区景点、休闲娱乐、出租车司机、纪念品商店、保险公司及其他旅游供应商和/或地方管理部门。并且，旅游产品的购买和消费还将随着时间的推移和距离的扩大而扩散。这使得旅游产品的生产方式与众不同，推动旅游经济增长和效率提升所需要素条件更加多元。作为激活地方资源的旅游业对旅游目的地经济的影响广泛而深远。

第一节 旅游生产及其效率

一、旅游生产所需资源

与所有商品或服务一样，旅游产品的生产和供给基于投入（生产要素）。从顾客共同生产（co-production）的角度，游客的时间投入也是旅游产品生产所需资源。从供应商或经营者的角度，这些投入既包括有形物品，也包括人类精神文明成果。从旅游生产所需组织的资源类型来看，有三种基本的生产性资源，即自然资源、人力资源和人造资源。

（1）自然资源。自然资源包括自然及其生态系统，如海洋、空气、草原、森林、气候、动植物、星球、天体等。它们都可以成为旅游吸引物，从而成为旅游生产的一部分投入要素。这些自然资源，有的可以免费获得，如洁净的空气、舒适的气候和当地的生活方式等。有的自然资源的获得需要经产权人或所在地政府的许可，如对温泉、森林资源的利用。特别地，如果需要对自然资源进行加工和改造，如在沙滩、草地上建造旅游设施，需要获得政府许可。

（2）人力资源。旅游是文化艺术消费、精神身体体验和商业的结合。旅游生产中人力资源投入不仅包括普通劳动投入，也包括创意劳动和智力投入（相关知识见第十章），涵盖从非熟练到半熟练和熟练劳动力的全部范围。并且，旅游业各行业劳动就业门槛具有异质性。

（3）人造资源。人造资源是指与旅游业有关的、有助于创造更多产品的资本物，既包括旅游目的地的建成环境、旅游基础设施，如旅馆和度假村、机场基础设施、游轮码头、道路、交通工具等，也包括以文化和艺术形式进入旅游产品或服务的文化资本。

从投入要素的产权来看，旅游产品生产所需资源既包括自由物品（free goods），如阳光、空气、气候、节庆、生活方式等无须付费就能自由取用的物品，也包括经济物品（economic goods）。按照是否具有排他性和竞争性，又可将旅游涉及的经济物品进一步划分为公共产品和私人产品。私人产品是指具有消费的竞争性，如食品、衣服、建成环境和具有供给的排他性的物品或服务，包括资本和人力资源。公共产品是指可供全体成员共同使用的物品或服务。它具有共同受益性（或称为供给的非排他性）与消费非竞争性的特征。进一步地，如果某项公共产品或服务只能作为一个整体发挥作用而不能被分割为若干部分，则称为纯公共产品（pure public goods），如国防、外交等。它们具有效用的不可分割性。很多旅游产品，特别是自然和人文景区、公园、道路基础设施、机场等都介于纯粹公共产品和私人产品之间，具有有限的非竞争性或有限的非排他性，它们都具有准公共产品（quasi-public goods）性质或俱乐部产品性质。

由于旅游产品或服务的广泛性，旅游供给主体取决于该项旅游产品或服务的性质。私人产品通常需要付费使用，即通过市场交换的方式来获得。因此，私人部门提供的旅游产品适合于用市场机制来配置资源和组织生产。旅游发展所需公共产品既无竞争性又无排他性，如果由私人部门提供，可能会引起效率损失，因此一般由政府提供。此外，旅游产品或服务的提供存在广泛的外部性。旅游具有带动资产升值、提升文化资本、推动地方经济发展，保护遗产和生态环境的功能。私人部门因无法获得这些正外部性会降低生产意愿，不能提供社会最优的数量。因此，政府应该作为公共旅游服务设施、社区旅游设施的供给主体。

旅游产品或服务的供给主体包括政府和私人部门。这些供给主体有不同的行为目标，也有各自的市场定位。政府的行为目标是社会公共利益最大化，而私人部门的行为目标是自身利益最大化。它们之间时而是竞争的，时而是互补的。例如，杭州市人民政府从2002年开始实行“西湖免费开放”，供市民和游客休闲游憩使用。2012年起，全国各级公共图书馆、文化馆（站）、公共博物馆、公共美术馆等公共文化设施免费开放。2018年，财政部支持免费开放补助资金51.85亿元；支持范围包括全国1 854个博物馆、纪念馆和全国爱国主义教育示范基地，1 123个市级和5 941个县级美术馆、公共图书馆和文化馆，41 493个乡镇文化站、城市社区（街道）文化中心[①]。由政府资助或支持建立的公益性设施和私人投资建立的商业性设施可以满足不同的旅游消费需求，共同促进旅游发展。

二、旅游生产函数[②]

生产函数即生产使用的资源与产出之间的关系。作为一种体验性产品，旅游产品或服务与工业产品不同的是，旅游产品具有消费与生产的同一性。旅游产品生产离不开消费者的共同参与。旅游产品生产，除需要土地、资本、人力等生产资源形成旅游中间投入要素外，还需要游客的时间资源投入。这些旅游中间投入要素通过时间生产线“连接、组装”起来。没有游客的时间资源投入，不可能生产出任何旅游产品。特别是在旅游越来越个性化、独立化，自由行、散客越来越多的情况下。将游客的时间资源纳入效用函数能更加真实地反映旅游生产（消费）行为。

图13.1中，集合X是游客需要支出货币购买的实现一项完整旅游流动过程所必需的中

---

① 财政部. 中央财政积极支持公共文化设施免费开放[EB/OL]. http://www.gov.cn/xinwen/2018-05/14/content_5290873.htm，2018-05-14.

② 本部分的论述节选自：左冰，谁是旅游产品的生产者？——基于新消费者行为理论的思考与实证研究[J]. 北京第二外国语学院学报，2010，(3)：12-19.

间投入产品或活动的集合。它包括各类异质的吸引物与活动、旅游商业设施及其服务。这些物品或活动部分位于客源地，但更多位于旅游目的地。集合Z是具有不同效用、内容和形式的旅游产品集合。每一个集合里可能的要素组合代表了一种不同的时间选择活动集。游客将一个连续的时间段（即旅游时间T）以一种有效的方式配置给各类中间投入产品，然后投入体力、智力和情感将这些存在于不同空间场所中的商品和活动组成不同的时空组合（time-space complexes），获得身体和精神体验，从而完成制造（同时也是享受）旅游产品，即制造旅游（making tourism）的过程。可见，旅游产品生产是一个顾客共同生产过程，游客是产消者，通过综合运用时间和商品，来生产更基本的活动，并选择最优组合，使效用函数最大化。

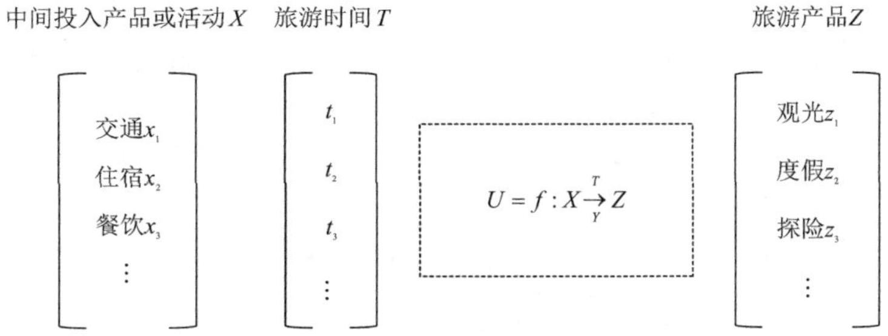

图 13.1 旅游产品的生产

资料来源：左冰，谁是旅游产品的生产者？——基于新消费者行为理论的思考与实证研究[J]. 北京第二外国语学院学报，2010,（3）：12-19

旅游活动中的时间分配将受到两方面因素的影响：一是时间线的长度，即消费者可用于旅游的总时间T；二是每种活动具体消耗的时间t_i。在其他条件，如预订的住宿产品相同的情况下，时间的分配结构而非时间的总长度决定了旅游产品的核心利益和效用。旅游时间分配的结构既是固定的，也是可变的。时间分配结构的固定性是指某些与生理需要相关的活动，如睡眠面临严重时间约束，难以改变，而另一些活动，如游览时间、交通时间在一定程度上可以自由分配。

旅游产品的时空组合还受消费者的个体偏好及其消费技术及经济预算Y的影响，同时被旅游目的地经济环境条件E（安全、卫生、气候等）调节。它们共同决定了旅游产品Z及消费者从中可获得的效用U。这样，旅游时间就构成了从中间投入产品或活动X到旅游产品Z的映射，即决定旅游产品效用、内容和形式的某种内在技术性规定。即便不同游客选择了同样的商品集合X，由于时间组合规则的不同，所“生产”出来的旅游产品的表现形式及其效用也不同。

旅游生产函数由此呈现为三重嵌套（nested）形式（图13. 2）。第一层嵌套反映的是最终旅游产品的生产过程，即游客（或在提供包价旅游的中介支持下）将各类中间投入产品或活动与其旅游时间T相结合形成完整的旅行经历。其中，旅游时间是必需的生产资料，是将旅游供应要素组合起来的重要的技术经济联系媒介和方式。

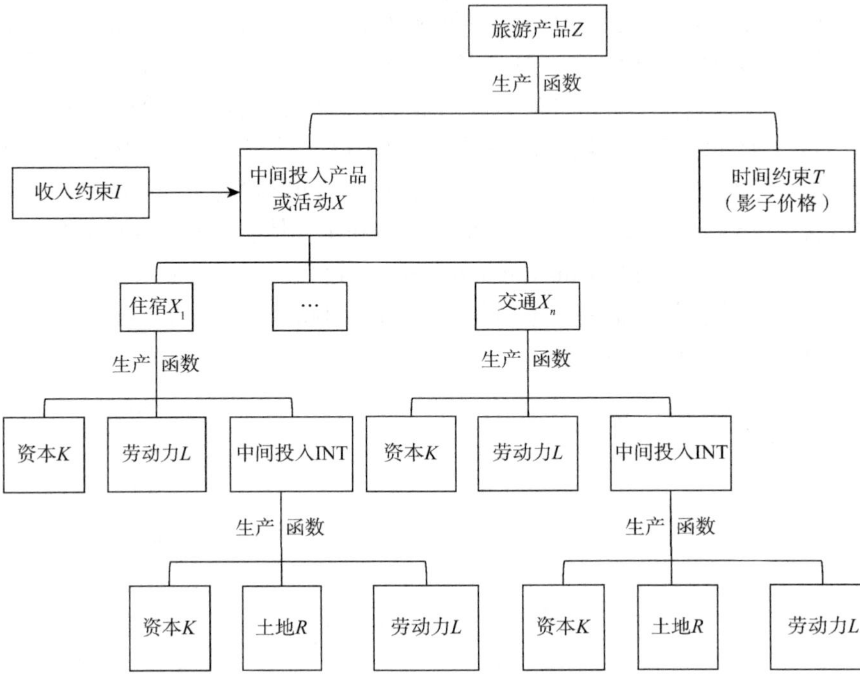

图 13.2 旅游生产函数的三重嵌套形式

资料来源：左冰. 谁是旅游产品的生产者？——基于新消费者行为理论的思考与实证研究[J]. 北京第二外国语学院学报，2010，（3）：12-19

第二层嵌套反映的是作为最终旅游产品的中间投入品的各类旅游中间投入产品或活动的生产过程。这些旅游中间产品，如交通、住宿、餐饮产品不仅自身需要其他产业提供中间投入品，也需要使用土地、资本、劳动力等基本的要素资源。第三层嵌套指的是作为旅游供应商的中间投入的其他产业的生产组织方式，与一般工业产品的生产基本相同。由此可得旅游生产函数：

$$Z = f\left(x_1, x_2, \cdots, x_n; t_1, t_2, \cdots, t_n; I, T\right) \tag{13.1}$$

可以用Cobb-Douglas生产函数形式进一步表达为

$$\begin{cases} Z = A \cdot x_1^{t_1} \cdot x_2^{t_2} \cdots x_n^{t_n} \\ \sum\limits_{i=1}^{n} p_i x_i = I \\ \sum\limits_{j=0}^{n} t_j = T \end{cases} \tag{13.2}$$

其中，$x_i^{t_i}$ 为游客消耗时间 t_i 所购买的旅游商品 x_i；p_i 为 x_i 的市场价格；A为生产（消费）技术。如果是全包旅游产品，A代表旅游中介的组织旅游生产的专业技术水平；如果是自助旅游，则代表游客的消费能力。由第三章可知，在消费者经济和时间预算约束下，旅游产品效用最大化的条件是，游客从各种活动中获得的边际效用（MP）之比相等，且游客分配于各项活动的时间的边际效用之比也相等。假定时间与货币的边际替代率为

ρ，则有

$$\mathrm{MRS}_{t_i \to x_i} = \frac{\mathrm{MP}_{t_i}}{\mathrm{MP}_{x_i}} = \frac{\Delta t_i}{\Delta x_i} = \rho \tag{13.3}$$

MRS实质上反映出旅游时间的影子价格（shadow price of time），即旅游时间的隐性货币成本。由（13.3）可计算出游客对旅游中间投入产品或活动 x_i 的需求时间弹性 τ 为

$$\tau = \frac{\frac{\Delta Z}{Z}}{\frac{\Delta x_i}{x_i}} = \frac{\Delta Z}{Z} \cdot \frac{x_i}{\Delta x_i} = \frac{\Delta Z}{Z} \cdot \frac{x_i}{\Delta t_i} \cdot \rho = \mathrm{MP}_{t_i} \cdot \frac{x_i}{Z} \cdot \rho \tag{13.4}$$

游客的需求时间弹性 τ 反映了生产一个单位的旅游产品Z所需要的各种投入要素与时间的组合关系。它表明，游客愿意花费于某项旅游活动的意愿是该旅游中间投入产品或活动提供给消费者的边际效用、该中间投入产品或活动的效用占总效用之比及旅游时间的影子价格三者的乘积。

对1996~2007年中国国内旅游消费的经验研究表明，在其他投入不变的情况下，每增加1%的住宿时间或消费，旅游意愿将会减少1.25%；每增加1%的交通时间或消费，旅游意愿将降低0.14%~0.39%。这反映了在现代社会，随着经济发展和人们收入水平的提高，时间越来越稀缺的趋势——时间的节约比金钱的节约更重要。但游客花费在旅游信息收集方面的时间和金钱具有增强其旅游意愿的正效应。因此，改善交通和通信基础设施，提高交通的便捷性、舒适性，提供真实的、高质量的旅游信息对于提升旅游目的地竞争力、推动旅游需求具有非常重要的作用。

三、旅游生产效率与全要素生产率

对于任何企业或组织，除了生产的规模属性外，提高生产率具有重要意义。生产率衡量的是每单位投入的产出量，用来衡量投入转化为产出的绩效。生产率越高，给定产出所需的投入就越少，或者换句话说，在给定投入的情况下可以生产出更多产品。这意味着资源的有效利用程度得以提升。

生产率可分为单一要素生产率、多要素生产率（multi-factors’productivity）和全要素生产率。单一要素生产率只考察某一种生产要素投入所得产出量与这种资源投入量之比。例如，劳动生产率等于劳动者在单位时间内生产某种产品的数量或市场价值。单位时间内生产的产品数量越多，劳动生产率就越高；资本生产率可以定义为生产单位产品所需投入的资本量。多要素生产率同时考虑多种资源投入量与产出量之比。全要素生产率是指除资本与劳动力外其他生产要素（如教育、技术创新）所带来的产出增长率。索洛（Solow）将其定义为技术变化（指生产技术的变化）导致的生产率变化。

常用的计算全要素生产率的方法主要有以下几种。

1. 索洛余值法

索洛认为，人均生产的提高主要归功于技术进步，而非资本积累。索洛余值法的主要思路如下：先构建一个希克斯中性生产函数 $Q = A(t) f(K, L)$。其中，K代表资本，L

代表劳动力，t代表时间趋势。$A(t)$代表随时间累积的技术效率。对t微分并除以Q有

$$\frac{\dot{Q}}{Q}=\frac{\dot{A}}{A}+\frac{\partial f}{\partial K}\cdot\frac{\dot{K}}{Q}+\frac{\partial f}{\partial L}\cdot\frac{\dot{L}}{Q} \tag{13.5}$$

分别定义资本及劳动份额：$\omega_k=\frac{\partial f}{\partial K}\cdot\frac{K}{Q}$，$\omega_L=\frac{\partial f}{\partial K}\cdot\frac{L}{Q}$。将对资本、劳动份额的估计值代入式（13.5），然后从总产出的增长率中扣除资本和劳动要素带来的增长剩余，其未被解释的部分即“索洛余值”，也即全要素生产率的增长率［见式（13.6）］。索洛认为这一余值是生产技术的变化导致的生产率的变化，可用于反映广义技术进步状况。

$$\frac{\dot{A}}{A}=\frac{\dot{Q}}{Q}-\omega_k\frac{\dot{K}}{K}-\omega_L\frac{\dot{L}}{L} \tag{13.6}$$

索洛之后的学者强调应当对生产能力和生产效率进行区分。前者是指企业所能达到的技术水平，它的变化对应生产前沿（production frontier）的移动。后者是指实际生产在多大程度发挥了潜在的技术水平，即与生产前沿的差距有多少。索洛余值法对全要素生产率的估计，其实包含了上述两层意思。

假设t期生产前沿为$A_t f\left(x_t\right)$，某企业与前沿的差距为D_t，$0<D_t\leqslant 1$，该企业t期的实际生产函数可表示为

$$y_t=A_t f\left(x_t\right)D_t \tag{13.7}$$

则全要素生产率的增长ΔTFP为

$$\Delta\mathrm{TFP}=\frac{\mathrm{TFP}_{t+1}}{\mathrm{TFP}_t}=\frac{y_{t+1}/f(x_{t+1})}{y_t/f(x_t)}=\frac{A_{t+1}}{A_t}\cdot\frac{D_{t+1}}{D_t} \tag{13.8}$$

它由生产能力$\left(\frac{A_{t+1}}{A_t}\right)$和生产效率$\left(\frac{D_{t+1}}{D_t}\right)$两方面的改进构成。进一步，可以将生产效率分解为技术效率、配置效率和规模效率。技术效率度量实际产出与最优产出的差距；配置效率度量投入边际产值与价格比的差距；规模效率度量边际生产成本与价格的差距。

表13.1展示了采用索洛余值法计算的1992~2005年中国旅游业全要素生产率的变动。研究期内，旅游业年均全要素生产率的增长率为0.029 1（2.91%），而要素投入贡献度总计高达75.55%，其中资本投入与劳动投入的贡献度分别为11.86%与63.69%，旅游业全要素生产率的增长（即广义技术进步）对旅游经济增长的贡献度为24.45%。说明在研究期内，中国旅游业属于典型的要素驱动型增长。由图13.3可以看到，研究期内旅游业非资本密集型特征突出，且旅游业投资效率低下。旅游业资本产出率基本处于零增长状态，表明旅游业技术进步速度缓慢的原因主要在于投资效率低下和基础设施投资不足。

表 13.1　1993~2005 年中国旅游业全要素生产率的变动

年份	旅游收入增长率	资本投入增长率	劳动投入增长率	全要素生产率的增长率
1993	0.228 1	0.128 3	0.092 8	0.131 2
1994	0.072 1	0.177 1	0.097 2	−0.034 5
1995	0.028 4	0.155 4	0.143 1	−0.116 2

续表

年份	旅游收入增长率	资本投入增长率	劳动投入增长率	全要素生产率的增长率
1996	0.193 5	0.184 8	0.053 4	0.124 6
1997	0.146 1	0.228 3	0.132 9	0.002 0
1998	0.116 8	0.169 0	0.247 4	−0.121 4
1999	0.140 3	0.105 2	0.057 3	0.077 4
2000	0.195 8	0.149 1	0.079 0	0.108 6
2001	−0.015 0	−0.126 3	−0.036 8	0.032 4
2002	0.149 9	0.128 7	0.083 6	0.061 0
2003	0.021 5	0.029 9	0.096 6	−0.067 3
2004	0.113 0	0.030 6	0.010 2	0.100 4
2005	0.156 0	0.199 5	0.059 7	0.079 9
平均	0.119 0	0.120 0	0.085 9	0.029 1

资料来源：左冰，保继刚. 1992–2005 年中国旅游业全要素生产率及省际差异[J]. 地理学报，2008,（4）：417-427

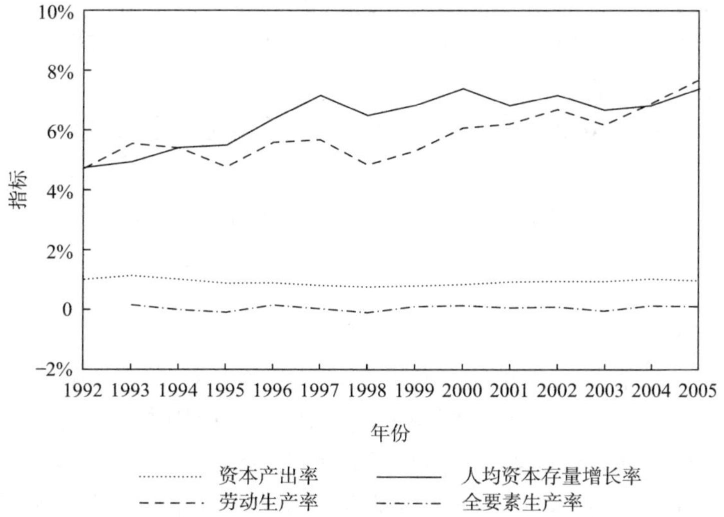

图 13.3　中国旅游业经济指标变动对比（1992~2005 年）

资料来源：左冰，保继刚. 1992–2005 年中国旅游业全要素生产率及省际差异[J]. 地理学报，2008,（4）：417-427

2. 投入产出法

运用区域投入产出矩阵也能得到对全要素生产率的估计。设包含n个产业活动单位的某经济体投入产出表技术系数（technical coefficients）矩阵为a_{ij}，设各产业增加值系数（value-added coefficients）为v_j，行业总产出（total industry outputs）矩阵为x_j，其中i, j=1,2,⋯,n。根据投入产出表的平衡关系，有

$$x_j = \sum_{i=1}^{n} a_{ij} x_j + v_j x_j = \left(\sum_{i=1}^{n} a_{ij} + v_j \right) x_j \tag{13.9}$$

两边取微分可得

$$dx_j = d\left[\left(\sum_{i=1}^{n} a_{ij} + v_j\right)x_j\right] = \left(\sum_{i=1}^{n} a_{ij} + v_j\right)dx_j + \left(\sum_{i=1}^{n} da_{ij} + dv_j\right)x_j \tag{13.10}$$

由于 $dx_j \cong \Delta x_j = x_j^1 - x_j^0$， $da_{ij} \cong \Delta a_{ij} = a_{ij}^1 - a_{ij}^0$， $dv_j \cong \Delta v_j = v_j^1 - v_j^0$，有①

$$\Delta x_j = x_j^1 - x_j^0 = \left(\sum_{i=1}^{n} a_{ij}^0 + v_j^0\right)\Delta x_j + \left(\sum_{i=1}^{n} \Delta a_{ij} + \Delta v_j\right)x_j^0 \tag{13.11}$$

式（13.11）中右边第一项表示在使用旧有技术的情况下，新增投入产生的产值变化；第二项则表示在投入不变的情况下，使用新技术导致的产出变化。全要素生产率通常定义为不归因于投入增长的总产出增长。根据这一概念，可得全要素生产率的增长率：

$$\tau_j = -\left(\sum_{i=1}^{n} \Delta a_{ij} + \Delta v_j\right) \tag{13.12}$$

其矩阵表达为

$$\tau = -\left[\left(I'\Delta A\right)' + \Delta V\right] \tag{13.13}$$

如果存在技术进步，则 ΔA 在理论上只包含负要素，表明各产业所需的中间投入在减少。ΔV 为正值表明与初期相比，产业增加值率提高；反之则表明产业增加值率相比初期减少，即中间投入增加。

使用上述方法对2010~2015年广东省旅游业全要素生产率的增长率进行测算发现，广东旅游业的人均年产值（劳动生产率）低于全行业平均水平（51.64万元/人），但全要素生产率的增长率（3.89%）高于全行业平均水平的增长率（2.39%），发挥出积极的经济效应②。

3. 生产前沿法

利用索洛余值法和投入产出法进行全要素生产率估计时的一个隐含的假设是投入价格代表了边际产出，即不存在配置无效率。这时，可以用参数估计值代替价格作为边际产出的度量，通过计算全要素生产率的迪维西亚指数③可获得全要素生产率的增长率。这一方法又称为非生产前沿法，因其不考虑生产能力和效率的区别，笼统估计全要素生产率。

全要素生产率估计的另外一种方法称为生产前沿法（production frontier approach）。生产前沿法在具体估计时，可进一步分为非参数估计和参数估计。参数估计是对形如式（13.5）的生产函数计量建模。非参数估计采用规划方法，以样本企业的最佳组合为生产前沿面，通过估计各企业与该前沿面的差距，来反映生产率及其变化，常用的方法包括数据包络分析（data envelop analysis，DEA）方法。生产前沿法对比非生产前沿法

---

① 推导如下：$\Delta x_j = x_j^1 - x_j^0 = \Delta\left[\left(\sum_{i=1}^{n} a_{ij} + v_j\right)x_j\right] = \left(\sum_{i=1}^{n} a_{ij}^0 + v_j^0\right)x_j^1 - \left(\sum_{i=1}^{n} a_{ij}^0 + v_j^0\right)x_j^0 + \left(\sum_{i=1}^{n} a_{ij}^1 + v_j^1\right) x_j^0 - \left(\sum_{i=1}^{n} a_{ij}^1 + v_j^1\right)x_j^0 = \left(\sum_{i=1}^{n} a_{ij}^0 + v_j^0\right)\Delta x_j + \left(\sum_{i=1}^{n} \Delta a_{ij} + \Delta v_j\right)x_j^0$。

② 左冰，杨艺. 旅游产业关联结构及其经济贡献研究——以广东为例[J]. 旅游学刊，2021，36（6）：25-39.

③ 迪维西亚指数（Divisia index）由 Divisia 于 1925 年提出，是一种链式相联系的指数。

的优点是区分了生产率提高的两个方面。在估计方法上，参数估计与非参数估计各有优缺点。参数估计的结果受模型设定影响较大，但能更充分地考虑随机因素的干扰。这里主要介绍DEA方法。

DEA方法的基本思想是建立一个数学规划模型，对各个具有相同类型的多投入、多产出的决策单元（decision making unit，DMU）做出行为评价。每一个决策单元（图13.4中圆点）作为一个被评价单元，其他决策单元构成评价群体。在确立与问题相应的数学模型后，通过对模型的求解得到对相对效率的综合分析，确定生产可能集和生产前沿面，进而根据各决策单元与生产前沿面的距离，判定各决策单元是否DEA有效，最终得到效率评价和排序结果。DEA方法估计距离函数时分为产出导向（output orientated）与投入导向（input orientated）两种类型。基于投入的距离函数是在给定产出的条件下投入向量向前沿面压缩的程度；而基于产出的距离函数是给定投入（和技术水平下）时产出的最大扩张程度，即投入向量所能生产的最大产出。旅游业效率估计中通常使用产出导向DEA方法，并与Malmquist指数相结合用以测度全要素生产率的增长率，以得到分别表示生产能力和生产效率的指标，称为DEA-Malmquist方法。

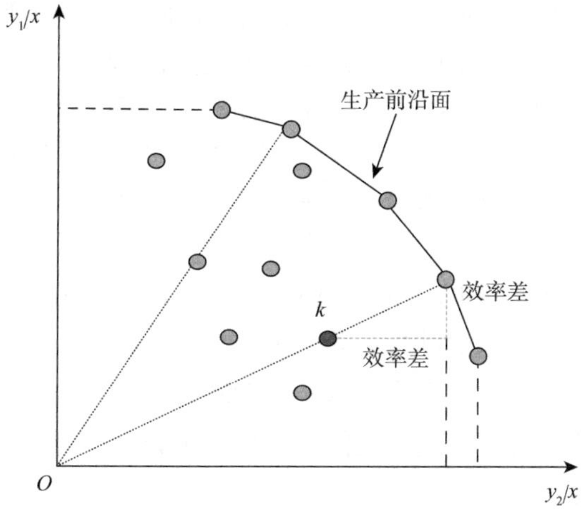

图 13.4　DEA 方法图解

DEA方法有CCR①（假定规模报酬不变）、BCC②（假定规模报酬可变）、FG③（假定规模收益递减）、SBM④（基于松弛变量）等多种模型。每种模型的区别在于对生产单元的假设不同。其中CCR是最基本的模式。设经济中共有n个决策对象，每个决策单元都有m种投入和s种产出，x_{ij}表示第i个决策单元的第j项投入，y_{ij}表示第i个决策单元的第j项产出，$u=(u_1,u_2,\cdots,u_m)$和$v=(v_1,v_2,\cdots,v_s)$分别表示投入和产出的权值向量。决策单元k的效率评价指数可以表达为

① CCR 模型由 Charnes、Cooper 和 Rhodes 三位学者于 1978 年提出。

② BCC 模型由 Banker、Charness 和 Cooper 三位学者于 1984 年将 CCR 模型进行扩展所得。

③ FG 模型是由 Fare 和 Grosskopf 提出的。

④ SBM（slacks-based measure）模型由 Tone 于 2001 年提出。

$$e_k = \frac{u^{\mathrm{T}} X_k}{v^{\mathrm{T}} Y_k}, \quad k = 1, 2, \cdots, n \tag{13.14}$$

e_k反映了从投入资源的角度来看，在当前产出的水准下，经济体中各决策单元投入资源的使用情况，以此作为效率评价的依据，这种模式称为“投入导向模式”。将其线性化后，取其对偶模型（13.15）可以求得最优解。

$$\min \theta, \quad \text{s.t.} \begin{cases} \sum_{i=1}^{n} \lambda_i x_{ij} \leqslant \theta x_{ij}, \quad \forall j = 1, 2, \cdots, m \\ \sum_{i=1}^{n} \lambda_i y_{ij} \geqslant y_{kj}, \quad \forall j = 1, 2, \cdots, s \\ \lambda_i \geqslant 0, \quad i = 1, 2, \cdots, n \end{cases} \tag{13.15}$$

其中，λ_j 表示通过线性组合构造一个有效的DMU_j 时，第j个决策单元的组合比例。这个模型可以直观地理解为将决策单元k的投入、产出表示为其他决策单元的线性组合。如图13.4所示，x代表投入的要素，y_1和y_2分别代表不同的产出。生产效率最高的5个决策单元构成了生产前沿面。θ 表示决策单元离前沿面的径向优化量或距离，θ 越趋近1代表效率越高，反之越低。如果有某个或某些决策单元的产出量达到（不一定要超过）决策单元k的水平，且投入量比k小，就会出现$\theta<1$的情况，说明决策单元k存在资源浪费，存在效率差（图13.4中灰色虚线）。反之，如果该决策单元的效率是所有决策单元中最高的，则有$\theta=1$，即其他任何决策单元都不可能使用比它还要少的投入获得与之相同或超出其产出的产量。

在式（13.14）中引入非零的松弛变量s^-与s^+。其中s^-称为差额变数，表示该决策单元为达到“DEA有效”应减少的投入量；s^+称为超额变数，代表为达到“DEA有效”应增加的产出量。s^-与s^+可推动生产无效率的DMU_j 沿水平或垂直方向延伸达到最佳水平，以此评价其当前效率与理想效率之间的差距。假定决策单元规模报酬不变的CCR线性规划模型可以表示为

$$\min \theta, \quad \text{s.t.} \begin{cases} \sum x_j \lambda_j + s^- = \theta x_0 \\ \sum y_j \lambda_j - s^+ = y_0 \\ \lambda_j \geqslant 0, \quad j = 1, 2, \ldots, n \\ s^+ \geqslant 0, \quad s^- \geqslant 0 \end{cases} \tag{13.16}$$

在规模报酬不变的情况下，引入Malmquist指数可以进一步计算出效率的变化，即DEA-MI。从s时期到t时期，区域或行业j中第i个生产单位的DEA-MI定义为

$$\mathrm{MI}_{i,j,t}\left(x_{j,s}, y_{j,s}, x_{j,t}, y_{j,t}\right) = \frac{D_i^t\left(y_i^t, x_i^t\right)}{D_i^s\left(y_i^s, x_i^s\right)}\left[\frac{D_i^s\left(y_i^t, x_i^t\right)}{D_i^t\left(y_i^t, x_i^t\right)} \times \frac{D_i^s\left(y_i^s, x_i^s\right)}{D_i^t\left(y_i^s, x_i^s\right)}\right]^{1/2} = \mathrm{TEEF}_{i,j}^t \cdot \mathrm{TECH}_{i,j}^t \tag{13.17}$$

其中，y_i^s、y_i^t和x_i^s、x_i^t分别表示s时期到t时期的产出向量和投入向量；$D_i^s\left(y_i^s, x_i^s\right)$和$D_i^s\left(y_i^t, x_i^t\right)$分别表示以$s$时期的技术$T^t$为参照的$s$时期和$t$时期生产点的函数；$D_i^t\left(y_i^s, x_i^s\right)$和

$D_i^t\left(y_i^t,x_i^t\right)$表示以$t$时期的技术$T^t$为参照的$s$时期和$t$时期生产点的函数。DEA-MI反映的是决策单元在某个时期内的综合效率（overall efficiency）变化，反映决策单元在投入要素一定时的生产效率，是对决策单元的资源配置能力、资源使用效率等多方面能力的综合衡量与评价，因而常用于反映决策单元的技术进步速度，称为Malmquist TFP。

进一步地，可以将DEA-MI分解为技术效率（TEEF）和技术变化（TECH）两部分，如式（13.17）所示。

$$\text{TECH}_i^t=\left[\frac{D_i^s\left(y_i^t,x_i^t\right)}{D_i^t\left(y_i^t,x_i^t\right)}\times\frac{D_i^s\left(y_i^s,x_i^s\right)}{D_i^t\left(y_i^s,x_i^s\right)}\right]^{1/2} \tag{13.18}$$

$$\text{TEEF}_i^t=\frac{D_i^t\left(y_i^t,x_i^t\right)}{D_i^s\left(y_i^s,x_i^s\right)} \tag{13.19}$$

技术效率衡量一个决策单元的技术水平在s时期到t时期与最优生产前沿的接近程度的追赶效应，反映实际生产量与生产技术确定的最佳可行生产量之间的差异。技术变化指的是技术水平的提高。所有指标均以1为基准。指标值大于1表示性能提高，指标值小于1表示性能下降，指标值等于1表示没有任何变化。当TEEF>1时，表明决策单元的生产更接近生产前沿面，相对技术效率有所提高。当TECH>1时，表明决策单元发生了技术进步或创新，即向生产前沿面的移动。TEEF 又可以进一步分解为纯技术效率变动（pure technical efficiency change，PECH）和规模效率变动（scale efficiency change，SECH）两个部分，计算公式如下：

$$\text{TEEF}=\text{PECH}\times\text{SECH}=\frac{D_i^t\left(y_i^t,x_i^t\right)}{D_i^s\left(y_i^s,x_i^s\right)}\times\left[\frac{D_i^s\left(y_i^s,x_i^s\right)}{D_i^t\left(y_i^s,x_i^s\right)}\Big/\frac{D_i^s\left(y_i^t,x_i^t\right)}{D_i^t\left(y_i^t,x_i^t\right)}\right] \tag{13.20}$$

纯技术效率变动是企业由于管理和技术等因素影响的生产效率的变化；规模效率变动是由于企业规模因素影响的生产效率的变化。TEEF=1，表示该决策单元的投入产出是综合有效的，即同时技术有效和规模有效。技术效率（TEEF）=1，规模效率<1，表示在目前的技术水平上，其投入资源的使用是有效率的，未能达到综合有效的根本原因在于其规模无效，因此该决策单元改进的重点在于如何更好地发挥其规模效率，以此类推。

理论上而言，除技术效率外，效率还包括分配（或价格）效率的概念。第三章中已经指出，如果生产是分配有效率的，其中投入的市场价格比率等于相应的技术替代边际率。因此，分配效率通常被定义为成本效率与以Debreu-Farrell投入为导向的技术效率之比。其中成本效率是指在技术和分配效率给定的情况下，最小可行成本与观察到的实际成本之比。因此，当且仅当生产者在技术和分配上同时有效时，它才是成本有效的。

CCR模型描述生产活动满足规模报酬不变情况下的生产效率。在不同的生产规模下，生产者的规模报酬将发生变动（相关知识见第二章）。当允许规模报酬变化时，产出Malmquist TFP指数的变化可能是技术效率变动、生产技术进步的结果，也可能是规模效率变动的结果，此时可引入约束条件$\sum\lambda_j=1$，将CCR模型转化为规模报酬可变的BCC

模型对综合效率进行分解，计算出技术效率指数（θ_b）和规模效率指数（SE=θ / θ_b）。θ_b和SE的值越接近1，表明旅游业的技术效率和规模效率越高，反之越低。

图13.5（a）展示了中国31个省（区、市）旅游业及其三大行业（景区、酒店和旅行社）的Malmquist TFP在2001~2014年的变化，其计算模型采用了贯序DEA-MI方法①。投入变量包括：①行业员工人数；②部门的实际资本存量；③地区旅游吸引物加权数量。产出变量包括：①行业旅游产值；②地区游客停留时间，反映目的地旅游服务质量。可以看出，2001~2009年，旅游业全要素生产率呈现下降趋势，旅游业技术变革主要发生在2010年之后。

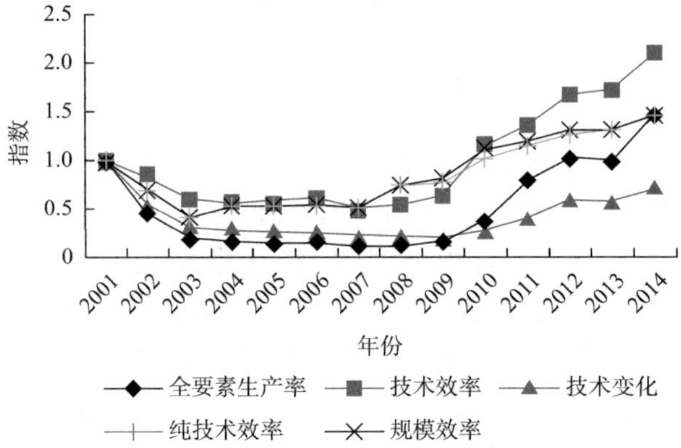

（a）

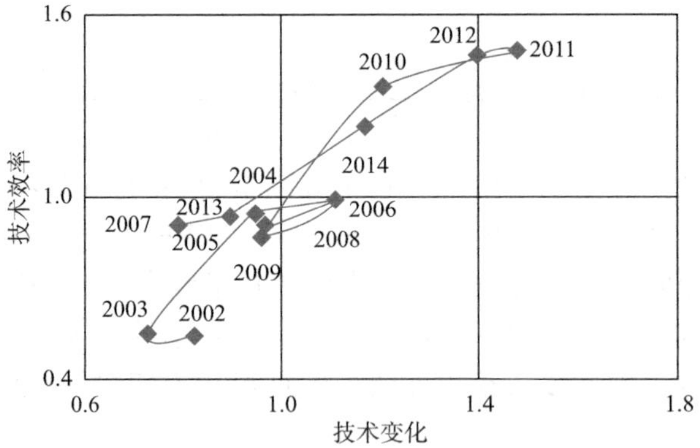

（b）

图 13.5 2001~2014 年中国旅游业全要素生产率的变化

资料来源：Zuo B，Li L D. Factor reallocation and heterogeneous productivity growth in China tourism industry[J]. Journal of China Tourism Research，2018，14（3）：370-391

图13.5（b）展示了旅游业全要素生产率增长路径，纵轴表示技术效率的增长，横轴表示技术变化的水平。在2010年之前的大部分时间里，技术效率和技术变化指数都低于1，意味着技术效率低下与技术劣化并存。然而，2010~2014年，旅游业向技术前沿发生了

① 目前，国内大多数使用 DEA-MI 方法进行全要素生产率研究的文献中，均使用当期数据计算当期生产前沿面的边界。这种方法可能会导致尴尬的技术退步，无法反映现实中存在的追赶效应，如行业领导者创造的知识和技术可以被后来者学习和获得。使用贯序 DEA 方法或多阶段 DEA 方法建立跨期生产数据集可避免此问题。

纯粹的正向转移。技术变化指数均大于1，技术效率也出现了有利的变化（值大于1）。这种变化反映出ICT对旅游业技术进步和效率提高的重要作用，提高了旅游业发展质量。2010年以后，全国涌现出一大批OTA、旅游社交媒体和虚拟旅游社区。旅游企业资本存量从2009年的20.82亿美元急剧上升到2014年的471.9亿美元；在线旅游市场交易规模从2009年的617.6亿元增加到2017年的7 384.1亿元①。基于这些事实，可以推断，2010年以来中国旅游业全要素生产率的增长是技术前沿转移和技术效率同步提高的综合作用结果。

DEA方法同时考虑多项的投入与产出属性来评估决策单元的相对效率，不依赖于人为设定，对于决策问题中不可度量和不可糅合的属性具有天然的优势，且求解速度快。但其评估结果是相对效率而非绝对效率。DEA效率为1只能说明在当前投入下不同方案同等有效，并不代表没有改进之处。此外，DEA模型不依赖于权重的选择，认为所有的投入、产出资源同等重要，一定程度上损失了模型的可靠性。并且，它只能处理线性投入产出问题。随着DEA理论的不断发展，新的模型，如多阶段DEA模型、network DEA模型也被广泛运用在各领域的效率测算中，超效率DEA模型弥补了传统DEA模型无法对出现多个效率值为1的单元进行有效评价的不足，network DEA模型可用于测算具有网络关联的多个经济单元的效率。但是，CCR模型和BCC模型作为基本模型在评价总体效率及其分解的技术效率和规模效率中还是非常有效的。

第二节 旅游经济增长

一、经济增长的驱动因素

经济增长是指一个经济体生产商品和劳务的能力或水平的持续增加。从世界范围来看，经济增长主要经历了要素驱动型增长、投资驱动型增长、外生技术进步型增长和创新驱动型增长的转变过程。

要素驱动型增长基于生产率不变条件，主要通过追加生产要素的投入量来获得产出水平的增加，故而是一种粗放型经济增长方式。在这种增长方式下，经济体或经济发展中物质资本存量和劳动力存量越多，经济增长潜力越大。

18世纪，以斯密为代表的古典经济学理论认为，劳动投入的比例及劳动分工引起的劳动生产率的提高是决定国民财富增加的主要原因。20世纪30年代，发展经济学家罗伊·福布斯·哈罗德（Roy Forbes Harrod）和埃弗塞·D.多马（Evsey D. Domar）在古典经济学的基础上提出了著名的“哈罗德—多马经济增长模型”，其主要思想如下：经济增长率取决于储蓄率和资本产出比；可通过提高投资（储蓄率）来促进经济增长，此即投

① 互联网数据资讯网. 在线旅游（OTA）及旅游产业新模式深度研究[EB/OL]. http://www.199it.com/archives/893072.html，2019-06-18.

资驱动型经济增长。

20世纪50年代末，美国经济学家索洛发现，在保持人均资本率不变的情况下，通过改变资本和劳动的组合方式，即通过外生的技术进步也可以获得经济增长。因此，索洛认为技术进步是经济增长的主要动力，具体可采用全要素生产率来对技术进步速度进行衡量。

索洛之后，美国经济学家罗默（Romer）和卢卡斯（Lucas）将知识、人力资本等内生技术变化因素引入经济增长模式中，提出了“内生技术变革理论”，也称为“新增长理论”（new growth theory）。新增长理论认为，专业化的知识和人力资本可以推动整个经济实现规模收益递增。经济体和企业可以通过投资于研究和开发工作，以及投资于人力资本来获得创新和技术进步，以此推动经济的长期增长，此即创新驱动型增长，也称为熊彼特增长。

20世纪70年代以后，以科斯和诺斯为代表的新制度学派崛起。新制度学派认为，制度是影响经济效率的最重要因素；与其说资本积累和技术进步是经济增长的决定因素，不如说它们就是经济增长本身[①]。推动经济增长的根本原因是制度的变化，应当将产业组织、制度等要素视为经济增长的内生变量，纳入经济增长模型之中进行分析。20世纪80年代发展起来的新兴古典经济学继而引入了专业化和交易费用等核心概念，运用超边际分析的方法，将知识、人力资本和市场机制、民主制度等逐步内生化。

进入21世纪后，推动经济增长的更重要的力量已经逐步转变为制度变革及数字经济引起的资源重新配置。在数字经济时代，数据作为重要的生产要素对经济增长起着关键性作用，旅游业也不例外。

二、影响旅游经济增长的因素

作为经济体中的一个部门，旅游经济增长同样受制于上述一般性的宏观和微观因素。除此之外，基于旅游生产的不可移动性和旅游供给的广泛性，旅游发展需要进行更大的社会协同，需要在为游客的流动提供便利性的基础上，将旅游目的地可贸易和不可贸易的商品黏合在一起，完成旅游产品的生产和创造。因此，旅游经济增长还依赖于如下特殊的因素。

1. 旅游资源（或称旅游吸引物）丰度与品位

按照丹恩（Dann）提出的推拉理论，旅游目的地资源禀赋是对游客产生拉力（吸引力）的基础，在很大程度上决定了旅游业的发展潜力。旅游资源越丰富，目的地市场需求面越广；旅游资源品位越高，潜在客源市场越大。导读案例中古巴的旅游业能够得到快速恢复，很大程度上得益于其丰富多样且优质的旅游资源。

---

① 左冰. 中国旅游经济增长因素及其贡献度分析[J]. 商业经济与管理，2011，（10）：82-90.

2. 交通可进入性与信息可达性

旅游供给具有本地化特征。旅游流动是人（游客个体）的流动而非商品的流动。这是旅游业区别于一般工业生产的重要特征。虽然在数字技术支持下，虚拟旅游、云旅游等新旅游业态兴起，在一定程度上打破了旅游的异地性，但在现阶段仍然需要依赖于某个空间场景，以满足游客的具身体验需要。因此，交通可进入性对于旅游目的地的旅游发展具有非常重要的影响。信息可达性是指游客与目的地之间的信息交互能力或连通程度。旅游的异地性造成游客与旅游供应商之间高信息壁垒和高交易成本，这决定了在互联网时代，旅游目的地信息基础设施供给能力与其旅游经济发展程度密切相关。

3. 地区经济与金融发展水平

旅游发展规模与地区经济发展水平具有显著的正相关关系。这是由于，发展旅游业需要进行大规模的基础设施和服务设施建设，只有经济比较发达的地区，才具备较大规模的投资能力和高质量的人力资本。地方金融发展水平对旅游业的发展有制约关系。金融发展水平较高的地区可及时为旅游项目投资和运营提供所需资金，并可通过金融工具的创新消除金融压制，合理配置旅游业所需金融资源。

4. 目的地相对价格水平

正如第一章所指出，旅游需求富有价格需求弹性，对于同类同质的旅游产品，价格水平越低，越具有竞争力。不过，各地的旅游产品或多或少具有一定垄断性，并且旅游需求也易于受到社会性因素的影响。在炫耀性消费或网络效应影响下，具有较高价格水平的旅游目的地（在一定程度上体现旅游目的地资源垄断性或其较强的吸引力）往往受到游客追捧和青睐。因而，特定目的地价格水平的高低对于旅游发展的影响是不确定和动态变化的，需要具体问题具体分析。

5. 生态质量与环境氛围

良好的生态环境是旅游发展的基础。清新的空气、舒适的气候、丰富的动植物资源、独特的文化景观本身就是旅游吸引物，是旅游产品的重要组成部分。在全球气候变化和新冠疫情影响下，人们对于生态环境质量的敏感性增强而宽容度降低，特别是休闲度假者，对旅游目的地情感依恋和整体环境氛围更加重视。旅游目的地环境氛围及其管理、消费场景与情感营造发挥着越来越重要的作用。

三、经济增长的结构视角和网络视角

经济增长的过程通常伴随着产业结构转型或结构变化。关于经济增长的结构主义观点认为，经济整体所包含的各部门的构成及其相互关系决定着经济体的宏观经济行为，因此产业结构变化对经济增长具有非常重要的作用。旅游业是由食、宿、行、游、娱、购等不同类型行业构成的有机整体。各类企业不同程度地嵌入这个系统中，其嵌入的方式及程度的差异势必对旅游业发展产生不同的影响。如图11.1所示，旅游业发展不仅呈现为总量的增长，还伴随着产业内部主导产业的更替演变。反过来，这种结构变化不仅影响着产业发展绩效与规模，也推动着旅游目的地企业竞合关系和旅游发展模式的变化①。在旅游目的地发展的早期阶段，观光游览占据着产业结构网络的中心位置。伴随着旅游目的地的发展，旅游业三大轴心产业（住宿、购物和餐饮）逐渐崛起，推动旅游目的地由观光旅游向休闲度假模式转变。从结构主义视角出发，旅游业向高质量发展转变的过程，就是旅游业结构不断合理化并向高度化迈进的过程（见第七章）。

从微观企业间网络关联来看，企业之间集聚和竞争、企业之间的关联和竞合关系与产品开发和市场发展均密不可分。企业间结构关联越紧密，越有助于产业集中度水平的提高及市场不确定性水平的降低。研究表明，旅游企业网络关联度对游客消费水平具有显著的正向影响。这是由于紧密的联系可降低企业间的信息交换成本，产生知识溢出效应，有助于提供更好的旅游产品或服务。企业之间的联系路径长度越短，信息传输损耗越小，旅游经济发展的质量越好。在旅游目的地发展过程中，网络开放度对旅游目的地发展也具有重要影响。产业网络系统越开放，旅游目的地获得的信息和资源越多，流通效率越高，旅游发展态势越好（相关知识见第十一章）。在产业网络度中心势（反映网络核心—边缘结构）不变的情况下，企业数量越多，越有助于促进旅游业发展；而在企业数量不变的情况下，产业网络度中心势越高（出现了明星企业），旅游目的地吸引游客的能力越强，同时也将获得更快的旅游经济增长速度。

第三节　旅游的经济贡献

一、区分“经济贡献”和“经济影响”

经济贡献与经济影响是两个不同的概念。旅游的经济贡献衡量的是一个经济体中旅游业的总体规模和重要性；旅游的经济影响是指旅游活动作为构成“冲击”的具体事件对经济的影响。这意味着，对经济影响的评估必须考虑到旅游业在整个经济中广泛的互动效应。

通常，可以用某产业对GDP的贡献及其相关指标来衡量该产业在既定时期内的重要程度及其经济表现。这些衡量经济贡献的重要指标如下。

（1）总增加值（gross value added，GVA），指经济体每年生产的商品和服务的价值同生产中消耗原材料和其他投入成本之间的差额。计算公式为：GVA=GDP−生产税+生产补贴。

---

① 左冰，蔡书漫，杨艺，等. 旅游产业网络拓扑结构演进与旅游经济增长：阳朔案例[J]. 旅游学刊，2020，35（6）：25-39.

（2）国民生产总值（gross national product，GNP），又称为国民总收入（gross national income，GNI），指本国国民所生产的所有商品和服务的市场总价值（不论是否在国内生产）。计算公式为：GNP=GDP+本国国民在国外的财产净收入（包括工资、股息、利息和利润）。

（3）国内生产净值（net domestic product，NDP）和国民生产净值，是指分别从国内生产总值和国民生产总值中扣除固定资产折旧之后的市场总价值。

旅游业对旅游目的地的直接经济贡献通常采用旅游产值（数值上等于旅游总消费或旅游总收入）、旅游国内生产总值（tourism gross domestic product，TGDP）和旅游国内增加值（tourism domestic value added，TGVA）三个指标及旅游就业、税收等指标反映。一般通过抽样调查，统计出一定时期内游客在旅游目的地的总消费及支出构成进行测算。

游客在旅游目的地的直接支出可以使用总量反映，也可以根据游客的每次行程或每天在不同旅游细分市场中的消费进行估计，如人均每天花费等。但是，借助旅游消费支出或产值反映旅游的经济贡献存在诸多问题，旅游总消费数据本身无法提供游客购买商品或服务的详细信息，因此很难统计究竟哪些部门从游客消费中获得了销售收入。旅游消费支出本身也不是旅游企业的盈利指标，无法揭示不同旅游细分市场的成本与效率。此外，并非所有游客购买的商品或服务都是本地生产的，即存在经济漏损，而旅游消费支出并不能体现扣除漏损之后的销售净额。旅游消费产生的经济影响往往与旅游消费支出的大小无明显正相关关系。因此，旅游收入数据本身并不能够揭示旅游消费如何影响其他行业和整体经济，即便在相同的旅游目的地，有着相同消费水平的游客也可能带来截然不同的经济贡献和经济影响。

二、旅游对目的地的经济贡献

（一）旅游促进当地生产

游客的出现增加了对当地商品或服务的需求，所产生的消费支出可能对旅游目的地商品或服务的生产产生直接效应（direct effects）、间接效应（indirect effects）和诱导效应（induced effects）（图13.6）。旅游支出的直接效应体现为旅游供应商直接向游客销售旅游业及相关产业的商品或服务从而获得收入，对当地经济产生直接影响。通过追踪提供第一轮旅游商品或服务的企业直接用于生产旅游产品的中间采购（见图13.2旅游生产的第二重嵌套），并衡量这些中间部门累计提供的产出和就业，可以估算旅游消费的间接效应。最初的旅游消费通过企业的再生产和家庭的再消费不断在社会经济中流动，最终对整个经济的收入和就业产生影响，称为诱导效应。诱导效应实际上就是这些“旅游价值链”上的非直接旅游相关行业的间接经济贡献的总和。

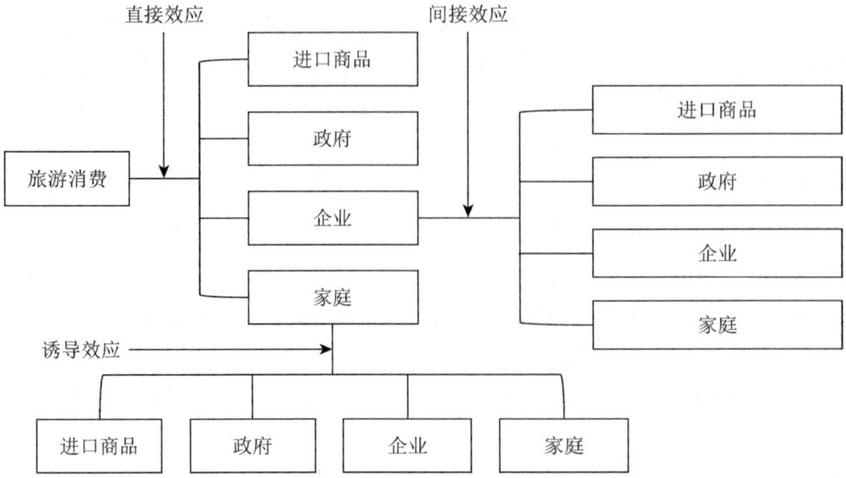

图 13.6 旅游支出的直接效应、间接效应和诱导效应

研究表明，在G20（20国集团）国家中，旅游业对GDP的间接贡献与直接贡献之比介于86%（墨西哥）和221%（俄罗斯联邦）之间；平均而言，旅游业对G20国家的间接贡献为直接贡献的1.12倍[①]。对2000年中国旅游业的测算表明，旅游业间接贡献与直接贡献之比为1.15[②]；2017年珠海市旅游产业间接贡献为直接贡献的1.48倍[③]。

值得注意的是，旅游目的地居民在旅游休闲活动中的消费支出不能被视为当地的"旅游收入"。当地居民参与旅游休闲活动只是对当地早已存在的经济活动的一种重新分配。居民消费支出一般被视为转移性/替代性的消费支出，在对旅游活动进行经济影响评估时不应包括本地居民在本地的休闲旅游支出。

（二）旅游创造新的就业机会[④]

旅游业不仅为本行业提供就业机会，还通过复杂的价值链为其他行业创造就业机会。旅游就业可分为三种不同类型：直接就业，是指为游客直接提供服务的接待设施就业，以及从事与旅游生产直接相关的所有工作；间接就业，包括通过提供旅游企业生产所需的商品或服务，间接从事与旅游生产的所有工作；诱导就业，是指旅游消费支出的诱导效应引起的就业。

旅游业是一个相对劳动密集型的行业。2019年全球旅游行业就业人数3.34亿人，支撑了全球十分之一的就业[⑤]。对于地方消费需求不足导致就业不足的地区，旅游对就业

① Vellas F，Becherel L. International Tourism in Developing Countries[M]. New York：Palgrave MacMillan，1995.

② 左冰. 中国旅游产出乘数及就业乘数的初步测算[J]. 云南财贸学院学报，2002，(6)：30-34.

③ 左冰，伍姣，廉吉全，等. 珠海市旅游产业关联与经济影响研究报告[R]. 中山大学旅游学院，珠海市旅游发展中心，2022.

④ 本节内容节选自：左冰. 效率提高会吞噬就业吗？旅游产业升级的就业效应研究[J]. 商业经济与管理，2018，(12)：77-90.

⑤ UNWTO. International tourism highlights，2019 edition[EB/OL]. https://www.unwto.org/publication/international-tourism-highlights-2019-edition，2019-08-28.

产生的影响会更大。旅游业以中小企业为主，众多旅游直接就业集中在非正规部门，包括街头小贩、当地导游、司机等。这些工作通常技术含量低、报酬低、工作时间不规律，尤其是临时性、季节性和兼职的比例较高。此外，旅游企业员工流动率很高，雇用的女性占行业劳动力的60%~70%[①]。不过，由于旅游非正规部门的经济活动漏损率低，同等旅游支出情况下，旅游非正规部门对本地经济的影响更大。

旅游业发展可能带来"就业破坏效应"，如旅游发展导致其他行业的就业机会减少（挤出效应）。新技术的应用，如在线预订系统、旅游电子商务的发展、企业数字化转型等，可能带来结构性失业。在酒店，游客可以自助办理入住手续；在机场，自助式登机日益普遍；在餐厅，服务员可以通过电子方式向厨房发送订单，并由机器人送餐；在公共交通工具中，无人驾驶列车在越来越多的城市运营，造成劳动就业岗位的损失。这是由于产业升级通常以技术进步和集约生产为主要特征，所需劳动力数量相应减少。但是，产业升级伴随着要素由低生产率企业或行业向高生产率企业或行业转移，势必促进旅游经济总量的增长和规模的扩张，催生新兴劳动就业岗位，增加就业数量，产生"就业创造效应"。例如，Airbnb的发展给旅游目的地带来了更多的就业机会[②]。

可见，在旅游业发展过程中，其就业贡献存在着双重效应，旅游业技术效率提升在对劳动力就业产生替代效应的同时，也能催生新兴岗位，改变劳动力的就业分布，最终导致就业模式发生根本性的变迁。表13.2反映了2000~2014年中国旅游业升级的就业创造效应和就业破坏效应，随着旅游业规模的扩张，中国旅游业升级总体上具有积极的就业增长效应。总量上，2014年中国旅游业直接就业总计904.90万人，比2000年增加了约600万人。从就业结构来看，住宿业是吸纳就业最多的行业门类，吸纳的就业人数占旅游业总就业人数的30.1%，批发零售业（20.5%）、餐饮业（17.0%）和文化、体育和娱乐业（10.2%）次之。公园、游览和景区管理业吸纳就业人数仅占总就业人数的2.36%，低于铁路运输业（5.6%）和航空运输业（2.8%）。

表 13.2　2000~2014 年中国旅游业升级的就业创造效应和就业破坏效应　单位：万人

类型	旅游业合计	航空运输业	铁路运输业	道路运输业	水上运输业	公园、游览和景区管理业	住宿业
规模扩大（就业创造）	897.231	101.344	103.453	63.402	59.399	102.878	−14.411
消费结构变化（就业破坏）	−149.454	−5.586	−10.835	−2.884	−1.31	1.535	76.02
技术效率提升（就业破坏）	−327.751	−11.395	−30.205	−11.384	0.786	1.073	−9.124
合计	420.026	84.363	62.413	49.134	58.875	105.486	52.485

① UNWTO International Labour Organization. Measuring employment in the tourism industries：guide with best practices[R]. https://webunwto.s3.eu-west-1.amazonaws.com/s3fs-public/2022-04/employment_tourism_industries.pdf，2014.

② Zervas G，Proserpio D，Byers J W. The rise of the sharing economy：estimating the impact of Airbnb on the hotel industry[J]. Journal of Marketing Research，2017，54（5）：687-705.

续表

类型	餐饮业	批发零售业	文化、体育和娱乐业	邮政和信息传输服务业	城市公共交通运输业	居民和其他服务业	
规模扩大（就业创造）	191.133	229.102	−8.959	−19.532	90.159	−0.737	
消费结构变化（就业破坏）	101.208	−10.819	−80.271	−8.648	−20.327	−187.537	
技术效率提升（就业破坏）	59.187	5.012	−11.579	−1.613	−26.616	−291.893	
合计	351.528	223.295	−100.809	−29.793	43.216	−480.167	

从技术效率提升产生的就业影响来看，在绝大多数时间，旅游业效率提高对就业总量产生了负面影响，分析期内产生的总就业破坏效应为327.751万人。其中，旅游消费结构变化共导致减少就业149.454万人。航空运输业、铁路运输业和城市公共交通运输业因技术效率提升最快而就业破坏效应最大。尽管各类特色民宿、精品酒店等新的产品形态不断出现，但住宿业因技术效率提升仍然产生了9.124万人的就业损失。邮政和信息传输服务业、居民和其他服务业由于产值占比减少且劳动生产率提升较快，带来的就业破坏效应也比较大。

在产业升级转型阶段，旅游业就业增长主要来自劳动生产率相对较低行业的规模扩张，就业减少则源自劳动生产率较高行业的产值降低。也即各行业的就业增长与其效率滞后性呈现正相关关系。互联网引领的旅游数字经济发展强化了社会劳动生产率对旅游就业比重的促进效应，导致劳动力逐渐向劳动生产率较低的旅游部门转移。不过，尽管新技术的应用在一定程度上造成了用机器替代人力，如机器人客服、自助售货机的出现，但同时也会通过构建新的组织形式和经营形态创造新的岗位，如场景策划、微领队、旅行达人等。但技术应用期必须足够长，企业才能充分利用升级后的技术条件，创新组织形式和改进经营模式。从这个角度来看，旅游业升级的就业破坏效应往往表现在短期之中。从长期来看，由于旅游业具有高度的人际服务特征，只要旅游业处于不断发展壮大之中，产业升级的就业创造效应会更加明显，最终将通过改变劳动力分布的结构来促进就业的增长。

（三）入境旅游增加外汇收入

发展入境旅游有助于扩大一个经济体的出口基数，产生非居民外汇。这对于发展中国家尤其重要。因为外汇是进口外资产品的重要支付手段，能够影响本地投资水平和经济增长。旅游目的地所获得的入境旅游收入通常被视为出口创汇，计入国际收支平衡表的旅行账户下，代表当地向非居民提供的出口服务。客源地居民的出境旅游支出则被视作对东道国的进口。旅游外汇收入越高，该经济体的国际购买力越强。此外，入境旅游也可以促进国与国之间更密切的联系，提高旅游目的地劳动力的技能水平、教育背景和文化多样性，并进一步发展和建立商业关系。据统计，发展中国家服务贸易收入的43%

以上来自旅游出口，在最不发达国家这一比例占70%以上[①]。2019年，中国出境旅游15 463.25万人次，出境旅游支出超1 400亿美元，位居世界第一；同年入境旅游14 530.78万人次，旅游外汇收入1 300亿美元，排名世界第四[②]。

从微观层面来看，旅游出口也为销售国内需求不足的产品或服务提供了更多机会。通过发展入境旅游，旅游企业可以实现规模经济，增加利润，增强产品创新并分散市场风险；从“干中学”中逐渐获取知识和获得技术渠道，对经济的其他领域产生“溢出”效应。这有助于提升国内的微观经济效率，增强旅游目的地竞争力。

旅游外汇收入的增加，也会对汇率（即外币的本币价格）及本地物价产生上升压力（相关知识见第十四章），可能导致进口增加及其他行业的出口减少，降低目的地旅游业相对于其他目的地的价格竞争力。特别是许多发展中国家，基础货币投放主要通过外汇占款实现，外汇储备规模膨胀将提高本国货币发行成本，导致金融信贷被动快速拓展等金融扭曲现象，同时也将面临更高的汇兑损益和购买力缩水风险。

（四）旅游创造新的投资机会

旅游业发展要求扩大旅游相关产品的生产、服务和销售规模，这会刺激国内外企业的投资。不断增长的旅游业还需要地方政府投资扩大公共设施建设以满足游客的需求，改善包括道路、机场、港口、电力、排污、蓄水、通信基础设施、废弃物处理系统和休闲娱乐资产在内的基础设施来支持经济发展。长期稳定的旅游发展还将吸引外国直接投资或外商合资等各类项目，旅游创新创业也将吸引大量风险投资（相关知识见第九章），这些资金将直接进入经济体的GDP核算，并可以提升目的地满足旅游需求的整体能力。

（五）旅游增加政府收入

旅游业相关的税收涉及旅游活动中生产和消费的所有商品或服务，可以从多个方面增加政府税基。其中包括：直接税收——机场离境税、机场噪声税、酒店床位税；间接税——货物和服务税、燃油税、关税、酒类税等；旅游企业所得税；旅游员工个人所得税；游客在旅游目的地逗留期间缴纳的各种不同类型的税款（相关知识见第十四章）。旅游目的地的税基是旅游目的地政府促进经济发展、调控宏观经济的重要来源，特别是对于较小经济体，旅游产值越高，对政府税收的总体贡献越大。

三、衡量旅游的经济贡献：TSA

旅游业作为一个经济和社会领域的新兴产业得到了长足的发展，各地政府迫切地需要估算旅游对目的地的经济贡献。衡量旅游的经济贡献面临的一个关键问题是，旅游业在任何经济统计或国民核算体系中都不作为一个独立的部门存在。旅游业是一个横跨许多经济部门的行业，游客消费来自多种行业的商品或服务，如零售贸易、住宿和食品服

---

① Luzzi G F, Flückiger Y. Tourism and international trade: introduction[J]. Pacific Economic Review, 2003, 8(3): 239-243.

② 数据来自国家统计局。

务、运输、艺术、娱乐业及个人和娱乐服务。虽然为满足旅游业需求而生产和消费的所有产品或服务都已列入国民账户，但在国民经济核算中很少有经济体将“旅游业”确定为一个单一的“行业”。

全面可靠的统计数据对于做出有效的资源配置决策至关重要。由充分的数据产生出可信的统计数字，才有可能比较旅游业与其他行业活动的表现，并对公共部门和私人部门进行有依据的旅游政策分析。UNWTO和其他国际机构从20世纪90年代起就鼓励各国发展TSA，并发布了《旅游卫星账户：建议采用的方法框架》文件①。TSA是核心国民账户（SNA）②的延伸。它提供了一种国际公认的、标准化的方法，用以评估旅游支出的规模和影响及其在不同部门之间的联系。表13.3展示了TSA在分析旅游业的经济贡献时所涉及的关键衡量指标。使用TSA可以对传统国家会计框架中未单独确定的旅游活动的规模和作用进行估计，并与其他部门进行比较。不仅如此，它还可以提供旅游就业数据及与其他生产性经济活动的联系。

表 13.3 TSA 的关键衡量指标

主要指标	指标解释与含义
旅游支出	是指游客在其旅行期间及在旅游目的地停留期间所支付的金额，无论其全部或部分由企业或政府支付。旅游支出包括旅行之前或之后的支出，但前提是这些支出与旅行有关
旅游消费	是指游客或访客在其旅途中和停留在旅游目的地期间的消费总和。TSA 通过家庭调查和企业调查来衡量游客的消费支出
旅游消费社会转移	是指游客不支付的某些产品和服务的消费估算。例如，亲友餐饮招待、住宿亲友家中的住宿费用的估算，包括实际货币支出和非货币支出
旅游产出	产出包括在某一企业内生产的、可在该企业外使用的商品或服务，加上为自己的最终使用而生产的任何商品或服务。将所有与旅游有关的行业的产出汇总在一起的旅游产出是以“基本价格”来衡量的，也就是在对旅游产品征税（或扣除对旅游产品的任何补贴）之前
TGVA	用行业的旅游产值减去生产这些旅游产品所用中间投入产品的价值来衡量
TGDP	在扣除生产过程中消耗的商品或服务成本后游客所消费的国内商品或服务的总市场价值。它可以直接与国民生产总值进行比较
旅游营业盈余总额	是指旅游相关企业产值减去中间投入、雇员报酬、生产税和进口补贴后的余额。它反映旅游相关行业的利润和工资水平
旅游就业	旅游核心产业及旅游相关行业的雇员数量
旅游出口	是指国际游客在某一旅游目的地购买的该旅游目的地生产的商品或服务
旅游进口	也称为“出境旅游消费”，是指出境游客在国际旅行时，在居住国以外的旅游消费

资料来源：UNWTO. Tourism Satellite Account: Recommended Methodological Framework 2008[R]. 2008

表13.4列出了编制TSA所需的步骤。建立TSA和衡量旅游的经济贡献首先需要通过对旅游特征产品和旅游相关产品的区分来识别旅游的组成。其中，最重要的是计算

① UNWTO. Tourism Satellite Account：Recommended Methodological Framework 2008（TSA-RMF 2008）[R]. 2008.

② SNA 是国民账户的国际统计标准，纳入了许多最普遍考虑的经济指标，如 GDP、家庭消费和储蓄、投资（资本形成）、利润（总经营盈余）、进出口及与资产和负债有关的指标。

出与旅游有关的生产服务中直接提供给游客使用的产值比率，以便用来将每种商品或行业的产出“份额”分配给旅游业，也称为“旅游消费剥离系数”。具体的计算公式如下。

i产业旅游消费剥离系数：

$$\gamma_i = \frac{TC_i}{Y_i},\ i = 1, 2, \cdots, n \qquad (13.21)$$

其中，TC_i表示计算期内i产业的旅游产值（旅游收入）；Y_i 表示该产业的总产出。旅游消费剥离系数反映该产品部门中旅游生产活动产出占部门总产出的比例。以珠海市2017年旅游生产为例，游览业的旅游消费剥离系数最大，为89.77%，即珠海市游览业产出中的89.77%提供给外地游客使用，当地居民消费占10%左右；住宿、交通、餐饮、娱乐和购物业的旅游消费剥离系数分别为61.88%、50.86%、35.87%、28.37%和13.43%①。将此旅游消费剥离系数应用到行业层面的数据中，就可以得到一套向游客出售产品或服务的所有行业的产出、增加值、就业等的账目记录。

表 13.4　旅游 GDP 与就业计算步骤

步骤	项目	具体操作
1	确定游客购买的产品或服务（通过抽样调查）	1. 估算每种旅游产品的旅游消费； 2. 从每种产品的旅游消费中扣除生产税和补贴、利润和进口，推算 TGDP
2	确定旅游产品比率（使用区域投入产出表或通过企业调查）	1. 将旅游消费除以每种产品的总供应量，确定每个行业提供给游客的旅游产品比例； 2. 将旅游产品比率应用于每个行业的每个产品的产出，以估计每个行业的旅游业产量； 3. 使用投入产出的关系估算生产每个行业的旅游产品产出所需的中间消耗
3	计算旅游业总产值	1. 根据每个行业的基本价格计算旅游业产出； 2. 旅游业产出减去产生旅游业产出所需的中间消耗； 3. 计算经济中所有行业的总和
4	估算旅游业 GDP 和生产税	使用游客支出占总支出的比例来计算 TGVA 和旅游生产税
5	估算旅游就业	该部门的旅游就业计算所用的比率与计算每个行业的 TGDP 份额所用的比率相同

资料来源：Australian Bureau of Statistics. Australian national accounts：tourism satellite account methodology[EB/OL]. https://www.abs.gov.au/methodologies/australian-national-accounts-tourism-satellite-account-methodology/2020-21#tourism-satellite-account-framework，2021-10-12；括号中为作者添加

图13.7为澳大利亚2021年TSA信息，描述了其经济中的旅游消费流向，并展示了国内旅游产值［以购买者价格（purchaser price）计算的入境和国内旅游消费之和，即游客支付的价格］如何分解为TGVA和TGDP。

① 左冰，伍姣，廉吉全，等. 珠海市旅游产业关联与经济影响研究报告[R]. 珠海市旅游发展中心，中山大学旅游学院，2022.

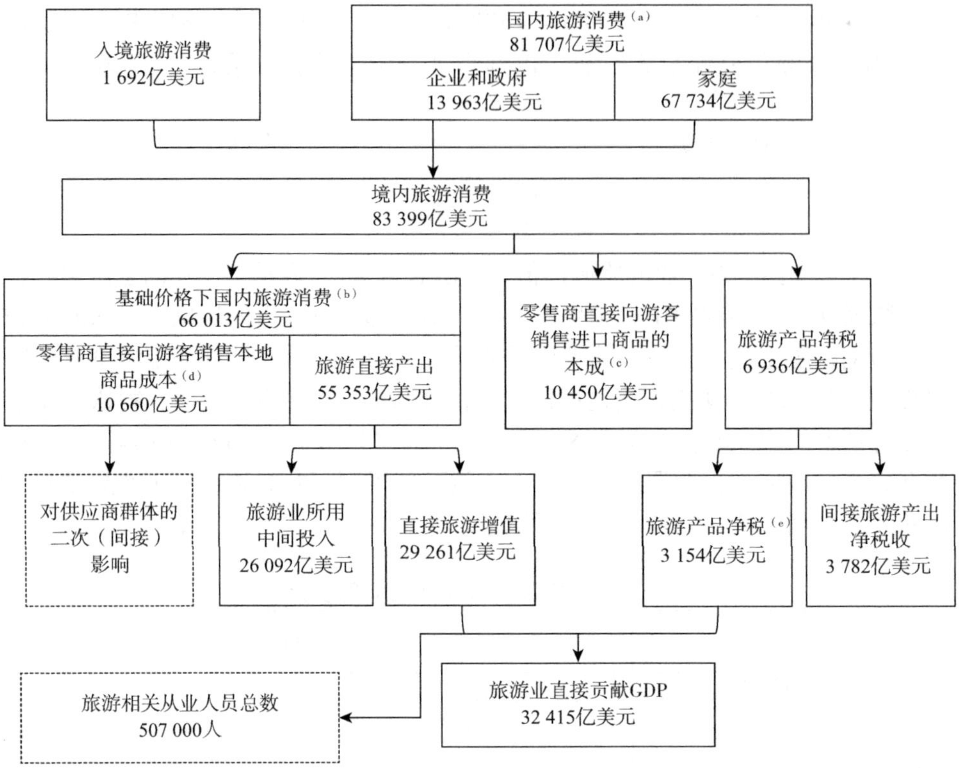

图 13.7　澳大利亚 2021 年 TSA

说明：（a）由于进位关系，总数不能相加。（b）除另有规定外，旅游消费的统计均以游客购买价格计量。其他货币总量以基本价格衡量。（c）除另有说明，图中所有数字均为现行价格（即报告时）。（d）包括国内供应商的批发和运输的利润。（e）只包括归因于零售贸易活动的净税收

资料来源：Australian Bureau of Statistics. Australian national accounts：tourism satellite account，2021-22 financial year [EB/OL]. https://www.abs.gov.au/statistics/economy/national-accounts/australian-national-accounts-tourism-satellite-account/latest-release，2022-12-08

TSA主要是描述性的，其本身并不是评估旅游经济影响的工具。在投入要素不变的情况下，旅游消费会对价格、汇率和工资产生影响，进而影响整个经济。要正确认识这些影响，就必须超越TSA的收益计量办法，使用经济模型以更准确地评估旅游业的经济影响。

第四节　旅游的经济影响评价

旅游的经济影响可以总结为以下公式：

总经济影响（TI）=直接消费影响（DI）+长期增长影响（LRG）+短期支出影响（SRS）　（13.22）

等式右边的三种影响中的每一种都可以采用特定的方法来进行衡量。旅游直接消费支出对经济的影响，即直接消费影响（DI）可以采用如上所述的TSA来估计。旅游消费支出的短期影响，即短期支出影响（SRS）可以使用旅游经济影响评价模型评估。旅游发展的长期影响，即长期增长影响（LRG）通常涉及人力资本变化、要素生产率、技术进步、产业结构及资产价格变化等，它反映旅游对经济长期发展产生的潜在的经济影响，通常使用计量经济模型进行评估。

一、乘数效应

乘数经常被用来估计旅游需求变化的经济影响。旅游乘数效应（tourism multiplier effect）又称为倍增效应，是指外生旅游需求的边际变化引致的旅游接待地区经济系统在产出、收入等方面的变化，通常用于反映游客消费在旅游目的地所引致的经济影响和展示旅游目的地从旅游发展中获利的经济部门的广泛性。乘数也可用于估计旅游支出减少所造成的产出、收入、就业等方面的减少。虽然乘数效应包括直接效应、间接效应和诱导（引致）效应，但它关注的是边际层面的变化水平而非总量或平均变化水平。

英国经济学家阿切尔（Archer）最早关注到乘数的价值及其政策意义，并将其用于评估游客在旅游目的地的消费支出对旅游目的地经济的影响。从凯恩斯乘数的原初概念出发，可以将旅游乘数看作旅游消费的弹性系数的绝对值。计算公式为[①]：

$$K = \frac{1}{\mathrm{MTR} + \mathrm{MPS} + \left[(1 - \mathrm{MTR} - \mathrm{MPS}) \times \mathrm{MPM} \right]} \tag{13.23}$$

其中，MTR表示旅游目的地边际税率，并假定政府不直接将其用于消费；MPS表示当地居民的边际储蓄倾向；MPM表示旅游目的地边际进口倾向，即旅游业和当地居民用于购买非本地商品或服务的支出比例。这一评估方法基于凯恩斯乘数原理，因而又被称为凯恩斯乘数效应。采用式（13.23）进行测量需要详细的社区调查数据，且研究区域越小，可用数据越缺乏，因此应用该方法进行旅游乘数效应研究受到数据可得性的严重约束。

计算旅游乘数的另一思路是将旅游乘数看作最初旅游消费在一定时期内产生的总收入效应除以最初旅游消费所得的数值。从经济视角来看，来自经济系统之外的游客在本地的花费可以看作本地产品或服务部门的出口。这笔消费将一次又一次地在经济系统中流转，直到从经济系统中消失。旅游业对经济体的总经济影响因而可以看作其直接效应、间接效应和诱导效应的总和。假设一个游客在餐馆消费并支出餐费。餐费的一部分将用于购买蔬菜、支付能源费用、印刷菜单、支付房屋租金、购买桌布等，还将用于支付餐馆雇员的工资、政府税收和业主利润。其中一些采购将从当地供应商处采购，另一些将从旅游目的地外进口。当地供应商将从其他供应商那里购买投入品；业主和雇员也会将其利润或工资用于消费。每一种类型的支出都通过供应链推动一轮又一轮的采购—生产—消费过程。游客最初的直接消费不断地在经济中循环，直到最终（通过家庭储蓄、税收和进口）流失。因此，游客的消费支出在旅游目的地所引起的产出的变化，即旅游乘数效应，又可以使用下面的公式进行计算：

① Bull A. The economics of travel and tourism[M]. 2nd ed. London：Longman，1995.

$$旅游乘数效应=总效应/直接效应 \tag{13.24}$$

其中，总效应=直接效应+间接效应+诱导效应。

乘数在一定程度上代表了旅游目的地产业间的关联。这种关联会因不同地区旅游发展类型的不同、产业结构与门类的不同而存在巨大差异。一般而言，经济体产业门类越齐全，则旅游乘数越高，因为产业之间关联度更强，进口额不高（即漏损较低）。此外，由于各个产业的附加值率不同，同等数量的旅游花费，也会因旅游消费结构的不同而有不同的乘数效应。

有三种类型的乘数常常被用于衡量旅游的经济影响，即旅游产出乘数(tourism output multiplier)、旅游收入乘数（tourism income multiplier，TIM）和旅游就业乘数。旅游收入乘数是从旅游货币支出效应角度考虑的旅游业给国民经济创造新的收入或国外资本投资旅游业所产生的乘数效应(后者有时也单独称为投资乘数)；旅游产出乘数是单位旅游消费给整个经济系统带来的直接、间接和诱导性产出水平的增加和最初的直接产出本身的比率；旅游就业乘数反映的是单位旅游消费支出给旅游目的地创造的新增就业机会。据世界旅游及旅行理事会在2003年发布的报告，世界上绝大部分国家和地区的旅游就业乘数在2.14~3.31，而据不同研究者的测算，各国/地区的旅游产出乘数与旅游收入乘数差距很大，在0.41~3.56波动（表 13.5）。

表 13.5 世界上部分国家和地区的旅游产出乘数和旅游收入乘数（按旅游收入乘数大小排名）

排名	国家和地区	旅游乘数	
		旅游产出乘数	旅游收入乘数
1	巴基斯坦		3.30
2	澳大利亚		2.52
3	土耳其	1.52	2.03
4	南斯拉夫	3.56	1.99
5	中国	2.15	1.79
6	英国		1.73
7	爱尔兰	1.72	
8	加拿大	1.70	
9	斯里兰卡		1.59
10	黎巴嫩	1.40	
11	埃及	1.23	
12	百慕大	2.66	1.22
13	多米尼加		1.20
14	希腊		1.20
15	塞浦路斯		1.14
16	所罗门群岛		0.99
17	毛里求斯		0.97

续表

排名	国家或地区	旅游乘数	
		旅游产出乘数	旅游收入乘数
18	新加坡	2.00	0.94
19	塞舌尔		0.88
20	安提瓜	0.88	
21	巴哈马	2.25	0.88
22	坦桑尼亚	1.59	0.85
23	菲律宾	1.87	0.82
24	斐济		0.82
25	尼泊尔		0.76
26	意大利		0.71
27	美国	1.73	0.68
28	开曼		0.65
29	肯尼亚	1.81	0.64
30	冰岛		0.64
31	牙买加		0.60
32	马耳他	0.86	0.56
33	伯利兹	2.11	0.41
34	巴巴多斯	1.41	
35	韩国	1.42	

资料来源：中国的数据来源于左冰. 中国旅游产出乘数及就业乘数的初步测算[J]. 云南财贸学院学报，2002,(6)：30-34；其余数据来源于 Frechtling C，Horvath E. Estimating the multiplier effects of tourism expenditures on a local economy through a regional input-output model[J]. Journal of Travel Research，1999，37：324-332

在旅游乘数效应的计算中，最常见的错误是将旅游产出乘数直接乘以游客支出来获得总的收入效应，因为这会夸大旅游的经济影响。在计算旅游乘数时，必须从总的购买者价格中扣减生产者价格（producer price）。原因在于，提供旅游产品的企业很可能位于旅游目的地范围之外，致使游客的初始消费出现漏损（Leakage），不会对本地经济产生影响。因此，在应用旅游乘数时，只能计算游客支出中在本地流转的部分，这部分占游客总支出的比重通常被称为捕获率（capture rate）。在一般情况下，只有60%~70%的游客消费会作为最终需求留在旅游目的地经济系统，英国的本地经济捕获率为0.63①。因此，在计算旅游收入乘数时，正确的方法应当是

$$\mathrm{TIM}=(1-\mathrm{MPM})\times\frac{1}{\mathrm{Leakage}} \tag{13.25}$$

在旅游乘数的计算中通常假定经济活动不受资源限制。当旅游目的地不存在过剩产能，如充分就业时，就会出现因旅游需求过剩而给旅游目的地带来通货膨胀压力。此时，

① Gelan A. Local economic impacts：the British open[J]. Annals of Tourism Research，2003，30：406-425.

诱导效应将非常小。因此，旅游乘数只是提供了在有限的理想化条件下可能发生的旅游经济影响的上限估计值。旅游乘数还可以使用许多不同的方法进行计算［如下面介绍的投入产出分析（input-output analysis）法］，其大小将取决于所采用的模型类型及研究者把握现实经济特征的能力。研究者在比较不同的乘数估计值时必须小心谨慎。

二、投入产出分析

投入产出分析法是评估旅游的短期经济影响和计算旅游乘数效应的相对有效的方法，在旅游经济影响评价和政策分析中得到了广泛的应用。投入产出分析法是利用现代数学，通过建立投入产出模型（投入产出表或投入产出数学模型），研究经济系统各要素之间投入与产出的相互依存关系的经济数量分析方法。

（一）投入产出表的基本结构与平衡关系①

投入产出分析基于国家或区域层面编制的投入产出表。投入产出表是一组关于最终需求的组成部分与各部门之间的相互作用，以及部门与其主要投入之间关系的账户。它是根据国民经济各部门生产中的投入来源和使用去向纵横交叉组成的一张棋盘式的平衡表。投入产出表以矩阵的形式，记录和反映了一个经济系统在一定时期内各个产业部门之间发生的产品交换及服务流量，可用来揭示各部门之间经济技术的相互依存、相互制约关系。投入产出表中的投入是指产品生产所消耗的原材料、燃料、动力、固定资产折旧和劳动力；产出是指产品生产出来后所分配的流向和流量，包括用于生产、生活及积累。

投入产出表分为实物型投入产出表和价值型投入产出表两种类型。前者用产品的标准单位或自然单位计量。价值型投入产出表依据实物表、价格表和财务收支数据核算得来，是最为常用的投入产出表。价值型投入产出表的核算价格有基本价格、生产者价格和购买者价格三种。通常，中间消耗和使用、增加值和最终使用等数据以购买者价格计价；中间投入和总产出数据以基本价格或生产者价格计价。投入产出表中的出口品和进口品价格分别按照本国离岸价格（free on board，FOB）和本国到岸价格（cost insurance and freight，CIF）计价。如果按照基本价格编制投入产出表，则需要通过价值矩阵将各部分数据调整成以基本价格计价的一致形式②。

表13.6展示了投入产出表的基本形式。一般形式的多部门投入产出表仅仅是部门数目的简单增加，并不改变表的结构。表13.6中，列向分为中间需求和最终需求两项，行向分为中间投入和增加值两项。这四项两两交叉构成了投入产出表的四个象限。表13.6的最右边列表示总产出，是各产业部门的中间投入和最终使用之和。表13.6的最底行表示总投入，是各产业部门的中间使用及增加值之和③。第一象限由作为中间投入项的各产业部门交叉

① 投入产出分析的理论渊源来自魁奈经济表、里昂惕夫（Leontief）投入产出表和瓦尔拉斯一般均衡理论。

② 其中按基本价格计价的投入产出表最为普遍，这是因为这种投入产出表受税制影响最小，能够最为准确地反映生产技术情况；而按生产者价格和购买者价格核算的投入产出表均不同程度地受到税制的影响。

③ 非竞争型投入产出表未区分本国产品和外国产品，如果分析开放经济则需要使用竞争型投入产出表。竞争型投入产出模型的中间投入分为国内中间投入和进口中间投入两大部分，反映了二者的不完全替代性。

构成，其列向量表示各产业部门的中间投入，行向量表示各产业部门的中间需求。这是投入产出表的核心部分，也称为内生部分，它反映一定时期内经济体再生产过程中各产业之间相互提供中间产品的依存和交易关系。例如，从第2产业部门列来看，x_{12}表示第2产业部门的生产活动（或产品）需要第1产业部门的生产活动（或产品）的投入量。

表 13.6　投入产出表的基本形式

<table>
<tr><th colspan="2" rowspan="4">产出
投入</th><th colspan="5">中间需求</th><th colspan="10">最终使用或最终需求</th><th rowspan="4">进口</th><th rowspan="4">总产出</th></tr>
<tr><th rowspan="3">产品部门 1</th><th rowspan="3">产品部门 2</th><th rowspan="3">…</th><th rowspan="3">产品部门 n</th><th rowspan="3">中间需求合计</th><th colspan="5">最终消费</th><th colspan="3">资本形成总额</th><th rowspan="3">出口</th><th rowspan="3">最终使用合计</th></tr>
<tr><th colspan="3">居民消费</th><th rowspan="2">政府消费</th><th rowspan="2">合计</th><th rowspan="2">固定资本形成额</th><th rowspan="2">存货增加</th><th rowspan="2">合计</th></tr>
<tr><th>农村居民</th><th>城镇居民</th><th>小计</th></tr>
<tr><td rowspan="5">中间投入</td><td>产品部门 1</td><td colspan="5" rowspan="5">第一象限
（中间使用部分）</td><td colspan="12" rowspan="5">第二象限
（最终产品部分）</td></tr>
<tr><td>产品部门 2</td></tr>
<tr><td>⋮</td></tr>
<tr><td>产品部门 n</td></tr>
<tr><td>中间投入合计</td></tr>
<tr><td rowspan="5">增加值</td><td>劳动者报酬</td><td colspan="5" rowspan="5">第三象限
（毛附加价值部分）</td><td colspan="12" rowspan="5">第四象限
（空白项）</td></tr>
<tr><td>生产税净额</td></tr>
<tr><td>固定资产折旧</td></tr>
<tr><td>营业盈余</td></tr>
<tr><td>增加值合计</td></tr>
<tr><td colspan="2">总投入</td><td colspan="5"></td><td colspan="12"></td></tr>
</table>

第二象限是投入产出表的最终需求部分，即外生部分，反映各产业生产的产品或服务成为最终产品的去向和数量，包括消费、投资和出口。列向量表示最终使用中消费和投资等各项对于各产业部门的需求，行向量表示各产业部门的最终供给。例如，从消费列来看，政府消费表示政府活动对各类生产活动（或产品）的最终需求。

第三象限由中间使用项和增加值项交叉构成，其列向量表示各产业部门的增加值或要素投入，包括劳动、资本和税收等，行向量表示各种要素的中间供给。

第四象限是空白项，表示要素投入与最终使用间不发生关联。

价值型投入产出表存在如下的平衡关系：

各部门的总产出=该部门的中间需求+该部门的最终需求

各部门的总投入=该部门的中间投入+该部门的毛附加价值

各部门的总产出=各部门的总投入

各部门的中间需求合计=各部门的中间投入合计

各部门的最终需求合计=各部门的毛附加价值合计（GDP）

（二）投入产出分析模型

投入产出分析模型由系数、变量的函数关系组成的数学方程组构成。令x表示经济总产出的向量，y表示最终需求的向量，a_{ij}衡量部门i对部门j的产出的使用强度，称为技术系数矩阵（用A代表），则有以下等式：

$$x_i = \sum_{j=1}^{n} a_{ij} x_j + y_i,\ i = 1, 2, \cdots, n \qquad (13.26)$$

也可以写成：$x=Ax+y$，令Δy表示最终需求的向量增量（即旅游消费），则有

$$X=(I-A)^{-1}\Delta y \qquad (13.27)$$

X即旅游需求Δy所诱发的旅游目的地经济系统的额外产出，又称为波及效应（ripple effect）。$(I-A)^{-1}$称为里昂惕夫逆矩阵。里昂惕夫逆矩阵中的每个元素表示对部门j的产出增加一个单位的最终需求，部门i的产出增量，即$b_{ij}=\partial_{xi}/\partial_{yj}$。部门$j$的产出乘数因此可被定义为里昂惕夫逆矩阵的第$j$列中元素的总和：$b_j = \sum_{j=1}^{n} b_{ij}$。该指标衡量的是$j$部门最终需求的一个货币单位变化对所有部门（包括本部门）产生的总产出。在某些弱条件下，里昂惕夫逆矩阵可以写成

$$(I-A)^{-1}=I+A+A^2+A^3+\cdots+A^n \qquad (13.28)$$

由此，可以将产出乘数分解为三种效应的总和，即直接效应、间接效应和诱导效应，分别由矩阵I、A和S（$S=\sum_{k=1}^{\infty} A^k$）的相应系数给定（见式13.24）①。由此计算得出的乘数称为投入产出乘数。

与乘数模型相比，采用投入产出分析法对旅游经济影响的分析高效且具有可比性。但投入产出模型具有非常严格的假设，这些假设会影响旅游经济影响评价的准确性和计算出的乘数值②：第一，投入产出表具有静态特性。基本的投入产出模型不包含价格机制，且假定规模收益和技术水平不变。也就是说，模型中的投入与产出之间的数量关系由固定技术系数描述，无法考虑规模收益递增，这可能导致估计结果产生偏差。第二，投入产出模型没有考虑资源因素约束。投入产出模型假定经济中有足够的闲置资源（土地、劳动力、资本等）来满足任何额外需求，这将导致高估旅游的影响。第三，投入产出模型属于局部均衡模型，忽略了经济中的反馈效应及旅游发展的社会和环境成本，这些效应可能带来负面影响。第四，乘数效应的产生具有时滞。旅游最终需求的变动导致其他产业的变动并不立即反映在产出量的变化上，而是有一个时间过程。这个时间过程的长短，往往在不同的经济体中及经济发展的不同阶段和经济周期中的不同时期有不同的表现。尽管存在上述局限性，但使用投入产出法可充分展现旅游与经济系统要素间的联系及经济效应问题，是其他数量经济方法不可替代的。对投入产出模型的改进也在不

① Miller R E，Blair P D. Input-Output Analysis：Foundations and Extensions[M]. Cambridge：Cambridge University Press，2009.

② Dwyer L，Forsyth P，Spurr R. Evaluating tourism's economic effects：new and old approaches[J]. Tourism Management，2004，25（3）：307-317.

断进行，如引入经济动态、对最终需求要素内生性的假设和使用非线性投入产出模型等。

三、CGE模型[①]

为了解决投入产出模型的局限性，CGE模型被引入旅游经济影响及政策分析中。CGE模型是基于新古典经济学一般均衡理论的一种大型数值模型。它用一组方程将经济理论与实际经济数据相结合，以反映经济系统的结构和经济主体的行为。

一般均衡理论的起源可以追溯到瓦尔拉斯（Walras）在1874发表的《纯粹经济学要义》。它是从所有商品和生产要素市场的相互依存性出发研究一般均衡价格实现的可能性和条件，全面考察一个经济系统中供求关系的不均衡导致价格变动，进而又使供求关系趋向平衡的经济变量的运动过程（联系第三章）。CGE模型的基本思想是把一般均衡理论从一个抽象的经济理论描述转化成现实经济的形象描述，即针对某个具体的经济系统，根据该经济系统的体制结构、生产技术条件、消费行为特征和研究目的，将理论研究中的生产函数、效用函数等关键因素具体化，从而得到一组可以充分描述和模拟该经济系统中的供给、需求及市场关系的方程组，并且在一系列优化条件，如生产者利润最大化、消费者效用最大化及成本最小化等约束下，求解这一方程组，得出在各个市场都达到均衡时的一组数量和价格。

CGE模型具有三方面的特征：①可计算。CGE模型以真实经济数据作为输入并且可计算得出均衡解。②一般性。CGE模型涉及多个产业和多个主体（如政府、家庭、产业、贸易伙伴），需要基于效用最大化和利润最大化假设建立关于所有主体经济行为（含进出口）的方程。③均衡性。CGE模型依赖于价格调整以使供给和需求达到平衡的古典假设。CGE模型的均衡包括要素市场均衡和产品市场均衡。如图13.8所示，在这个封闭经济模型中，要素价格使要素市场达到均衡；价格使产品或服务的需求和供给达到均衡。通过价格的变动，产品、要素市场得以出清。

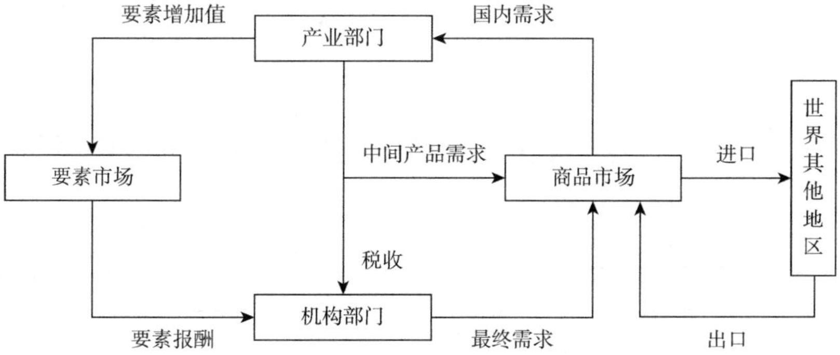

图 13.8　一般均衡经济系统的基本结构

资料来源：Blake A. The Structure of the Moffat Scenario CGE Model[M]. Cambridge ：Cambridge University Press，2011

CGE模型允许价格变动，可以将资源约束和部门之间的反馈效应纳入分析之中，因而相比投入产出模型，在进行旅游经济影响评价或政策分析时能获得更符合现实的结果。

---

① 本部分内容节选自：左冰. 旅游流动、资本积累与不平衡地理发展[M]. 北京：经济科学出版社，2010.

因此，CGE模型在旅游经济分析和政策制定中的应用日益广泛。特别是由于世界银行等国际组织的大力推动，几乎所有的发达国家和大部分发展中国家都建立了本国的CGE模型，用于诸多政策问题的研究，包括公共金融和税收、经济联合、关税与贸易总协定谈判、南北贸易问题、发展战略的评价问题、能源环境问题等。CGE模型的新近发展还可以将动态性、金融部门和各种理论，如“内生增长理论”等构建入CGE模型中，使经济发展的路径及路径的变化过程都能被观察到。这使得CGE模型不但在政策分析方面特别有用，还可成为检验各种政策主张和经济理论的“试验场”。

图13.9是基于中国政府2000~2006年使用国债资金建设旅游基础设施的CGE模型结构图，模拟了在混合经济的运作过程中，旅游基础设施投资增加导致的价格变化（包括工资、生产价格、汇率）和在此价格水平之下的生产水平（包括部门产出、就业、需求和供给）以出清所有市场（劳动力市场、商品市场和外汇市场），从而与经济增长（旅游业作为重要的经济部门之一）产生相互作用的一个持续过程。

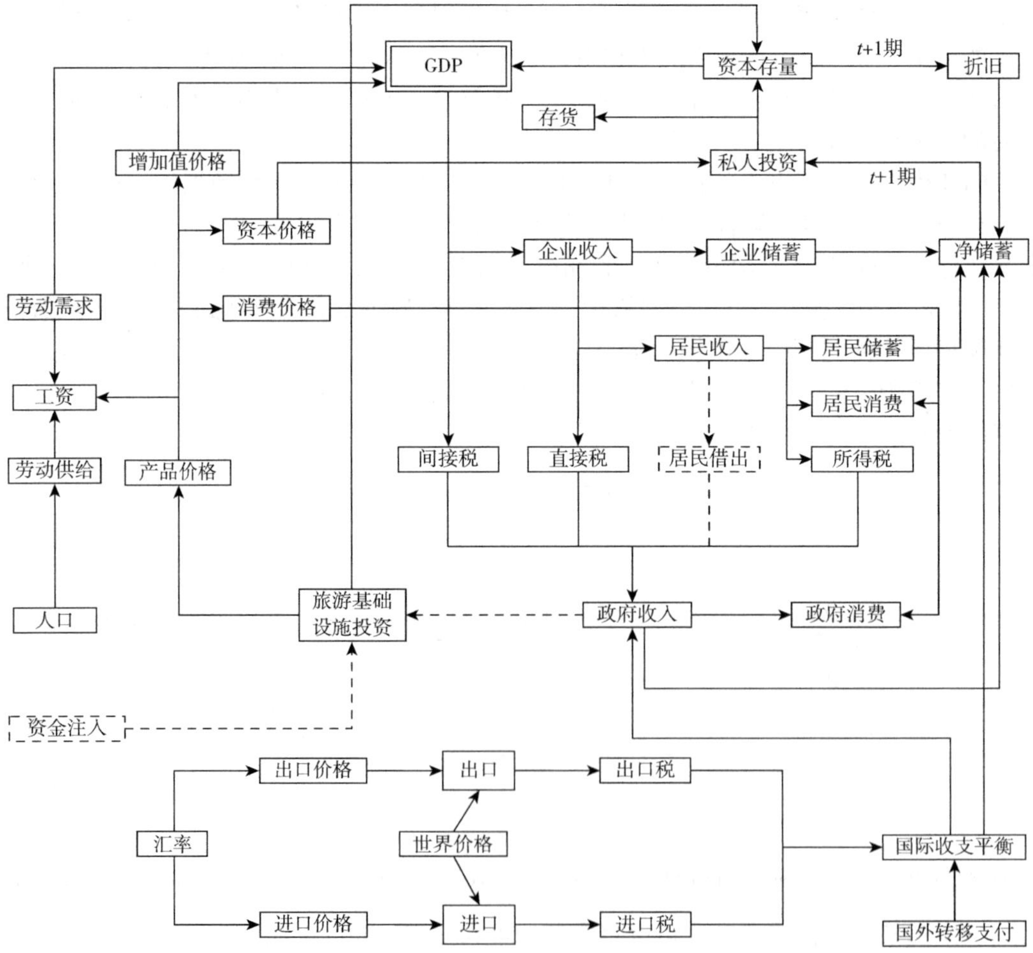

图 13.9　旅游国债基础设施投资 CGE 模型结构图

资料来源：左冰. 旅游流动、资本积累与不平衡地理发展[M]. 北京：经济科学出版社，2010

在CGE模型中，政策变化导致旅游基础设施投资增加（作为外生变量），政府产生财政赤字。旅游基础设施投资的增加将在t+1期形成生产能力，影响旅游产品及其他产品的价格，从而影响到要素需求与最终需求；较高的需求会增加价格上升的压力，高额的资本回报吸引投资。对服务的需求上升，劳动力和资本价格也会上升，但贸易和替代效应会减弱或放大初始的冲击。在短期，假定经济具有剩余劳动供给（允许失业的存在），则经济通过物质资本存量的变化和劳动力供给的内生变化得到调整（凯恩斯闭合）。在长期，假定经济处于充分就业状态，总投资由各储蓄组成部分之和内生确定，即模型由“储蓄驱动”（新古典假设）。

构成CGE模型主干的数据集是社会核算矩阵（social accounting matrix，SAM）。它捕获了一年内发生在经济体中的所有经济交易的流量。它的主要数据来源是投入产出表和国民账户，并辅以一系列其他关于税收、收入和支出的数据（表13.7）。准确的SAM能确保CGE模型准确地反映经济的实际结构。

表 13.7　经 cross-entropy 法校准后的中国 2002 年宏观 SAM 表　　单位：亿元

项目		活动	产品	资本	劳动力	居民	政府	资本形成	世界其他		收入合计
									旅游	其他	
		1	2	3	4	5	6	7	8		9
活动	1		国内供给 257 552.78								总产出 257 552.78
商品部门	2	中间投入 165 205.91				居民消费 44 868.5	政府消费 11 970.98	投资 32 863.80	入境旅游 1 088.4	出口 23 129.52	总需求 278 038.71
资本	3	资本收益 25 652.53									资本收益 25 652.53
劳动力	4	劳动报酬 53 281.91									劳动报酬 53 281.91
居民	5			投资收益 24 474.92	劳动收入 53 242.41		转移支付 3 030.20				居民收入 80 747.53
政府	6	间接税 13 412.43	关税 750.48			转移支付 6 227.90					政府收入 20 390.81
资本账户	7					居民储蓄 29 131.74	政府储蓄 5 389.34				总储蓄 34 521.08
世界其他 旅游	8		出境旅游 1 345.6	国外资本报酬 1 177.61	国外劳动报酬 39.50	国外转移 519.39	经常转移 0.29	国外投资 1 657.28			外汇支出 23 129.52
世界其他 其他			进口 19 735.45								
支出合计	9	总投入 257 552.78	总供给 278 038.71	总资本支出 25 652.53	总劳动报酬 53 281.91	居民支出 80 747.53	政府支出 20 390.81	投资 34 521.08	外汇收入 23 129.52		

注：外汇收入和外汇支出中已含入境和出境旅游收支

资料来源：左冰. 旅游流动、资本积累与不平衡地理发展[M]. 北京：经济科学出版社，2010

CGE模型方程由价格方程、生产方程、收入方程、支付方程和宏观闭合方程五类方程构成，前四类方程是CGE模型对经济特征的描述，而宏观闭合方程则体现了CGE模型所包含的新古典思想及建模的目的。CGE模型参数的标定来自三方面：一是引用前人研究的成果，如进出口商品替代弹性；二是采用计量经济学方法确定需求函数、供给函数、贸易函数、居民消费支出函数中的重要参数；三是对于模型中的转换参数、分配参数，以及比率参数，如直接税、间接税、关税、进口商品税等，可通过对基期SAM数据进行校准的方法反推求得。

CGE模型通常用于分析各种政策或某种可能的现实情景（如财政赤字约束、失业率、技能短缺、工资黏性、汇率变化等）对于经济系统冲击的结果。例如，从2000年开始，在保持政府各项消费支出不变的条件下，中国政府通过向国内居民借贷（国债）投资于旅游基础设施建设，重点解决景区与交通干线之间的连接道路及景区内游览步道、供电供水、垃圾污水处理等配套基础设施建设，以完善旅游业发展的硬件条件。至2005年末，我国共向30个省（区、市）和5个计划单列市的617个旅游基础设施项目安排国债资金68.1亿元，累计修建旅游公路约11 000千米，游览步道4 000多千米①。CGE模型在模拟中可以将上述情景分为两类。情景A是对现实投资状况的真实模拟；情景B假设全部国债资金在2000年一次性投入旅游基础设施建设中，可作为情景A的参照，以便于进行对照研究。

图13.10是A、B两种情景下CGE模型仿真输出结果。在模拟期末（2006年），情景A与情境B导致的产出增长额及增长率虽然相差不大。但从发展路径上看，一次性大规模的投资进行基础设施建设可以获得更大的经济效应。图13.10中，情景B的发展路径OBB^*与基准线OC所构成的面积OBB^*C是情景A的发展路径OA与基准线OC所构成的面积OAC的1.71倍。罗森斯坦-罗丹（Rosenstein-Rodan）在“大推进”理论中提出，由于社会分摊资本的不可分性、需求的不可分性和储蓄供给的不可分性，发展中国家和地区应当对相互补充的产业部门同时进行大规模投资，且基础设施投资必须先于直接生产性投资，才能冲破发展中国家工业化过程中最为常见的基础设施“瓶颈”，推动整个国民经济的高速增长和全面发展。在实践中，有限的国债需要用于其他经济社会基础设施的建设，而不得不采取分批滚动式投入的办法。这一案例展示出CGE模型的有效性和有用性。

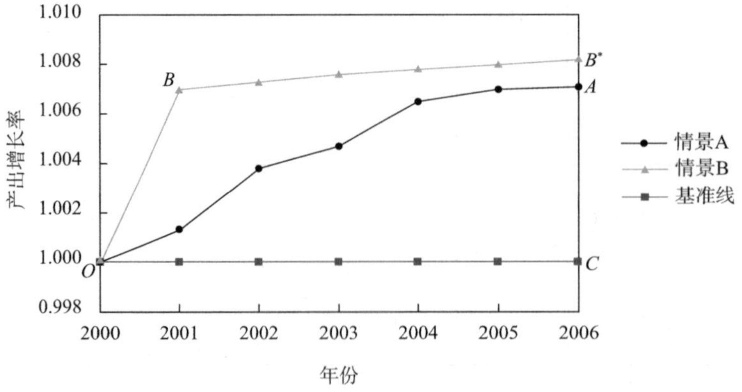

图 13.10 国债旅游基础设施投资引致的旅游产出增长路径

① 左冰. 旅游流动、资本积累与不平衡地理发展[M]. 北京：经济科学出版社，2010.

CGE模型虽然是测量旅游经济影响的有用且信息丰富的工具，但它和许多分析工具一样，也有局限性，有特定的使用范围。对CGE模型的批评主要来自以下几方面：一是其行为假定（如效用最大化和成本最小化）缺乏经验有效性。但这不单是对CGE模型的批评，而是对整个经济学理论假设的批评。二是CGE模型依赖于关键性参数的估计值及缺乏对所得结果的统计检验。但是这并非一个特别严重的局限，一些新的计算方法，如跨熵（cross-entropy）法等在保证参数值估计的准确度方面具有较高的可信度，此外还可以进行敏感性分析来评估结果。三是CGE模型的开发费时较长、模型复杂且技术要求高，耗资巨大。例如，澳大利亚用CGE模型进行的“9·11”事件对旅游需求影响的研究花费了4万澳元。特别是CGE模型对基础数据的要求很高，而中国基础数据的统计工作还不是很细致，取得实际数据的难度很大。在计算旅游业对特定地点的经济贡献时，投入产出模型仍然是研究旅游经济影响的一种非常流行的方法。总之，不同评价模型在建模的复杂性、数据需求、基本假设及结果的准确性方面差异很大。具体方法的选择“由研究的主要目的，研究可用的资源，研究人员受到的时间限制及所讨论的经济结构所决定”[①]。

四、经济影响评价中常见的错误类型

本章对现有的评估方法及其局限性进行了概述和分析。在应用这些模型时，研究者需要特别谨慎小心，避免出现以下七类错误，以控制分析量误差[②]。

（1）基准指标错误。在对旅游产值进行测算时，没有从相关指标中减去本地旅游消费和非本地资金使用（如居民从旅游中获得收入用于非本地使用，或本地旅游企业投资于非本地企业），即旅游漏损问题。

（2）归类不当错误。这是指将旅游消费进行了错误归类。例如，将游客购买的非本地航空承运的机票错误地归类于游客在本地的交通消费，或将第二居所归类于住宿业等。

（3）乘数误差。在乘数模型构建中，边际消费倾向未能反映特定区域情形。

（4）约束条件错误。未能考虑当地供给能力和投入要素的约束。

（5）聚合误差。简单地将较小区域带来的增量影响汇总为大区域范围内的经济影响，而没有考虑到较小区域的游客很可能是较大区域的居民，或同时也是大区域中其他小区域的游客。

（6）核查错误。未能核实当期旅游活动或企业经营是否与分析期前后其他事件有关。例如，为了参加预定在6月举办的龙舟赛或其他节庆活动，游客可能会将3月的旅行计划推迟或转移到6月进行。

（7）解释错误。经济影响评价没有考虑到支持旅游发展的投入要素可能具有较高的机会成本。例如，政府投入200万元进行旅游推广，这笔成本未能从旅游引致的税收增量中扣除。结果将不可避免地高估旅游经济活动带来的收益。

这些技术错误中的前三类易于控制，后四类不易控制。如果研究发现旅游活动并不会对当地经济活动水平产生显著影响，并不意味着要否认旅游活动或节庆赛事等的经济

① Fletcher J E. Input-output analysis and tourism impact studies[J]. Annals of Tourism Research，1989，16（4）：514-529.

② Dwyer L，Forsyth P，Dwyer W. Tourism Economics and Policy[M]. 2nd ed. Clevedon：Channel View Publications，2020.

价值，而是提醒研究者所使用的经济影响衡量方法可能没有体现出潜在的影响。因此，在经济影响评价中，仔细调查游客支出、调查游客访问本地区的主要目的，以及进行事前影响评估和事后验证非常重要。

旅游业正在全球范围内产生重要的社会经济影响，本节介绍的评价模型（旅游乘数、TSA、投入产出法和CGE模型）都是对旅游活动的短期支出影响（SRS）的评估。短期支出影响只是旅游的总经济影响（TI）的三个组成部分之一。在考虑旅游发展的历史维度的基础上，还需要对旅游业对经济增长的贡献及其长期局限性进行更具体的讨论。学者因而提出了诸如旅游带动经济增长假说（tourism-led growth hypothesis，TLGH），以讨论旅游在区域经济演化背景下的作用及其与其他部门、活动和创新的动态关系，同时提出了旅游诅咒（tourism curse）等概念以反映旅游专业化的潜在长期负面后果，这些假设和概念都是研究当代社会旅游经济影响及其动态的有用工具。此外，旅游经济（短期）影响评价模型也在不断地改进和完善，DSGE（dynamic stochastic general equilibrium，动态随机一般均衡）模型、MGM（money generation model，货币生成模型）等均被不少研究者引入旅游经济影响研究之中。对这些话题感兴趣的读者可以自行阅读学习。

关键词：

共同生产　co-production
自由物品　free goods
经济物品　economic goods
私人产品　private goods
纯公共产品　pure public goods
准公共产品　quasi-public goods
生产函数　production function
时空组合　time-space complexes
制造旅游　making tourism
时间的影子价格　shadow price of time
生产率　productivity
多要素生产率　multi-factors' productivity
全要素生产率　total factors' productivity
生产前沿　production frontier
技术系数　technical coefficients
捕获率　capture rate
可计算一般均衡模型　computable general equilibrium model
增加值系数　value-added coefficients
旅游漏损　tourism leakage
旅游卫星账户　tourism satellite account
投入产出分析　input-output analysis
数据包络分析　data envelope analysis
波及效应　ripple effect
行业总产出　total industry outputs
产出导向　output orientated
投入导向　input orientated
技术效率　technical efficiency
技术变化　technology change
纯技术效率　pure technical efficiency
规模效率　scale efficiency
直接效应　direct effects
间接效应　indirect effects
诱导效应　induced effects
旅游乘数效应　tourism multiplier effect
旅游收入乘数　tourism income multiplier
旅游产出乘数　tourism output multiplier
购买者价格　purchaser price

边际储蓄倾向　marginal propensity to save
新增长理论　new growth theory
旅游诅咒　tourism curse
生产者价格　producer price
资本存量　stock of capital goods
挤出效应　crowding out

复习与思考

1. 旅游生产所需资源有哪些基本形式？它们如何影响旅游发展？

2. 旅游生产函数涉及哪些重要因素？它们存在哪些关系，反映了哪些过程？

3. 如何准确地评估旅游业全要素生产率？有哪些方法？存在什么问题？

4. 对比图13.3和图13.5中国旅游业全要素生产率的变化，你有什么发现？

5. 对比图13.3、图13.5和图13.6相关案例，思考不同评价方法的优缺点。

6. 旅游的经济贡献与经济影响有何区别？

7. 在许多场合，我们经常能够读到类似“A地旅游收入占GDP比重多少”的表达，以展示旅游的经济贡献或经济地位，这样的表达有什么问题吗？

8. 请简要分析发展旅游业对客源地经济的影响。

9. 当地居民在旅游休闲活动中的消费支出能够被视为旅游目的地的“旅游收入”吗？为什么？

10. 在旅游乘数效应的应用中，为避免夸大旅游的经济影响，应当如何计算旅游乘数？

11. 阅读有关投入产出法的文献资料，结合本地投入产出表，分析旅游经济的就业带动作用。

12. 请说明投入产出模型和CGE模型各自的优缺点。

13. 选取某个地区，通过实地调研，分析旅游目的地在发展旅游经济过程中存在的漏损状况。

扩展阅读：

评估旅游业经济贡献的TSA框架请参阅UNWTO的Tourism satellite account：recommended methodological framework。刘瑞明等的《制度松绑、市场活力激发与旅游经济发展——来自中国文化体制改革的证据》[①]提供了关于中国文化体制改革支持旅游发展的证据。关于应用投入产出模型与CGE模型评价旅游经济影响的全面的综述参见Dwyer等的Evaluating tourism’s economic effects：new and old approaches[②]。关于CGE模型和DSGE模型的旅游相关研究可见Blake等的Integrating forecasting and CGE models：the

① 刘瑞明，毛宇，亢延锟. 制度松绑、市场活力激发与旅游经济发展——来自中国文化体制改革的证据[J]. 经济研究，2020，(1)：115-131.

② Dwyer L，Forsyth P，Spurr R. Evaluating tourism’s economic effects: new and old approaches[J]. Tourism Management，2004，25(3)：307-317.

case of tourism in Scotland[①]，以及Liu等的Modelling productivity shocks and economic growth using the Bayesian dynamic stochastic general equilibrium approach[②]。关于旅游引致的经济增长假设及旅游诅咒问题对中国经济的影响，可参见Zuo和Huang的Revisiting the tourism-led economic growth hypothesis：the case of China[③]，以及左冰的《旅游能打破资源诅咒吗?——基于中国31个省（市、区）的比较研究》[④]。Pablo-Romero和Molina的Tourism and economic growth：a review of empirical literature[⑤]提供了关于旅游与长期经济增长的全面的文献综述。

① Blake A，Durbarry R，Eugenio-Martin J L，et al. Integrating forecasting and CGE models：the case of tourism in Scotland[J]. Tourism Management，2006，27（2）：292-305.

② Liu A Y，Song H Y，Adam B. Modelling productivity shocks and economic growth using the Bayesian dynamic stochastic general equilibrium approach[J]. International Journal of Contemporary Hospitality Management，2018，30：3229-3249.

③ Zuo B，Huang S S. Revisiting the tourism-led economic growth hypothesis：the case of China[J]. Journal of Travel Research，2017，57（2）：151-163.

④ 左冰. 旅游能打破资源诅咒吗?——基于中国 31 个省(市、区)的比较研究[J]. 商业经济与管理，2013，（5）：60-69.

⑤ Pablo-Romero M P，Molina J A. Tourism and economic growth：a review of empirical literature[J]. Tourism Management Perspectives，2013，8：28-41.

第十四章

宏观经济政策与旅游发展

【导读案例】海南离岛免税购物政策

2011 年 3 月 16 日，为加快推进海南国际旅游岛的建设发展，国务院决定在海南开展离岛免税政策试点，同年 3 月 24 日财政部发布了《关于开展海南离岛免税旅客免税购物政策试点的公告》，对离岛免税政策适用的对象及条件，离岛免税店、免税商品品种、免税税种，离岛免税购物的次数、金额、数量，以及离岛免税政策实施流程做出详细规定，该公告自 2011 年 4 月 20 日起开始实行。

离岛免税政策，是指对乘飞机、火车、轮船离岛（不包括离境）旅客实行限值、限量、限品种的免进口税购物，在实施离岛免税政策的免税商店内或经批准的网上销售窗口付款，在机场、火车站、港口码头指定区域提货离岛的税收优惠政策[①]。离岛免税政策实际上是境外旅客购物离境退税政策的特例。相较于离境退税政策，离岛免税政策侧重本国游客，不仅对特定企业实施税收优惠，还通过降低免税品价格的方式将优惠转移至特定游客。

日本冲绳岛是全球首个率先实施离岛免税政策的地区。冲绳政府为拉动当地经济发展，于 1972 年提出了离岛免税政策，以期通过税收优惠政策吸引更多游客赴冲绳岛旅游。冲绳岛的离岛免税店由全球最大的奢侈品集团 LVMH 集团旗下的 DFS 集团运营，其离岛免税政策主要为：免税商品品种实现除烟草外所有进口商品的全覆盖，年购物限额为 20 万日元，无次数、数量的限制。

韩国是世界上继日本之后第二个实施离岛免税政策的国家。2005 年，韩国政府发布了《韩国济州岛国际自由城市特别法》，其中颁布的“租税特别措施”，允许济州岛实行离岛游客免税购物政策，海外游客的购买限度为 5 000 美元。济州岛的离岛免税经营主体为济州国际自由城市开发中心（JDC）和济州观光公社（JTO），JDC 附属于韩国国土海洋部，而 JTO 隶属于济州岛地方政府。济州岛离岛免税政策的收益均用于当地设施建设，JDC 在运营免税店的同时，也负责制定济州岛城市规划，以支持免税业和地方建设协同发展。据统计，赴济州岛旅游的韩国人的免税购物比例接近 98%[②]。

---

① 叶姗. 税权集中的形成及其强化考察近 20 年的税收规范性文件[J]. 中外法学，2012，24（4）：782-799.

② 中信建投证券股份有限公司. 免税深度：政策护航的黄金赛道，高速成长的万亿市场[R]. 2020.

海南离岛免税政策适用对象和条件经历了逐步放宽的过程，其免税销售增长也呈现先慢后快的现象。2011~2019 年，海南免税销售额占旅游收入比重长期徘徊在 5%~10%。2020 年 7 月，我国取消单件免税额度限制，新增手机等免税商品品种，并将总免税额度放宽至 10 万元后，海南离岛免税销售额大幅提升。据海关统计，2021 年，海南离岛免税购物金额 495 亿元，购物人数 672 万人次，购物 7 045 万件，人均购物金额 7 368 元；离岛免税购物渗透率从 2019 年的 4.53%大幅跃升至 9.57%[①]。离岛免税购物已经成为海南旅游收入的重要组成部分。

税收政策的变化会极大地影响旅游业和整个经济的资源配置。无论是征税还是免税，本质上都是希望通过影响人们的预期来调节人们的行为，最终实现社会福利最大化，即帕累托最优。除海南外，我国已经开始探索在有条件的地区发展国内免税业。特别是在全球流动性受限和国际、国内消费低迷的情况下，合理的购物免税政策可以起到增强消费发展综合能力，打通国内、国外经济循环，发挥国内超大规模市场优势，构建新型经济发展格局的作用。2022 年，《国务院办公厅关于进一步释放消费潜力促进消费持续恢复的意见》发布，该意见提出要“加快推进国际消费中心城市培育建设”，“完善市内免税店政策，规划建设一批中国特色市内免税店”。这些税收优惠政策在旅游业的发展中起着至关重要的作用。

导读思考：

离岛免税政策能否提升旅游目的地的旅游竞争力？

在现代市场经济体系下，各国市场经济的稳健运行离不开国家宏观调控的支持。国家宏观经济政策主要包括财政政策和货币政策。财政政策是指国家根据一定时期社会经济发展要求和目标，通过财政支出与税收政策来调节总需求，实现总需求和总供给平衡的一种经济政策。货币政策是指通过控制货币的供应量，在金融市场上调节市场经济的运行。财政政策的制定和执行主体是政府，调节的是需求侧。通常财政政策也被称为“内在稳定器”。货币政策的执行主体为中央银行（简称央行），通过调节利率，货币政策既影响总需求也影响总供给。

无论是旅游需求还是旅游供给，都会受到宏观政策的影响。从旅游目的地的角度，财政政策，如个人所得税不仅影响居民旅游消费也影响社会收入差距，而面向企业征收的旅游税对于旅游市场供给和需求都会产生重要影响。旅游业天然的敏感性使得货币政策在旅游业的发展中扮演着重要的角色。例如，汇率的波动直接影响出入境旅游，利率的高低直接影响旅游投资，进而影响旅游业的发展。本章主要介绍与旅游目的地的旅游发展有关的税收政策与货币政策。

---

① 海关总署. 2021 年海南离岛免税购物金额 495 亿元[EB/OL]. http://xiamen.customs.gov.cn/customs/xwfb34/mtjj35/4124581/index.html，2022-01-14.

本章思维导图——宏观经济政策与旅游发展

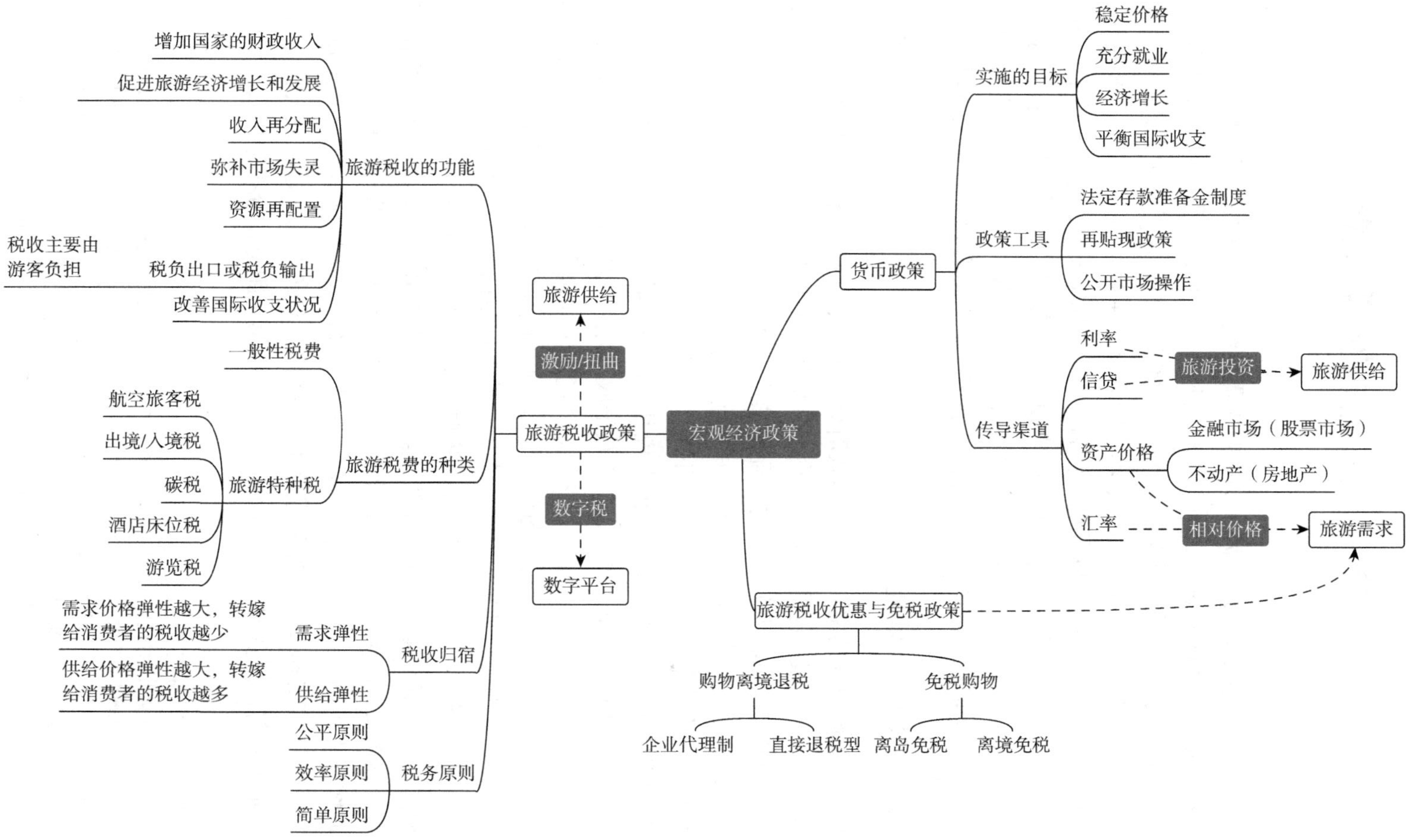

第一节 旅游税收政策

如果你在国内乘坐航班旅游，那么每次需要缴纳50元的民航发展基金［原机场建设费（airport improvement fee）］，在购买机票时一并缴纳；乘坐国际和地区航班出境的旅客每人次90元（含旅游发展基金20元）[①]。事实上，不管通过何种方式到任何地方旅游，缴纳各种税费都是旅游消费中的一笔不小的支出。在意大利的罗马，只要游客在当地住宿，那么需要支付每晚高达7欧元的旅游税。访问其他国家时，也可能不得不缴纳入境税，还可能需要支付与机票相关的碳税或噪声税。除了航班和住宿相关税费，游客还会面临餐厅、纪念品商店、汽车租赁和景点等各种名目的税收。这些旅游企业与非旅游企业一样，必须缴纳增值税、房产税或利息税，旅游从业人员必须缴纳个人所得税。

一、旅游税收的功能

税收是财政收入的主要来源，是政府调节消费、生产、投资，实现经济社会发展目标的重要措施和手段，也是用来改变收入分配状况的重要手段。税收也是国家/政府强制性、无偿地参与国民收入分配和再分配所形成的特定的分配关系。因此，税收是一种非常重要的政策工具，也是旅游经济政策的重要组成部分。

对游客或旅游企业征收税费有以下几个功能。

（1）增加国家的财政收入。扩大税基可以使财政收入的来源更加多样化。例如，从2019年1月7日起，离开日本的人士将被征收国际观光旅客税（离境税），每人每次缴纳1 000日元；征税对象不分国籍，2岁以上离境人士均包含在内。根据日本政府观光局公布的统计数据，实施“旅客税”每年可为日本政府增加约430亿日元税收；新增税收将主要用于日本旅游业改善环境舒适度、提升体验型项目的满意度及强化对外宣传等方面[②]。

（2）促进旅游经济增长和发展。税收是调节社会经济运行的一种重要经济杠杆，可以根据社会经济发展情况实行税收优惠或税收抑制措施。税收政策的使用可以鼓励社会投资于某个特定的生产部门以刺激增长。例如，香港机场管理局宣布于2016年8月1日起向旅客征收机场建设费，长途头等/商务舱及经济舱离境旅客分别为180港元及160港元，短途头等/商务舱及经济舱旅客分别为160港元和90港元，过境及转机旅客也要缴交70~180港元不等。征费旨在为香港国际机场扩建第三跑道系统扩建项目提供资金。预计

---

① 机场建设费全称为民航机场管理建设费，从2004年8月1日起按规定随机票一并加收。2012年后改名为民航发展基金。根据2012年财政部发布的《民航发展基金征收使用管理暂行办法》，征收标准为：乘坐国内航班的旅客每人次50元；乘坐国际和香港、澳门和台湾地区航班的旅客每人次90元（含旅游发展基金）。民航发展基金属于政府性基金（非税收入），收入上缴中央国库，专款专用。

② 王可佳，姜俏梅. 日本将从明年开始对出境者征收“旅客税”[EB/OL]. http://www.xinhuanet.com/world/2018-04/11/c_1122668624.htm，2018-04-11.

通过收取机场建设费，可筹集资金约260亿元，占机场扩建总预算成本的18%[①]。当然，当社会税收变得过度时，经济增长会受到抑制性影响。

（3）收入再分配。旅游税收将重新分配旅游目的地居民与客源地居民的收入，同时也会影响当地居民之间的收入分配。从国际上来看，征收旅游税已"司空见惯"，成为一种国际新趋势。例如，《2022年不丹旅游税法》宣布向游客征收的可持续发展费从每人每天65美元提高至每人每天200美元；从2023年1月16日起，威尼斯向一日游游客征收3~10欧元的游览费；阿姆斯特丹向乘坐游轮过境的游客征收每天8欧元的过境税；在巴塞罗那，停留超过12小时的邮轮乘客需支付3欧元[②]。无论是收取游览费还是景区门票，其中都包含着当地政府的多重考虑。旅游税及景区门票的定价机制，是一个多目标定价系统，既要满足带动当地经济发展，开发和维护旅游资源的要求，还要满足利润最大化和社会福利最大化的要求。相同金额的门票或游览费，对部分消费者来说很昂贵，但也有许多消费者可以接受，甚至还有一些消费者愿意支付更高的门票或游览费以减少游客数量，让自己有更好的体验。收取游览费或门票可起到一定的调节作用。通过价格杠杆，可以隔离部分消费意愿低的游客，留下消费意愿高的游客，一方面可以将高收入国家和地区的高收入阶层的财富转移给旅游目的地和居民；另一方面可缓解游客过多对环境造成的影响。特别是如果旅游目的地能够用中高收入游客的门票收入调节社会资源的分配，缩小贫富差距，如加大对低收入家庭的教育和转移支付，将是促进社会福利最大化的较好的资源分配方法。

（4）弥补市场失灵。在旅游经济中，市场失灵主要体现在垄断、公共物品与外部性（见第十二章）。就旅游目的地而言，垄断是指一个旅游目的地因其独特的旅游资源而在旅游市场具有一定垄断性；外部性是指旅游活动所导致的道路堵塞与环境遭到污染和破坏等外部不经济问题；公共产品是指旅游活动的开展无法避免对产权不明或无价资源的消费及对当地公共物品的过度使用，提高了当地政府维护公共资源的成本支出。旅游税收可以让游客与当地居民共同承担公共产品的生产费用，并且，针对所有产生外部性的使用者征税也符合"谁消费谁买单"，让私人成本/收益与社会成本/收益保持一致的逻辑。

据BBC的新闻报道，威尼斯向进入该城市的游客征收进城税的原因在于，在每年3 000万人次的威尼斯游客中，约有1 500万人次是一日游游客。这些一日游游客享受该城市提供的一系列服务，却不需要做出太多经济贡献。过多的游客量给当地居民造成了困扰，导致当地房租大涨、公共资源被挤占，加大了对历史等建筑的磨损，以及由"威尼斯本地人支付"修护清洁等成本，高昂的生活成本迫使许多当地人离开威尼斯[③]。威尼斯征收这笔费用的目的是支付城市维护成本，应对过度旅游，同时改善当地居民的生活

---

① 陈卓康．香港机场 8 月 1 日起开始征收机场建设费[EB/OL]．https://china.huanqiu.com/article/9CaKrnJVK4R，2016-05-30.

② 环球时报环球旅游．旅游更贵了！多国旅游税"升级"[EB/OL]．https://www.sohu.com/a/572228029_121019670，2022-07-28.

③ Italymagazine. Venice announces (yet again) new booking and entry fee system[EB/OL]. https://www.italymagazine.com/featured-story/venice-announces-yet-again-new-booking-and-entry-fee-system，2022-04-21.

质量。不丹征收高额旅游“可持续发展费”的目的也是保护当地的自然环境和文化遗产，降低游客流量，抵消游客带来的碳排放影响。

（5）资源再配置。征税可以减少具有不良影响或高社会成本的商品或服务的消费，如对香烟、酒精、含铅燃料及碳排放征税。乘坐飞机的旅客是高碳排放者，且旅行距离越远，碳排放量越多。欧盟决定从2012年1月1日起正式开始征收航空业的碳排放税，规定几乎所有进出欧盟领空的飞机，无论客运、货运，都要纳入欧盟的碳排放交易体系。欧盟此举因受到中国、美国、俄罗斯、印度等国家的明确反对而被迫暂停，但自2023年起欧盟对其区域内进口的部分商品征收碳关税，此举将改变全球范围内的能源配置结构，推动能源转型的进程。

（6）改善国际收支状况。在新冠疫情影响下，许多国家/地方政府面临日益严重的财政赤字，并为减少这些财政赤字采取了重大的税收改革举措。对面临预算限制和压力的政府来说，对旅游业征税往往被视为一种经济和政治风险都较低的选择，不但可以减少对各种其他税种的依赖，而且更重要的是不会引起本国居民的强烈反对，且征税成本相对较低。例如，维也纳收取每人每晚酒店费用的3.2%；在安特卫普，入住酒店收取每人每晚2.97欧元固定费（含增值税）；布鲁塞尔每间客房每晚收取城市税4.25欧元①。

（7）特定的旅游税可以将税负转嫁给非居民。旅游目的地的旅游推广具有公益性的特点，利益相关方“搭便车”行为往往导致营销推广的资金不足，无法实现目的地旅游业的发展潜力。向游客征税可为公共基础设施投资提供资金，资助旅游推广，将营销推广的公共税负支出转嫁给游客。旅游目的地通过促销将吸引更多的游客访问，带来额外的税收，平衡国际收支并产生相关的积极经济影响。这种税收输出可以成为东道国利益的来源。

上述不同的税收目标之间可能存在冲突。如果税收目标是通过再分配实现公平，那么需要相应地改变税收的水平或结构（或两者兼而有之），但这可能会与追求经济增长的目标相冲突，因为调节收入差距的再分配的税收水平与结构可能与实现资源有效分配的税收水平或结构相冲突。税负过重也可能会减少访问旅游目的地的游客数量，导致经济增长目标不能实现。因此，旅游税在多大程度上满足上述目标，各国之间有所不同。另外，旅游税收规模也取决于旅游目的地如何设计其公共财政/收入系统，以及对旅行和旅游征税的税率、税种和税制。

二、旅游税费的种类

出于上述原因，各国政府将旅游业看作一个现成的收入来源，对游客和旅游企业的税收一直在增加。收税方式五花八门，包括通过签证程序收税（如新西兰）、机场单独收税，或是在机票、邮轮票价中收税等。从税收种类而言，税收可以分为直接税或间接税。直接税是由政府直接向税负承担者（法人或自然人）征收的，如个人所得税或企业所得税。间接税是政府通过中介（如零售商或航空公司）向税负承担者收取的，包括增值税、

① Motoring And Travel. Tourist tax in Europe 2021：what you will pay in Spain，Italy and other hotspots[EB/OL]. https://www.lovemoney.com/guides/52231/tourist-tax-in-europe-what-you-will-pay-in-spain-italy-and-other-hotspots，2021-10-08.

货物和服务税或进口税等。从税率来看，间接税又可分为两种类型——固定税和从价税。固定税是按照每单位出售的商品或服务的固定金额收税，如对酒店房间征收每人每天5元的床位税，不论酒店房价高低；从价税是根据商品增值的百分比征税。各国政府往往倾向征收从价税，因为它可以从支付意愿更强的消费者那里收取更多的收入。

区分“税”和“费”是很重要的，而且很有必要。“税”是通过规范的程序筹集财政收入的一种形式，而“费”是政府有关部门为单位和居民个人提供特定服务，或被赋予某种权利而向直接受益者收取的价格。“税”和“费”的区别主要表现在：①主体不同。税收的主体是国家，税收管理的主体是代表国家的税务机关、海关或财政部门，而收费的主体多是行政事业单位或行业主管部门。收费是指政府向用户收取的价格，以支付特定的公共服务或参与特定活动的特权，如机场建设费、港口费等。公共海滩、游泳池、公园和自然保护区的门票都属于旅游收费。②特征不同。“税”具有无偿性，纳税人缴纳的税收与国家提供的公共物品和服务之间不具有对称性。“费”则通常具有补偿性，主要用于成本补偿的需要，特定的“费”与特定的服务往往具有对称性，如高速公路通行费。③“税”具有稳定性，而“费”则具有灵活性。税法一经制定，对全国具有统一效力，并相对稳定；而“费”的收取一般由不同部门、不同地区根据实际情况灵活确定。④用途不同。税收收入由国家预算统一安排，用于社会公共需要支出，而“费”一般具有专款专用的性质。

从征税对象角度定义，旅游税收是指政府向游客和旅游服务或产品提供者征税的一种制度。从税种角度定义，旅游税收是一种涉及旅游经济活动的间接税种，如增值税等，一般情况下担负这类税收的产品或服务既被游客消费，又被本地居民消费。此外，不同国家也设置了不同的旅游特种税，常见税收诸如入境税、出境税、航空旅客税（air passenger duties，APD）、碳税、酒店床位税、游览税等，这类税收主要由游客通过直接或间接的方式承担。从支付主体来看，有一些税收仅由游客支付，如航空旅客税，一些税收也针对旅游目的地居民，而不仅仅是对参观旅游目的地的游客征收，如汽车燃油税。

目前，全球与旅游相关的税收已达45种，其中30种针对消费者征收，另外15种针对企业征收，见表14.1。这些税收可以通过一般税收制度或特定的安排来执行。对游客征收的旅游特种税主要包括以下几类。

表 14.1　全球与旅游相关的税收分类

部门	税收名称	征税对象	部门	税收名称	征税对象	部门	税收名称	征税对象
边境/酒店/住宿	过夜税	消费者	客车	进项税	消费者	汽车租赁	市政税/地方税	消费者
	床位税	消费者		特殊附加税	企业		进项税	企业
	占用税	消费者		旅游运输税	消费者		燃油税/柴油税	消费者
	增值税差别税	消费者	机场/海港/边境	离境税	消费者	旅游景点	游客吸引税	消费者
	附加税	消费者		乘客服务税	消费者		增值税和销售税	消费者
	销售税	消费者		机场安全税	消费者	餐饮	销售税/增值税	消费者
	服务税	消费者		机场停车税	消费者		酒税	企业
	营业税	企业		过境税	消费者	培训	行业培训税	企业
	住宿餐饮税（膳宿税）	消费者		徒步/登山费	消费者		餐饮税	企业

续表

部门	税收名称	征税对象	部门	税收名称	征税对象	部门	税收名称	征税对象
边境/酒店/住宿	临时住宿税	消费者	环境	生态旅游税	企业	博彩	博彩税	企业
	酒店住宿税	消费者		碳税	企业		赌场税	消费者
	住宿税	消费者		垃圾填埋税	企业	道路税	通行税	消费者
	员工福利税	企业	航空旅行	航空旅客税	消费者		燃油税	企业
	工资税	企业		机票税	消费者	出/入境税	居民离境税/国外旅行税	消费者
	关税与国内货物税	企业		航线燃油税	企业		签证许可/旅行许可证	消费者

资料来源：UNWTO. Tourism Taxation：Striking a Fair Deal[M]. https://www.e-unwto.org/doi/book/10.18111/9789284402489，1998

1. 航空旅客税

航空旅客税是针对乘坐飞机的乘客征收的税种。在国际上，这个费用有多种叫法，包括机场税（airport tax）、机场建设费、航空旅客离境税（air passenger departure tax）等。航空旅客税一般用于机场的维护及日后增建之用，故税费均有。最为普遍的航空旅客税有三种：离境税，指离开某个国家时需要缴纳的税金；过境税，指一国海关对通过其关境再转到其他国家的人或物收的税金；入境税，指进入某个国家时需要缴纳的税金。一般情况下，航空旅客税通常由航空公司代政府收取。

国际机票的税费大致包括机场建设费、航空企业收取的战争保险费、燃油附加费，以及航空公司代各国政府收取的门户城市离境税、过境税、出入境税、检疫税等费用。例如，美国除了有上述税费以外，还有海关使用税、机场税、动植物免疫检查费等。并非所有国家都征收航空旅客税，如中国没有出境税；日本虽然没有入境税，但日本有离境税。有的城市有税，有的城市没有税。甚至每个国家每个机场征收的税种、税金可能都不同。

图14.1展示了2016年某出发日期中国北京和加拿大多伦多，以及中国北京和美国纽约之间的机票费用详单。其中，北京到多伦多机票价格中包含乘客安保费、加拿大消费税、机场建设费、燃油附加费、附加费等；北京到纽约机票价格中包含美国海关使用费、国际旅客入境附加费、美国动植物检疫费、美国联邦运输税、9·11安保费等。可以看到，与旅行相关的附加税费占到裸票价格的23%~43%。

征收航空旅客税的目的之一是解决航空业发展带来的外部性问题，即降低碳排放量。但国际航空运输协会（International Air Transport Association，IATA）的分析表明，通过施行惩罚性的航空旅客税来刻意抑制航空旅行的举措效率低下，无法切实减少碳排放[①]。不少人认为此类税收方案有设置航空运输壁垒之嫌，因其妨碍人们的飞行自由，提高旅行成本，特别是限制低收入人群出行。一些征收高额航空旅客税的国家，如英国、

① 中国民航网.国际航协：每位旅客碳排放量已锐减 50%[EB/OL]. http://www.caacnews.com.cn/1/88/201912/t20191218_1287868.html，2019-12-18.

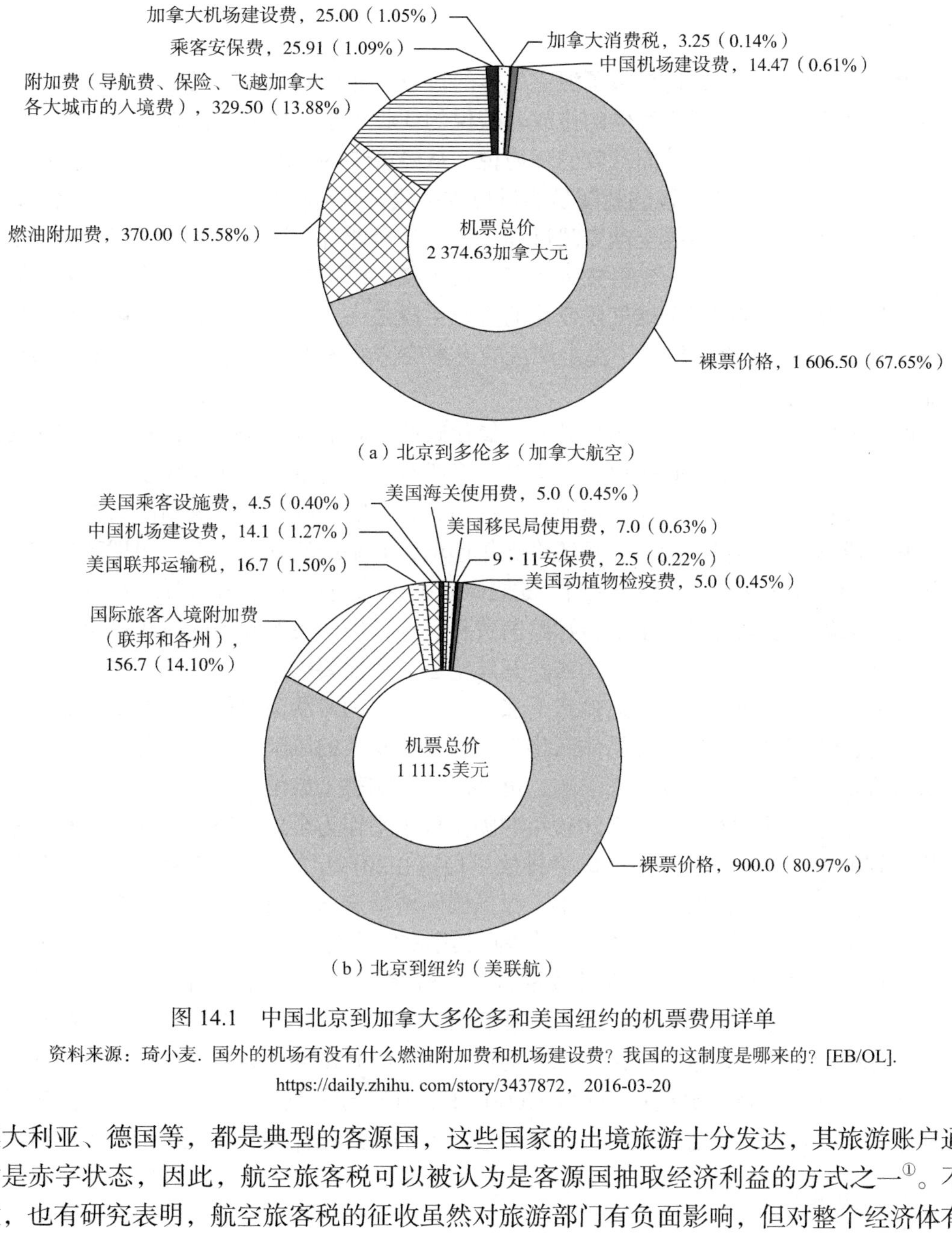

图 14.1　中国北京到加拿大多伦多和美国纽约的机票费用详单

资料来源：琦小麦. 国外的机场有没有什么燃油附加费和机场建设费？我国的这制度是哪来的？[EB/OL]. https://daily.zhihu. com/story/3437872，2016-03-20

澳大利亚、德国等，都是典型的客源国，这些国家的出境旅游十分发达，其旅游账户通常是赤字状态，因此，航空旅客税可以被认为是客源国抽取经济利益的方式之一①。不过，也有研究表明，航空旅客税的征收虽然对旅游部门有负面影响，但对整个经济体有积极的影响②。

---

① Álvarez-Albelo C，Hernández-Martín R，Padrón-Fumero N. Air passenger duties as strategic tourism taxation[J]. Tourism Management，2017，60：442-453.

② Forsyth P，Dwyer L，Spur A，et al. The impacts of Australia's departure tax：tourism versus the economy[J]. Tourism Management，2014，40：126-136.

2. 碳税

旅游活动直接或间接地导致了温室气体的排放。非旅游企业为满足游客需求所提供的商品或服务也会增加温室气体的排放。碳税的征收正是以环境保护为目的，是一项针对企业向大气排放二氧化碳而征收的环境税。从经济学的角度来看，碳税是庇古税的一种（见第十二章）。设置碳税的意图是通过税收手段，抑制向大气中排放过多的废气，通过削减二氧化碳排放来减缓全球变暖进程。芬兰是全球首个征收碳税的国家。20世纪90年代，芬兰政府率先对化石燃料按碳含量征收碳税，以控制温室气体排放。作为发展低碳经济和有效、合理应对全球气候变化的重要手段之一，碳税通过给二氧化碳和其他温室气体赋予价格，为企业提供了决定产量的成本/效益的杠杆，向整个经济系统传递出向高能效和低能耗转型的信号。

航空碳税是指向航空燃油燃烧排放二氧化碳所征收的税。2008年，欧盟规定从2012年1月1日起把航空业纳入碳排放交易机制，对所有入境的航空企业征收航空碳税。航空碳税的征收将使全球航空公司负担加剧。据估算，欧盟征收航空碳税的做法将使国际航空业每年成本增加34亿欧元，并且还将逐年递增，此举或使许多航空公司把额外成本转嫁给乘客。中国航空运输协会曾估计，欧盟碳税征收的当年将使中国民航业增加8亿元的开支。如果航空公司将成本全部转嫁给消费者，预计中国飞欧洲国际航线机票价格将平均上涨16~17美元[①]。对于发展中国家，其航空公司还需要购买更多节油型飞机，此举所带来的额外成本将使出口商品运输费上涨。因此，多国对欧盟强征碳税的单边方式表示强烈反对，认为强推碳排放交易体系将面临引发贸易战的风险。不仅如此，征收碳税将对旅游流及旅游目的地选择带来影响，也会波及影响整个旅游经济。

2020年7月3日，IATA决定将2019年的碳排放水平作为全球航空运输业碳中和方案及减排计划的基准线：将全球航空碳净排放量稳定在2019年的水平（5.8亿吨碳）；到2050年将碳净排放量减少到2005年的一半。根据国际清洁交通委员会的统计数据，2019年全球客运和货运航班共排放二氧化碳9.2亿吨，其中85%的航空碳排放源来自客运航班，15%来自货机；美国的航空二氧化碳排放量居全球榜首，2019年总排放量达到1.79亿吨。从碳排放密度（CO_2排放量/RPK[②]）看，美国和日本是全球航空碳排放密度最大的出发国，达到95克CO_2/RPK，该水平高出全球平均值（90克CO_2/RPK）5.6%；中国（作为航班始发国）航空市场的碳排放密度为88克CO_2/RPK，比全球平均水平低2.2%[③]。在全球航空减碳进程中，改进飞机燃油效率等多种绿色技术的推进是比征收碳税更加公平的做法。

3. 酒店床位税

酒店床位税有很多不同的名称，如住宿税、城市税（city tax）等，其名称和收费高

---

① 经济参考报. 欧盟碳税或致飞欧机票涨百元 中美俄拟联手反制[EB/OL]. https://www.yicai.com/news/1320586.html，2012-01-04.

② RPK：revenue passenger kilometer，收入客公里。

③ 于占福. 拥抱更加清洁、开放和公平的天空（二）——全球航空业碳排放结构及行业减碳目标[EB/OL]. http://news.carnoc.com/list/567/567913.html，2021-08-19.

低取决于各个国家和各个旅游目的地的规定。有的是根据房价的百分比收取，如德国柏林2014年起对在柏林旅馆、酒店过夜的游客征收的旅游税税率为住宿费的5%。有的收取固定的费用，如法国征收酒店房客的税一般称为城市税，也称作旅游税。税率则按酒店的档次征收：2星级0.99欧元、3星级1.65欧元、4星级2.47欧元、5星级3.30欧元、5星级以上4.40欧元；13岁以下的儿童免缴纳；游客居住巴黎的酒店还要在这一基础上多付10%；意大利罗马征收的旅游税高达7欧元/晚。这类税收通常用于当地旅游基础设施或环境项目的开发。

征收酒店床位税可能会减少游客数量及停留时间，并且会减少游客在非住宿活动方面的花费。从税收归宿来看，在其他条件不变的情况下，旅游产品需求价格弹性越小，则游客的税负越高；消费需求弹性越大，则游客税负越低。由于旅游需求价格弹性较大，在竞争激烈的旅游目的地，酒店方在被征税的情况下也不能提高价格，导致了酒店方只能通过降低成本来消解税负，因而酒店床位税税率的提高对住宿业的金融活力会带来负面影响。此外，如同门票价格上涨一样，征收特定旅游税也会引起游客的消极情绪。旅游税中使用一般的间接税种比征收旅游特种税更有效、更公平。

三、税负分配

税率是决定纳税人承担的最终税负大小的指标。供应商和消费者在缴纳税款时会各自承担一定的税负，具体税负取决于特定旅游产品或服务的供求弹性。

1. 需求弹性对税收的影响

政府的税收收入不会随着税收的增加成正比增长。从经济角度来看，税收是直接向消费者还是向企业征收并不重要。旅游需求弹性决定了旅游税负在买者与卖者之间的分配，以及征税的有效性。如果旅游目的地的旅游需求是富有弹性的，目的地将面对激烈的价格竞争，这时价格的变动会对旅游需求造成很大的影响，在这种情况下旅游税收的有效性会降低。如图14.2所示，D_0和S_0是市场初始需求和供给，市场在价格P_0和需求量Q_0处于均衡状态。如果政府现在对每一位游客征收生态税以帮助解决社会和环境问题，税收使供给曲线从S_0垂直向上移动到S_t，导致市场均衡从E_0向新的均衡E_t（P_t，Q_t）转变。这会产生以下影响：①市场价格从P_0上升到P_t；②价格上升使消费者盈余从$D_1P_0E_0$减少到$D_1P_tE_t$；③税收增加同时也使生产者盈余从$P_0E_0S_1$减少到$P_0P_tE_t$；④政府获得矩形（A+B）的收入（等于$t \cdot Q_t$），其中游客承担大部分税负（矩形A），当地旅游企业承担的税负为B。如果旅游企业为了保持竞争优势而选择不提高产品或服务的价格，即当地旅游企业除了承担矩形B的税负外，还代替游客承担矩形A的旅游税负，这将使旅游税收的有效性大大降低。此外，因旅游产品的组合特点，对某一项服务产品征税可能会导致游客减少在其他服务产品上的消费，这也会在一定程度上影响旅游税收的有效性。例如，航空旅客税导致英国出境游客交通支出增加，出境游客相应地减少了在旅游目的地的住宿和食品等方面的支出①。

---

① Song H，Seetaram N，Ye S. The effect of tourism taxation on tourists' budget allocation[J]. Journal of Destination Marketing & Management，2019，11：32-39.

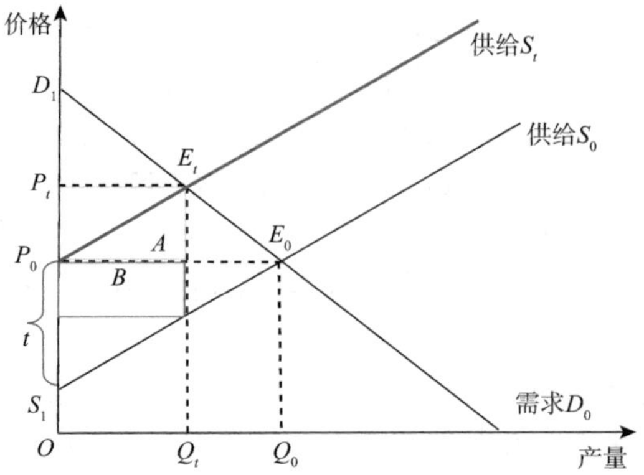

图 14.2 旅游税负在生产者和消费者之间的分配

如果旅游需求是非弹性的，特别是对于具有垄断性旅游吸引物的国家和地区，旅游税的征收则会达到较为理想的效果。图14.2中，如果旅游需求曲线缺乏弹性变得更为陡峭，则游客承担大部分税收，这在一定程度上可以提高旅游目的地居民的福利水平。在目前各国纷纷收取旅游税的情况下，目的地征税也落入了囚徒博弈困境，征税造成双方的福利受损，反而降低了税收的有效性，但征税对于旅游目的地是一种占优策略。

2. 供给弹性对税收的影响

图14.3显示了在不同供给弹性下对游客征收旅游税的情况。如果初始旅游供给曲线S_1变得更加缺乏弹性，可以明显看到，征收同样的税收会使得消费者剩余的减少量变小（图14.3中$D_1P_tE_t$大于图14.2中$D_1P_tE_t$）。供给越缺乏弹性，消费者缴纳的税就越少。通常，短期供应弹性将低于长期弹性，因为在短期内，企业无法增加或减少其资本存量。因此，在短期内，企业通常会多承担一些税负。从长远来看，如果行业有竞争力，供给可以充分调整，则对行业征收的税将全部转嫁给消费者。无论是长期还是短期，那些能够将税收转嫁给消费者的企业（行业）往往是具有一定程度独特性或优势的企业（需求价格弹性较低），这意味着一个有竞争力的企业（行业）不会因为征税而导致财务损失。在这种情况下，对旅游业征税最终意味着对游客征税。这正是世界各地纷纷征收旅游税的原因。

需求的价格弹性越大，以更高价格的形式转嫁给消费者的税负就越少，税负就会被供应商吸收；供给价格弹性越大，供应商就会以更高的价格将税负转嫁给消费者。在这种情况下，游客将支付大部分税负。如果管理者掌握市场对某个独特景点的供求价格弹性信息，就可以预测税收政策变化的影响，企业也可以做出更好的定价决策，以应对税负的变化。

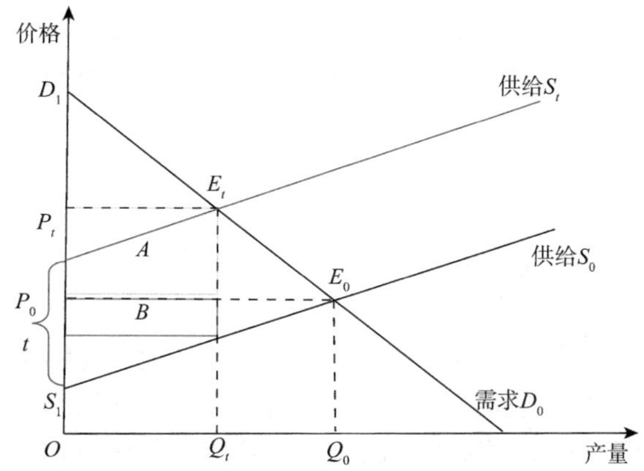

图 14.3 不同供应弹性对税负的影响

四、税务原则

旅游税作为税收政策的一种，同样需要遵循公平原则、效率原则和简单原则，其中最为重要的是公平原则和效率原则①。

1. 公平原则

税收公平的定义是指税负应公平合理地分配于全体社会成员之间。对于特定的旅游税，公平原则是指旅游税收在收入分配方面产生的作用。旅游税将重新分配旅游目的地居民与客源地居民的收入，同时也会影响当地居民之间的收入分配。一方面，当地居民可能会参与提供旅游产品或服务；另一方面，当地居民可能购买本地的旅游产品或服务。旅游税收公平原则意味着与其他行业相比，对旅游业征税不应对旅游行业不同部门或整个行业构成歧视。例如，为利用“旅游业繁荣的红利”支付2000年奥运会的费用，从1997年起悉尼对市中心的住宿企业征收床位税。与其他经济部门相比，这种征税实质上歧视了旅游业，因其使悉尼某些住宿企业在支持奥运会方面承担了不成比例的负担②。实际上，在旅游业的所有行业中，住宿业由于建设时间长、竞争激烈和供给弹性小，旅游业繁荣为住宿业带来的任何增加的利润都将被激烈的市场竞争消解。

2013年美国旅游与旅行部门的税负报告显示，旅游业税收贡献远高于美国其他主要行业：每100万美元的商业销售收入中，住宿部门产生的税收最高（37.52万美元），娱乐和娱乐服务（36.41万美元）次之，平均税率为36.97%；相比之下，农业部门只产生了25.11万美元的税收，制造业只产生了26.75万美元的税收；美国旅游业GDP的贡献为2.7%，但

① Gago A, Labandeira X, Picos F, et al. Specific and general taxation of tourism activities: evidence from Spain[J]. Tourism Management, 2009, 30 (3): 381-392.

② Forsyth P, Dwyer L. Market power and the taxation of domestic and international tourism[J]. Tourism Economics, 2002, 8 (4): 377-399.

其缴纳的直接税占2013年美国所有税收的3.2%[①]。此外，美国的航空运输部门也面临许多间接税。消费者在美国的航空旅行中所缴纳的联邦税比在酒精、烟草或枪支方面缴纳的多。

2. 效率原则

效率原则是指税收会导致产品或服务价格发生一定的变化，这种变化能否引导资源的合理配置是判断税收是否符合效率原则的标准。

税收有效是指税收导致的产品或服务价格的相对变化，能够引导资源的合理配置。高效率的旅游税可以在没有负面扭曲，如减少对个人的工作激励或不适当地影响家庭的经济决策或企业的投资激励的情况下提高收入。税收的超额负担越大，对效率的影响就越明显。

1990年，纽约对房价在每晚100美元及以上价格的酒店征收5%的税，但导致了整个纽约州旅游业的下滑：纽约州共收取了4.632亿美元的住宿税收，但损失了9.62亿美元的游客消费税，因此该税于1994年被取消[②]。2008年，荷兰规定出境旅客需要支付一笔新的航空费（短途11.25欧元和长途45欧元），但一年后，阿姆斯特丹史基浦机场（Amsterdam Schiphol）的出境旅客减少了约200万人，经济成本估计为17亿美元。2015年，对亚洲太平洋经济合作组织地区5个国家的研究发现，税率提高1%导致旅游部门对GDP的贡献平均减少5 670万美元，原因是税率提高导致游客人数下降[③]。相反，日本通过大幅度降低机场建设税和燃油附加费，提高了其国际旅游的成本竞争力，2016年在世界经济论坛发布的《旅游竞争力报告》中的旅游竞争力排名上升了25位。

从效率原则出发，决策者需要系统考虑和评估提高旅游税对旅游需求和支出及经济增长的影响。公平与效率往往相冲突，但每个社会都必须在公平和效率之间找到最好的权衡。一般认为，全面地加征小额税收比在狭窄的税基上加征大额税收带来的市场扭曲小，因而更加可取。这也是许多国家实施增值税或商品及服务税等基础广泛的税收的原因之一。

3. 简单原则

税收应易于管理和征收。复杂的税收计划涉及高昂的行政成本，这些成本侵蚀纳税人的收入，也侵蚀政府在征收和执行税收时的收入。无论是提高效率或更公平地分配收入，征税总是会带来成本，如果将纳税人遵守规定的成本包含在内，税收的行政成本可能非常昂贵。征税的简单性意味着应在行业的不同部门之间以标准化的方式征税，并实现尽可能高的投资税收比率。

---

① OECD. Taxation and tourism[R]//OECD. OECD Tourism Trends and Policies 2014. https://doi.org/10.1787/tour-2014-en，2014-03-07.

② Gordijn H，Kolkman J. Effects of the air passenger tax[R]. KiM Netherlands Institute for Transport Policy Analysis，2011.

③ Alvarez-Albelo C D，Hernandez-Martin R，Padron-Fumero N. Air passenger duties as strategic tourism taxation[J]. Tourism Management，2017，60（6）：442-453.

五、旅游税收优惠与免税政策

发展中国家和地区在旅游业的发展初期通常会出台税收优惠政策来吸引企业进行旅游投资，或通过优惠政策促进和刺激旅游消费。在这种情况下，旅游税收不利于旅游业的发展，因而发展中国家和地区的旅游税收普遍征税不足。待旅游业发展到一定程度时，如进入旅游目的地生命周期的发展期以后，适当提高旅游税收则对当地经济有利。1992年邓小平同志南方谈话之后，引进外资被作为改革开放的标志，各地方政府竞相出台大力度的旅游招商引资优惠政策以吸引投资推动旅游发展。随着经济水平提高和旅游业发展逐渐成熟，政府废除了这些激励政策并规范各类税收优惠政策，以营造公平竞争的市场经济环境。2022年1月1日正式生效的多边自由贸易协定《区域全面经济伙伴关系》对各国竞争政策进行了明确的规定，可能会对地方政府招商引资优惠和奖励政策带来挑战。

针对企业的税收优惠政策包括减免营业税、降低税率、投资补贴、加速资产折旧、免除进口关税等不同方式，不同税收优惠方式各有利弊，如表14.2所示。针对游客的税收优惠政策主要包括购物离境退税（tax free）和免税购物（duty free）两种形式。

表 14.2　不同税收优惠方式利弊比较

税收优惠方式	优势	劣势
免征企业所得税	易于执行； 遵从成本低； 税务部门直接负责	财政收入流失代价高； 盈利状况好的企业更受益； 企业易通过内部转移价格、将已投资项目设计为新投资进行避税； 造成新企业和老企业之间的扭曲； 吸引短期项目
降低所得税税率	同上，但遵从成本未必降低	同上，但财政损失较少及扭曲程度较低
投资补贴和税收抵免	直接有效； 与免征企业所得税相比，财政成本易观测及管控	误导短期资本资产的投资选择； 易被滥用，企业可能通过出售和重新购买来重复获得补贴； 管理难度大
加速折旧	同上，但扭曲程度更低	同上，但管理成本更低； 财政收入流失代价高
免征进口/出口关税	有效减少进口/出口成本投入	易被滥用； 管理难度高，对管理机构要求高

资料来源：Zee H H，Stotsky J G，Ley E. Tax incentives for business investment：a primer for policy makers in developing countries[J]. World Development，2002，30（9）：1497-1516

1. 购物离境退税

购物离境退税政策是出口退税制度的重要组成部分。购物离境退税政策最早起源于20世纪80年代初期的瑞典。中国从1985年开始对出口商品退还国内增值税。1994年颁布的《中华人民共和国增值税暂行条例》将纳税人出口货物的增值税税率设置为零；针对出口商品，在出口环节不征税的同时，税务机关还需退还该出口商品在国内生产、流通环节已负担的税款。2011年，中国在海南进行购物离境退税政策试点，2015年开始推广到全国，在符合条件的地区施行境外旅客购物离境退税政策。《财政部关于实施境外旅客购物离境退税政策的公告》(财政部公告2015年第3号)中规定，境外旅客购物离境退税政策是指境外旅客在离境口岸离境时，对其在退税商店购买的退税物品退还增值税的政策。

不同国家制定的退税率和退税方式均有所差异。从全球来看，退税模式通常有两种。

(1)企业代理制。退税由专业代理退税的企业来开展，从退回的税款中扣除一定的费用用于支付代理企业的佣金。使用这种方式的国家包括瑞典、加拿大等。

(2)直接退税型。商店向境外游客出售商品被视为就地出口，游客购物后可凭相关凭据在离境时向税务机关直接申请退税。澳大利亚等许多国家都采用这种方式或两种方式的混合制。

购物离境退税对拉动国内消费品市场、扩大外贸出口、增加旅游创汇、增加国家财政收入有积极影响。美国路易斯安那州实施购物离境退税政策期间，明显提高了入境游客的边际购买倾向并增加了其购物支出①。然而，境外购物离境退税也存在因语言不通而不熟悉购买流程或退税手续繁杂等障碍。例如，2012年中国游客在欧洲未退税购物金额达到了13亿欧元；到2013年，这一数额高达30亿欧元②。

中国是以增值税等间接税为主体税种的国家，扣除管理成本和费用，中国的实际退税率低于征税率，退税商品一般增值税率为17%，实际退税率为11%，且入境游客实际申请退税比例并不高。购物离境退税制度可能会减少相关税收收入，但可以通过设置最低购物金额、鼓励企业销售等制度设计增加总的税收收入。

2. *免税购物*

免税购物制度源于出口退税制度。由于相关法律法规的不同，不同国家对“免税”有不同的定义。根据2000年财政部、国家税务总局、国家旅游局、海关总署发布的《关于进一步加强免税业务集中统一管理的有关规定》，免税商品是指免征关税、进口环节税的进口商品和实行退(免)税(增值税、消费税)进入免税店销售的国产商品。免税购物的主要内涵为：满足一定条件的离境旅客在免税店选购免税商品(免关税、消费税、增值税)并支付免税价格，在离境口岸进行提货。

购物离境退税与免税购物的差异在于：①涉及税种不同。退税主要为退还增值税，且因考虑管理成本，退税税率一般低于本国的增值税税率；免税主要为免关税、增值税、消费税，比退税商品更有价格优势。②享受对象不同。退税主要针对境外旅客，免税主要针对离境旅客(本地人离境也可享受)，涉及对象更为广泛。特殊地，离岛免税是针对离岛不离境的旅客。③商品种类不同。购物离境退税是指定购物退税商店，所售卖商品包含本国生产产品，有助于本国产品出口并提高国际知名度；免税购物的免税商品则几乎全部为进口商品。④旅客税收优惠方式不同。退税由消费者先行发起，消费者可以直观区分退税与不退税的价格差距；免税是免税企业的进口商品在进口环节免除关税、

---

① Dimanche F. The louisiana tax free shopping program for international visitors: a case study[J]. Journal of Travel Research, 2002, 41(3): 311-314.

② 陆亦舒，陶颖. 改善中国旅游服务贸易逆差的对策建议——以完善税收制度的旅游购物政策角度[J]. 旅游纵览(下半月), 2015,(2): 72-74.

增值税、消费税，但并未免除流通环节的相关税收，再加上企业的利润留存，最后消费者享受到的税收优惠是不确定的，消费者只能模糊地感受到免税商品比一般零售商品具备价格优势。

通常所说的免税购物是指离境免税，离岛免税是离境免税的特殊形式，在免税对象、政策目的方面有所区分：①离境免税政策针对的是离境游客，侧重国际游客的购物；离岛免税针对的是离岛不离境的国内外游客，侧重本国的游客。②离境免税政策主要是为了吸引国际游客，增加外汇收入；离岛免税政策主要是为了吸引国内游客，刺激国内消费；离岛免税政策免的是关税及进口环节的增值税、消费税，其本质是针对旅游企业的税收优惠政策。离岛免税政策不仅仅是针对某个企业的税收优惠，还能通过降低免税商品价格的方式将这种优惠转移到游客身上。

一般情况下，免税商品因税收减免，价格比有税商品更低，但实际上不同国家有不同情况，在一个高税负的国家，免税商品的定价往往与国外同类商品价格进行竞争，因为免税商品的对象是离境游客；而在一个低税负的国家，免税商品的定价则主要与本国有税商品价格进行竞争。换言之，免税商店主要吸引的是存在关税、非奢侈品生产国的中产阶级。

关于免税购物目前尚存争论，主要集中在免税购物是否会促进经济发展、是否会促进社会经济福利。1999年，欧盟因废除了欧盟成员国居民乘船或飞机前往其他成员国购买的商品将免去增值税和消费税的免税政策而引起了极大的争议。反对废除免税购物的观点认为：免税产业能带来就业；免税几乎不会减少免税国的税收收入，且免税购物可减少游客的旅游消费支出，可与一般有税零售形成互补市场，刺激游客购买更多商品，也可以提高整体社会经济福利。支持废除欧盟成员国免税购物政策的观点认为：①免税购物是免税商品与旅游的结合，由于只有游客才能购买免税商品，免税购物成为少部分人享受的税收特权，不符合欧洲统一市场的分配公平原则，同盟成员的商品或服务分配不应该受到间接税系统和特殊税收的歧视影响；②免税购物对GDP、个人消费、出口总额增长的作用很小，其宏观经济影响是微不足道的。

六、税负输出和超额负担

旅游税收具有税负可输出优势。税负输出与税负归宿是两个容易混淆的概念。税负输出是指税负在本地居民与非本地居民之间的分配情况。税负输出可以成为东道国利益的来源。税负归宿则是指税负在游客与旅游企业之间的分配情况。当一个司法管辖区征收的税款由居住在其他地方的人支付时，就称为税收出口（即将某一区域的税负转移给非居民）。

税收出口需要满足两个条件：①税负必须转嫁给消费者；②消费者必须是访客，不能住在辖区。旅游需求决定了税负的输出程度，旅游需求越大，则税负大部分由游客承担，游客的大部分支出将转化为财政收入，同时在这种情况下税负输出与税负归宿的差异很小。不同的旅游税种的税负输出程度也有所差异。比起餐饮、娱乐消费税，酒店床位税的输出性更高。通常酒店床位税的三分之一由酒店承担，游客承担了剩余的三分之二，因此住宿税将在很大程度上转移给非当地居民[①]。税负输出还取决于旅游产品的组成。旅游产品的构成不同，税负输出程度也不同。

与广泛征税相比，只针对特定部门，如旅游部门征税的税负输出更高，本地居民的福利水平也更高。对旅游业征收旅游特种税可以作为一种手段来补偿当地的各种间接和无形的旅游相关成本。因此，对一个国家或地区来说，对旅游业征收旅游特种税是非常有吸引力的，因为它们是少数能够成功地转嫁给非居民的税收之一。并且，旅游特种税的征收对国内消费产生的扭曲很少，因为很大一部分福利损失由游客承担，不会给当地居民的福利带来负担，所以是最佳的选择。从全球来看，旅游业已经成为并将继续成为旅游目的地日益重要的公共收入来源。

但是，税收会使旅游目的地旅游产品相对价格提高，导致价格竞争力下降。游客可能会选择其他可替代的竞争性旅游目的地而导致当地游客数量和消费减少。反过来，游客数量的减少又会导致本地生产减少，旅游核心产业和各种旅游相关产业的收入和就业也会减少，给经济施加下行压力。此外，国内旅游服务的价格越高，居民出国旅游的动机就越强。因此，税收会改变旅游产品相对价格，相应地，消费者可能会因此改变消费模式，生产者会改变产品组合和要素分配，从而造成经济扭曲。

税收的扭曲成本，也称为超额负担，是指社会因税收而遭受的经济损失超过了征税所获得的收入，包括销售减少使消费者和生产者损失的价值。在图14.2中，直线E_tQ_t与初始供给曲线S_0和需求曲线D_0之间形成的三角形，就是征税所带来的社会净损失。它是减少的消费者剩余和减少的生产者剩余之和。

超额负担的大小取决于被征税商品的供求弹性和税收的多少。为了最大限度地减少超额负担，最好对需求价格或供应价格弹性较低的商品和服务征税。与对需求弹性较高的商品征税相比，香烟、酒精和汽车燃料等需求弹性低的商品不太可能因价格上涨而引起消费者的负面情绪。因此，对这类商品征收较高税率和对需求弹性较高的商品征收低税率的税收结构更为有效，因为对消费的相对影响较低。还必须认识到，如果政府不对旅游业征税，就必须在别的地方筹集同等的收入。当然，政府也可能不会采取征税的方式筹措公共资金，而是采取削减支出的方式减少公共支出。无论哪种方式，都会对相关的活动和就业产生负面影响。因此，对于税收影响的分析，往往需要超越对特定经济部门的局部均衡分析，从长期的、系统的和动态的视角，考虑一般均衡效应。

如前所述，由于对旅游业征税可以带来诸多好处，旅游业往往被视为“摇钱树”或“税收现金牛”。旅游目的地通过设立新的税种或增加税收可以快速增加收入，这将导致旅游税率相对高于其他商品或服务的税率。具有相对独特吸引力的旅游目的地（旅游服务的净出口者）往往会从中获益，而那些没有什么独特吸引力的旅游目的地则会遭受损失，如此就构成了旅游服务贸易壁垒，甚至成为国家间服务贸易谈判中的一个问题。因此，对游客征税对于单个旅游目的地是理性的，对整个世界来说是低效的。

---

① Gooroochurn N，Sinclair M T. Economics of tourism taxation：evidence from Mauritius[J]. Annals of Tourism Research，2005，32（2）：478-498.

从整个世界的角度来看，如果将旅游税率降低到与其他商品或服务相同的水平，全球福利将得到改善。

七、数字经济中的税收问题

数字税，全称为数字服务税，是面向提供数字产品和数字服务的企业征收的税种。数字服务税是总收入税，其税基包括从特定的数字商品或服务中获得的收入，或基于一个国家内数字用户数量的收入。20世纪90年代起，OECD便开始关注并讨论电子商务企业税收问题，随后欧盟紧跟推进数字税立法。欧盟委员会曾对辖区内跨国数字企业的纳税情况进行过调查，发现欧盟辖区内数字企业的实际平均税率为9.5%，而传统企业的实际平均税率为20.9%；跨国数字企业的实际平均税率仅为10.1%，而跨国传统企业的实际平均税率为23.2%[①]。2018年3月，为了有效应对经济数字化的加速转型，欧盟率先公布了“数字服务税提案”，推动欧盟的税收改革，以确保征税的公平性和有效性。从实践来看，截至2022年，全球已有46个国家陆续宣布对外国大型互联网企业征收数字税，税率从波兰的1.5%到匈牙利和土耳其的7.5%不等[②]。亚洲国家日本最先开始实质性推出数字税，其起征额为经营收入1 000万日元以上的数字企业，税率为8%[③]。

数字税主要适用于以用户参与创造价值为特征的部分数字经济活动，课税的业务类型包含搜索引擎、社交网络、博客、点评平台、内容共享平台、共享经济平台、在线市场（多方销售平台等）、App商店、数据传输服务；服务类型包括播放在线广告、提供订阅服务、销售数据取得的收入和提供在线中介服务所取得的佣金。目前，开征数字税国家的课税对象几乎雷同，征收对象主要是大型互联网公司，包括谷歌、亚马逊、eBay等电子商务交易网站。

征收国普遍将数字服务收入作为税基，并且以一定规模的跨国数字企业在全球范围内的年度总收入和在本国提供数字服务取得的收入作为征税门槛[④]。但是，面对数字税，企业可以通过上调服务价格等方式将部分税负转嫁给消费者和其他企业。特别是处于优势地位的平台企业通过上调服务价格可将新增税负的大部分转嫁至数字经济价值链上的各类企业，使依赖和受益于数字服务的相关企业受到影响。例如，作为对法国征收数字服务税的反击，亚马逊对法国在线卖家提供服务所收取的佣金标准提高了3%；作为全球旅游平台的Expedia集团表示，“当对这些平台征税并开始在系统中施加摩擦时，最终人们担心的是它（税收）最终会落入消费者手中”[⑤]。对数字经济征税的制度还需要进行更充分的讨论。

---

① European Commission. Fair Taxation of the Digital Economy[EB/OL]. https://ec.europa.eu/taxation_customs/business/company-tax/fair-taxation-digital-economy_en，2008-03-21.

② Asen E，Bunn D. What European OECD countries are doing about digital services taxes[EB/OL]. https://www.wita.org/blogs/what-european-oecd-countries-are-doing-about-dsts/，2020-06-22.

③ 张秀青，赵雪妍. 全球数字税发展进程、特征与趋势及中国立场[J]. 全球化，2021，（4）：44-56，135.

④ 刘方，杨宜勇. 【观察与思考】如何应对单边数字税对我国跨国数字企业的冲击|中国投资[EB/OL]. https://www.thepaper. cn/newsDetail_forward_16495598，2022-01-28.

⑤ Bursztynsky J. Expedia CEO：digital services taxes in Europe would end up costing our customers[EB/OL]. https://www.cnbc.com/2019/07/26/expedia-ceo-mark-okerstrom-warns-against-europe-digital-services-taxes.html，2019-07-26.

第二节 货币政策及其传导渠道

一、货币政策

货币政策是指央行通过变动货币供应量或利率而采取的政策，通常是为了降低通货膨胀或利率，以维持价格稳定和本国货币价值稳定[①]。货币政策的实质是国家对货币的供应量根据不同时期的经济发展情况而采取“紧”“松”“适度”等不同的政策趋向。根据对总产出的影响，可把货币政策分为宽松货币政策（扩张性货币政策）和稳健货币政策（紧缩性货币政策）两类。宽松货币政策又称为扩张性货币政策，旨在增加货币供应量，降低利率。稳健货币政策也称紧缩性货币政策，旨在通过控制货币供应量，使利率升高，从而达到减少投资、压缩需求的目的。在现实中，由于经济环境的复杂多样，每个国家都不会采取完全的扩张性货币政策或是紧缩性货币政策，而是多种方式并存。相机抉择货币政策（discretionary monetary policy）又称权衡性货币政策，是指货币当局或央行依据对经济情势的判断，为达成既定的货币政策目标而采取的权衡性措施。

（一）货币政策实施的目标

货币政策实施的目标主要包括四方面。

1. 稳定价格

稳定价格也称为稳定货币的价值，通常也被定义为稳定通货膨胀目标，其目的是使社会总体价格水平在一定时期内总体保持稳定，不会出现明显的波动。价格水平是衡量国民经济是否平稳、健康、有序运行的综合反映。稳定价格不是指价格维持在一定的水平上不变。一般认为，在一个运行良好的经济体中，物价应该保持缓慢上升的趋势。居民消费价格指数的年增长幅度在4%以内可被视为物价总水平基本稳定。

当物价水平上涨过快，即经济增长过热时，央行应该实施紧缩的货币政策以稳定物价水平；反之，当经济增长低迷时，央行应该实施宽松的货币政策以刺激消费和投资。

2. 充分就业

充分就业指货币政策应当使一定时期内的社会总体就业更加充分。稳就业、保就业始终是各国政府制定货币政策的重要目标。央行通过调控货币政策，将货币资本贷款给相应的实体经济部门，促进实体经济的发展，有助于增加劳动岗位和提高劳动者的收入[②]。

---

① Jahan S. Inflation targeting：holding the line[J]. Finance & Development，2012，4：72-73.

② 陈享光，李晶晶. 货币政策与就业：西方理论争论与反思——兼论促进就业的新型货币政策[J]. 当代经济研究，2022，（9）：71-81.

3. 经济增长

按照凯恩斯乘数原理，可通过调控货币供应的数量来影响市场利率的变化，从而影响社会消费、储蓄和投资的变化，进而影响社会总需求，并通过影响社会总需求来影响经济增长①。

4. 平衡国际收支

通过汇率调节国际收支也是制定货币政策的主要目标。国家在制定货币政策时，不仅需要考虑国内经济市场，国际收支也是其主要考虑的方面。当出现国际收支逆差（国际收益小于国际支出）时，可通过调节货币供应量，降低汇率，实现本国货币贬值，以增加出口减少进口，从而改善国际收支，反之亦然。

（二）政策工具

货币政策的主要工具有法定存款准备金（reserve requirements）制度、再贴现政策（rediscount）和公开市场操作（open market operation，OMO）等手段。

1. 法定存款准备金制度

法定存款准备金是央行规定商业银行必须持有的流动资产的最低数额。这一最低准备金通常被称为商业银行准备金，一般由央行根据银行存款负债的一定比例确定。这个利率通常被称为存款准备金率②。法定存款准备金始于19世纪，目的是降低银行过度放贷和遭受挤兑的风险。在扩张性货币政策的情境下，央行可以通过降低法定存款准备金率，扩张信用。这是因为，降低法定存款准备金率，意味着增加商业银行用于商业放款的额度。商业银行为自身盈利考虑，必然扩大放款总额，故货币流动量增加。相应地，市场利率下降，投资增加，总需求扩大。当通货膨胀严重时，央行可调高法定存款准备金率，收缩信用。由于调整法定存款准备金率对货币市场冲击较大，一般情况下，央行不会轻易使用这种手段。

除了调控货币市场流量和利率外，法定存款准备金制度还有一个重要的作用，就是保持公众对银行系统的信心。在正常情况下，只有一定比例的存款被取出时，法定存款准备金足以满足取款需求。当存款人希望提取的资金超过银行所持有的法定存款准备金时，银行会出现资金短缺，甚至出现银行挤兑。在这种情况下，流动性短缺的银行可能会向有盈余的银行借入短期资金③。央行可以作为最后贷款人提供资金，以填补短期缺口。

2. 再贴现政策

再贴现是指商业银行凭借未到期的商业票据，向央行筹措资金的方式。央行通过调

① 凯恩斯 J M. 就业、利息和货币通论[M]. 宋韵声译. 北京：华夏出版社，2013.

② Glocker C. Reserve requirements and financial stability[J]. Journal of International Financial Markets，Institutions and Money，2021，71：101286.

③ Mankiw N G. Macroeconomics[M]. 5th ed. New York：Worth Publishing Ltd.，2002.

整再贴现率，可实现市场利率的调整。当实行扩张性货币政策时，调低再贴现率意味着商业银行从央行获取贷款的成本降低，从而在客观上可起到鼓励商业银行向央行借款的作用。商业银行的借款成本降低后，再以较低的利率向实体企业发放贷款。由于市场利率下降，投资必然增加，有效需求必然扩大。反之，实行紧缩性货币政策时，央行将提高再贴现率。

3. 公开市场操作

公开市场操作是指一国的央行向（或从）一家或多家商业银行提供（或获取）其货币流动性的活动。例如，央行可以在公开市场上购买或出售政府债券（或其他金融资产），也可以与商业银行达成回购或有担保的贷款交易。公开市场操作的目的通常是向商业银行提供流动性或从商业银行获取过剩的流动性，也即控制一个经济体的短期利率和基础货币供应量，从而间接控制货币总供应量，进而达到扩大或收缩货币供应量的目标。

央行公开市场操作有两个重要手段，即正回购（repo，全称repurchase agreement）和逆回购（reverse repo）。正回购是指央行向商业银行或券商等金融机构卖出证券，并承诺在一定时间内再购回。这一操作相当于央行从市场上收回资金，进而达到资金回笼的效果。逆回购是指央行向商业银行或券商等金融机构买进证券，商业银行或券商等金融机构承诺在一定时间内从央行买回这些证券。这一操作相当于央行给市场注入货币，增加市场的短期流动性。在中国，公开市场操作是有效引导货币市场利率，使货币政策调控从数量型向价格型转变的关键一步。

二、货币政策的传导渠道

货币政策的传导渠道主要包括依托金融市场的货币传导渠道和依托金融机构的信贷传导渠道。其中，依托金融市场的货币传导渠道包括利率传导渠道、资产价格传导渠道、汇率传导渠道和信贷传导渠道。

1. 利率传导渠道

利率传导机制是最直接、最重要的传导机制，各国央行都将制定基准利率作为实现货币政策目标的重要手段。利率传导过程为：货币政策→利率→投资/消费→产出/需求。不同的利率水平体现不同的政策要求。当国家的政策重点放在稳定货币时，央行相应调高贷款利率，利率提高一方面会导致借贷成本的增加，降低实体企业投资需求；另一方面会导致存款利息的上涨，促进消费者增加储蓄、减少消费。在两者的综合作用下，社会总体的投资和消费可得到抑制。反之，当需求紧缩时将适时调高利率，进而使得总需求和总供给增加。

2. 资产价格传导渠道

资产价格传导渠道是指一国央行实行的货币政策会对资产价格产生影响，这些对资产价格的影响将进一步对总体经济运行产生影响①。资产价格传导渠道通常分为两类，即金融市场传导渠道（主要是股票市场）和不动产传导渠道（主要是房地产）。

金融市场传导过程可以表示为：货币政策→股票价格→托宾q值→投资→总产出②。例如，在实施扩张性货币政策时，该国的货币供应量增加，利率下降，使得股票相对于债券更具吸引力，对股票的需求增加通常会推高股票价格，进而引起托宾q值（见第七章）的增大。在这种情况下，企业发行较少的股票就可以购买到较多的投资品，因此企业的投资支出将上升，总产出增加。金融市场传导渠道还可以从财富效应的视角进行解释：当实行扩张性货币政策时，市场推高股票价格，家庭金融财富的价值提高，进而促进居民消费，总需求增加，其过程可以描述为：货币政策→股票价格→金融财富→消费→总需求。

不动产传导过程可以表示为：货币政策→不动产→家庭财富→消费→总需求。同样以扩张性货币政策为例，货币扩张导致不动产（主要指房产）价格升高，此时家庭财富增加，相应促进家庭消费，最终促进总需求增加。例如，韩国居民出境旅游需求与其实物资产升值预期带来的财富效应正相关③。

3. 汇率传导渠道

货币政策首先影响本国的利率，当一国利率高于另一国时，资金会从低利率国家流向高利率国家。基于无套利原则，两国之间的汇率随之发生变化。当一国实施紧缩性货币政策时，国内实际利率上升，国内本币存款相对于外币存款变得更加有吸引力，即本币币值升值，汇率升高，国内较高的币值使得国内商品比外国商品更贵，将导致净出口乃至总产出的下降，即货币政策→实际利率→汇率→净出口→总产出。

1999年，美国麻省理工学院著名的经济学家克鲁格曼在“蒙代尔三角”理论的基础上提出了著名的“三元悖论”假说（图14.4）。克鲁格曼认为，在经济全球化的背景下，任何一个国家都不可能同时实现既保持本国货币政策的独立性，又能维持汇率的稳定性及资本的完全流动性三个目标；其中两个目标的实现要以牺牲另外一个目标为代价。这一假说也被称为“不可能三角”。例如，为了维持汇率的稳定性，国家要么实行资本管制，通过牺牲资本的完全流动性来消除影响汇率波动的因素；要么以牺牲货币政策的独立性为代价调节外汇供求（通过调节利率），维持汇率的稳定性。1997年亚洲金融危机的产生正是因为新兴市场国家放弃了稳定汇率的政策，但并没有因此提升货币政策的独立性而导致其被国际资本收割。

---

① Mishkin F S. The transmission mechanism and the role of asset prices in monetary policy[R]. NBER Working Paper，2001，No. 8617.

② Erickson T，Whited T M. Treating measurement error in Tobin’s q[J]. The Review of Financial Studies，2012，25（4）：1286-1329.

③ Kim H，Park J H，Lee S K，et al. Do expectations of future wealth increase outbound tourism? Evidence from Korea[J]. Tourism Management，2012，（33）：1114-1147.

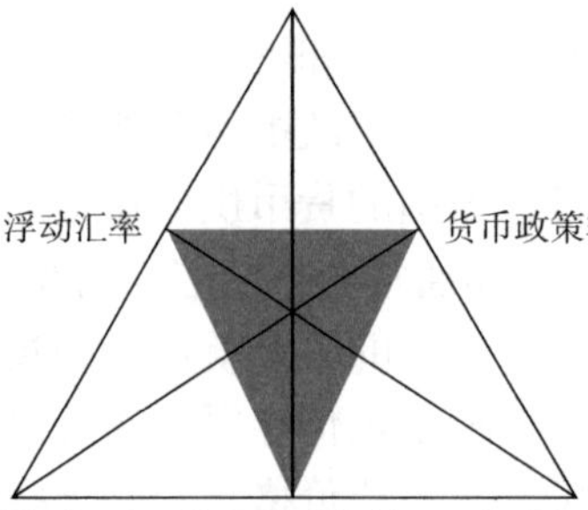

图 14.4　克鲁格曼“三元悖论”假说

资料来源：Krugman P. The return of depression economics[J]. Foreign Affairs，1999，78（1）：56-74

4. 信贷传导渠道

信贷传导渠道是指央行的政策变化影响金融机构向企业和消费者发放的用于购买的信贷数量，进而影响实体经济。广义的信贷传导渠道是指资产负债表渠道，狭义的信贷传导渠道是指银行贷款渠道。资产负债表渠道理论认为，外部融资溢价的规模应该与借款人的净资产成反比。贷款机构在向高净值代理人贷款时承担的风险更小，代理成本也更低，因而高净值企业筹集外部资金的成本应该较低。当一国实行扩张性货币政策时，企业的股票价格上升，这会提高企业的净价值，从而减少企业经营者、所有者的逆向选择和道德风险问题，导致贷款和投资支出上升，并最终使社会总需求上升。传导过程可表示为：货币政策→股票价格→道德风险/逆向选择→贷款活动→投资。

银行贷款渠道理论认为，货币政策的变化将改变中介信贷的供应，尤其是通过商业银行发放的信贷。在金融市场欠发达的发展中国家，实体企业主要从商业银行进行贷款和筹措资金。央行通过公开市场操作、调节再贴现率和存款准备金等手段，调节商业银行的流动性。商业银行据此调节信贷投放、债券投资等活动，将银行的流动性转化为实体经济的流动性。因此，当一国实行扩张性货币政策时，商业银行的流动性增强，信贷条件放松，贷款利率下降，企业的融资成本降低，企业的投资增加。传导过程可表示为：货币政策→银行贷款→企业融资成本→投资。

第三节　货币政策对旅游发展的影响

货币政策是各国干预和调整社会经济发展方向、路径和速度最为重要的工具之一，必然会对旅游经济活动产生影响。研究发现，美国航空业、住宿业和旅行社业的收益均与货币政策变化紧密相关，与财政政策无关①，说明货币政策对于旅游企业运营的影响更显著。这是由于，航空运输业、高铁运输业和酒店业属于资本密集型行业，且具有周期性特点，其经营状况和资产收益对于宏观货币政策高度敏感②。一些小型经济体，如阿鲁巴和巴巴多斯，接待国际游客的周期还受到其主要客源国——英国、美国和加拿大的货币供应周期影响③。

一、货币政策影响旅游发展的机制

货币政策对于经济的影响至少存在六种影响渠道，即利率、货币供应量、信贷、资产平衡表、资产价格和经济预期。它们都通过影响微观主体的经济行为来对经济活动整体产生影响。通常，央行可以通过调整货币政策类型（一般为稳健货币政策或者宽松货币政策）来改变旅游企业的经营环境。此外，货币政策还可通过影响GDP、居民消费价格指数等宏观经济因素来对旅游产生影响。此处主要讨论货币政策影响旅游经济的三种主要途径，即利率、货币供应量和汇率，如图14.5所示。其中，利率和货币供应量主要影响国内旅游，而汇率主要影响国际旅游。从供给侧来看，在宽松货币政策条件下，利率下降使得银行对企业的贷款成本减少，可降低旅游企业的投资成本，进而刺激旅游业的发展。从需求侧来看，在宽松货币政策环境下，经济体中的货币供应量增加，可以增加游客的收入，提高资产价格进而增加旅游消费，但是过多的货币供应会因物价上涨而抑制旅游发展。

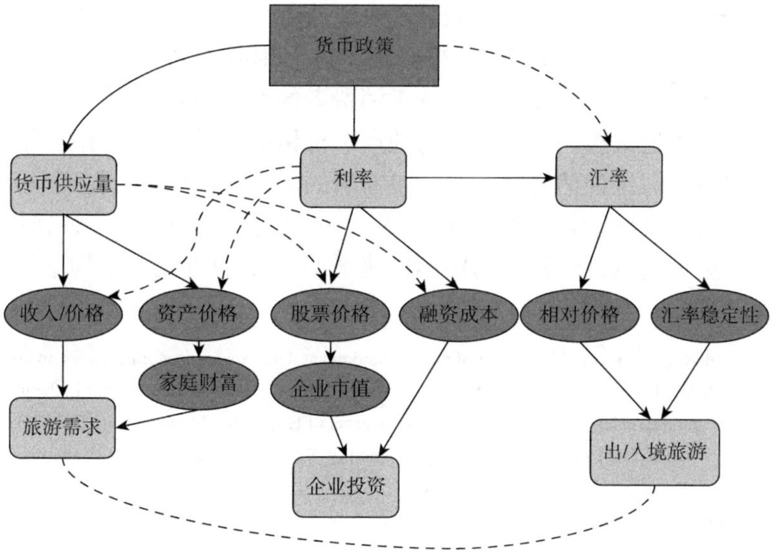

图 14.5　货币政策影响旅游发展的机制

① Chen M H. Federal Reserve monetary policy and US hospitality stock returns [J]. Tourism Economics, 2010, 16(4): 833-852.

② Chen M H, Kim W G. The long-run equilibrium relationship between economic activity and hospitality stock prices [J]. The Journal of Hospitality Financial Management, 2006, 14 (1): 1-15.

③ Ridderstaat J, Croes R. The link between money supply and tourism demand cycles: a case study of two Caribbean destinations[J]. Journal of Travel Research, 2015, 56 (2): 187-205.

（一）货币供应量对旅游需求的影响

货币供应量通常是指一个经济体中可用的货币数量，它与经济增长、消费者支出及最终的经济增长都有着复杂的关系。对中国台湾、美国、新加坡和日本等地进行的研究发现，货币供应量的增长及其引起的价格上涨对于这些地区的酒店业股票收益具有决定性的正向影响[①]。香港旅游业对于宏观因素的变化更加敏感，在扩张性货币政策期间，香港的酒店业和旅行社业都呈现出更高的平均收益率[②]；新西兰旅游公司的股票收益也与货币供应量和贴现率显著正相关[③]。

货币供应量对旅游需求的影响表现在三方面。

（1）货币供应量通过影响个人收入进而影响旅游需求。一个国家的货币供应量越高，人们的可支配收入就越多。许多消费者在收入增加的情况下，更愿意支出用于旅游消费，从而导致旅游需求增加。

（2）货币供应量通过影响物价进而影响旅游需求。货币数量论认为，货币供应量增加将导致物价全面上涨。根据欧文·费雪提出的货币交易方程式$MV=PT$。货币供应量（M）和货币流通速度（V）相乘等于全部货币交易值PT，其中P表示物价，T表示交易的实物量。假定货币流通速度和实物交易量保持稳定或可预测，那么增发货币M就能推升物价P。鉴于旅游需求对价格变化较为敏感，物价的上升又会减少旅游需求。因此，增发货币对于旅游需求的影响是不确定的，需要谨慎实施和评估。在英国，影响居民滑雪需求的最大的解释变量是广义货币供应量M4，因其决定着个人的可得信用[④]；但在澳大利亚，货币宽松导致的生活成本上涨对其入境旅游产生了负面影响[⑤]。

（3）货币供应量增加导致资产价格升高，进而刺激更高水平的旅游支出。旅游活动是一种典型的非耐用和奢侈品，更依赖于消费者的财富总和，而不是当期收入来实现消费。因此，资产（通常指不动产，如房地产）价格的上升会大大增强消费者的信心并增加其对财富的感知。这种信心将刺激旅游需求的增加。在中国，随着住房制度的市场化改革和金融市场的发展，中国家庭的住房资产在过去20年中经历了快速增长。2011年，中国家庭的平均财富为66.3万元，2016年迅速增加到103.4万元，年均增长率为9.3%[⑥]。

---

① Chen M H，Kim WG，Kim H J. The impact of macroeconomic and non-macroeconomic forces on hotel stock returns [J]. International Journal of Hospitality Management，2005，24（2）：243-258；Chen M H. State dependence in the influence of monetary policy regime shifts on hospitality index returns [J]. International Journal of Hospitality Management，2012，31（4）：1203-1212；Chen M H. The impact of demand and supply shocks on US hospitality index returns [J]. Tourism Economics，2013，19（2）：349-371.

② Chen M H，Liao C N，Huang S S. Effects of shifts in monetary policy on hospitality stock performance[J]. The Service Industries Journal，2010，30（2）：171-184.

③ Lim C，Chan F. An empirical modelling of New Zealand hospitality and tourism stock returns[J]. ISRN Economics，2013，（3）：1-10.

④ Riddington G L. Forecasting ski demand：comparing learning curve and varying parameter coefficient approaches [J]. Journal of Forecasting，1999，18（3）：205-214.

⑤ Assadzadeh A，Mamipour S，Najafi M H. Estimation of tourism demand function for Australian destinations：a time-varying parameter approach[J]. Anatolia，2014，25（1）：108-116.

⑥ China Household Finance Survey（CHFS）. China family financial asset allocation risk report[R]. Southwestern University of Finance and Economics，2016.

其中，住房财富已成为家庭净财富的重要组成部分，成为旅游消费的主要决定因素。研究表明，住房财富越高的中国家庭，其旅游消费支出越高；不同收入家庭的住房资产价格上涨引致的旅游消费弹性系数在0.21~0.27①。在韩国，居民资产价格的上涨也推动了韩国居民的出境旅游消费。

（二）利率对旅游投融资的影响

除了货币供应量这一数量型货币政策工具以外，价格型货币政策工具对于旅游企业投融资方式及资本结构也具有重要影响。利率是决定企业资金成本高低的主要因素，同时也是企业筹资、投资的决定性因素。央行通过调整货币供应量或利率水平，可以作用于银行系统的信贷规模与企业融资环境，改变企业面临的市场需求和投资机会，进而影响全社会的就业和产出。

在美国，餐饮业的资产收益和酒店业的股票收益与联邦基金利率高低显著正相关；但折现率的变化对美国酒店业股票收益没有明显影响。并且，货币政策对于酒店业收益的影响在“熊市”和“牛市”时具有非对称效应。在信贷市场收紧时，旅游企业将通过提高财务杠杆、减少现金持有量来应对流动性危机，其中餐饮业的表现甚至优于酒店业②。

稳定的利率对于促进旅游发展并提高旅游目的地竞争力至关重要。对美国接待业的研究表明，经济政策的不确定性对酒店业的投资决策有负向影响③。在新加坡，利率的变化与酒店业收益存在反向变动关系④。对泰国的研究表明，货币政策比财政政策更显著地影响泰国的旅游经济，银行同业拆借利率对旅游业的国民生产总值的影响远高于其他解释变量⑤。因此，保持金融稳定有助于旅游投资者和旅游部门做出更理性和长期可持续的投资与融资决策。

（三）汇率对国际旅游的影响

虽然汇率不属于严格意义上的货币政策，但是汇率作为货币政策的重要传递途径，对进出口贸易起着非常重要的调节作用，对国际旅游有着举足轻重的直接影响。汇率对国际旅游的影响主要表现在两方面：一方面，汇率的变动必然引发国家间旅游产品相对价格的变动（见第一章），进而影响国家间的出入境旅游流量与结构。例如，美元升值（贬值）会使得美国旅游贸易逆差恶化（改善）；而人民币汇率升值将会推动出境

---

① Zuo B，Lai Z. The effect of housing wealth on tourism consumption in China：age and generation cohort comparisons[J]. Tourism Economics，2020，26（2）：211-232.

② Dewally M，Shao Y，Singer D. The liquidity crisis：evidence from the US hospitality industry[J]. Tourism Economics，2013，19（3）：545-563.

③ Akron S，Demir E，Díez-Esteban J M，et al. Economic policy uncertainty and corporate investment：evidence from the US hospitality industry[J]. Tourism Management，2020，77：104019.

④ Leong C C，Hui T K. Macroeconomic and non-macroeconomic variables linking to Singapore hotel stock returns [J]. Advances in Hospitality and Leisure，2014，10：21-36.

⑤ Nonthapot S，Srichaiyo P. The relationships between financial policy fiscal policy visitor exports and the tourism economy of Thailand[J]. Journal of Advanced Research in Management，2017，8（6）：1222-1231.

旅游发展[①]。另一方面，维持汇率的稳定是维持国际游客流量的决定性因素，因为汇率的波动可能导致国际旅游更加脆弱和不稳定。随着各国汇率体制逐渐走向浮动汇率制，汇率的波动在很大程度上由外汇市场的供求关系决定，使得部分国家间的汇率出现较大的起伏。在其他情况不变的情况下，当旅游目的地国家的汇率大跌时，会吸引大量的国际游客涌入，而当旅游目的地国家的汇率大涨时，则会出现相反的情况。长此以往，汇率的频繁动荡会对旅游目的地国家的旅游基础设施和旅游部门的产出产生明显的负面影响。

需要注意的是，汇率波动趋向于以不对称的方式影响入境旅游需求，旅游依赖型和对进口依赖程度更高的国家对汇率变动的敏感程度更高。不同的汇率制度对国际旅游的影响也非常显著。相比盯住浮动汇率制或管理浮动汇率制，固定汇率制因其价格的稳定性而对旅游业产生的积极影响最大。简言之，汇率制度越不灵活，对旅游业的积极影响就越大。这是由于固定汇率制可降低货币兑换有关的交易费用和减少汇率波动的不确定性。不仅如此，保持稳定的汇率可通过旅游的中介传递效应推动经济增长，即形成汇率—旅游带动的经济增长[②]。

共同货币政策对于旅游发展同样具有重要的影响。对欧元区国家的研究发现，欧元的引入使欧洲货币联盟（European Monetary Union，EMU）内部游客流量增加了6%，但这一积极影响随着时间的流逝而逐渐减小[③]。并且，共同货币政策对双边旅游流量的影响具有异质性，欧元对游客流量的积极影响主要体现在德国、西班牙和意大利，而比利时、芬兰和卢森堡则较低[④]。EMU还促进了实施固定或浮动汇率制国家的游客入境。欧洲市场实施单一货币的好处之一，就是可促进入境旅游。

二、旅游资产证券化与旅游普惠金融

旅游业是中小企业集聚的产业。数据显示，中国旅行社行业的产业集中度从1980年的79.6%下降到2013年的6.49%；2018年全国星级饭店中三星级及以下酒店数量占65%以上；3A级及以下的旅游景区占景区总数的65%；中国最大的在线旅游企业携程，其合作的30 000余家旅游供应商中，80%以上是中小企业[⑤]。这些中小规模旅游企业因规模小、担保抵押品不足，即使在货币宽松时期也难获融资。鉴于货币政策传导受阻，需要开展多种旅游业金融模式创新，如通过资产证券化或普惠金融（inclusive finance），打通货币政策到旅游企业的信贷传递渠道。

---

① Gao X，Chang H L，Chi-Wei S U. Does exchange rate always affect the number of inbound tourists significantly in China? [J]. Theoretical and Applied Economics，2018，(1)：55-72.

② Nduka E K. Modeling the long-run relationship between exchange rate-tourism pass-through and growth：the case of Nigeria? [D]. MPRA Paper 2018，No. 86584，University Library of Munich，Germany.

③ Gil-Pareja S，Llorca-Vivero R，Martínez-Serrano J A. The effect of EMU on tourism[J]. Review of International Economics，2007，15(2)：302-312.

④ Santana-Gallego M，Ledesma-Rodriguez F，Pérez-Rodríguez J. The euro effect：tourism creation，tourism diversion and tourism potential within the European Union[J]. European Union Politics，2016，17(1)：46-68.

⑤ 吴丽云. 中小企业：推动旅游经济健康增长的重要力量[EB/OL]. http://www.ctnews.com.cn/news/content/2019-11/12/content_55440.html，2019-11-12.

（一）资产证券化

资产证券化是一种运用市场化工具，而非行政手段和信贷额度控制手段来实现货币政策传导的方式。它有助于商业银行通过与央行的市场交易直接传达国家政策意图，调整资产负债表和信贷结构（贷款方向和贷款期限），降低企业融资利率、调整存量债务结构、化解地方融资债务难题。旅游资产证券化的常见方式包括旅游企业将景区入园凭证、车船索道、演出服务、餐饮收入等具有垄断性且能产生稳定现金流的资源作为基础资产，通过证券服务公司在金融市场上运作以发行可交易的有价证券的过程。这一方式运用于旅游业，具有融资规模大、适用性广泛、灵活性好、风险分散等优势。2012年，华侨城开创性地以欢乐谷入园凭证作为基础资产进行证券化，成为中国第一个主题公园入园凭证的资产证券化产品。2014年，广州长隆集团有限公司获批"广州长隆主题公园入园凭证专项资产管理计划"，发行规模高达32亿元，成为中国第一个成功实施资产证券化的民营旅游企业。2015年，"齐鲁资管北京八达岭索道乘坐凭证资产支持专项计划"正式实施，标志着旅游资产证券化不再以简单的入园凭证作为基础资产，索道、车船乘坐凭证同样可以作为基础资产发行旅游资产证券。随后，云南文产巴格拉宗入园凭证资产支持专项计划、鑫沅资产-海昌海洋公园入园凭证资产支持专项计划、平遥古城景区运营管理费资产证券化项目、开源-普者黑国家级景区扶贫资产支持专项计划等越来越多的旅游资产证券化产品得到了广泛发展。2020年，德邦海通-复星旅文-三亚亚特兰蒂斯资产支持专项计划发行量高达70亿元，成为海南自由贸易港首个旅游度假目的地商业抵押担保证券（commercial mortgage backed securities，CMBS）项目[①]。

在打通旅游小微企业信贷渠道方面，资产证券化可以将对实体经济小微企业的优惠贷款政策扩大至中小微旅游企业，包括对旅游经营个体户和农家饭庄直接提供小额信用贷款、小额担保贷款等，鼓励保险公司、担保公司等为不具备实体资产的中小旅游企业提供增信担保，对处于成熟期、经营模式稳定、经济效益较好的旅游企业，可以由担保公司担保发放信用贷款。对于融资规模较大的旅游重点项目、重点景区和重点企业，可通过银团贷款、联合授信、同业合作、委托代建购买服务及政府授权企业自营等方式进行融资。旅游初创企业也应充分利用数字化众筹平台，创新现有的投融资渠道和方式，为旅游发展注入新的活力。

（二）旅游业普惠金融

普惠金融由联合国在2005年"国际小额信贷年"上首次提出，是指非正规金融组织向贫困人口发放的小额信贷。在许多发展中国家和地区，由于金融发展不足，金融贷款门槛高，旅游从业者在融资方面面临着众多困难，被排除在常规的金融体系之外，他们难以开展有助于提高当地人均收入水平和改善生活质量的旅游活动[②]。普惠金融提供的

---

① 张志伟. 全国首单旅游度假目的地 CMBS 成功发行[EB/OL]. https://finance.sina.com.cn/roll/2020-03-23/doc-iimxyqwa2570000.shtml，2020-03-23.

② Carrillo-Hidalgo I，Pulido-Fernández J I. Is the financing of tourism by international financial institutions inclusive? A proposal for measurement[J]. Current Issues in Tourism，2019，22（3）：330-356.

小额信贷模式可以使这些旅游企业及时获得正规融资，取得旅游企业经营发展所需的资本，为当地人创造新的就业机会，同时降低借款人的金融中介成本，最终达到协助旅游减贫的目标[①]。目前，普惠金融已被确定为联合国17个可持续发展目标中的第7个目标，被公认为是减少极端贫困和促进共享繁荣的关键推动因素。

在中国，普惠金融曾是我国实现脱贫攻坚的重要抓手，其中乡村旅游扶贫是普惠金融在我国旅游业中的重要应用场景。2013年，党的十八届三中全会将“发展普惠金融”确立为国家战略，明确提出大力发展普惠金融战略，“提高金融服务的覆盖率、可得性和满意度”，以“推动大众创业、万众创新，助推经济发展方式转型升级，增进社会公平和社会和谐”[②]。2016年国家旅游局联合11部门共同制定《乡村旅游扶贫工程行动方案》，明确提出金融支持旅游扶贫专项行动，开辟了普惠金融助力旅游的新道路。

从资金供给来看，目前旅游业常见的普惠金融手段主要包括：①借助央行新增支持小额贷款的政策，加大对乡村旅游企业融资供给额度。②优化利率形成和传导机制，利用央行对小微企业贷款利率再下调的政策，进一步下调乡村旅游企业的融资成本，以激励乡村旅游企业的旅游投资。③完善对乡村旅游企业信用评估体系，对资金需求者的信用水平进行更为准确快速的评定，降低融资风险。例如，旅游资源丰富的焦作市修武县云台山镇拥有400多家民宿和农家乐，近14 000个床位，是乡村旅游创新发展的出色民宿群。资金困境成为这些民宿转型升级的瓶颈。焦作中旅银行探索出“银行+担保公司+新型农业主体”的融资模式，在修武县推出“民宿贷”“农家乐贷”等普惠金融业务。其中，“民宿贷”以大额、低利贷款解决村民建设期间的资金难题。贷款人的信用评级制度——由基层村干部、村里德高望重者、银行信贷员等组成评审会，对农户做信用评级。“三星级”贷款额度可达500万元，利率也优于其他贷款户，其他信用等级则不能享受此待遇。这不仅加强了风险控制，还使当地迅速形成“好人品能换钱”的诚信之风[③]。④强化科技手段运用，加快建设数字普惠金融。数字普惠金融的普惠性相比传统普惠金融更具有普惠性与可持续性，可促进金融服务朝向个性化、定制化发展，并可衍生开发出新型的金融产品，未来必将在旅游投融资领域发挥重要的作用。

宏观政策与旅游发展之间的关系和影响问题，既是一个实践应用问题，也是一个基础理论问题，其同时涉及微观个体行为、中观产业结构和宏观经济基本面，蕴含了关于旅游消费决策及其替代、旅游企业货币需求及其融资约束、旅游产业结构变化、旅游产业竞争力、旅游发展路径及发展形态等诸多方面。2022年10月，习近平总书记在党的二十大报告中进一步提出了“加强财政政策和货币政策协调配合”“支持中小微企业发展”“健全农村金融服务体系”等要求[④]，此举必将深入推进普惠金融战略，助力乡村旅游

---

① Shi Y, Swamy V, Paramati S R. Does financial inclusion promote tourism development in advanced and emerging economies? [J]. Applied Economics Letters, 2021, 28 (6): 451-458.

② 国务院. 国务院关于印发推进普惠金融发展规划（2016—2020 年）的通知[EB/OL]. http://www.gov.cn/zhengce/content/2016-01/15/content_10602.htm, 2016-01-15.

③ 席韶阳. 焦作中旅银行：以“旅游金融”助推乡村振兴[EB/OL]. https://www.henan100.com/finance/2019/879379.shtml, 2019-09-19.

④ 习近平. 高举中国特色社会主义伟大旗帜 为全面建设社会主义现代化国家而团结奋斗——在中国共产党第二十次全国代表大会上的报告（2022年10月16日）[EB/OL]. http://cpc.people.com.cn/n1/2022/1026/c64094-32551700.html, 2022-10-26.

发展，推动旅游业走向全面复苏和高质量发展。

关键词：

旅游税收 tourism taxation
航空旅客税 air passenger duties
碳税 carbon tax
酒店床位税 hotel room tax
需求弹性 demand elasticity
供给弹性 supply elasticity
购物离境退税 tax free
免税购物 duty free
税负输出 tax exporting
税负归宿 tax incidence
超额负担 excess burden
数字经济 digital economy
数字服务税 digital services tax
货币政策 monetary policy
扩张性货币政策 expansionary monetary policy
紧缩性货币政策 tight monetary policy
相机抉择货币政策 discretionary monetary policy
货币政策工具 monetary policy instruments
存款准备金 reserve requirements
公开市场操作 open market operation
正回购 repo
逆回购 reverse repo
利率传导渠道 interest rate transmission channel
资产价格传导渠道 asset price transmission channel
汇率传导渠道 exchange rate transmission channel
信贷传导渠道 credit transmission channel
数量型货币政策 quantitative monetary policy
价格型货币政策 price-based monetary policy
欧洲货币联盟 European Monetary Union
普惠金融 financial inclusion
旅游带动的经济增长 tourism-led economics growth

复习与思考

1. 旅游目的地对游客征税可以获得哪些好处?
2. 旅游税收有哪些功能? 主要税种有哪些?
3. 在图14.3中，谁实际缴纳了对旅游商品征收的税款?
4. 税负输出与税负归宿的区别是什么? 请举例说明。
5. 购物退税与免税购物有何差异? 对于市场供求主体分别有哪些影响?
6. 离岛免税政策与离境免税政策在免税对象、政策目的方面有哪些不同? 作为游客，在旅游消费过程中会面临哪些方面的税收?
7. 试举一例，写下你在某次旅游过程中可能会缴纳的税费类型。
8. 你对政府征收数字服务税有什么看法?
9. 你对欧盟意图征收航空碳税有什么看法?

10. 请比较日本冲绳岛、韩国济州岛与中国海南岛的离岛免税政策差异及其对旅游业发展的影响。

11. 对于海南离岛免税政策而言，应当如何进一步丰富完善其政策体系，更好地发挥对旅游业的促进作用？

12. 请分析海南离岛免税政策的实施可能会带来哪些政策成本。

13. 消费者的购物需求函数为$P=30-0.8Q$。如果政府决定减免供应企业10%的销售税，请计算消费者可获得的税收减免额；如果需求函数为$P=30-1.2Q$，此时税收将如何在消费者和供应商之间分配？

14. 某酒店的住宿需求函数为$Q=60-2P$，如果该酒店所在的旅游目的地决定对游客征收5元/人次的住宿税，请分析酒店住宿需求的变动情况。

15. 对旅游业过度征税会带来哪些风险？

16. 在征收旅游特种税过程中如何体现公平原则？

17. 试对比货币政策、税收政策及产业政策对于旅游发展的影响。

18. 你认为在货币政策的多种传导渠道中，哪种传导机制的影响对于旅游业最直接、最重要？请说明理由。

19. 请绘图说明货币政策影响旅游发展的传导机制。

20. 汇率升值和贬值对于出境和入境旅游需求有何影响？

21. 利率上升和下降对于旅游供给有何影响？请绘图说明。

22. 你认为旅游目的地金融发展水平会影响其旅游发展吗？请陈述你的观点并搜集数据资料加以验证。

23. 结合案例，讨论如何提高旅游业普惠金融的普惠性。

24. 试讨论如何破解旅游中小企业融资难的问题。

扩展阅读：

关于旅游税收，UNWTO曾有一份详细的报告并且至今依然关注这一领域，参见UNWTO的*Tourism Taxation：Striking a Fair Deal*[①]。关于海南离岛免税购物政策推动旅游市场发展的有效性分析，可参见左冰和谢梅的《离岛免税政策对海南旅游需求与消费影响研究——基于旅行与免税商品联合购买模型》[②]。关于货币政策对旅游的影响，可以阅读Ming-Hsiang Chen教授关于“货币政策与旅游企业”的系列论文。Nonthapot和Srichaiyo的The relationships between financial policy，fiscal policy，visitor exports and the tourism economy of Thailand[③]比较了货币政策和财政政策对旅游部门的影响。Sun等的Impact of monetary policy on China’s tourism market development：an application of factor-augmented

① UNWTO. Tourism Taxation：Striking a Fair Deal[M]. https://www.e-unwto.org/doi/book/10.18111/9789284402489，1998.

② 左冰，谢梅. 离岛免税政策对海南旅游需求与消费影响研究——基于旅行与免税商品联合购买模型[J]. 旅游科学，2021，(2)：1-16.

③ Nonthapot S，Srichaiyo P. The relationships between financial policy，fiscal policy，visitor exports and the tourism economy of Thailand [J]. Journal of Environmental Management & Tourism，2017，8：1222-1231.

vector auto-regression（FAVAR）model①剖析了中国货币供应量、汇率和其他资产渠道对中国旅游市场发展的影响。Şengel等的Fiscal and monetary policies supporting the tourism industry during COVID-19②整理了新冠疫情影响下各国为支持旅游业发展而实施的金融政策和货币政策及其特征。对货币政策感兴趣的读者可以进一步阅读弗里德曼的经典著作《美国货币史（1867—1960）》和伯南克的《21世纪货币政策》。

---

① Sun Y P，Li H N，Khan Y A. Impact of monetary policy on China's tourism market development：an application of factor–augmented vector auto-regression（FAVAR）model[EB/OL]. https://link.springer.com/article/10.1007/s12144-021-02562-1，2022-03-15.

② Şengel Ü，Işkın M，Çevrimkaya M，et al. Fiscal and monetary policies supporting the tourism industry during COVID-19 [EB/OL]. https://www.emerald.com/insight/content/doi/10.1108/JHTI-08-2021-0209/full/html，2022-01-30.

第十五章

数字经济与旅游业的未来

【导读案例】千年敦煌，数字敦煌

2022 年 11 月 8 日，在 2022 年世界互联网大会上，“数字敦煌”等 12 个案例脱颖而出，获评成为全球 12 个“携手共建网络命运共同体精品案例”①。

敦煌石窟是集建筑、壁画和彩塑于一体的历经千年的文化遗产，具有极高的历史、艺术和科学价值。但在自然及人为因素的综合影响下，敦煌石窟的文物信息面临衰退风险。为了敦煌石窟的永久保存和永续利用。自 2010 年起，敦煌研究院技术团队在敦煌莫高窟实施摄影采集。2016 年 5 月 1 日“数字敦煌”（https://www.e-dunhuang.com）正式上线，第一期资源包括莫高窟 30 个经典洞窟的高清数字化内容及全景漫游。2017 年 9 月 20 日，数字敦煌资源库英文版上线，向全球网民免费开放；当年敦煌研究院完成 150 个洞窟壁画的数字化拍摄，累计数据量超 300TB②。

2020 年 1 月，受新冠疫情影响，敦煌莫高窟景区暂停开放；2 月起敦煌研究院联合腾讯上线“云游敦煌”小程序，至 4 月小程序游览点击量突破 1 200 万人次；至同年 10 月，“数字敦煌”资源库平台点击量超过 1 000 万次③。2022 年 12 月，“数字敦煌·开放素材库”正式上线，成为全球第一个基于区块链数字技术的数字文化遗产开放共享平台，其中每一例素材的授权、支付、下载等信息均可查证④。

导读思考：

1. 遗产数字化过程中如何让用户成为遗产传播的重要力量？
2. 遗产数字化如何推动旅游业可持续发展？
3. 旅游业如何推动数字遗产和艺术的活化利用？

---

① 澎湃新闻. 数字敦煌等获评“携手构建网络空间命运共同体精品案例”[EB/OL]. https://baijiahao.baidu.com/s?id=1748928815273095265&wfr=spider&for=pc，2022-11-08.

② TB：terabyte，太字节，计算机存储容量单位。

③ 郑娜. “云游”敦煌上线两个月 1200 万人次[EB/OL]. https://baijiahao.baidu.com/s?id=1665088002431250234&wfr=spider&for=pc，2020-04-27.

④ 付文. 数字敦煌开放素材库正式上线[EB/OL]. https://baijiahao.baidu.com/s?id=1752062652331461179&wfr=spider&for=pc，2020-12-15.

本章思维导图——数字经济与旅游业的未来

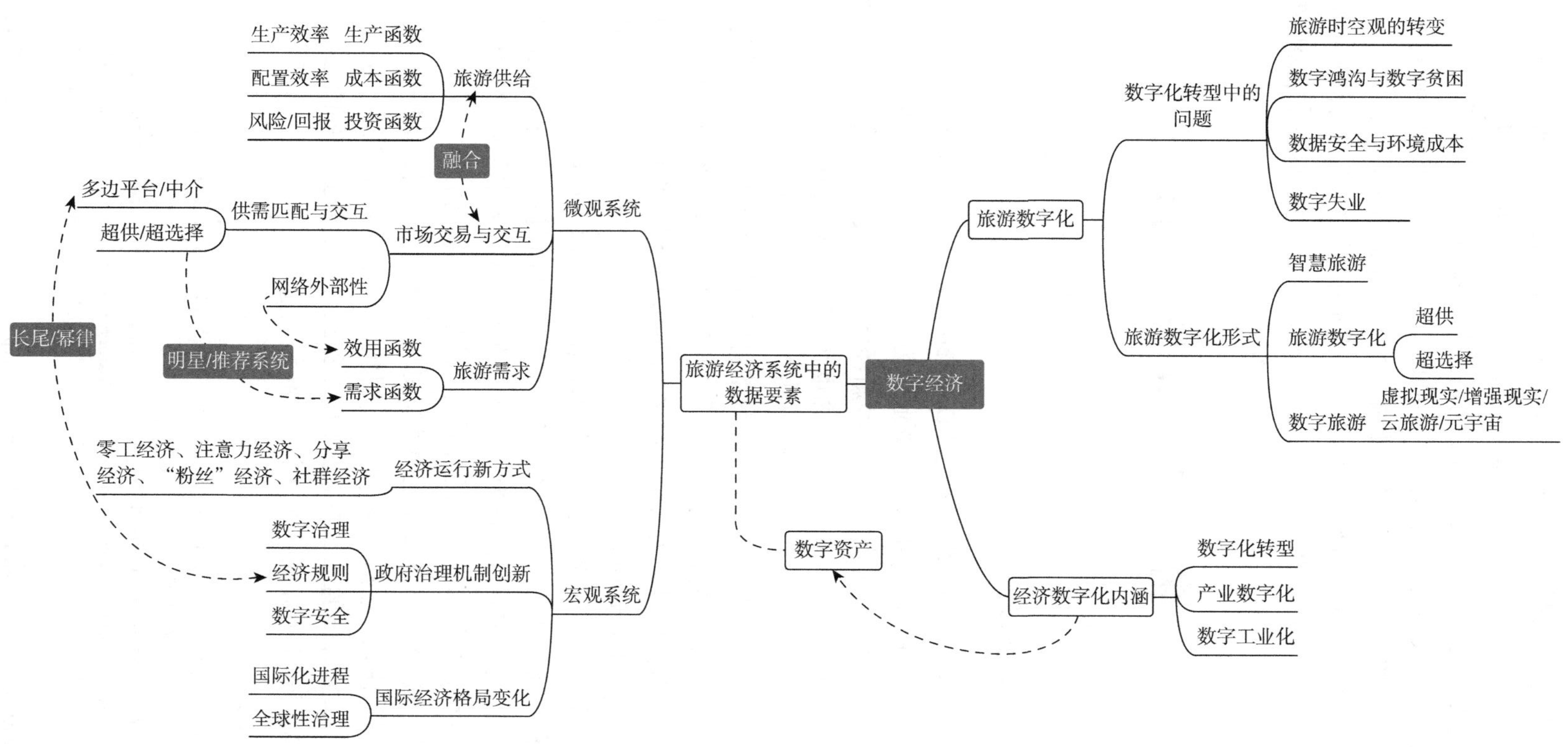

旅游产品是信息密集型产品。旅游业始终处于数字创新的最前沿，目前旅游业的几乎每个方面正在被新技术改变。根据世界经济论坛的数字化转型倡议，2016~2025年，旅行、旅游和航空领域的数字化过程价值将高达3 050亿美元，旅游业数字化转型将为社会带来7 000亿美元的收益，预计推动大约1 000亿美元的价值从传统企业转移到新的数字企业[①]。根据Statista数字市场展望发布的数据，2021年旅游领域使用的移动应用程序获得的总收入与2020年相比增长了38%，达到2.96亿美元；到2027年，预计74%的旅游总收入将通过在线销售产生[②]。数字经济已经成为旅游业转型变革的基础和内在组成部分。

第一节 数字经济

一、数字经济的定义

数字经济概念最早由唐·塔斯考特（Don Tapscott）提出。在1997年出版的《数字经济》一书中，塔斯考特描述了互联网对商业行为的影响，包括如何提升生产率、影响产品创造与拓展营销渠道[③]。他认为，在这种新经济中，信息将以数字方式呈现。此后，随着数字经济的实践发展，数字经济的概念也在不断丰富和拓展。2021年国家统计局在发布的《数字经济及其核心产业统计分类（2021）》中，将数字经济定义为："数字经济是指以数据资源作为关键生产要素、以现代信息网络作为重要载体、以信息通信技术的有效使用作为效率提升和经济结构优化的重要推动力的一系列经济活动。"[④]

数字经济按内部结构可分为数字工业化（digitization）、产业数字化（digitalization）和数字化转型（digital transformation）三个层次[⑤]，如图15.1所示。数字工业化是企业和行业能够进行数字化所需的前期工作。它是将信息从物理格式转换为数字版本并以数字方式传输的过程。换句话说，数字化是将任何非数字内容转换为计算机系统可用于自动化操作或工作流程的数字表示的行为，也称为数字支持。数字化将对象从模拟形式转变为数字形式，而不会对其本身进行任何更改。例如，数字化书籍、数字化音乐、数字化信息、数字化视频游戏等，其目标是使信息更易于访问、存储、维护和共享。数字资产即数字化的知识和信息，包括文档、音频、视频、标识、幻灯片演示、电子表格和网站，它是任何以数字方式存储的、唯一可识别的、组织可以用来实现价值的东西，还可被用于描述将某些东西转换为数据并以数字方式传输的过程。

---

① World Economic Forum（WEF）. Digital transformation of industries[EB/OL]. https://www.weforum.org/reports/digital-transformation-of-industries/，2016-01-22.

② Statista. Travel & tourism-worldwide[EB/OL]. https://www.statista.com/outlook/mmo/travel-tourism/worldwide，2022-12-29.

③ Tapscott D. The Digital Economy：Promise and Peril In The Age of Networked Intelligence[M]. New York：McGraw-Hill，1997.

④ 国家统计局. 数字经济及其核心产业统计分类（2021）[EB/OL]. http://www.gov.cn/gongbao/content/2021/content_5625996.htm，2021-05-29.

⑤ Prause J. Digitization vs digitalization[EB/OL]. https://www.sap.com/insights/digitization-vs-digitalization.html.

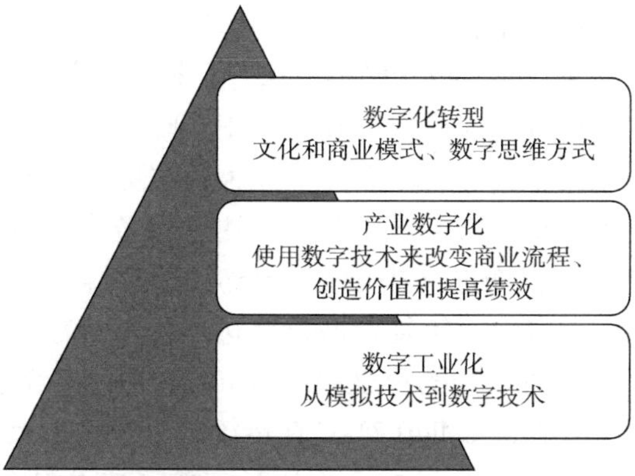

图 15.1　数字经济的三个层次

当来自整个组织及其资产的数据通过先进的数字技术进行处理时，会推动业务流程的根本变化，导致新的商业模式出现和社会变革。这正是产业数字化的过程。产业数字化是指组织通过使用数字技术来改变商业模式，提高业务运营效率、转变业务流程并自动化日常活动，以提供新的收入和价值创造机会，即转向数字业务的过程。简言之，数字工业化与信息有关，而产业数字化与流程有关，理解之间的差异至关重要。数字工业化将组织转变为数字化企业，从而提高敏捷性和绩效改进。这种数字化对整个组织的整体影响称为数字化转型。数字化和数字化转型经常被混淆并互换使用，但数字化转型的范围比数字化要广泛得多。数字化转型与其说是结果，不如说是一个过程。数字化转型不仅仅是“更多技术”的问题，还包括改变企业文化、工作方式和思维方式。它为组织如何看待其在生态系统中的角色及提高营利能力开启了新的思维和方法。

国家统计局在发布的《数字经济及其核心产业统计分类（2021）》中，将数字经济产业范围确定为数字产品制造业、数字产品服务业、数字技术应用业、数字要素驱动业、数字化效率提升业5个大类。前4个大类为数字产业化部分，即数字经济核心产业，是指为产业数字化发展提供数字技术、产品、服务、基础设施和解决方案，以及完全依赖于数字技术、数据要素的各类经济活动，对应于《国民经济行业分类》中的26个大类、68个中类、126个小类。主要包括计算机通信和其他电子设备制造业、电信广播电视和卫星传输服务、互联网和相关服务、软件和信息技术服务业等，这些产业是数字经济发展的基础，它们构成了数字经济的技术基础“八大金刚”——大数据、云计算、人工智能、物联网、5G、区块链、虚拟现实和增强现实。

产业数字化是指应用数字技术和数据资源为传统产业带来的产出增加和效率提升，是数字技术与实体经济的融合。该部分涵盖智慧农业、智能制造、智能交通、智慧物流、数字金融、数字商贸、数字社会、数字政府等数字化应用场景，对应于《国民经济行业分类》中的91个大类、431个中类、1 256个小类，体现了数字技术与国民经济各行业产生深度渗透和广泛融合。

当前，数字技术已经渗透到生产、物流、零售、娱乐等经济和社会领域。线上课程、云医疗、云问诊、云旅游、云展览、无人超市、无人酒店、社交商务、直播电商等各类数字新业态不断涌现，并培育了腾讯、百度、阿里巴巴、京东、拼多多等一大批国际数字化企业。在日常生活方面，数字技术已经与医疗、教育、交通、零售等行业深度融合。其中，直播电商正在重塑传统商业模式，物联网正在整合物流的多个产业链。数字技术也与生产多方面融合，无人工厂、智能仓库、无人机巡更、无人配送、线上协同办公等新模式快速发展，催生了共享经济、零工经济、注意力经济、平台经济等新经济现象。

据中国信息通信研究院发布的《中国数字经济发展报告（2022）》，2011~2021年，中国数字经济总规模增长4.12倍，年复合增长率达18%，成为经济增长的关键驱动力；2021年规模超过45万亿元，对GDP的贡献率超过40%；数字经济在中国农业、工业和服务业的渗透率分别为8.9%、21.0%和40.7%；在传统服务业中，批发零售、金融、房地产合计占服务业增加值总额的72.7%，这3个板块是与数字技术深度融合的前沿①。线上线下融合已成为传统行业数字化转型的重要路径。CB Insights发布的“独角兽”公司完整名单显示，截至2022年3月底，全球共有1 066家公司估值超过10亿美元；涵盖了金融科技（20.8%）、互联网软件和服务（18.9%）、电子商务（10.4%）和人工智能（7.8%）领域。在这些“独角兽”企业中，以数字业务为主的中国企业数量排名第二，占总数的16.3%。在迈向数字强国的过程中，大数据、人工智能、云计算等数字化技术还将进一步推动中国成为规模优势明显的数字经济体，有力地重塑和再造中国经济结构，推动经济高质量发展，在国际合作和竞争中创造新优势。

二、数据在经济系统中的作用

数字化的信息与知识，即数据资源是数字经济的关键生产要素。但是，数据本身无法单独创造价值。数据的本质是对物品、服务或经济主体等相关信息的电子或非电子形式的记录，是描述和认知客观世界的载体。数据必须进入复杂的经济系统，与其他生产要素相结合并进行互动和循环，才能为经济增长做出贡献。任何经济系统都存在五个深度关联的模块：微观方面有供给、需求和市场交易；宏观方面主要涉及经济增长与制度环境。在微观方面，数据必须在资源配置过程中起到优化作用，因此数据需要进入供给函数，影响消费者行为，平滑市场交易；在宏观方面，数据反映整个经济运行情况及与其他经济体的关系（开放经济），修正整个经济的运行方式和制度设计，纠正市场机制的缺陷。当数据要素进入经济系统后，它将内生地影响经济系统中各个模块的运转。

1. 微观系统

微观系统通常由供给、需求和交易模块组成。如图15.2所示，在供给环节，数据与土地、劳动、资本、技术一样作为生产要素，进入生产函数和成本函数发挥作用，融入更广泛的资本化过程，从数据资源转变成数据资产。从提升供给侧效率机制来看，数据要素在供给侧的价值就是推动生产函数和成本函数本身的跃迁，以及提高生产函数和成本函数的协同配合来形成更高水平的产出。这正是熊彼特对于创新的基本定义。从这个

① 中国信息通信研究院. 中国数字经济发展报告（2022）[R]. http://www.caict.ac.cn/kxyj/qwfb/bps/202207/P020220729609949023295.pdf, 2022.

意义上来说，数据要素的主要贡献不仅仅局限于数字产业化或产业数字化本身，而在于数据要素可以通过促进创新来推动各行各业经济效率的提升。

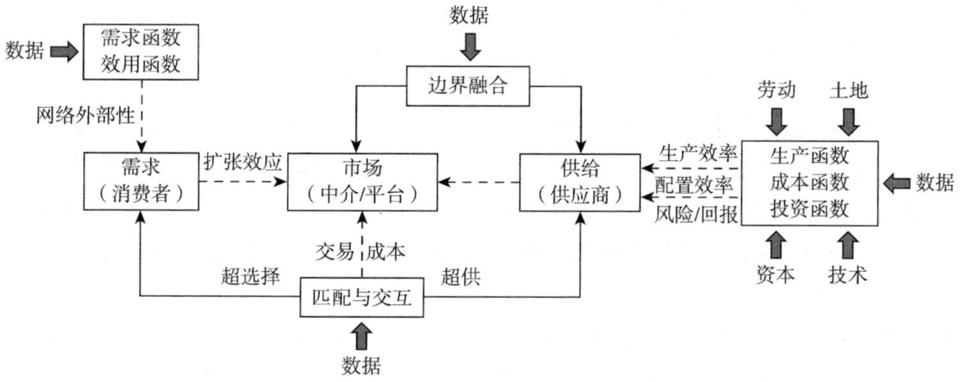

图 15.2　微观经济系统中的数据要素

经济效率一般分为生产效率和配置效率两种。生产效率是指推动生产前沿面向右移动，即在要素投入数量和配置方式既定的情况下，推动产出效率的提升，包括技术进步、规模效应、专业化生产降低成本等（见第十三章）。配置效率则主要体现在动用代码和数据分析来改变资源配置方式或成本函数的结构，重新设计生产技术流程和内在基础设施架构，以及搭建新的商业模式。例如，阿里巴巴在2019年提出了基于消费品生态全链路数智化转型框架，即基础设施云化、触点数字化、业务在线化、运营数据化和决策智能化，对物流、资金流、组织协同与信息流和商流各个环节进行价值重构，有机整合品牌、商品、制造、渠道、营销、零售和服务，以实现增量式创新发展[①]。包括在盒马鲜生中采用全面数字化技术，在供应链、销售、物流履约链路实现全数字化、智能化，优化工作流程，减少无效率工作，实现商品到店、上架、拣货、打包、配送等任务；在天猫无人超市运用人工智能支持下的“行为轨迹分析”“情绪识别”“眼球追踪”技术，分析消费者购买习惯和偏好[②]，对于不同的消费者进行精准营销，优化消费者购物体验。数字经济为围绕独特的市场结构形成新的价格结构和盈利模式开辟了可能性。

传统经济中，企业投资以主观判断为主，强调投资者的经验及其对市场的敏感度。数字化的发展有利于投资者对海量数据，包括政治事件、金融交易信息、交易者情绪等开展金融数据挖掘，通过人工智能算法提供投资建议，可以在很大程度上降低投资风险，改变投资组合，提高投资收益。

在需求环节，数据与千家万户被深度移动数字化的消费者建立实时联系。可以将数据要素对需求侧的影响总结为两大类效应：一类是扩张效应，即直接推动需求曲线向右移动（降低交易成本）或向右转动（如“网红”效应），提升社会总需求水平（见第一章）；

---

① 深圳新闻网.【嘉宾分享实录】阿里云智能新零售总裁肖利华：新零售、新商业、新动能时代的全链路数智化转型变革之道[EB/OL]. https://www.sznews.com/zhuanti/content/2019-09/25/content_22497314.htm，2019-09-25.

② 徐永红. 马云在天猫无人超市上推的“情绪营销”是如何实现的？[EB/OL]. https://www.163.com/dy/article/D4VIO1Q20511QE18.html，2017-12-06.

另一类是匹配效应，即通过人货场融合、全链路数字化来降低信息不对称，提高供需匹配效率和增加交易，也就是实现均衡点在需求曲线上的移动和优化。当然，这两种效应不仅作用于产品市场，也同样作用于金融、人力资源等要素市场。

在交易环节，数据打破信息壁垒，参与创造多边市场和协调网络效应，推动思想、知识、劳动力和闲置资产的使用权在地理上分散但相互联系和互动的在线社区之间流动，推动经济流通转变为以去中介化、协作和民主化为特征的网络化交换关系。数据要素进入经济系统后，数据流带动技术流、资金流、人才流和物资流进行重构，对市场与企业的边界划分产生深刻影响，产生“边界融合效应”，市场与企业的边界日益模糊（见第十章）。面向多用户多终端的平台将替代传统单边市场一跃成为匹配供需和促成交易的主流商业形态（见第五章）。

科斯在《企业的性质》一文中指出，企业和市场在本质上是两种可以相互替代的资源配置方式，其边界取决于企业内部的组织管理成本与市场主体之间交易成本的大小。市场交易成本越大，企业越倾向使用纵向指令性交易替代市场的横向竞争性交易，产生纵向一体化的大型企业。在数字经济时代，数据要素对交易匹配效率的提升和需求的扩张主要通过平台来实现，并且因为数据技术前所未有的强大能力而推动平台交易机制的变革。流量、关注度、用户体验等新的变量逐步成为市场竞争关注的焦点。平台的功能一方面在很大程度上是对市场的替代，使得交易外部性准内部化，另一方面也是对企业组织定义的重塑。很多企业让渡部分经营管理权而成为平台经济系统的一部分，形成了以平台为核心的共生共荣的数字经济生态圈。数据要素的匹配效应不仅能促成交易，还能够进一步反馈至生产环节，将人、数据和生产能力结合起来，重构产业流程，从而形成需求牵引供给、供给创造需求的更高水平动态平衡。

2. 宏观系统

数据要素会对经济社会的运行方式产生深远影响。数字经济既降低了市场的交易成本，又降低了企业的组织管理成本。电子商务平台、社交平台和垂直领域平台近年来已成为人们日常经济活动与社交活动的主要载体，构成了数字经济的典型组织结构模式。平台通过参与性经济文化吸引用户，产生了“共同生产”和“点对点”等概念，包括社交媒体、在线市场、众包、众筹和共享经济等各种表现形式，催生了零工经济、注意力经济、分享经济、“粉丝”经济、社群经济等经济运行新方式。新的经济驱动模式和经济形态导致消费、就业、投资的基础逻辑发生变化，并带来新的社会分化。制度环境需要按照数据要素的应用规律进行适应性创新，并以此提高宏观调控能力、国家治理能力并降低“政府失灵”带来的规制成本。

数字技术重新定义了企业所依赖的关键战略资源和瓶颈。通过互联网，供应商可以直接与消费者联系，经销商也可以直接联系消费者，各种比价网站出现，竞争对手之间存在比较的可能性，经济模式和价格趋同不可避免。竞争已经不再关注于产品内在本质，而是关注于消费者情感依恋和关系。在技术变革的背景下，先发优势及“赢家通吃”机制被创造出来，导致产业结构的集中和垄断。巨型的全球性数据匹配公司的出现，导致数据产权、交易与税收问题等传统治理机制失灵，进而推动国家经济政策目标、政策工具和治理机制创新，以维护市场公平竞争环境。

数字经济从一开始就是世界性的现象。数字经济的出现为远程通信和合作创造了机遇，赋予了经济国际性和开放性，有利于市场、商业模式和经济行动者行动的全球化。数字经济国际合作正在深化。以电子商务和移动支付为代表的国际合作不断扩大。跨境电子商务物流为全世界消费者带来了更多、更高质量的产品，给世界带来了实实在在的好处。例如，在“数字丝绸之路”项目推动下，中国与来自22个丝绸之路国家的电子商务贸易商的合作不断深化：截至2021年底，中国跨境电子商务海外仓超过2 000个，总面积超过1 200万平方米，分布在俄罗斯、日本、韩国、美国、欧洲、东南亚、中东等多个国家和地区，成为推动全球跨境电子商务发展的新型基础设施①。未来数据还会通过推动跨境数字贸易、打造全球智能工厂和构建世界数字经济规则，成为进一步融通国内经济循环和国际经济循环的重要动力。

数字经济也在一定程度上改变了国际经济格局，为处理全球经济和地方经济的关系问题带来挑战。例如，旅游本身就是开放性产业，数字化进一步打破了文化和旅游产品必要的物理存在或物化性质，为泛在的数字文化旅游消费形式提供了道路，推动了旅游的生产、分配和国际化进程扩大，进而模糊了国家和部门的边界，带来了数字安全问题，导致治理主体间矛盾激化，使全球性治理问题日益突出。

第二节　数字旅游

数字技术的发展是发展数字旅游和推动旅游业转型变革的基础。旅游业的数字化转型是指使用数字工具和技术来改变旅行和旅游及旅游业本身的运作方式，以改善游客在旅游目的地的旅游体验，使旅游业更具生产力并在旅游目的地社区中产生积极的旅游影响。对于当代旅游业，数字化已经成为一个强制性的路径而不是一个可选项目。为了提高竞争力，旅游企业和旅游目的地都必须对符合社会需求和趋势的技术创新保持开放态度。实际上，当前任何的旅游形式中或多或少带有一定的数字技术成分。从技术的角度，旅游业数字化转型是网络和移动应用程序的混合，包括使用人工智能、5G、大数据、物联网、云计算、区块链、虚拟现实、增强现实、GPS、地理信息系统（geographic information system，GIS）软件等数字技术“八大金刚”，用于识别需求、准确定位、促进互动和匹配、提升旅游服务质量和升级旅游体验。

旅游业的数字化转型不仅包括智慧旅游（smarter tourism）的推广和应用，也包括旅游数字化及数字旅游两方面。旅游数字化是将传统旅游产品以数字的形式进行转化和传播的一种形式，如云旅游、元宇宙等，它不仅为消费者提供新奇的体验，而且可扩大影响规模和接触新的受众，促进与游客深度互动及推动线下销售。数字旅游是指使用数字

① Zhang L. Digital economy is reshaping China's economic structure[EB/OL]. http://www.chinatoday.com.cn/ctenglish/2018/et/202207/t20220705_800299920.html，2022-07-05.

技术支持游客的整个旅程，以提升旅游服务、改善旅游体验、创新旅游管理、优化旅游资源利用，增强旅游企业竞争力、提高旅游行业管理水平、扩大行业规模的现代化工程。智慧旅游则是从旅游目的地出发，基于数据技术驱动，为满足游客个性化需求和提供高品质、高满意度服务，同时实现旅游资源及社会资源的共享与有效利用的系统化、集约化的管理工具。

旅游业数字化转型体现在旅程的所有阶段，并非仅仅在旅行、住宿或交通的预订和支付中发挥作用，遵循消费者在旅游体验中逐步采取的路径，包括从选择旅游目的地和规划行程到预订住宿、航班或其他交通方式，旅途中的实时分享，旅行后的评论，等等。

1. 旅游预订阶段

正如前文所述，旅行和旅游作为体验品，游客面临着高搜索成本和高交易成本。数字技术为此提供了现代化的解决方案。高速移动搜索引擎（如5G）可以帮助消费者使用流行的旅游网站及社交媒体寻找感兴趣的产品。消费者可以阅读相关的在线评论，选择最适合其需求的产品并验证报价，预订应用程序，如谷歌航班、Priceline.com、Booking.com、Hotels.com等机票、住宿或租车平台，可以生成最大限度地满足其需求的优惠，还可以允许游客比较价格，这与新冠疫情影响下保持社交距离的策略非常吻合，有助于最大限度地降低旅游经营者和行业中介的搜索成本和交易成本。

数字技术还可以最大限度地发挥消费外部性的影响，利用朋友圈分享、在线共享、推荐、直播、网络大V等带动消费者的潮流跟风效应。对游客行为的分析表明，超过74%的游客写评论是因为他们想与他人分享旅行经历；98%的人认为Trip Advisor的评论是最准确和最有帮助的；超过70%的全球消费者表示，在线评论是第二大最受信任的广告形式。52%的Facebook用户表示，他们的旅行计划会受到朋友拍摄的旅行照片的影响；53%的游客不会预订没有任何评论的酒店①。

虚拟现实可以有助于旅游供应商将其产品从体验品转变为搜索品（见第四章）。从本质上讲，虚拟现实是一种技术，它的作用是让用户感觉他们仿佛置身于数字创建的环境中。虚拟现实已经在旅游业中得到探索和应用，因为消费者在预订度假产品或酒店房间之前往往需要大量信息。通过使用虚拟现实头显、耳机和360度视频，旅游企业可以帮助潜在客户在预订之前体验酒店房间、酒店所处的环境，甚至当地景点，而不是简单地阅读描述。近几年，虚拟现实头显已成为主流消费产品，越来越多的游客可以使用它来更好地了解旅游目的地。比较典型的案例包括迪拜亚特兰蒂斯虚拟之旅VR 360。

元宇宙超越了简单的虚拟现实，它包括增强现实的元素、社交媒体功能和区块链技术。用户可以通过使用虚拟现实耳机或使用数字设备（如智能手机、平板电脑、计算机或游戏机）访问元宇宙环境。这为用户提供了享受全新旅行体验的潜力。酒店和旅行社可以使用元宇宙来增强预订体验，并清楚地了解用户的期待。在未来，元宇宙技术也有可能取代某些形式的旅行，游客也许可以在难以去火星的情况下体验到在火星旅游的感

① Andrew R. The Impact of Social Media on Travel and Tourism[EB/OL]. https://www.socialsamosa.com/2014/09/social-media-travel-tourism/，2014-09-23.

觉，正如电影《宇宙威龙》所展示的那样。

2. 旅行购买阶段

数字化转型改变了游客购买机票、预订酒店或从一个国家到另一个国家旅行的方式。通过旅游业的数字化，几乎整个购买过程都实现了自动化并转移到数字世界。仅仅在社交媒体上拥有一个企业账户是不够的，想要获得竞争优势的旅游企业必须致力于数字业务，优化用户体验、聊天机器人交互及搜索优惠的便利性或酒店预订系统的流畅性也至关重要。神鹰轮渡（Condor Ferry）公布的数据显示，2020年有超过1.4亿人使用互联网预订度假旅游活动，其中多达82%的旅行预订是通过移动应用程序或网站在线进行的，也就是说，预订中完全没有人际交互。2014年，塔塔咨询服务（Tata Consultancy Services，TCS）进行的一项调查发现，85%的旅游和酒店服务供应商在其业务中使用了人工智能；谷歌的Travel & Trip Advisor发现，36%的客户更喜欢交互式预订流程，80%的客户选择自助服务技术而不是传统服务①。

对于那些在外国旅游时会遇到语言问题的游客，语言翻译软件非常有用。以往，游客在遇到言障碍的时候，只有请当地导游帮忙才能解决。语言翻译软件可以替代当地导游，将游客不熟悉的语言翻译成熟悉的语言。这些应用程序甚至可以让游客用当地人的语言与他们交谈，允许游客用自己的语言说话，然后将此语音信息翻译成目标语言并口述翻译，从而将游客的信息传递给当地人。它还可以通过手机摄像头扫描招牌和菜单，并将招牌和菜单上的信息翻译成首选语言。这可以消除游客的菜单苦恼，为游客参观一个不熟悉的地方提供新奇的体验。

3. 旅行阶段

在旅行阶段，支持特定地点游客移动的应用程序变得越来越重要，以方便游客入住酒店，查找景点、餐厅和商店，支付账单等。这些应用包括数字地图、虚拟旅行指南、交通规划应用程序等。即时消息和社交媒体满足了消费者在旅途中需要与他人实时分享经验、照片和其他内容和事件的需要。

增强现实是旅行阶段另外一个新兴数字化趋势。与虚拟现实不同，增强现实是使用数字技术来改变现实生活中的环境体验。增强现实对旅游业特别有吸引力，因为它提供了通过技术改善现实生活环境的潜力。环境可以变得互动，并且可以在最关键的时候呈现信息。增强现实最著名的例子之一是游戏Pokemon Go，它允许人们通过智能手机探索真实位置并查看和收集这些位置的口袋妖怪角色。越来越多的旅游企业使用同样的技术，以增强旅行体验。增强现实可以允许酒店客人虚拟地重新装饰酒店房间、虚拟娱乐、体验景点的四季变化。例如，Rough Guides与Xbox合作制作了一个拥抱数字旅游的开创性指南The Rough Guide to Xbox，该指南记录并探索了多款Xbox

---

① Samala N，Katkam B S，Bellamkonda R S，et al. Impact of AI and robotics in the tourism sector：a critical insight[J]. Journal of Tourism Futures，2022，8（1）：73-87.

One X增强型游戏世界[①]（极限竞速地平线、盗贼之海、汤姆克兰西的全境封锁、古墓丽影之影、圣歌、光环、守护者、地铁出埃及记和刺客信条奥德赛），将每个虚拟世界带入生活。

4. 智慧旅游目的地管理

智慧旅游或智慧旅游目的地管理来源于国际商用机器公司（International Business Machines，IBM）在2008年率先提出的“智慧地球”（smarter planet）概念，IBM希望以一种更智慧的方法，即利用新一代信息技术改变政府、企业和人们相互交互的方式，以便提高交互的明确性、效率、灵活性和响应速度。这一概念在后来进一步演变为智慧城市（smarter cities）实践。受两者启发，智慧旅游应运而生。迪拜是全球首个宣布以区块链作为“智慧动力”的世界旅游城市。2018年，迪拜旅游局将区块链技术战略性地应用于旅游服务中，推出了基于区块链技术的商业应用Tourism 2.0，尝试将初创旅游企业纳入城市旅游生态系统，创建了旅游供应商和消费者直接沟通的桥梁，变革了传统业务模式。

智慧旅游是在数字技术迅速发展背景下形成的一种“线上+线下”融合，将旅游全过程资源、服务进行整合，利用互动运营平台为游客提供随时随地旅游全资讯的一种旅游数字化发展形式，可有效解决供求双方信息不对称带来的旅游体验不佳的问题，以提升旅游目的地竞争力并获得积极的影响。例如，人工智能可以提供有关自然资源、一般基础设施、旅游基础设施、旅游目的地旅游基础设施等所有关键因素的广泛信息，利用人工智能结合最大似然算法，服务供应商可以对服务进行优化，同时通过实时数据告知旅游目的地管理机构缓解热点和基础设施的流量，提高公共安全性。

旅游企业可以利用数字技术来提高服务质量和游客满意度，促进旅游目的地的创新，以创造差异化和高度竞争的旅游服务，增加本土企业的经济机会，同时更好地控制过程和业务流程，提高效率和生产率。从旅游产品预订到旅行登机，再到入住酒店，游客经常被要求进行身份验证。在区块链系统的帮助下，游客只需出示一次身份证件就可简化整个旅游行程中的所有身份验证环节。将人工智能和大数据集合，运营商可以对消费者进行情绪分析，开发符合消费者的特点和偏好的高度个性化的体验产品，实施动态定价提升企业收益，人工智能还可以协助企业进行包括航班跟踪和简化行李处理、客户关系管理、市场结构和经济流程的分析。2017年，德国最大的旅游经营商TUI将其全部合约移至企业私有区块链，以统筹管理多种不同的项目管理系统；2018年，首旅如家酒店集团成立了中国酒店行业首家区块链研究中心，旨在将前沿技术与酒店场景管理深度融合，推动住宿业区块链应用场景的落地[②]。数字技术在旅游业中的应用还包括会员管理、支付管理、库存控制和收益管理等，可降低企业成本，提高生产力和开发有创新性的产品。

---

① Diggy. “The Rough Guide to Xbox” is a digital tourist travel guide[EB/OL]. https://www.gamespew.com/2020/02/the-rough-guide-to-xbox-is-a-digital-tourist-travel-guide/，2020-02-06.

② 黄先开. 区块链技术在旅游业的应用创新及未来发展[J]. 北京工商大学学报（社会科学版），2020，35（5）：1-10.

第三节　元宇宙、科技向善和旅游业发展[1]

2021年3月，沙盒游戏平台Roblox将“元宇宙”概念写入其招股说明书，作为第一家围绕元宇宙开展业务的公司，在科技和资本圈中呈现出爆炸式增长。随后，英伟达宣布推出为元宇宙提供基础的模拟和协作平台、Facebook改名为元宇宙（Meta）……“元宇宙”一词，越来越频繁地出现在人们的视野中，成为具备深度交互、去中心化等特征的Web 3.0 生态的重要载体。

2022年1月，国务院印发的《“十四五”数字经济发展规划》中提出要坚持“数据赋能”原则，以科技创新推动产业数字化发展。《“十四五”旅游业发展规划》中也提出要加快推动大数据、云计算、物联网、区块链及5G、北斗系统、虚拟现实、增强现实等新技术在旅游领域的应用普及，以科技创新提升旅游业发展水平。党的二十大报告中提出了数字强国的方略，明确提出要“加快发展数字经济，促进数字经济和实体经济深度融合”[2]。元宇宙与旅游的结合如何正确地跨出第一步，进而实现从0到1再到∞的发展，是旅游业亟待深思的问题。

一、元宇宙给旅游业带来的变化

元宇宙作为21世纪的新生事物，并非一项独立的技术，而是各类ICT的相互融合与衔接。利用元宇宙场景，人们能够在虚拟世界和现实世界中自由穿梭。用户可以探索工作、学习、娱乐、交易、社交等多样化的沉浸式环境，城市交通系统也将变得更加智能化和自动化。与虚拟世界或虚拟现实游戏平台通常为用户提供有限的功能和社交互动不同，元宇宙可以让用户在伪面对面的环境中自由地与他人交流、参加会议、回复邮件、娱乐和购物，为用户提供更广阔的社交自由度和活跃度。在元宇宙中的游戏、电影等文化娱乐活动将从2D变3D、平面变立体，演化出新的娱乐模式和业态，在消费者沉浸于观看场景、听见声音和提供触觉的同时与他人互动，为消费者创造强烈的存在感和体验感，增强其想象力的生动性，从而满足消费者的多维感官需求。

从时空来看，元宇宙是一个空间维度上虚拟而时间维度上真实的数字世界。元宇宙的发展，为人们提供了碎片化的旅游机会，可以更好地实现数字旅游和数字展览。数字孪生技术和交互技术的发展能够进一步帮助用户突破时间、空间等因素的限制，支持游客体验古老的文明景象、危险的自然现象，甚至是进行太空探索，自由游览世界各地景点，获得身临其境的体验。元宇宙通过数字孪生增强目的地意识、定位、品牌和协调方

---

① 本节内容节选自：刘怡君. 元宇宙、科技向善和旅游业发展[N]. 中国旅游报，2022-06-03（003）.

② 习近平. 高举中国特色社会主义伟大旗帜　为全面建设社会主义现代化国家而团结奋斗——在中国共产党第二十次全国代表大会上的报告（2022 年 10 月 16 日）[EB/OL]. http://cpc.people.com.cn/n1/2022/1026/c64094-32551700.html，2022-10-26.

式，从而改变旅游管理和营销模式，通过游客在其中的有效互动和参与，改变游客行为，激发其旅游需求和消费潜力。

元宇宙技术的发展还能为潜在游客提供虚拟体验旅游目的地和旅游设施的机会。一方面，利用沉浸式技术，游客可以身临其境地体验旅游目的地、产品、营销等，获取内部信息，减少信息不对称，这种事先的试验和评估旅游选择能够促进体验式消费。另一方面，通过数字孪生技术进行导航，可以复制旅游目的地或景区、酒店或文化遗产设施，这种沉浸感和高生动度使游客能够选择最适合他们需求和偏好的数字孪生，促进游客的意义建构。同时，元宇宙技术还能减少差旅费用、缓解拥挤、提高效率、减少碳排放、提高可持续性，并为有特殊障碍的残疾人提供虚拟旅游体验。

元宇宙技术为文化遗产的数字化保护打开了新的想象空间。GAC作为全球最有影响力的数字文化平台，是全球的超级博物馆和数字遗产库。它借助人工智能、增强现实、虚拟现实、数据可视化算法、机器学习等新兴技术和游戏化设计，达到了产学研一体化，革新了线上展览、观看和体验的技术与潮流，从文化遗产的记录保存、传承展示、活化文创等方面实现了文化遗产的“永生”[①]。2021年9月，腾讯与敦煌研究院发布的首款公益NFT（non-fungible token，非同质化代币），借助区块链技术，将传统文化内容的分享演变成由官方记录、可收藏、可追踪的数字资产，兼具了文化传播与保护的功能，同时因为NFT艺术品具有加密、存证、确权、不可篡改、永久保存等特点，故克服了传统艺术品在流通中存在的诸多弊端，将成为文旅行业发展的新方向。2021年，腾讯游戏《手工星球》项目组与腾讯长城保护与传播专项联合项目组共同发起了“长城正年轻”主题的长城保护计划，利用3D场景扫描、实时渲染、云存储等技术能力，在游戏星球中同步1∶1复原了1 005米的喜峰口西段潘家口长城，将游戏的技术能力打包输出，为文物的数字化保护提供了技术和场景的双重支撑。

元宇宙的出现放大了旅游生态系统中各利益相关者的社会联系，各方之间的合作也催生出元宇宙的价值共创空间。然而，这也带来了一系列挑战。一方面，目前的元宇宙仍然是一个不断发展和演化的概念，可操作性较低，且缺乏实践。旅游目的地和组织在元宇宙中的实现和发展需要与来自不同行业的多方创新者合作，成本昂贵、投资消耗和风险巨大。另一方面，当前发达的互联网虽然方便获得各种知识和信息，但其中很多知识往往是虚假或者错误的信息，放到元宇宙中可能会导致元宇宙社会场景实验的错误应用，进而产生风险。数据隐私问题也会导致用户的感知风险，从而产生排斥感。同时，数字货币究竟应当如何设计并流通、以太坊能否作为公链、基于联盟链发行的文旅数字藏品能否实现跨链交易仍然是亟待思考和解决的关键问题[②]。此外，元宇宙还可能存在资本炒作的市场风险、资本控制形成垄断、技术路径过于复杂导致的无序竞争、信息茧房效应导致的人造孤岛和过度沉浸等重要问题。当然，元宇宙是否真的为我们带来了更大的自由度，这一点仍有待探索。虽然通过元宇宙技术虚拟体验旅游目的地能够为消费者带来便利，但从另一个层面来讲也等于放弃了自由，因为所有虚拟的呈现都是他者视

---

① 徐紫东，刘怡君. 数字经济背景下文化产业链的构建与创新研究[J]. 价格理论与实践，2021，(11)：159-162，199.

② 冯学钢，程馨. 文旅元宇宙：科技赋能文旅融合发展新模式[J]. 旅游学刊，2022，37(10)：8-10.

角的呈现。诸多类似方特欢乐世界“飞越极限”和迪士尼乐园“飞越地平线”等的“球幕电影”体验项目尽管广受欢迎，但人们更多地把它作为旅游体验的一个项目，而非旅游体验本身。

二、元宇宙与旅游业融合发展策略

1. 克服技术惰性，实现与元宇宙的价值共创

元宇宙与旅游业的融合并非简单地让人们沉浸地进入元宇宙虚拟世界进行旅游，而是将旅游的元素和元宇宙空间相结合。一方面，旅游企业需要秉持去中心化思想，通过元宇宙技术创造虚拟与现实交互的三维立体场景，丰富旅游消费空间，实现旅游产品的元宇宙转型，延长旅游产品的生命周期，打造旅游NFT的销售空间，充实元宇宙内容生态，充分提升旅游的交互性、沉浸感和趣味性，增强体验的临场感，提升用户黏性。另一方面，对于元宇宙开发者，需要通过旅游元素丰富元宇宙的场景，把旅游景观融入元宇宙场景和环境。例如，Matterport公司通过虚拟现实技术能够使用户体验到埃及的五大遗迹，延展旅游元宇宙的知识产权故事。

2. 加强元宇宙旅游体验的内容生产

元宇宙作为一种现实世界与增强现实技术和虚拟现实技术创造出的虚拟世界相混合的状态，让我们联想到科幻电影《头号玩家》中，人们可以借助虚拟设备，在现实世界和虚拟世界之间自由穿梭的情景。元宇宙中的旅游究竟是把我们在现实世界中想体验但无法体验的东西体验一遍，还是在现实世界中本来可以体验的东西重新体验一番？若是前者，应当进一步思考新型的元宇宙旅游场景应当如何适应消费者的感观需求，加强内容创意生产，让虚拟旅游体验的内容生产跟上元宇宙的迭代创新能力。若是后者，受到认知局限，我们尚未完全认识和了解现实宇宙，自然也就无法完全映射和复制一个数字化的现实宇宙。旅游作为时间和空间的消费，这类“仿真实验式”的旅游体验有多大的需求空间、对现实体验的影响如何、是否会产生其他的交互影响都尚未可知。随着当前新冠疫情形势的向好，旅行限制的取消，人们逐渐意识到实际存在的重要性和“混合环境”的可持续性，产业链条和消费带动告诉我们“在地旅游必须远行”，技术导向的虚拟旅游仍然无法完全取代真实的在地旅游。

3. 注重赋能平台的开发及与社会生活的对接

除了拥有高效率和高性能的网络基础设施和使用设备外，开发高水平的赋能平台是元宇宙发展的重要基础。以世界第一款元宇宙游戏《第二人生》为例，在推出之时，由于其保真度和实用性低，用户不仅无法使用统一的身份穿越不同的虚拟世界，也无法与他人社交和协作，阻碍了信息搜索和交叉互通，导致许多用户并没有返回该平台，使之成为数据孤岛。元宇宙与旅游的融合发展应当注重赋能平台的开发，不仅应当利用先进的技术成果，如应用图形处理单元、图形设计技能等提高虚拟世界的保真度并实现旅游场景的即时呈现，创建互连和可互操作的环境，还应对接电子商务的发展和社会生活各

个方面的数字化改变。

4. 发展技术驱动型先锋用户

技术驱动型用户是元宇宙的驱动力。一方面，用户使用数字技术的意愿决定了元宇宙发展的潜力。先锋游客是否愿意通过元宇宙作为与旅游目的地和旅游组织互动，购买旅游产品及与其他游客共同创造价值的主流平台尤为关键。另一方面，对于旅游目的地和旅游组织而言，如何通过元宇宙吸引游客并为其提供优质的旅游体验至关重要。在新兴的数字化世界中，虚拟平台的数字生产和参与将渗透到人们旅游时的方方面面。新冠疫情的暴发加速了人们对新技术服务的接受速度。未来还应当持续强化人们的技术准备程度，提升数字原生一代年轻消费者的技术创造力，提高老年人的数字素养，降低技术文盲率。

万物虽皆可线上，但未必万物都在线上。厘清元宇宙赋能旅游业的基本价值诉求、明确元宇宙与旅游业融合的法律道德规范、塑造多方力量共同参与的旅游元宇宙建设格局、以科技向善加强旅游元宇宙的技术研发、守好旅游元宇宙的意识形态和文化安全，才能真正有利于旅游业可持续发展，成为旅游业技术革新的新方向。

第四节 未来的挑战

当前，数据正在替代信息成为新的技术世界的“基础设施”。尽管数字技术的应用会在旅游业的行业层面、组织层面及消费者层面带来很多好处，但它也会带来很多新的、复杂的、具有挑战性的问题。

1. 旅游时空观的转变

异地性是旅游的基本属性之一。从经典的时空观出发，是否跨越一定的地理空间距离是区分旅游与休闲的重要依据。当前，以数字技术支撑的云旅游、云演艺、云娱乐、云展览等沉浸式互动性体验新模式实质上仍然采用的是“线上为辅，线下为主”，目的是激发人们线下体验消费意愿。在数字化水平较高阶段，线上虚拟旅游将有可能独立于传统实地旅游。例如，全球最大的仿真游戏《微软模拟飞行2020》游戏基于卫星地图数据，利用人工智能算法等技术细致地描绘了全球地形地貌，还原了全球200万个城镇、15亿座建筑物和3.7万座机场，让玩家轻松实现居家飞行，既可以参观世界著名景点，也可以飞行到自己的所在地，甚至可以前往现实中无法进入的禁区。

在虚拟旅游中，游客不需要实现地理空间上的转移，只需要花费一定的时间进行云旅游。韩国旅游发展局联合音舞社交游戏《劲舞团》发起了一场破次元的联动。手游所推出的韩国主题房间定制元素完美地还原了韩国热门旅游胜地。玩家可以任选喜欢的韩国地标景点作为背景，选取喜欢的人物形象，足不出户，于指尖触控间，尽享云游韩国的惬意[①]。在空间维度上，传统游客需要从客源地出发，经过旅游通道到达旅游目的地。但是虚拟旅游直接打破了时间的限制，缩短了经过旅游通道的时间。游客只需花费几分钟等待仪器设备启动即可直接“接触”虚拟的旅游目的地，云游者可以随时随地开始并随时结束，在不同的时空中自由切换。

虚拟旅游究竟是传统旅游的替代品还是互补品？虚拟旅游将如何改写东道国—客源地之间的经济关系，它会对客源地带来何种经济影响？更进一步地，基于欧氏空间的传统旅游时空流动形式会不会终结？异地性是否依然是旅游的本质属性？是否需要用心理距离替代物理距离来重新定义旅游？事实上，在哲学探讨中，虚拟世界始终是被警惕和防范的对象。当沉浸感足够强的时候，人类有可能脱实向虚，失去对现实世界的关注和兴趣，从而冲击真实社会的交往和运行规则。2019年新冠疫情的暴发使旅游业受到前所未有的挑战和限制，许多旅游实体功能，如商务会议和展览，都被虚拟会议、虚拟旅游“取代”，人们不得不使用虚拟手段与亲人联络和交流。人们在虚拟空间的停留时间更长，线上应用在生活中所占的比例越来越高，一定程度上打破了虚拟与现实的界限。然而，虚拟仍无法替代真实。从牛顿定律到量子力学，再到进化论、经济学和社会学，真实世界的复杂性、逻辑性、自洽性远远大于虚拟世界。虚拟旅游所强调的“临场感”“沉浸式体验”，虽然契合了数字化时代旅游业所追求的新模式，然而想要达到全产业覆盖、生态开放、经济自洽、虚实互通的理想状态，虚拟旅游及元宇宙在技术、法律、道德伦理等层面还有很长的路要走[②]。

2. 数字失业

新技术带来了新的旅行体验，可以引领我们找到推动旅游可持续发展的高效、包容和有吸引力的解决方案，同时也提供了新的职业图景，并发展出零工经济形态。随着时间的流逝，数字技术在旅游场景中的应用将越来越多。根据最近的一项研究，到2026年，旅游和酒店人工智能市场预计将超过12亿美元，预计在2021~2026年的复合增长率将超过9.7%[③]。《福布斯》的一篇文章曾称，由于人工智能在旅游和旅游业的整体应用增加，预计到2022年将创造近5 800万个新工作岗位。特别是在新冠病毒大流行期间，数字技术为经济活动提供了重要的支持，并帮助减少了交通拥堵和污染。

从理论上讲，新技术将导致经济活动模式的变化，不会增加总体失业率。然而，数字技术的使用也不可避免地带来劳动力市场的摩擦，造成大规模的结构性失业。一项最激进的预测声称，到2100年，全球平均失业率将达到75%；世界经济论坛主席K. Schwab的评估认为，机器人和数字技术将消除世界上15个最大的发达国家和发展中国家的约500万个工作岗位[④]。到2030年，没有司机的交通工具将占领整个市场；银行和金融部门大

① 韩国旅游发展局广州办事处. KPOP 劲舞总决赛冠军诞生！跟随劲舞继续云游韩国[EB/OL]. https://mp.weixin.qq.com/s/ZnDH_yuGkJh33n68btE9wA，2021-10-29.

② 刘怡君. 元宇宙、科技向善和旅游业发展[N]. 中国旅游报，2022-06-03（003）.

③ IndustryARC. Travel & hospitality AI market–forecast（2023–2028）[R]. https://www.industryarc.com/Report/18662/travel-hospitality-ai-market.html，2022.

④ Khachaturyan A A. Unemployment and other social threats of the digital economy[J]. Studies on Russian Economic Development，2021，32：297-304.

量裁撤会计师和律师；银行柜员、销售人员、图书管理员、打字员、人力资源管理者将让位于人工智能。结构性“数字失业”（e-unemployment）在不久的将来将成为一大问题。

随着人工智能在旅游业和酒店业的利用率越来越高，大规模失业不可避免。新冠病毒大流行期间，全球酒店业有超过6 200万人失业，其中因数字化而被解雇的工人可能根本找不到任何工作。数字地图、语音导览、语言翻译软件的使用也将导致为游客提供导游和翻译的当地人失业，加上大型科技企业的垄断力量，可能导致疏远和社会不平等加剧。不过，技术不能代替人，数字化不能取代热情好客，因为旅游业是关于人的，技术解决方案永远不能取代人类劳动力提供的服务。旅游业的一些过程仍然无法通过技术来完成。但是，在旅游业数字化转型中，需要努力发展旅游业供给者及服务者的数字技能，让他们了解物联网、区块链、人工智能和数据处理等技术，提高人们对这些技术如何提供帮助及如何使用它们的认识，并提供就业保护。

3. 数字鸿沟与数字贫困

美国国家通信与信息管理局在1999年首次提出数字鸿沟（digital gap或digital divide）的概念，指的是在信息化时代，那些掌握信息化工具的人与未能掌握者之间的差距，包括个人、家庭、企业、区域之间在获取ICT方面的不平等。在中国，数字经济呈现自东向西递减的梯度发展特征：广东在数字总经济及各维度均处于首位，占据领先地位；中部地区安徽、山西、江西的数字经济发展相对滞后；西部地区与东部地区及经济发达地区之间出现一条由数字贫困（digital poverty）省（区、市）构成的地理数字化鸿沟①。

数字贫困是指被剥夺了获得知识与信息的能力和机会的人们，不能够参与创造和分享以知识为基础的社会的文明成果的状态。数字贫困广泛存在于地区之间、村镇之间、不同年龄和受教育程度的经营户之间，这既是网络基础设施不健全、技术人才缺失、经营者网络使用意愿和能力不强所致，又受政府、社会及旅游市场特点的影响。在美国，2019年依然有2 100万人无法使用高速互联网服务②。联合国的专门机构国际电信联盟在2021年底警告称，地球上近一半的居民（约29亿人）无法访问互联网。“这实际上是一种贫困形式，因为没有数字访问，没有数字技能，你就无法利用技术的巨大潜力来改善生活和创造机会。”③年龄也成为数字经济普及的重要障碍。2021年2月发布的第47次《中国互联网发展状况统计报告》显示，截至2020年12月，我国网民规模达到9.89亿人。其中，60岁及以上网民群体占比由2020年3月的6.7%快速提升至11.2%，规模达到1.1亿人；而2017年6月到2019年6月两年时间里，60岁及以上网民群体占比仅从4.8%波动性地缓慢上升至6.9%。

数字贫困带来了高失业率，加剧了不平等，特别是在新兴和发展中经济体的国家。目前，联合国已经将缩小数字鸿沟纳入其可持续发展目标，将提升数字技术的可及性和弱势群体的数字素养作为未来弥合数字鸿沟、提升社会福利的重要道路。作为数字

① 彭继增，陶旭辉，徐丽. 我国数字化贫困地理集聚特征及时空演化机制[J]. 经济地理，2019，39（2）：169-179.

② Soltan L. Digital divide：the technology gap between the rich and poor[EB/OL]. http://www.digitalresponsibility.org/digital-divide-the-technology-gap-between-rich-and-poor.

③ Sewidan N. Digital poverty[EB/OL]. https://borgenproject.org/digital-poverty，2015-03-26.

经济在旅游业的重要应用场景，数字旅游在汇总游客需求、汇集供给信息、完善信息对接、创新管理策略等方面发挥着重要作用。为了帮助旅游经济增长，东道国需要建立先进的数字基础设施、发展数字技术及提高数字可及性，减少旅游业发展中的数字时空和社会差异。

4. 数据安全与环境成本

数字技术发展也带来了人们高度关注的数据安全与环境成本等问题。尽管Booking.com因违反《通用数据保护条例》而被罚款56万美元，但该公司宁愿支付罚款也没有阻止数据交易活动。互联网络攻击也对敏感用户和企业信息造成了持续威胁。例如，2014年10月至2018年5月期间，国泰航空有限公司的计算机系统因缺乏合适的保护机制，泄露了940万名乘客的详细个人信息[①]，对该行业造成巨大的冲击。

数字经济也并非绿色经济。数据储存于计算机需要消耗大量电力并造成二氧化碳排放。在美国，2014年数据中心用电占美国用电量的2%左右，共计消耗电力资源大约700亿千瓦时，相当于该年度约640万户美国普通家庭的能源消耗量[②]。更重要的是，数字经济也鼓励着“一次性”消费文化。为了追求速度与体验，消费者不断淘汰旧的手机和计算机并购买新型号手机和计算机，造成对地球上矿产资源、能源的过度消耗，带来环境污染、生态恶化等危害，阻碍社会经济的可持续发展。习近平主席在致2021年世界互联网大会乌镇峰会的贺信中指出，“数字技术正以新理念、新业态、新模式全面融入人类经济、政治、文化、社会、生态文明建设各领域和全过程，给人类的生产生活带来广泛而深刻的影响”[③]。数字文明新时代需要高度关注数字经济双刃剑影响，发挥数字向善的力量，引导数字经济良性有序发展，促进社会文明进步。

关键词：

数字经济　digital economy
数字工业化　digitization
数字化　digitalization
产业数字化　industry digitalization
数字化转型　digital transformation
数字资产　digital asset
数字旅游　digital tourism
智慧旅游　smarter tourism
智慧地球　smarter planet
智慧城市　smarter cities
数字失业　e-unemployment
数字鸿沟　digital gap
数字贫困　digital poverty

---

① 李慧琪. 国泰航空因数据泄露被英国重罚 50 万 940 万乘客数据暂无滥用[EB/OL]. https://new.qq.com/rain/a/20200306A0JT3600，2020-03-06.

② Arman S，Smith S J，Sartor D A，et al. United States Data Center energy usage report[EB/OL]. https://eta.lbl.gov/publications/united-states-data-center-energy，2016.

③ 余俊杰，张璇. 努力让数字文明造福各国人民——习近平主席致 2021 年世界互联网大会乌镇峰会贺信引起热烈反响[EB/OL]. https://www.chinanews.com.cn/gn/2021/09-27/9575338.shtml，2021-09-27.

复习与思考

1. 什么是数字经济？请举例说明你对数字经济的理解。
2. 如何理解数字工业化、产业数字化和数字化转型之间的关系？
3. 如何区分数字旅游和智慧旅游，两者有何联系？
4. 虚拟旅游是传统旅游的替代品还是互补品？请谈谈你的看法。
5. 数字技术应用如何提升旅游目的地竞争力？
6. 请举例说明数字旅游平台服务供应商如何促进旅游业的发展并提升其竞争标准。
7. 虚拟旅游可以完全实时地收集游客的全面数据信息，因此，数据本身的隐私保护变得尤为重要。请思考可以通过哪些方式保护游客的隐私数据？
8. 如果不出家门就可以（虚拟）旅游，那么虚拟旅游的产业链条和消费带动主要体现在哪些方面？相比实地旅游的消费模式，虚拟旅游背景下的商业模式和盈利机制会发生什么变化？
9. 在遗产数字化的过程中，如何实现对遗产数字版权的保护？
10. 在乡村旅游发展中，低收入群体如何才能从数字化转型中受益？
11. 旅游目的地如何利用数字化转型机会提升金融包容性？

扩展阅读：

陈晓红等的《数字经济理论体系与研究展望》对数字经济理论发展中的重要科学问题进行了提炼[①]。关于数字经济下旅游业未来的发展，可以参见《旅游学刊》2022年第4期组织的关于数字经济与旅游的笔谈系列。关于区块链技术在旅游领域的应用，参见Önder和Gunter的Blockchain：is it the future for the tourism and hospitality industry[②]。Navío-Marco等的Progress in information technology and tourism management：30 years on and 20 years after the internet - revisiting Buhalis & Law's landmark study about eTourism[③]讨论了数字化对旅游企业的组织管理变革、服务创新的促进作用。

---

① 陈晓红，李杨扬，宋丽洁，等. 数字经济理论体系与研究展望[J]. 社会科学文摘，2022（6）：4-6.

② Önder I，Gunter U. Blockchain：is it the future for the tourism and hospitality industry[J]. Tourism Economics，28（2）：291-299.

③ Navío-Marco J，Ruiz-Gómez L M，Sevilla-Sevilla C. Progress in information technology and tourism management：30 years on and 20 years after the internet-revisiting Buhalis & Law's landmark study about eTourism[J]. Tourism Management，69：460-470.